LEDA NAGLE

DE MINAS
PARA O MUNDO

**LEVANDO MINAS NO
GESTO E NO CORAÇÃO**

LTON NASCIMENTO ADÉLIA F
TONIO GRASSI ARGUS SATUF
S VALVERDE LIMA DUARTE CA
LDO FRED PADRE FÁBIO DE
STA SAMUEL ROSA LUIZ RUF
RNANDO SABINO DANIEL OLIV
RNANDO GABEIRA GABRIEL V
ÃO BOSCO JOSÉ ALENCAR C

autêntica

LEDA NAGLE

DE MINAS
PARA O MUNDO

**LEVANDO MINAS NO
GESTO E NO CORAÇÃO**

Copyright © 2010 Leda Nagle

PROJETO GRÁFICO DE CAPA
Diogo Droschi
(Sobre fotografia de Ana Paula Oliveira Migliari)

PROJETO GRÁFICO DE MIOLO
Christiane Costa
Diogo Droschi

EDITORAÇÃO ELETRÔNICA
Christiane Costa

REVISÃO
Cecília Martins
Ana Carolina Lins

EDITORA RESPONSÁVEL
Rejane Dias

Revisado conforme o Novo acordo Ortográfico

Todos os direitos reservados pela Autêntica Editora. Nenhuma parte desta publicação poderá ser reproduzida, seja por meios mecânicos, eletrônicos, seja via cópia xerográfica, sem a autorização prévia da Editora.

AUTÊNTICA EDITORA LTDA.
Rua Aimorés, 981, 8º andar . Funcionários
30140-071 . Belo Horizonte . MG
Tel: (55 31) 3222 68 19
Televendas: 0800 283 13 22
www.autenticaeditora.com.br

Dados Internacionais de Catalogação na Publicação (CIP)
(Câmara Brasileira do Livro, SP, Brasil)

Nagle, Leda
   De Minas para o mundo / Leda Nagle. –
Belo Horizonte : Autêntica Editora, 2010.

   ISBN 978-85-7526-454-6

   1. Entrevistas 2. Pessoas de talento -
Entrevistas I. Título.

10-02753	CDD-070.4

Índices para catálogo sistemático:

1. Entrevistas : Pessoas de talento:
Jornalismo 070.4

Este livro é dedicado ao Duda,
meu filho e meu melhor amigo.

MILTON GONÇALVES VANDER
LEE ANTONIO GRASSI FRED
LOS BRACHER LIMA DUARTE
ZIRALDO CLÁUDIO BOTELHO
SAMUEL ROSA LUIZ RUFFATO
RNANDO SABINO DANIEL DE
OLIVEIRA FRANCISCO COSTA
AMIR HADDAD IVO PITANGUY
OÃO BOSCO JOSÉ ALENCAR
CÁRMEN LÚCIA LÔ BORGES
NALDO FRAGA WAGNER TISO

PALAVRA DE MINEIRA/**9**

A   ADÉLIA PRADO/**10**

AFFONSO ROMANO DE SANT'ANNA/**16**

ALEXANDRE PIRES/**25**

AMIR HADDAD/**32**

ANA CAROLINA/**45**

ANA PAULA/**57**

ANDRADE/**65**

ANTONIO GRASSI/**74**

ARGUS SATURNINO/**80**

C   CARLOS BRACHER/**89**

CARLOS DRUMMOND DE ANDRADE/**97**

CÁRMEN LÚCIA/**108**

CLARA NUNES/**122**

CLÁUDIO BOTELHO/**126**

D   DANIEL DE OLIVEIRA/**137**

F   FERNANDO GABEIRA/**146**

FERNANDO SABINO/**162**

FRANCISCO COSTA/**175**

FRED/**183**

FREI BETTO/**192**

G   GABRIEL VILLELA/**202**

H   HÉLIO COSTA/**212**

I	ÍSIS VALVERDE/**222**
	ITAMAR FRANCO/**228**
	IVO PITANGUY/**242**
J	JOÃO BOSCO/**252**
	JOSÉ ALENCAR/**259**
L	LIMA DUARTE/**275**
	LÔ BORGES/**286**
	LUIZ RUFFATO/**294**
M	MARIANA RIOS/**303**
	MAURO MENDONÇA/**311**
	MILTON GONÇALVES/**320**
	MILTON NASCIMENTO/**329**
	MÔNICA SIFUENTES/**343**
P	PADRE FÁBIO DE MELO/**350**
R	RACHEL JARDIM/**359**
	REGINA BERTOLA/**366**
	ROBERTO DRUMOND/**373**
	ROGÉRIO FLAUSINO/**379**
	RONALDO FRAGA/**387**
S	SAMUEL ROSA/**397**
	SUELI COSTA/**408**
V	VANDER LEE/**416**
W	WAGNER TISO/**424**
	WANDO/**434**
Z	ZIRALDO/**442**
	MINEIRAS PALAVRAS/**456**

PALAVRA DE MINEIRA

Mineiro é um tipo esquisito ou especial. No mínimo, diferente. E isso vale para homens e mulheres. Arredios, quase sempre desconfiados, não acreditam em almoço grátis. Mantêm, ao longo da vida, o famoso "pé-atrás", sem saber se é "mineirice", "mineiridade" ou "mineirismo".

Há mineiros militantes que se orgulham da terra, do jeito e das montanhas. Mineiros que brigam com Minas. Mineiros que fazem as pazes com Minas. Mineiros que retomam Minas quando descobrem que não se livraram das montanhas nem do jeito de ser. Há, até, mineiros que não gostam de ser mineiros nem de falar sobre isso. Há mineiros por adoção, por afinidade. Os mineiros se espalham por aí com grande facilidade. Estão por toda parte. Falando, costurando, pintando, cantando, escrevendo, fazendo e acontecendo. E há também os que não fazem nem acontecem, mas essa é outra história. As histórias que quero ajudar a contar são os casos de mineiros que saíram de Minas e levaram Minas no jeito, no gesto e no coração. Ou até não saíram de Minas, mas o trabalho deles, a arte deles, o ofício deles, se espalhou pelo mundo. Mineiramente.

ADÉLIA PRADO

Lírica, bíblica, existencial

ADÉLIA LUZIA PRADO FREITAS nasceu, cresceu e vive em Divinópolis. Foi professora durante mais de 20 anos e escreveu o primeiro poema aos 15 anos. Casou-se com José, tem cinco filhos, nove netos, se acha melhor avó que mãe. Ama os claustros. Gosta do anonimato radical. Adora viver na cidade pequena, cercada pela "parentada". Viu o mar pela primeira vez aos 18 anos, numa viagem que ganhou como presente de formatura. Adorou, gostou de vê-lo e de voltar para as montanhas. Adora a rotina e as segundas-feiras. Adélia não tem dia nem hora para escrever: "Escrevo quando alguma coisa pede expressão". Aos 40 anos teve seu primeiro livro publicado, e a poesia, elogiada por Carlos Drummond de Andrade, que escreveu: "Adélia é lírica, bíblica, existencial, faz poesia como faz bom tempo: esta é a lei, não dos homens, mas de Deus. Adélia é fogo, fogo de Deus em Divinópolis". Estava assim confirmada a vocação de Adélia Prado, mineira, católica, mãe, dona de casa, poeta.

O que tem de Minas no seu comportamento, no seu jeito, nos seus gestos?

Talvez tudo: comidas, usos e costumes, no social e no religioso, devoções, inquietação metafísica, gosto pelo bucólico. Somos grandes roceiros, refinados jecas. No meu caso especial, amor pelo cerrado, por pedras, córregos, campanários, madrugadas, entardeceres, grilos, vaga-lumes, torresmo, angu, arroz com feijão e ovo frito, farinha e pimenta (indispensável), bananas, cheiro-verde e conversa, "pensação" e a nossa falta de mar. E ainda a fala, uai!

O que aprendeu com sua mãe e ensinou aos seus filhos?

Não somente dela, mas de meu pai e da vasta linhagem de avós, principalmente valores, por vezes rigorosos demais, que me ofereceram boa carnadura para frustrações e dificuldades e um profundo sentimento de que "o mundo e sua glória é vaidade, o que realmente importa é o que se faz para a eternidade", nosso real destino.

Você mostrava o que escrevia para filhos e marido? Ou escondia, guardava como se fosse algo de seu, secreto, íntimo, particular?

Secreto para mim só os poemas de adolescência, nos quais derramava minha paixão por rapazes cheios de espinha e hormônios. Aqueles, não mostrava de jeito nenhum. Os outros exibia sob holofotes. Adorava recitar, ler em voz alta. Prazer que até hoje conservo intacto. Se tenho um bom poema na mão, ai de quem estiver por perto. Minha mãe me chamava de "saliente", cansada de meus excessos de artista. Já meu pai adorava e aplaudia.

Você seria uma pessoa diferente da pessoa que é se não tivesse nascido em Minas? Seria diferente do que é até mesmo se tivesse nascido noutra região de Minas que não fosse Divinópolis?

Se não tivesse nascido em Minas, escreveria de outro jeito, eu acho. Somos devedores da paisagem geográfica e psíquica que escutou nosso primeiro choro. Morei fora quando me casei, mas não tive sossego enquanto não voltei. Já tive fantasias de me mudar para um lugar bem menor que Divinópolis, mas ainda em Minas. Mas gosto de viver aqui, junto das famílias minha, de meu marido, de três filhos casados, toda a parentela, amigos e conhecidos. Só o filho mais velho e a caçula moram fora.

Você começou a escrever na adolescência, com 15 anos? A palavra, o pensamento eram refúgios para você? Você foi uma menina ensimesmada, fechada? Triste ou alegre?

Mais ou menos por aí. Todo adolescente fecha a porta pra ficar sozinho, não é? Nossa casa era tão pequena que escrever era quase um esconderijo. Ficava ao mesmo tempo à vista e protegida, como se estivesse sozinha. Não era ensimesmada e, como já disse, minha mãe se incomodava às vezes com a minha saliência. Triste? De jeito nenhum. Era de uma alegria sarada.

De alguma forma as montanhas de Minas afetaram ou afetam você? No temperamento, na vontade de se encontrar com o mar? Qual foi seu primeiro encontro com o mar? A Rachel Jardim, escritora da minha cidade [Juiz de Fora], diz que as montanhas fazem uma combinação meio claustrofóbica... E com grandes cidades? De alguma forma elas afetam seu modo de ser? Incomodam? Assustam? Fazem você ter uma vontade louca de voltar pra casa?

Meu primeiro encontro com o mar foi aos 18 anos. Ganhamos de presente viagem ao Rio em nossa formatura. Foi maravilhoso ir e maravilhoso voltar. Amo os claustros. Adoro me perder nas grandes cidades, deixar que as multidões me empurrem sem que eu mova um passo. Acho engraçado, me lembra o juízo final. Amo o que me reduz ao anonimato radical. Mas parece que na cidade grande ninguém volta verdadeiramente "pra casa". Como é possível alguém gastar duas horas para chegar ao trabalho? Grande cidade é pra ver e voltar correndo. Preciso de coisas que tenham canto e terreiro.

A rotina agrada a você? Você é apegada a ela? Precisa dela? A que hora você escreve? De manhã? À tarde? À noite? É uma mulher de hábitos conhecidos pela família e pelos amigos?

Adoro rotina. Deus é a rotina perfeita. Meu dia por excelência é a segunda-feira, meu dia amado, o eixo da moenda moendo. Escrevo quando alguma coisa pede expressão. A qualquer hora, portanto, e nem sempre consigo. Apesar de amar a rotina, não tenho hábitos que me deem um perfil.

Ao menos penso que não. Aos olhos dos outros, talvez. Gosto é de ficar vivendo. Acho que tenho mais natureza que personalidade. Amo o silêncio, não o "silêncio para escrever", mas para ser. Escrevo quando é preciso, à mão, não domino o computador. Não só por isso, mas porque escrever à mão é muito prazeroso, é quando me compenso por não saber desenhar. Quando nos formamos (eu e o Zé) em Filosofia, já tínhamos os cinco filhos, Eugênio, Rubem, Sarah, Jordano e Ana Beatriz. Os filhos foram prioridade. Graças a Deus pudemos criá-los e ainda estudar. Minha formação foi o tempo inteiro, a vida toda. Criar os filhos é formação, como ficar em casa também o é. Coloco os afetos como prioridade e vou descendo. Em qualquer situação, o que não pode faltar é amor. Sem ele, todo o resto é proteína vazia.

Do seu tempo de colégio, quando aluna, para hoje em dia, a poesia ganhou mais espaço nas escolas ou perdeu?

No meu tempo de colégio ela não era tratada como "assunto de vestibular". Tínhamos amor à poesia e paixão pelos poetas. Castro Alves me virou a cabeça. Escrevi "Bilhete em papel rosa", poema do meu primeiro livro *Bagagem*, para registrar minha paixão por ele. No mercado editorial não sei dizer se a poesia tem mais espaço. Tudo hoje é muito espaçoso. Mas sinto falta de um refinamento antigo, uma atenção real com a poesia, que é um fenômeno vivo, não objeto de consumo, mas de amor, conhecimento e beleza. Alguns poemas foram musicados, mas não os escrevo para isso. Concordo que algumas letras de nossa maravilhosa música popular são ou contêm poesia.

Já abandonou um poema para atender um filho que chorava? Que precisava de uma palavra? E depois retomava o poema do ponto em que estava?

Por alguém chorando, filho ou não, abandono o poema, não a poesia, que pode estar justamente no choro. Sou melhor avó que mãe (o que é um clássico entre as mulheres), certamente pelo menos em alguns aspectos. Aprendemos com a idade. Tenho nove netos, de um ano e meio até 15 anos.

O poeta Carlos Drummond de Andrade acreditou no seu trabalho logo que tomou conhecimento dele. Você mandou os poemas pra ele? Ele leu em algum lugar? Você lutava para publicar e não conseguia? Você publicou seu primeiro livro aos 40 anos. Isso fez de você uma mulher mais feliz? Você "sabia" que um dia iria acontecer?

Mandei meus primeiros originais para Affonso Romano de Sant'Anna, que os mostrou para o Drummond, e tudo aconteceu. Foi aos 40 anos. Fiquei premiadíssima, numa felicidade sem conta. Vi minha vocação confirmada.

Quatro anos depois do primeiro livro publicado você ganha o Prêmio Jabuti. O prêmio funcionou como incentivo? Fez você escrever mais? Ou você seguiu sua vida sem pensar muito nisso?

Prêmios não fazem a gente escrever mais nem menos, nem em quantidade, muito menos em qualidade. Dão visibilidade, passam, são os "15 minutos de glória".

Fernanda Montenegro, a primeira dama do teatro brasileiro, monta uma peça – *Dona Doida* – baseada em textos da maestrina Adélia Prado. Normal? Sem sustos nem atropelos? A vida segue tranquila? Você se surpreende? Surpreendeu-se com a presença de Clarice Lispector e Juscelino Kubitschek naquela noite de autógrafos?

Não sou maestrina, não. Maestrina é personagem do livro. Nada sei de música. *Dona Doida* foi uma experiência feliz. Eu amo Clarice. Vê-la no lançamento de *Bagagem* foi um susto e uma alegria daquelas! Juscelino também estava lá. Lançava junto com Antônio Houaiss e Rachel Jardim, autores já conhecidos. Estava de carona, mas como aproveitei! Foi inesquecível!

Sua obra é estudada nos Estados Unidos, você participa de encontros de literatura na Europa, em Cuba, nos Estados Unidos. Como é que você lida com isso?

O que me deslumbra são outras coisas. Agora, ver a obra estudada aqui e fora é uma coisa muito boa, "honra, eleva e consola".

O cotidiano, as perplexidades da vida, a vida da mulher de Minas, o compromisso com a fé religiosa convivem, digamos assim, com o amor carnal e seus desejos? Seu universo poético é seu mundo real? Revisto e ampliado? A poesia ajudou a construir a mulher, e a mulher construiu a poesia? Tudo – mulher e poesia – se constrói todo dia?

A poesia preexiste a nós todos, no sentido que não a inventamos. Creio ser ela, a Beleza, uma das faces do divino. E tudo é a casa da poesia, que nada recusa; fé, trabalho, família, cotidiano, física, metafísica, crime e castigo, pecado e graça, amor, carne, espírito, o real, enfim. A melhor definição de poesia para mim é: "a revelação do real". Não sei de qual autor, talvez Novallis, e agora é ele: "quanto mais poética uma coisa, mais real ela é". Mulher e poesia? Construção permanente, infinita.

Hoje, com o Twitter, o Facebook, blogs e sites, a comunicação ganha outros contornos. Melhores? Piores? Apenas contemporâneos? Você participa? Gosta? Não gosta? Respeita? Se encanta? Não toma conhecimento?

Com tudo o que você citou, a comunicação ganha mais canais e, como tudo o que o homem faz, sujeitos a serem melhores ou piores, o que depende de nós, e não da máquina. A máquina é inocente. Os computadores produzem lixo na proporção de seus recursos. Vai depender de nossa escolha e consciência.

Você não saiu de Divinópolis, mas sua poesia ganhou o mundo traduzida para o inglês, para o espanhol. O que você pensa disso? Como vê suas histórias e suas palavras fazendo uma trajetória que você talvez nem esperasse? Ou esperava?

Os livros acontecem quando querem. Angústia, como felicidade, ou qualquer outro sentimento, acontece na vida. No texto, as emoções acontecem necessariamente transfiguradas pela metáfora. Têm de ser beleza, porque arte é forma, e todos nós sabemos o que significa dizer: é tão bonito que comecei a chorar.

Você tem escrito hoje, final de 2009?

Estou com um livro de poesia prontinho. Ainda não tenho certeza do nome. Espero que possa ser editado até maio do próximo ano. ∎

AFFONSO ROMANO DE SANT'ANNA

O jornalista da alma humana

Ele foi o primeiro poeta que vi na minha vida. Bonito, elegante, voz quente, charmoso e ainda sabia de cor toda a obra de Carlos Drummond de Andrade. Era sedutor e sabia disso. E sabia, principalmente, misturar a poesia do poeta maior com o conhecimento que adquiriu da obra de Drummond. **AFFONSO ROMANO DE SANT'ANNA** parecia irresistível a uma jovem que ainda usava o uniforme azul e branco do colégio. Hoje, 40 anos depois da primeira vez que o vi, ele ainda é irresistível dando palestras, contando histórias, relembrando fatos, dando entrevistas, sempre com seu humor singular. Afonso tem mais de 40 livros publicados, entre poesia e prosa. Seduz, mineiramente, a todos os interlocutores usando seu charme e seus conhecimentos tanto como professor de literatura de universidades brasileiras e americanas quanto como pesquisador respeitado de organismos internacionais e como colaborador das principais revistas e jornais do país. Ainda tem a mesma voz bonita e domina, como poucos, o saber literário. E, o que é mais raro para um intelectual, sabe ouvir e contracenar. É casado com a escritora Marina Colasanti, que é bonita, tem sua própria obra, é inteligente e dona de um humor igualmente singular.

O primeiro poeta a gente nunca esquece. Você foi o primeiro poeta que conheci. Antes de Murilo [Mendes] e Belmiro [Braga], eu fiz seu curso sobre a poesia de Drummond. "Eu maior que o mundo, eu menor que o mundo, eu igual ao mundo".

É verdade. Você era menininha, 16 anos, uma colegial de azul e branco. Trazendo um sorriso franco num rostinho encantador... Foi lá em Juiz de Fora, nos anos 70. Você foi a melhor aluna que eu já tive. Dei esse curso há muito tempo, acho que século XVIII, né? [Risos.] Essa tese foi muito gratificante pra mim. Não só ganhou quatro prêmios internacionais, mas o Drummond, pessoalmente, gostava muito dela. Além do mais, ele comprava pra dar de presente. Ele gostava do livro.

Você nasceu em Belo Horizonte?

As pessoas pensam que eu sou de Juiz de Fora. Moralmente sou, mas nasci em Belo Horizonte. Aliás, a família toda é muito ligada a Belo Horizonte; os quatro irmãos. Só minha irmã nasceu em Diamantina. Fiquei em Belo Horizonte até dois anos, três anos. Depois fomos todos pra Juiz de Fora. Minha mãe era de lá, era uma imigrante italiana. Lá havia uma forte imigração alemã e italiana. Meu avô chegou a Juiz de Fora no final do século XIX, vindo daquela região da Itália perto de Nápoles, e a minha mãe nasceu ali. Depois ela se casou com o meu pai, e foram morar em Belo Horizonte. Minha formação, portanto, se deu em Juiz de Fora. Fiquei ali dos dois até os 20 anos. Estudei no Grupo Escolar Fernando Lobo, onde se entra burro e sai bobo, como se dizia naquele tempo [risos]. Fiz o ginásio e o científico no Grambery, e minha mãe e seus irmãos, meus tios, tinham estudado no Grambery, e ela queria que a família toda passasse por ali. Então, ela saiu de Belo Horizonte para Juiz de Fora grande parte por causa desse colégio. Fui criado ali na Igreja Metodista de São Mateus. E criado para ser pastor. Meu pai e minha mãe queriam que eu fosse pastor. Até os 16, 17 anos eu era aquilo que se chamava de "aspirante ao ministério". Até essa idade tive uma vida religiosa muito intensa, preguei muito naquelas cidades da Zona da Mata: Matias Barbosa, Santos Dumont, Barbacena, Rio Novo. Converti muitas almas ali. Foi uma experiência muito importante pra mim, porque os protestantes tinham – digo "tinham" porque a igreja mudou muito hoje – uma convivência com a pobreza muito grande. Isso me aproximou muito do povo realmente. Domingo eu acordava, por exemplo, às 9h, e a gente ia fazer um culto na cadeia pública. Ia cantar, conversar com os presos. Pegar nas mãos dos presos, cumprimentar. Depois ia pra escola dominical. De tarde, ia pregar no subúrbio, ao ar livre. De noite, tinha culto na igreja. Era uma atividade social e religiosa muito grande. Foi um aprendizado social e também de aprender até a falar em público. Essa coisa de ser pré-pastor, de se dirigir à plateia. Depois acabei virando professor, que é um outro tipo de pastoreio.

E você chegou alguma vez a duvidar de Deus, a questionar a religião, a Igreja Metodista?

Não. Ali pelos 15, 16 anos comecei a ter umas dúvidas que muitos adolescentes têm. Aquelas coisas: reencarnação, ressurreição, como é que era a vida de Cristo. Quando você começa a ler aqueles dados sobre os Evangelhos terem sido escritos 30, 50 anos depois que Cristo morreu, você começa a ler a religião de uma maneira antropológica e sociológica e começa a ver aquilo de outra maneira. Mas os princípios éticos da religião ficaram, sobretudo esses princípios de protestantes, são muito fortes. Minha poesia está cheia de Bíblia, na verdade. Ter lido a Bíblia desde a infância, ter ouvido os pastores... A Bíblia tem epopeia, tem poesia, tem drama. Tem tudo. Isso me alimentou literariamente de uma maneira formidável.

Minas Gerais tem a ver com a sua poesia?

Tem. Mas não daquela maneira tão patente que está na obra de Drummond e de outros. Até digo num poema chamado "Que país é este?": "Olho Minas com olhar distante, como se eu, e não minha mulher, fosse um poeta etíope". Porque a minha mulher [Marina Colasanti] é etíope. Minas entra na minha poesia de uma maneira substancial e indireta. Essa coisa de dizer o que é mineiridade, o que é o mineiro... Guimarães Rosa gostava muito disso, Fernando Sabino também cultivava muito isso. Acho que eles cultivavam isso só pra irritar os paulistas. Eu participei de dois seminários em Diamantina – um lugar apropriado pra isso – que foram feitos com Antonio Candido (que é mineiro, apesar de ter vivido em São Paulo a vida quase toda), o Otto Lara Resende, o Francisco Iglesias, o Fernando Brant. Esses mineiros foram reunidos em Diamantina para discutir a mineiridade. Foi muito interessante ver como os mineiros trabalham essa ideia. A mineiridade é uma questão sofística e retórica. O Austregésilo de Atayde escreveu um livro sobre o espírito de Minas, falava coisas maravilhosas e impressionantes. Eu comecei a ler esse livro e percebi que a maioria dessas características que ele vê em Minas você encontra num irlandês, num polonês. Ou seja, tem uma série de piadas que são conferidas a mineiros e que existem na tradição de outros países. O mineiro tem uma coisa que é meio internacional. As pessoas organizam isso folcloricamente de certa maneira. Você não pode dizer, por exemplo, que o mineiro é ambíguo, que o mineiro é conciliador. Você vai encontrar pessoas ambíguas e conciliadoras no mundo inteiro. Você vai dizer que o mineiro é retraído. Como dizer isso se você conheceu o Fernando Sabino e o Otto Lara Resende? Eram duas pessoas exuberantes. Eram dois cariocas, na verdade, de espírito. Dentro de Minas você tem tudo. Tem o arlequim festivo, jovial, erótico, expansivo, tipo Juscelino [Kubitschek]. E tem o pierrô também, o Autran Dourado é um pierrô, o Lúcio Cardoso também era. O Murilo Mendes tentava ser um arlequim, mas tinha alma de pierrô, esse lado solar ou lunar. Por isso que eu digo: quando alguém viveu em Juiz de Fora, está muito mais perto do solar, que é uma coisa do Rio de Janeiro. Quando vive em Ouro Preto, é muito mais lunar. Meu pai era de Ouro Preto, os pais dele eram daquela região. É outra cultura. Aquilo é a chamada "Minas profunda". É outra dimensão.

A escritora Rachel Jardim fala que as montanhas fazem uma combinação meio claustrofóbica: "parecer direita, parecer direita", porque ela fala do ponto de vista da mulher. Você concorda? Acha que as montanhas incentivam esse lado pierrô?

Essas teorias são muito fascinantes. Tive um professor português chamado Rodrigues Lapa, que era o maior especialista em Minas Gerais, especialista em século XVIII. Ele foi morar em Minas, em Ouro Preto. É o grande estudioso de Cláudio Manoel da Costa, de Tomás Antônio Gonzaga, esses grandes autores do século XVIII. Ele dizia que há algumas características que ajudaram a formar a sensibilidade de mineiro. Primeiro: para Minas foi um tipo de imigrante português, de uma região de Portugal, que era meio fechado. Pra Minas foram os judeus, pessoas de uma cultura perseguida; portanto, também retraídas. E, depois, a cultura do ouro em Minas ajudou as pessoas a esconderem. Há a célebre história do santo do pau oco, que é o santo que é oco, e escondiam o ouro e o diamante ali. Esses fatores, dizia o Rodrigues Lapa, mais as montanhas, ajudaram a configurar uma paisagem anímica e temperamental. É uma boa forma de se começar a entender. Lembro que nesse seminário em Diamantina o Antonio Candido desenvolvia uma outra tese. A de que existem quatro ou cinco Minas Gerais. Existe uma Minas Gerais ali perto de São Paulo: Poços de Caldas, etc., ou então ali no Triângulo. Existe uma Minas Gerais que está colada na Bahia; outra, colada no Rio de Janeiro. Tem focos fronteiriços que são distintos daquele núcleo que é Belo Horizonte, Ouro Preto. Haveria uma força centrípeta e centrífuga — e ninguém sabe o que é uma coisa ou a outra — organizando essa constelação de sentimentos.

Você foi poeta antes de ser professor ou o contrário? Queria ser poeta desde criança? O que você queria ser?

Quando era adolescente queria ser cantor de ópera. Cheguei a cantar em vários coros lá em Juiz de Fora. E o máximo da minha carreira foi cantar no Madrigal Renascentista com o Isaac Karabtchevsky, a Lúcia Godoy, etc. Eu cantava como baixo, no coro eu era baixo, mas gostava das árias de tenor. Evidentemente, era uma ilusão de adolescência. Sou muito vidrado em música, até hoje curto música. Pensei em fazer jornal, comecei a fazer jornal muito cedo, comecei a escrever pra jornal com 16 anos. Queria ser, e pensava ser, apenas jornalista. Mas a vida foi me levando pra uma coisa ou outra e acabei professor e jornalista também. E escritor a vida inteira. Desde sempre acho que essa coisa esteve ali germinando, fermentando e fomentando a minha vida. Comecei ali em Juiz de Fora, escrevendo muito cedo. Depois fui pra Belo Horizonte, me formei, dei aula. Dali, fui direto pros Estados Unidos. Fui dar aula ainda muito jovem, com 27 anos, na Califórnia. E foi um dos momentos mais importantes da minha vida, porque eu tinha saído da cultura muito repressiva que era Minas Gerais. Pior: tinha saído de um Brasil em 1964/65 quando a repressão estava se instalando. E, de repente, caí na Califórnia, solteiro, jovem. Caí em pleno século XXI, quando a cultura *hippie* estava começando, quando Joan Baez tava ali ao lado. Bob Dylan... Vou até fazer uma revelação: eu vi os Beatles! Assisti a um concerto dos Beatles. Aquela coisa que tava começando, eu vi de corpo presente. Foi uma coisa emocionante. Sobretudo, era uma outra cultura. O momento *hippie* que no Brasil ninguém sabia o que era. O "hippismo" foi chegar aqui com quase dez anos de atraso, nos anos 70. E eu tinha uma sensação muito grande de incomunicabilidade, porque tinha visto umas coisas que não podia contar pra pessoas aqui como eram, porque era incontável. Participei daquelas marchas todas contra o Vietnã, as marchas a favor dos negros em São Francisco, vários lugares. E foi um período muito importante na minha vida como descoberta do mundo, do grande mundo. Depois voltei, vim pro Brasil e comecei a dar aula aqui, a dirigir a PUC, o departamento de Letras da PUC. Fizemos ali uma certa revolução, porque no tempo da ditadura... A gente fala "ditadura", e os mais jovens têm certa dificuldade de entender. Mas, naquele tempo, você não podia fazer praticamente nada. Eu havia convidado o Michel Foucault, por exemplo, pra vir ao Brasil fazer uma série de conferências, em 73. E quase que ele não faz a conferência porque era proibido pelo SNI, pelas autoridades. Até a última hora eu estava com ele ali, e a gente não sabia se a coisa ia poder acontecer. Felizmente aconteceu. Fizemos também um movimento chamado "ExPoesia", no qual reunimos cerca de 600 poetas do país. Em plena ditadura, em 73, quando as coisas eram muito complicadas.

E você não voltou mais a lecionar no exterior?

Esse tempo todo eu ia e voltava. Fui dar aula de novo nos Estados Unidos. Depois fui dar aula na Alemanha, na França. As viagens são uma parte substancial da minha vida. Viajo muito. Publiquei, recentemente, um livro de crônicas chamado *Perdidos na Toscana*. Parece até Juiz de Fora. É um livro que narra, por exemplo, uma viagem que fiz à Rússia com a Marina. Entre as coisas estranhas na minha vida, além dos Beatles e do Foucault, eu vi o comunismo acabar. Estava em Moscou, em 1991, hospedado num hotel a 500 metros do Kremlin e vi o comunismo acabar na minha frente. Na ocasião, até escrevi um livro, junto com a Marina, narrando isso. Chama-se *Agosto 1991: estávamos em Moscou*. Durante quase dez dias participamos daquelas barricadas todas. Assistimos aos discursos do [Boris] Yeltsin, as idas e vindas do [Mikhail] Gorbachev. Estava em Moscou como presidente da Biblioteca Nacional num encontro de dois mil bibliotecários. E nós tínhamos um encontro com o Gorbachev no Kremlin. Mas ele não apareceu, porque ficou retido na Ucrânia, me parece, com o golpe que estava rolando contra ele. Então tem várias narrativas sobre viagens, como eu te dizia, porque viagem é uma coisa importante. Aliás, a Marina publicou recentemente um livro de poemas de viagens. Somos um casal viajante.

Como professor, você tem o sonho de ver o Brasil educado? Caminhando no sentido do conhecimento?

Olha, eu tenho desenvolvido uma luta de vida inteira, intensificada, sobretudo, depois que fui pra Biblioteca Nacional. Lá eu fiquei durante seis anos, de 90 a 96, com alguns técnicos que trabalharam comigo, professores, bibliotecários. Nós chegamos à conclusão de que tínhamos de fazer no Brasil um grande movimento de promoção da leitura. Tínhamos de começar um luta contra o chamado "analfabetismo funcional". O sujeito aprende a escrever e ler, mas não aprende a interpretar o mundo. Essa luta, que começou 20 anos atrás, é uma luta bonita e que está sendo ganha aos poucos. Por incrível que pareça, hoje, o governo que está aí está conseguindo realizar vários projetos que tínhamos naquele tempo. Te digo isso porque não sou do PT, não tenho nenhum compromisso com esse governo. Finalmente agora se começa a colocar em prática um projeto que era nosso, de 20 anos atrás, e que foi esse tempo todo resistindo e avançando na medida do possível, que é criar os mediadores de leitura. São pessoas que vão trabalhar em presídios, comunidades carentes, em hospitais, fazendo com que as pessoas leiam. E dentro de uma ideia muito simples que é o seguinte: você não vira um cidadão, você não vira um país do chamado "Primeiro Mundo" se não passar pela biblioteca, pelo livro, pela leitura. Essa batalha, que é da minha geração, está sendo ganha. Um dos nossos colegas de trabalho, o

Gregório Filho, foi ser secretário de Cultura no Acre e ali criou 120 casas de leitura, na floresta. São instituições que promovem a leitura, a escrita, etc. No Ceará começou um movimento muito importante nesse sentido também. Há uma modificação na mentalidade, e isso é o grande paradoxo; não é exatamente um intelectual que esteja no poder que está promovendo isso. São os paradoxos do Brasil.

O que você lê?

Tudo. Como todo escritor, leio cinco, seis, sete livros ao mesmo tempo. Prefiro ler ensaios e poesia. Ficção, às vezes. Estou sempre tentando lidar com essas coisas todas. Você não perguntou, mas está implícito em algo que vamos conversar aqui, o meu trabalho é muito sistêmico, muito orgânico. Quando dou aula, por exemplo, não posso esquecer que sou também poeta. Então, volta e meia, a poesia entra na minha aula, na minha conferência. Cito poemas, falo poemas; meus ou dos outros.

O poeta é o que te dá mais prazer no tocante à palavra?

Quando escrevo crônicas – tenho mais de dez livros de crônicas –, de repente, a poesia também se infiltra nelas. O cronista que sou se infiltra no ensaísta. Tenho a preocupação de não escrever ensaios fechados, eruditos, impenetráveis. O ensaio tem que ter uma coisa sedutora. A linguagem tem que ter uma sedução. Tenho até um livro chamado *A sedução da palavra*. Essa coisa da sedução passa pela poesia que está revestindo a prosa, o ensino. A poesia é a hora da verdade. É quando você deixa fruir, aparecer o que você tem de mais essencial. Não é à toa que todo ensaísta – e até os cientistas quando escrevem tratados – procura um verso de Shakespeare, um verso de Homero. Vão pegar uma expressão poética pra dizer uma coisa que não pode ser dita de outra maneira. E essa é a função da poesia. Só a poesia pode dizer essas coisas. Aliás, tem outra coisa muito interessante: fizeram umas pesquisas aí sobre o Alzheimer. As pessoas vão perdendo a memória, mas as que têm Alzheimer preservam a memória poética. Isso é impressionante!

E, pra você, quem é O poeta? Ou quem são OS poetas?

Têm uns poetas que estão entranhados na minha vida. Os que li desde a adolescência. Castro Alves, por exemplo, me marcou muito. Depois comecei a ler esses poetas que fazem a cabeça das pessoas todas hoje. Vinicius [de Moraes], Drummond, Jorge Lima, Cecília [Meireles]. E os gringos: Walt Whitman, Paul LeRoy, Maiakovski, Garcia Lorca – que é uma coisa preciosíssima –, o Robert Fosse, e vai por aí. Ou seja, a poesia é um elemento cotidiano. Dizia o Mário Quintana: "Quem escreve um poema, salva um afogado". Eu sempre digo: "O primeiro afogado é o poeta". Ele escreve pra se desafogar, pra se aprumar um pouco. Nesses dias agora, por exemplo, tenho recebido pelo e-mail muitas pessoas utilizando um poema que havia escrito no tempo da ditadura, usando pra circunstâncias as mais diferentes. É um poema sobre a questão da mentira. Esse poema já virou teatro. Os juízes usam esse poema em processos. Advogados usam esse poema. Nas escolas, em todos os lugares. Vou dizer apenas as primeiras estrofes, que diziam algo que tinha a ver com o momento político brasileiro, italiano ou americano, ou qualquer momento político semelhante. Chama-se "A implosão da mentira".

> Mentiram-me. Mentiram-me ontem
> e hoje mentem novamente. Mentem
> de corpo e alma, completamente.
> E mentem de maneira tão pungente
> que acho que mentem sinceramente.

> Mentem, sobretudo, impune/mente.
> Não mentem tristes. Alegremente
> mentem. Mentem tão nacional/mente
> que acham que mentindo história afora
> vão enganar a morte eterna/mente.

E vai por aí afora. É um poema longo. Quando ele foi publicado, até virou letra de música. Fizeram rock da pesada. Fizeram várias composições. Sabe que o que eu queria na verdade era ser cantor? Queria ser [Wilson] Simonal, Roberto Carlos, Caetano Veloso... E cheguei a fazer umas músicas. Olha só, o Fagner botou música num poema, o Martinho da Vila... tenho alguma coisa com ele. O Rildo Hora... Era uma coisa que me fascinava muito e fascina. Mas percebi que, pra se dedicar a isso, tem que se dedicar mesmo. Não pode fazer de vez em quando. Exige tempo e aplicação. E eu tenho que aplicar a minha pouca energia em outras coisas.

E você é um escritor disciplinado?

Sou bastante anárquico por dentro da minha disciplina. É uma anarquia produtiva. Agora, por exemplo, estou tocando cinco livros ao mesmo tempo. Mexo com um, mexo com outro, descanso e tal. Tem um momento em que me organizo: "Vou terminar este". Me concentro naquele e vou em frente. Mas tem umas horas que baixa uma coisa e dá vontade de fazer outro tipo de escrita. Irrecusável. Vou guardando, botando dentro de pastas. O processo criativo é muito fascinante. Você pode fazer textos organizadamente. Racionalmente você trabalha aquilo. Mas, às vezes, certos textos pintam inesperadamente na sua cabeça. Tem que estar habilitado a captar aquilo.

E quem é o poeta? É um repórter do seu tempo?

No meu entender, o poeta é um jornalista da alma humana. Acho que Dante [Alighieri] era um grande jornalista. Tratou o tempo dele todo ali. Homero era um grande jornalista. Tão grande que não só pintava, descrevia as ações humanas. Ele invadia o Olimpo e descrevia também como é que os deuses conversavam com os humanos. Nesse sentido, o poeta lida com o cotidiano imediato, mas lida também com o intemporal. Na modernidade, sem dúvida, o Drummond. Em Portugal, o Fernando Pessoa foi outro grande paradigma. Na modernidade aqui tem também o João Cabral [de Melo Neto]. Sabe que tem uma coisa curiosa? Está aumentando o número de poetas no mundo. É assombroso isso. Mas é sinal do seguinte: as pessoas não podem abrir mão do seu imaginário, as pessoas não podem abrir mão da fantasia. Sempre digo que é preciso sonhar para que o real se realize, e a poesia ajuda nisso. ■

ALEXANDRE PIRES

Mineirinho, capricorniano e flamenguista

ALEXANDRE PIRES. Mineirinho simpático, bonito, dono de um sorriso franco e aberto, começou sua carreira de sucesso, em casa, lá pelos 11 anos de idade, em Uberlândia, animando as festas dos amigos dos pais. Casa sempre cheia de gente e de música americana, Jovem Guarda, MPB, canções de sucesso. Com as tias aprendeu a gostar de samba e teve a mãe como sua maior incentivadora. Com os irmãos e primos montou o primeiro grupo, aprendeu a tocar timba, tan-tan, instrumento essencial do samba, mas nunca estudou música a sério, embora ainda tenha esse sonho. Animou muitos bailes, cantou com Gloria Estefan; emocionado, se apresentou para o presidente Bush na Casa Branca e ganhou o mercado latino. Ficou 12 anos no grupo Só Pra Contrariar, morou em São Paulo, se lançou cantando sozinho no mercado nacional e internacional e voltou pra casa em Uberlândia, de onde parte para cumprir sua movimentada agenda de shows. Voltou buscando qualidade de vida, a casa cheia da infância, um certo sossego pra criar suas músicas, viver o casamento com Sara, acompanhar o crescimento dos filhos pequenos (Arthur, de ano e meio, e Júlia, a caminho) e para se encantar com o talento e a voz da filha mais velha, Ana Carolina, 17 anos. Flamenguista convicto, Alexandre Pires é capricorniano e, além de cantor, é um compositor de sucesso.

Você vem de uma família musical, com pai, mãe, todo mundo musical, é isso?

Venho de uma família de músicos. Minha mãe é cantora de baile, meu pai é baterista, e eles fundaram uma banda chamada Som 4, no final dos anos 60, início dos anos 70. Meu pai tinha alguns equipamentos muito modestos, e eles ensaiavam no quintal da minha casa. Eu e os meus irmãos – eu sou o do meio – convivemos com aquilo praticamente a infância toda. Com ensaios e todo esse movimento musical que existia lá em casa. A minha mãe trabalhou quase os nove meses de duas gestações, da minha e da do meu irmão mais velho. Então, acho que essa parte musical deve ter alguma coisa em volta, porque ninguém nunca estudou música, nem eu e nem os meus irmãos. A gente teve vontade de estudar música, mas faltou tempo, e as oportunidades foram surgindo. Mas é um dos grandes desejos atuais que eu tenho: me realizar como músico estudando mesmo, podendo escrever as ideias que eu tenho. Porque eu não sei escrever música. Hoje eu passo as minhas ideias para quem sabe escrever.

Seus pais viviam de música?

Nessa época meus pais tinham uma banda e tocavam os grandes hits do momento: discoteca, música internacional... Ela cantava Nikka Costa, Donna Summer... Tinha também as bandas dos anos 70. Eram bailes mesmo, mas tocavam também muita música brasileira. A Jovem Guarda que estava surgindo naquela época: Renato e seus Blue Caps, Golden Boys, The Fevers, todo aquele movimento da jovem guarda, até chegar ao samba. Mas não era totalmente samba, era mais o balanço do Jorge Ben, do Tim Maia, um pouco do Bebeto, que veio um pouco depois...

E foi com eles que você aprendeu a tocar cavaquinho?

O meu primeiro instrumento, na realidade, não foi nem o cavaquinho. Foi percussão. Eu tocava timba, que hoje é o tan-tan, no samba, que tem aquela boquinha pequena mais fininha. Eu ficava observando, e meus pais me levavam junto com eles pra festas ou pra confraternizações de amigos. Meu pai, além de baterista, arranhava um violão; e minha mãe sempre cantando com ele.

E você se apresentava com eles nessa época?

Nessa época, sim. Era uma coisa mais espontânea, não era profissional. Eu tinha 10, 11 anos, e eles me levavam pra acompanhar, fazer um ritmo. Meu pai no violão, minha mãe cantando... Eu gostava e também não gostava, porque às vezes eu queria sair com os meus amigos, mas era obrigado a ir com eles. Mas isso foi muito bom, porque me deu um gosto maior pela música. E a gente tem passagens muito engraçadas. As pessoas convidavam meus pais porque eram amigos, mas sabiam que eles iam tocar. E às vezes a gente estava tocando naqueles lugares, tinha um monte de gente conversando e ninguém estava nem aí pra música. Quando a gente parava a música, "poxa, mas já parou?", e um pratinho de picanha passando pra lá, refrigerante passando pra cá... E a gente só tocando. Era uma coisa mais espontânea. Os meus pais faziam, digamos assim, esse som mais intimista, mais pros amigos mesmo, não com uma banda. E me levavam, e aí eu fui me interessando por isso.

E como é que o samba entra sua vida musical? Não foi através deles, foi?

Foi através das minhas tias que o samba veio. Meus pais sempre gostaram muito de samba, mas tinham uma banda de baile que tocava de tudo. E nessa época o samba ainda não tinha todo aquele poder, digamos assim, aquela notoriedade. Principalmente pra gente, do Triângulo Mineiro. Aí, na década de 80, o samba começou a crescer, começaram a surgir grupos, e as minhas tias sempre acompanhando. Elas são colecionadoras de vinil, de discos de samba... E foi quando começou a surgir o grupo. Aí veio o Fundo de Quintal, com aquela primeira formação, em Minas Gerais, com o Almir Guineto, que depois saiu para a carreira solo, até o Arlindo Cruz e Sombrinha o substituírem. Daí foi aquela explosão na década de 80, com Fundo de Quintal, Zeca Pagodinho...

E aí vocês formaram o grupo Só Pra Contrariar?

Exatamente, no final dos anos 80. Por conta dessa paixão das minhas tias e por gostar de acompanhar meus pais, comecei a me interessar pelo samba. Através dessas tias, nas festas de final de ano da nossa família, a gente ouvia muito samba... O nome do grupo veio de um samba do Fundo de Quintal que fazia muito sucesso na época e que foi um dos primeiros sambas que eu aprendi a tocar no cavaquinho. O cavaquinho surgiu na minha vida por acaso. Eu continuava tocando lá a timba, e o meu pai conhecia um amigo, o Marquinho, que às vezes ia tocar, fazia um sambinha e tal... Aquela coisa muito modesta. E eu acompanhava. Ele deixou um cavaquinho lá e levou um mês pra ir buscar. E, com o cavaquinho lá, meu pai foi arranhando com dois acordes, três, quatro... Mas desanimou. E eu pedi que ele me ensinasse os quatro acordes que ele aprendeu. E foi quando veio uma paixão tremenda! Foi quando eu comecei a ouvir mais samba. E aí o pessoal, sabendo que eu tava arranhando o cavaquinho, me chamou pra tocar. O Só Pra Contrariar surgiu em 89, com uma formação totalmente diferente da formação que as pessoas conhecem. Essa primeira formação não durou nem um ano. Cada um tinha o seu emprego, sua vida... Não levaram muito a sério. E aí eu chamei o meu primo Juliano, que já tinha uma noção de música e tinha muito talento. Chamei o Fernando, meu irmão; ele, desde criança, tocava bateria com meu pai, queria tocar bateria. Chamei o Luiz Fernando, que era um amigo aqui do meu bairro, chamamos um tecladista... Até se formar o Só Pra Contrariar. E começamos a trabalhar. Nós éramos seis, todo mundo de Uberlândia. Foram oito discos com o grupo Só Pra Contrariar.

Aí você parte para a carreira solo em 2001. É isso?

No início de 2001 eu saí pra carreira solo. O *Só Pra Contrariar*, CD com o mesmo nome do grupo, tinha sido lançado em 97 e despertou uma atenção muito grande, porque foi o disco mais vendido da história. Vendeu três milhões de cópias. Fomos a Mônaco e lá recebemos um prêmio como os maiores vendedores de discos de música brasileira e um outro de música latina. Estavam lá o Luis Miguel, as Spice Girls... *Só Pra Contrariar* foi o quinto disco do SPC, foi o auge. E aí nós gravamos esse mesmo disco em espanhol. Era o samba, o pagode no mercado latino e deu muito certo. A música "Depois do prazer", que é "tô fazendo amor com outra pessoa..." [cantarola], foi muito bem vista lá. Tem até algumas versões, em rumba, em salsa, em bolero... Quando nós lançamos o disco de 99, com a participação da Glória Estefan na música "Santo santo", fez muito sucesso, mas a música de maior sucesso, de toda a minha carreira, mesmo dos discos que eu gravei solo, até na América Latina, aquela que não pode faltar, é "Depois do prazer", em espanhol. Esse disco em espanhol vendeu quase 700 mil cópias, na América Latina toda. Inclusive, um dos lugares em que mais fazia sucesso, e a gente nem tinha noção disso, era a Espanha... Na Argentina também era impressionante. A gente ia pra fazer programas de televisão e rádio lá. A gente chegava nas rádios, e a porta da rádio lotada, cheia de gente... Todo show que a gente fazia lá era cheio. Então, quando a gente lançou o disco com a Glória Estefan, o sucesso cresceu mais ainda, porque ela é uma artista mundialmente conhecida. A música também fez muito sucesso, e demos um segmento no que já havia sido plantado pelo grupo. E aí a coisa foi mais direta, porque o estilo, que é o estilo romântico, era mais compreendido por eles... a música pop romântica, a balada "corta veia e tal"...

A gente está falando de 2001, quando começa mesmo a carreira solo do Alexandre Pires?

Exatamente, de 2001. Foi quando eu dei apenas segmento ao sucesso que o SPC estava fazendo. Aí gravamos esse disco, que a princípio seria lançado só na América Latina. Foi aí que começou todo esse trabalho... A gente foi até a metade de 2001, estudando se esse era o melhor caminho pra mim, o melhor caminho pro grupo... Foi uma coisa muito sadia. Porque a maioria das bandas sempre tem um perrengue, sempre tem um problema... Mas no nosso caso, graças a Deus, não teve esse problema.

Você se separaram calmamente?

Muito, muito. A gente continua junto até hoje. O Só Pra Contrariar existe até hoje. Inclusive, a gente está lançando um DVD, pela Som Livre, no mês de maio. É um DVD ao vivo.

E aí você chegou a cantar no mundo inteiro. Cantou até pra presidente da república americano, não foi?

Eu mergulhei mesmo nesse trabalho. Viajei pra fora, fui morar lá... E fazer duas coisas ao mesmo tempo, Leda, não tem condição. E eu era uma pessoa só. Então, como existia essa possibilidade de fazer um trabalho interessante e tal, existia um carinho, um respaldo da própria gravadora, eu mergulhei de vez. E nesse primeiro disco, logo de cara, eu recebi o prêmio da *Billboard*, de artista do ano. Nele tive três músicas entre as dez mais tocadas da "Hot Latin Tracks", que foram as músicas que mais tocaram no ano: "Usted se me llevo la vida", "Necessidad" e "És por amor". E como eu fazia muito sucesso lá fora, eles fizeram uma versão do disco para o Brasil. A música "Usted se me llevo la vida" foi pra novela *Porto dos Milagres*, pro Antônio Fagundes e pra Luiza Thomé, que faziam a Rosa Palmeirão e o Félix Guerreiro. E a coisa rolou assim. A gente não tinha a pretensão de lançar o disco aqui, fazer sucesso aqui... Até porque era um disco em espanhol, o público estava acostumado a me ouvir cantando samba ou pagode, e esse era um disco romântico. A gente tinha o pé atrás com isso. Mas o público acabou aderindo, gostando, e a gente gravou em português. E tudo isso me levou a participar do "Orgulho Hispânico", o evento lá na Casa Branca. O presidente era o George W. Bush.

E você compõe, Alexandre?

Componho. Fiz 11 novas músicas para o CD novo. Só tem uma regravação, que é uma música de piano e voz, da Rosana. Chama "Custe o que custar". Diz assim: "Guarde um pedacinho de você..." [cantarola]. É dos anos 80, acho que é de um disco anterior àquele daquela explosão de "Como uma deusa". Eu passei o Carnaval em estúdio, finalizando um projeto que tem dois anos e que a gente lançou em DVD este ano [2010]. Um CD de músicas inéditas, um disco que a gente trabalhou bastante, gravou o DVD, mas fez como um disco de estúdio... A música de trabalho, "Eu sou o samba", tem participação de Seu Jorge. Tem artista que nem quer fazer mais disco, se acomodou nessa coisa: "Não, vamos juntar aqui coisas que as pessoas já conhecem e vamos fazer um DVD". Nesse caso, não, nós fizemos um DVD com músicas novas. Eu fiquei muito feliz com isso.

E você faz letra e música?

Letra e música. Sempre compus, desde os primeiros discos do Só Pra Contrariar. As sátiras, as brincadeiras... "A barata", "Mineirinho", "Domingo". Eram músicas que tinham alegria, um pouquinho de sátira... Tem uma música engraçada chamada "Sissi". É um samba, de partido-alto, que fala [canta]: "Gatinha, quanto mais o tempo passa, mais você perde a graça e vai ficar sozinha. Você já ganhou da massa o troféu de 'a menina mais chatinha'. Quem avisa amigo é... Se quer ser respeitada, então desce daí. Desmancha essa cara e vai se divertir. Quando tira foto, todo mundo ri, faz beicinho de Angelina Jolie. Bota óculos na casa, 'silica' no peito. Quando abre a boca só fala bobagem. Diz que acabou de chegar de viagem, de Paris, Espanha, Portugal, Berlim. E o nome dela? O nome dela é Sissi. Sissintindo, Siachando. O nome dela é Sissi. Siadorando, Siamando. Ela se acha a última Coca-Cola do deserto, a bunda mais linda do pagode esperto. Ela tá precisando de um malandro certo. E o nome dela?".

E o que você identifica em você de mineiro? Você é muito mineiro? Pouco? Você tem características mineiras?

Então, Leda, eu tenho sim. Eu sou muito observador. Eu acho que o mineiro tem muito essa coisa de observar, de limpar o pé no tapete antes de entrar... Em qualquer área, qualquer profissão. Eu aprendi muito com a minha família, que é muito mineira. Ao mesmo tempo muito tranquila e muito consciente da vida. Eu venho de uma família muito humilde. A gente nunca passou necessidades, mas a gente pegou alguns momentos... Quando a gente se mudou de Minas pra morar em Guaiatuba, uma cidade de Goiás – porque meus pais largaram a música e foram trabalhar com representação de roupa –, a gente viveu com muita dificuldade e tal. Mas aquela coisa que você vai ali aos trancos e barrancos, vai se ajeitando. Depois, a gente voltou pra cá. É uma família muito unida, genuinamente mineira, e com essas peculiaridades mineiras, de observar, de às vezes não falar tanto... Às vezes, quando eu estou trabalhando, no palco, eu me transformo. Sou uma outra pessoa, realmente. Mas no meu dia a dia eu não consigo ser nem a metade daquilo, não consigo ter nem a metade daquela espontaneidade. Eu sou de conhecer mais as pessoas até eu me soltar um pouco, até eu me entregar um pouco mais. E quando eu realmente faço amizade, eu me entrego mesmo. Eu gosto de amizades, gosto da casa cheia de amigos... Eu tenho poucos, como eu acho que você deve ter poucos... Mas são amigos mesmo. Não sou de colocar qualquer pessoa dentro do meu barraco. E isso de energia é uma coisa muito importante. Minha família é uma família mineira, muito religiosa. Eu tenho na minha família católicos, evangélicos, tenho espíritas também... Tenho umas tias – que são justamente as que me levaram pro samba – que são também bastante religiosas e tal.

E você voltou pra Uberlândia. Gostou de voltar?

Eu voltei pra Uberlândia tem uns três anos. Nossa! Como eu morei nove anos em São Paulo, aquilo me fez um bem danado. Porque era uma descoberta, todas as oportunidades... Eu fui o único que mudei de Uberlândia, o restante do grupo permaneceu na cidade. Mas eu precisava conhecer aquilo um pouco, apanhar um pouco, entender um pouco mais... E ao mesmo tempo trabalhar, porque São Paulo é uma cidade que tem todas as possibilidades quando você quer realmente fazer, trabalhar... São Paulo te oferece isso. Ali estavam todos os trabalhos, as rádios importantes... Tanto em São Paulo quanto no Rio. Então foi muito mais uma opção profissional do que de vida. E Deus me deu a oportunidade de falar: "Agora eu posso voltar pra minha cidade. Viver na minha cidade". Então, agora, quando eu quero ir a São Paulo, eu pego um aviãozinho aqui e em uma hora estou lá. Pro Rio é a mesma coisa. Graças a Deus eu tenho essa possibilidade hoje. E te digo de coração: eu não largo Uberlândia por mais nada neste mundo! Eu quero viver, quero ter qualidade de vida. Uberlândia é uma cidade que está crescendo bastante, mas que ainda tem cheiro de interior. E aí me casei com a Sara, tivemos nosso primeiro filho, Artur, que tem um ano e meio, e agora está vindo uma menininha, que vai se chamar Júlia. Eu já tinha uma filha de um casamento anterior, Ana Carolina, que mora conosco. Ela está com 17 anos e já está do meu tamanho! Ela põe salto e bota o cotovelo na minha cabeça [risos]. Somos uma família muito feliz, graças a Deus! Eu diria a você, Leda, que eu vivo o momento mais bacana da minha vida, de muita alegria, por ter voltado pra minha cidade, próximo dos meus amigos, e por essa etapa nova de vida: família, casamento, esposa... Poder viver isso é um sonho que eu sempre tive. Poder conciliar isso com o trabalho, não deixar de lado esse sentimento familiar, poder estar num lugar que é o meu lugar... Não que São Paulo não seja o meu lugar, mas como se diz: meu lugar é aqui. ■

AMIR HADDAD

Criativo, instigante, conversador

Como é bom conversar com **AMIR HADDAD**! É realmente um prazer ouvir suas histórias, conhecer seus pontos de vista e desfrutar de sua inteligência rica e vivaz. Mineiro de Guaxupé, de onde saiu aos cinco anos de idade para viver no interior de São Paulo, mais precisamente em Rancharia, ele encanta com sua história familiar, mistura de Minas com a Síria, de onde vieram seus pais. Na mesa da família, a síntese dessa mistura feliz: quibe com couve, macarronada com comida árabe. Filho de um vendedor de rapaduras, a descoberta do teatro é um mistério até para este encenador que transita com a mesma desenvoltura entre produções convencionais e espetáculos de rua. Aliás, o teatro do Tá Na Rua, criado por ele há 30 anos, é fruto da inquietação que marca seus 53 anos de carreira. Ele precisa e gosta do espaço amplo pro pensamento voar. Gosta do improviso, acha que o espetáculo é uma coisa, e o teatro, outra. O teatro, para ele, é uma metáfora do amor, o circo etéreo possível. Amir tem prazer em conversar, ouvir e falar. Gosta tanto que, durante a ditadura, fez de sua casa um foco de resistência, simplesmente colocando uma música bem baixinha e juntando as pessoas para conversar. E como é bom conversar com Amir Haddad!

Você nasceu em Guaxupé, mas só viveu lá até os cinco anos. Você acha que tem Minas no seu trabalho? Na sua personalidade?

Nossa! Só tem! Muito! Eu fui trabalhar em Ouro Preto com o meu grupo, dar um curso, e falava muito em mineiridade, porque me sentia mineiro. Lá em Ouro Preto, com aqueles jovens, eu também era bem jovem, e falava em mineiridade. E lá me perguntaram o que era mineiridade. Menina, eu não soube responder! Que pergunta! Tenho uma raiva das pessoas que fazem essas coisas!

Mas quando você olha pros seus parentes, irmãos, família, você sente traços como a desconfiança, a sensatez ou a insensatez? Sente alguma semelhança?

Olho pra minha família e vejo Minas Gerais demais. Ela saiu de Minas, foi pra São Paulo, e era óbvio que havia uma diferença da minha estrutura familiar, da alimentação, do meu ritmo de vida mineiro para o daqueles que moravam ali em São Paulo. Até a formação étnica das pessoas era bem diferente. Essa diferença entre a Minas Gerais que eu trazia e os paulistas do interior, a cidadezinha de Rancharia, onde fui morar, eu sentia bem nitidamente. Levei Minas Gerais comigo lá. Mas fico numa dúvida, Leda, que talvez você possa me ajudar a esclarecer. A minha vida familiar era muito diferente daquela dos paulistas que viviam em Rancharia e, em geral, eram descendentes de italianos ou japoneses. Eu sou de uma família árabe. Mineiro e árabe. E não sabia se a diferença era por eu ser árabe ou mineiro. De alguma maneira sempre associei Minas Gerais a árabe. Em Guaxupé tem muitos árabes. Tem até uma igreja ortodoxa.

Em Juiz de Fora também tem.

A influência árabe em Guaxupé era muito grande. Dizem que na Síria, quando o menino crescia, o pai falava: "Cresce logo pra ir para Guaxupé" [gargalhadas]! Iam todos pra lá. Os amigos do meu pai eram conterrâneos dele. Ele chegou aqui, vindo da Síria, ainda adolescente, com 12, 13 anos.

E foi direto pra Minas Gerais. Começou a trabalhar e fez a vida dele. Comprava rapadura em Minas e vendia no Estado de São Paulo. Punha aquele carregamento de rapadura dentro de um trem e saía vendendo rapadura mineira. Olha que coisa mais bonita! Rapadura mineira pros paulistas do interior que não sabiam fazer rapadura. Começou como mascate de rapaduras, depois acabou vendendo tudo: gravata, terno, roupa. E nessas viagens, vendendo rapaduras, viu essa cidade pequena de Rancharia, que era um acampamento da Estrada de Ferro Sorocabana. E aquela coisa de árabe, de gente que tava cheia de filhos, precisava de um horizonte – imagino assim –, gostou daquela cidadezinha. Na próxima viagem resolveu levar a família. Ele, a mulher dele, uma cunhada (que era minha tia e morava com a gente) e sete filhos. O mais velho na época devia ter uns 15 anos. Botou tudo dentro de um trem e levou de Guaxupé pra Rancharia. E um monte de rapadura, que era pra vender e fazer dinheiro para a gente comer [risos].

E o que você comia na sua casa: couve ou quibe?

Comi quibe com couve. Quando tinha feijão, era couve. Quando tinha macarronada, era quibe. Mas comia comida mineira. Muito torresmo com feijão. Tinha coisa que era tipicamente de Minas, mas que era árabe também. Nós matávamos animal na nossa casa. Tinha o dia de matar o porco. Isso deve ter vindo de Minas Gerais. Ninguém ia comprar gordura, banha no supermercado [gargalhadas]! Aí tinha o dia do meu pai matar o porco. Era uma festa nesse dia! O porco era morto, e tudo dele era aproveitado. Me lembro da minha mãe, das minhas irmãs, das mulheres trabalhando muito. Sempre. Cortando e derretendo toucinho num taxo enorme, pra tirar a banha. E o que sobrava era o torresmo. Os bifes que faziam, a pele que torravam... Acho que isso vem de Minas. Mas árabe também cria animal grande pra matar.

Como esse menino cujo pai vendia rapaduras foi parar no teatro?

Isso é um mistério. Me pergunto como o teatro entrou na minha vida. A que hora? Que chamado é esse? De onde vem isso? Fico achando, Leda, e digo sempre pros meus atores, que, se uma pessoa é de teatro, ela será eternamente de teatro. E terá sido eternamente de teatro. Então, se você foi ator alguma vez na sua vida, na sua existência anterior, você não vai reencarnar num cavalo, num passarinho nem na rainha do Egito. Nada. Você vai ser ator. Sempre tive essa coisa muito forte dentro de mim. Depois fui começando a entender o que estava querendo dizer com isso. É que o teatro é uma ancestralidade, é uma coisa muito antiga dentro de nós. Essa ancestralidade nos chama. E alguns de nós atendem ao apelo dessa ancestralidade. Como ia saber o que era teatro se nunca tinha visto teatro? Como tinha isso dentro de mim? É porque a memória do homem tem isso. Se a gente não recupera a ancestralidade do teatro, não compreende a contemporaneidade dele. E fica fazendo bobagens modernas. Entendeu? Moderno é a pior coisa. Diz o Carlos Drummond de Andrade, um mineiro que adoro: "Cansei de ser moderno, quero ser eterno". Isso é uma beleza de uma coisa pra ser dita e talvez tenha a ver com Minas Gerais. Então essa minha ancestralidade me chamou para o teatro. Posso dizer: saí do interior de São Paulo pequeno, com 14 pra 15 anos, pra estudar na capital.

Nunca tinha visto teatro até então?

Pouquinho. Na escola primária. Fui estudar em São Paulo numa escola pública muito boa. Naquela época, a educação pública era de excelente qualidade, e fui pro Colégio Estadual Presidente Roosevelt, que era referência. Quem estudava lá era bem visto, porque o colégio era bom. Lá dentro fui arrebatado pelo teatro. Mas talvez esse chamado já venha de antes. Lá no interior, em qualquer festa de Sete de Setembro ou dia de não-sei-o-quê me chamavam pra recitar uma poesia. Me botavam uma roupa bonitinha. Eu sabia falar bem alto, ia lá, falava, e adorava. Já tinha alguma coisa dentro de mim. Era esperto, lia bem. E tem uma coisa... Como é quando você não apaga da memória? Indelével...

Que ficou marcado em você pra sempre. É isso?

Pra sempre. Os jovens da cidade fizeram um espetáculo e apresentaram no cinema da cidade. Era uma peça lá. Minha irmã trabalhava na peça, e a minha professora – eu estava na 3ª série do primário – também trabalhava. Como eu era sempre exibido, fui convidado pra entregar um telegrama. Papel difícil, né? [Risos.] Eu entrei no camarim, entrei no teatro ali por trás. Nem sabia o que era teatro. Mas parecia que eu já sabia há tanto tempo, Leda! Tinha oito anos, não sabia o que era aquilo, mas estava ali dentro. O que ficou indelével é que vi a minha professora, dona Zizinha, de combinação. Aí, o teatro pra mim será sempre a dona Zizinha de combinação, passando batom, e eu ali olhando [gargalhadas]. Tenho memória do teatro como um local onde pode acontecer esse tipo de coisa.

Mas você é essencialmente um diretor?

Sou um diretor que se descobriu ator. Fiz o vestibular na Escola de Arte Dramática, que era particular, do professor Alfredo Mesquita. Quando fiz o teste de seleção pra escola, eu queria ser ator. Tinha um colega de pensão que falava: "Vamos pro teatro! Vamos pro teatro!". Eu: "Cara, que isso?". Ele insistia que eu ia me dar bem e me levou pro teatro. Ele passou no vestibular, e eu, não. E, ao ser reprovado, tomei amor pelo teatro. Agora não tem mais saída. Fui reprovado e vou ter que passar a vida inteira provando que eu mereço fazer teatro.

Nesse desafio você passou, né?

Passei. São 53 anos de carreira. No Teatro Oficina fiquei dois, três anos. Quando eu comecei a adquirir minha estatura e o Zé Celso a dele, não deu pra ficarmos juntos [risos]. Tem uma peça que fala: "Esse banheiro é pequeno demais pra nós dois". O primeiro espetáculo do Teatro Oficina foi uma peça do Zé Celso: *Vento forte pro papagaio subir*. E teve mais uma do Carlos Queirós Telles, outro rapaz da época, amigo nosso, chamada *A ponte*. Eram dois espetáculos de um ato cada. Eu dirigi. Foi bem-sucedida essa estreia. Me lembro que o Décio de Almeida Prado, que foi um grande crítico, nos saudou como "um possível Tablado [teatro-escola fundado por Maria Clara Machado, no Rio] de São Paulo". Era um grupo amador, com talento. E o Tablado era uma referência nacional de teatro desse tipo. Pouco tempo depois fizemos *A incubadeira*, que é outra peça do Zé Celso. Com ela, o Grupo Oficina participou do Festival Nacional do Teatro do Estudante, do Paschoal Carlos Magno. Eu ganhei o prêmio de melhor diretor. O Zé Celso ganhou de melhor autor, e o Renatinho Borghi, de melhor ator. O grupo apareceu muito. Voltamos pra São Paulo e fizemos uma temporada no Teatro de Arena.

O que você já dirigiu em Minas?

Dirigi um espetáculo muito bom que se chamava *O cerco de Numancia*. Peça do Miguel de Cervantes que falava de Numancia, uma cidade na Espanha que resistiu ao cerco romano. Os romanos tentaram invadir, e a cidade inteira morreu, mas não se entregou. Fiz isso em 1968, numa época que tava brava mesmo. Os romanos a gente já viu quem eram, né? Em Minas deu pra fazer. Interessante que quem trabalhava comigo nessa época, muito jovem, era o Jonas Bloch.

E quando você criou o grupo Tá Na Rua?

Tem 30 anos. É de 77, 78. O Tá Na Rua surge depois de uma intensa vida teatral da década de 60 que, no Brasil e no mundo, foi uma década muito importante.

Dessa época, o que você destaca no seu trabalho?

Em 68 fiz um espetáculo que acho importante na minha carreira e para a história do teatro do Rio de Janeiro – não sei se alguma coisa para a do Brasil. Foi o espetáculo *A construção*, no Museu de Arte Moderna [MAM]. Eu tinha um grupo no MAM junto com o Paulo Afonso Grisoli. Nós éramos os diretores. Havia outras pessoas no grupo trabalhando com a gente, como a Jacqueline Lawrence, a Duse Nacarati, que faleceu há pouco tempo, tinha o Tite de Lemos, que foi diretor também. A gente chamava de Teatro de Invenção. O grupo corria atrás de novas propostas, rompia com os padrões estabelecidos. A década de 60 foi de rompimento das coisas, de avançar. Então, rompemos com o espaço tradicional, com a dramaturgia tradicional. A gente desmanchava as peças, misturava público e ator. A década de 60 foi uma coisa maravilhosa! Agradeço a Deus por ter vivido esse período. A minha força pra resistir a 25 anos de ditadura e mais 10 de neoliberalismo veio porque eu estava escorado pelo que vivi na década de 60. Pelo que vivi em 68. Pelo movimento do teatro brasileiro. Forte. Com o aparecimento dos grandes grupos brasileiros, dos diretores brasileiros: Zé Celso, Antonio Abujamra, Flávio Rangel, Antunes Filho. Esse fortalecimento fez a minha identidade. Era possível que eu existisse ali. Tudo o que ganhei na década de 60 me sustentou.

E a década de 70?

Com essa força dos anos 60, atravessei a década de 70. Tive realmente que parar pra pensar, tomar alguns cuidados, até 68, 69. O Ato Institucional n. 5, de 68, foi muito determinante no encerramento da década, no corte da inquietação. No sufoco da identidade que a gente buscava, na criação de um espaço, no pacto social que nós artistas dessa época tínhamos feito com o país. Esse pacto social rendeu muito: Tropicalismo, bossa nova, Cinema Novo, o bom teatro brasileiro, os grandes diretores e tudo isso. Uma coisa que até hoje a gente não refez: esse pacto social. E os nossos artistas novos ficam meio zanzando, perdidos no ar. Com essa coisa que adquiri na década de 60, atravessei essa aridez da década de 70.

Foi uma década muito dura.

De muita censura. Tudo voltou atrás. Tivemos que refluir, engolir uma porção de coisas. Muitos tiveram que ir embora, muitos foram presos, alguns foram mortos. Tudo, de repente, se atrapalhou. Eu me recolhi, parei pra pensar: tenho que estudar, ver o que está acontecendo. Eu era professor na Escola de Teatro Martins Pena desde 1971. No final da década de 60, fui expulso do Conservatório de Teatro, hoje a UNIRio, onde dava aula. Com esse clima de ditadura era fácil afastar qualquer professor. Me afastaram. Eu dava aula na Martins Pena, e o magistério de teatro foi o que me salvou. Muito mesmo. Me fez pensar o teatro, refletir sobre o meu ofício, sobre o que ele significava. Enquanto dava aula, aproveitei pra estudar, pra me recolher, pra ver as coisas, todo o movimento. Continuei dirigindo uma peça ou outra, fazendo o meu teatro na época da contracultura. Era o movimento *hippie*. Nunca fechei totalmente com o movimento, porque tinha uma cabeça diferente da contracultura. Não a acompanhei, mas fui estudar. Ao mesmo tempo em que dava aula comecei a pensar o Brasil, a realidade. Comecei a discutir: o que é isso que acontece com a gente?

Era um país tão forte e, de repente, leva um golpe, uma porrada daquela, e a gente tem que retroceder. Foi uma coisa muito boa, porque, quando cheguei no final da década de 70, eu tinha um produto que não era nada parecido com o que eu fazia ou imaginava. Era um produto teatral que se realizava nas praças públicas, nos espaços abertos.

Foi sem planejamento que o Tá Na Rua acabou nascendo?

Não planejei isso. Mas foi o meu trabalho, a minha inquietação, a minha tentativa de não repetir nenhum modelo ético ou estético que pudesse agradar ao general Médici. Na tentativa de fazer isso, quando vi, estava no meio da rua de braços abertos, gritando, botando máscara, tocando tambor. E vivendo o teatro em toda a sua ancestralidade. Era uma coisa maravilhosa! Levantava o braço e dizia: "Meu Deus, eu já fiz isso? Não sei se fiz, mas já vi gravura, já vivi". Até porque o público que estava ali, a mulher pobre, o cidadão abandonado, o mendigo, quando eu fazia, fazia gesto e cara também de "eu também já vi isso. Eu sei, assisti a isso". Então, quando fui pro meio da rua, comecei a descobrir que o teatro tinha história, que a história era importante pro teatro e que o teatro era filho da história, e não da ideologia. Porque no momento em que quis lutar contra aquela ideologia que dominava o país, vi que o pensamento da burguesia capitalista, protestante, adorava um bom fascismo. Adora mesmo um certo nazismo, autoritarismo. Adora tudo isso. Inventaram isso. Na hora em que me neguei a fazer isso, dizendo "Não quero essa tradição, quero fazer uma outra coisa", me vi no meio da praça fazendo isso. E comecei a entender que havia um teatro que eu estava começando a fazer, descobrindo, que era filho da história. E qualquer cidadão tem a história viva dentro de si. Mesmo aquele cidadão mais ignorante, que me assistia sem dentes, ali no meio da praça, quando sorria para um gesto meu, estava sorrindo pra milênios de teatro dentro dele. E recuperar essa memória perdida do meu ofício foi uma coisa muito importante. Eu já achava que tinha errado de profissão. Olhava os filmes do Fellini, do Visconti e pensava: que maravilha que é o cinema, e eu, babaca, fazendo teatro! O que significa esse teatro que estou fazendo? Estou fazendo comédia de adultério pra uma burguesia que botou esses militares no poder. Estou fazendo graça pra eles, e é até capaz de um desses ditadores vir aqui, se sentar na plateia e assistir a um espetáculo meu! Castelo Branco ia ao teatro! Daqui a pouco eles estão aplaudindo esses adultérios que estou encenando. Encenava bem, mas me questionava: não pode ser por aí. Não é por aí. Tinha que buscar outra coisa. Fui estudando, estudando, rompendo com todos os procedimentos herdados que tinha dentro de mim. Quando olhei, falei: "Rapaz, não tem mais onde experimentar isso a não ser na rua!". A década de 60 foi muito inquieta nesse sentido. Depois o teatro se acomodou, se recolheu pra cena italiana novamente, se escondeu atrás das cortinas. Mas na década de 60, ele se abria. A gente pensava outros espaços, outras coisas. O Aderbal [Freire-Filho] chegava e dizia: "Quero montar *A morte de Danton* na estação do metrô do Catete" – que estava sendo construída. Ia lá e montava. Outro falava: "Quero montar essa peça no elevador do MAM" – que era um elevador enorme. E montava. A arquitetura teatral estava em desconstrução. Qual é o espaço do espetáculo no momento em que o mundo se abria? Naquele momento, essa questão também se abria. E todos nós fomos pensar nisso. Fui para o MAM trabalhar nos espaços abertos. E eu tinha que fazer isso. Se não fizesse isso, ia trair tudo o que estava nascendo dentro de mim. E descobri o teatro na sua grandeza, porque descobri a sua história, a sua permanência como forma ancestral de manifestação do ser humano. A década de 80 foi direto por aí.

E como é que você, depois de descobrir tudo isso, consegue dirigir o Tá Na Rua e um teatro, digamos, mais tradicional?

O Augusto Boal [autor e diretor de teatro, morto em 2009] vivia muito essa dor. Aproveito pra falar nele aqui, que foi uma pessoa importante, um amigo, e, desde que ele morreu, fiquei muito sozinho. O Boal tinha o Teatro do Oprimido como método, um sistema de educação, e tinha um outro teatro. Eram coisas muito diferentes. O teatro do oprimido que ele fazia não entrava nas peças dele de palco italiano. Havia uma espécie de dicotomia. Ou uma esquizofrenia. De um lado, o teatro do oprimido; de outro, o teatro tradicional que ele fazia. O meu, não. Não tenho um sistema. Lido com o teatro. Nunca sistematizei nada. O teatro pra mim é uma coisa só, em qualquer lugar. Só que aprendi a eliminar os componentes biológicos que estão contidos dentro da sala do espetáculo: a arquitetura, a quarta parede, a cenografia, a ilusão, a relação do ator com o público. Tudo isso que faz parte dessa textura ideológica do chamado "teatro tradicional". Na verdade não é um teatro tradicional, é um teatro que a burguesia realista inventou: a sala italiana. A sala italiana é praticamente uma produção do desenvolvimento da ética e da estética capitalista, protestante, burguesa. Eu sabia obedecer às regras do palco. Sabia como abrir uma cortina? Sabia. Sabia como fechar uma cortina? Sabia. Sabia como fazer uma luz, como montar uma cena italiana e tudo isso. Mas depois que fui pra rua, essa limitação foi pros ares. Trato uma sala com a grandeza de um teatro de todos os tempos. Não me atrelo a esse limite aqui [a entrevista é dada no palco do Teatro Solar, no Rio]. Um espetáculo meu jamais ficaria confinado aqui onde nós estamos. Necessariamente ele vai vazar, de uma maneira ou de outra. No trabalho com o ator, no tipo de cenografia, no tipo de dramaturgia. Ele vai vazar. Não vou voltar a utilizar esses componentes que abandonei só porque voltei pra cena italiana. A minha relação com o espaço fechado é totalmente diferente da que tinha antes de ir pra rua.

Você aprendeu muito com a rua, não?

Leda, a rua me ensinou Shakespeare, Molière, os atores populares de todos os tempos; Dercy Gonçalves, o teatro vivo. A rua me ensinou essas coisas. Eu falava: "Meu Deus, é por isso que o Shakespeare escreve desse jeito! Ele tinha essa gente em volta dele. Por isso que o Molière escreve como escreve!". Só depois de ir pra rua é que montei uma peça de Shakespeare e uma de Molière. Estou historicamente preparado pra ler esses autores, saber o que eles estão falando, sem precisar seguir nenhum procedimento acadêmico que a elite cultural ou a inteligência dominante no momento queira que eu siga quando ler um texto de Shakespeare. Ou um texto de Molière. A rua me abriu o horizonte, me deu liberdade.

E você continua pensando assim hoje? A rua continua sendo o grande local?

Continuo. Vou te falar uma coisa: eu aprendo, aprendo, aprendo o tempo todo. Não tem limite. Preciso de um espaço amplo pro meu pensamento voar. Pra eu poder andar. Não posso ficar confinado, ideologicamente confinado, pelo valor cultural, pela dominação de um pensamento de elite, por uma arquitetura, por uma plateia e por uma homogeneidade da plateia que o espaço fechado propicia. Quando você trabalha na rua, trabalha com todo mundo. O Shakespeare trabalhava pro mundo. O espetáculo shakespeariano refazia o mundo. O teatro dele chamava "Globo". The Globe. Quando você trabalha na rua, trabalha com o mundo e aprende muita coisa.

Você escreve essa dramaturgia especial pra rua?

No meu trabalho, especialmente, nós improvisamos muito. Usamos técnicas narrativas. Não trabalhamos com teatro de diálogos curtos, que ficaria ótimo numa cena italiana. Mas trabalhamos com narração, informação, imagens de tudo. A dramaturgia é muito especial. Principalmente no meu teatro. De todos os grupos de teatro de rua do Brasil, o meu é o mais radical. Tem que ser. Tem a obrigação de ser.

Por quê?

Porque o meu foi o primeiro grupo de teatro de rua. Corria os riscos e falava: "Alguém tem que ser radical no teatro e não se submeter aos mandos ideológicos da ditadura, do pensamento oficial que fez toda essa inquietação dos anos 60 voltar tudo pro nosso umbigo". A ponto de depois a gente fazer peças que não só ficavam presas no palco italiano, como punham uma tela na boca do palco, na frente do espectador. Você enxerga através da tela. Isso pra mim parece coisa que eu lia sobre os casamentos. Acho que é n'*O leopardo* [de Lampedusa]. Um desses livros italianos em que o marido, pra amar a mulher, botava um lençol em cima dela. Não tinha o contato físico direto. Na parte do sexo da mulher tinha um buraco, e por ali ele a penetrava. Então, o ato amoroso era essa coisa. Você só usava a sua genitália praquilo: tuc, tuc. E pronto! A pessoa que estava na sua frente não existia. E quando vejo teatro, que pra mim é a maior metáfora do amor, da entrega, e vejo uma tela na frente, eu lembro dessa maneira de amar. Uma péssima maneira de amar [risos]!

Você precisa dessa comunicação, desse olhar, dessa amplitude e dessa amplidão, né?

Vou te dizer mais, Leda: espetáculo é uma coisa, teatro é outra. O espetáculo preexiste, está no ar. Só na rua que pude entender isso. Você vai pra rua sem nenhum espetáculo, vai com uma possibilidade de espetáculo. No encontro da rua com o movimento, com as pessoas, com as situações disponíveis que você tem, com os atores que você tem, com as suas narrativas, com a música, etc., você acaba fazendo um *download* do espetáculo. Quero dizer que o espetáculo está no ar. O espetáculo é uma coisa que o ser humano desenvolveu a partir dessa possibilidade de fazer teatro que nós temos. Hoje nós falamos isso, mas há muito tempo era a possibilidade de se expressar, de tentar entrar em contato com os deuses, de buscar uma comunicação melhor entre as pessoas e tudo. É dançar no meio da rua pra chover, pra cantar, pra colher. Isso tudo vai desenvolvendo uma possibilidade de harmonia muito grande. Quando você atinge isso, até chove. Até come. É o ritual completado. O ser humano tem dentro de si uma ideia do espetáculo moralmente perfeito, e a gente busca isso. O teatro busca esse espetáculo que existe na nossa cabeça. O espetáculo é a utopia do teatro. A capacidade de fazer uma organização social, política, emocional, espiritual é tão grande entre você e os que estão com você e o mundo à sua volta que você vive um momento de utopia.

E tudo isso coexiste em você?

Tudo. Se você for olhar, embora não seja nada espantoso, tem uma qualidade difícil de descrever, mas que está lá. Tem a procura dessa utopia que é o espetáculo. O espetáculo é esse momento de entendimento absoluto das pessoas. Se for um minuto, renova a esperança por muito tempo. O espetáculo fica sendo esse criador e condutor de esperança. Acho isso uma coisa essencial no Brasil. Essencial pra todo mundo, pro ser humano. Mas aqui no Brasil, onde a intenção é matar a esperança do povo, é superar a esperança a qualquer custo... Qualquer coisa que aconteça, dizem: "Isso não é tão bom!" "Isso também não é bom." Isso é para não haver esperança, porque ela transforma, modifica, dá autoestima, dá crescimento, dá sonho. Então, tira a esperança. Diz: "Vai ter Olimpíada". "Ih, vai ser tudo corrupto!" Não pode ter esperança.

Porque a esperança transforma, instiga. E aí é vista como perigosa?

Instiga, abre tudo. Perigosíssima. Um minuto de espetáculo bem realizado é capaz de tocar aquela esperança de maneira definitiva. Nesse sentido que acho que quando você atinge o espetáculo, você atingiu uma forma moralmente perfeita, espiritualmente e intelectualmente perfeita. É o espetáculo, que preexiste. Existe como possibilidade de harmonias do ser humano. Quando você trabalha e joga pra que isso aconteça, como uma grande partida de futebol, bum! A pessoa vive isso, e basta um minuto pra renovar a esperança no seu coração. Se estiver passando pela praça ou pelo teatro nessa hora e quiser se matar, não se mata mais. Vai pensar: "Ih, rapaz, passei aqui bem na hora. Foi Deus que me mandou aqui, porque estou vendo isso". E, trabalhando na praça, já ouvi tantos testemunhos: "Moço, eu estava aqui tão triste, pensando em me matar, e agora o senhor fez aí esse teatro. Muito obrigado".

É isso o que te move hoje?

Demais! Me move eternamente. Acho que isso sempre me moveu. Na década de 80, o Tá Na Rua era novinho, recém-formado. Fomos fazer um trabalho pro SESC, em Brasília. Você se lembra do Vicente Pereira? Autor de teatro; é morto. Adorava ele. Meu amigo. Dentro da ditadura, ele era uma pessoa que tentava escrever alguma coisa. Ele e o Mauro Rasi foram sobreviventes de um processo de castração muito grande que a dramaturgia sofreu. Então, fomos pra Brasília, e o Vicente, que morava lá, falou: "Amir, você tem que ir ao Vale do Amanhecer". Perguntei o que era. "É uma cidade espiritual que tem aqui em Brasília, da tia Neiva, que é a grande médium, a sacerdotisa desse espaço. Ela trabalha com as energias que circulam aqui em Brasília, e todo mundo vai lá consultar ela", me explicou o Vicente. Na época, a tia Neiva tinha mil médiuns trabalhando com ela no Vale do Amanhecer. Falei: "Vamos lá! Adoro saber disso".

E foi?

Fui com o Vicente Pereira e o meu grupo, a primeira formação do Tá Na Rua, que tinha dois anos de vida. Quando chegamos, a tia Neiva falou: "Faz dois anos que estou esperando vocês. Sejam bem-vindos!". Eram dois anos de estrada que nós tínhamos. Agradeci. Ela me tratou com especial deferência, me tratou bem. E era dificílimo conseguir uma audiência com ela. Me recebeu bem, ofereceu comida pra mim e para todo o meu grupo, me sentou à direita dela na mesa, pra gente almoçar. Disse: "Sabe que tem teatro no céu?". Perguntei como era, porque pra mim teatro era na Terra. Era uma coisa tão carnal, como é que ia ter no céu? E a tia

Neiva: "É o circo etéreo. A Terra é rodeada de energias pesadas, negativas. Muita energia que desencarna e não sobe porque ainda está muito ligada às coisas materiais. E fica em volta do Planeta. Isso pesa na vida do Planeta. Eu trabalho aqui em Brasília porque é aqui onde tem essas energias mais pesadas. Fico trabalhando aqui pra aliviar um pouco a tensão em volta da cidade, senão ela explode. E o Planeta tem todas essas energias em volta dele". E explicou como é que alivia: "Há um tipo de organização teatral no céu que se chama "circo etéreo", que paira no éter, na estratosfera e chega num lugar onde acende as suas luzes. Quando se ilumina, é de uma atração insuperável, inevitável. Aquela iluminação forte, aquela organização espiritual, perfeita, atrai essas energias que estão ali dentro. Esse é o circo etéreo". Segundo a tia Neiva, essas energias sobem e passam por dentro do espetáculo. Elas não se sentam e assistem, passam por dentro daquela organização. Quando saem do outro lado, elas já não voltam mais. Perderam peso nessa passagem. Passaram pela luz, tiveram um minuto de iluminação. Fico achando que é nesse minuto em que a gente fala tudo. Quando a tia Neiva falou isso, pensei: não sei se isso é verdade ou não, mas nunca ouvi definição melhor pro teatro do que essa.

Isso afetou seu pensamento sobre o teatro?

Comecei a pensar o teatro. É possível o circo etéreo. E comecei a entender, muito tempo depois – porque isso foi 30, 40 anos atrás –, o espetáculo como essa forma perfeita, através da qual você passa e se ilumina. Te dá um toque, uma clareza na consciência e você sai transformado de lá. Não precisa mudar todo mundo, nem o mundo, nem nada. Mas se uma pessoa se iluminou, o mundo melhorou.

Que você continue na rua. E solto.

A rua me dá esse espaço, essa liberdade, e aprendo a lidar com as pessoas sem distinção. Em muitas praças em que trabalho, todo o povo da rua me conhece. "Chegou o coroa! Ô coroa!" Os meninos de rua, os bêbados, os loucos de todos os tipos dançam nos meus espetáculos. É maravilho! Uma coisa fantástica! E meus atores se misturam com eles. E quem está vendo enxerga que há uma possibilidade de as pessoas se entenderem. Não importa em que grau de miséria elas possam estar. Existe sempre um resto de luz dentro da gente, e é possível aproveitar isso. Então, Leda, viver isso é uma coisa muito boa. Uma coisa que me faz ir pra casa e chorar. De alegria, de emoção. De estar vivendo essas coisas tão fortes. De ser capaz de me relacionar com pessoas do nível mais inferior até o mais alto. Isso de você ter os pés no chão e os olhos nas estrelas. O teatro na praça me dá essa possibilidade.

Obrigada, senhor Amir.

Deixa eu falar mais uma coisa: tenho um prazer enorme de estar falando isso com você. Sempre tive um prazer enorme de ir ao seu programa. Sempre gostei muito de ir lá. Sempre achei você uma pessoa interessante. Quando a ditadura cercou este país, a primeira coisa que ela fez foi evitar que as pessoas conversassem e trocassem ideias. Os grupos foram desfeitos. Não se conversava. A minha casa era um lugar de resistência, porque eu não punha música alta. Eu punha música baixinha, e a gente se sentava e conversava. Conversar, conversar! E a ditadura jogando um pra lá outro pra cá, disfarçando todo mundo. Ninguém conversava mais. Não havia mais nada pra ser dito, Leda. Aí quando veio o seu programa foi uma possibilidade de recuperar essa maneira de conversar.

Obrigada. Muito obrigada. Adorei ouvir isso.

É uma conversa na qual as opiniões se desenvolvem. Por isso seu programa dura tanto. O formato do programa é muito legal! Mas quero dizer que a sua presença no programa dá a ele a dimensão real. Já estive nele com outros [apresentadores] fazendo entrevista. Não era a mesma coisa. Devo isso a você. ■

ANA CAROLINA

Uma virginiana apaixonada por música, por computador e pelo amor

A avó cantava no rádio, o avô, em igreja, os tios-avós eram músicos. Da mãe, dona Aparecida, doce figura, ganhou o primeiro violão, aos 12 anos. Mas **ANA CAROLINA** diz que, mesmo assim, não pensava em ser cantora, se importava mesmo era com o violão. Se em Juiz de Fora, onde nasceu, tivesse praia, seria lá que ela passaria os dias, tocando. Mas como não tem, tocava mesmo era sentada na muretinha de casa. Tocava o dia inteiro. Chegou a quebrar esse primeiro violão num acesso de raiva porque não conseguia fazer pestana. Se arrependeu, mandou consertar o violão e, no dia em que ele veio do conserto, conseguiu fazer a tal pestana. Ana diz que é fruto do pão de queijo, da beira do rio, da roça e da traição. Desconfiada, no começo, achava que não iriam gostar da música que compunha. Levou um susto bom quando descobriu que tinha vendido cinco mil discos. Hoje, com dez anos de sucesso, ela já passa da marca dos cinco milhões de discos vendidos, já fez show com mais de um milhão de espectadores e, além do violão, toca guitarra e pandeiro. Ana não gosta de levantar bandeiras, já namorou meninas e meninos, não larga o computador enquanto estiver acordada, vê filmes até a hora de entrar no palco e já cantou em muitos bares da vida. Adora descobrir músicas e compositores novos e gosta tanto, mas tanto, de tocar, que construiu uma casa em que, na sala principal, além das mesas e dos sofás, tem vários instrumentos prontos, arrumados, como que esperando o amigo ou a amiga que quiser chegar e tocar.

Ana, é um livro sobre mineiros, e eu vou começar perguntando o que é que tem de mineiro em você. É o jeito desconfiado?

Acho que é o jeito desconfiado e uma ligeira vontade de fazer as coisas pé ante pé. Eu acho que todo mineiro é ambicioso, bem ambicioso. Mas eu acho que tem uma maneira, que é do mineiro, que é de fazer as coisas pelo trabalho. Ir comendo pelas beiradas, fazer quietinho, fazer trabalhando mesmo. Devagar, pé ante pé... Visando um objetivo. Eu acho que isso é uma coisa dos mineiros que eu tenho também. E acho que a coisa de não ter o mar fez esse grupo de pessoas. Fez a mineiridade. Porque não ter o mar faz com que a gente invente outras formas de se divertir, faz com que a gente invente outras formas de arte. Eu acho careta falar em "linguagem da montanha" porque em Minas Gerais não tem só montanha; tem rio, tem cachoeira... Mas eu acho que mineiro, principalmente na parte artística, inventa uma maneira de se divertir sem precisar de ondas, sem precisar de areia. Eu só passei a ter essa visão depois de morar por um tempo no Rio de Janeiro e ver o dia a dia de inúmeros cariocas que gostam muito da praia. Eu sinto que em Juiz de Fora e em outras cidades mineiras tem aquela coisa da conversa à tarde com café e bolo de fubá, de todo mundo se conhecer na mesma rua, no mesmo bairro. E eu acho que o mineiro é debochado. Quando você acha que está debochando de um mineiro, ele já debochou muito mais de você. Acho o mineiro extremamente debochado e gosto muito disso. E tem mais uma coisinha que eu acho importante falar: eu sou muito respeitada, muito mais respeitada por ser mineira. Às vezes eu chego num lugar, até fora do Brasil, e perguntam: "Carioca? Paulista?". Digo: "Não, mineira.". "Ah, Minas Gerais!" É uma coisa meio diferente. Eu acho que a mineiridade criou tradição com algumas pessoas tão boas na política, na música... Eu tenho a honra de ter vindo para a música depois de gente como Milton Nascimento, Fernando Brant... A gente tem na política pessoas como o Gabeira, que é um cara sensacional. Então acho que essas pessoas escreveram um pouco do respeito que a gente, que vem depois, pega um pouquinho, assim, na rebarba.

E as montanhas te incomodavam de alguma forma? O Milton Nascimento diz que descobriu a própria voz ouvindo o eco que vinha das montanhas.

Para quem nasceu nas montanhas, a sensação de que existe um vale é certamente mais clara do que a ideia de vale que pessoas de outras cidades têm. Eu acho que tem a estética da montanha, a estética do vale, que é diferente da estética do frio em Porto Alegre, como diria o Vitor Ramil, da estética do calor do Rio de Janeiro. Eu acho que essa estética planalto/planície vale a pena ser lembrada.

Você acha que seria diferente se não fosse mineira?

Com toda certeza! Eu sou fruto do pão de queijo, sou fruto da beira de rio, da roça... As pessoas não sabem, mas na minha infância eu ia muito pra um lugar que a gente chamava de "roça"; era a casa da minha tia, no bairro da Barreira do Triunfo, em Juiz de Fora. Tinha muito essa coisa de roça, roça mesmo. Tinha vaca, a gente tomava leite da teta da vaca. Comia o queijo que minha tia fazia, comia ovo da galinha dela. No final de semana comia o frango que ela criava. Era maravilhoso! Eu tive uma infância dividida entre aquela garota que subia nas árvores e chupava tangerina e jabuticaba no pé e a que morava na cidade. E andava no barro, adorava andar no barro! Eu adorava essa vida de roça e, também, extremamente urbana. Voltava pra cidade, e, imagina, carro, escola, rua, trânsito, tudo acontecia ao mesmo tempo. Eu acho que foi uma infância diferente. Foi uma infância muito boa, porque eu aprendi a descobrir prazeres na vida rural e prazeres na vida urbana. Isso me fez ter uma infância única, muito rica.

Como é que você descobriu que queria ser cantora? Como é que você começou a cantar?

Eu nunca pensei em ser cantora. Eu achava que era só tocar violão e cantar. Eu me importava mais com o violão. Eu disse e continuo dizendo que o que me importa mais é o violão. Não estou desdenhando o canto. Adoro cantar. Adoro! Tudo certo. Mas eu tenho um prazer muito especial por tocar violão. Eu comecei a tocar violão aos 12 anos, quando minha mãe me deu um. Um violão ruim pra danar! E aí eu ficava o dia inteiro batucando aquele violão, querendo tocar... Eu cheguei até a quebrar o violão de raiva, porque eu não conseguia fazer uma – quem toca o instrumento entende o que é – pestana. Quebrei o danado do violão. Me arrependi no meio do caminho, mas aí já era tarde. Então eu mandei consertar o violão; quando o violão chegou em casa, eu fiz a pestana [risos]. Eu pensei: "Nossa Senhora, eu devia ter te quebrado mesmo. Olha só, que maravilha!".

Você não tinha aula de violão?

Eu tive um mês de aula de violão, em Juiz de Fora, depois parei. Comecei a pegar revistas de música, livros de música e ficava tentando tirar a melodia. Mais tarde eu resolvi me aventurar numa aula de música clássica, também não durou um mês. E de mês em mês [risos] eu descobri uma maneira de tocar e de fazer da minha própria maneira. Mas só pensava em tocar violão. Em Juiz de Fora, tinha uma coisa de tocar violão na rua, e na rua em que eu morava, na Rua Antônio Dias, a gente sentava na muretinha e ficava lá, com todos os amigos, tocando violão. É de novo aquele negócio: eu acho que se tivesse uma praia, eu estaria tocando violão na praia [risos].

Quantos anos você tinha nessa época?

Acho que tinha uns 16 anos de idade. Eu ainda estava fazendo o terceiro ano, pra poder fazer a faculdade. E aí eu fui criando laços, criando histórias de tocar na noite, arrumei empresários. Fui aumentando o público: de 10 passava pra 20, de 20 passava pra 50, de 50 passava pra 100... Então eu comecei a fazer esse show, sozinha, tocando guitarra, pandeiro e violão. E vim fazer esse mesmo show aqui no Rio de Janeiro, no Hipódromo Up e no Mistura Fina. Eu fazia esse show em Araras, em Bicas, em Ubá, em Cataguases... Aí eu fui fazer no Mistura Fina, no Rio, e dei a sorte de a Luciana de Moraes [filha do poeta Vinicius de Moraes] estar lá e me pedir um CD pra mostrar pro Jorge Davidson, executivo da BMG na época. E eu tinha um "cedezinho" de voz e violão, gravado em Juiz de Fora, no primeiro grande estúdio que tinha lá, chamado Caraíba. Aí eu fui contratada pela BMG pra fazer o primeiro disco e tive que deixar a faculdade. E aí eu voltei pra Juiz de Fora e gravei o disco vindo pra cá toda semana. Na segunda-feira pegava o carro, chegava aqui, gravava no estúdio até sexta-feira e voltava pra Juiz de Fora. Só me mudei pra cá, mesmo, quando o disco foi lançado, e a gente viu que ia dar em alguma coisa. Porque até quando eu estava terminando o disco – [risos] mineiro é desconfiado – eu achava que ninguém ia gostar ou, então, que eu ia ter muito problema pra ser aceita, sei lá. Eu tive uma sorte muito grande, muita sorte no começo. Tive música na novela. "Garganta", na novela das sete, *Andando nas nuvens*, música-tema da personagem da Débora Bloch, a Júlia. Eu tive muita sorte com isso. Eu me recordo de uma passagem assim que lancei o disco. Fui conversar na gravadora, pensando em me mudar para o Rio, e eles falaram pra mim: "No começo é devagar mesmo. Seu disco vendeu cinco mil cópias". "Como assim vendeu cinco mil cópias?" Eu fiquei tão apavorada com aquilo! "Cinco mil pessoas compraram o disco, têm o disco?" "É." E pra o executivo da gravadora não era nada! Mas pra mim era uma comemoração, fiquei na maior felicidade! Falei: "Não tô acreditando que já tem cinco mil pessoas com o disco". Ele deve ter pensado: "Essa aí é doida, não entendeu nada ainda".

Seis meses depois eu ganhei o disco de ouro, cem mil cópias, na época em que a pirataria não era tão forte. Eu fiquei doida na época! As pessoas já me reconheciam na rua depois que eu fiz o primeiro programa de televisão. E aí deu no que deu. Depois eu gravei o segundo, o terceiro disco e fui em frente.

Você ficou apavorada com essa coisa de gravar o disco ou não?

Não, eu pensava assim: "Tô fazendo o show sozinha, pra tudo quanto é lado, eu com a minha empresária. Montando caixa de som, chegando horas mais cedo no bar para organizar tudo, até ajeitar as cadeiras pra ficar melhor pras pessoas assistirem o show". A gente fazia de tudo lá, cara! E eu levava a minha vida assim, ganhava o meu dinheiro, vivia bem. Quer dizer: minha vidinha estava boa. Agora vamos lançar o disco. Então, vamos lançar o disco. Um cara como o Jorge Davidson é um cara que sabe o que está fazendo. Se ele estava interessado em me contratar é porque ele via ali um valor. E aí eu, bem mineira, comecei a fazer tudo pé ante pé. Ele me apresentou o Nilo Romero [baixista e produtor musical], e eu conversei muito com ele, mostrei a demo... Muitas coisas eu já tocava na noite, como "Alguém me disse", "Garganta", "Beatriz", "Tudo bem"... Esse era o repertório da noite. Esse show que eu fazia de voz e violão está ali no primeiro disco. Tanto que tem muita regravação. Quase que não tem música minha.

Você já compunha?

Compunha. Compunha discretamente. No primeiro disco tem "Trancado" e "A canção tocou na hora errada", que foi muito bem na JB FM na época. Chegou a ficar em primeiro lugar. Mas faltava um pouco de mais de confiança pra fazer um disco totalmente com as minhas músicas. Depois eu fui tomando mais confiança e tendo mais parceiros. Comecei a compor com o Totonho Villeroy (autor de Garganta) e com outras pessoas. E fui me tornando uma compositora a ponto de as pessoas me pedirem canções. A minha primeira vitória foi quando a Maria Bethânia me pediu uma canção. Foi a primeira pessoa a me pedir uma canção. Me deu um aval, uma coisa pela qual tenho muito o que agradecer.

Mas você não mostrava músicas para as cantoras?

Não, não, não. Nem eu acreditava direito nas minhas músicas [risos]! Quanto mais "chegar", porque tem que ter... Chegar... imagina! Chegar na Maria Bethânia e dizer: "Olha, eu quero te mostrar uma música". Imagina! Eu dei porque ela quis. Eu só mostrava pros músicos meus amigos, e quando a Bethânia gravou "Pra rua me levar" foi um presente pra mim. Eu escutava 24 horas por dia! Depois eu dei outra sorte, que foi com "Sinais de fogo", pra Preta Gil, que estava gravando o primeiro disco. Foi a música de trabalho, virou um sucesso na voz dela. E eu fiquei muito contente. Achava muito legal ligar o rádio e ouvir uma pessoa cantando um negócio que eu fiz ali no quarto, com Totonho Villeroy, e a música ganhar vida na voz de outra pessoa. É um negócio legal. E continuei quietinha no meu canto e recebendo muitos pedidos. E assim foi Luiza Possi com "Escuta", foi Mart'nália com "Cabide", foi Maria Bethânia, de novo, com "Eu que não sei quase nada do mar", parceria com Jorge Vercillo.

E a sua família aceitava bem uma cantora da noite? Sua mãe aceitava bem? Seu pai?

Meu pai faleceu quando eu tinha dois meses. Eu nem cheguei a conhecer [risos]. O meu pai foi amante da minha mãe por 12 anos. Quer dizer, minha mãe foi amante do meu pai por 12 anos. Ela tentou se livrar dele... Acho que "se livrar dele" é meio forte. Ela tentou deixar a história de lado, porque pra ela não fazia bem viver às escondidas. Ele tinha outra família, mulher, filhos, tenho dois irmãos. Mineiros também [risos]. Maravilhosos! Selma e Fernando. A Selma mora em Juiz de Fora ainda. O Fernando se mudou pra São Paulo, tem uma família lá.

E quando ela tentou reorganizar a vida dela, digamos assim...

Exatamente. Ela veio pro Rio de Janeiro, montou um salão aqui. Veio tentar fazer a mesma vida que ela tinha lá, de cabeleireira. Deixou o salão com as irmãs e veio pro Rio de Janeiro tentar a vida. Aí ela engravidou. Porque ele vinha, mandava flores [risos].

Então, você é filha de um grande amor.

Sim, um amor impossível.

E fez falta pra você não conhecer o seu pai?

Fez. Fazia falta a presença masculina, né? O arquétipo. Acho que tive alguns traumas, algumas passagens estranhas. Aprendi a mentir. Chegava no colégio, e as crianças perguntavam: "Cadê seu pai?". E eu dizia assim: "Meu pai viaja muito. Meu pai está viajando". No outro dia: "Cadê seu pai?". "Ah, meu pai morreu." Daí a pouco eu inventava outra coisa. Inventava milhões de histórias com relação a isso. E sempre caía. Chegava uma hora em que as pessoas viam que eu estava mentindo. E foi muito traumático, porque chega o Dia dos Pais, e a criança que não tem pai não tem o que fazer. A não ser chorar num canto do colégio. Minha mãe dizia: "Olha, faz a lembrancinha do colégio e dá pro seu padrinho". Tudo bem, não é? É uma historinha, uma coisinha pra fazer, mas a criança não é boba. A criança sabe o que é a realidade. A realidade pesa, né? Foi bem difícil, foi bem traumático. Mas já estou completando dez anos de análise [risos]! Melhorei. Parei de mentir [risos]. Ou melhor, comecei a fazer virarem verdade as mentiras nas minhas canções.

E sua mãe lidou bem com o fato de você ser cantora? O padrinho, as tias? Todo mundo gostava desde o começo ou gosta agora? Agora é fácil, né?

Agora é mais fácil, logicamente. O que acontece é que, agora, depois que fiquei conhecida, descobri primos que nem sabia que tinha. Porque eu vou fazer show num determinado lugar e: "Pô, é minha prima. Vou lá ver". Eu passei a ter alguns familiares mais perto. Mas na época eu tive muita coisa da minha mãe, sim. Eu lembro que, quando a gente vinha pro Rio de Janeiro, por exemplo, eu não sabia cozinhar, nunca tive essa coisa com a cozinha. Muito menos a minha empresária, que morava comigo. Então a minha mãe fazia umas comidinhas pra eu trazer pro Rio. Ela fazia carne assada porque é uma coisa que a gente botava no congelador e durava um tempo. Depois ela ia nos visitar, ela ia aos shows. Ela estava atenta. Desde quando eu tocava na noite. De vez em quando ela ia num bar ou outro assistir. Era uma coisa muito bacana, muito natural. E a minha mãe sempre foi muito crítica, com tudo. Muito difícil agradá-la. Uma coisa!

E você é bem corajosa, né, Ana? Aquela entrevista na *Veja*, a capa da *Veja*...

Mas isso foi um susto! Na verdade, eu já havia falado... mas ninguém prestou atenção. Em alguns momentos, logo no início da carreira, eu estava muito preocupada em mostrar as músicas, e as pessoas muito preocupadas em saber as coisas da música. Eu nunca fui muito questionada, no comecinho, não sei por quê. Na época do disco *Ana, Rita, Joana, Iracema e Carolina* [2001], começaram a surgir algumas especulações. Eu nunca escondi. Eu cheguei a falar "a minha namorada" para alguns repórteres, mas não publicaram, não deram atenção. Deram mais atenção à música. Então, essa entrevista eu fiz em São Paulo, me lembro como se fosse hoje, no Unique, com o Sérgio Martins. Ele estava gravando muito atento e não escreveu uma linha fora. Tudo o que está naquela entrevista eu disse. Eu não podia no dia seguinte falar: "Gente, não é bem assim...". E a entrevista não seria capa, seria "Páginas amarelas". Vários cantores estavam fazendo na época. Eu pensei que eu fosse só fazer as páginas amarelas, contar um pouco da história... Então estava contando a história, contando a história... parecido com o que a gente está fazendo aqui, só que um pouco mais raso. Como eu vim, como foi, como começou... Numa hora lá me perguntaram: "Quem tá ali?". "A minha namorada." "Ah, a sua namorada..." E fui falando, fui falando, fui falando... Quando eu vi, virou uma capa. Eu não falei pra fazer proselitismo, pra levantar bandeira. E eu também pensei, chega de mentira! Parou! Vou te falar a verdade: no meio da gente – eu posso até falar isso aqui, a gente se conhece há um tempo –, a gente vai em festa, e eu chego ali com uma namorada, de mãos dadas, com uma pessoa que eu amo... Todo mundo sabe. Mas eu não vou chegar na imprensa e: "Ah, não, porque...

saí com um namorado, escondido...". Eu fico com homens também, adoro ficar com homens também. Tem o seu valor, mas...

Mas você já teve namorado mesmo?

Muitos, muitos. Mineira, né? Come quieto. É uma coisa muito mais do coração do que de gênero. Eu tive vários namorados, depois conheci alguns homens muito inteligentes, muito interessantes, muito incríveis, com os quais eu tive caso. Mas, até pelo fato de ter tido sempre namorada, eu tenho um certo pudor de ficar beijando na rua. A gente tem um certo cuidado, né? Eu tive uma que tinha filho, o que era uma coisa complicada. Então a gente não declarava muito, não ficava mostrando publicamente a nossa história... E, logicamente, quando eu comecei a ficar com homens, também não tinha muito essa coisa de ficar beijando na rua.

O que te tira do sério, Ana?

Carro. Motorista dirigindo na metade da velocidade na pista da esquerda. Pode andar a 80, e o cara tá a 40. Isso me deixa louca! Inveja. Inveja descarada. Já tive várias amizades que eu acreditei que fossem amizades verdadeiras e depois vi que era pura inveja. Isso também me deu um trauma bem grande. A inveja é uma coisa da qual eu quero distância. E falação! Gente que fala demais, gente que fala mais do que sabe. Especulações... Fofoca... Gente que inventa as coisas, que diz uma coisa aqui pra menosprezar o outro ali. Não gosto... Não sou muito de jogar conversa fora nesse sentido, sabe?

O que a inspira? A sua vida ou a vida em geral?

A vida em geral. Às vezes componho com a imaginação, às vezes componho com o coração. Os personagens que crio também são meus. "Vê se me esquece", uma música do meu segundo disco, fiz pro término do relacionamento de duas amigas. Uma delas era minha ex-namorada, de quem eu fiquei muito amiga. Elas tinham terminado, eram muito minhas amigas, e cada uma me ligava de um lado... Uma ligava chorando de um lado, a outra ligava chorando do outro, e eu naquele meio tentando ser imparcial. E foram tantas ligações que eu acabei fazendo essa música. E as histórias, ver as pessoas na rua, ouvir o que elas têm pra dizer, a maneira como as pessoas olham a vida... isso tudo me dá muita inspiração. Quando a gente é mais nova, tudo vira música com mais facilidade. Eu tive uma época, quando eu lancei o *Dois quartos* – um álbum duplo, com 24 músicas –, em que tudo virava música. Tudo era motivo pra virar uma canção, tudo! Eu acordava, olhava o sol: "Vou fazer uma canção". Chovia: "Vou fazer uma canção". Fui ao cinema: "Vou fazer uma canção". E isso é transitório. Agora estou num momento em que eu estou compondo também, mas querendo fazer poucas canções.

E isso tem uma rotina? Você compõe de manhã, compõe de tarde? Anota frases pra pensar sobre elas depois?

Sim. Agora, com esse mundo digital, com computador pra cima e pra baixo, a gente tem muitos programas de música. Eu ando com eles na estrada, onde eu vou. No computador tem um teclado em que eu toco piano. E aquilo pode virar, dentro do computador, guitarra, baixo, bateria. Dá pra tocar bateria nesse teclado! Então eu fico pra cima e pra baixo compondo no computador, experimentando coisas que não consigo naquele desenho antigo e maravilhoso que é do violão – e eu não deixo de sentar e tocar o violão e fazer uma canção no violão –; ele se modifica e vira uma espécie de experimento. Estou sempre com o fone, compondo alguma coisa, tentando criar alguma coisa. De letra, também, é a mesma coisa. Vem a ideia de uma frase, e eu guardo ali, deixo numa pasta. Eu tenho uma pasta no meu computador que se chama "Fragmentos de letras". De vez em quando eu recorro a ela. Quando estou precisando de uma grande frase e eu não consigo terminar, eu volto ali e pego uma frase. Começar a tocar piano foi muito importante pro esquema da composição. Foi uma coisa que enriqueceu bastante, porque com o violão você acaba fazendo sempre o mesmo desenho. No piano você toca de uma outra maneira, você enxerga as notas de outras maneiras. Então você tem como buscar outros caminhos.

Você mesma se desafia.

É, porque senão eu começo a fazer sempre da mesma maneira, não busco outra forma de fazer. É bom buscar novas maneiras. Com o piano foi assim. Tive quatro meses de aulas com a Délia Fischer antes da estreia do *Dois quartos*, porque eu queria tocar o "É isso aí" no piano. Ela é uma professora tão incrível que eu aprendi. Aprendi, razoavelmente, algumas coisas harmônicas. Já deu pra compor umas coisas. Aí eu fiz "Traição", junto com a Chiara Civello, pro meu disco *Nove*, no piano. Já fiz mais duas músicas também no piano. Tá bem gostoso, bem bacana esse outro modo de ver a música. Isso me dá um certo frescor.

E você construiu uma espécie de palco na sua casa.

Quando rola um sarau, as pessoas vêm, aí tocam percussão, piano, tem baixo, tem guitarra... O John Legend esteve aqui e adorou! Tocou piano. Ele colocou no MySpace dele. A banda dele toda cantou, as *backings*, o baixista, o guitarrista... Fizeram um puta show aqui. Incrível! Incrível!

Você já o conhecia?

Não. Quando eu completei 10 anos de carreira, a Marilene [Gondin, empresária de Ana Carolina] me disse: "E aí? E agora José? Dez anos de carreira. O que é que você tem pra me dizer?". Eu falei que queria comemorar e do meu jeito. Não queria fazer um show ao vivo, pro público, e gravar. Eu queria me divertir, chamar pessoas pra cantar comigo... "Eu quero cantar com o John Legend" Ela olhou pra mim e disse: "Você só quer isso?". Eu falei: "Por que não? Por que não? Vamos tentar. O 'não' já é. O 'não' já tá dado. Ele 'não' me conhece. O 'não' existe". Aí mandamos um e-mail na primeira pessoa: "Eu sou Ana Carolina, uma cantora brasileira...". E mandei uns *links* do YouTube, de áudio, de músicas. "Estou fazendo 10 anos de carreira, adoro o seu trabalho e queria muito cantar com você. Estou te mandando uma música". Mandei uma música sem letra, só a melodia. Escrevi: "Eu estou fazendo a letra dessa música, que é minha e do Antonio Villeroy. Se você quiser botar uma letra em inglês e cantar comigo ou tocar um piano ou qualquer coisa...". Me dei muito bem! Ele gostou da música, cantou e ainda fez a versão em inglês. Muito legal! Foi muito legal! Então ficamos amigos, ele veio ao Brasil, a gente se divertiu. É um cara incrível! Gente como a gente. Eu amo gente. Eu dei muita sorte! Senti o coração dele quando assisti a um vídeo dele no YouTube, numa apresentação... "Poxa, esse cara é uma boa pessoa." É capricorniano também. Que presente maior eu poderia receber? Dez anos de carreira, cantei com John, cantei com a Esperanza Spalding, uma mulher que eu admiro já há muito tempo, muito novinha, que toca um baixo inacreditável, uma pessoa superincensada nos Estados Unidos no jazz. A Chiara Civello, minha parceirona, cantou no disco. Aí tirei uma onda danada! Fiz uma música com o Gilberto Gil. Depois que a música já tava pronta, eu chegava num lugar e a primeira coisa que eu fazia era contar pras pessoas: "Tudo bom, Leda? Eu fiz uma com o Gil" [risos]. Com uma felicidade, um orgulho, uma honra de ter feito com o mestre. E cantei com ele também no DVD. Foi uma coisa maravilhosa! Cantei com a minha diva maior, Maria Bethânia. Cantei com a Ângela Rô Rô, "Homens e mulheres", fazendo uma brincadeira com essa coisa que a imprensa fica especulando: Ana Carolina e Ângela Rô Rô gostam de homens e gostam de mulheres. Aí chamei logo ela pra gravar "Homens e mulheres". Ficou superdebochado, superlegal. Gravei com a queridíssima Roberta Sá, que é uma grande cantora; adoro! Gravei com a Maria Gadú, "Mais que a mim", o único blues que ficou fora desse disco. Cantei com o Luiz Melodia, "Cabide". Cantei com o Seu Jorge, "Tá rindo, é?". Cantei com a Zizi Possi. Uma felicidade! Uma felicidade!

Ana, você está morando numa casa cercada de verde. Está gostando de morar no meio do mato, no alto de uma montanha?

É muito bom! A vida em apartamento era uma vida de janela fechada, de não escutar a chuva bater no chão, de trânsito. Eu abria a janela e via carro passando, buzina, etc. Aqui é silêncio absoluto. Vinte e quatro horas de silêncio. Eu fecho ali e fico em silêncio. Não escuto mais nada no mundo. Até porque ouço muita música nos ensaios; tem horas que eu preciso pra caramba desse silêncio. É muito bom! Eu gravei o meu primeiro disco aqui, nesta rua, no estúdio do Liminha, e vim morar nesta rua. Destino... Eu não gosto muito é de praia, de mar. Não vou pro mar, pra praia. Eu não tenho relação com o mar. Me mostra um lugar verde, onde tem montanha... Engraçado, eu logo vim pra cá. Esse verde, essas árvores... Uma loucura! Maravilha! Mas sair para ir a bares, restaurantes, não vou muito, não. Já fui muito, mas a gente muda, né? Se estiver vazio, se for dia de semana... é um barato! Gosto de comer bem.

E você leva bem esse negócio de ser diabética? Você toma conta de você? Você é cuidadosa?

Sou, sou. Eu sou mais do que você imagina. Se você vir os meus dedos, você não acredita! São todos furados. Eu furo seis vezes ao dia. Eu sou chata. Fico o tempo inteiro regulando. Tomo a minha insulinazinha, faço a minha dieta. Nos exercícios é que eu estou meio falha. Agora não tô muito boa, não tô fazendo muito exercício. Mas, na medida do possível, eu levo uma vida muito boa. Eu faço tudo o que eu tenho que fazer. Eu sou viciada em computador! Sou do tipo que acorda às cinco da manhã, liga o computador e fica até as oito. Durmo. Acordo às 11 e ligo o computador. Na verdade, eu não ligo o computador, o computador fica no repouso. Eu não desliguei o meu computador desde que eu comprei! É um negócio inacreditável! Eu acho que beira o vício. Eu não participo de Orkut, não tenho Twitter, não tenho Facebook, não tenho nada disso. Eu tenho o meu site. As pessoas enviam as perguntas pra lá, eu respondo. Algumas perguntas, lógico. Mas normalmente eu passeio muito pela internet. Em sites de música, de notícias. E, como é um mundo à parte... Não é um mundo à parte, a internet é um mundo mesmo. Eu dou uma volta no Louvre, pra lembrar umas coisas que eu vi. Sério! Vou à Irlanda, vou dar uma volta nos museus de lá. Vou ver o que acontece na noite na Índia, num bar na Índia, por mais que eu não entenda aquelas letras, a língua do lugar. Eu vejo fotos, eu vejo os costumes, eu vejo o lugar, eu vejo as paisagens. Eu adoro fazer esse tipo de coisa. E adoro ranking, adoro lista. Os dez maiores cientistas do mundo, por exemplo. Aí eu entro no Google e vejo os dez maiores do mundo. Os dez piores acidentes. Qual a companhia aérea que menos caiu. Adoro esse tipo de coisa! Adoro essas listas. Adoro! Tenho uma queda por isso. Pegar um e-mail é bom também. É maravilhoso. Mas, se você entra na internet e consegue navegar, descobrir coisas e aprender com ela, isso aí é um grande presente. Fora as coisas engraçadas. Eu adoro rir, adoro rir! Adoro dar risadas.

Você joga baralho, Ana?

Jogo muito. E jogo na internet também. Não é por dinheiro, não. Tem pôquer também, mas eu sou viciada em tranca. Jogo *on-line* também. Eu entro numa sala, e jogamos eu e o meu parceiro contra mais dois. Só que o parceiro mora em Natal, entendeu? Uma é de São Paulo, e o outro é de Goiânia. Depois gira um papo... É engraçado, é bom.

E você fala que você é você?

Não. Nunca. Eu nunca falei. Nem coloco o meu nome. Mas fico ali... Às vezes antes do show eu jogo. Às vezes, a minha concentração pro show é essa [risos]. Adoro ver filmes também antes do show. Vejo filmes e filmes. Vejo dois, três filmes.

Em dia de show?

Em dia de show.

Você chega cedo no lugar do show?

Por exemplo, eu vou pra Salvador e vou pegar o avião que sai 11h15 da manhã. Às 11h – eu já estou com um filme aqui dentro [mostra o computador] – eu abro e começo a ver. Chego no hotel, acabo de ver, coloco outro. Até a passagem de som. Acaba a passagem de som, às vezes eu fico direto no local do show. Eu vou pro camarim e continuo vendo o filme, me maquiando, fazendo exercício de voz, trocando de roupa, até a hora de entrar... Juro! Ver um filme me alimenta e me relaxa também.

Nunca atrasou nenhum show pra ver o final do filme?

Nunca atrasei. Nunca atrasei, não [risos]. ■

ANA PAULA
Uma vida dedicada ao vôlei

ANA PAULA RODRIGUES CONNELLY nasceu em Lavras e descobriu o vôlei aos oito anos de idade, quando fez sua escolha da vida inteira, às lágrimas, assistindo na TV às Olimpíadas de 80. Dedica-se ao esporte desde os 11 anos, primeiro no time do colégio, depois no Lavras Tênis Clube, e, em seguida, no Minas Tênis, de onde saiu para a seleção brasileira. Nunca se arrependeu. Além das alegrias das vitórias, das medalhas e dos prêmios, diz que foi o vôlei que lhe deu o lindo e forte corpo que tem. E vê, com alegria, o interesse do filho pelo esporte na mesma idade que ela tinha quando começou. Hoje acha que aprendeu a lidar melhor com a derrota, mas se lembra muito bem de quando era pequena e perdia um jogo: não dormia, não comia, chorava e treinava mais ainda. Mineira teimosa, se achava o patinho feio, alta demais, magra demais, meio desajeitada, mas, graças ao esporte, ganhou autoconfiança. Acha concentração um mal necessário, adora doce, sempre foi muito disciplinada, aprendeu a se perdoar quando não faz uma boa partida e pretende jogar até quando puder, o corpo deixar e estiver ganhando.

Ana Paula, você se descobriu atleta de voleibol ainda pequena?

Muito pequena, com a idade que meu filho tem hoje: oito anos. Descobri que queria ser uma atleta olímpica também com essa idade. Houve as Olimpíadas de 1980, em Moscou, e eu sou de 1972. O encerramento, que era aquele ursinho Misha chorando, ficou muito famoso. A gente morava em Lavras. A minha mãe chegou na sala, e eu estava aos prantos; ela perguntou o que estava acontecendo. E eu: "Poxa, só daqui a quatro anos. Queria que tivesse Olimpíadas todo ano". Ela: "Calma, daqui a pouco tem Copa do Mundo". Eu insistia que queria ver era outras Olimpíadas. E minha mãe: "Mas por que isso, menina?". "Porque um dia, mamãe, eu vou pra lá", respondi. Lavras tem ótimos centros de treinamentos. A Seleção Masculina sempre ia pra lá. O time masculino do Minas Tênis Clube, que na época era Fiat Minas, também. Fazia pré-temporada, ficava duas semanas em Lavras. Eu era aquela boleira que chegava no ginásio às 8 da manhã e só ia embora às 8 da noite. Via o juvenil e o adulto do Minas treinarem. Pegava bola. Tenho autógrafos deles guardados até hoje. Tenho autógrafo do Bernard Rajzman, que hoje é um grande amigo, guardado até hoje, e já mostrei pra ele. Tenho autógrafo de Bernardinho, que, anos e anos depois, foi meu técnico. A paixão pelo vôlei começou lá em Lavras e quando eu era bem pequena. Minhas amigas, na época, ficavam suspirando: "Ah, o Renan é lindo!", "Meu Deus, o Montanaro!". Eu não via isso. O que me chamava a atenção era o que eles faziam. Queria fazer o que eles faziam. E acabava destacada da turma.

Você começou a treinar quando?

Com 10, 11 anos, no colégio. O pessoal do time da cidade, que era o Lavras Tênis Clube, me viu, achou que eu tinha futuro e me puxou do colégio pra lá. Do Lavras Tênis comecei a fazer campeonatos mineiros, brasileiros. Aí o pessoal do Minas me viu jogar e me levou pra Belo Horizonte. Eu tinha 16 anos. Fui morar sozinha numa república que o Minas tinha. Éramos quatro meninas. Eles davam apoio, tinha uma estrutura forte. Senão meus pais não iam deixar. Depois a minha irmã, a Marcelle Rodrigues, também começou a jogar. Chegou até a Seleção Brasileira. É uma pena a gente nunca ter se cruzado na Seleção. Quando saí da Seleção pro vôlei de praia, ela entrou. E minha mãe também jogou vôlei a vida toda.

E você lida bem com vitória e derrota ou na derrota fica desesperada?

Não [risos]. Hoje, depois de muitos anos, lido melhor com a derrota. Mas no começo sofria muito. Vejo que o meu filho é igual. Sofre demais com a derrota, perde a vontade de comer... Eu era assim. Não comia, chorava até vomitar, ficava muito arrasada. Essa história de que o importante é competir, comigo, nunca funcionou bem. Desde pequena. Depois fui aprendendo a lidar com a mágoa de uma derrota. Fui canalizando pra treinar mais, pra aprender mais, pra fazer mais que todo mundo. Tive boas pessoas que me influenciaram. Acho que não aceitar a derrota é uma coisa positiva, mas é preciso ter a sorte que eu tive de ter pessoas certas no caminho pra canalizar isso pro trabalho.

Quais foram as pessoas certas no seu caminho?

Um técnico do Minas chamado Alison Lima, que já faleceu. Ele não era só um técnico, era um paizão pra gente. Outro técnico era o Carlos Alberto Castanheira, o Cebola, que ainda continua envolvido com vôlei. Naquela época, saindo da adolescência, foram pessoas que canalizaram essa minha raiva da derrota pro trabalho árduo. Aquela coisa: "Está com raiva? Ótimo! Eu também estou. Vamos trabalhar mais, vamos fazer mais". Foi isso que trouxe uma excelência pra o meu voleibol que foi fundamental depois.

Nunca se ressentiu de ter que deixar de ir a festas, de namorar, de fazer coisas por causa do esporte?

Não. O que aconteceu na minha vida sempre estava dentro de mim. "Eu quero isso, eu quero isso." Era o meu objetivo. As coisas passavam na minha frente sem a menor tentação. Não havia tentação de cigarro, bebida, festa, namorado. Minhas amigas todas já namorando. Eu nem queria saber, porque não queria sair, não queria ir pra festa. Queria saber de acordar cedo e ir pro ginásio treinar. E isso desde criança mesmo. Tudo o que aconteceu na minha vida eu queria muito. As coisas não passavam como tentação. Passavam como: "Ok, não é pra mim".

E quando errava um lance? Ficava brava contigo?

Ficava. Muito. Sempre fui de cobrar demais de mim. E de quem estava perto de mim também. Criei algumas inimizades por cobrar das outras pessoas o que eu cobrava de mim. Só que nem todo mundo tinha o mesmo comprometimento que eu ali. Com 16, 17 anos eu tinha na cabeça ser profissional, ir às Olimpíadas, defender o Brasil. E algumas meninas estavam naquela: "Calma, Ana, isso aqui é um joguinho. A festinha é às oito horas". Nunca tive essa cabeça, e isso me criou problemas no começo. Alguns até psicológicos, porque certos grupos não me aceitavam. Eu era muito enfática, muito dura, cobrava das outras garotas o que eu cobrava de mim e esperava que os outros cobrassem da mesma maneira. Só que nem todo mundo tinha as aspirações malucas que eu tinha.

Acha que, de alguma forma, se não fosse mineira, isso seria diferente? Há Minas Gerais nesse comportamento?

Há no sentido de que o mineiro é teimoso. Ele enfia uma coisa na cabeça e, se aquilo vem do coração, ele vai até o final. Vejo muito isso no meu pai, na minha mãe, na minha irmã. É uma coisa de raiz nossa. A gente é mineiro teimoso mesmo. Botou uma coisa na cabeça, não há santo que tire. Se ele acredita mesmo que aquele é o caminho, pode falar o que quiser, argumentar o que quiser, que ele escuta, até diz ok, mas não faz. Segue o que está no coração.

Você sempre foi muito bonita. Essa beleza te ajudava ou atrapalhava?

Não, porque nunca fui muito bonita, Leda. Acho que sou um pouco do retrato daquele patinho feio que foi melhorando através do esporte. Na minha adolescência, eu era muito alta, magérrima, desajeitada, não tinha peito, não tinha bunda, não tinha perna nem coxa, enquanto as minhas amigas já eram gostosinhas, já tinham beijado na boca. Eu não tinha nada disso desenvolvido ainda. Nem o meu corpo, nem essa malícia. Minhas energias se voltavam muito para o esporte. E foi com o esporte que o meu corpo foi criando músculos, foi se desenvolvendo, foi ficando um corpo mais musculoso, mais bacana. Eu sempre me achei muito feia, desajeitada. Depois de um tempo eu comecei a me olhar no espelho: "Vou cuidar um pouquinho mais do cabelo; até que eu estou bonitinha". Os meninos começaram a me olhar. Acho que também tem o outro lado que o esporte me deu, que começou em Minas, em Belo Horizonte, quando os meninos começaram a me olhar. Eu, até então, até os meus 16, 17 anos, era aquela que tomava chá de cadeira nas festas. Ninguém me chamava pra dançar. Eu era feinha, desengonçada, mais alta que todo mundo. E, lá no Minas, um clube de atletas, basqueteiros, jogadores de vôlei, começaram a me olhar: "A Ana é bonitinha". E outra coisa que eu acho que acrescenta na beleza exterior é o sucesso, de estar treinando, de estar se dedicando. Eu acho que é por isso que a gente acaba namorando, se casando e descasando com pessoas do nosso meio. Porque a disciplina também é um afrodisíaco, o treinamento árduo é um afrodisíaco. A gente gosta disso. Acho que isso também começou a chamar a atenção: "Nossa, ela foi eleita a melhor de tal campeonato!". As pessoas começam a olhar diferente por isso também, os rapazes também. Não que se aproximavam, mas prestavam atenção. "Quem foi a melhor do campeonato da semana passada?" "Foi a

Ana Paula." "A Ana Paula de novo?" Aí eles passam: "Poxa, parabéns, soube que você foi eleita a melhor". Aí começa o papo. Acho que isso quebrou muitas barreiras na minha adolescência. E trouxe uma confiança que eu não tinha como mulher, fisicamente. O esporte me trouxe essa confiança como mulher. Essa autoestima que eu tenho hoje, que veio melhorando ao longo da minha vida, da minha carreira, foi por conta do esporte.

Você se casou no voleibol?

Casei. Me casei com o meu técnico [risos]. Marcos Miranda. Ele foi assistente do Zé Roberto nas Olimpíadas de Barcelona, quando os meninos da Seleção Masculina foram campeões olímpicos. É o pai do meu filho. Depois a gente se separou. A gente começou a se relacionar em 2000. No mesmo ano eu engravidei, tive o meu filho, ficamos juntos até 2006. E hoje eu estou noiva de um ex-jogador de vôlei de praia, americano. E é sempre assim. É difícil se relacionar com uma pessoa fora do esporte. A pessoa não entende que você conhece o mundo inteiro e não conhece o mundo inteiro. Você conhece ginásio, academia, treinamento. Já fui a países sobre os quais você vai falar: "Ok, como é a África do Sul, Ana Paula?". Um dos países sobre o qual todo mundo fala. Acho que deve ser lindo, mas eu não sei. Porque eu fui da competição pro hotel, do hotel pra academia, da academia pra competição. A gente não tem tempo de ficar. Lógico que depois você tenta, de uma certa maneira, num tempo muito curto, conhecer alguma coisa. Mas é muito difícil, as pessoas não entendem.

Você gosta de concentração?

Ninguém gosta. Embora eu entenda que seja um mal necessário. Numa certa época da vida da gente é fundamental. Depois, nessa idade em que eu estou agora, depois dos 30, 32, você já tem uma certa maturidade esportiva. Ela está intrínseca em você. As pessoas falam: "É difícil pra você não comer besteira?". Não é difícil pra mim, porque, quando era difícil pra mim, nos meus vinte e poucos, eu me forcei a seguir uma certa linha, muita disciplina. Hoje as coisas acontecem naturalmente. Hoje, uma concentração, pra mim, não faz tanto efeito, porque eu faço a minha própria concentração a vida inteira. E não consigo fazer diferente.

E o que era o maior sacrifício pra você, de não comer, por exemplo? Como boa mineira...

Era doce [risos]. Doce, doce! Porque minha mãe é aquela mineira de mão cheia. Torta de abacaxi, torta de coco, isso e aquilo. A gente foi criado com isso em casa. A gente comia pouco no almoço pra na sobremesa explodir nas tortas da minha mãe. Eu sempre tinha que fazer muita força pra não sair da linha com doce, pra não perder a cabeça num prato de doce. Porque era aquela coisa: se desse uma colherada.... era meia-tigela. Mas hoje eu já consigo dosar, já consigo ficar só na colherada. Até porque o nosso metabolismo aos 37 diminui. É diferente.

E você rezava pra ganhar um jogo? Uma partida? Fazia promessas, coisas assim?

Eu rezava. Também como uma boa mineira, rezava muito. Lá em casa a gente é muito católica, e a minha mãe tem muita fé em Nossa Senhora Aparecida. A gente rezava muito, muito. E a gente ia muito a Tiradentes também e comprava imagens barrocas de lá. Na minha casa há muitas imagens compradas em Tiradentes. De São Francisco, de São Judas, de Nossa Senhora, do Menino Jesus. A minha mãe criou a gente sempre no conceito de rezar, de pedir bênção. Eu não rezava muito pra ganhar, mas eu aprendi muito a rezar pedindo proteção pra que eu não me machucasse. Porque, quando você chega a um certo nível de treinamento, há uma hora em que tudo dói: o joelho dói, o ombro dói, as costas doem. Sempre fui muito daquela de rezar pra pedir que ninguém se machucasse. E eu mesmo nunca me machuquei seriamente, graças a Deus. Fiz uma cirurgia no joelho uma vez só. Uma cirurgia pra quem jogou 21 anos na Seleção é quase nada. Foi por causa de um acidente. Eu escorreguei. O piso estava molhado, e eu escorreguei. Contusões aconteceram. Algumas um pouquinho mais graves, outras menos. Mas aquela coisa de ficar um ano parada, graças a Deus, não. Nunca aconteceu, não.

E você sempre disciplinada. Quando acontecia uma contusão, você se dedicava até sarar...

Sempre fui muito disciplinada. Às vezes eu me pego tentando ser um pouco menos disciplinadora com meu filho, porque ele tem só oito anos. Às vezes eu converso muito com minha terapeuta, e ela fala: "Ana, não se esqueça de que ele é uma criança!". Eu vejo que eu tenho esse lado muito forte: "Os brinquedos estão desarrumados! A sua roupa está no chão!". E eu não quero ser general pro meu filho, eu quero deixá-lo curtir. Comigo eu sou um general. E, às vezes, quando eu percebo que eu estou sendo um pouquinho com ele, eu dou uma parada.

Você acha que ele vai jogar voleibol?

Nunca o forcei a jogar. Sempre o deixei escolher. E teve uma fase da vida dele em que eu percebi que o vôlei era uma coisa negativa: "Meu pai e minha mãe ficam muito tempo fora por causa do vôlei". Ele não assistia, ele não jogava, ele detestava bola de vôlei. Este ano, em que ele completou oito, ele pediu pra entrar numa escolinha de vôlei. A gente nunca havia falado de vôlei com ele. E quando ele entrou na escolinha, pra minha surpresa, ele já sabia todos os fundamentos. Já sabia tocar, sacar, levantar. E o professor veio falar comigo: "Você ensinava em casa?". A gente nunca ensinou. Nunca! Aí vem aquele ditado: "O melhor técnico são os olhos". O Gabriel observou demais.

Ele é uma criança muito observadora. Mas não vou forçar, não. Se ele quiser continuar com o vôlei, ok. Se ele quiser parar mais pra frente, ok também.

Você viveu intensamente seu sonho na quadra e agora está vivendo na praia. É muito diferente?

É diferente. Pior em alguns aspectos, melhor em outros. Pior porque é mais cansativo; exige muito mais de você do que na quadra. Na quadra você divide com seis, com 12. Na praia, não; é só você e a sua parceira, durante duas horas, num sol escaldante de 40 graus. Você quer pular, e a areia te puxa pra baixo. Fisicamente é pior. Mas você fica melhor fisicamente. Hoje o meu corpo, aos 37, é muito melhor e mais bem preparado fisicamente do que aos 27, por exemplo. A praia me deu essa condição física. Quando eu paro de treinar e entro de férias – o meu lastro ficou muito grande – não perco muito. A praia me deu essa condição física. Na quadra, não. Você para duas semanas e engorda. Parece que alguma coisa internamente mudou. As fibras, acho que mudaram também. A maneira como eu trabalho o meu corpo mudou. Mas há o lado ruim também: você tem que tomar conta de tudo, você é quem tem que contratar o seu técnico, você é que tem que pagar todo mundo, você é que tem que ir atrás de patrocínio. A quadra é um esquema, mas você encaixa. Você é contratada, alguém te paga, alguém dá o cartão de embarque na sua mão, você tem a vida resolvida. Mas você tem que seguir a regra pra todo mundo. Você tem concentração, tem que chegar tal hora. E a praia tem essa flexibilidade. Posso levar meu filho nas viagens, levo a minha mãe. A praia dá uma consciência maior de profissionalismo no sentido de que, se você não fizer, não vai acontecer. Você tem que trabalhar mais. Mas a flexibilidade que vem junto é uma liberdade que, usada com responsabilidade, é muito, muito, muito boa. Porque eu carrego o meu filho pra onde eu quiser. Não tenho que pedir permissão a ninguém. Continuo jogando, fazendo, trabalhando duro, e minha família está sempre comigo. Na quadra seria muito difícil.

E você leva bem a ideia de ser mãe? Você gosta?

Eu amo. Nasci pra ser mãe. Depois de ser atleta, nasci pra ser mãe. Gosto muito. Tenho pessoas que me ajudam, minha mãe é meu braço direito e esquerdo nas minhas viagens, e tenho duas pessoas que trabalham para mim. E não sei o que seria de mim sem elas e minha mãe. Mas quando eu estou em casa, quem dá banho sou eu, quem faz o dever sou eu, quem dá o jantar sou eu, quem bota na cama sou eu. Quando eu viajo também, apesar da minha mãe sempre viajar, saio correndo do jogo e vou ver do que o Gabriel está precisando, tento botar pra dormir. Descobri uma vocação que me foi imposta pela vida, porque a minha gravidez não foi planejada. E o Gabriel tem esse nome porque ele foi um anjo, foi uma boa notícia enviada por Deus. E foi uma vocação, Papai do Céu falou: "Vou mostrar que você sabe fazer outras coisas também".

E houve alguma partida em que você fez a diferença pro bem ou pro mal?

Sempre há partidas em que você enterra o time e pensa: "Meu Deus!". Na praia, principalmente. Só há você e sua parceira. Na quadra, se você não está virando bola, você é substituída, a levantadora começa a levantar bola pra outra jogadora que está melhor na partida. Na praia não há isso. Se você está mal ali no jogo, as pessoas te massacram até você perder o jogo. Nesse sentido, a praia também me ajudou a ter um crescimento psicológico muito grande. Porque na quadra você se esconde; se você não está passando bem, a jogadora te encosta pra cobrir um pouco a sua área. E na praia não, é Você Futebol Clube! O erro tem nome, sobrenome, apelido. "A Ana Paula está batendo todas as bolas pra fora!" Não é o time do Flamengo ou o time qualquer que seja. "Gente, a Ana Paula está um horror hoje! A Ana Paula não acerta um saque!" Você tem que ter uma estrutura psicológica muito forte pra sair daquela situação, porque você não vai ser substituída, as pessoas não vão ter piedade. E às vezes as pessoas sabem que você está machucada, mas não se importam e te botam na parede. Lógico que já aconteceu, que já houve partidas assim, em que eu falei: "Meu Deus!". De você acabar a partida, sentar com a tua parceira e falar: "Não tenho nem o que falar. Me desculpa porque hoje a culpa foi toda minha! Me perdoa!".

E você se perdoa fácil?

Agora eu consigo analisar mais friamente o porquê de aquilo ter acontecido, o porquê de eu ter botado tanta bola pra fora. Por que o meu levantamento não estava tão bom. Consigo analisar hoje se era a técnica, se era o vento ou se havia alguma coisa me incomodando. Antes, não. Antes eu só ficava muito aborrecida, me cobrava demais. No outro dia, ia treinar cinco horas a mais que todo mundo. E às vezes treinava coisas que eu não precisava treinar. Hoje, não; já consigo analisar o que foi que aconteceu. Isso aí, Leda, eu aprendi. Não adianta você estudar, ver vídeo, cinco horas de vídeo todo dia quando você tem vinte e poucos anos. Essas coisas vão e vêm sozinhas.

O vôlei de praia dá um fôlego maior?

Dá um fôlego maior. Uma jogadora de 37 anos na quadra já seria considerada velha. E, na praia, 37 é meio que estar no auge da maturidade técnica e tática. Você já joga mais sem precisar ser no vigor físico. Acho que eu vou respeitar o meu corpo. Acho que, enquanto o meu corpo tiver condições de alcançar o nível que eu sempre trabalho pra alcançar, eu vou indo. Mas, mesmo o corpo aguentando, se eu começar a tirar colocações que já não estão me satisfazendo, eu, general que eu sou comigo mesma, prefiro parar. Quero continuar sempre em condições de vencer. O que eu fiz nos últimos 15 anos eu estou colhendo agora. Acho que, enquanto a laranja tiver o sumo, a gente vai espremendo. ■

ANDRADE
O realizador de sonhos

Negro e pobre, apaixonado por futebol, Jorge Luiz Andrade da Silva tinha tudo para não dar certo. Mas deu. E como deu! **ANDRADE** aprendeu, talvez sem saber, a transformar dificuldades em possibilidades e se tornou um realizador de sonhos. Nascido em Juiz de Fora, andava de 10 a 12 quilômetros por dia para ajudar nas despesas da casa, entregando as marmitas com a comida que a mãe fazia. Para jogar futebol com os amigos, corria atrás do ônibus onde eles estavam porque não tinha o dinheiro da passagem, mas, brincando, conta que chegava ao campo já aquecido. Veio para o Rio ainda adolescente, para tentar a sorte no futebol. Foram tempos difíceis, de pouca comida e muitos sonhos, mas ele nunca pensou em desistir. Acha que aprendeu com a mãe, que também trabalhava como passadeira, a força para lutar e vencer. Com o primeiro dinheiro que ganhou, ainda muito jovem, jogando na Venezuela, comprou um apartamento para a família e se livrou do fantasma do despejo, presente várias vezes na sua infância. Ironia do destino, foi com o salário ganho na rápida passagem pelo Vasco que ele, flamenguista convicto e um dos mais brilhantes jogadores do Flamengo, comprou sua primeira casa própria. Andrade, jogador de muita técnica, trabalhou muito tempo, nos últimos anos, como auxiliar técnico do clube do coração. Foi três vezes técnico interino até que realizou o sonho de comandar o time rubro negro. Ganhou o Campeonato Brasileiro de 2009, vários prêmios como melhor técnico do ano e foi demitido em abril de 2010, com 70% de aproveitamento, por causa de uma crise interna do clube que sempre amou.

Como era a sua vida em Juiz de Fora?

Sou de um bairro carente chamado Monte Castelo. E comecei a jogar como amador num time que tinha lá no bairro, chamado Vila Branca. Joguei lá a minha infância quase toda. Depois tive um convite pra ir pro Tupi. Fiz um teste pro Tupi e passei. Mas o Tupi foi uma passagem rápida. Eu fiquei por uns três meses lá, jogando no júnior, quando eu tive um convite pra vir pro Flamengo. Na época, viemos eu e mais sete. Dos sete, só eu fiquei aqui no Flamengo. Uns pela idade, outros por estarem machucados. Cheguei aqui e pensei: "Acho que eu não tenho nada a perder, tenho que arriscar". Eu era um garoto apaixonado pelo futebol. Mas ia pra escola, estudava. E, entre o estudo e o futebol, entregava marmita. Andava 10, 12 quilômetros pra entregar marmita. Era uma forma de ajudar a minha família. Mal sabia que aquilo iria me ajudar futuramente pro futebol. Eu estava acostumado a andar com peso nas costas. Andava 12 quilômetros pra ir e 12 pra voltar. E tinha a escola. Isso era apenas pra ajudar em casa, já que a minha mãe já era separada desde que eu era pequeno. Era só a minha mãe pra criar seis filhos. A gente precisava dar uma ajuda em casa; uma parcela em casa. Eu carregava as marmitas, ia pra escola depois, estudava. Eu tinha 16 anos, foi em 1974.

E depois ia jogar futebol?

Nos momentos de folga da escola, tinha aquela minha "peladinha", nós éramos três filhos homens e três mulheres. Meu pai comprava uma bola de futebol e dava pros três. E a gente ficava feliz da vida com aquela bola de futebol, aquela bola novinha. Era a maior felicidade pros três irmãos, era a nossa alegria. A gente juntava os amigos e ia jogar no pasto. E era feliz. Eu ia estudar, mas não tinha dinheiro pra passagem. Tinha meus amigos que tinham situação melhor e vinham de ônibus, e eu ia apostando corrida com o ônibus, porque ele fazia paradas. E tinha um atalho por onde eu cortava caminho e chegava na frente do ônibus. Quando meus amigos chegavam, eu já estava esperando por eles, todo suado. Mas chegava na frente deles, e ia pro campo, ou melhor, pro pasto. Eu chegava atrasado pro jogo, mas já chegava aquecido. É uma história interessante. Acho que isso tudo me ajudou, fez com que eu amadurecesse mais rápido. Aprendi a ter responsabilidade mais cedo. O fato de ter uma vida muito humilde me ajudou muito na vida. Fomos despejados umas duas ou três vezes, depois que meus pais se separaram. Minha mãe lavava e passava roupa pra fora. Foi assim que ela criou a gente.

Uma mulher e mãe corajosa!

Vitoriosa. Nós éramos seis. Ela sempre foi batalhadora. Acho que peguei um pouco disso dela. Essa coragem dela com seis filhos, separada, e criou todos muito bem. Hoje tenho apenas um irmão que já faleceu. Os outros são todos vivos. Tem uma irmã que mora no Rio, em Campo Grande. Um mora em Juiz de Fora, no bairro Grajaú.

Pra sua mãe também você deu uma casa?

Dei. Dei uma vida melhor pra ela. Quando fui jogar fora, na Venezuela, nos dois anos que joguei lá, juntei todo aquele dinheiro e comprei um apartamento pra ela em Juiz de Fora, lá no Grajaú, onde ela mora hoje. Minha mãe sonhava em ter um teto; nós fomos despejados duas vezes quando eu era criança, e eu sabia que ela ia ter o maior alívio de saber que nunca mais ia ser despejada. A pior coisa é ralar o dia todo, terminar o dia e você não saber pra onde vai. Dei todo o conforto que poderia ter dado pra ela: casa com televisão, telefone. Todo mês mando uma ajuda pra ela. Todo final de ano vou lá ver o que ela está precisando. Se o fogão, a geladeira, qualquer coisa, estiver muito usada compro uma nova pra ela. Estou sempre mantendo contato. Pra mim, família é tudo. Minha mãe, pra mim, é tudo. Ela foi minha mãe, meu pai. Então, tenho que valorizar. Busco ajudá-la porque ela já trabalhou muito por nós. Agora está na hora dela descansar e da gente trabalhar pra ela. Ainda vou a Juiz de Fora. No final do ano, passo uns dias com a minha mãe, vejo o que está faltando na casa dela, vejo como posso ajudar para melhorar a vida dela. E aqui no Rio eu sempre contei muito com a família da minha esposa, que eu também ajudo. Comprei uma casa na Taquara pra eles, pra mãe. Quando eu a conheci, ela morava com uma pessoa aqui em Ipanema, mas a mãe dela morava na Rocinha. E eu os tirei de lá e comprei uma casa na Taquara pra eles. Hoje a mãe dela é falecida, mas o irmão continua morando lá. O pai e a mãe dela me tinham como filho. Eu me senti na obrigação de ter uma condição melhor, de poder ajudá-los. Sem desmerecer a Rocinha, mas eu podia dar algo melhor pra mãe dela, que também estava com uma certa idade. Não conseguiria me sentir bem, nem minha esposa se sentiria bem. A gente estava morando em condições boas, e a mãe dela, não.

Quando você veio do Tupi pro Flamengo foi um sucesso logo no começo ou teve que ralar muito?

Não existe sucesso de começo. Sempre tem uma ralação. Fui morar na concentração do Flamengo com mais uns 30 ou 40 garotos, todos de fora também. No fim de semana, a parte da cozinha da concentração era fechada. Cada um tinha que dar seu jeito pra comer. A gente comprava uma bisnaga grandona com mortadela e dividia a bisnaga entre todos. Às vezes não tinha dinheiro de passagem, a gente tinha que entrar no ônibus e saltar pela porta de trás. Muita ralação mesmo. Pão com mortadela rateado pra todos. A gente fazia isso tudo por necessidade.

Mas podia dormir na concentração? Mesmo nos fins de semana?

Podia. E no sábado existia um forró do Anísio Silva, num andar do prédio onde era a concentração, que era na Praia do Flamengo, 66. Então ninguém dormia nem podia descer. Nós éramos menores, e o juizado de menores ia ao forró. A gente ficava na escada, entre o quarto e o forró, só ouvindo; ninguém conseguia dormir com a música alta. Tanto que, quando tinha jogo no dia seguinte, a gente ia para um hotel ali na Rua Paissandu. Mas foi legal. Se tivesse de viver tudo de novo, eu viveria. Foi uma experiência única. Sempre gostei de concentrar, Leda. Isso é importante. É um momento de você conhecer melhor seus colegas. Sempre gostei e não reclamei de concentração, não. Acho que a concentração é benéfica pro jogador. É o momento que você tem de descansar, é o momento que você tem pra se preparar pra hora do jogo. Você se prepara, você começa a imaginar o jogo.

Você foi titular do Flamengo antes de ir para a Venezuela?

Joguei no infanto-juvenil por um ano. Na época não tinha juniores. No juvenil, joguei por mais um ano. O profissional surgiu na Venezuela. Me profissionalizei quando fui pra lá. Fiquei dois anos lá: 77 e 78. Jogava como volante e fui pra Venezuela em outra posição: meia-atacante. Fui vice-artilheiro do campeonato no primeiro ano em que estava lá e artilheiro no ano seguinte. Aí, quando voltei, tinha o Zico, o Adílio... Falei: "Espera aí, vou voltar para a minha posição". Era o Carpegiani que estava jogando nela, mas ele já estava em final de carreira e vivia tendo problemas nas panturrilhas. Jogava um e ficava dois, três jogos de fora. Pensei: não posso competir com o Zico ou com o Adílio, vou voltar à minha posição de origem, que era volante. Fui entrando nas brechas, até que chegou o momento em que o [Cláudio] Coutinho falou: "Tenho que arrumar um lugar pra esse garoto". Ele puxou o Carpegiani de volante para ponta-esquerda e arrumou um espaço para eu jogar. Isso era 79. E fui me firmando. Esse foi o time da história do Flamengo. Ganhou tudo: quatro Brasileiros, Libertadores, ganhou o Mundial. Foi esse time que marcou a história do Flamengo. Até hoje ainda se fala nesse time. Não apareceu nada igual ainda.

Você tem o maior orgulho disso, né?

Tenho o maior orgulho de ter participado daquele grupo. Era um grupo não só de profissionais que hoje são bem-sucedidos, mas de homens que serviam de espelho. Eram uma referência pra mim, que estava começando, porque a minha geração era a do Adílio, do Júlio César e do Tita. Já havia uma geração antes, que era a do Zico, do Carpegiani, do Raul, do Rondineli, do Cantareli, do Júnior. Era uma diferença de quatro, cinco anos. Esse pessoal era boa referência pra gente. E depois nós passamos a ser referência para os outros que vieram: o Leonardo, o Zinho, o Aílton. Foi uma experiência única, e, se pudesse viver de novo, eu certamente ia adorar.

E aí já tinha uma folga de dinheiro também, né? Já não era um perrengue.

Até na Venezuela era uma vida meio difícil. Mas eu já estava economizando o dinheiro todo. Sou aquele mineiro que não é de esbanjar, não sou de noitada. Sabia que precisava ajudar minha mãe. Falava: "Quando começar a ganhar dinheiro, a primeira coisa que vou fazer é comprar um imóvel para a minha mãe". Era a forma de dar um pouco de tranquilidade a ela. Meu primeiro objetivo era esse. Tinha essa meta traçada. Na Venezuela eu não ganhava muita coisa, uns 1.200 dólares, mais algum prêmio dos jogos. E fui juntando esse dinheirinho. Não gastava. Não precisava comprar nada. Não gastava com roupa. E trouxe esse dinheirinho, que deu para comprar o apartamento dela lá em Juiz de Fora.

Você é econômico ou pão-duro?

Lá em casa dizem que eu sou pão-duro. Mas sou econômico. Vivo dentro de uma realidade. Sei que a vida é difícil, que é difícil ganhar dinheiro, e procuro controlar o que ganho. Senão não estaria na situação em que estou hoje. Não sou rico, mas tenho uma vida tranquila. Moro na Barra, tenho dois filhos na faculdade, uma filha fazendo duas pós-graduações. Sou casado com a Edna há 30 anos, nos casamos em 80, ela é carioca e foi a minha primeira namorada. Nos conhecemos, ficamos noivos por um ano e meio e nos casamos. Dizem que não dá certo casamento assim rápido, mas o nosso deu certo. Não tem uma química, uma receita pra dizer que vai dar certo ou não.

Seus filhos estão com que idade?

A mais velha, Tábata, tem 27, e Taiana está com 24 e estuda Psicologia. O Taiorrã faz 20 anos agora em outubro [de 2009] e faz Educação Física. Nós temos uma creche-escola na Taquara, que trabalha com maternal. O Centro Educacional Sorriso Infantil. Era um sonho da minha esposa trabalhar com crianças. Sempre trabalhei muito, e era um sonho da Edna ter a escola, desde que ela era criança. Estamos lá com a escola tem mais de dez anos já.

Você é um realizador de sonhos, não é, Andrade?

Sempre trabalhei muito, Leda. Dentro do possível, podendo, eu ajudo. Era um sonho da Edna ter a escola, desde que ela era criança. Estamos lá com a escola tem mais de dez anos já. Minha mãe sonhava em ter um teto, nós fomos despejados duas vezes quando eu era criança, e eu sabia que ela ia ter o maior alívio de saber que nunca mais ia ser despejada. A pior coisa é ralar o dia todo, terminar o dia e você não saber pra onde vai.

Você comprou primeiro a casa dela pra depois comprar a sua?

Comprei primeiro a dela. Aqui no Rio eu morava de aluguel. Virei meio cigano aqui. Morei em Copacabana de aluguel, morei aqui no Leblon, que é perto da Gávea, de aluguel. Primeiro eu comprei a casa dela, porque era o meu sonho fazer isso. Comprei um apartamento na Tijuca primeiro, ali em frente ao Shopping Tijuca. Depois comprei um apartamento na Barra, nos anos 80. Fui mudando e alugando o que já tinha comprado. Aluguei o da Tijuca e vim pra Barra, ali no início do bairro. Morei ali durante três anos. Aí fui pra Itália, em 88. Quando voltei da Itália, fui pro Vasco. Com o dinheiro do contrato que fiz com o Vasco eu comprei minha casa, onde eu moro hoje. E aluguei o outro apartamento da Barra também. É uma ironia, né? [Risos.] A casa que eu tenho hoje foi com o dinheiro do contrato que eu fiz com o Vasco. Joguei lá por dois anos: 89 e 90. Fui campeão brasileiro pelo Vasco, em 89. Hoje eu sou um dos recordistas de títulos brasileiros, junto com o Zinho. A Libertadores e o Mundial são os títulos mais importantes.

Na Seleção você jogou em que ano?

Na Seleção joguei em 83 a Copa América, joguei em 88 as Olimpíadas de Seul e disputei o Torneio Bicentenário na Austrália. O torneio, se eu não me engano, foi em 87. Joguei as eliminatórias pra Copa do Mundo de 86. Na Copa América fomos vice-campeões. Fomos vice também nas Olimpíadas de Seul. Medalha de prata. Perdemos a final contra a Rússia. Do Torneio Bicentenário fomos campeões. Joguei nas eliminatórias da Copa de 1982. O técnico na época era até o Telê [Santana], ele disse que ia manter o grupo pra Copa do Mundo: "Se vocês se classificarem, vou manter esse grupo". Só que depois ele não manteve o que ele disse. Houve algumas mudanças, algumas políticas e, naquele momento, quem ele cortou foi eu.

Você se sentiu injustiçado?

Me senti injustiçado uma vez, sim, porque eu era o titular do Flamengo, e o Telê convocou o meu reserva, o Vítor. Joguei depois com o Parreira, joguei com Carlos Alberto Silva. Disputei uma Copa América em 83 com o Parreira, disputei as Olimpíadas de Seul, em 87, com o Carlos Alberto Silva. E fui campeão do mundo, pelo Flamengo em Tóquio.

Você passou muito tempo no Flamengo como interino, "tapando buraco". Saía o técnico, você ficava de interino, aí contratavam outra pessoa. Isso aconteceu mais de uma vez... Você ficava amargurado, pensando que nunca ia chegar a sua vez de ser técnico?

Em 2004, o Flamengo estava na zona de rebaixamento, passando por um momento difícil, e a imprensa batendo muito... Eu achei que fui usado naquele momento pra poder apaziguar as coisas. Me colocaram como treinador porque que eu era o nome certo pra aquele momento. E o Flamengo tinha 56% de chances de ser rebaixado. Assumi quando faltavam sete jogos. Conseguimos, com a comissão técnica e com os jogadores, tirar o Flamengo da zona de rebaixamento e mantê-lo na primeira divisão. Isso foi no final de 2004. Quando virou o ano, pensei assim: "Este é o meu momento. Agora é a minha oportunidade de me firmar como treinador". Peguei o Campeonato Carioca pra dar sequência ao trabalho. É um campeonato tranquilo. Ali eu poderia dar a minha arrancada. Aí, quando chegou 2005, eles trouxeram um outro profissional. Aquilo, sim, me frustrou, aquilo me chateou. Pensei: "Mas como? Num momento de sufoco, quando precisaram de mim, eu estava ali". Não reivindiquei nada, não reivindiquei salário, não reivindiquei um prêmio pela conquista, não reivindiquei nada! Gostei de ver o amor do flamenguista. Mas como o Flamengo se manteve na primeira divisão e veio o Campeonato Carioca, trouxeram outro profissional. Mas o profissional que veio não tem nada a ver com isso. Aquilo, sim, me chateou, me deixou pra baixo. Busquei a superação sozinho, comigo mesmo. É sentar, fazer a autoanálise, dizer pra gente o que está acontecendo: talvez eu tenha que esperar um pouco mais. Se não foi aquele momento, não foi aquela hora, é porque não tinha que ser. Eu acredito muito em Deus. Talvez aquele não fosse o meu momento. No momento certo, as coisas iriam acontecer. Muitas vezes você força uma situação, e aquela não é a hora certa. E dá tudo errado. Agora surgiu o meu momento. Deus tinha alguma coisa boa reservada pra mim.

Como é o técnico Andrade?

Sou o mais justo possível com as pessoas. Sei que, num grupo de 30, não tem como agradar a todos. Você relaciona pro jogo 19, 20 jogadores. Às vezes, aqueles não relacionados vão ficar chateados. Sou daqueles treinadores que acham que quem se escala é o próprio jogador. Se ele demonstra pra mim que ele está bem, ele vai jogar. Não sou louco! Se há um jogador que eu vejo que está bem, que está sendo útil, não vou deixá-lo fora. Quem se escala são eles mesmos. Nunca vi treinador nenhum tirar o jogador que está bem. Se eu tenho um jogador que vai pro jogo, faz dois gols no jogo, no jogo seguinte não vou tirar o jogador, não vou mexer.

O que faz um bom técnico? O que você considera o grande barato do técnico? No jogador é o quê? A dedicação, a seriedade?

Dedicação e determinação. E companheirismo; no futebol se usa muito essa expressão. Você não precisa ser companheiro dele fora de campo, mas lá dentro você tem que ser amigo. Porque um depende do outro, um tem que ajudar o outro. Tem que haver uma entrega, uma doação. A gente usa estes termos no futebol: "entrega", "companheirismo". Ser bom técnico é agir com honestidade com todos; independentemente da posição do jogador. Não importa se ele é um jogador como o Adriano ou se ele é aquele que está começando. Você tem que agir de forma correta independentemente do nome do jogador. Se ele foi campeão do mundo, jogou só na Europa ou se ele é aquele garoto que está subindo... Você procura ser o mais honesto possível com eles, sem discriminar ninguém. E ser amigo. O mesmo diálogo que eu tenho com o Adriano eu tenho com quem está começando. Ou com aquele que está ali, buscando o seu espaço. Eu não paro só pra conversar com o Adriano. Converso com o Adriano, converso com o Bruno, converso com aquele garoto que está subindo ou com aquele que chegou de um time pequeno. Acho que isto é importante: dar atenção a todos eles de forma igual, não ter preferência pra esse ou pra aquele, porque, amanhã ou depois, você vai precisar desse aqui. Naquele momento você não está contando com ele, mas daqui a um mês você vai se encontrar com esse jogador aqui. Acho que isso é importante.

E Minas? Fez a diferença? O fato de ser mineiro o ajudou de alguma forma na vida? No caráter, no jeito de ser? Você identifica Minas nisso?

Acho que sim. Sou uma pessoa mais reservada. Sou aquele que fala menos e observa mais. Sou observador. Acho que isso me ajudou muito. Isso é coisa que eu trouxe de Minas. Porque você percebe coisas que estão acontecendo, e os outros não se dão conta. Muita coisa está acontecendo à sua volta, e eu tenho essa percepção rápida. "Tem algo errado acontecendo. Eu preciso sinalizar isso." Essa percepção é coisa de mineiro, de estar atento a tudo o que está se passando em volta. Acho que isso me ajuda bastante dentro do grupo, isso de perceber no ato que tem alguma coisa errada. Tenho essa percepção. Acho isso importante. Tem que ter isso pra avaliar o grupo. Acho que, por ser mineiro, me adapto fácil a qualquer situação. Eu sou aquele que, se for pra uma pensão eu estou bem, se eu for pra um hotel cinco estrelas eu me sinto bem. Não tenho essa coisa de luxo. Se tiver um luxo, legal. Se tiver que ir pra pensão, vou pra pensão. Me adapto a qualquer situação.

Na vida pessoal, além de saber economizar, de ser pão-duro, no que mais Minas te ajudou?

Não sei se me ajudou ou me atrapalhou. Mas acho que, quando eu cheguei, eu era uma pessoa muito tímida. Era tímido à beça, falava pouco, só falava quando me perguntavam. Tinha – ainda tenho – grande dificuldade em tratar com a imprensa. Não tenho essa coisa, não me sinto muito à vontade quando bate um "paredão", um "paredão" tipo o do Big Brother. É na hora da coletiva. Eu estou tentando lidar com isso agora. Eu tenho – até por parte afetiva eu tinha – uma dificuldade. Hoje eu melhorei um pouquinho. Não me sinto bem na frente da câmera. Estou procurando melhorar isso aos poucos. Já me sinto um pouco mais à vontade.

Você foi infeliz em algum lugar?

Não. Eu tive uma passagem pelo Roma, na Itália. Não tive uma passagem bem-sucedida como atleta, como profissional. Mas como homem, como pessoa, como chefe de família, aquilo me ajudou muito. Acho que eu cresci muito naquela experiência, com a experiência que eu tive naquela temporada na Itália. Morei por um ano lá. Algumas decepções de um lado, mas foi uma experiência importantíssima na minha vida.

Do que você gosta na vida real?

Não sou muito de festa, não. Tomo a minha cervejinha. Meu grande prazer hoje – tenho uns dois ou três amigos – é sentar com os amigos, beber uma cerveja e bater um papo, jogar conversa fora. Gosto de coisas simples. Gosto de ver televisão. Adoro! Minha esposa até briga comigo. Vejo todos os jogos que passam na televisão. Hoje ela está mais acostumada. Quando não tem nada, vejo futebol feminino. É prazeroso ver as meninas jogarem hoje. Quando não tem nada pra ver, vejo aquele Rockgol [campeonato de futebol exibido pela MTV Brasil]. A minha esposa fala: "Você não vê outra coisa a não ser jogo?". Mas o que eu mais gosto na vida é a família reunida. Sei que daqui a pouco vou perder os filhos. Você cria os filhos, como se diz, pro mundo. Daqui a pouco eles vão conhecer colegas e vão sair, cada um vai seguir a sua vida. Até estou preparando a minha esposa, porque daqui a pouco vamos ficar só eu e a minha esposa em casa. Cada um segue a sua vida. Eles vão ter seus companheiros. Mas, por enquanto, eu gosto mesmo é da gente sentar no final de semana e almoçar todo mundo junto. Sou assim, gosto disso. Durante a semana a gente não tem tempo, porque eles estão trabalhando e eu também. Mas na semana em que eu estou em casa é bom sentar todo mundo na mesa junto. Todo mundo almoçando junto, batendo papo, conversando, cada um falando um pouco da sua vida e, claro, de futebol. E todo mundo é Flamengo. Não é por imposição, não! [Risos.] ∎

ANTONIO GRASSI
Atuar sempre, viajar também

ANTONIO GRASSI, conheço de longa data. Bom contador de histórias, de sorriso largo e simpatia imbatível. Tem vários defeitos na minha opinião. Por exemplo? Portelense comprometido com a causa e entusiasmado torcedor do Botafogo. Mas se redime porque é atleticano convicto. Gosta de tecnologia, é um comunicador atento tanto no Facebook como no Twitter. Gosta de notícias, adora viajar. Aliás, foi por causa do fascínio que, ainda adolescente, tinha pelas estradas da vida que foi parar no teatro. E continua apaixonado por ambos. Mas, se faz uma peça e não viaja com ela, fica com a sensação de que o projeto está inacabado. Adora trabalhar tanto no teatro quanto na TV, e, quase sempre que ligo pra ele, está dirigindo em alguma estrada, indo pra Minas ou voltando de Minas. Sempre entre o mar e a montanha. Gosta de ser mineiro e viver a vida de Minas, tanto que até hoje não trocou seu título de eleitor. Quando chegou ao Rio estranhou algumas carioquices, como ir ao banco de sunga. Mas está plenamente adaptado, acha o carioca muito generoso e fez grandes amigos. Mas não tem nada, não, ele é assim mesmo, a qualquer momento, pega uma estrada.

Vamos começar do começo: um atleticano nascido em Belo Horizonte mesmo?

Nasci em BH, no bairro Carlos Prates. Filho de uma telefonista e de um juiz de futebol. Minha mãe trabalhava no *Diário de Minas*, na Praça Raul Soares; depois trabalhou na MinasCaixa. E meu pai, depois de ter sido juiz de futebol, teve uma joalheria e ficou vivendo disso. Me lembro muito pouco dele como juiz de futebol porque eu era muito pequeno, mas era a profissão dele quando eu nasci.

E como você virou ator? Como descobriu essa profissão?

Comecei no Movimento Secundarista Estudantil, quando estudava no Colégio Estadual Central, na época mais "pega-pra-capar" da ditadura militar. E esse colégio tinha o teatro como uma tribuna livre onde nós podíamos discutir os problemas do Brasil. Então, o teatro surgiu ali pra mim como uma atividade política. Depois, vi o Grupo Oficina fazendo *A selva das cidades* e vi a montagem do *Hair* no Teatro Francisco Nunes. Sempre gostei muito dos ciganos, porque eles tinham aquela coisa de cada dia estar num lugar. A peça me interessava, mas meu interesse maior era por saber que aquelas pessoas viajavam. Comecei a fazer teatro por causa disso. E essa coisa de gostar de viajar ficou comigo até hoje. Se eu fizer uma peça de teatro que não viaja, parece que não completei o ciclo. Comecei a fazer teatro no Estadual Central, depois fui fazer Sociologia na Faculdade de Ciências Sociais e Humanas de BH. E, na faculdade, continuei a fazer teatro, montava uns espetáculos e tal. Até que, por causa da possibilidade de viagem, comecei a me profissionalizar. Tive a oportunidade de fazer algumas peças, como *O beijo no asfalto*, do Nelson Rodrigues. Na época me encontrei com o José Mayer e com a Vera Fajardo. A gente fez uma coprodução.

Eles são de BH também?

O José Mayer é de Jaguaraçu, cidade que eu nem conhecia. Ele fez seminário em Congonhas. E a Verinha é de BH. A gente se encontrou nessa época, começou a fazer teatro em BH. E pintou uma situação que definiu minha saída de lá. Eu tinha 26 anos e comecei a dar aula de teatro. E caiu uma ficha estranha: caramba, aos 26 anos eu deveria estar começando a trabalhar minha carreira, em vez de ser professor. Ser professor pra mim era uma coisa que estava mais ligada lá na frente. Fundamos a primeira turma do Palácio das Artes. Fui um dos primeiros professores da Escola de Teatro do Palácio das Artes. E tinha uma turma de alunos legal. A Bete Coelho foi minha aluna.

E quando começou em televisão?

Nós montamos uma peça que se chamava *Cigarro Souza Câncer*. Era do Eid Ribeiro. A gente veio pro Rio no Projeto Mambembão, do Serviço Nacional do Teatro [SNT], coordenado pelo Orlando Miranda. O psicanalista Roberto Freire foi ver uma peça e ele era da equipe que escrevia *Malu mulher*, da Globo –, ele foi ver essa peça e gostou de mim. Me elogiava o tempo inteiro, dizendo que eu era o ator que ele queria nas coisas dele. E me indicou para o Paulo Afonso Grisolli [jornalista, autor e diretor de teatro e televisão], que dirigia o *Malu mulher*, para o elenco de um especial de final de ano que ele ia fazer, uma adaptação de *Romeu e Julieta* em Ouro Preto. Romeu era o Fábio Júnior, e a Lucélia Santos era Julieta. O Grisolli colocou o Zé Mayer e eu no elenco. Nós fazíamos papéis menores e fomos gravar em Ouro Preto. Em seguida, o Roberto Freire escreveu a novela *O amor é nosso*, também com o Fábio Júnior, e escreveu um papel pra mim, que era de um poeta. Nesse embalo, acabei vindo pro Rio. Mas com aquela coisa do mineiro quando sai. Não sei como foi a saída... Quando você já é um profissional da área, existe um certo reconhecimento, dá uma certa travada. A cidade fica travada. Saí meio desquitado de Belo Horizonte. Sou mineiro, gosto de ser mineiro. Adoro BH! Não mudei meu título de eleitor até hoje porque sempre gostei de ir para lá votar. Tinha sempre aquela relação: a gente se encontra nas eleições. E quando vim fazer *Romeu e Julieta* fiquei muito amigo do Buza Ferraz, ele era o diretor, e a peça foi um enorme fracasso. Ninguém foi, e nós piramos na batatinha. Fizemos uma adaptação muito louca, cheia de piração, e ninguém entendia nada também. Montamos *O beijo no asfalto*, que foi um sucesso muito grande. E foi a primeira vez que trabalhei no teatro como contratado e com a Dina Sfat. Ela me contratou, me pagava um cachê. Viajei com ela pelo Brasil todo.

Eu achava que sua opção pelo teatro era totalmente ideológica, que você via o teatro como uma tribuna...

Sim. Quando comecei lá no Estadual Central tinha esse lado. Mas o lado lúdico pra mim era a viagem. A tribuna era o lado meio pesado. Tem uma situação muito louca no teatro também que foi uma peça que eu, o Zé Mayer e a Verinha montamos em BH. Era um texto do Alcione Araújo que se chamava *Bente-altas: licença para dois*. É um jogo que só é conhecido em Minas Gerais. Eu jogava muito na infância. A gente fazia umas casinhas de graveto e jogava com bola de meia. Só mineiro conhece, é igual a ora-pro-nóbis, aquela verdura; só mineiro conhecia bente-altas. Na época convidamos o Aderbal, que era Júnior e hoje é Freire-Filho, pra dirigir a gente. E o Aderbal foi pra Belo Horizonte. Na época ele estava no auge da experimentação do teatro, e eu, o Zé, a Verinha e o Ricardo Luís montamos esse espetáculo. Era um espetáculo em que o Aderbal, no processo de criação, não usava trilha. Um dia, ele, andando pela Praça da Liberdade, naquela feira que tinha aos domingos pela manhã, viu um mendigo tocando flauta com dois cigarros e uns apitos na boca. E umas latinhas nos pés. Ele tocava aquilo tudo ao mesmo tempo. E o Aderbal: "Vamos tentar levar esse cara pro teatro?". Um morador de rua. Eu falei: "Aderbal, é isso mesmo?". Ele: "É. Vamos marcar com ele". Marcamos, e o cara foi lá, dizendo que tinha sido palhaço de circo. Ele se fingia de cego. Se chamava Casquinha. O Aderbal colocou o Casquinha tocando ao vivo na peça. E, quando viemos pro Rio de Janeiro, fizemos uma temporada de um mês e pouco no Teatro Glauce Rocha. O Orlando Miranda trouxe a gente, e o Casquinha veio também. A temporada foi um fiasco total. A gente não tinha grana pra nada, nada, nada. O Casquinha ia pras ruas de Copacabana tocar e à noite levava pra gente todos aqueles trocados que ganhava de esmola. A gente desdobrava as notas, contava pra ele, e ele emprestava a grana pra gente. O Aderbal gosta muito de contar essa história e brinca que aquilo era uma prova de que pedir esmola dá muito mais dinheiro do que ser profissional de teatro [risos]. Foi um negócio que marcou nossa carreira, nossa vida.

Você veria o mundo de outra maneira se não fosse mineiro? Tem Minas nessa sua visão de mundo?

Acho que sim, e forte. A gente tem um compromisso com algumas coisas que só nota a diferença quando sai de lá. Quando mudei pro Rio percebi muito essa coisa do "ser mineiro". E muitas diferenças. Morava em Laranjeiras, adorava ir à praia, mas tinha pavor de ondas. Quando a areia começa a fugir do pé, fico em pânico. Qualquer ondinha pra mim é onda mesmo.

Qualquer marola serve.

Qualquer marola. Ia pra essa praia que tem lá em Búzios, Azeda ou Azedinha; é uma maravilha, porque é quase uma piscina. Mas eu tinha muito grilo de areia. Colocar camiseta com o corpo suado e salgado pra mim é um horror! Nessa época, eu gostava de ir pra lá, pra ver as pessoas legais. Tinha o pessoal do Asdrúbal e tal. Uma das imagens mais fortes pra mim é que, em BH, pra ir ao centro da cidade, a gente trocava de roupa. Tomava banho, punha uma roupa. Não ia de qualquer jeito pro centro da cidade. Eu ia à praia, e a agência do meu banco era no Leblon, ao lado da praia. Como morava em Laranjeiras, saía da praia, ia até a minha casa tomar banho e trocar de roupa pra ir à agência do Leblon. Achava um loucura! Um dia cheguei ao banco e tava lá o Perfeito Fortuna, de sunga, sem camisa, com uma sandaliona Havaiana e a chave do carro pendurada na sunga! Na agência do banco! Me incomodava. Além daquela história de "Te ligo amanhã" e nunca ligar. Eu ficava esperando o cara que prometeu ligar no dia seguinte. Algumas coisinhas do jeito cotidiano do mineiro ser sempre foram muito marcadas.

E você tem também aquela coisa do mineiro de ser mais introvertido, desconfiado? E isso tem a ver com as montanhas que fecham você? Deixam você mais melancólico? Você teve isso?

Acho que o mineiro é mais crítico do que o restante das pessoas do país. Fui muito bem recebido no Rio, fiz amigos de uma generosidade! De abrir a casa pra me receber... Acho que em Minas a gente não faria isso. É um jeito do carioca. Lá, a gente ficaria com um pé atrás. "Sei lá quem é esse cara que está chegando!" E os cariocas não têm essas coisas com a gente. Não que o mineiro não seja hospitaleiro, mas ele demora mais a exercitar essa hospitalidade que o carioca demonstra desde o início. Outro dia me contaram uma piadinha que achei bem mineira também. O cara chega numa rinha de galo e pergunta pro mineiro: "Qual galo que é bom?". E o mineiro: "O bão é aquele galo branco ali". Aí o cara vai, pega a grana dele inteira e aposta nesse galo branco. Começa a luta. O outro galo arrebenta com ele, mata o galo branco. Ele chega no mineiro e diz: "Vem cá, você não disse que aquele era o galo bom?". "O galo bão é aquele, mas o marvado é o outro!" [risos].

Quando você chegou ao Rio tinha muita piada de mineiro? "Mineiro compra um bonde", coisas do gênero?

A primeira pessoa que pegou no meu pé foi a Regina Casé. Ela fez uma peça que chamava *Nardja Zulpério*. Era um monólogo. Fez muito sucesso, até. Quando ela estava montando a peça, ela ligou pra mim, porque eu viajei com o Asdrúbal Trouxe o Trombone, numa peça de teatro. Nós viajamos muito, ficamos muito amigos. Eu, Regina, Luís Fernando [Guimarães], Hamilton [Vaz Pereira] e tal. Passou um tempo, a Regina foi montar *Nardja Zulpério* e falou assim: "Eu queria muito que você gravasse uns negócios pra mim". Eu falei: "Gravar? Como assim?". Porque na peça, que era um monólogo, havia uma secretária eletrônica, pela qual entravam umas vozes durante o espetáculo. "Eu queria muito que fosse você com esse sotaque mineiro". Eu falava assim: "Mas o que há de diferente no que eu falo?". A Regina falava: "Você fala uma coisa que eu nunca ouvi antes na minha vida: 'espetáculo seus'. Você fala: 'O espetáculo seus era tão bom! E aí? Quando é que vai levar o espetáculo seus?'". A gente corta as palavras às vezes, não fala tudo. Quando estou em Belo Horizonte, moro num sítio. Fui sair e perguntei pro meu vizinho: "Vai chover hoje?". Ele: "Acho que não, vai ficar só esse 'sirinim'". "Esse sirinim".

"Sirinim" é sereno?

É. Depois que traduz, faz sentido. Mas eu não notava muito essa diferença tão carregada! E sabe o que pegava também? Laranja-lima. Laranja-lima não existe! Em Minas é laranja serra-d'água! É aquela docinha. Como havia a manga-ubá, que é aquela que não tem fibra. E a gente implicava muito com a sua terra. O belo-horizontino tem problema com Juiz de Fora. Porque em Juiz de Fora as pessoas torciam pelo Flamengo, pelo Botafogo e não torciam pelo Atlético, pelo Cruzeiro. E viam a televisão do Rio, que passava lá. Os canais do Rio pegavam em Juiz de Fora...

Você acha que mineiro é mesmo muito desconfiado?

Acho que os mineiros são críticos muito severos. Talvez os maiores críticos nas artes plásticas e e afins sejam os mineiros. E são sempre muito severos. E têm um humor muito peculiar, têm um humor meio sacana. Na minha área então, no teatro, é incrível! Porque as melhores peças do mundo parecem ser feitas pelos mineiros. E tem uma crítica, tem uma severidade muito grande na cobrança do espetáculo ou das pessoas. Eu agora fui fazer esse trabalho em Minas, de assessoria pro governo. No dia da minha posse, o Ziraldo foi. E o Ziraldo disse pra mim, depois de um tempo de conversa: "Você toma cuidado só com uma coisa: é que o pessoal aqui, quando vê que você está voltando, acha que você fracassou". Acho que há um quê disso. O que não me coloca muito nesse departamento é o fato de fazer televisão. Aquilo que eu sempre achava que era uma coisa de segunda categoria é o que me salva diante da inteligência.

Mas é bom ser mineiro, né?

É ótimo! Eu gosto. O mineiro tem um lado tinhoso, ousado, muito interessante. Inhotim é um exemplo disso. Você conhece Inhotim? Inhotim é um orgulho total pros mineiros. Porque é, seguramente, o maior centro de arte contemporânea a céu aberto do mundo. Nunca vi nada igual àquilo. É impressionante! Tem uma contemporaneidade, tem uma linguagem tão sensacional! Minas deu um salto naquela coisa do ficar no Barroco, no patrimônio. Minas tem, hoje, experiências de vanguarda em todas as áreas de arte contemporânea que são incríveis. Isso está muito forte em Minas. Que vêm até das manifestações na dança. Você tem o Grupo Corpo. E o Grupo Galpão, no teatro. E há umas coisas assim. Pra mim, um dos grandes artistas mineiros, hoje, é o Ronaldo Fraga, que eu acho um cara incrível. A Zuzu Angel também fez uma coisa fantástica! Sinto ainda que Minas tem umas diferenças no convívio da questão política. Os arranjos são outros, a disposição pro diálogo é diferente do resto do Brasil. ■

ARGUS SATURNINO
De Cordisburgo para o mundo

De Cordisburgo para o mundo. Foi essa, literalmente, a viagem de **ARGUS SATURNINO**, mineiro da terra de Guimarães Rosa, que é fascinado por viajar. A bicicleta foi só um detalhe, o veículo escolhido para percorrer 28 países, andar mais de 35 mil quilômetros em três anos e meio e fazer 20 mil fotografias – 15 mil de câmera digital e cinco mil com negativo. Fez a viagem toda usando duas bicicletas (a primeira quebrava toda hora, durante o primeiro ano da viagem), às vezes sozinho, às vezes acompanhado, às vezes, para matar a sede, aplicava o "golpe da garrafinha vazia", mas sempre era recebido como rei, ainda que fosse um rei pobre. Desacreditado até pela família na partida, mas recebido como herói na volta triunfal, Argus Saturnino, agora, percorre as escolas públicas do país contando suas aventuras pelo mundo.

Eu queria começar com você fazendo um breve resumo da sua viagem. Foram quantos países em quanto tempo?

Foram três anos e meio de viagem. Saí de Cordisburgo [região Central], em Minas Gerais, terra do Guimarães Rosa, em 2001. Estava com 27 anos e viajei até 2005; pedalei 35 mil quilômetros e rodei por 28 países: Brasil, Bolívia, Peru, Austrália, Timor Leste, Indonésia, Malásia, Tailândia, Laos, Camboja, Índia, Nepal, Irã, Turquia, Síria, Líbia, Jordânia, Egito, Grécia, Itália, França, Inglaterra, Eslovênia, Croácia, Hungria, Romênia, Quênia, Tanzânia e voltei pro Brasil. Saí sozinho, voltei sozinho, mas durante a viagem encontrei várias pessoas que dividiram trechos da viagem comigo. Pessoas que já estavam viajando de bicicleta.

Como foi que a coisa funcionou antes de você sair de Cordisburgo? Você acordou um dia de manhã e começou a projetar isso? E fez. É isso?

Antes dessa viagem tive uma experiência que foi muito importante pra tomar essa decisão. Tem gente que acha que foi insana. Eu acho que foi a melhor coisa que fiz na vida. Eu fiz aquela regata dos 500 anos do Descobrimento do Brasil, em 2000, com 26 anos, viajando com quatro amigos. Vivi quatro meses e meio num veleiro, atravessei o Oceano Atlântico, fui pra Portugal e refiz a viagem do Pedro Álvares Cabral. Foram quatro meses e meio vivendo num barco e com muito céu e mar pra ficar vendo e pensando na vida. Nesse tempo todo, acabei pensando: bom, acho que eu, como muitas pessoas, tenho essa coisa de querer conhecer o mundo. Mas ficava naquela: quero conhecer, quero conhecer. O tempo vai passando, e, quando chega na hora de se aposentar na vida, você diz: "Sempre quis fazer isso". Pensei: não quero chegar aos 80 anos e ficar pensando no que queria ter feito. Vou voltar dessa viagem de veleiro e colocar isso como meta. E marquei uma data mesmo, o que acho o mais importante pra poder você realizar. O nosso mundo é preguiçoso, faz a gente ficar preguiçoso.

Você pensou em fazer a viagem de bicicleta porque você adorava andar de bicicleta ou por alguma outra razão?

Acho que a minha fixação é por viagem. Comprei a bicicleta uma semana antes de começar a viagem. A bicicleta, pra mim, foi uma forma de viajar. Por ser muito próxima das pessoas, você está completamente aberto, na mesma altura das pessoas. Você está passando de bicicleta, e uma pessoa te saúda: "Oi, beleza?". O mínimo gesto que a pessoa faça ou que você faça também já é uma interação. E você já vê a pessoa sorrindo. E às vezes a criançada chega e toca você. Você não tem nenhuma proteção contra o exterior. Foi fantástico!

Foram várias bicicletas?

Comecei com uma bicicleta muito simples. Eu saí com muito improviso, e, realmente, a bicicleta quebrava o tempo todo, ainda mais com o peso das mochilas. Quando cheguei à Malásia, eu tive a oportunidade de conhecer uma fábrica que me patrocinou com uma bicicleta e também financeiramente. Você precisa realmente é do dinheiro pra comer e dormir. Então eu troquei e, da Malásia até aqui, foram dois anos e três meses com essa segunda bicicleta. Eu fiz Brasil, Bolívia e Peru assim, aos trancos. Na verdade, não só a bicicleta, mas todo o projeto. Porque eu fiz um projeto paralelo à viagem, que se chama "Pedalando e Educando". Eu escrevi sobre a história e a geografia dos países por que eu passei. Tudo isso me tomava um tempo pra escrever, e, ao mesmo tempo, eu ia buscando patrocínio, buscando apoio. E foi muito difícil viabilizar isso! Já tinha feito Brasil, Bolívia, Peru, Austrália e Timor Leste. E aí cheguei à Indonésia, muito cansado. Quando finalmente consegui um patrocínio, pensei: "Agora vai!".

Você tem noção de quantos quilômetros você rodou de bicicleta?

Foram 35 mil quilômetros. No livro tem números e um mapinha que ajuda o leitor a localizar a rota. Fui em linha reta. Achei que ia pedalar só cinco quilômetros até em casa. No primeiro dia pedalei 30. O que não é nada de mais.

Você já tinha o hábito de pedalar? Fazia academia, alguma coisa?

Nada, sempre gostei de fazer esportes, mas não fazia academia nem nada. Mineirinho esconde o jogo! No segundo dia de viagem tomei meu maior tombo. E, talvez por causa dele, não tomei mais. Estava no meio de uma plantação de eucalipto, onde passa um carro a cada dez anos. Era uma estradinha de terra meio abandonada. Fui fazer uma curva, todo empolgado, começo de viagem, e tinha uma árvore caída no meio do caminho. Tentei frear e capotei. Na hora em que capotei, pensei: "Gente, que imbecil! Por que fui andar rápido? Poderia ir devagar. O que faço agora? Volto, já que estou a

40 quilômetros de casa, ou não? Voltar pra casa vai ser um mico. Acabei de me despedir de todo mundo anunciando que vou fazer uma volta ao mundo de bicicleta e volto no dia seguinte? 'Mamãe, estou com a perna cortada!'". Decidi ir em frente. Em qualquer lugar do mundo poderia ter acontecido isso comigo. Que bom que foi em Minas, onde eu falo a língua. Vou arriscar. Segui em frente. E na primeira curva tinha uma plaquinha: "Fazenda do Dr. João". Era um médico que tinha acabado de chegar de Belo Horizonte. Pensei: é uma mensagem. O negócio é ir pra frente que tudo vai dar certo.

Qual foi a primeira coisa você fez depois que veio o patrocínio? Dormiu num bom hotel ou comeu num bom restaurante?

Na Malásia, eles não têm cultura de viajar. Quando eu cheguei lá, como eles falam inglês, a comunicação foi fácil. Eu cheguei, todo mundo me olhava: "Cara, você está viajando! Que lindo!". Eu era fonte de referência dos países pra eles. Isso foi uma coisa muito legal, que juntou também com o fato de a Malásia ser um país muito rico. Têm petróleo, eles têm uma indústria de eletrônicos muito forte. E as portas se abriram pra mim. Quando eu cheguei em Kuala Lumpur, conheci o Malkit, que é um publicitário muito famoso lá. Foi bacana. Havia vários amigos dele que queriam que toda hora eu fosse na casa deles pra jantar e pra comer. Eu estava tendo uma vida de rei em Kuala Lumpur, eu era sempre convidado e tal. É incrível o quanto as pessoas ajudam quando você está viajando de bicicleta! Parece que há uma redoma de uma aura positiva. Todo mundo já chega sorrindo, mesmo antes de você falar seu nome ou qualquer coisa. Não sei se é rindo da sua cara ou rindo daquela situação de extraterrestre na bicicleta. Se todo mundo tivesse a possibilidade de fazer isso uma vez na vida, os povos se respeitariam muito mais, não haveria guerras e todo mundo aproveitaria justamente essas coisas interessantes que cada cultura tem pra apresentar.

Quais são as coisas mais interessantes que você pôde conhecer dessas culturas todas?

O mais bonito dessa diferença toda é que, quando você tem um choque cultural muito grande, você pensa na sua própria cultura e a valoriza. De alguma forma entende melhor. Por que é que a gente come com garfo e faca, e não com a mão? Em vários países pelos quais eu passei se come com a mão; normal. Com a mão certa também [risos]; não se pode usar a mão errada. Você chega lá na Índia, uma pessoa morre, está lá na beira do Rio Ganges e todo mundo rindo, fazendo música e festejando, porque ele morreu na frente do Rio Ganges e vai direto pra alegria plena. Você pensa: "Por que é que a gente chora?". É a nossa cultura. Mas a gente questiona quando a gente vê alguém festejando a morte de alguém. Acho que é nesse contraste que aprendemos um pouco sobre nossa própria cultura. É um aprendizado muito lindo respeitar as outras culturas e entender melhor a nossa. A Índia é um país que choca o tempo todo. Você fica eletrizado, seduzido, mas, ao mesmo tempo, chocado. A Indonésia é um país imenso, com milhões de ilhas. Cada ilha daquela, mesmo que a distância entre elas seja de um quilômetro, tem uma cultura completamente diferente da cultura da próxima ilha. Com música diferente, alimentação diferente, vestimenta diferente, construção de casas diferente. É incrível! É uma loucura! É muita informação! Você pira! De alguma forma, eu acho que, antes de tentar julgar alguma coisa, a gente tem que entender. O mundo é muito diverso. Nós, os ocidentais, é que talvez estejamos atrapalhando um pouco esse equilíbrio.

E um fato engraçado que você tenha passado? Que te marcou mais?

Há uma história do "golpe da garrafinha" que eu aplicava. Isso eu aprendi logo no começo da viagem. Porque fome era o que me acompanhava, o tempo todo. Era o meu combustível. Era comer. O tempo todo eu estava ligado: "Onde eu vou comer? Como é que eu vou comer?". E naquelas estradinhas em Minas... Eu tentava sempre pegar estradinha de terra. E quando eu estava passando por uma estradinha de terra sempre havia uma casinha que exalava aquele cheirinho de comida. Um almoço e tal. "Vou chegar ali. Como eu vou chegar na cara dura ali?" Esvaziava a minha garrafinha d'água, porque pedir água é humano. Pô, uma garrafinha! "Tem jeito de colocar um pouquinho de água?" Você chega com aquela bicicleta, parece um astronauta chegando, cheio de bandeira, mochila. Aí não tem jeito. Todo mundo pergunta: "Você estava viajando? Como é que você faz pra comer, pra dormir?". Eu falo: "O pessoal me convida aí, na estrada". "Você quer uma água, quer uma comida?" "Eu quero." [Risos.] Isso virou uma estratégia planetária.

E as suas dificuldades? Você foi tratado como rei, mas também foi tratado como mendigo?

Não posso falar isso, porque o tratamento que recebi das pessoas sempre foi de rei. Às vezes o rei era pobre. O cara te dava a cama que ele tinha pra dormir, dormia no chão. Exatamente nesses países mais pobres foi onde eu experimentei essa hospitalidade. Eu às vezes até me arrepiava, porque é tão bonito ver! Nos países mais ricos, eu tive menor hospitalidade. A verdade é essa. Outra coisa realmente impressionante é encontrar com a criançada de país do Terceiro Mundo, onde você não acredita que possa haver tanta felicidade. Quando eu cheguei ao Timor Leste, estava tudo destruído. Todos os prédios bombardeados, telefone não funcionava. Sabe aquele clima de baixo-astral? Cheio de cerca da ONU, cheio de soldado da ONU. E a criançada sorrindo feliz. E quando eu queria tirar uma foto, todo mundo: "Foto!". E eu pensava: "De onde pode vir tanta felicidade com tanta tristeza?". Isso aí realmente me chocou.

E o que mais eles te perguntavam? O que despertava mais o interesse neles?

"De onde você é?" é a primeira pergunta. "Where are you from?" Aí eu falava que era do Brasil, e eles já respondem: "Brasil. Ronaldo. Football". Ronaldo é o sobrenome do Brasil. Você fala "Brasil", e eles falam "Ronaldo". Impressionante a quantidade de camisa do Ronaldo que há no mundo inteiro. É a pessoa mais famosa do mundo mesmo. Você chega falando que é brasileiro, a primeira reação é um sorriso. É Brasil, é Carnaval, é futebol. Muito melhor do que você falar: "Sou de não sei qual país. Estou em guerra". "Que pena." Aquela situação. Ali não, você é uma figura alegre, descontraída.

Você sempre viajou sozinho?

Fiquei da Malásia até a Turquia viajando com uma companheira alemã. A gente se conheceu também no caminho. Ela estava viajando sozinha, eu estava viajando sozinho, e resolvemos ir juntos. E foi superbacana! Depois, na Europa, houve alguns companheiros. Viajei por três países junto com a minha irmã. Quando eu estava na França a gente combinou. Fomos pra Itália, Eslovênia e Croácia. Pedalamos juntos. Foi muito bacana! Mas tive amigos esporadicamente. No final, contabilizando tudo, acho que metade da viagem foi sozinho, metade acompanhado.

E você ficava muitos dias nos lugares? Meses? Ou não?

A ideia era ter um ritmo de mais ou menos mil quilômetros por mês. Apesar de eu não ter hora nenhuma, nenhum compromisso. Em hora nenhuma eu coloquei isso como uma meta: "Você tem que fazer isso, Argus". Foi muito aberto, nunca houve nenhuma regra. Mas eu sempre tentei dar tempo ao tempo. Eu pensava assim: "Aqui é um lugar lindo, quero ficar mais tempo. Vou dar uma caminhada pra poder render a viagem". E a média no final foi isso: mil quilômetros por mês. Em algumas cidades eu parava, ficava dois, três dias. Outras vezes eu só dormia e seguia. Eu passei um momento maravilhoso no Timor Leste. Fiquei muito emocionado, porque eles estavam comemorando três meses de independência. Na época, eles eram o país mais novo do mundo. E você chega lá e vê as pessoas, todo mundo esfarrapado, mas os caras estão amarradões, porque haviam acabado de fazer a independência. No Camboja teve uma história terrível do ditador Pol Pot, que saiu matando todo mundo que sabia ler e escrever. Ele queria montar uma sociedade debaixo de uma ditadura rural. E só servia gente que fosse trabalhar no campo. Quem soubesse qualquer coisa, pra ele, não interessava. Era melhor morrer, porque ia atrapalhar o sistema. Aconteceu uma cena muito engraçada com a gente. Engraçada não, tragicômica. A gente estava pedalando, e, de repente, uma criançada começou a correr e a gritar atrás da gente: "Teacher! Teacher! Teacher!". E aí a gente parou. A situação era a seguinte: a criançada se uniu, montou uma casinha e naquela casinha eles tentavam ter aulas de inglês. E quem conseguia aprender alguma coisa dava aula pro outro. E quando passava algum gringo eles pediam para ensinar. A gente ficou arrepiado com aquilo. Infelizmente, eles sofrem muito com isso até hoje. Passamos três dias lá. Falamos: é muito bonito isso, temos que ficar aqui. Fizemos questão de dar aula e chamamos várias pessoas para nos ajudar. A França foi o lugar em que eu parei por mais tempo porque tive um convite do Centro Nacional de Le Havre, que é um projeto do Oscar Niemeyer, no norte da França. Eles têm um projeto muito bonito, com cinema e crianças. Me chamaram pra participar e fiquei três meses com eles. Juntou a mordomia de ter hotel e comida à vontade. Comida francesa, vinho e tudo mais. Engordei [risos]. Foi em junho do ano passado. Eu já estava na estrada havia dois anos e meio e estava na hora de dar uma parada. Foi a maior parada da viagem.

Você usou que tipo de tecnologia pra passar o material para o site?

Eu levei um *notebook* comigo e uma câmera digital, que foi o equipamento básico pra manter o site. Também havia uma câmera manual. Na rota que eu fiz teve internet o tempo todo. E os países mais pobres são exatamente onde é mais fácil encontrar internet, porque, como as pessoas não têm computador em casa, elas dependem dos cibercafés pra poder acessar a internet. Eu chegava no cibercafé, conectava meu *notebook* e mandava as mensagens e as fotos pro site.

E não houve nada ruim? Não perdeu a bicicleta? Não roubaram o notebook? Nada do gênero?

Não, eu tive muita sorte. Houve algumas situações difíceis. Mas, no geral, foram muito mais coisas boas. A única situação de estresse que eu tive foi no Irã. Lá eu estava junto com a companheira Alexandra. A gente estava pedalando num lugar, e eu não sei o que aconteceu. Parece que era um lugar talvez do Exército, alguma coisa especial. E, na inocência, passando por lá, tirando foto, a polícia parou. Acharam que a gente era espião. Fizeram mil perguntas, levaram a gente pra delegacia de polícia. Ficou uma situação um pouco tensa. No final, liberaram a gente. No outro dia, quando a gente saiu pra pedalar de novo, a polícia veio atrás com o carro e ficou seguindo a gente. A gente pedalava, e a polícia ia atrás. Não havia conversa. A gente falava: "Cara, a gente não quer. O que vocês estão fazendo aqui? Pra quê? Vocês querem revistar, revistem!". "Não, a gente tem que seguir vocês. Isso é o Comando Geral lá de Teerã". Pensei: "Ih! Caramba! O que esses caras estão querendo?". A gente ficou mais quatro dias. E eles perseguindo a gente. No quarto dia a gente falou: "Olha, a gente não está curtindo. A gente quer viajar de bicicleta numa boa. Não é com um carro da polícia atrás o tempo todo". Até que eu falei pra eles que, se eles continuassem, no dia seguinte a gente iria pegar um ônibus pra ir embora. Eles continuaram. A gente pegou um ônibus e foi pra Turquia.

Você só fez rotas dentro das cidades?

Não. Peguei de tudo. Inclusive fiquei em tendas beduínas na Síria, na Jordânia. Que povo maravilhoso! Cheguei na Jordânia no último dia do Ramadã, que é pra eles como se fosse o nosso Natal. É o dia mais importante. As pessoas de coração mole, oferecendo as coisas e tal. Eu cheguei numa lojinha, num supermercado; com povo árabe, você sempre tem que dar aquela negociada. Mas eu cheguei assim: "Olha, não sou da Europa, não estou viajando de avião, estou de bicicleta, brasileiro, pobre. Você, por favor, me dê os preços corretos, porque eu sei o preço de tudo. Se fizer o preço correto, eu compro aqui. Se não fizer o preço correto, vou a outro supermercado". *"No, no. Yes, yes. Come, come, my friend!"*. Só que eu falei com ele assim: "Estou precisando fazer só uma comidinha e tal, um macarrão. O que você tem aqui?" Ele (aí vem a parte boa do povo árabe): "Não, hoje é o último dia do Ramadã. Você vem comer na nossa casa". Pensei: "Ih! Caramba! Será que é verdade?". Era mesmo. Ele estava convidando: "Você vem aqui. É uma tenda beduína nossa". No meio do deserto, no sul da Jordânia. Lindo o lugar! Nós fomos pra tenda beduína. Passamos o resto da tarde inteira lá. Só os homens. Tomando chá debaixo da tenda. Eles passam o tempo todo tomando chá, conversando. E veio um prato de comida imenso. Era uma montanha de carne e pão misturado. Eles têm o costume de matar um carneiro nesse dia. Passam o dia inteiro assando o carneiro. Chega de noite, servem aquilo. Eram uns pedaços de carne grandes, e a cabeça do carneiro em cima da montanha. E você tinha que arrancar a carne com a mão. Enfiar a mão dentro daquela carne queimando o dedo. E você não pode usar a mão esquerda. Há a velha história: a mão esquerda é pra limpar. E foi essa festa! No final fiquei três dias lá. E o carneiro estava delicioso!

Você nasceu em Belo Horizonte, mas fez questão de começar a viagem a partir de Cordisburgo, em homenagem ao Guimarães Rosa e também ao seu avô, Saturnino, que também nasceu lá. De certa forma, você venceu as montanhas de Minas. Porque as montanhas deixam você ali, limitam. Você ultrapassou isso. O que tem de Minas nesta sua empreitada? Se você não fosse mineiro, acha que faria essa viagem desse tamanho? Isso, de alguma forma, te impulsionou?

Eu comecei a viagem em frente à casa do Guimarães Rosa. Minas tem uma coisa engraçada. Acho que a gente sempre está buscando o outro lado que a gente não tem. A gente está buscando, talvez, o impossível. Se Minas está cercada de montanhas, o mineiro, de alguma forma, quer ver o horizonte. É por isso que a gente vê tanto mineiro pelo mundo todo. Quando chegam as férias, o mineiro quer sempre correr pra praia pra poder ver aquele marzão. E talvez isso possa ter sido, sim, uma fonte, de eu querer abrir esse horizonte. Estar ali, no meio da montanha, e aquilo ali me impulsionar pra ver coisas diferentes, pra ver o que há depois do monte.

Agora você vai pro interior do Brasil?

É, depois de conhecer tanto lugar no mundo, criei vergonha na cara de conhecer o próprio país. Está na hora. Pretendo ir visitar o interior do Brasil, parando nas escolas do caminho pra contar histórias da viagem. Vou levar uma exposição de fotografia itinerante. Eu tenho muito material. Tenho vídeos, fotos... A criançada vai gostar, e isso será um prazer pra mim. Durante toda a viagem visitei escolas também, e é delicioso, porque você chega com a bicicleta, a criançada brilha o olho, olha e já é sua amiga. Quando a criançada vê aquele lance da aventura e da viagem, eles ficam muito interessados, e essa é uma arma linda que eu tenho pra passar alguma informação. A gente aprende muito sobre a Europa, aprende detalhes da Revolução Francesa. Você pergunta pra alguém: "Você conhece Laos?". "Laos? É jogador de futebol? O que é que é isso?" E é verdade. São países que não tiveram a oportunidade de contar a sua própria história. E a gente muitas vezes deixa de aprender histórias maravilhosas de impérios que existiram, de povos que têm culturas fantásticas.

Você vai de carro ou de bicicleta?

Dessa vez, eu vou de carro, pra poder levar esse material. E é exatamente com a ideia de divulgar o material que eu colhi durante a viagem de bicicleta que eu quero poder transmitir ao vivo pra criançada.

Quando você voltou e falou que viajou o mundo inteiro de bicicleta, o que as pessoas falaram?

Saí da África e voltei, aterrissei em Recife. E do Recife eu desci pelo litoral, até o sul da Bahia, subi o Vale do Jequitinhonha e cheguei de novo em Cordisburgo. Tem um caso engraçado que eu conto. Quando estava perto do Recife, a uns 80 quilômetros, falei pro pessoal que estava voltando de uma volta ao mundo, mais de dois anos viajando e tal. E o pessoal fazia uma cara de que não estava levando muito a sério. Aí eu falava: "Estou vindo do Recife de bicicleta". Aí sim todo mundo se espantava e dizia: "Do Recife? É longe pra caramba!".

E a volta a Cordisburgo? Deve ter sido muito interessante...

Só quando voltei foi que eles acreditaram que eu tinha ido mesmo. Quando eu estava saindo ali no sertão sempre tinha aquele tiozinho mais matuto, com uma graminha na boca, que falava: "Vai nada, vai nada! O mundo é grande, menino. Você vai se arrepender! Vai não!". Quando voltei, parecia Forrest Gump, porque a criançada ficou sabendo que eu ia voltar e começou a vir ao meu encontro de bicicleta. Quando faltavam uns 20 quilômetros pra eu chegar na cidade, apareceu um grupo de cinco, daí a pouco apareceram outros grupos de ciclistas. E virou uma passeata. Devia ter umas 200 bicicletas. Fui total herói do sertão. ■

CARLOS BRACHER
Anárquico, dramático, emocionante

Desde pequena, o Castelinho dos Bracher, lá no alto, em Juiz de Fora, me impressionou. Era diferente, instigante, desafiador. Todo mundo na cidade sabia que ali estava uma casa diferente, de artistas. Já adulta, visitei o castelinho, recebida com a hospitalidade e a generosidade que me foram apresentadas pelo filho mais famoso, **CARLOS BRACHER**, meu amigo, um dos maiores artistas plásticos do Brasil, que ganhou o mundo com suas telas tão mineiras como ele. Fez mais de dez mil quadros em 53 anos de carreira, a maior parte deles pintada em Ouro Preto, onde escolheu viver ao lado da mulher, também artista plástica, Fani Bracher. Um casamento de mais de 40 anos e duas filhas, Larissa e Blima. Carlinhos, como o chamamos, pinta com trincha, prefere a noite para trabalhar, faz um quadro em duas horas. É um homem das brumas, se diz anárquico, dramático, do bem. Suas telas viajam pelo mundo inteiro, expostas em museus de quase todas as capitais europeias. Ele acredita na cor e na forma, é apaixonado pela ternura dos mistérios, acha a vida cotidiana muito chata, intransitável, burocrática, salva apenas pela sensibilidade, centro da arte. O caos faz parte dele, e ele faz parte desse caos criador e criativo.

Quando foi que você começou a pintar?

Sou de uma família que há várias gerações se dedica às artes. Em particular à música. Meu pai, meu avô, todos os meus tios foram e são ainda músicos. E também pintores. Venho de uma família de gente desse grande mundo que é o da arte. Com 14, 15 anos já era muito induzido a esse mundo, naturalmente, pela convivência familiar. Quando vi a obra de Rodin, falei: "Tô nessa!". Eis-me aqui! Me apresento como um obreiro dessa causa, a qual gostaria também de consecutar e a ela me dedicar. Comecei pela escultura, na nossa querida terra: Juiz de Fora. Muito por influência direta de Rodin, durante três anos, fiz só esculturas. Depois comecei a pintar. E não parei mais.

Foi mordido pelas tintas, pelos pincéis, pelas telas...

Pintura é uma coisa problemática. Não queira entrar nessa. É uma cachaça! Terrível! É para sempre. A arte da pintura é como a da palavra: são coisas muito infindas. Nunca se terá um fim para tudo isso. A questão da literatura, por exemplo: ela sempre será algo fundamental na alma humana, em qualquer cultura. Ou, por exemplo, os sons. São artes primeiras, predominantes: das palavras, dos sons e das cores. São coisas que nos apegam terrivelmente. Três elementos substanciais.

E qual é o pintor do qual vêm todos os pintores?

É difícil dizer. A nossa visão ocidental de pintura, obviamente, é europeia. Tem todo um desenvolvimento europeu da progressão, da compreensão da pintura. Por exemplo: tem os pintores flamengos ali por 1300, 1400, na região da Bélgica ocidental, quando houve o primeiro grande momento da pintura, na Idade Média. Isso veio influenciar os renascentistas Leonardo [da Vinci], Michelangelo [Buonarroti] e Rafael [Sanzio], principalmente – pra ficar apenas com três, sem diminuir os outros. Aí começa um certo pensamento: primeiro os flamengos, depois os renascentistas. Tem Rembrandt, por exemplo, tem El Grecco, Goya. Depois vem o impressionismo, que é uma grande revolução na história. O pensamento estético do impressionismo é, digamos, a coisa definitiva. Todos nós somos impressionistas, porque o impressionismo rompeu com aquela estrutura acadêmica, meio que histórica, da pintura. Até então a pintura era muito ligada, por exemplo, àquelas temáticas gregas, de 2.500 anos. É tão importante o acontecimento do impressionismo que todos nós somos meio influenciados. Ligações da nossa história vieram muito dos impressionistas. O impressionismo libertou a pintura. As temáticas passaram a ser coloquiais, cotidianas. Cenas das pessoas, comuns. Eles eram os fotógrafos do seu momento. Deixou de ter aquele caráter épico, por exemplo, batalhas ou temas históricos, não sei o quê. Ficou uma coisa coloquial. Ficou próxima do humano, ficou mais simples. Ficou muito melhor. Melhorou muito a qualidade da pintura. Lógico que as outras são belíssimas e têm a sua importância, mas a partir daí a pintura ficou uma coisa mais natural. Mas o principal de tudo, o grande centro de tudo, é a sensibilidade. O que faz mover esses mundos é a sensibilidade.

Onde entra Minas Gerais no seu trabalho?

O artista vai apostar na sensibilidade, nesse algo especial que ele precisa ter dentro de si, nessa verticalização que ele é como pessoa e com essas ambivalências fantásticas que são a própria vida. Então, ele vai interpretar a vida. Ele vai se interpretar. Por exemplo: um paisagista vai interpretar seu mundo da paisagem, seu mundo real. A sua localidade, as suas montanhas, o seu céu, as suas árvores. Ele vai ser um "expressador" daquela comunidade. Sempre a aldeia é o principal. Nós só seremos alguma coisa se interpretarmos isso. A coisa tem que ser verdadeira. Não vou pintar o Cazaquistão, por exemplo. Ou o Japão. Enfim, alguma coisa com a qual eu não tenho nada a ver. Estou morando em Ouro Preto há 37 anos. Estou tentando interpretar a cidade; o que é um esforço muito grande, porque a minha alma está em Juiz de Fora. Isso é um dilema, muito difícil e complicado pra mim, porque sou um sujeito meio ambíguo existencialmente. Fui pra Ouro Preto pra ficar alguns meses. No máximo um ou dois anos. Esses meses ou dois anos estão se tornando uma vida. Mas o meu eixo existencial, de afeto, é Juiz de Fora. Só existo porque a minha estrutura, o meu crescimento, o adensamento do que eu apreendi está em Juiz de Fora. Sou como um homem de Juiz de Fora. Cada um tem a sua cidade. Eu sou montanhês, como *habitat*, sou da Serra da Mantiqueira. É ótimo isso, porque eu me descobri, na sequência das coisas, meio barroco, meio de curvas, de altos e baixos. Você pega o Planalto Central brasileiro: é todo plano, sem montanha. Eu não moraria num lugar sem montanha, porque ela dá um movimento, um ritmo, um delírio, joga funções curvas do pensamento, da prospecção... Montanha é maravilhosa! Instiga. Ela duvida, você quer saber o que tem do lado de lá. Nos dá o sentido de fabulação. O reto, não. Ele te tira os mistérios.

É por conta disso também que você se mantém em Ouro Preto?

É uma cidade muito perigosa. Muito linda também. Uma cidade na qual, por exemplo, encontrei muito do que eu tinha antes estruturalmente como pessoa. Por exemplo, com um homem de psicologia confusa. Não sou uma pessoa *clean*; sou problemático. A minha pintura é agônica, é dramática e complicada, e eu não sei ser diferente. Feliz ou infelizmente, não sou uma pessoa organizada com um pensamento lúcido e harmônico. A minha saída artística é dentro dessa desordem, dentro desse caos, dessa dramaticidade. Dentro desse choque complexo com a vida, com as coisas, com os temas, na maneira de pintar. Sou dramático. Sou um pintor rápido, superveloz. Uso trincha larga, mesmo para retrato. O caos faz parte de mim, e eu faço parte desse caos criador e criativo. Essa é a minha natureza. Meus melhores quadros são anárquicos. Felizmente, eu tenho uma boa safra de quadros ainda assim, que é o que me salva. A beleza é complicada. Há o perigo das coisas se tornarem harmônicas demais. No meu caso, a coisa tem que ser confusa. Sou um pintor expressionista. Meus grandes ídolos são Van Gogh, El Greco, Humboldt. É só gente problemática. Eu me encontro é nessa natureza estranha e perigosa. Mas tem que ser assim; se eu for academizar, vou esfriar isso. Vou comprometer artisticamente esse pândego final que eu sou. Tenho que me salvar por aí. Cézanne, por exemplo, era um pintor que fazia mais de cem sessões por dia. Ele pintava logicamente. A minha pintura não é assim. Levo entre uma hora e, no máximo, duas para fazer um quadro.

Você tem um horário predileto para pintar?

Tem nada. Eu gosto da noite. Não sou solar. Sou um homem mais das brumas. Por isso me encontrei muito em Ouro Preto nesse sentido. Quando descobri Ouro Preto, vi que aquilo é cheio de mistério. O mistério me interessa demais. Eu não quero entender nada, mas quero me afeiçoar aos mistérios como coisas afáveis, à disponibilidade misteriosa das coisas, na ternura dos mistérios. É um grande mundo, ulterior às coisas. Ele não é muito visível. O visível é muito chato. A vida é muito chata, muito intransitável. Se pensar bem, a vida é pagar conta. Ela é terrível! É um ato terrível, burocrático. Salva-nos a arte. Salva-nos desse quociente pequeno. De nossa reserva que vai nos salvar. O mínimo das coisas que a gente não estava vendo e que cria nossas respostas para o ato da nossa vida, por esse pequeno campo que não parece.

O Castelinho dos Bracher, a casa de vocês em Juiz de Fora, sempre foi um marco, um ponto de encontro de artistas e intelectuais da cidade...

Aquele foi um local de edificação de seres humanos como eu nunca vi. Achava que todas as casas fossem parecidas com a minha. Tive uma grande tristeza ao ver que não são. Nunca vi uma casa como aquela. Felizmente foi nela que eu nasci. Era fantástica! Livre em todos os sentidos. A casa da liberação do ser, do espírito, da sua verdade pessoal. E não era só da família. Era de quem chegasse ali também. Todo dia tinha 10, 15, 20, 30 pessoas. Os tipos mais diferentes, difusos e profundos que se possa pensar. E vivia com uma qualidade de harmonia, de delírios incessantes. Uma qualidade fantástica, no sentido de cada um ser o que é, exercer a sua própria vontade, seus próprios desejos. E num momento – anos 50, 60 – em que tudo era complicado. E numa cidade do interior de Minas. Então, ali era uma casa que recebia gente de São Paulo, do Rio, porque lá tudo podia. Queria ser poeta, ia exercitar sua poesia. Queria ser músico, qualquer coisa, podia. Uma casa de afeto, de humanismo, de delicadezas, de possibilidades. A pessoa chegava e ficava por lá um ano, dois anos, morando, comendo. Papai e mamãe foram dois grandes seres humanos que conheci, de um poder de entrega, de doação e de compaixão para com o próximo que nunca vi em ninguém. Foi um grande aprendizado pra mim.

A sua mulher, a Fani Bracher, já pintava? Ou foi por influência sua ou por convivência com você?

Por convivência. Mas ela é uma pessoa muito maravilhosa! É uma artista sem ter noção disso. O que não é preciso saber também. Precisa-se ser. O importante é ser. Se nós executarmos esse verbo que é o eixo central, é o que conta. Ela tem a infância dela, que é uma coisa muito linda. E minha mulher é muito imbuída desses valores de infância. De visão daquele mundo, de roça e tal, que ficou intacta até nós nos conhecermos. Quando isso aconteceu, ela nem sabia que eu mexia com arte. Ela mesma diz que a primeira vez que ouviu uma música clássica foi lá na nossa casa em Juiz de Fora.

Você continua pintando o que você sente na sua aldeia ou as viagens e exposições que você faz por esse mundão besta de certa forma o influenciam?

Esse mundão besta também marca um pouco. O mundo europeu é lindo, é fascinante! É superperigoso por ser tão bonito. Fico pensando: aqueles impressionistas não fizeram nada mais que copiar a beleza daquele lugar. É tudo tão bonito! Não há feio lá. Aqui no Rio há um lado muito feio, ao lado da cidade maravilhosa que a gente sabe que ela é. Pintei várias vezes o Pão de Açúcar, a Baía de Guanabara. Mas na Europa não existe o feio. Lá, tudo é belo. Belo pra belíssimo. Todas as cidades, todos os lugares, o interior. Por isso é que deu origem também a uma grande arte da beleza. A beleza faz parte de tudo isso. A pintura é feita por mim, mas eu busco a beleza de tudo isso. Não a beleza clara, visível, direta. É uma beleza meio alheia.

Você seria esse mesmo pintor se tivesse nascido em outro Estado? Se fosse gaúcho, nordestino?

Nós somos aculturáveis. A gente muda. Muda tudo. Eu gosto mais dos meus quadros antes de eu ir para Europa, em 1967, onde fiquei dois anos, depois de ganhar o Salão Nacional do Rio de Janeiro. A Europa não foi uma coisa muito maravilhosa na minha vida, não. Meu trabalho era mais forte. Era mais impactante. Era mais eu. Eu me represento mais naquilo ali. Antes da Europa. A Europa me roubou aquele Carlinhos de antes. Lá eu comecei a ver muito mestre, e a gente não pode conviver muito com o mestre. Você pode ver o suficiente do mestre. O que ele pode passar, oferecer a você. Você não pode receber demais de um mestre. Qualquer que seja o mestre. Tem que receber sua cota de necessidade. Senão você se conflita.

Você fez um trabalho ligado a Van Gogh, uma homenagem a ele. E homenagear é um olhar...

Isso aí é uma história muito linda da minha vida. Uma das mais importantes que vivi. Fiz uma série dos lugares de Van Gogh, homenageando-o no seu centenário de morte, em 1990. Eu estive lá nos lugares onde ele viveu e tentei interpretar à minha maneira aqueles lugares. O fato é o seguinte: tem dois Van Goghs. O comum, o pintor normal, que não tem nada de mais. Ele pintou durante dez anos. Dos 27 aos 37 anos. Esse Van Gogh que conhecemos é brilhantíssimo! A obra fantástica dele só tem dois anos. Os dois anos e meio finais. Os sete anos e meio iniciais foram de uma obra comum. Não têm nenhum valor. Ele passa a ter importância pela obra final. Mais no sentido de sedução, de uma complementação. O grande Van Gogh aparece quando ele deixa Paris, em janeiro de 1888, e vai pra Arles; ali ele começa a ser Van Gogh. Se desvincula daquela Paris que está meio decadente, nefasta, meio complicada. Vai para uma cidade rural pra se entender melhor, pra se complementar. Pra ser o Van Gogh que ele viria a ser. Aí ele começa a fazer a pintura dele, que, até então, foi muito impressionista e muito comum a outros pintores.

Você guarda quadros seus?

Guardo alguns. Mas antes não guardava nada, não. Nem fotografava. Nesse ponto sou muito desorganizado. Sou terrível!

Você pinta sempre? Todo dia?

Não. Hoje pinto muito menos. A pessoa tem que se revelar, se encontrar dentro do externo de cada minuto, daquele momento X. Esta é a vida. A revelação dessa coisa que é única e não repetida. A vida não se repete de jeito nenhum. Senão fica uma coisa recozida, relembrada. E não se pode lembrar do que você foi. Tem que ser o que você é. Temos que viver no fragor de cada instante. Isso que é maravilhoso!

É por isso que você não recria uma série de quadros mesmo quando gosta muito, como as montanhas da sua primeira fase em Ouro Preto?

O que passou, passou. Senão fica igual a arroz requentado. A arte é uma coisa da emoção. Tem que ser fresco. Você não pode ter a lembrança daquele sabor. Você não pinta por lembrança. Você não vai se copiar. A vida se inaugura a cada segundo ou fração de segundo. A vida é uma conquista intermitente e infinita de cada décimo de segundo. A vida é uma progressão contínua. E fantástica. Não adianta pintar. O que pintou, pintou. O que não pintou, não pintou.

E o que você está pintando hoje, agora, depois de Brasília?

Retratos, que é o que mais gosto de fazer. Eu vou fazer o seu retrato.

Quero ver!

Você vai ver que emoção que é! Pinto nessa distância assim [chega bem próximo da Leda]. Primeiramente assim. Quarenta minutos. Com uma trincha desta largura [mostra com os dedos], de pintar parede. Não é de pintar quadro, não. Quanto mais larga, melhor. Ela é mais enfática, mais substancial. A cor nasce da paleta com uma mistura complicada. Cada pincelada tem todas as cores. Pinto com um pincel só. Você vai ver. Pra assinar é que pego um pincelzinho.

Quantos retratos você já fez? E o que fará com os que você não deu nem vendeu?

Quase 300 retratos. Normalmente eu dou pras pessoas. Mas alguns eu tenho. Quero fazer agora mais umas 10, 12 pessoas do meu coração, incluindo você, minhas filhas. Aliás, não gosto de pintar mulher. Como você é uma querida amiga, vou fazer. Minha pintura não é feminina. Tenho uma complicação com o lado feminino. O mistério é completo e complexo. Nunca pintei as minhas filhas, Larissa e Blima, nem a Fani, nem a Nívea, minha irmã, nem a minha mãe. Mas vou fazer, porque gostaria de fazer um livro, se Deus me ajudar. Quero fazer muito um livro usando esses quadros, fotografia e tal. O que é bonito não é nem o quadro acabado, mas o momento em que é feito é maravilhoso. Cada quadro é uma coisa maravilhosa!

Quando você vai pra uma exposição sua, não importa o local, se no Brasil ou no exterior, qual o barato que você sente de ver as pessoas olhando seus quadros? Aquele quadro é você, você está ali. Qual o seu sentimento?

É maravilhoso! A gente pinta pra gente. O poeta escreve pra ele próprio. O músico faz pra ele. Eu pinto pra mim, depois vem o lado da comunicabilidade. Fico feliz, porque muita gente tem gostado do que tenho feito. Mas se não gostassem, eu ia continuar fazendo a mesma coisa. O compromisso da gente é com a gente, principalmente. Se isso tem valor, se tem resposta de outrem, tudo bem. Se não tiver, não importa.

Se ganhar prêmio tudo bem. Se não ganhar também?

Tudo isso são vazios. Não tem nenhuma importância. A obra vale por si própria. A verdade da obra vai se dizer. Ela é inaudita e rompedora do próprio tempo. Toda obra tem o silêncio dela própria. Ela é imantada de uma solidão. A arte é uma própria solidão. A arte é o fruto da solidão. É a evocação do nosso eu, dos nossos mistérios existenciais, fluídicos e inalcançáveis. A arte é algo inalcançável pra gente. E através dela a gente vai. É um chamamento. É como vozes. Elas nos falam assim: "Vem pra cá". E a gente vai pra lá. Você não sabe pra onde está indo. E nem deve saber. Se souber, fica chato. Você não tem que saber nada, tem que sentir as coisas. A vida é sentir. A vida é emoção, uma entrega. É um ato corpóreo e alíbil de entrega, de se dar, de se doar e de receber. Óbvio que se recebe isso. Não tem nada de São Francisco. Não tem nada de religião. Religião não tem nada a ver com arte também. Religião é uma coisa demarcada. A arte não tem demarcação nenhuma. Senão ela vai ser impura. Vai chegar a uma coisa já finita. Toda religião é finita.

E a arte é infinita?

A arte é apenas uma coisa: é infinitude. Arte não tem nada, não tem destino de nada. E não quer nada também. A arte é uma coisa pro grande vazio humano e da grande transcendência, portanto. ■

CARLOS DRUMMOND DE ANDRADE
O mineiro dos mineiros

Foi no ano de 1980. Eu fazia entrevistas para o *Jornal Hoje*, aos sábados, na TV Globo. Não me lembro mais como consegui o telefone do poeta **CARLOS DRUMMOND DE ANDRADE**. Mas me lembro até hoje da minha sem-gracice, do meu jeito sem jeito de falar com o poeta pedindo a ele que me desse uma entrevista. Eu sabia que ele não gostava muito disso, mas ele foi muito atencioso, delicado e, pra minha completa surpresa, aceitou. Marcamos a entrevista para uma tarde daquele novembro, na Editora José Olympio, em Botafogo. Não contei pra ninguém na emissora. Só contei pra equipe quando chegamos ao local. Acho que, no fundo, nem eu mesma acreditava que o poeta iria falar comigo. E ele falou. Falou com a simplicidade e a simpatia dos grandes. Disse que via o telejornal e gostava. Não impôs condições, não fugiu das perguntas. Dono de um humor muito especial, o poeta era doce, meigo, sem pressa, orgulhoso pai da filha querida Maria Julieta, que lançava um livro. Eu fiquei deslumbrada com um dos momentos mais felizes da minha carreira, que apenas começava.

Poeta, me explica uma coisa: você não era muito chegado a noite de autógrafos. Fez duas em menos de um ano.

É que gosto de mostrar, às vezes, que não sou tão bicho do mato, porque tenho ainda alguns reflexos humanos. Então, de vez em quando, eu acho bom comparecer na praça. Viver um momento de alegria em companhia de amigos, de leitores e, principalmente, de minha filha, que é uma grande amizade que tenho há muitos anos.

Contos de aprendiz foi escrito em 51. O que é que te motiva a fazer essa reedição agora?

Acho que o livro, apesar do meu assombro, tem leitores, não é? Há pessoas que se dão ao trabalho de ler meu livro. Isso me conforta muito. Quer dizer que não é de todo inútil escrever. E no Brasil me parece que é importante fazer com que os escritores escrevam e os leitores leiam.

Você acha que tem aumentado o número de leitores no Brasil?

Certamente. Principalmente com o advento dos estudos universitários, se nota que os estudantes, desde o nível médio até o superior, se interessam mais pela literatura, em conhecer os escritores. Inclusive um conhecimento pessoal dos escritores. Isso é muito simpático. Mas, às vezes, dá um pouco de trabalho, porque nem sempre você está à disposição. Dizem que escritor é aquele que escreve. Às vezes, escritor é aquele que não escreve porque não tem tempo porque tem que conversar com os outros. Mas é bom, agradável. Se não tivesse ninguém me procurando eu ia ficar muito triste.

Você é considerado o poeta maior. E quem são os novos poetas hoje? Os compositores populares?

Eu protesto contra essa designação de poeta maior. Isso não tem sentido. As pessoas são poetas. Às vezes se esforçam por ser poetas. E mesmo os bons poetas deixam de sê-lo, esquecem e fazem coisas tão vulgares, tão banais, se repetem. Acho que não há essa medida do poeta, não. Agora, quanto aos novos, é difícil dizer quais são os que se destacam, porque há realmente uma explosão de poesia no Brasil. Desde os livros impressos, que as editoras se interessam em publicar, como até essa publicação, quase clandestina, de rapazes que fazem isso no mimeógrafo e saem vendendo pelas ruas. É uma atividade poética muito intensa e da qual deverá surgir alguma coisa boa. Espero que sim. Quanto aos compositores, é um pouco diferente. Suas contribuições são muito ponderáveis e até mais importantes que a de poetas dito eruditos. Exemplo disso é Vinicius [de Moraes], que conseguiu ser as duas coisas e acabou preferindo essa vertente popular. Nela, Vinícius pôde se manifestar melhor e sensibilizar milhões de pessoas que não tinham acesso aos livros. Eu acho isso importante. Realmente é uma força muito ponderável na cultura brasileira.

Você é otimista?

Sou inteiramente otimista. Sem deixar de ser pessimista com relação à vida. Acho que uma vida que se passa no meio de bombas nucleares e outras bombas menores não é, realmente, uma coisa muito alegre. Mas a gente vai fazer o possível para viver bem, viver em harmonia, em paz com os outros. E acho que a poesia preenche essa finalidade. A poesia faz bem. Ela cria certo contato, certa convivência com as pessoas. Desde o namorado para a namorada, como o amigo para o inimigo, para a pessoa que recebe uma mensagem fraterna e, talvez, se torne menos inimigo.

Você diz em "Mãos dadas" que não queria ser o poeta de um mundo caduco.

Realmente, o mundo caduco é um mundo que nós estamos vendo, mas que deixa margem para que dele surjam algumas novas formas de mundo, de convivência. E eu tenho esperança nessas coisas. Pode não ser na minha geração, pode não ser na próxima. Mas, evidentemente, o homem caminha. Nós não estamos mais na Idade da Pedra, não somos mais homens da caverna. Nós aprendemos algumas técnicas de convivência. Então, vamos aperfeiçoá-las.

Achava que você era taciturno, mas é muito bem-humorado.

Gosto de um pouco de molecagem. Sinto não poder dar mais cambalhota. Se fizer isso agora, quebra um pedaço da espinha, um osso fica fora do lugar, eu saio todo torto. Mas eu gosto de fazer minhas brincadeiras, principalmente quando vejo criança pequena. Outro dia eu conquistei uma criança de um ano. Não queria mais ficar com o pai. Resolveu ficar comigo. Comecei a mostrar uns quadros lá em casa. Ela não sabia falar, ficava apontando para a parede e agarrou-se ao meu colo. Quando o pai chamou, ela virou a cara. Achei que ela era uma contista. Quer dizer: a população de um ano de idade está inteiramente do meu lado.

Como você lida com a crítica?

A crítica é boa, porque impede você de ficar muito vaidoso, muito metido a sebo. Na mocidade passei por um pedaço bem duro. O pessoal era todo contra mim. Achava que eu fazia versos malucos, como aquele da pedra no caminho. Por isso diziam que eu era doido, débil mental. Havia também o poema pornográfico. Aí diziam: "Como pode um homem que dá esse conselho – 'sejamos pornográficos' – trabalhar no Ministério da Educação? Que exemplo ele dá para as moças?". Era muito engraçado! E as pessoas ficavam espantadas quando iam tratar comigo e viam que eu "regulava", que era uma pessoa normal. Que atendia as partes, despachava os processos, atendia ao telefone. Eu procurava trabalhar normalmente, sem nada de especial. Aí falavam: "Olha, eu achava que o senhor fosse lelé da cuca, matusquela, doidinho".

Em Minas tem tanto doidinho...

Minas é uma terra de doidos. Mas doidos que convivem muito bem com o juízo, eu acho. Minas Gerais é o paraíso ideal dos loucos, porque eles são bem tratados lá. O louco do interior de Minas é um louco bem tratado Eu faço parte dessa sociedade. É perigoso quando o louco chega ao poder, quando é eleito governador, ministro. Presidente da República, então, é um caso sério. Nós já tivemos exemplo disso, não é?

E quanto ao futuro do Brasil, o senhor é otimista também?

Eu vou desenhar o futuro do Brasil? Está entregue aí a esses homens que tomaram conta do governo. Pergunte a eles. Eles devem saber. Acho que eles sabem. O general Golbery [do Couto e Silva, Chefe do Gabinete Civil do presidente João Figueiredo] deve saber. Ele anda de fraque, deve saber mais que eu que só uso paletó-saco e camisa esporte.

Uma vez a Elke Maravilha me contou que ia andando na rua e se encontrou com você.

Foi um escândalo! Foi muito engraçado. Foi em frente ao Bar Bico, em Copacabana. Aí as pessoas todas pararam. Aliás, o Bar Bico está muito ligado à minha vida. Quando o Fernando Sabino fez aquele filme, um curta-metragem sobre escritores, sobre Jorge Amado, Érico Veríssimo e sobre mim, tinha uma cena no Bar Bico, lá em Copacabana. Eu ia tomar café em pé e chegava uma moça com uma porção de livros debaixo do braço; era uma estudante de Letras. Ele arranjou uma moça tão bonita, mas tão bonita, que eu fiquei parado. Falava, falava e não acabava mais. Ai dizia o Fernando: "Corta, corta". E eu não queria cortar. Afinal, ele se casou com essa moça. É a Lígia Marina. Eu fiquei deslumbrado a primeira vez que vi a moça. Que estudante maravilhosa! E o pessoal do Bar Bico também ficou espantado. Outra cena muito engraçada foi quando entramos no ônibus, porque ele ia me filmar como eu sou. E eu não gosto de andar de carro. Então, tomei meu onibusinho. Aí o banco estava ocupado por uma senhora. O Fernando pediu: "A senhora dá licença de ceder esse lugar para o *cameraman*?". A mulher: "Eu paguei a passagem. Não cedo". Morremos de rir. Não deu certo, a cena não saiu boa. A melhor cena foi aquela em que eu revelei certo talento cômico, humorístico, nas colunas do Ministério de Educação. Eu me escondia atrás de uma coluna e aparecia atrás de outra, misteriosamente. Bom, acho que já falei demais.

O que você acha da questão da mulher hoje no Brasil?

Acho que a minha filha Maria Julieta ilustra bem esse esforço da mulher no sentido de ela se construir uma pessoa autônoma, independente, pensando pela própria cabeça e influindo na própria vida. As mulheres estão fazendo um grande trabalho nesse sentido. O que eu acho muito simpático. Até então, nós éramos proprietários da mulher. Hoje, elas não são mais propriedades nossa. Isso é ótimo.

Que ninguém seja propriedade de ninguém...

É lógico. Nem nós sejamos propriedade das mulheres.

Estão surgindo uns movimentos de libertação do homem nos Estados Unidos.

Acho que o homem não precisa muito desse movimento. O homem precisa ceder alguns dos privilégios que ele sempre teve, para haver uma competição saudável, sobretudo no mercado de trabalho, entre o homem e a mulher. Isso é o que eu acho, uma vez que ela conquista a independência econômica, não se dobra mais a capricho masculino nem a gente vai domesticá-la como se fosse um bicho, um gato. Acho que a coisa está caminhando para um equilíbrio bastante razoável nesse sentido.

São 78 anos. É muito?

A gente não tem a ideia de que a vida passou, não, sabe? É uma experiência que você não pode apreender bem, porque só mesmo vivendo. Olhando pra trás vê que tudo aconteceu extremamente rápido. É uma coisa curiosa isso. Não dá para a gente sentir a idade, não. Dá para sentir que o negócio foi muito veloz, um processo demasiado rápido. Como se tomasse um avião supersônico. Uma coisa assim. Eu me lembro de coisas da minha infância, como se tivessem se passado ontem. Então, chego à conclusão de que tudo passa num minuto mesmo.

Você não se importa de continuar trabalhando diariamente?

Eu sou obrigado a trabalhar. A opção da vida é trabalhar. As aposentadorias que o governo me deu são uma brincadeira. Tenho que trabalhar até o fim. Até o último dia. Eu gostaria de ter certa liberdade para fazer aquilo de que gosto, para fazer meus versinhos. Mas agora sou obrigado a dar umas cambalhotas, fazer umas "peraltiquices" para o público três vezes por semana no jornal. Há dias em que eu digo: "O Drummond hoje está chato". Porque nem sempre você está bem disposto para levantar às sete da manhã, botar o traseiro na poltrona e ficar batendo máquina. Há dias em que dá vontade de não fazer nada. Mas na hora certa chega lá o mensageiro do jornal para receber o negócio. Eu sou um profissional, como todos nós somos, e faço aquilo mecanicamente. Nunca falhei, a não ser por motivo de doença ou viagens. Por motivos, realmente, muito ponderáveis. Não só não falho, como não atraso. Acho que é uma obrigação da gente. Está dentro de uma engrenagem, não é? Não quer dizer que tenha admiração pela engrenagem, que ache aquilo uma maravilha. Pode até dar uma banana para ela, no íntimo. Mas, na realidade, tem que fazer uma tarefa. Então faça da melhor maneira possível. A essência do profissionalismo está aí. Então, tenho que fazer aquilo normalmente. Mas, se eu fosse economicamente independente, não sei o que eu faria. Talvez me chateasse até. As pessoas ricas, você já notou, elas têm muito medo de perder o dinheiro, a riqueza. De mudar a cotação da bolsa, do dólar, essas portarias do Ministro da Fazenda, da Cacex. É muito chato. Você não dorme sossegado. Tendo apenas seu salário e não passando fome, acho que é muito melhor.

Do que você gosta? Do que não gosta?

Carro, por exemplo. Eu nunca tive carro, a não ser quando eu trabalhava para o governo. Quando eu saí foi um alívio para mim. Eu gosto de andar a pé. Não sei dirigir. Nunca quis dirigir. Aliás, seria mau motorista, que atropelaria todo mundo. Gosto muito de andar a pé e fiquei muito satisfeito quando fui ao médico há pouco tempo e ele me perguntou se eu andava. Respondi que sim. E ele me disse: "Então, ande mais". Aprendi com a minha amiga: para você andar bem, tem que andar no mesmo ritmo, se possível na mesma direção, em linha reta e não parar. Se você vai com velocidade, continua com velocidade até o fim. Se vai lentamente, continua lento. É impossível ir em linha reta, mas procure sempre ir no sentido da direção reta. Com esses três elementos, andar é bom para a saúde. Não é negócio de fazer *cooper*, essas coisas. Isso aí eu acho meio chato. É andar simplesmente, movimentar as pernas. Não conheço o Maracanã. E outra coisa que também não conheço: a Ponte Rio-Niterói. Não conheço também o metrô. É que acho que as coisas não são tão importantes assim, não. É melhor ter uma ideia das coisas do que as coisas propriamente ditas. Uma relação humana vale mais que um objeto que uma ponte. O Burle Max convidou um amigo para ir ao seu sítio, e quando terminou o fim de semana, o Burle disse: "Muito obrigado. E quando é que você volta?". E ele respondeu: "Nunca". O Burle: "Por quê?". Ele: "Já vi". Acho perfeito.

E à praia também você nunca foi?

Ia quando... Agora eu tenho varizes. Eu não sou um espetáculo muito empolgante, não. Tem tanta garota bonita lá, eu vejo quando elas passam. A praia não é mais para mim, não. Nunca aprendi e nunca tive de aprender a nadar. Eu tenho pouca curiosidade. A minha curiosidade é toda interior. Eu gosto de imaginar as coisas. Ver as coisas não é muito importante para mim. Eu fico quietinho no meu canto e, com isso, não chateio os outros, você não acha?

Você não fuma nem bebe?

Gosto de um uisquezinho, mas para mim não faz falta beber. Gosto de uma cervejinha, de um chopinho, mas não tendo eu não me importo. Fumar, nunca fumei. Eu comecei no colégio, estreei numa festa de barraqueiros e fumei um charuto de matar ratos. Foi péssima a experiência. Nunca mais! Horrível! Mas uma bebidinha, de vez em quando, é bom. Sobretudo quando a gente já começa a ficar alegrinho, podendo dizer coisas que não diria normalmente. Sem chegar ao exagero, sem fazer papel triste e ficar dependendo dos outros para ser levado em casa. Mas quando ela provoca uma certa fluidez mental, eu acho bom. Uma alegria, que a pessoa fica mais liberante, mais cordial, achando tudo bom, todas as pessoas deliciosas.

Você tem um método de trabalho?

Tenho horários. De manhã escrevo para o jornal. Para meu uso eu escrevo sempre que posso, sempre que tenho papel nas mãos. Quando estou no ônibus, vem uma ideia e não tenho papel, aquilo voa e não volta mais. É chato isso. Em geral escrevo em casa à noite ou de manhã. Gosto muito do meu escritório, de arrumar meus arquivos. Tenho um papelório grande que me acompanha por longo e longo tempo. Cartas dos meus amigos de 1925 e das quais, de vez em quando, eu publico uma. Coisas de pessoas que já morreram e que dão uma saudade!

Você tem um arquivo enorme, então?

É grande, sim. Agora já não cabe mais nada. Eu seleciono, e o que não seja de muita importância eu não guardo, por não ter lugar. Lá em casa não pode virar um depósito de papel. Livros também eu guardo poucos agora, porque não tenho lugar. Mas é bom o escritório, o telefone perto, porque você se comunica com o mundo inteiro. Aquilo é muito bom! Eu sou bastante "telefoneiro". Não sei se existe essa palavra, mas gosto muito de telefone. É muito difícil se encontrar com as pessoas, hoje já não se tem mais lugares para se encontrar. Isso é muito raro. Tem a reunião do Plínio Doyle aos sábados, que é muito agradável. Conversa de bar, de café, acabou completamente. Então, o telefone ainda é o último elo de relação humana no mundo.

Você é amargo em algum momento?

Pelo contrário. Eu era um rapaz meio maluco, anarquista, anarcoide, inquieto. Fui expulso do colégio porque tinha apelido de anarquista. Não era muito conformista, não. Então, encontrei na minha adolescência, na minha geração, um grupo de seis ou sete rapazes, todos eles esplêndidos, que me ajudaram muito. Eram pacientes comigo. Se eu tivesse vontade de praticar um ato assim mais antissocial, eu ficava com vergonha, porque eles não chegavam a esse ponto. Mas eles também eram livres, independentes. O Milton Campos, que foi governador de Minas, excelente pessoa; Abgar Renault, que hoje é membro do Conselho Federal de Educação; Emílio Moura, um poeta finíssimo, muito delicado, meu compadre; Cyro dos Anjos, que também é meu afilhado de casamento e meu compadre, romancista; Alberto Campos, que já morreu. Foi ele quem me deu o meu primeiro emprego. Eu estava metido no interior, ia ser fazendeiro e não entendia nada. Não sabia distinguir um cavalo rosilho de um cavalo pedrês. Então, ele me arranjou um trabalho num jornal lá em Belo Horizonte, e eu saí correndo, casado de pouco, com a minha mulher grávida, e fui lá para o jornal de Belo Horizonte. E com isso comecei a minha vida. Trabalhei muito em jornal e senti não poder fazer carreira de jornalista militante, porque não houve condições. Fui atraído pela burocracia. Mas João Afonso, enfim, vários outros amigos, Pedro Nava, também amigo bem chegado, bastante boêmio. Naquela época nós formávamos uma dupla bastante incrementada.

Você já foi boêmio?

Acho que sim. Tive uma mocidade livre, passava as noites nas ruas praticando loucuras. Mereço o título de boêmio. No passado, né? O Nava conta nas memórias dele muitas coisas que nós fizemos. Ele conta com pseudônimo, troca os nomes, não quis criar nenhum problema. Eu disse: "Ô, Nava, você deveria ter dito tudo, realmente, porque fizemos aquilo que foi possível. Nos destacamos lá como malucos, para irritar a família mineira". Naquela época não era a "tradicional família mineira". Não tinha esse nome, mas era tradicionalíssima. Era uma gente muito fechada. Não havia contato entre rapaz e moça. A moça estava sempre ao lado do pai ou de um irmão com bengala. Bengala era uma coisa perigosíssima, porque não era ornamento, era para bater na gente se, por acaso, a gente avançasse o sinal.

Tinha que ter cuidado.

Havia um desfile de moças na Praça da Liberdade. Os rapazes ficavam parados, e as moças, desfilando. Ninguém tinha coragem de chegar perto delas. Era difícil. Desse ponto de vista, atrapalhava. Mas, por outro lado, era saboroso, porque a gente ficava imaginando delícias mil. Hoje em dia tudo é permitido. Acho que não se deve sentir tanto prazer quanto antes. Tudo era muito saboroso, muito gostoso.

Quando você conversa com esses jovens, com seus netos, o que você sente neles em relação à vida?

Eu compreendo muito a inquietação do jovem, porque eu, quando jovem, fui muito inquieto. Até antissocial mesmo. Então, eu atribuo a esses meus amigos uma espécie de contenção que eles exerceram na minha vida e moderação, de modo que eu não me perdesse. É uma fase normal e que pode, perfeitamente, ser superada. Agora sempre há, em toda geração, uma percentagem de gente que se perde. É inevitável. Não é problema de agora. Há uma coisa admirável na mocidade hoje que é, por exemplo, o interesse pela música. Nós, não é que não gostássemos, mas não nos interessávamos pela música. Nós nos interessávamos, um pouco, por artes plásticas. Mas muito por literatura. Era só literatura, da manhã à noite. Hoje não, há uma espécie de interesse geral das pessoas, que cobre um leque. É o balé, a música popular, a música erudita. Acho muito boa essa coisa que têm os rapazes de hoje, em geral, e as moças. É o interesse global pelo mundo.

É um interesse que você também tem.

Acho que já tive. Hoje em dia estou meio cansado, meio cético. Não tenho mais interesse por certas coisas, não acho muita graça, não.

Em que você acha graça?

Acho graça na vida tão absurda, tão maluca. Acho graça até na política. No caso do Riocentro eu acabo achando graça, porque não se pode fazer nada para que se descubra a verdade. Ninguém sabe. Ficou combinado que não vai se apurar a verdade. Então acabou. Não é divertido? É uma peça, um *vaudeville*, uma comédia. Mas nem vale a pena falar nisso, não.

Você acha que falta amor no mundo de hoje?

Acho que não. Talvez a expressão do amor esteja sendo agora mais agressiva, mais direta, mais fácil e um pouco barateada. Mas é uma coisa profunda. No dia em que acabar o amor, não existirá mais vida. O amor é fundamental. Acho que existe, sim, muito amor. Várias formas de amor.

Você respeita todas elas? Você tem algum grilo com as coisas que são discutidas hoje como o homossexualismo? Você se assusta?

Acho que há certo mau gosto exibicionista. Não gosto disso. Mas dou a todo mundo o direito de fazer o que quiser. Cada um faça o que quiser. Não vou ser crítico da sociedade. Não tenho nenhuma doutrina filosófica, política ou sociológica para condenar a humanidade. Para o meu gosto, algumas formas são desagradáveis. Podiam ser mais delicadas. Acho que há um pouco de ingenuidade em exibir certas coisas que não me parecem as mais bonitas. Há tanta coisa bonita na vida!

Você se sente feliz?

É uma pergunta tão grave! Como vou dizer se estou feliz? Estou vivendo. Não estou de mal comigo e não estou de mal com a vida. Então, acho que é o bastante. Tenho amigos, pessoas que gostam de mim. Isso pra mim é muito bom. Pessoas generosas, bondosas para comigo. Como vou achar ruim a vida?

Você conserva esse mineirismo? Gosta de ter nascido em Minas?

Acho um pouco de exagero esse negócio de que mineiro é diferente dos outros. Outro dia o Ziraldo contou uma história muito engraçada de dois mineiros que estavam sentados na beira da estrada, pitando seu cigarrinho de palha, e, de repente passou um elefante voando. Aquele barulho todo. Então os mineiros olharam, olharam e não disseram nada. Continuaram imaginando coisas. Passou outro elefante voando. Um terceiro, um quarto. Quando passaram muitos elefantes voando, um dos mineiros levantou-se e falou para o outro: "Ó compadre, só tem uma explicação para isso. É que o ninho deles deve ser aqui por perto". Como diz o Ziraldo, o que o mineiro quer é a explicação das coisas. O fato em si, não tem importância alguma. Fernando Sabino também conta a história da venda à beira da estrada. O sujeito perguntou: "Seu café é bom?". O dono da venda respondeu: "Não têm falado mal dele, não senhor". Essas coisas que dão certo sabor ao temperamento mineiro, mas, na realidade, o mineiro é uma pessoa como qualquer outra. Não tem nenhuma diferença. Ama, sofre, tem dor de barriga, paga imposto, reclama contra o imposto exagerado, acha umas coisas ruins e outras boas e gosta de viver em paz. O mineiro não é muito guerreiro, não. Mas quando precisa, tem aí um Tiradentezinho para ser sacrificado. Ele é muito comemorado por todos os governos, e não é de hoje. Vão lá em Ouro Preto, onde está a estátua dele, e dizem que ele é um herói. Mas se ele estivesse vivo, eu queria ver o que eles fariam com Tiradentes. Fariam as maiores misérias com ele. Mas Tiradentes é um grande herói, morto, que não está incomodando. Os mineiros, em geral, não incomodam.

Um dos primeiros poemas em que a gente toma conhecimento de que Drummond existe diz assim: "Itabira é apenas um retrato na parede. Mas como dói!".

Esse negócio me causou certo aborrecimento, porque lá em Itabira achavam que era pouco caso com a cidade. Ao contrário. Isso é o testemunho da presença, como gente, de Itabira na minha vida, no meu ser. Se tenho na parede uma fotografia com a vista de Itabira, é porque quero guardar aquilo na memória. Não vou lá, porque meus parentes morreram, meus amigos morreram. Itabira hoje é uma cidade de milhares de habitantes, gente de fora que migrou para lá por causa daquela companhia que faz a extração do minério. Então, vou lá para quê? Para ver um passado meu que não existe? Para sofrer, para me angustiar? Então, eu vejo a minha Itabira do passado na fotografia, na parede.

Quer dizer que é verdade? Você tem mesmo Itabira na parede?

Tenho um quadro a óleo de um pintor e guardo muitas fotografias de Itabira no meu arquivo. Acho que eu sou melhor itabirano aqui. De vez em quando, quando preciso meter o pau na Vale do Rio Doce, eu reclamo, xingo-os um pouco. Não vai adiantar nada, mas lavo a alma. Faço melhor do que indo lá para assistir às ruínas do meu tempo. A mocidade morta do meu tempo. Mas eu gosto muito da minha terra. Sou muito ligado a ela. É uma raiz profunda mesmo. Eu vivo muito em Itabira, como vivo muito a vida dos meus pais que já morreram, mas são meus companheiros. Não é nada de espiritismo, de metafísica. É uma presença na vida da gente. Meus pais e meus irmãos vivem em mim. Eu sinto a presença deles. Não preciso ir ao cemitério, conversar com eles nem nada. É uma presença íntima, profunda, que está no sangue.

Você tem medo de alguma coisa?

De nada. Tenho medo de cair uma telha na minha cabeça, um automóvel passar em cima de mim, porque um já me arrebentou a testa. Mas medo, não. Por que eu vou ter medo a essa altura da vida? O que pode me acontecer? Nada. Se eu fosse moço ainda poderia ter medo de alguma coisa. Ninguém vai me fazer mal, por quê? Eu não ofendo a civilização, a sociedade, estou quieto no meu canto. Faço as minhas piadas no jornal. Eu não sou um subversivo.

Falo de outro medo, da angústia.

Não há o que temer. Acho que a minha vida é mais ou menos comprida. Já vivi um bocado de tempo; então, não tenho nada que fazer mais, não tenho que passar a limpo a vida, nem adiantaria mudar. Então, o recado está dado. Não me queixo do presente. Acho que não estou devendo nada ao presente. E também o presente não me deve nada. Estou em paz com a vida. É bom. Eu acho que chega. ■

CÁRMEN LÚCIA

Uma mulher honrada

Eu confesso que tinha uma enorme curiosidade sobre a ministra **CÁRMEN LÚCIA**, do Supremo Tribunal Federal, e uma grande admiração pelas posições e convicções dela, vistas de longe, sempre pela TV. Nossa amiga comum, Vera Brant, franca admiradora da ministra, fez o contato, deu força. E lá fui eu ao gabinete dela. E tive, verdadeiramente, um imenso prazer em conhecê-la. Nada para ela caiu do céu, mas Cármen Lúcia Antunes Rocha, mineira nascida em Montes Claros e criada em Espinosa, soube buscar. Atenta, sabe viver sem se deixar levar pelas ilusões do cargo e sem perder a ternura. Aberta ao conhecimento, apaixonada pela palavra, mantém a esperança por um mundo melhor, acredita na honestidade e no trabalho. Tem nove livros publicados, fez mestrado e doutorado, estudou várias línguas, gosta de escrever, de dar aulas e de advogar. Solteira, uma dos sete filhos de Florival e Anésia, tem 19 sobrinhos, e aprecia a convivência alegre e frequente de irmãos e cunhados. Tem consciência de que o Brasil melhorou em termos de constituição, mas acha que saúde, educação e segurança são os pilares do que precisam ser revistos e é preciso dar o primeiro passo. Acha também que a grande novidade no Brasil é que o brasileiro começou a notar que saber dos seus direitos muda a vida. Tem fé em Nossa Senhora e reza pedindo a Deus saúde, prudência e paciência.

Onde você nasceu?

Nasci em Montes Claros. Meus pais moravam em Espinosa, mas as condições eram muito precárias. Dizem que o médico da minha mãe, que fez o parto, falou pra ela assim: "Não é pra chamar de 'Carminha', é pra chamar de 'Cármen Lúcia'". Anos depois ele virou um grande pintor. Expõe em Nova Iorque. Konstantin Christoff. Abandonou a Medicina, foi embora de Montes Claros. No colégio, eu era Carminha. Só virei Cármem Lúcia aqui em Brasília. O juiz sempre escolhe, quando chega, como quer ser chamado. José Paulo Sepúlveda Pertence escolheu "Sepúlveda Pertence". Quando eu cheguei, escolhi "Cármen Lúcia". É "Cármen", na verdade, pra todo mundo.

Como é a vida na sua região de Minas?

O Norte de Minas é uma região muito pobre até hoje. Apesar de se falar muito no Jequitinhonha, nós somos um povo muito pobre numa terra muito rica. E essa continua sendo a minha dor de viver. Porque não adianta muito eu ter chegado a juíza do Supremo Tribunal e ter mulheres iguais a mim, que estudaram no mesmo curso primário, que não tiveram as oportunidades que eu tive. Esse é que é o meu problema na vida. Se você me perguntar assim: "Você tem problema existencial?". Não tenho nada disso. Acho que, como diria na década de 60: "Não assenta bem pra mim depressão. Meu cabelo, meu corte não assenta com depressão". Fico com raiva, indignada. A única coisa que eu queria é que as meninas do Brasil, os meninos do Brasil pudessem viver melhor. Não entendo como um país que tem chão, tem sol, tem água como nenhum outro tem continua tendo menino sem a menor condição de viver. O pessoal que tiver naquela região, por exemplo, um problema renal, precisa viajar 300 quilômetros pra fazer uma hemodiálise. Faz, volta pra casa, mais 300 quilômetros num ônibus ou numa van, fica em casa um dia e faz o percurso de novo. Acho que esse é o principal problema da nossa geração. Eu falo, Leda, do que eu aprendi na minha vida, aprendi duas coisas que eu queria pontuar e ver como é que a gente podia ajudar. Que não são do Direito, embora passem pelo Direito.

E quais são essas questões?

Primeiro, que nós somos uma geração que conseguiu dar uma resposta a uma ditadura. Mas nós não conseguimos na medida certa. Por exemplo, não tenho filhos, mas eu vejo a minha geração inteira querendo dar aos filhos tudo o que não teve. E perdemos a chance de perceber com 40 anos, com 45 que podemos nos ocupar do outro, podemos às vezes nos preocupar, mas não podemos levar a vida dele. Se eu viver bem a minha, é um bom exemplo. Isso é uma constante que eu vejo mais em vocês, que são pais. O desespero de viver pelo outro, de o outro não sofrer. Mas sofrer faz parte, chorar faz parte, rir faz parte. Nós não aprendemos isso. Segundo, em vez de a gente tomar conta do tempo, a falta de tempo toma conta da gente. Quando surgiu o computador, falei: "Nossa, vou escrever até!". Hoje há computador, há isso, há aquilo. Tenho livros publicados, todos esgotados. Não tenho tempo nem pra atualizar. Quanto mais você corre, mais as coisas ficaram depressa. Falo assim: "Queria ter um banco de jardim, sentar com uma amiga minha e contar casos". Acho que essas duas coisas nós fizemos errado. Nós quisemos dar presentes pros filhos que nós não tínhamos. Mas nós não ganhamos pra nós tempo pra dar presença, e não presente. A outra geração já vem melhor. [Rainer Werner] Fassbinder coloca muito bem uma outra questão; ele fala: "Nós não queremos ser um, mas não aprendemos a ser dois". Esse é um outro lado de que a minha geração não deu conta. A minha mãe e o meu pai viravam uma coisa só. Até o jeito de falar, tudo era uma coisa só. E as pessoas da geração que hoje tem 20 anos, são dois. O casal tem a vida dele. Eles são dois. A gente não quer ficar sozinho, mas o outro amassa o vestido no guarda-roupa. Acho que essas são as questões que ficaram pra nós.

Você acha que a gente não sabe dividir também?

Não, acho que a nossa é uma geração mais solidária. Nisso aí eu tenho mais medo da geração que vem. Talvez porque nós tenhamos vivido no Brasil uma ditadura, nós tivemos que aprender. Por exemplo, quando vejo alguém passando mal, na rua, eu paro meu carro; já parei aqui em Brasília, em Belo Horizonte quinhentas vezes. Não tenho coragem de seguir sem perguntar o que é que a pessoa tem. Sei que hoje, na cidade grande, há pessoas que falam assim: "Pode ser um golpe". E pode não ser. Então eu tenho que parar, porque eu não vou ficar com isso na cabeça o resto do dia. Não gosto de coisa mal resolvida. Mas a outra geração nem vê. O ser humano ficou meio invisível. Isso é uma coisa que me preocupa, sabe, Leda. Por exemplo, eu aprendi –

acho que você deve ter aprendido, como eu: "Minha filha, se você sai na rua, se um cachorro louco aparecer, se um bêbado aparecer, grita por alguém que um adulto socorre você". E eu vejo que vocês ensinaram a seus filhos: "Olha, se alguém te oferecer alguma coisa na saída da escola, não aceita. Pode ser droga". Então a minha mãe me ensinou, como a sua deve ter ensinado a você, que o outro era o seu arrimo, era a solidariedade. A nossa geração ensinou pro outro que o outro pode ser seu inimigo. O outro era o grande aliado, o adulto era a nossa segurança. Agora, uma pessoa que passe perto pode ser o maior temor que você tenha na vida. E foram vocês, mães, que ensinaram. Como eu não tenho filho, não tive que conviver muito com isso. Mas fico vendo como isso molda uma pessoa. Você imagina: numa sociedade onde a concorrência, a disputa é visceral, pelo espaço profissional, e, além de tudo, ele não aprende que o outro é o seu igual? Aprende que o outro é o seu adversário dentro de casa? Quer dizer, que sociedade nós vamos ter?

Quando é que você escolheu o Direito? Em que momento da sua vida?

Acho que sempre. Aprendi a ler muito cedo, eu ia fazer cinco anos. Aprendi em casa. Logo cedo a minha mãe nos colocou no Jardim de Infância da Tia Joaninha. Uma mulher bonita que havia em Espinosa. É tia dos meus pais, que são primos. Minhas duas avós são irmãs. E as duas se chamam Amélia Sepúlveda, o que é uma coisa engraçadíssima! Todas as filhas do meu avô chamavam-se Amélia. Só que era assim: Aristotelina Amélia, Aexolina Amélia, etc. A minha avó, mãe da minha mãe, era só Amélia. As duas chamam-se Amélia Sepúlveda. A minha mãe tinha a mesona na cozinha, e, entre gamelas de umbuz, de pinhas e tal, acho que aprendi essa ideia de querer ter um mundo mais justo. Fico me lembrando da Cecília Meireles: "Ai palavras, ai palavras! Quanta potência é a vossa!". Porque o Direito é a palavra que vira vida. A palavra "prisão", pra uma de nós duas não é nada, mas hoje, às quatro horas da tarde, em centenas de fóruns desse Brasil, centenas de juízes mandaram alguém levantar e falar: "Sua vida, daqui pra frente, é a prisão. Sua pena é de tantos anos de prisão". Para o jornalista, que vive da palavra, que é a vida do outro, para o juiz, para o advogado, a palavra é a vida que ele tem nas mãos. Por isso que eu aprendi, nesses quatro anos aqui no Supremo, que eu era muito livre como advogada. Eu escrevia do meu jeito, com o meu "estilo", se é que eu tinha estilo, mas do meu jeito. O juiz é escravo da palavra. Porque uma vírgula muda a vida de alguém. E muda mesmo. E a palavra dele, e a palavra que eu digo agora é a vida dele. E daí vem essa ideia que eu fui tendo de que a palavra tem uma importância enorme. Eu tenho um fascínio por isso, por essa comunicação. Também aprendi que a palavra pode ser a "descomunicação". Até na vida pessoal. Às vezes você fala uma coisa com um homem, uma bobagem, ele toma de mau jeito, pronto! Aquilo vira! Acho que nós ficamos mais "palavrosos" na nossa sociedade, mas dizemos menos. Por exemplo, nossas tias sentavam-se cozinhando, costurando o que fosse, e elas ficavam em silêncio. Elas tinham o gosto da presença do outro sem precisar falar. E aí eu fico me perguntado: "Quantas amigas eu tenho, quantas pessoas que eu tenho que falam que vão sentar pra escrever só pela presença do outro ser agradável?". E hoje fico vendo até entre marido e mulher, quantos se sentam, um lendo o jornal e o outro escrevendo alguma coisa, só pelo gosto de se saber perto do outro? O silêncio que fala. Estamos numa sociedade muito tumultuada pelas palavras. Alguém liga a televisão, o outro liga o som, o outro vai pro telefone. Acho que essa superpopulação de palavras, de coisas, de fatos mudou a nossa geração.

Você até hoje precisa do silêncio pra estudar? E gosta dele?

Preciso. Primeiro, eu continuo lendo muito. Do internato ainda, até a faculdade, depois que eu fiz o mestrado, eu lia, fora do Direito, um livro de literatura por semana. Li muito. Em 86, quando a minha mãe adoeceu, foram três anos de muito tumulto na vida até 90. Perdi isso. Eu estudava ainda; pós-graduação. Depois de 96 eu exerci alguns cargos e não deu para ler como eu gostaria. De novo, de 2000 até 2005, eu lia um livro fora do Direito por mês. Mas por mês. Em 2006, quando eu vim pra cá, não deu. Desde o ano passado eu voltei. Leio um livro fora do Direito. Eu preciso ler. Gosto dos clássicos. Pego o livro do início. Gosto da capa, gosto do papel. Gosto de ficar quieta. Preciso ser só nesses momentos. Por exemplo, pego um CD, escuto o CD inteiro, depois eu vou escutar saltando. Mas eu sento mexendo, arrumando e escutando. E eu tenho um bom ouvido.

Enquanto você está ouvindo o CD você arruma o quê?

Papel. Eu arrumo papel, eu arrumo coisa. Preciso muito das coisas arrumadas antes de começar a trabalhar. Não gosto de tumulto demais. Gosto de ir a Ouro Preto por dois, três dias. Gosto de sentar na Praça Tiradentes e ver aquela meninada, aquela moçada passar e dos casos que eles contam. As coisas interessantes que eles falam. Sabe as coisas do povo, da vida? Gosto muito de escutar gente. Falo que eu não escutei o suficiente quando eu era menina. Sabe aquelas "conversas de gente grande", que a mãe passava o "rabo de olho"? Não precisava falar nada. Você punha o "rabo entre as pernas" e saía. Adoro suas entrevistas. Outro dia vi o Egberto Gismonti dizendo que foi ao programa para se encontrar com a Jane Duboc. Gosto do que ele fala, do jeito dele. Eu gosto tanto da "conversa de gente grande" que outro dia estava no aeroporto, havia duas pessoas contando um caso "escabroséssimo" de umas figuras conhecidas! Mas, mesmo que não fossem conhecidas, a conversa era ótima! Daquelas pra que romance perde! Coitado do Érico Veríssimo, não teve imaginação praquilo que elas estavam contando! Elas foram pro banheiro, eu fui atrás. Aí elas entraram pro café. Daqui a pouco chama: "Senhores passageiros pro Rio". Pensei: "Gente, eu estou indo pra Brasília. O que é que eu vou fazer? Vou ter que pedir: 'Olha, a senhora me desculpe, mas eu escutei. Dá pra terminar rapidinho? Porque eu preciso saber o final dessa conversa!'".

Você pediu?

Não! Mas até hoje eu estou louca para saber o que aconteceu! Gosto de escutar. Por isso acho que sou uma boa amiga. Eu falo que sou umas coisas boas na vida. Acho que sou uma boa filha, sou uma ótima amiga. Uma amiga minha, Vera Brant, fala assim: "Cármen, preciso de você hoje a tantas horas". Não pergunto muito pra que é que é, se precisar de mim, eu vou, escuto. Eu escuto muito. Acho que aprendo muito com as pessoas. Aprendo muito, por exemplo, com taxista. Ele dá notícia de tudo, ele fala tudo. Escuto desde ele falar mal de mim, como agora no Carnaval em Belo Horizonte. Entrei no táxi, sábado de Carnaval, chovendo em Belo Horizonte – você pode imaginar. Só havia eu e o motorista do táxi, que não foi fácil achar. E o Supremo havia julgado a questão da execução provisória da pena, que é assim: "Preciso terminar todos os recursos pra ser preso ou pode ser preso depois?". Quando já está em recurso especial, e aí já está decidido. E o Brasil inteiro falando mal da gente. Eu havia sido voto vencido. Acho que depois que já ficou em primeira e segunda instância tem que começar a cumprir a pena. Mas fui voto vencido. Quando eu entrei no táxi, Leda, estava passando um programa de rádio em Belo Horizonte discutindo isso, e o povo arrasando. Parênteses: acho ótimo o povo estar discutindo. Pode até na hora me pegar de mau jeito, mas acho bom o povo falar do seu direito. Pelo menos o mínimo todo mundo tem que saber. Porque não se reivindica direito que não se conhece. Mas voltando à história... E aí, a pessoa que estava no telefone, lá no programa de rádio, que estava arrasando, disse: "Esses 11 ministros ficam lá pendurados, não sabem de nada!". Meio que tentei falar com o motorista: "Coitados desses ministros! Até que eles têm boa vontade!". Ele falou assim: "Sabe que dia que o Brasil vai mudar? No dia em que matar aqueles 11 lá!". Como eu era uma dos 11...

Mas ele sabia?

Não! Claro que não! Ele estava falando pra passageira do táxi. Falou: "A senhora vai ver. No dia em que matar aqueles lá! Aquele povo é muito metido, dona! Vou falar pra senhora uma coisa: eles falam 'excelência'! A senhora é excelência? Eu sou excelência?". Quase que eu falei com ele: "Por acaso, lá, eu sou!". Morri de rir. Na hora em que eu saí, liguei pro ministro

Pertence. Falei: "Ministro, me arrasaram ali! Ouvi pessoalmente!". Ele falou: "Por que é que na hora em que você saiu não contou pra ele?". Falei: "Eu, não". Ele ia falar igual a um dia em que eu falei, brinquei num lugar aí. Havia um desses cantores. Eu disse "Fulano está aqui". Ele falou: "Tá. E eu sou o Roberto Carlos". Ninguém acredita. Então, deixa pra lá.

Você gosta daquelas discussões no Tribunal?

Eu gosto, tenho gosto pelo processo. Você vem pra um cargo desses por dois motivos: primeiro você tem a ilusão, pelo menos, de que você está fazendo alguma coisa pra mudar. O que você aprende três anos e meio depois? Que é um colegiado. Sozinho ninguém muda nada. Hoje eu me imponho o seguinte: "Se eu mudar o Supremo, não tem importância. Se o Supremo me mudar, tem importância". Porque os princípios de vida que foram definidos pra mim, pelos meus pais, quero manter, quero continuar sendo honesta, correta, trabalhando, acreditando no que eu estou fazendo e sendo honesta comigo. O dia em que eu não acreditar, não nasci ministra, não preciso morrer ministra, posso ir embora. Sei fazer outras coisas, sei escrever, sei dar aula e sei advogar. Portanto, peço a Deus que me dê saúde, paciência e prudência pra saber que não dá mais pra ficar. Mas a gente tem a ilusão de que muda alguma coisa. Se você cultiva o que o povo brasileiro precisa, você não perde os pés do chão. O pior lugar pra se ver o mundo é de trás de uma mesa de gabinete de Brasília. Não é um bom lugar. A cidadania não está aqui. A cidadania precisa disso aqui pra se exercer em qualquer lugar. Mas a gente não pode perder isso de vista hora nenhuma. Hoje eu fico vendo que não é fácil, porque até as pessoas cobram. Por exemplo, o fato de eu não usar carro oficial. Não uso porque eu tenho carro. A maioria do povo brasileiro não tem um bom ônibus. Isso incomoda muito, inclusive às pessoas na rua. Outro dia, uma figura importante do jornalismo falou assim: "A senhora não acha que perde o ritual do carro?". O ritual? O carro? O que o carro oficial tem a ver com o ritual? Foi um grande jornalista que me falou isso. Fui barrada aqui três vezes quando eu cheguei. No sábado, o rapaz falou: "Aqui não entra qualquer carro, não". "Mas eu sou juíza aqui". "Não, aqui só entra ministro, e ministro só entra no carro oficial". "Meu filho, eu estou falando 'juiz' porque 'ministro' é só o título. Eu sou uma dos 11". "Ah! A senhora é ministra nossa? Aquela que é diferente?". O povo não sabe. Nós somos uma república com poucos repúblicos, sem ter a ideia do que é "república". Você cobra dos outros sem nem mesmo perguntar. E não digo isso de gente que não sabe das coisas, não. Por exemplo, um dia me ligou uma senhora, e ela queria falar com a ministra que o processo estava aqui há muito tempo. Falei com a assessora: "Pode passar". E atendi ao telefone porque eu estava aqui na hora. "Alô, pois não?". Ela falou: "Queira reclamar um negócio com a ministra". "É a ministra que está falando". Ela me arrasou! Falou assim: "Você acha que eu vou acreditar que ministra atende qualquer um?". "Minha senhora, primeiro, eu acho que a senhora não deve ser qualquer uma. E segundo, eu sou a ministra, e a senhora falou que queria falar comigo!". "Olha aqui, minha filha, arruma coisa melhor pra fazer na sua vida! É claro que você não é a ministra! Você é a voz de uma ministra!". É complicadíssimo você sair disso. É uma coisa louquíssima! E aí eu fico vendo que não somos só nós, que estamos nos cargos, que ficamos meio sem saber como agir. Quem cobra de nós não sabe bem o que cobrar.

O que há de Minas nessa sua "ministra diferente"?

Acho que nós, de Minas, não temos como hábito gostar de aparecer. Nós sempre mostramos serviço. Nós mostramos o serviço, e atrás do nosso trabalho vem a figura. Gosto de escutar muito antes de falar. Eu falo assim: "A gente sempre fala menos do que sabe. E faz muito de conta que nem está sabendo das coisas". E hoje eu vejo que não é folclore essa história da desconfiança mineira. Não é folclore. É uma característica mesmo. E acho que temos mesmo a solidariedade que não é aquela do Otto Lara Resende só do câncer, não. Acho que nós temos uma certa pena, um "piedosismo", talvez, que veio das nossas raízes. Talvez por isso nós sejamos os mais fustigados pelo colonizador. Então é melhor estar todo mundo junto. Nós brigamos internamente. Externamente nós continuamos juntos. Mesmo por causa das nossas dificuldades, por causa das nossas diferenças. Acho que é nisso que se dá a diferença. Fico vendo que aquilo que o Milton Campos dizia: "Tão modesto quanto convém aos mineiros, tão recatado quanto convém à República". Acho que isso aí nós temos mesmo. Não gostar de aparecer demais, não ser o primeiro que chega à festa nem o último que sai, de andar com uma certa parcimônia...

E como é ser assim e estar no dia a dia do Supremo?

O Supremo, hoje, é um aquário. Todo mundo vê. Vê e interpreta do seu jeito. Inclusive o repórter, inclusive o setorista. Por outro lado, o Supremo também cuida de temas que têm repercussão na vida de todo mundo. Até a gente chegar ao que nós vamos falar dá bate-boca, mas a gente depois sai, vai pro lanche. Todo mundo na boa. Mas como é mostrado ao vivo, aquilo toma outra dimensão. E aquilo não tem muito a importância que se dá, mas o que fica é a versão. A questão indígena, a questão do São Francisco. Você recebe pressão o tempo todo. Você recebe *habeas corpus* inclusive em papel de pão. E você julga, porque há prioridade. Porque liberdade é um núcleo do Direito. Você julga. Você recebe carta, como eu recebo, do pai de alguém que está com o filho preso, e ele conta a história, você morre de pena. Uma pessoa dizendo: "Olha, criei meu filho, foi muito difícil. Ele entrou nesse negócio de droga, mas é um menino bom". E ela está acreditando no que ela está escrevendo. E são dezenas e dezenas e dezenas de papéis que chegam. E há uma outra coisa: quando você é jornalista, imagino que uma parte não goste de você. Quem é professor, os 10% que você reprovou não gosta. Juiz entra com um pedágio de 50%, porque voto é douto ou *data venia*. Quando é a seu favor você fala: "Ela é doutíssima. Entendeu tudo". Quando é contra: "*Data venia*, ela não entendeu nada". Entendeu? Porque 50% perdem. Quem perdeu não gosta. E, Leda, nós temos em andamento, no Brasil, aproximadamente, 70 milhões de ações. Se nós somos 190 milhões, aproximadamente, pode haver uma ação em que tem, como no caso de os índios, são milhares de pessoas. Um caso que está pra por em pauta: o da anencefalia. Todas as mulheres em idade fértil querem saber: afinal, pode ou não pode acontecer? E se acontecer? E como é que dá uma resposta pronta a isso? Mais da metade da população brasileira tem uma pendência em juízo. Houve tempo aqui que a gente recebia quase 80 ações novas num dia. Como você dá conta? Tenho hoje, materialmente, fisicamente, 5.400 processos dentro desse gabinete. Como é que você dá a resposta? E como é que você vai esperar que a pessoa que está aguardando não reclame? Porque quando chegou no Supremo, o processo pode estar tramitando há 20 anos. Como que não reclama? Se fosse alguém da família da gente, a gente queria? Não queria! Então ele tem que achar ruim é comigo mesmo!

E não há jeito?

Há de ter, minha filha! Porque não há nada que o ser humano faça que ele não possa desfazer ou fazer de outro jeito. Nada! Na vida, só pra morte não tem jeito! Acho que há jeito, acho que conseguimos dar uma resposta de alguma forma nova, que tem que ser pensada. Acho que os Juizados Especiais já mudaram o conceito. São alternativas. Acho que não precisa de tudo ir parar no Judiciário. Pode haver arbitragem, pode haver outros meios de solucionar sem você se sentir injustiçado. Mas é preciso mesmo dar uma resposta. Acho que o brasileiro não aguenta mais essa sensação de impunidade. É mais do que desconfortável. É doído, sabe, uma pessoa falar pra você: "Olha, minha filha morreu num atropelamento. E a pessoa não está presa, não tive resposta nem nada". Você já pensou, pra uma mãe, o que é isso? É muito, muito complicado. Mas também você precisa saber qual é o preço que você quer pagar por viver num Estado de Direito. Você quer fazer justiça pelas próprias mãos? Também não dá!

Você alguma vez se arrependeu de algum voto?

Não, nunca me arrependi, de jeito nenhum. Nem da minha opção pelo Direito. Quando fiz vestibular, fiz vestibular pra Direito. Havia aquela segunda opção, escolhi Jornalismo. Eu acho que, se fosse hoje, eu teria feito os dois. Porque, como nós somos uma sociedade – nem vou dizer "sociedade-espetáculo" – da visão, acho que o jornalista tem uma cancha boa com a palavra que teria me ajudado. Por exemplo, eu acho que o jornalista escreve de uma forma que a pessoa entende. E eu fico com cada voto, tentando ver se a parte entende. É uma preocupação que eu tenho de não ser aquele júri chato. Outro dia brinquei com um assessor novo aqui: "Há uma listinha de palavras proibidas pra fazer as pesquisas ou as minutas de relatório pra mim: 'porquanto', essas coisas que a gente não fala. 'Restou', 'decidido'. Você fala isso com a sua tia, meu filho?". "Não." Aí ele brincou comigo assim: "Ministra, no gabinete da senhora, é proibido usar 'entrementes' e 'outrossim'?". Eu falei: "Se usar, dá demissão a bem do serviço público". Porque certamente ninguém fala isso. Me lembro que quando eu li o livro *Mutações*, da Liv Ullmann, eu fiquei encantada, porque ela escrevia com frases curtinhas: "O céu hoje está azul". Ponto. E eu falo e faço tudo rápido, ainda não dei conta de subir uma escada, um degrau de cada vez. Subo de dois em dois, desço de dois em dois. E eu falo muito rápido. Escrevo muito rápido, e minhas frases são longas. Falo assim: "Se eu tivesse, durante um período, feito Jornalismo, eu talvez tivesse aprendido a me conter". Meu grande amigo José Aparecido de Oliveira dizia que se escreve apagando. Que a melhor caneta que você tem é a borracha. Você escreve, vai cortando, vai cortando, no final você vai ver que você escreveu muita coisa que não precisava. Hoje não teria feito o que eu fiz: entrei na Federal e na Católica, no mesmo curso; depois optei por uma. Eu teria feito a segunda opção também. Acho que aprender a teoria da comunicação era importante. Continuo escrevendo frases longas demais.

Você tem nove livros publicados, pretende escrever um novo?

Não quero dizer que seja o próximo, mas vou escrever sobre o direito à palavra e a palavra "direito". Fala-se demais e se diz de menos na nossa sociedade. Aliás, fala-se até pra esconder, fala-se pra mentir. E a mentira é a forma de você fraudar a vontade do outro. Há uma coisa que me preocupa muito no Direito, a partir do que eu vejo na sociedade: a intolerância. Fala-se, fala-se, fala-se de liberdade de imprensa, de liberdade de opções de vida, de liberdade de religião. Mas eu vejo a intolerância crescer, inclusive na meninada nova. Muito mais intolerantes! Fala-se numa sociedade livre. A intolerância religiosa está se acirrando. Quando, na década de 70, a gente ia imaginar que voltaríamos pra Estados teocráticos, como temos hoje? Quem não for de tal religião, manda-se matar!

Você tem religião?

Sou católica. Rezadeira. Na hora do aperto, minha Nossa Senhora, de manto azul, tudo certinho. Ainda me põe lá em baixo e está tudo certo!

Realmente, a minha questão religiosa é muitíssimo bem resolvida. Não faço proselitismo; se o outro não acredita, não há problema. Brinco com alguns amigos que se dizem ateus. Eu digo a eles que deve ser muito mais difícil viver assim. Tenho um cunhado que fala assim: "Não foi Deus que criou o homem, foi o homem que criou Deus". "Bobo, você não sabe como é confortável, na hora do 'pega pra capar', a gente poder dizer: 'Ai, meu Deus!'".

Você não teve filhos porque não quis ou porque não se apaixonou?

Meus namoros foram sempre triviais e variados, sabe como é? Grandes paixões de três dias. Se você me falasse assim: "Ah, você poderia ter tido um filho". Mas realmente nem foi assim racionalmente: "Não, não quero ter filhos". Eu curto até a meninada da família, do jeito que eu gosto. Agora já tenho sobrinho-neto. E eu tenho apartamento em BH no nono andar, e a minha sobrinha mora no oitavo. Acho ótimo! Acho ótimo ser parte do bolo. Deus me ajudou muito. Meus pais conseguiram fazer uma família muito unida. Os sete irmãos continuam juntos, os cunhados também, são seis, só eu não sou casada. São 19 sobrinhos. Sabe aquela embolação? Falo assim: "É chato, na hora em que um quebra a perna, está todo mundo no hospital". Mas aí um leva um violão, o outro leva não sei o que, briga junto, viaja junto. Acho que é uma sorte que eu tenho. Somos quatro irmãs e três irmãos. Pelo menos uma vez por ano nós quatro viajamos juntas, como viajávamos quando a mamãe estava viva. Ano passado nós quatro fomos a Buenos Aires. É igualzinho criança: "Porque sua roupa, essa roupa era minha". "Não, porque eu não achei a minha meia." Sabe essa futrica? Acho que isso é uma coisa que meus pais fizeram muito bem-feita. Porque passa, até simbolicamente, pros outros. "Olha, é melhor estar unido do que estar desunido". Pra tudo o que vier. Acho que talvez por isso também eu não tenha sentido falta de filhos. Para alguns é assim: "Acho que o relógio biológico tocou". Ou o meu relógio estava quebrado, meu alarme não tocou ou eu vivi uma vida muito boa profissionalmente, pessoalmente, socialmente.

Você fez muitos concursos?

Nada veio fácil pra mim. Não preciso achar que um dia eu vou ganhar na loteria. É tudo no trabalho. No Direito é mais ou menos como na Medicina: espera-se que você, depois de formada, vá pra Vara de Família, não pra área de Direito Constitucional, como eu fui desde a faculdade. Aí você entra pro concurso. "Entrou pro concurso pra procuradora? Que bom!" "Já é até procuradora e professora!" Quando eu fui fazer concurso pra titular, havia um outro concorrente que falou que absolutamente não concorria com mulher. "Tudo bem! Então sai!" E ele não fez pra não concorrer com mulher. Quando eu fiz concurso pra procuradora do Estado, em 82, eram dez vagas, e havia 1.500 candidatos. Na prova oral, que era a última etapa, havia quarenta e tantos candidatos, e eu escutei literalmente o seguinte: "Há poucas mulheres, e, se você for muito melhor do que os homens, passa. Igual por igual, nós preferimos homens mesmo". O que te desestabiliza, né? Há ainda um preconceito muito grande com mulheres em vários ramos do próprio direito. Por exemplo: comissões de licitações, em geral, não gostam de mulheres. Porque as mulheres são tidas, curiosamente, como mais rigorosas. Em comissões de licitações você tem que ser rigoroso, porque é por onde pode passar corrupção. O que significa dizer que é uma coisa até boa pra nós, ou seja, acham que somos mais honestas. Em compensação, não dão cargos pra não criar caso lá na frente. Isso é uma coisa normal.

E para ser ministra do Supremo é por nomeação?

É indicação do presidente, passa-se pela sabatina. A primeira foi a Ellen [Gracie], eu sou a segunda. Fala-se assim: "Mas tá ótimo, chegou à juíza do Supremo!" Tem preconceito, gente! Não tem mais pra falar porque a caneta é a mesma de qualquer um dos 11. Mas com mulher, no Direito, tem preconceito. Na Medicina me falam que é a mesma coisa. Querem que você seja pediatra ou obstetra. Dizem que na arte, não, porque o Brasil é rico em cantoras. Mas uma Dolores Duran e uma Chiquinha Gonzaga também pagaram seus preços e ainda são raridades. Hoje ainda dou mais valor à Chiquinha Gonzaga, porque eu sei o valor do violão. O violão é pra você ir pra rua, e o piano, pra você ficar dentro de casa, tocar pra visita. Acho que já mudou, que essa geração que vem é muito mais solta, mas ainda não será ela que será sem preconceitos pra com as mulheres. Mas no Brasil, na área jurídica, principalmente na área da ética jurídica, você tem que ter um ânimo inquebrantável.

E você tem, né?

Tenho. Como te falei, não sou dada à depressão. Mas, às vezes, me aborreço, me amolo, fico triste com algumas coisas. Deprimida, não, porque não faz parte do meu programa. Algumas vezes eu fico assim: "Gente, mas o Brasil é tão complicado! Aqui a gente engole o elefante e se engasga com a formiga. Tivemos o primeiro *impeachment* de um presidente sem ter nenhuma gota de sangue, sem ter nenhuma confusão. Você leva num domingo 110 milhões de pessoas às urnas sem confusão, fecha às seis da tarde, às oito da noite começa a saber quem será eleito. Isso é mais que engolir um elefante. Em compensação, você chega numa cidade do interior e não consegue tirar um vereador que todo mundo já conseguiu provar, não sei quantas vezes, que tem processo e tudo mais. Aí se engasga com a formiga. Entendeu? Uma vez eu estava meio triste e liguei naquela TV CNN, e tinha um jornalista francês entrevistando alguém no Iraque. O jornalista tinha observado que o homem iraquiano saía do esconderijo onde estava e ia regar o que restou do jardinzinho da praça pública. Regava e voltava correndo para o esconderijo. E o jornalista perguntou a ele por que ele estava correndo risco de morte para regar o jardim. E o cidadão respondeu: "Tenho que fazer isso porque a minha cidade era linda, e a próxima geração vai refazer a cidade. E se eu morrer na hora que sair do meu esconderijo, algum outro vai sair e continuar a regar as plantas pra que a lembrança do que o jardim foi seja o ponto de partida pra quem vier depois". Então, eu entendi que não posso deixar de fazer a minha parte. Leda, eu fui pro banheiro, tomei um banho, como se tivesse tomando um banho de alma por dentro. Só não me maquiei porque não costumo me maquiar, mas eu estava exuberante. Meu país não tem guerra, não está em guerra, entendeu? E eu tenho milhões de canteiros para plantar e replantar. E a meninada do Brasil precisa de outro país mesmo. Pronto, acabou. Acho que se as pessoas com tantos problemas não desanimam, eu não tenho o direito de desanimar. O Brasil tem brasileiros vivendo em vários séculos diferentes. Tem gente aqui que ainda está no final do século XIX e gente que está no século XXI. Tem gente que pode se tratar no Einstein [Hospital Israelita Albert Einstein, em São Paulo], tem gente que não tem um posto de saúde na sua comunidade. Eu conheço o Brasil inteiro. Você vai a alguns lugares, como no interior da Amazônia, em que a criança fala: "Lá no Brasil". Nós não conseguimos contar pra ele que estamos no mesmo lugar.

A gente só vai ter jeito no dia que avançar na educação?

O Brasil tem três problemas. Tem uma pesquisa que vi agora: o principal é a saúde, que é ligada direto à educação. Mas em algumas capitais há um número maior de televisão que de filtro de água. Levamos o consumo antes de levar a civilização. Isso é um dos problemas que temos. Isso desde sempre. Fundaram as faculdades de Direito em 1828! O curso primário não é estendido, até hoje, a todos os brasileiros. Tem pós-graduação em algumas cidades e crianças sem o primário, sem ensino fundamental em outras. Esse descompasso é um problema. Acho que tem que levar saúde, porque a dor é indigna. Não adianta a Constituição dizer que a dignidade é direito de todo mundo. Como? É preciso muita envergadura interior para você, com dor, continuar sem se magoar. Há pessoas que têm dor e não têm uma aspirina pra tomar. Acho que é isso, a educação e a segurança pública. Viver com medo é muito ruim, um desconforto total. O que é a cabeça da gente? Temos medo até do que não existe. Eu sou encantada pelo Rio. Entrei num táxi outro dia, e o motorista falou: "Faça o favor de colocar a bolsa no chão". Eu: "Por quê?". "Porque se alguém passar de ônibus vai ver essa bolsa, pode saltar no ponto e nos assaltar na frente". Gente, o Estado falhou! O Estado existe pra que você tenha liberdade, incluindo a física. No Rio, a gente não tem. Por isso que acho que saúde, educação e segurança são os pilares do que precisa ser enfrentado agora. Não sei como, mas sei que num caminho mais longo ou mesmo mais curto se começa pelo primeiro passo. A burocracia administrativa tinha que ser mais permanente, mais profissional. Essa mudança de cultura precisa acontecer. Não tem que fazer mais reformas nas leis, nosso momento é de transformar. É outra cabeça. É pensar diferente. Sou das que acham que o Brasil melhorou em termos de Constituição. Acho que ela cumpriu um papel primeiro. Acho que o brasileiro está mais participativo, mais ativo, ele briga. Talvez não tenha aprendido a reivindicar, mas pelo menos reclama, não olhando de lado, pro chão, mas reclama. Ele mudou. O brasileiro começou a notar que saber dos seus direitos muda a vida. Essa é a grande novidade. Acho que essa nossa pátria, pode ser, sim, uma pátria amada. Basta sabermos que somos bons mesmo e nos amarmos. Porque quem não se dá ao respeito, não vai querer que os outros nos respeitem. De tudo o que eu vejo aqui, desse mundo de processo e tal, falo como o meu grande guru, além de Drummond, que é Paulo Mendes Campos: "Se multipliquei a minha dor, também multipliquei a minha esperança. Muito". Se tiver que nascer cem vezes, quero nascer brasileira. ■

CLARA NUNES

Mineira guerreira, filha de Ogum com Iansã

Saudade. É a primeira coisa que sinto quando penso em **CLARA NUNES**. Depois vão chegando as outras lembranças. O sorriso largo. A generosidade. A franqueza. A coragem. A alegria. Clara Nunes era muito mais do que a primeira cantora brasileira a vender um milhão de discos. Viver e cantar eram pra ela uma missão e uma devoção. Clara misturava tudo isso com uma leveza e uma fé que contagiavam. Mineira guerreira, filha de Ogum com Iansã, mulher forte, elegante, solidária com causas e pessoas e, principalmente, lúcida em relação aos problemas do Brasil e do mundo. Assim era Clara Nunes, a menina pobre, a mulher apaixonada pelo marido poeta e que sonhava ser mãe. A cantora de sucesso, a amiga presente que sempre torcia pela felicidade alheia. Clara, mineira guerreira, quanta saudade...

Você acredita que tenha uma missão? A de cantar?

Acredito. E tenho. Tenho a grande missão de cantar. Acho que todas as pessoas, claro, têm uma missão. Ninguém está aqui neste mundo passeando, passando férias. Está todo mundo cumprindo um compromisso já assumido em outras vidas. Eu entendo assim.

Você sempre foi uma batalhadora?

Venho de muita luta, muita batalha, porque sou de uma família pobre. Meu pai trabalhava numa serraria da minha terra. Meu pai não tinha um dedo, porque o perdeu na serraria, com aquela coisa de botar a madeira. Um dia ele foi ser padrinho de um casamento um pouco distante. Ele tocava violão, cantava muito bem e ficou até tarde nesse casamento, mais ou menos meia-noite. No interior, meia-noite é muito tarde. E quando saiu do casamento, ele morreu. Caiu na estrada e morreu. Chovia demais. E o dia foi amanhecendo, minha mãe preocupada, porque ele não aparecia. Aí as pessoas saíram pra procurar e passavam, viam aquele corpo e não o reconheciam, porque ficou totalmente deformado. Só depois de várias horas, que passou uma pessoa da minha terra e o reconheceu por causa do dedo que faltava. Nós éramos uma família muito simples, muito humilde, mas ele me deu isso que eu sou hoje. Essa coisa de cantar. Essa loucura pela arte. Isso veio dele, tenho certeza. E essa força também de trabalhar, de lutar, de não se deixar levar, de vencer os obstáculos, as tristezas. Por tudo o que já aconteceu de ruim na minha vida, eu sempre empurro para lá, levanto a cabeça e vou em frente. Isso tudo veio da minha terra. Veio dele. Disso eu tenho certeza. Essa força toda que eu tenho veio do Mané Serrador.

Filha caçula de sete irmãos começar a trabalhar com 13 anos não foi fácil, não?

Não foi. Não. Mas é uma coisa de que tenho até orgulho. Justamente por isso, por ser de uma família simples do interior, os pais muito enérgicos, as irmãs mais ainda. Eu tive uma formação excepcional, uma formação muito boa, e me orgulho muito. E começar a trabalhar muito cedo também é muito bom. Acho que a gente deve começar logo a aprender as coisas da vida. Lutar para conquistar o que quer. Quando você consegue, é muito melhor. Você se sente gratificada. Trabalhei e trabalho muito até hoje.

São 18 anos de carreira.

Comecei em 1961 lá em Belo Horizonte num concurso chamado A Voz de Ouro ABC. Venci o concurso e ganhei um contrato com a Rádio Inconfidência e comecei então minha carreira profissional. Naquela época eu trabalhava, era tecelã, mas optei pela carreira de cantora, porque, realmente, o que eu queria era cantar. Sempre sonhei desde garota. São 18 anos na batalha mesmo.

Você veio da música romântica. Como descobriu a origem da música popular brasileira e levantou isso como bandeira?

Eu passei um tempo muito difícil aqui no Rio. Lá em Minas eu trabalhava, cantava na televisão, tinha um certo nome e, financeiramente, estava tudo bem. Mas vim para o Rio com a cara e a coragem. Vim porque achei que estava na hora de vir para tentar a carreira. Foi um período difícil, em termos de dinheiro. Mas tive também pessoas maravilhosas que me ajudaram muito. Chacrinha foi uma pessoa muito importante na minha vida. Ele sabia dos meus problemas, porque eu contei que não tinha dinheiro nem para pagar a vaga em que morava, em Copacabana. Ele então me colocava no programa dele, porque realmente acreditava em mim como artista, mas, no fundo, eu sabia que era também para me ajudar no final do mês a pagar o aluguel.

Você é uma das poucas cantoras brasileiras que tem um dia certo para lançamento nacional. Seus discos, em geral, saem com centenas de milhares de cópias vendidas.

As vendagens dos meus discos são excepcionais realmente. Foi a partir de 1972 que eu comecei a vender. Até então eu vendia a média de 30 mil, 20 mil, 50 mil no máximo. Em 1974 mesmo é que foi o meu grande estouro, com o disco *Contos de areia*. E, de lá pra cá, o disco sai com o mínimo de 200 mil cópias vendidas.

Você é uma mineira guerreira mesmo, como diz a música.

Sou muito guerreira. Luto muito pelas coisas. Acredito muito nas coisas. Sou uma pessoa muito mística. Tenho uma fé muito grande. Acredito muito nos Orixás. Acredito muito em Oxalá. É uma coisa que é minha realmente. Que está dentro do meu coração, da minha alma. É uma coisa muito sincera da minha parte. Eu sou espírita desde os 14 anos, a minha família toda é kardecista. Eu, ao vir para o Rio de Janeiro, tomei um contato maior com o candomblé, com a umbanda. E me identifiquei muito com essas outras manifestações de espiritismo. E me aprofundei muito. Então, eu digo o seguinte: sou uma pessoa espírita que acredita, pratica, respeita muito. E sou muito feliz dentro da minha religião. Enfim, é uma coisa que me dá prazer de falar, de dizer, e me satisfaz muito.

Você é também supersticiosa?

Não gosto de chegar em casa e encontrar a porta do guarda-vestidos aberta. Eu fico louca! Sapato também em cima do guarda-vestidos eu não permito. Não entro em cena sem bater no chão três vezes, sem rezar. Só uso branco em cena. Tudo isso faz parte de mim, da minha superstição. Acho que todos nós somos um pouquinho supersticiosos, devido à mistura do preto com o português. Alguns não têm coragem de dizer, mas eu digo mesmo.

E é uma cozinheira também de mão-cheia? Seu feijão tropeiro é uma coisa famosíssima!

Menina mineira, do interior, não saber cozinhar é muito difícil, não é? Comecei a cozinhar muito cedo, porque, como disse no início, sou de uma família muito pobre. Fui e sou. Então, meus irmãos iam para a fábrica trabalhar, e eu, a caçula, era quem tinha de ficar cozinhando. Perdi meus pais cedo também. Eu subia num banquinho para alcançar o fogão maravilhoso de lenha. Então aprendi a cozinhar muito cedo. E gosto até hoje de cozinhar.

Vou te perguntar sobre o poeta.

O poeta é maravilhoso! Paulo César Pinheiro foi a melhor coisa que aconteceu na minha vida. É simplesmente extraordinário. Um grande amigo, um homem maravilhoso. É o grande poeta, o grande compositor. É o meu amor. A pessoa que eu amo muito. Tenho muito respeito por ele, muito carinho. Espero viver com ele para sempre.

E filhos, Clara?

Filho ainda não foi possível, Leda. É uma coisa que é uma grande tristeza na minha vida. Já perdi três. Inclusive o último, agora, com a gravidez de quase cinco meses. Muito difícil. Uma coisa de que nem gosto muito de lembrar, porque me emociona muito. Mas é a vida. Se tiver que ser, será. Tudo bem.

A Elizeth disse que você é a sucessora dela.

Ai meu Deus! É um doce a Elizeth. Não existe, não existe! Uma pessoa como Elizeth Cardoso jamais vai ter sucessora. Ela é única! É uma pessoa extraordinária, uma grande cantora. E isso é uma grande responsabilidade que ela passa pra mim. E eu, sinceramente, acho que ninguém poderá substituí-la. Ela é simplesmente maravilhosa!

Ela foi uma das grandes influências suas?

Ah, mas não tenha dúvida. Eu me espelhei na Elizeth e já disse isso a ela. Sempre sonhei assim: será que um dia eu vou ser igual a Elizeth Cardoso? Aquela coisa bonita, aquela mulher chique? Aquela voz, aquela presença. Ela é fora de série. ∎

CLÁUDIO BOTELHO
O mago dos musicais

Entre Araguari e Uberlândia começou a vida de **CLÁUDIO BOTELHO**, considerado, junto com Charles Möeller (de Santos, SP), um dos magos do musical brasileiro. As origens rurais da família não sinalizavam para o lado das artes. E na nova vida que começou a levar no Rio, no Colégio Sacré-Coeur de Marie, um dos únicos oito alunos homens do colégio, foi muito discriminado por conta do "R" carregado e da ausência dos "S" nos plurais. Menino tímido, se sentia meio caipira e ainda mais desconfortável por ser filho da coordenadora do colégio. Em Uberlândia começou a estudar música, piano e violão, descobrindo o teatro só muito tempo depois, quando foi para o Colégio São Vicente, mais moderno, onde aconteciam saraus e peças. Mas vivia sob o constante risco de trabalhar no banco, sugestão familiar que ele sempre sentiu como ameaça. Descobriu que os musicais existiam a partir de um LP de *Oliver!*, e foi aí que tudo mudou. Foi cantando Gershwin para Marco Nanini, com Cláudia Netto, num dos quartos do apartamento da família, aos 19 anos, que a vida profissional de Cláudio Botelho começou a existir. Depois vieram espetáculos com a música de Irving Berlin e Cole Porter, o encontro com Charles Möeller, e a vida do menino tímido, que gostava de cavalos, lá em Araguari, se transformou. Hoje, Cláudio Botelho é ator, cantor, compositor, produtor e tradutor de musicais.

De que região de Minas é a sua família?

Minha mãe é de Araguari, e toda a família dela também. E meu pai é de Uberlândia. Uberlândia é a grande cidade daquela região e também onde minha mãe morava desde que se casou. Na verdade, eu só fui nascer em Araguari porque o hospital de lá tinha parente, e o parto podia ficar mais barato. Por isso sou natural de Araguari. Morava em Uberlândia, mas tinha muito vínculo com Araguari por causa dos avós e tios e frequentava muito a cidade. Muita ligação com fazenda, com negócio de gado, tudo era via Araguari. As lembranças de Araguari são especialmente queridas. Muito rurais. Ligadas a fazenda, cavalo. Eu tinha uma paixão muito grande por cavalo. De montar, ficar o dia inteiro em cima do cavalo. E isso era uma coisa que só era proporcionada pela família de Araguari. Era muito bom, eu gostava. Saí de Uberlândia e vim para o Rio de Janeiro com 13 anos. Minha família veio inteira pra cá.

E não tinha mais cavalo nenhum.

Não tinha. O início aqui foi bem difícil. Difícil porque a gente tem sotaque. Você nem tanto, porque é de Juiz de Fora. Imagina uma criança mineira, que chega ao Rio falando "poRta", "moRte" e cai no Sacré-Coeur de Marie, numa época em que no colégio inteiro estudavam apenas oito homens, e com sotaque diferente! Tinha um deboche, que acabava ficando uma coisa um pouco traumática ou, pelo menos, desconfortável. Existe uma crueldade do adolescente com o sujeito que chega meio caipira como eu cheguei.

E você já queria ser ator nesta época?

Não sabia o que era isso. Nunca tinha visto teatro. Em Uberlândia não tinha isso ou, se tinha, não chegou perto de mim. Minha ligação era com a música. Gostava de ouvir e tocava violão, piano, algumas coisas. Minha ligação com a arte era por aí.

E como você estudou esses instrumentos?

Em Uberlândia tinha um conservatório, que acho que não é tão conservatório assim. Mas era um lugar onde a criançada ia aprender música de um jeito até mais facilitado, porque não tinha muita teoria. Era mais na prática, o que foi muito bom. E no Rio, depois do Sacré-Coeur, fui para um lugar onde dei uma virada pra felicidade: o São Vicente, um colégio que é famoso por ser muito libertário. Na época em que fui estudar lá, isso era 78/79, era o auge do fim do governo militar e tinha aquelas passeatas e tudo. Lá eu conheci teatro, saraus, a música. Fazia teatro dentro do colégio. Foi por aí que entrei em contato com esse mundo. Pra mim antes não existia.

E você chegava em casa, contava pra sua mãe que queria mexer com arte, e todo mundo achava legal? Sem traumas? Podia gostar?

Ah, sim! Minha família era muito literária. De professores de português. Apesar de ser de Araguari e de Uberlândia, era uma família ligada em literatura, romance. Então foi bem-vindo o meu interesse pelas artes. Não teve nenhum trauma. A caipiragem não chegou a esse ponto de resistência.

Esse humor tão debochado, irônico e ao mesmo tempo tão leve que você tem é coisa de mineiro ou de carioca? Ou é essa mistura?

Nunca parei pra pensar sobre isso. Acho que tem muito de mineiro em mim. É uma fotografia na parede, mas dói muito. Isso a gente não perde. Acho que tem uma contrição mineira no fundo de tudo, que só a gente que nasce ali percebe. Sabe que tem uma coisa que é naquela água ou naquele sentimento diante do mundo, enfim, que tem um momento em que você se assusta com as coisas. Por mais engraçado, irônico, debochado que a gente se torne – essas coisas que você está dizendo, umas eu até reconheço em mim, outras não –, tem um momento em que a gente se torna mineiro. Se torna pequenininho assim. Mineiro tem essa coisa de ser pequenininho. Sempre.

Por um complexo de inferioridade ou por ser discreto?

Acho que tem as duas coisas. Sinto isso muito quando viajo pra fora do país. Em lugares muito grandes, em termos de glamour, como a Broadway, me vem aquele sentimento de que sou um mineiro ainda. É mais do que ser um brasileiro. Sou um mineiro daquele estado onde as coisas são muito pequenininhas. Acho que tem a coisa do diminutivo, do "inho". Da nossa poesia que tem muita ligação com o "inho". Com o ser pequeno. Posso estar falando bobagem, mas é assim que eu sinto.

Mas Araguari, você mesmo ou, sei lá, a professora de literatura, trouxeram você para o glamour, pro palco e para os grandes musicais. Você queria ser ator ou diretor? Como foi essa escolha?

Sempre teve uma paixão muito grande pelas artes através da música, e depois houve um encontro com o teatro que se tornou muito forte, sim. Num momento qualquer houve muita vontade de ser ator. Quando vieram os musicais, era uma forma de fazer alguma coisa, no palco ou por trás, escrevendo ou fazendo as letras (porque eu faço versões, escrevo as letras em português). Fui abraçando o que se tornava possível. Fui na onda. Sempre fazendo o que eu gosto.

E você gosta mais de uma coisa do que da outra? Mais de dirigir do que de escrever, mais de escrever do que de traduzir? Ou é o conjunto que te agrada?

Acho que é o conjunto. Minha grande ligação é com o musical. Tem mais ou menos uns 20 anos. Não sou o inventor de nada. Mas essa vontade de que isso virasse o que virou hoje, em termos de mercado, eu tinha lá no início, e naquela época não existia. E sinto que, de uma certa forma, ajudei a tornar isso uma realidade. Achava que era impossível. Me perguntava: por que eu gosto tanto e não tem? Como é que pode eu gostar tanto de uma coisa que não tem no mercado? E achava que todo mundo ia gostar, como eu gostava. Era uma vontade de fazer com que os outros se interessassem por aquilo que eu gostava de ver. A virada que a gente deu em 15 anos é fenomenal!

Significativo mesmo. É muito importante.

Se não fosse, a gente não estaria aqui conversando. Minha vida não teria tanto sentido. Houve muitos momentos em que eu falava: vou ter que ir trabalhar no Banco Nacional.

Por que no Banco Nacional? Não podia ser em outro?

O meu avô era amigo do Magalhães Pinto. E toda vez que a situação apertava muito na minha casa, meus pais falavam: "Não dá mais pra você ficar tentando. A gente não tem como sustentar você. Então vamos ligar pro seu avô, pra ele pedir pro Magalhães Pinto pra colocar você no banco". O teatro não dava nada, ninguém ia aos musicais no início. O Banco Nacional era uma faca apontada pra mim. E foi um banco que acabou. Não existe mais. Ou o musical dava certo ou eu estaria no Banco Nacional. E aí eu não estaria aqui conversando com você. Só se você estivesse falando de bancários [risos].

E como você, aquele menino lá de Araguari, Uberlândia, descobre o musical americano? Começou a viajar? Pelo que você conta não havia muito dinheiro disponível que proporcionasse a você esse tipo de contato.

Imagina! Não havia dinheiro nenhum! Foi o destino. Aconteceu através de um professor de teatro do Colégio São Vicente, o Almir Teles, pessoa interessantíssima que dá aula de teatro de uma maneira muito profissional. Um dia ele me emprestou um LP de um musical chamado *Oliver!*. Do filme *Oliver!*. Eu nunca tinha ouvido nada igual na minha vida! Levei pra casa, ouvi e não parei mais de escutar aquele LP. Que troço diferente! Não tinha visto o filme, só ouvido as músicas. Aí o filme passou na Sessão da Tarde e eu já conhecia as músicas. Foi um encantamento! Abriram-se tantas portas dentro de mim praquele jeito de ouvir música, aquele estilo. É um musical muito típico. Podia ter caído qualquer outro na minha mão, mas caiu um muito judaico. Muito tipicamente musical. Nessa época não tinha internet, não tinha nada e não tinha dinheiro também pra comprar livro nem disco, quem dirá pra viajar.

E como você se virava?

Ia nuns sebos ali em Copacabana, ali onde fica o [Teatro] Teresa Rachel [atual Shopping de Antiguidades da Rua Siqueira Campos]. Eles vendiam, pelo que custaria hoje R$ 2, R$ 3, discos muito velhos e arranhados. Mas dava para ouvir. Qualquer musical que tivesse lá pra mim era lucro, porque eu não tinha nenhum. Assim consegui ir fazendo um repertório. Sozinho. Não tinha ninguém pra me ensinar. Nem tinha lugar nenhum pra ver esse tipo de espetáculo.

Por enquanto era o garoto que foi crescendo, comprando discos no sebo, etc. Ainda estamos duros nessa parada, né? E como isso vira uma montagem?

Duríssimos! Você quer saber como começa a coisa profissional? É isso?

Sim. Quando o Banco Nacional deixa de ser uma faca apontada para as suas costas.

Paralelo a isso eu compunha, escrevia canções e inventava que eu mesmo devia fazer meus musicais. Essa é uma história engraçada, porque eu resolvi que eu deveria escrever meu próprio *Oliver!*. Louquíssimo! Por que eu ia escrever um que já existia? Peguei o livro do [Charles] Dickens, fiz a adaptação e escrevi 20 músicas diferentes daquelas originais. E achei que deveria oferecer para alguém. A empáfia de Minas também tem uma loucura: "Fiz! Sou o melhor!".

E mostrou?

Peguei meu texto, coloquei debaixo do braço e levei no Teatro Teresa Rachel, onde estava em cartaz o *Drácula,* com o Ari Fontoura. E o Ari é meu ídolo até hoje, aliás. Achava que ele tinha que fazer o *Oliver!*. Isso na minha cabeça de 19 anos. Bati no teatro. Sabe-se lá por que ele me recebeu. Falei: "Escrevi um musical e gostaria que você lesse". E o Ari: "Tá bom, vou ler".

O Ari Fontoura leu? Deu algum sinal de vida? Quanto tempo depois?

Três dias depois ele me telefonou dizendo que tinha lido meu texto: "Achei que é muito bom e queria que você viesse aqui na minha casa tocar as músicas pra mim". Pensei: "Não é possível! Não está acontecendo!". Fui até a casa dele, toquei as músicas, e, quando terminei, o Ari falou: "Não vou fazer o *Oliver!* por ser uma peça muito cara. Mas estou fazendo uma outra peça que se chama *Moça nunca mais*, junto com a Sueli Franco, e quero que tenha música. Queria que você experimentasse compor umas músicas para a minha peça. Quem sabe, se eu gostar, você fica com a gente?". Fiz as canções, o Ari gostou, e foi meu primeiro trabalho. A peça foi montada com grande sucesso. Eu tinha 2% e foi a fuga do Banco Nacional.

Ai que alívio!

Foi, porque a peça viajou até pra Portugal. Era aquela época em que os atores de televisão faziam muito sucesso lá. Eram bem pagos, e eu ganhava minha porcentagem. Foi assim o meu primeiro contato com o teatro profissional. Depois fiz o curso do Sérgio Britto, que acabou me chamando para compor umas coisas pra ele no Centro Cultural Banco do Brasil (CCBB). Fiz lá duas ou três peças. E, numa dessas peças, tinha uma menina que entrou por teste, chamada Cláudia Netto. Ela é mais ou menos da minha idade. Fazia parte do elenco e cantava uma coisa ou outra. Eu já gostava muito de [George] Gershwin. Ele era uma das minhas loucuras. Achava que a Cláudia Netto cantava muito bem e propus a ela: "Por que a gente não faz uma coisa de Gershwin?". Coisa de gente doida mesmo. E a Cláudia entrou totalmente na história. "Vamos fazer um casal que canta e tudo". Começamos a ensaiar na minha casa. Um pianista, eu e ela. Olha como a vida é louca! A Claudia Netto ligou pro Marco Nanini, ele foi na minha casa, assistiu à gente cantando Gershwin no meu quarto, com o meu pai na sala, e falou: "Vocês são muito bons. Vou dirigir vocês". Assim a gente montou um espetáculo chamado *Hello Gershwin*, que foi o primeiro. Foi assim que a coisa se tornou real. Estreamos no Teatro Ipanema, terças e quartas. Ia muito pouca gente. Mas aconteceu. Teve uma boa crítica. O próprio João Máximo foi lá, escreveu, disse que era bom. E o espetáculo se tornou um pouco *cult*.

E a seguir foi *Cole Porter*?

Não. Foi *Irving Berlin*, comigo e com a Cláudia Netto e direção também do Nanini. Um espetáculo bem mais ambicioso, que ficou três, quatro meses no Teatro Rival. Depois foi pro Golden Room do Copacabana Palace.

Aí já ganhou *status*.

Aí o irmão da Cláudia, o Dermeval, que trabalhava na antiga TVE (atual TV Brasil), teve a ideia de fazer alguns programas em cima dos compositores famosos com a gente apresentando e cantando. Fizemos uns dez programas. Tinha uma audiência pequena, mas, com relação ao interesse que isso gera,

era muito grande. E foi crescendo. Aí o Charles Möeller, meu sócio, entrou na minha vida. Num desses ensaios com o Sérgio Brito, com outras peças nas quais eu trabalhava como compositor. O Charles apareceu como amigo de uma pessoa que era amiga minha. A gente se entendeu imediatamente: ele gostava de musical, e eu também gostava. A Cláudia idem. O Charles veio fazer cenário e figurino dos meus espetáculos com a Cláudia Netto. Ficamos assim uns três ou quatro anos. Até um momento qualquer da vida em que a gente decidiu: vamos fazer uma coisa dirigida por nós. O Charles dirige, eu escrevo umas letras.

Qual foi esse trabalho que criou a "grife" Charles e Cláudio?

Surgiu do espetáculo *As malvadas*. Era uma reunião de amigos na nossa casa também, com Gotscha, Alessandra Maestrini, Chiara Sasso, Ivana Domênico, Ada Chaseliov. Todas as amigas desempregadas. A gente escreveu uma peça pra elas pra colocar no Teatro Delfin. Também sem dinheiro nenhum, sem nada. Estreou, ganhou o Prêmio Sharp. Aí começou a dupla Charles Möeller e Cláudio Botelho.

De *As malvadas* pra cá quantos anos se passaram?

As malvadas é de 95, acho. Era um espetáculo que ganhou prêmio e tudo, mas era um primeiro. Bem modesto, *cult*. *As malvadas* foi vista pelo Marcus Montenegro, que era um amigo nosso, produtor. Ele falou pra Rosamaria Murtinho, que estava querendo fazer a vida da Chiquinha Gonzaga, que havia dois garotos que podiam dirigir aquele negócio pra ela. Aí fizemos um *upgrade*. Era uma grande produção o *Chiquinha Gonzaga*. Ficou quase um ano em cartaz. Depois foi o espetáculo que mudou nossa vida: o *Cole Porter*.

Foi uma superprodução?

Nada. Custou 15 mil reais. Estreou no Teatro de Arena, em Copacabana, para cobrir uma brecha na pauta no café concerto do teatro. A gente botou lá aquelas amigas: a Gotscha, a Ada e outras, um pianista, um baterista e a vontade de fazer um negócio de Cole Porter que ninguém nunca tinha feito aqui. A minha paixão pelo Cole Porter é tão grande quanto a pelo Gershwin. Mas a montagem do *Cole Porter* já foi um pouco mais elaborada, porque na época já tinha um pouco de internet, eu já tinha ganhado um dinheirinho e já tinha comprado CD e tudo. E a gente apostou. E ninguém imaginava que aquele espetáculo, que custou – me lembro a quantia exata – R$ 15 mil e era pra ficar um mês em cartaz, acabaria ficando três anos. As pessoas falavam nisso. Mauro Rasi, por exemplo, ainda era vivo, escrevia uma coluna e quase sempre citava a gente. Houve muita generosidade da mídia por esses caras [Charles e Cláudio] que vieram sem pretensão.

Não sei o que ele tinha. Mas tinha uma mágica.

A gente trouxe pessoas cantando bem. Não era como nos musicais daqui que tinha muito ator, gente engraçada que cantava. Quando as meninas abriam a boca era como se dissessem: "Para tudo". E isso era novidade. Elas cantavam pra burro! E a história do Cole Porter também é muito interessante. Fizemos a biografia dele sem ter ele em cena. Só tinha mulher. Não caímos naquele golpe de botar um sujeito lá fingindo que é Cole Porter. Porque isso é muito chato. É muito bobo.

Vocês pensam nisso quanto montam um musical? Tipo: "Chato, não. Chatear a plateia não vale". Pensam?

Acho que sim. É automático. Fazemos o que gostamos, o que achamos que é bonito. Tentamos fugir ao máximo do óbvio. O *Cole Porter* foi muito vitorioso. Fizemos temporadas no Rio, em São Paulo e em Portugal, onde ficou no Cassino Estoril por três meses, com tudo bancado por eles. Quando acabou, pensamos: vamos fazer o que agora? Um compositor antigo? Vamos apostar de novo nisso? Viramos tudo e fizemos *Company*. Um musical super-moderno, nada conhecido e que funcionou muito bem. Ficou cinco meses aqui [Rio de Janeiro] e três em São Paulo. Acho que a gente tem se proposto isto: sempre fazer o próximo espetáculo diferente do que se espera da gente, não vender sempre o mesmo sabonete. Fizemos *A noviça rebelde* em 2008 e em 2009 estamos com *O despertar da primavera*. É quase um "antinoviça". Temos 22 espetáculos até agora no currículo. Nós temos um grande prazer em fazer espetáculos diferentes. Fazer tudo igual é muito chato.

Quando eu falo "não chatear o espectador", acredito que você, com esse humor muito crítico, deve falar umas palhaçadas assim: "Tem que cortar um pedaço, senão ninguém vai aguentar, vai embora".

O tempo todo! Tem muito essa discussão entre nós. Alguns espetáculos americanos duram 2 horas e 45 minutos, e o brasileiro não tem essa paciência. A gente tem que entregar na medida que tem que ser. Mesmo em musicais brasileiros damos umas mexidas. *A ópera do malandro*, do Chico [Buarque], que a gente fez e também foi um estrondo de sucesso. Se a gente não tivesse cortado, duraria quatro horas. Na nossa montagem ele durava três. É um espetáculo muito verborrágico, tem muita informação política, social, etc. Esse foi um espetáculo sobre o qual eu disse: "Se eu montar isso aqui, na semana que vem já não tem ninguém na plateia. Vai estar todo mundo xingando. Então vamos mexer". O Chico permitiu isso. Conversamos com ele e tivemos essa liberdade, porque dissemos a ele que queríamos fazer uma coisa mais *light*. A gente tem que se adaptar. Não ao que o público quer, senão fica muito boboca. Mas acho que você não tem que encher o saco de ninguém. Não estou fazendo [Samuel] Beckett. A pessoa que vai ver Beckett já comprou o ingresso pra ficar de saco cheio [risos]. Pelo amor de Deus!

E você às vezes vai ao teatro e acha detestável? "Ai, meus Deus, eu não merecia isso"; já falou assim?

Direto.

E aguenta até o final?

Não, saio no meio. É por isso que não peço convite. Prefiro pagar. A não ser quando é um espetáculo de pessoas muito amigas. Mas não gosto de pedir convite. É melhor pagar e ir embora na hora que quiser. E o negócio de ter que falar depois do espetáculo? Pra mineiro é muito difícil. É muito chato falar depois. É tão bom ir ao teatro, sair, ir embora pra casa. Pegar o carro, ir jantar. Não ter que ficar cumprimentando as pessoas.

E se não forem falar com você, num espetáculo seu, você não fica arrasado?

Sabe que não? Ás vezes é até melhor, porque não vejo na cara da pessoa que ela está mentindo.

E você é bom nisso de perceber se a pessoa vier te elogiar? Dá pra sacar que ela está mentindo?

Acho que sim. Fico magoado. Outro dia na academia: tem um sujeito que é meu amigo e foi ver *O despertar da primavera*. Demorei para encontrá-lo, mas quando aconteceu esperava que ele fosse fazer uma festa, porque é o meu espetáculo, e, afinal, acho que é a melhor coisa que tem em cartaz. Ele falou pra mim: "Bem legal". Fiquei tão arrasado! Que loucura! O cara aqui da academia se dá o direito de falar que o meu espetáculo, essa maravilha que eu fiz, é "bem legal" e só? Uau!

Como é que você avalia seus espetáculos? Você acha um espetáculo melhor que o outro?

Tenho um namoro forte com o espetáculo que acabou de estrear, que vai arrefecendo à medida que vai passando. Como tenho a certeza de que vou achar que é o máximo, o melhor da minha vida, também sei que essa paixão depois arrefece. Que bom que eu tenho essa lua de mel no princípio.

Mesmo quando o espetáculo não emplaca muito rola a lua de mel?

Mesmo quando isso acontece, como ocorreu com o 7, por exemplo, que é o espetáculo que mais amo de todos os que fiz até hoje, esse amor continua. Acho que o 7 foi incompreendido. Eu tinha uma afetividade muito grande. Foi quando eu mais me empenhei afetivamente e quando o retorno não foi tanto. Às vezes a vida não é tão generosa.

Mas de um modo geral ela tem sido generosa com você. Tanto que tem feito grandes espetáculos.

Tem sido demais! Como é que eu reclamo? Não posso reclamar.

Como você lida com prêmio? É um incentivo ou você refuga um pouco?

Até certo tempo atrás, os musicais eram ignorados totalmente. Não eram nem indicados. Tratavam a gente como bichos. A gente ganhava dinheiro porque as peças faziam sucesso, mas reconhecimento de prêmio não havia. *Cole Porter* e *Ópera do malandro* não ganharam nenhum prêmio. Eu ficava magoado: "Não é possível que a minha peça é tão vista e não ganha nada. Ninguém nem indica". Houve uma mudança, e, hoje em dia, os musicais são muito indicados. E somos muito premiados. Todo ano. Fico até com vergonha. Este ano [2009] já temos cinco indicações ao Prêmio Shell, pelo *Avenida Q*. O 7 recebeu sete prêmios, inclusive o prêmio APTR, o que foi uma vingança.

Qual é, na sua opinião, a grande contribuição sua e do Charles para a cultura do musical brasileiro?

Acho que a minha contribuição é fazer de um jeito mais honesto. A gente nunca trabalhou sem música ao vivo, por exemplo. Até a gente começar, tinha muito musical aqui com fita. Acho inaceitável. O jogo não vale se você não tem músicos. Acho que isso é uma contribuição. Outra: as letras em português. Contribuí escrevendo boas letras em português. Acho que, até então, a gente tinha letras muito fracas. Eu não inventei nada, mas a gente tem passado famoso com o nosso *My fair lady* dos anos 60, com a Bibi Ferreira cantando: "Vou me casar em matrimônio". Eram coisas inacreditáveis! Não tinha rima, não tinha métrica. Tudo era meio qualquer coisa. Acho que houve um cuidado maior da minha parte, da minha equipe, de quem se juntou comigo, em fazer um produto mais bem-acabado. Acho que é essa a grande contribuição. E junto vem a profissionalização, os empresários que se juntaram com a gente, as pessoas que produzem, os patrocinadores, a possibilidade de fazer disso um negócio. Outra coisa: em teatro musical dificilmente você trabalha com percentual. As pessoas que trabalham com a gente são empregadas, têm um salário. Muda o modo de produção. Isso também é um *upgrade* no teatro. Ele deixa de ser um risco pra todo mundo e passa a ser um negócio.

E nesse negócio, com qualidade, será sempre um bom negócio.

Acho que sim. Você pode perder, mas a possibilidade de ganhar é boa. Mas se perder, a gente levanta e vai atrás do próximo.

Já que você não foi pro Banco Nacional, tudo é lucro.

Tudo é lucro! É verdade. Fora do Banco.

Você fará, como ator, um musical seu?

Meu, que eu tenha escrito, não. Mas tenho umas vontades aí de alguns espetáculos. Tanto que de vez em quando faço como ator e cantor. Mas não é o principal, não é o que me move mais. Sem qualquer rancor. Estou num momento em que isso não é fundamental. Pra que ficar me exibindo? Fazer como ator e deixar de lado coisas que acho que são mais importantes, como montar as peças, acho que não. Se der uma brecha, faço uma coisa aqui e outra ali.

O seu sonho agora é montar o *Hair* porque você o comprou.

É um espetáculo que fala na alma. Por essa coisa da guerra do Iraque ter trazido de volta a guerra do Vietnã, isso tudo ficou atual. O espetáculo ainda é passado nos anos 60. Tem hippie, tem tudo. Mas é tocante. Acredito muito nele.

Mas tem algum outro musical que você viu e nunca tirou da cabeça?

De espetáculos estrangeiros tem alguns que gostaria de fazer, como o *Follies*, que é todo com atrizes mais velhas, acima de 60 anos. Tenho uma ligação muito forte com atrizes de uma geração antiga. São ex-vedetes que voltam a um teatro que vai ser demolido, pra reviver, numa noite, tudo o que elas viveram nos anos 40. É um espetáculo muito bonito, caro, mas quero muito montar aqui no Brasil. Eu também gostaria de fazer *Oliver!*. Se ninguém passar na frente. A minha vontade mesmo é que a gente siga na trilha que fizemos no 7: escrever, fazer um musical nosso. Esse é o nosso norte. Existe uma vontade minha de que o musical brasileiro exista. Como acho que consegui, parcialmente, no 7, que foi um início disso. Acho que a gente já tem *know-how,* tem ator, cantor e tem gente que escreve e que pode fazer, criar musicais brasileiros, como outra peça de teatro qualquer. ■

DANIEL DE OLIVEIRA
Sorriso maroto, jeitão de menino, ator consciente

DANIEL DE OLIVEIRA é uma doce figura. Filho amantíssimo, marido apaixonado, pai coruja, ator impecável. Impossível não gostar dele. Não se deixe levar pelo sorriso maroto, pelo jeitão de bom menino, pelos olhos que brilham enquanto ele conta as muitas histórias dos testes, das dificuldades iniciais da carreira, das aventuras vividas no Iraque quando morou com os pais que foram pra lá trabalhar. Nada foi assim tão fácil na vida dele, mas ele leva tudo o que lhe acontece de um jeito tão especial que a gente viaja junto com as histórias e tem vontade de ser amiga dele para sempre. Atleticano comprometido com a causa, tem quase 33 anos, nasceu em Belo Horizonte e estreou no cinema em 2000. Parece que o cinema se apaixonou pelo ator de tal maneira que ele já fez mais filmes que novelas, seriados e minisséries. Daniel foi Frei Betto, Cazuza, Stuart Angel Jones, Santos Dumont – só para citar alguns de seus personagens no cinema. Mas ele gosta de fazer televisão, e foi numa novela, *Cabloca*, fazendo Luiz Jerônimo, que conheceu e se apaixonou por Vanessa Giácomo, com quem divide a vida, os filhos e a alegria de viver.

Começo a entrevista conversando com um mineiro casado e apaixonado pela mulher. É isso mesmo?

Claro, claro. Ela é linda! Essa história de amor, realmente... Pode colocar no seu livro, num próximo aí. Porque é incrível mesmo! A gente se conheceu trabalhando. Ela [Vanessa Giácomo] fazendo a novela *Cabocla* [2004], e eu fazendo o Luís Jerônimo lá na novela também. Bati o olho e falei: "Vixe, meu Deus do céu! Não consigo nem me concentrar!" [risos]. E aí o Raul [nascido em 21/1/2008] está aqui, como prova desse amor, desse encontro. O Raul está lindo. Está grandão! Um ano e oito meses [setembro/2009]. É um menino muito esperto, muito bacana! É um companheiro. Carinhoso, bagunceiro. Como tem que ser [risos]. Todo mundo é bacana lá em casa. Mãe, sogra... Todo mundo é bacana! E a família vai crescer. Se depender da Vanessa: "Quero mais dois". Vambora! [Risos.] Você acha que eu vou negar, é? Quer mais dois? Vambora! Eu falei: "Vai ficar mais caro. Mas já que você quer..." [risos]. Não posso decepcionar [risos].

Quando é que você se descobriu ator?

Tenho um tio que é ator; Fernando Ernesto. E comecei reparando nele. Minha mãe e minha avó se maquiavam pra assistir ao meu tio. Eu falava: "Aonde vocês vão?". "Vamos ao teatro, assistir ao seu tio." "Deve ser bom isso!" E aí comecei a despertar pro teatro, lá em BH, cheguei até a ter um grupo de teatro amador lá Na verdade eu tive dois começos. Um, porque marcou muito, foi quando eu estava fazendo *Alice no País das Maravilhas*. Só que eu tinha seis anos de idade. Eu estudava no Colégio Santo Agostinho. E no final do ano teve a peça. Eu fiz o coelho, aquele coelho do relógio. Minha mãe fez todo o figurino. Mas foi meio esquisito. Ela fez um relógio grandão, cheio de tachinha pra pegar os ponteiros. As tachinhas caíram, a Alice acabou pisando numa tachinha, e eu fiquei com aquela cara de coelho culpado. Mas não falei que era eu. Isso marcou muito, porque eu só falava o texto olhando pra minha mãe. Tudo escureceu na minha frente. Eu só via a minha mãe. Falei o texto pra ela. Nervosão! Esse foi o meu primeiro começo. E depois, eu cismava de só jogar futebol, jogava no nosso Galo, lá pelos 10, 11 anos, e nessa idade todo mundo quer ser jogador de futebol. Eu era ponta-esquerda [risos]. Invocado! Corria prum lado, voltava. Corria pro outro, voltava. Só fui olhar pro teatro depois, aos 14, 15 anos. Foi quando eu encontrei a minha turma, que está comigo até hoje. Pessoas de quem eu gosto até hoje. Sou seu fã há muito tempo. Porque de tarde eu roubava umas moedinhas do meu tio, tio Luís Carlos. Ele morava lá com a gente. Eu pegava umas moedinhas, ia comprar bala e filava uns cigarrinhos dele também. E ficava assistindo ao seu programa, chupando bala e fumando um cigarrinho [risos]. Aí eu comecei também a fazer comerciais em Minas. Paralelamente ao teatro, eu fazia alguns comerciais. Começou a dar um dinheirinho, mas era só pra sobreviver ali mesmo. E aí começou a poesia, a música; a cabeça começou a encher de coisas boas, de turma mesmo. Essa coisa quando marca mesmo a adolescência.

Quando você veio para o Rio começou a trabalhar onde?

Vim pra TV Manchete. Eu vim depois de um comercial do Combate Nacional ao Alcoolismo que fiz com o Gianfrancesco Guarnieri. Não o conheci, porque eu filmei num dia, e ele filmou no outro. Quando eu cheguei lá, falei: "Cadê o Gianfrancesco?". "Não está aqui, já filmou". Falei: "Que é isso, gente? São pai e filho. A gente vai filmar separado?". Mas acabou dando tudo certo. Encaixou. Esse comercial foi um grande comercial! E me trouxe pra Manchete. E aí fui fazer *Brida*. Tudo deu errado. Quatro meses na Manchete... Enfim. Mas na minha carteira de trabalho está lá: "Bloch Som e Imagem". Fiquei decepcionado. E logo depois, o Avancini me chamou na sala dele: "Mineiro, o negócio é o seguinte: nós estamos mandando todo mundo embora. Acabou". Falei: "Que é isso, Avancini! E agora, o que é que eu vou fazer, rapaz? Vim lá de Belo Horizonte, acabei de alugar o meu apartamento aqui!". Ele falou: "É isso mesmo". "Então beleza. Muito obrigado. Valeu demais". Cheguei em casa perdido. O sonho acabou. Mas aí fui chamado pra fazer um filme lá em Minas, em Congonhas do Campo, *O circo das qualidades humanas*. Um filme louquíssimo! Fiz um psicótico. Ex-viciado em ácido [risos]! E aí eu desaguei tudo ali. Fui pra manicômios, fiz umas experiências assim. O Francisco Milani fez meu pai no filme. Esse filme tem o Jonas Bloch, a Cássia Kiss faz uma participação, o Odilon Wagner... É um filme cheio de gente bacana. E foi quando eu me abri pro cinema também. Foi meu primeiro contato com o cinema. Eu tinha 20 anos de idade. E foi ótimo! Voltei pro Rio. Ganhava um dinheirinho lá, pagava meu aluguel no Rio, aqui no Catete, na Silveira Martins. E eu insisti. Ligava a cobrar pra minha mãe e falava: "Está chegando a hora. Eu estou sentindo aqui". Porque a gente sente quando estão chegando as coisas boas da vida. Eu achava que era uma descoberta a cada dia mesmo. Eu estava pronto para ir pro mundo, pra me divertir, pra ver as coisas, pra experimentar. Pra me expressar de alguma forma. Enfim, eu escrevo algumas coisinhas, mas acho que é mais pra esse lado mesmo. Ser ator mesmo, representar.

E quando foi que aconteceu a virada e a carreira deu uma firmada?

A firmada foi quando eu entrei na *Malhação*. Foi de repente. Um dia eu recebi um bip: "Teste para a *Malhação*". Havia um cara chamado Chiquinho Néri que morava no apartamento 109, e eu morava no 808. Eu morava com uma namorada, de Belo Horizonte. O porteiro ficava falando assim: "Esse cara aí mexe com negócio de teatro". E falava pra um e falava pro outro. Um dia a gente conversou na portaria. Falei: "Vou mostrar uma fita minha pra você". Mostrei. Ele falou: "Rapaz, você é bom! Você é bom. Vou te dar um contato aqui". Me deu o contato. Quinze dias depois pintou esse teste aí. Fiquei até meio "assim", com certo preconceito por ser *Malhação*. Pensei: "Não, espera aí, vamos lá. O trabalho vai ser bacana". Foi o Ricardo Waddington que dirigiu. Ele pegou a *Malhação* depois que passou de academia pra colégio, o Múltipla Escolha, na época. Lília Cabral fazia a minha mãe, Paulo Gorgulho, meu pai. Foi o começo da Priscila Fantin também. Colei na Natália Laje, porque ela fazia minha parceira. Fiquei um ano e meio na *Malhação*. Depois fiz uma peça, *O êxtase*, que me levou pra novela do Walcyr [Carrasco], porque o texto era dele. Ganhei até o Prêmio Shell. Foi bacana. E as coisas vão acontecendo.

Eu queria falar do filme do *Cazuza: o tempo não pára* [Sandra Werneck e Walter Carvalho, 2004]. Você ganhou seis prêmios de melhor ator como Cazuza.

[Risos] Foram várias improvisações. Mas eu me sentia o Cazuza. Quando eu pisei no estúdio, até o Wagner Moura estava lá, um baiano gente boa demais! E o Lucci [Ferreira], que fez agora o Geraldo na novela *Paraíso* junto com a Vanessa, também estava. Quando eu coloquei a bandana, os caras: "Ih, já era! Olha o Cazuza aí!". Por isso que o Wagner é o Wagner e o Lucci está tendo essa oportunidade agora. Eles souberam também valorizar o outro. Esperar. Cada um tem sua hora. Ali eu valorizei mais ainda o Wagner. Nesse meio de tanto ego... um querendo passar por cima do outro. Por isso é que tem que ser valorizado. Coisa de homem mesmo. Então, quando eu pisei no estúdio eu pensei: "Opa, sou eu! Isso aqui ninguém tasca! Vou fazer esse personagem porque ele está dentro de mim de alguma forma".

É verdade que, no teste, você comeu o papel com o resultado do teste de AIDS?

Estava escrito o nome do Cazuza. E eu vi o nome todo e mastiguei o papel. E depois continuei a cantar de novo [risos]. Eu trabalho muito com a intuição. Trabalho com o que vem mesmo. De cara. Depois eu vou, realmente eu confio no diretor. Vou na linha que ele quer mesmo. "Assiste a isso, lê isso, faz isso, isso aqui é bom". Vou por ali também. Por isso a importância de um diretor.

E o cinema pegou amizade com você... E foi um sufoco ir para a Amazônia fazer o filme *A festa da menina morta*?

A festa da menina morta foi do Matheus Nachtergaele. Foi uma viagem mesmo. Fui pra Amazônia e, chegando a Manaus, passei o Réveillon com a Vanessa lá, na Ponta Negra, até já com algumas pessoas do elenco do filme. Depois ela veio pro Rio, e eu fui pra Barcelos de barco. Foram 36 horas de barco! Subindo o Rio Negro. Eu e Juliano Casaré, que é um outro ator que está no filme. Está muito bem. A gente se assusta, mas aquela viagem é comum pra eles ali, na região. Chegando lá, Matheus pirou a gente! A gente estava no meio da Amazônia, com aquele Rio Negro ali na nossa porta, no hotel. O Matheus preparou o elenco, e a gente embarcou mesmo! Houve várias viagens. Sonhei com uma música, e essa música entrou no filme. Há um manto, que o Matheus falou assim: "Pira um pouco nesse manto ali, ele está todo bordado". Eu e a Kika Lopes, que foi a figurinista do filme, criamos esse manto. E ficou um manto realmente sagrado. Porque estava tudo ali. Escrevi coisas, deixei um pouco de mim ali. E ela também. Foi um filme forte. E Mateus deixou a gente livre pra fazer isso. Vou contar para você como o Paulo José entrou no filme... Ele foi visitar a Kika, que é esposa dele. O Matheus: "Faz alguma coisa aí. Entra no filme!". "Ah não. Vou fazer só se for um bêbado, um padre ou um louco". E o Matheus: "Faz um bêbado, padre e louco." [risos]. Aí ele entrou e fez, maravilhosamente. O Matheus trabalha assim. Trabalha com o que vem. Com o acaso também. Foi uma experiência nova e interessante. Deixei todos os poros abertos. Essa música que veio, veio às quatro da manhã. Quando ele me falou que o nome do filme era *A festa da menina morta*, eu falei: "Que loucura que vem aí!". Sonhei com esse nome. Às quatro da manhã, acordei e escrevi um negócio. Ele falou: "Canta aquela sua música aí". Aí os créditos subiram com a música. Entrou mesmo no filme!

E como você se preparou para este papel?

A Vanessa me ajudou muito nesse filme. Porque é uma bichona louca! [Risos.] Tirei cabelo da perna, emagreci, fiquei branco igual a uma cera. Já sou branco, mas lá na Amazônia fugia do sol com camisa comprida, protetor 70. Ficava recolhido, naquele universo do Santinho mesmo. É um personagem bem difícil, mas está rendendo até hoje. Ganhei o Kikito, o Redentor, que foi importante também, em 2008. Festival do Rio, o Prêmio Contigo.

DANIEL DE OLIVEIRA / 141

A gente foi pra Cannes, ganhou um festival em Chicago de primeira direção. O Matheus levou essa. Estávamos eu e ele. Então está rendendo bem. Antes eu tinha feito o filme *Zuzu Angel* [Sérgio Rezende, 2006], fiz o Stuart Angel Jones, filho torturado e desaparecido da estilista Zuzu Angel. É uma história fortíssima que conta a prisão e a tortura do filho dessa mulher muito guerreira, que era mineira também.

Em 2009 você fez dois filmes que vão ser lançados em 2010...

Um no começo do ano, o *Quatrocentos contra um*. Uma história do Comando Vermelho, com direção do Caco Souza, que é um cara de São Paulo muito talentoso. É o primeiro filme dele, mas ele já está trabalhando com o William da Silva Lima, que é meu personagem, há muito tempo. Fez alguns documentários com ele. O William era um assaltante de banco, um genuíno assaltante de banco. Foi preso no que eles chamam de Caldeirão do Diabo, na Ilha Grande. E lá era cheio de pequenos grupos, pequenas falanges, como eles chamavam. E viviam em guerra. Cada um buscando o seu interesse. Havia muito estupro, havia guerras internas. Chegou uma hora em que eles falaram: "Vamos unificar isso aqui". E criaram essa falange única, que depois a imprensa intitulou "Comando Vermelho". Esse filme conta essa história dos presos políticos com os presos comuns. O assaltante de banco era preso pela mesma lei – Lei de Segurança Nacional – dos presos políticos, e ficavam juntos na cadeia. Então houve uma mistura, e a partir daí foi criado o Comando. História pesada. A gente foi fazer o filme num presídio chamado Ahú, lá em Curitiba. E a gente teve a figuração, algumas pessoas que tinham fala eram presidiários mesmo, da Penitenciária Agrícola do Estado do Paraná. Foi muito interessante conhecer os caras, saber das histórias. Enfim, cada um chega de uma maneira ali. E está lá dentro, naquele lugar horrível.

E o outro filme?

Foi o *Boca do lixo*, eu fiz o Hiroito de Moraes Joanides, que é o meu sexto personagem real, da história do Brasil mesmo. O Hiroito é também um bandido clássico do país, só que de São Paulo, da Boca do Lixo, na década de 50, 60. Era um cara que, pra você ter ideia, aos 16 anos foi morar na zona. Se apaixonou, ficou com uma mulher lá. Tinha um relacionamento meio conturbado em casa. Aos 21 ele saiu de casa definitivamente porque foi acusado de ser parricida, de matar o próprio pai com 55 facadas e navalhadas. Só que ninguém provou nada contra ele. Mas a partir desse momento ele rompeu mesmo com tudo. Foi pra rua, foi pra zona. Ele que colocou a cocaína dentro da Boca do Lixo. Matou muita gente. Era um cara meio perigoso, meio bagunceiro. Mas ele defendia – eu assisti a uma entrevista dele, no *Vox Populi* – o bandido com princípios. Foi em 1990 que ele morreu...

1992, eu acho. Antes disso ele deu a entrevista e falou que a violência estava banalizada. Defendendo a parte dele. Mas, enfim, a violência é sempre a violência. Ele falava que é a marginalidade aceitável. Que nos tempos de hoje está tudo muito violento, mas no tempo dele era uma marginalidade aceitável. E eu fiz esse cara também.

E Minas teve a ver com tudo isso? Porque é um bandido paulista, um bandido carioca, filmado em Curitiba. Cazuza, que era carioca. O Stuart, que também era carioca. E onde é que Minas entra na sua vida, no seu trabalho?

Minas eu acho que entra observando tudo [risos]. Tudo quanto é cena. Observar as coisas é uma característica do mineiro. Na época do *Cazuza*, eu e o Caco Ciocler estávamos fazendo *O êxtase*. Ele falou assim: "Está pintando um teste, e eu acho que é a sua cara. É o *Cazuza*". Eu falei: "Que isso! Olha como é que eu falo! O cara era carioca. Não dá, não". "Acho que é a sua cara. Você vai fazer esse filme, esse papel". Depois de um tempo, estou eu lá no *Cazuza*. Fico pensando, penso muito. Fico viajando, imaginando as possibilidades. E experimentando muito internamente também. Na *Menina morta*, por exemplo, o Matheus fez uma improvisação com a gente. Outras coisas aconteceram, mas essa improvisação marcou porque foi uma improvisação de cinco horas dentro da casa dos santos, que era o Santuário Casa. A gente entrou nos personagens ali. A gente matou galinha, fez a galinha, comeu a galinha. Tomei banho, escutei Roberto Carlos. O Matheus falou: "Essa casa está muito arrumadinha. Dá um piti aqui. Essa casa é sua! Nego está tomando conta da sua casa! Não deixa, não!". E eu logo pensei: "Meu Deus, como é que eu vou fazer isso?". Mas já dando tempo à improvisação. Logo entrei e fiz. A gente tem que acreditar demais na nossa mentira. E depois de cinco horas, a gente meio que não queria sair mais daquela improvisação. E terminou com a casa toda fechada, só com uma vela acesa. E eu bati com a cabeça na vela pra acabar tudo. A improvisação acabou ali. Depois um choro. Chorei copiosamente depois dessa catarse! Demorou muito, mas foi muito bom. Eu estava com uma guia de Oxóssi que ganhei lá na Amazônia. Fui tomar um banho e só sei que a guia "pá!", estourou toda no banheiro. Tudo está positivo, está tudo certo. Está tudo no caminho. Pode estar dando tudo errado, mas está tudo no caminho. A galinha era do vizinho. Mas eu falei: "Apareceu aqui, corta o pescoço!" [risos]. Fizemos a galinha, comemos a galinha [risos].

E na vida pessoal? Como é pra você? Você é um cara recolhido, né?

Sou tranquilo demais. Estou com a minha família aí, família nova [risos]. Agora, Raul está aprendendo gaita e eu fico tirando um sonsinho na gaita lá em casa. Ô bichinho, viu? Com um ano e dois meses começou. Já tem um ano e oito meses de idade e seis meses de gaita. Ele fica numa loucura lá: finfom, finfom. Aquele menino vai prender rapidinho. Está um profissional [risos]! Ele chega, faz show e tudo. Bate palma. Aquele menino vai pra música [risos]. Estou indo bem como pai. Acho que não pode negar é amor, afeto. E também tenho mão firme. Não pode vacilar, não! Não pode dar bobeira! A gente tem que criar pro mundo de hoje. O mundo de hoje não está fácil, né. Mas acho que se a gente se mantiver íntegro, honesto, a gente tem escapatória [risos]. Converso muito com ele, brinco. Falo de homem pra homem com ele já, entendeu? Pra não ter erro. E brinco também, de criança pra criança [risos]. Eu sempre fui assim, brincalhão, sempre levado. Acho que fui um caso de quase de duas personalidades ou mais. Porque em casa eu era mais pacato. Sempre morei no bairro Padre Eustáquio, em Belo Horizonte, com o meu avô, minha avó, minha mãe e tal. Mas aí, de vez em quando, na rua era outra coisa. Meu pai morava no bairro Calafate. Quando eu ia pra casa do meu pai, eu ia pra rua mesmo! Também morei no Iraque por um ano.

No Iraque?

No Iraque. Você não sabe dessa história? Eu tinha 7 anos. Meu pai trabalhava na Mendes Júnior. Ele havia viajado muito e havia se reconciliado com a minha mãe. Eles ficaram sete anos separados, depois voltaram. Casaram no mesmo cartório de novo. Ficaram mais sete anos de novo. Nessa entressafra, a gente foi pro Iraque. E foi um ano de diversão! Eu estudava no Pitágoras, que era um colégio de uma rede mineira, eu acho, que foi implantado lá no Iraque pros filhos dos funcionários da Mendes Júnior. Eu estudava num acampamento que era muito perto do Rio Eufrates. Ia a pé. Pulava a cerca. A gente não podia pular, mas molecada solta, pai e mãe trabalhando... Era o dia inteiro. Ia pra lá, mergulhava no Eufrates e tudo. Pegava tâmara do pé. Era muito bom! Quando meu pai pegava o carro, ia pra Bagdá, Babilônia. Era tudo muito bom! Foi uma infância, no mínimo, diferente, entre Minas e o Iraque... Acho que o Menino Maluquinho ia tirar a panela, ia tirar o chapéu, porque foi uma infância muito bacana. Eu fecho o olho e eu estou lá. E sinto muita pena de tudo o que aconteceu com o Iraque depois. Deve estar tudo destruído lá. Era muito bacana. Havia um climinha Irã e Iraque ainda. De vez em quando a gente pegava estrada e havia umas sentinelas que acompanhavam a gente com rifle, com fuzil e tudo. Tanque de guerra passando lá no deserto. Aquela poeirada. Caças também. Uma vez que houve dois caças. Passou no jornal. Meu pai apresentava o jornal de esportes lá, aí houve dois caças iraquianos escoltando um iraniano. Eles passaram quando a gente estava fazendo carrinho de madeira, brincando com serrote, a molecada toda. E aqueles caças passando. Depois é que veio o barulho, que quebrou a barreira do som [imita o barulho]. E todo mundo de dedo grudado na terra.

Se houvesse um buraco, a gente enfiava a cabeça ali de tão barulhento. Uma choradeira, todo mundo chorando. Eu quase morri umas quatro vezes pelo menos. Teve uma vez, quando estavam fazendo um grande tratamento de esgoto lá, a água chegava direto, água suja, e a obra era pra tratar a água. E a molecada vendo aquela obra acontecendo. "Vamos lá, vamos lá!" E eu estava naquela de aprender a nadar. Meu pai me ensinou a nadar lá. Aí entrei nesse lugar, e a água só enchendo. E a gente ali. De repente o negócio começou a encher... bum bum, bum. E eu falei: "O que é isso? Como é que eu saio daqui?". Eu tomando aquela água, tomando aquela água e batendo perna pra tentar sair. Por pouco eu não apago lá [risos]. Cheguei em casa, cabelo molhado e tal, mas despistando. Meu pai: "Onde é que você estava, rapaz?". Falei: "Eu estava ali, no Tancão". O Tancão era o lugar em que a gente tomava banho. Um calor infernal. À noite, vinham muitas lacraias, porque as casas eram suspensas, feita de coisa compensada, vagão de trem, um negócio assim. Por causa do calor também. "Não, tu não estava no Tancão. Tem que falar a verdade pra mim. Te viram lá e tal. Tu fica esperto, que eu estou de olho em você". Ali eu comecei a ver que o buraco era mais embaixo [risos]. ∎

FERNANDO GABEIRA
Um homem lúcido

FERNANDO GABEIRA. Sou uma admiradora dele. Com carinho e com afeto. Somos primos. Fernando Paulo Nagle Gabeira. Meu pai é irmão da mãe dele. Acho mesmo que sou jornalista por causa dele. Sem ele saber disso e sem eu nunca ter dito isso a ninguém até este momento. Tenho respeito pela trajetória dele, pela coragem de enfrentar obstáculos e pela pessoa em que ele se transformou. Gosto até do humor debochado, da falta de paciência que ele tem e demonstra com quem não entende o que ele quer dizer. Talvez tenha sido o mais difícil dos entrevistados deste livro. Mas gosto que ele esteja aqui. Só não gosto dessa história que rola solta por aí que a famosa tanga do Gabeira era a parte de baixo do meu biquíni. E só volto a essa história para dar a minha versão, que, espero, seja definitiva. Aquela tanga rosa, publicada dezenas de vezes, em revistas e jornais, não é nem nunca foi minha. Foi comprada por ele, no segundo dia da volta do exílio, na loja da Fiorucci, na Praça Nossa Senhora da Paz, em Ipanema, no Rio. E, convenhamos, foi usada por ele com a mesma coragem com que ele enfrenta seus desafios como deputado, como jornalista e como homem à frente do seu tempo.

A Rachel Jardim, uma escritora de Juiz de Fora, tem um livro chamado *Anos 40*, onde ela diz que não se é mineiro impunemente. Nem se recupera nunca de se ter sido. Você ainda é mineiro?

Sempre fui mineiro no sentido de que nasci lá. Mas não concordo muito com partes das teorias que fazem sobre Minas. Essa, por exemplo, pressupõe que ser mineiro é uma questão especial, trágica ou difícil. Eu não vejo assim. É o lugar onde eu nasci e agora, por necessidade, tenho que voltar mais pra entender melhor o que aconteceu. Na verdade, estou me apoiando muito nas memórias do Pedro Nava pra poder também coordenar o que penso sobre aquilo tudo. Há coisas que o Nava conta e descreve que, às vezes, me ajudam muito a entender um pouco daquilo. Nava falava sobre Juiz de Fora e dizia que a cidade estava dividida. A Rua Halfeld, que era e ainda é a principal, dividia a cidade. De um lado, no sentido de quem olha pra baixo, estava o setor mais rico, tradicional, conservador, inimigo do sexo, uma série de coisas assim. E do lado esquerdo estava o lado revolucionário, boêmio, que é aquele que correspondia também ao outro lado do Rio Paraibuna. E falava muito da nossa região, esse lado esquerdo, como o que havia muita disposição política, o que havia políticos célebres, como Duarte de Abreu. Duarte de Abreu era o nome do grupo escolar onde eu estudei. A escola pública onde estudei. Eu não tinha a menor ideia de que Duarte de Abreu era a figura que ele mencionou. Chegou até a mencionar uma figura italiana para dizer que estávamos divididos entre golfos e gobelinos, usando uma coisa antiga da Itália para explicar a divisão da cidade. Eu não sinto a cidade dividida assim como ele viu. Acho que havia tesão do lado direito e conservadorismo também do lado esquerdo [risos]. Havia tudo. Era muito misturado. Mas, de uma certa maneira, foi muito importante pra mim estar ali. É uma cidade que está entre Belo Horizonte e o Rio de Janeiro. De Belo Horizonte nós sofremos uma influência muito grande do ponto de vista de oportunidade profissional. Foi através de um jornal de Belo Horizonte, chamado *O Binômio*, que pude começar a trabalhar, no fim dos anos 50. E o Rio de Janeiro era o espaço cultural mais importante. Então, eu trabalhava ligado a Belo Horizonte e passava uns dias esperando nas bancas de jornal o que vinha do Rio de Janeiro, as revistas e todas as informações que vinham do Rio. Era uma intercessão. Muita gente, às vezes, fala: "Ah, Juiz de Fora é um lugar por onde se passa apenas pra fazer pipi". As pessoas que iam do Rio pra Belo Horizonte e vice-versa pensavam assim. Mas não. Juiz de Fora era uma intercessão cultural muito intensa. Graças a Deus eu soube aproveitar os dois lados e pude, de uma certa maneira, me libertar de Juiz de Fora, de Belo Horizonte e do Rio. Pude dar um passo adiante dos três.

Você sempre participou de grandes momentos. *O Binômio* foi um grande momento do jornalismo pra Minas e pro Brasil.

Foi sim. *O Binômio* talvez tenha sido a primeira experiência de um jornal alternativo moderno. De modo geral, quando se fala de jornal alternativo, se pensa numa coisa pobre, tecnicamente inferior aos jornais mais convencionais. E *O Binômio* era um jornal alternativo com diagramação e estrutura mais modernas que muitos jornais convencionais. Além disso, ele tinha algum dinheiro. Não tanto, mas tinha algum. Isso permitiu que a gente iniciasse ali um tipo de jornalismo que não era tão comum nos jornais convencionais mineiros. Eu, por exemplo, naquele momento, digamos que no meio da década de 50, já havia lido o livro *Introdução ao jornalismo*, de um sujeito americano chamado Fraser Bond. Tinha na minha cabeça todas as ideias do manual do jornalismo, que já era a visão moderna da imprensa americana: a maneira como se escreve, a maneira como se estrutura uma notícia. Isso foi muito bom, porque a gente fez uma coisa nova. Naquele momento, também comecei a trabalhar com fotografia. Tinha uma pequena Rolleiflex, que era a câmera mais interessante que havia, chegou até a ser celebrizada na canção. Eu usava essa câmera. Trabalhávamos no jornal, fazíamos oposição. Uma oposição violenta contra o governo do Estado.

Quem era o governo de Minas?

O Bias Fortes. E o prefeito de Juiz de Fora se chamava Olavo Costa. Fazíamos oposição aos dois, igualávamos os dois, que eram corruptos. Enfim, tudo o que se diz de políticos hoje [risos] já dizíamos deles naquela época. *O Binômio* foi muito bem. No momento pré-golpe de Estado, ele foi empastelado e fechado. Mas, naquele momento, eu já estava trabalhando aqui no Rio de Janeiro, no *Panfleto*, que também foi empastelado e fechado. Ficamos quites.

Você começou muito novo e sem nenhuma tradição familiar de jornalismo e também sem nenhum curso de jornalismo. Começou com que idade?

Dezesseis pra 17 anos. Comecei fazendo uma greve estudantil. O Fernando Zerlottini [jornalista mineiro, de Juiz de Fora] foi me entrevistar e achou que eu era muito articulado e podia trabalhar em jornal. Naquele momento já havia lido o livro de jornalismo e estava preparado para começar.

Você sabia que seria jornalista?

Não. Meu pai sempre dizia que não queria que eu fosse poeta nem jornalista. Mas, como você mencionou, não havia tradição familiar na profissão, se houvesse eu não estaria nessa. Na minha trajetória, a tradição familiar não era uma orientação. Era até uma orientação divergente. Tanto que meu pai, embora não expressasse as posições políticas dele, era mais chegado à UDN. Depois eu vi na gaveta dele alguns recibos de pagamentos à UDN, como membro do partido. Em torno de nós era o PTB que existia. O seu Perini e o seu Pironi, nossos vizinhos no bairro do Vitorino Braga, eram imigrantes italianos, trabalhadores que gostavam de Getúlio Vargas. Eu me aproximava muito mais daquela visão deles que propriamente da UDN.

Você é de uma geração de jornalistas mineiros que marcou a imprensa brasileira. Que vai do José Maria Mayrink, ao Geraldo Mayrink, ao Flávio Márcio, Fernando Mitre, Ivan Ângelo, Roberto Drumond, Fernando Zerlottini. Uma geração importante do jornalismo, né?

A nossa geração estava para o jornalismo brasileiro como o futebol brasileiro, hoje, está para o futebol europeu. Nós produzíamos as pessoas que eram chamadas pra trabalhar fora. Havia uma espécie de celeiro de jornalistas lá em Minas. Uma efervescência muito grande. E, de uma certa maneira, eu diria que há dois fenômenos convergentes: os contistas mineiros e os jornalistas mineiros. Os jornalistas mineiros às vezes eram contistas também, e vice-versa. Havia várias pessoas próximas que estavam também ligadas à literatura. Havia, naquele momento, uma convergência entre literatura e jornalismo que, mais tarde, foi se desfazendo, porque o jornalismo se transformou em algo muito profissional, muito satisfatório do ponto de vista financeiro. Considerando a nossa pobreza e, digamos, a pobreza da nossa expectativa, não havia espaço pra literatura. Você era solicitado a trabalhar muito como jornalista, a trabalhar muito com palavras. E à noite, quando voltava pra casa, a última coisa que você queria era trabalhar com palavras, porque já tinha passado o dia mais ou menos batalhando com elas, como dizia o Drummond.

Você deixou o jornalismo já no *Jornal do Brasil* numa posição bastante confortável, pela clandestinidade e pela luta armada...

Do ponto de vista financeiro, sim. Sempre tive uma trajetória no jornalismo que, digamos assim, pode ser chamada de vitoriosa, dependendo da maneira como você vê essa expressão. Trabalhei no *Correio de Minas* e com 21 anos dirigia a redação. E era uma redação com 60, 70 pessoas trabalhando. Eu tinha a responsabilidade de realizar o fechamento do jornal e algumas edições que, pra nós, eram históricas. Como uma, especial, sobre a morte do Kennedy, o assassinato do Kennedy. Naquele momento eu estava muito bem e era muito garoto ainda. Ao vir para o Rio de Janeiro também tive uma ascensão muito rápida no *Jornal do Brasil*. Fiz a pauta do *JB* durante muito tempo, depois fui editor de pesquisas. Antes de fazer a pauta, quando era pura e simplesmente copidesque, me convidaram pra fazer um curso na Inglaterra, e eu fui. Eles estavam realmente me preparando pra ser um executivo do jornal. Essas pessoas que trabalham no jornal têm um bom salário, uma casa, um carro, essas coisas que até hoje eles têm.

Fazia palestras sobre [Marshall] McLuhan e tal, não era?

Aí eu tinha me transformado também numa espécie de teórico da coisa. Comecei a ler muito sobre o assunto e passei a editar, no *Jornal do Brasil*, uma coisa chamada "Cadernos de Jornalismo", que era uma tentativa de formação teórica do jornalista. E, simultaneamente, comecei a coordenar um curso dedicado aos estagiários que vinham ao *Jornal do Brasil*. Fazia um curso pra eles e selecionava aqueles que poderiam ser aproveitados no jornal. Tive também essa missão de tentar teorizar um pouco sobre comunicação.

E foi no meio dessa teorização da comunicação que ressurgiu aquele líder estudantil? Que você se engajou nos movimentos de esquerda, na luta armada?

Essa questão é muito difícil de responder, porque, na verdade, os dois elementos sempre existiram. Ou faço uma greve ou termino a greve e vou trabalhar no jornal. Então havia sempre essa dupla atividade: a política e a jornalística. Quando a jornalística se tornou mais profissional, se consolidou, evidentemente a política refluiu um pouco. Mas quando houve o golpe de Estado, a outra visão reapareceu. Porque o golpe de Estado significou o fechamento do local onde eu trabalhava, o empastelamento de tudo em que trabalhei. Foi tudo empastelado. Meu passado profissional foi empastelado concretamente ali. E além do mais começou um processo de censura que se agravou muito com o AI-5, em 13 de dezembro de 68. O processo de censura a partir dessa data se oficializou. Eles até entraram no jornal pra ler os textos. Isso era uma contradição. Eu já não podia mais exercitar o jornalismo tal como eu gostaria. Então, o outro lado cresceu. Como se dissesse: "Olha, tá vendo? A sua ideia de ser jornalista é absurda, impraticável no Brasil de hoje. Você tem que voltar à política". Eu não falava com essa clareza pra mim, mas os fatos me conduziam a isso. Já no meu curso na Inglaterra havia algumas pessoas de Terceiro Mundo, da Etiópia e outros países. E a palavra "revolução" era muito presente. Havia um interesse muito grande pela revolução cubana. Tudo isso teve algum peso também nas minhas definições políticas quando voltei. Basicamente, as duas atividades sempre foram existentes em mim. Sempre digo que vou deixar a política, vou voltar a escrever. Sempre penso nisso. Às vezes até consigo. Cheguei a ser candidato no Rio em 86, fiz aquele trabalho. Na década de 90 fui ser correspondente da *Folha de São Paulo* em Berlim. Queria realmente voltar ao jornalismo. Faço tentativas. De vez em quando faço uma coisa, de vez em quando, outra. Só que o "de vez em quando" da política está se tornando muito intenso. Corro o risco de morrer fazendo isso. Não porque vão me matar, mas porque o tempo já se esgotou.

Você gosta da política?

Gosto. Acredito que todas as profissões sejam assim. Não posso teorizar muito. Há coisas boas e desagradáveis. Mas gosto de ler, de escrever, de teorizar, de discutir, de conduzir certas lutas, certos processos. Fico muito satisfeito com isso. Mas não gosto do ramerrame, do toma lá dá cá e de pessoas que são muito interessadas na sua própria vida e utilizam toda essa estrutura, todo esse arcabouço político, todas as categorias políticas para, no fundo, salvar sua própria pele. E você tem que fazer política com isso. Você não pode recuar e dizer que precisamos de pessoas ideais. Temos que fazer com pessoas tal qual elas existem e ir fazendo de alguma maneira, conduzindo, participando do processo.

Você acha que dá pra fazer coisas concretas mesmo lidando com essas pessoas que não são as pessoas ideais, que não proporcionam o ambiente ideal?

Eu considero que tive, no Brasil, num determinado momento, uma oportunidade de fortalecer algumas ideias que já existiam no mundo, numa forma larvária, como a questão da ecologia. Do meio ambiente na política.

Você introduziu efetivamente esse assunto na pauta brasileira. Quando você chegou do exílio ninguém falava nisso.

Forcei uma tendência que já existia no mundo e que no Brasil existia de forma fragmentária. Dei um pouco de visão pra isso. Da mesma forma, eu trouxe pra vida política brasileira algumas teses que fui acumulando e observando na Europa. E acho que de certa maneira eu contribuí com esse processo. Acho também que como deputado federal fiz algumas coisas que não aparecem na imprensa – [risos] estranho –, mas que são interessantes; por exemplo, eu conduzi a aprovação do Protocolo de Kyoto. Curioso que não saiu em nenhum jornal. O próprio presidente da República, na época, o Fernando Henrique, disse: "Mas o Congresso não aprova o Protocolo de Kyoto?". Ele estava indo pra África do Sul. Eu já tinha aprovado. Também conduzi o processo de criação do Sistema Nacional de Unidades de Conservação da Natureza. Me caiu às mãos como relator, percorri o Brasil, conversei com muita gente, e criamos esse sistema que preserva uma parte razoável do Brasil. São 2,9%, 3% do Brasil que hoje, teoricamente, é intocável. Já é alguma coisa. Essas coisas eu consegui fazer, mas isso não aparece. Aparecem muito mais os temas polêmicos. A imprensa gosta mais de um tema polêmico. Gosta mais de uma política de droga, da questão da prostituição.

Você também trouxe à tona a questão da droga.

Não que eu tenha trazido à tona, trouxe para o campo da política.

Mas deu visibilidade. Agora até o Fernando Henrique está defendendo.

Acho que é interessante que não só o Fernando Henrique, como também o César Gavíria e um ex-presidente do México [Ernesto Zedillo]. Acho bom que isso passe a ser agora uma agenda, não ainda dos políticos, porque eles ainda não têm coragem pra isso. Pra que eles tenham coragem é preciso que tenham ultrapassado a fase eleitoral. Eles não se colocam mais para os eleitores. Não é um tema que vai te dar voto. Então podem se dar ao luxo de dizer coisas que são mais ou menos repugnantes pra alguns eleitores, mas estão cumprindo o papel deles.

Você nunca me pareceu preocupado em adotar temas que dão votos. Sempre banca os temas que até não dão votos.

É porque, na verdade, digamos que existem duas fases. Uma em que se você trabalhar temas minoritários de uma forma inteligente, honesta e competente você se elege. Com poucos votos, mas se elege. Existe uma outra fase que é também de amadurecimento, em que você já se coloca diante de um eleitorado pra questões majoritárias. Nessa fase você mantém as suas ideias, mas não vai impô-las a uma parte da população. Vai reconhecer que uma parte da população tem outras ideias e vai buscar um denominador comum pras suas ideias e pras da população. Vou te explicar um pouco melhor, porque a sua cara dá a entender que você não está entendendo bem.

Por exemplo?

Por exemplo: a questão do aborto ou a da droga. Nos Estados Unidos, eles já refletiram muito sobre as divisões que há no país: de gente que acha uma coisa, de gente que acha outra. E não se avançava muito. O [Barack] Obama, quando passou a ser um candidato majoritário, falou: "Tá bem, quem é contra e quem é a favor do aborto? Vamos achar alguma coisa que seja um denominador comum, que possa interessar aos dois lados". Por exemplo: no caso do aborto, a informação é fundamental. As pessoas bem informadas têm gravidez indesejada em menor número. Isso interessa a um lado e ao outro. Eu tenho falado aqui também na questão da droga. Sou favorável à legalização. Existem pessoas contrárias, que são pela repressão. Tenho dito que se nós não reformarmos a polícia, não vamos poder nem legalizar nem reprimir [risos]. Porque é um elemento fundamental. Interessa a nós dois, eu que sou pela legalização e você que é pela repressão, que tenhamos uma polícia competente. Então, através desse processo, você não resolve a questão que há entre os dois, mas vai achando pontos em comum que fazem as coisas avançarem. Senão vamos continuar a vida inteira: eu achando uma coisa, você outra e não damos um passo à frente.

Acha que o caminho é essa evolução e ela vale também pra questão da terra? Dos latifundiários e dos movimentos pela terra?

Aí a dificuldade de achar um ponto comum é um pouco maior, porque existe no Brasil, no caso da terra, uma compreensão de que é necessário mudar alguma coisa, avançar alguma coisa. Mas a visão de reforma agrária, tal como se tem, é uma visão muito difícil. A reforma agrária tal como está sendo aplicada no Brasil não está conduzindo a resultados muito positivos. Precisamos ter uma visão de reforma agrária um pouco mais revista. Hoje você tem muita gente no campo, ocupando espaço no campo, mas dependendo da ajuda do governo pra sobreviver. Não é? As pessoas que você manda ou mantém no campo teoricamente estão ali pra produzir alimentos. Mas, na verdade, hoje, elas consomem alimentos, consomem as cestas básicas que o governo manda. Temos que rever essa história. Buscar pontos de acordo. O Brasil é um país que tem lugar para a agricultura orgânica, tem lugar para a agricultura transgênica, tem lugar pra agricultura convencional. Tem lugar pro grande *business*, pro *agrobusiness*, tem lugar pra agricultura familiar. O problema é buscar as formas de interação de todo esse trabalho. Aliás, estamos fazendo isso com os fazendeiros, o *agrobusiness*, no campo do meio ambiente. Tínhamos nesse campo tantas divergências! Brigávamos tanto quanto o MST briga com eles, mas hoje estamos caminhando pra buscar entendimentos.

Eles ficaram mais compreensivos?

Olha, não é que eles tenham ficado só mais compreensivos. Há uma situação internacional na qual as exigências dos consumidores internacionais alterou muito o processo. Você não pode, hoje, colocar no mundo produtos que sejam baseados em trabalho escravo, na destruição do meio ambiente. Não pode vender carne que não seja rastreável, que não tenha ideia de como esse gado está sendo criado. Não pode tentar vender carne se você destrói a floresta pra elevar o gado, pra mantê-lo vivo. Então, essas coisas estão mudando muito, e os consumidores internacionais estão impondo novos comportamentos. O McDonald's hoje vem ao Brasil pra ver o gado que estão comprando. Lá nos Estados Unidos eles compravam galinhas tratadas e mantidas em granjas de uma forma cruel. O movimento jovem, a pressão dos movimentos de defesa dos animais os levou também a impor aos fornecedores um novo tipo de tratamento. Isso é o que está existindo: uma consciência de revisão maior de conceitos, mundialmente. O que faz o *business* ter essa uma necessidade de se adaptar a essa situação. E nós também. Do nosso lado existem setores, eu me incluo entre eles, que não são assim tão hidrófobos, que não querem, que não consideram o *agrobusiness* e o capitalista inimigos mortais. Achamos que pode haver entendimento e, quando houver divergência entre nós, aceitamos a mediação da ciência. Vamos ouvir os cientistas, vamos ver quem tem razão. Se houver – como há casos em que os cientistas também estão em lados diferentes – um a meu favor e outro a favor do *agrobusiness*, vamos pra luta política. A luta política vai decidir então quem tem razão.

E a luta política, pelo menos pra você, jamais passará pela luta armada?

Jamais! Jamais. Antes de eu voltar do exílio, já tinha formado uma opinião sobre isso. Eu já achava que a violência não era um instrumento de transformação e que era necessário buscar outros caminhos de transformação. Porque eu sempre refleti sobre momentos históricos. Pra usarmos a violência, é preciso criar um exército popular pra nos libertar dos dominadores. Depois, ninguém nos liberta do exército que nós mesmos criamos. É um processo de dominação que se perpetua. Acho fundamental que se veja o caminho como um caminho pacífico e se analise as transformações. Alias, acho hoje que seria até difícil, internacionalmente, existir um modelo de alguma transformação que seja violento. Todo o romantismo que houve a respeito da revolução cubana, toda a aceitação da revolução chinesa, tudo isso fez parte de uma época. Hoje, acho difícil que haja essa aceitação internacional.

Você é um defensor da candidatura da Marina Silva à presidência?

Sou defensor. Acho ela uma pessoa excelente e pode que nos ajudar muito na colocação de temas que são fundamentais. Como a questão da sustentabilidade, do desenvolvimento sustentável. O que é uma cosia não muito difícil de entender, é a ideia de ter um desenvolvimento que produza as coisas necessárias pra nós, sem impedir que as novas gerações tenham os mesmos recursos para continuar produzindo. É um tipo de desenvolvimento que não diga "Depois de nós, o dilúvio", e sim que tenha essa abertura para as novas gerações. E acho que a humanidade – posso dizer "a humanidade", porque estou incluindo o Oriente – está vivendo hoje um momento de transição. Transição de um tipo de produzir, de um tipo de consumir, pra outra maneira de produzir e consumir. O que caracteriza e impulsiona essa transição, em primeiro lugar, são as ameaças à sobrevivência do ser humano no Planeta, especificamente o aquecimento global. E o eixo da mudança é a matriz energética. Nós estamos passando por uma fase em que estamos ancorados no petróleo, na produção do petróleo como centro, pra uma fase onde o solar vai ser a matriz. Essa fase não aparece muito no Brasil, porque o Brasil hoje ainda está embriagado com o petróleo. Mas já tem elementos, como o etanol brasileiro, que são uma tentativa de busca de energia alternativa. Essa mudança é inexorável. A China, que é muito suja na sua maneira de produzir, já está mudando. Os próprios americanos já estão mudando com a entrada do Obama, com a compreensão que ele tem que é diferente da compreensão que o [George W.] Bush tinha. Tudo isso começa a mudar as coisas de uma maneira tal que a própria estrutura das empresas, a maneira como se produz está sendo alterada. E a maneira como se consome também. Antigamente, e até agora, nós sempre consumimos com a perspectiva voraz de consumir e jogar fora. Mas muito rapidamente virá uma visão de consumir com os três "R": reusar, reparar, reciclar. Coisas que vão ser fundamentais à humanidade. E a Marina representa essa proposta. Mas a passagem de um modelo pra o outro não é uma coisa que você vê no curso de dois, três anos. É um processo mais lento, histórico. Alguém disse essa semana lá num debate nosso: "Olha, a Idade da Pedra acabou, mas existe pedra ainda. As pedras não acabaram" [risos]. A idade do petróleo vai acabar, mas isso não significa que não haverá mais uma gota de petróleo.

Quando você participou da luta armada havia vários mitos a seu respeito. O manifesto foi escrito pelo Gabeira, a tanga do Gabeira, a atitude do Gabeira. Não tem umas coisas assim? Como você lida com isso?

Eu não escrevi nenhum manifesto. Isso é uma coisa desagradável. Quem escreveu foi o Franklin Martins [atual ministro da Comunicação Social do governo Lula], mas me atribuíram isso. Até hoje tenho que passar minha vida desmentindo e dizendo que foi o Franklin Martins. Não pelo manifesto ou pelo Franklin Martins, mas porque o Brasil é um país que tem que passar a vida toda repetindo a mesma coisa, e isso me dá uma certa tristeza. E quanto à tanga, usei a tanga e houve toda aquela comoção, mas tudo bem. São episódios marginais que não têm nenhuma importância. Não acrescentam nada especificamente.

Você tem esperança de que o Obama seja mesmo um novo caminho pros Estados Unidos?

Em relação ao Bush eu tenho esperança de que o Obama seja um novo caminho. Acho que ele tem ideias interessantes. No que diz respeito ao meio ambiente ele está se comportando bem. Embora a situação nos Estados Unidos seja difícil, porque há um certo conservadorismo, que quer manter o país um pouco longe dessas transformações, eu acho que ele está indo bem. No campo bélico, especificamente das bombas atômicas e nucleares, ele está buscando um processo de desnuclearização. O que acho também muito bom e importante. Ele está buscando associar a superação da crise econômica à superação da crise ecológica. Ele mesmo, ao emprestar ou passar dinheiro pras montadoras de automóveis, pede um novo comportamento mais ecológico. Tenta criar empregos verdes. Digamos, está com uma linguagem de modernização dos Estados Unidos e de integração dos Estados Unidos no mundo de uma forma mais confortável do que está hoje. Agora, do ponto de vista de experiência, ele me parece um homem inexperiente. Ele ter se deslocado dos Estados Unidos pra ir defender Chicago em Copenhagen sem conhecer esses mecanismos – os mecanismos do COI, como se fazem as eleições, como se cabalam os candidatos. Ele foi lá e falou dele: "Olha, eu fui eleito, seria muito bom pra Chicago que isso desse certo e tal". Ele achou que ali era apenas uma extensão da eleição americana ou do charme da eleição americana que estava em jogo. Ao passo que o Lula, nesse ponto, é uma pessoa mais experiente que o Obama. Tem muitos anos que o Lula faz governo e campanha simultaneamente. O Obama está começando a fazer governo e campanha juntos. O Lula já faz isso há muito tempo. E mais do que isso: o Lula conhece eleições. Fez muitas eleições no Brasil, conhece eleições de sindicato, conhece eleição dentro do PT, que é muito complicada [risos]. Então, estava muito mais aparelhado pra trabalhar aquela situação que ele. O Obama foi lá com um pouco daquela inocência americana, achando que a boa vontade, os projetos, a simpatia dele iam influenciar aquele mundo que era regido por outras coordenadas.

E você é esperançoso do que as Olimpíadas podem fazer pelo Rio? Partilha desse otimismo?

Sou esperançoso porque existem cidades no mundo que utilizaram as Olimpíadas para fixar sua posição e para se recuperar economicamente. Mas existem cidades que fizeram as Olimpíadas e estão devendo dinheiro até hoje. Então, sou esperançoso de que a gente siga o primeiro exemplo. Que a gente utilize as Olimpíadas pra transformar o Rio naquilo sobre o que nós falamos muito em 2008 [quando concorreu à prefeitura do Rio]: na capital do conhecimento, no centro turístico internacional, numa experiência, digamos, de sustentabilidade urbana. Você falou que a gente ia falar de Minas e chegamos ao Rio, às Olimpíadas...

Vamos voltar a Minas. Mas tem uma coisa sobre a qual não resisto a perguntar: o que você acha do Irã? Dessa questão nuclear?

Sou contra o desenvolvimento nuclear do Irã. A não ser que haja um controle muito claro e que se evite que ele chegue à bomba atômica. Sou contra também um tipo de relação com o Irã que foi muito expressa durante as eleições lá, quando o Lula, um pouco precipitadamente, disse que as pessoas que estavam protestando depois das eleições expressavam muito a briga entre flamenguistas e vascaínos. Eram derrotados que não estavam muito satisfeitos. Mas na verdade houve fraude nas eleições iranianas. A oposição atuou muito bem. Ela foi reprimida. Eu sou solidário com a oposição iraniana. E divirjo absolutamente do Mahmoud Ahmadinejad quando ele diz que não houve holocausto, que Israel tem que desaparecer. Essas coisas eu acho que não contribuem com a paz nem contribuem com o mundo.

Voltando a Minas. Você disse que tava relendo Pedro Nava, até para entender Minas. Você sentiu essa necessidade?

Estou em vias de fazer um trabalho sobre a minha infância lá em Juiz de Fora. Um livro. Não sobre a minha infância, mas sobre os 50 anos de vida política. Você contando esse tempo de política tem que passar também pela infância. Claro que alguns autores como [J.D.] Salinger dizem que a infância, essa bobagem, vão deixar de lado. Mas no caso de um político, você tem que tentar pelo menos mostrar um pouco o contexto em que você nasceu, cresceu e tal. Ao tentar desenvolver as minhas memórias, evidentemente tenho que subir nos ombros do Nava. Ele passou a vida pensando nisso. Conhece todos os detalhes, lembra de tudo. Eu me lembro de muito pouca coisa. Eu não me lembro nem das coisas de que ele se lembra. Até porque aconteceram em momentos diferentes. O que utilizo do Nava é essa precisão de detalhes, esse conhecimento que se passou. Eu mencionei a você uma coisa que eu não sabia. Fui ao grupo escolar Duarte de Abreu, estudei lá, mas nunca me interessou saber quem foi Duarte de Abreu. Já o Nava, não. Ele tem uma visão de que Duarte de Abreu era um péssimo político, mas uma excelente pessoa. Essas coisas pra mim são estímulo pra eu tentar pesquisar, saber um pouco mais. Que cidade é aquela? Como eu me desenvolvi um pouco ali? Coisas que ajudam a pessoas que refletem sobre isso. O que não quer dizer que eu assinaria em cima de todas as memórias de Nava. Primeiro porque são dele. Segundo, porque são de uma outra época. Mas são uma espécie de farol que me guia.

De qualquer forma você vai voltar a mexer mais especificamente com a palavra. Não que você tenha deixado de fazer isso como político, mas sua porção jornalista está no mínimo mais adormecida durante esse período.

Não totalmente adormecida. O que aconteceu é que o mundo também mudou muito e muito da energia que você chama de jornalística hoje é aplicada na internet. Tenho blog, Twitter. Eu ainda tenho coluna semanal.

Você tem tudo isso? Blog, Twitter, Facebook?

Tenho. Não participo diretamente do Facebook. Tenho blog, site, Twitter, portal. Mando várias mensagens. O Twitter pra mim é um fascínio do ponto de vista jornalístico. Quando era jornalista também trabalhei como copidesque e, como copidesque, você tem que rever o texto ou reescrever o texto – e tem que fazer um título também. E o título tem que sintetizar a história. E o Twitter tem essa vantagem: são 140 batidas. Tem que contar uma história com 140 batidas. Pra quem contava com duas linhas de 22 batidas, no Twitter é como se eu escrevesse a Bíblia.

O seu livro é um projeto ou uma meta? Você é um cara focado? Por exemplo: "Vou fazer o livro hoje pra lançar amanhã"?

Não, não. No meu computador começo a fazer as notas, o texto. Às vezes pego no livro e faço, às vezes não faço. *"The book is on the table"*. Boto lá algumas coisas, sem compromisso de datas. Nem sei se vou vender o livro ou disponibilizar na internet. Meu último livro de crônicas está disponível na internet, e nunca ganhei um tostão. Mas já tem 80 mil *downloads*. Gente que quis ler. Quem sabe com o novo livro tenha muitos *downloads* e as pessoas leiam e tal? Ou entrem só pra dar uma olhada. Na verdade, não é que o livro vai acabar. Nunca. E nem quero, porque adoro a forma do livro.

Você é de ler vários livros ao mesmo tempo?

Não. Três ou quatro só. Gosto da forma do livro. De sentir. Identifico de onde vieram alguns livros de alguns países pelo cheiro. Aliás, minha vida sempre foi entre os livros. Perdi uma biblioteca aqui no Brasil, depois perdi outra no Chile, quando estava exilado e o Presidente Allende foi deposto. E no Chile era uma biblioteca feita com carinho, porque a gente não sabia como fazer uma biblioteca, e aí comecei a comprar cubos de acrílico e montar um em cima do outro e ia botando os livros. Tinha uma biblioteca razoável.

Na Suécia você teve outra biblioteca?

Não. Tive alguns livros que mandei pro Brasil e estão comigo até hoje. Aí fui comprando também. Os livros que mandei da Suécia vieram por navio.

E todas essas experiências valeram: a Operação Bandeirantes, a prisão, o tiro, o Estádio Nacional [no Chile], o Allende, a Suécia. O cemitério da Suécia, dirigir o metrô, ser jardineiro. Todas essas experiências somaram, valeram?

Acho que valeram. Nunca se pode dizer "valeu" ou "não valeu". É a sua vida, é o que aconteceu. Há momentos de que você gostou, outros de que não gostou. Há situações em que você foi feliz. Acho que é possível ser feliz em todas essas situações. Mesmo no exílio é possível que você tenha momentos de grande felicidade. Na cadeia nem tanto. Mas na cadeia também tem horas que você morre de rir. Não posso reclamar, não. Todas as experiências serviram, e agora o que posso fazer é tentar utilizá-las para ter uma vida mais produtiva. Penso em ter mais alguns anos de atividade política bem produtiva. Infelizmente vou ter que brigar. Vou tentar separar os meus dias. Brigo numa parte do dia e produzo noutra [risos].

Tem sido assim sempre, não?

Tem. Mas existem algumas situações... Se você realmente quer fazer alguma coisa no Brasil, e essa coisa é feita no Parlamento, se você não brigar é muito desmoralizante. Tem que brigar.

Você tem uma briga histórica que foi a saída do presidente da Câmara, né?

O Severino [Cavalcanti]. Mas briguei também com o Renan Calheiros. Fiz uma campanha contra ele: "Se entrega, corisco". Fiz uma campanha contra o [José] Sarney também. O Sarney [rindo] ta firme lá na pirâmide dele. Daqui a pouco a gente bota ele em outra pirâmide.

Em algum daqueles momentos – Chile, Brasil, Argentina – você teve medo da morte?

Não. Em momento nenhum. Os medos que senti no exílio foram muito mais existenciais. Medo de a vida transcorrer sem nenhum acontecimento interessante. Medo da monotonia. Disso sempre tive muito medo. No momento em que houve o golpe no Chile [11 de setembro de 1973], à noite, antes de me julgarem na embaixada, ouvindo tiroteio, eu tinha medo. Porque havia na população chilena, pelo menos no bairro onde eu morava, uma disposição em denunciar os estrangeiros. E não era porque eles tivessem especificamente alguma coisa contra os estrangeiros. Era também porque, ao denunciar os estrangeiros, eles poderiam ter acesso às coisas que os estrangeiros tinham. Eles poderiam, de uma certa maneira, ficar com as coisas. Então havia essa disposição muito grande. Eu não podia sair de casa e, quando saía para fazer uma compra elementar, tinha que evitar o sotaque. Esses momentos foram muito tensos. Até a gente conseguir se jogar na embaixada da Argentina. Depois disso, não. Houve um terremoto dentro da embaixada, mas tudo bem, a gente já estava lá dentro. E não caiu tudo. Na Argentina, nesse episódio do Chile, foi essa a grande dificuldade. Já na Suécia foi muito tranquilo. Foi o momento de maior estabilidade. Cheguei lá com a roupa do corpo.

Você voltou ao Brasil um pouquinho antes de a Anistia ser oficializada. Correu um risco ali, não?

Não tanto. Ali já havia uma indicação de que a Anistia sairia naquelas circunstâncias. Quando eu trabalhava no hotel na Suécia e acompanhava as coisas que estavam acontecendo no Brasil, eu tinha medo de que a Anistia não fosse estendida às pessoas que fizeram a luta armada. Havia muito essa conversa.

Você chegou a atirar, a usar armas?

Não atirei, mas era acusado de uma ação armada, porque tinha participado de uma ação armada. Então, eu estava envolvido nesse rol. Não importava se eu tinha atirado ou não. Tinha muito medo de que a Anistia fosse seletiva. Mas, felizmente, ela foi ampla, geral e irrestrita. Senti muita segurança de que dava pra vir sem problema. Senti realmente que o Brasil estava mudando.

A Anistia foi ampla, geral e irrestrita. E deve ficar desse tamanho mesmo ou se prolongar e discutir de outra maneira, como se propõe aí nesse momento?

Acho que existe uma coisa a que todos têm direito historicamente: a informação sobre o que aconteceu. A história mesmo. Acho que todos os documentos deveriam ser encontrados, todas as informações deveriam ser dadas, os corpos... Tudo isso é uma obrigação do governo. A Anistia brasileira, tal como ela foi feita, previu o perdão às duas partes. E nós aceitamos e viemos todos serelepes. Agora, passados muitos anos, quando a situação mudou e muitos de nós estão no governo, não podemos dizer: "Agora vocês têm que pagar pelo que fizeram". Se era essa a posição, por que na época não disseram: "Não, só volto pro Brasil se eles pagarem também"? Não houve isso. Nós viemos, nos instalamos. Houve um grande movimento. Primeiro o movimento foi pela eleição direta, depois tivemos que trabalhar a candidatura da esquerda. Várias vezes o Lula foi candidato. Venceu as eleições, se instalou no poder. Venceu de novo. Estão todos eles aí. São ministros, são não-sei-o-quê. Mas agora acho que ficaria meio esquisito dizer: "Ah, agora vamos pegar esses caras!". Mesmo porque, no meu caso, eu não coloco isso como um problema pra mim. Sempre tenho essa tendência de olhar para frente. Essas questões do passado são questões das quais eu tenho que falar, sou vítima das efemérides. Trinta anos do sequestro, eu tenho que falar. Não sei o quê da Anistia, eu tenho que falar. Sou uma vítima permanente disso. Cumpro essas tarefas, porque não tem outra pessoa pra cumprir, mas olho pra frente. Tem outros, mas eles veem em cima de mim. Estou muito mais preocupado com essas questões das que falei: como é que a gente vai se colocar no mundo? Porque o Brasil tem algumas dificuldades de se colocar neste mundo novo. O Brasil ainda tem essa ideia de que é um país pobre e que tem de estar junto com os pobres, lutando contra os países ricos. Mas acontece que o que está em jogo hoje no mundo é o meio ambiente. Em termos ambientais, o Brasil não é um país pobre. É um país riquíssimo! Temos mais água que muita gente: 12% da água doce do Planeta. Temos 60% da Amazônia. Temos um número maior de pássaros, de plantas, de espécies vegetais. O Brasil é uma potência ambiental. Mas entrou nessa de que é pobre. O que se vai fazer? É igual àqueles caras que têm muito dinheiro, usam o sapato todo furado e dizem: "Sou pobre". Então está bem!

Só pra encerrar: você disse que só teve medo em determinadas circunstâncias. Você não tem medo quando vê a Maya [Maya Gabeira, uma das filhas de Fernando, tricampeã mundial de ondas gigantes] pegando aquelas ondas gigantescas? Não treme?

No caso da Maya não tenho medo porque ela sempre me telefona depois. Quando eu vejo, na televisão ou na internet, ela pegando a onda já sei que deu certo. Quando vejo Maya tendo uma vaca [tombo, na linguagem dos surfistas] horrorosa... Ela já me ligou dizendo: "Olha, tive um problema sério e vai passar na televisão. Você pode ficar tranquilo, porque eu estou bem". Então não dá pra ter medo. Tive muito medo agora quando ela foi pra África do Sul, porque é uma área pra qual ela tinha ido poucas vezes; há muitos tubarões. Ela foi pro maior *swell* [conjunto de ondas oceânicas, grandes e fortes] que existe ali. Achei que era uma empreitada difícil. No dia em que ela chegou lá, ela me ligou, conversei com ela na noite anterior, mas fiquei apavorado até ver a notícia de que ela realmente pegou a maior onda que uma mulher já pegou na história. Estas coisas do Lula: "Nunca antes neste país!". Então ela entrou no "nunca antes neste país" [gargalhadas].

A paternidade te fez bem?

Muito! Nos dois casos, da Tami [26 anos] e da Maya [22 anos]. No caso da Maya é o seguinte: você tem uma pessoa de que você gosta muito e que tem uma atividade muito perigosa. Se você vai ficar ao lado dela preocupado, transmitindo ansiedade, poxa, você vai acabar reduzindo as chances dela. Não acha? Procuro atuar para que as coisas transcorram bem. Não posso pedir a ela: "Não faça isso" ou "Pegue uma onda menor". Sei que ela está buscando quebrar os limites. Quer uma onda cada vez maior. Posso dizer o seguinte: "Prepare-se cada vez melhor, durma cada vez melhor, coma melhor, medite mais. Faça tudo de uma forma que as suas chances sejam as maiores possíveis". ∎

FERNANDO SABINO
Amigo fiel dos amigos e das palavras

FERNANDO SABINO nasceu na Praça da Liberdade – "modéstia à parte", como costumava dizer –, em Belo Horizonte, no dia 12 de outubro de 1923. Aos 13 anos teve o primeiro texto – uma história policial – publicado pela revista *Argos*, da polícia mineira. O primeiro livro veio aos 18 anos, um livro de contos: *Os grilos não cantam mais*. Ao longo da vida escreveu mais de 40 livros de crônicas, romances e contos, com destaque para *O encontro marcado*, o mais famoso deles. Na adolescência ficou amigo de Otto Lara Resende, Paulo Mendes Campos e Hélio Pellegrino e conservou essas amizades pela vida toda. Juntos, gravaram um disco-recital, *Os quatro mineiros* (1981), e, no lançamento, os quatro me deram uma entrevista muito bem-humorada, na casa de João e Lucinha Araújo, no Rio. Sobre essa amizade eterna, Fernando Sabino me disse que eles permaneciam amigos porque souberam preservar, ao longo dos anos, aquilo que de melhor tinha a natureza humana, "uma certa inocência, uma certa pureza, uma certa disponibilidade que só a infância sabe ter". E me disse também: "Nós não nos perdemos da nossa infância, foi no melhor da nossa infância que nós nos encontramos e continuamos sobrevivendo, nós quatro". A entrevista de Fernando Sabino que vocês vão ler agora foi gravada na antiga TV Educativa em 1995, quando Fernando lançou *Com a graça de Deus*.

Podemos começar a entrevista sobre o *Com a graça de Deus*. Como é o novo filho para o velho pai?

Estou até surpreendido com a aceitação desse livro, porque foi uma experiência até um pouco temerosa que eu fiz. Desde o meu primeiro livro, sempre tive uma tendência, uma necessidade instintiva de juntar duas vertentes da minha postura como escritor. Uma seria o humor, e a outra, alguma coisa que eu chamaria de espiritualidade ou de religiosidade; enfim, qualquer coisa nesse sentido. Uma dimensão assim foi o que eu sempre busquei, desde o primeiro livro. Por mais que eu escreva sobre um incidente trivial, uma coisa do dia a dia – um episódio com uma criança, um empregado, um mendigo –, eu estou sempre querendo botar naquele incidente cotidiano alguma coisa que faça a vida mais digna de ser vivida. Isso já é uma dimensão espiritual. Ainda que haja um teor anedótico no que eu escrevo. E nesse caso eu senti que as duas coisas se juntaram. O tema é religioso, é respeitável como tema, e, ao mesmo tempo, literário. É uma postura literária diante de uma verdade, que é a verdade evangélica.

E qual apóstolo você seria, Fernando, nesse livro?

Eu não seria um apóstolo, não. Eu sou um crente. Sou um homem de fé. Acredito tanto no que eu conto aí, em Jesus, que se você me provasse de uma maneira científica, mais completa, que Jesus jamais existiu, eu continuaria acreditando nele. E descobri num grande autor de minha admiração, talvez o que mais admiro, o Dostoiévski, uma coisa muito parecida, que eu cito no livro. Ele diz: "Se algum dia me provarem que Jesus está de um lado e a verdade do outro, eu fico com Jesus. Não quero saber da verdade". É o meu caso.

Essa fé, esse compromisso, essa admiração, seja lá que nome tenha, é uma coisa de Minas Gerais?

É muito possível. Você agora tocou num ponto muito sensível. É muito possível que haja essa dimensão. Porque essa fé é um pouco de loucura. Ela é um pouco de desligamento da realidade que nos cerca. A realidade, tal qual ela se apresenta, não nos basta. É preciso acrescentar a ela a verdade que ela oculta. E só a imaginação é que traz. E não tem ninguém mais imaginativo que um doido mineiro, né? [Gargalhadas.]

Você se utilizou de um amigo seu, um fã, pra fazer o prefácio do livro. Isso foi pra se precaver da santa inquisição que podia acontecer?

Foi muito bom você falar sobre isso, porque queria prestar uma homenagem falando dessa figura maravilhosa, extraordinária que foi Dom Timóteo. Ele era beneditino e era meu amigo do tempo em que eu morava no Mosteiro de São Bento, aqui no Rio. Ele, entre outros: Dom Basílio, Dom Justino... Dom Marcos Barbosa leu meu livro e deu várias observações muito pertinentes. Dom Timóteo estava doente e foi pra Salvador. Foi ser abade lá. Eu mandei pra ele um livro que eu li, pequenininho, de um teólogo americano, Dom Elton Trueblood, chamado *O humor de Cristo*, um livro de umas 50 páginas. Ele ficou muito fascinado com esse tema, e eu também. Então, resolvi experimentar essa ideia de que Cristo tinha senso de humor fazendo uma releitura dos Evangelhos, inspirada no humor de Jesus. Humor no sentido de temperamento, de índole. Pode ser mau-humor também. O jeito de Jesus; porque ele era ser humano. Embora fosse Deus, ele encarnou mesmo como homem. Fazia tudo o que um homem faz. Fazia necessidades, comia, bebia. Gostava do seu vinho, hein! Ele não abençoou o leite nem a Coca-Cola. Ele abençoou foi o vinho. De cara transformou a água em vinho. Foi o primeiro milagre dele. O que é um negócio formidável. E um vinho da melhor qualidade, segundo disse lá o chefe de cerimônia do casamento. Voltando à ideia de que fui levado a fazer esse livro um pouco inspirado no estímulo de Dom Timóteo e sem que ele soubesse... Ele me disse que gostou daquele livrinho, e eu fiz uma surpresa para ele. Mandei o livro, e Dom Timóteo ficou tão feliz que me mandou uma carta de apresentação se eu quisesse aproveitar. Lógico que eu aproveitei! Botei no livro, e um mês depois ele faleceu. Fiquei todo bobo com o texto e fiquei com medo de que de repente falassem: "Você está fazendo uma blasfêmia. Está ridicularizando Jesus. Sendo irreverente". Eu não tive essa intenção. Pelo contrário. Inclusive o humor, ou o que chamo de humor, vai se tornando amargo, à medida que a paixão vai tomando conta, deixa de ter graça. A cena da morte deixa de ter graça, fica uma coisa ultradramática, mas sem perder o humor.

Escrever é fundamental pra você, né? Desde a adolescência.

É, porque quando eu descobri que não era gênio eu levei um susto. Comecei a escrever tinha uns 16 anos. Descobri que era apenas talentozinho. Então, eu resolvi ser do meu tamanho. Não quero ser nem maior nem menor. Quero ser do meu tamanho. E isso é muito mais difícil do que a gente pensa ou do que parece. Às vezes você acaba pretendendo muito mais do que pode; às vezes, se reservando muito por timidez. Eu, me reservando muito, descubro que sou o retratado naquele meu livro *Mentecaptos*. Eu sou um mentecapto. Um grande mentecapto [risos]. Outro dia fui ver aquele filme *Forrest Gump* e senti que tenho qualquer coisa de Forrest Gump também. Graças a Deus! Para ser do meu tamanho eu preciso escrever. Estou defasado em relação à realidade que me cerca. Para me entender com os meus semelhantes em termos de igualdade, eu tenho que ser escritor. Sem ser escritor perco o meu vocabulário, perco a minha condição de homem. Tudo o que eu faço até hoje, tudo o que eu escrevi é uma experiência fundamentalmente literária. No melhor sentido da palavra também. Mas é literária. Não é social, não é política, não é econômica. Não pensei em ganhar prestígio, dinheiro, nem ganhar posição social. Eu pensei em realizar uma experiência literária que me completasse. E me completa fazendo com que eu me comunique com os meus semelhantes. É uma comunhão. Uma comunhão também no sentido mais espiritual da palavra. Gosto de escrever para ser lido. O dia em que eu descobri que não era um gênio, mas sim tinha talento literário, no sentido mais rasteiro da palavra, resolvi apenas ter a palavra como instrumento. Como instrumento do pensamento, da ideia, do sentimento ou da emoção. Não fiz da palavra um fim em si mesmo. Inclusive grandes escritores que eu admiro fazem da palavra um elemento de criatividade, como o Guimarães Rosa, como a Clarice Lispector e como, fora daqui, [James] Joyce, [Marcel] Proust ou Virgínia Woolf. Não. Minha pretensão é muito mais modesta. É usar a palavra como uma fonte de água viva, transparente. Que ela seja mais transparente possível. O maior elogio que já ganhei foi de um crítico que disse que no fim conseguiu ler um livro sem palavras. É um livro chamado *O menino no espelho*. O livro era escrito de maneira tão trivial que ele achou que não tinha nem palavra. Isso foi um elogio.

Você é uma personalidade interessantíssima com quem se conviver, de se conhecer e tem uma obra belíssima também. Onde é que se mistura a obra e a ficção?

Eu não me acho uma pessoa interessante, não. Eu seria chatíssimo se não tivesse essa dimensão literária. É o que me complementa, o que justifica minha razão de viver. Mas eu acho que estou escrevendo sempre a mesma coisa, procurando dar de mim um testemunho que me faça comunicar com o meu semelhante, através daquilo que a imaginação lhe fornece como verdade. Eu acredito piamente que a realidade que nos cerca é incompleta. Ela oculta a verdade. A verdade tem que ser alcançada pela imaginação, que vai muito além. Dei este exemplo no livro *O tabuleiro de damas,* porque eu faço esta pergunta: O tabuleiro de damas é branco com quadrados pretos ou preto com quadrados brancos? Uns dizem que é preto, outros dizem que é branco. Mas não é, não. Ele é de outra cor.

O encontro marcado é a sua vida?

O encontro marcado, O tabuleiro de damas, este livro, todos os livros que escrevi são a minha vida mais ou menos biograficamente. No *A vida real* tentei fazer cinco histórias baseadas em experiências vividas durante o sono. Tentei transpor para a literatura uma visão onírica. O livro é deliberadamente um pouco hermético. Tem pedaços de sonho misturados com realidade. Foi uma experiência literária. Mas de uma época já bastante antiga.

Uma vez você me disse que inspiração é coisa de preguiçoso. Você tem algum método de escrever?

Sabe o que é: o pior desse negócio de literatura é o bloqueio. Todo mundo que escreve sabe disso. Mas é um ato de amor. Não tenho dúvida nenhuma. Comparar o escritor, o ato de escrever a um parto é um erro. Parto é isto que estou fazendo: publicar um livro. Estou até com a chamada "febre puerperal". Estou com aquela cuia na mão. Pedindo assim: "Um elogiozinho pelo amor de Deus!". O que acontece é que é um ato de amor. Evidentemente que um ato de amor tem que ser no mínimo a dois. E ali você está sozinho. É um ato quase que solitário. Mas você chega até ao prazer orgasmático quando você escreve aquilo que você queria. Vem não se sabe de onde isso. Não se sabe por quê. Você escreve para poder ficar sabendo. Essa comunhão com o leitor é tão grande que é uma entidade honorífica, desconhecida. Mas é um ato de amor. Sem dúvida nenhuma.

Queria saber sobre o seu lado mineiro. Os amigos da vida inteira. Você seria esse Fernando Sabino que vendeu dois milhões de livros, maior sucesso, se você não fosse mineiro? Acha que seria possível?

Olha aqui, vou te dizer uma coisa, todo mundo me pergunta esse negócio de mineiro. Posso te contar uma historinha curta e grossa. O Otto Lara Resende – que não me deixa mentir lá nas alturas onde ele está, nos braços do Senhor – resolveu fazer um número da [Revista] *Manchete,* da qual era diretor, cada semana com um escritor de um estado diferente. Escolheu Jorge Amado, é óbvio, para a Bahia; Érico Veríssimo para o Rio Grande do Sul. E falou que eu ia fazer o de Minas. Respondi: "Eu, não, você tá doido! Deixa o Guimarães Rosa". Daí a pouco o Rosa me liga: "Você não quis fazer por quê?" Eu disse: "Não é que eu não quis fazer. Você é que tinha de fazer, você que é o grande escritor mineiro". E ele: "Tô achando isso muito esquisito". Eu: "Por quê?". E o Rosa: "Você não quis fazer e empurrou pra mim". "Eu não empurrei pra você!" Ele disse que ia fazer. E fez uma coisa primorosa. Tem em um dos livros dele, um retrato mineiro primoroso. E quando saiu ele ligou pra mim: "Você gostou?". Respondi que tinha gostado. "Tô achando o seu 'gostei' um pouco frio", disse o Guimarães Rosa. E eu: "É porque tem só um defeitinho". Ele: "Qual é?". "Ter sido feito por você, um mineiro". O Rosa ficou calado e depois disse: "Com essa você me pegou". E desligou. Aí eu contei essa historinha na crônica da *Manchete* e recebi uma carta de uma mineira de Juiz de Fora – deve ser parente do Itamar [Franco] –, dizendo que eu tinha feito muito bem de não fazer e que o Rosa não devia ter falado sobre mineiro. Ela dizia que mineiro se caracteriza pela discrição, pela contenção verbal, por ser uma pessoa modesta. E dizia mais, que eu também não devia ter contado essa história, não. Escrevi respondendo e dizendo que ela também não devia ter me escrito essa carta. Senão esse negócio não termina. Cheguei à conclusão: se existe uma coisa chamada "mineiridade", consiste em não tocar nunca mais nesse assunto. Isto tem que ser mineiro: não tocar nesse assunto.

E como é que você convive com a saudade dos seus amigos mineiros da vida toda que já morreram? Você sente muita falta? Vontade de telefonar? Conversar sobre um assunto do cotidiano?

Converso muito com eles. O dia inteiro. É uma conversa permanente. Com a morte dos amigos eu perdi mais da metade de mim mesmo. Por isso falo do Hélio Pellegrino, do Otto Lara Resende, de todos. Conto casos. É o que me faz sobreviver. Com a morte deles, eu perdi mais da metade de mim mesmo. Estou sobrevivendo com a outra metade. Acho que é a coisa mais importante que existe na vida; vamos chamar de "comunhão de amizade". É você se identificar com uma pessoa, conviver com uma pessoa. De igual pra igual, inclusive. Ninguém é melhor nem pior que ninguém. Essa que é a verdade.

Você e o Rubem Braga foram sócios do Paulo Rocco na Editora Sabiá. Ele classifica vocês como "excelentes editores" e disse que a Sabiá foi responsável por um grande momento da literatura brasileira. Vocês sabiam o que era bom para publicar?

Inicialmente começamos a publicar livros nossos e dos amigos. Então, tinha Vinicius de Moraes, Carlos Drummond de Andrade, Manuel Bandeira, João Cabral [de Melo Neto], Clarice Lispector, Sérgio Porto. Se eu for falar todos, essa lista não vai parar. Posteriormente, começamos a publicar outros autores da importância, por exemplo, do Gabriel García Márquez. A Sabiá teve uma coisa muito curiosa, que eu estou pensando agora, nunca tinha formulado antes. É o seguinte: nós não éramos radicais, nem comunistas, nem xiitas, mas nós tínhamos um pouco aquela postura anárquica do revolucionário: "*Hay gobierno, soy contra*". Nós éramos contra. Antes da Sabiá era Editora do Autor. E começou publicando um livro de Sartre sobre Cuba, intitulado *Furacão sobre Cuba*. Sartre nos deu o direito para publicar esse livro. E foi uma aventura. Depois disso, com a evolução, fomos passando para a Sabiá. E nós resolvemos, sem perceber que tivemos uma orientação muito revolucionária, porque publicamos, por exemplo, *O Cristo do povo*, do Márcio Moreira Alves, sobre os cristãos que foram torturados pela ditadura militar. Olha o Cristo presente. Publicamos *Revolução dentro da paz*, do Dom Hélder Câmara. *Nossa luta em Serra Maestra,* que é do Che Guevara, né? E assim vai. Sem falar em *Roda viva*, do Chico Buarque. O *Evangelho para as crianças,* que eu fiz com o Marco Aurélio. Mas sobre a Sabiá tem um detalhe muito curioso. O Rubem Braga era único. Imagina que o Rubem disse o seguinte: "Vamos dar uma grande festa de autógrafos no Museu de Arte Moderna, reunindo todo mundo. O Sérgio Porto com *O festival de besteiras que assola o país*; o Chico Buarque com *Roda viva*; o Dom Hélder; o Márcio Moreira Alves com *O Cristo do povo* e tal". E marcou para o dia 13 de dezembro de 1968. O dia em que decretaram o Ato Institucional [n. 5]. Nós íamos fazer uma noite de autógrafos que ia ser uma coisa extraordinária para o pessoal da ditadura, porque eles iam pegar todos juntos. Obviamente essa noite de autógrafo coletiva não aconteceu. A verdade é que fugiu todo mundo. Todo mundo se escondeu.

E a história do desenho do Sabiá, que é maravilhosa?

O caso do Sabiá foi o seguinte: o Rubem Braga resolveu que tinha de chamar Sabiá. Eu resolvi ouvir todos os editores da praça, nossos amigos. Cada um deu um conselho. O Jorge Zahar disse que editar era jogo. Joga no pleno, em vários números, acerta um e erra em outros. O José Olympio só mandava a gente tomar cuidado, muito cuidado. Ele usou tanto essa palavra que nós saímos pensando em botar o título de Editora Cuidado. Mas o Rubem, que gostava de passarinho (ele era conhecido como o Sabiá da Crônica), resolveu que tinha que ser Sabiá. E pediu ao Carybé para fazer um logotipo. O Carybé mandou até um desenho bonito. Mas o Rubem: "Isso parece um urubu". E não aceitou o desenho do Carybé. Pedi ao Ziraldo, que fez um pássaro sabiá bonitinho. O Rubem disse que parecia periquito. Então, falei: "Você faz, Rubem". Ele resolveu pedir para o Borjalo, que era diretor da TV Globo na época, arranjar um sabiá. O Borjalo tinha mania de botar arapuca pra pegar passarinho. Negócio de mineiro, né? E contou essa história na televisão. O Rubem começou a receber sabiá do Brasil inteiro.

Todo mundo mandava um sabiá pra ele. Ele acabou vendendo ou dando o pássaro. Ele dizia que era mentira, mas ele me falou a sério: "Ô, Fernando, eu tive pensando. Esse negócio de fazer editora, vender livro, é muito complicado e não dá dinheiro. Passarinho é muito melhor" [gargalhadas]. Essa história tem um complemento. Depois de um certo tempo que tinha a marca do sabiá, comecei a implicar com o sabiá porque ele tava solto, não tinha um poleiro onde se apoiar. E comecei a redesenhar a marca do sabiá para arranjar um poleiro. Punha um poleiro inclinado. Mas aí o passarinho caía. Punha ele reto, punha num círculo, num quadrado, numa gaiola. Fiquei desenhando a marca do sabiá até achar uma forma. Achei lá um poleiro para o sabiá.

Você falou da questão política da Editora Sabiá e do Autor com vários textos políticos. Mas a tua obra é política na medida em que trata da vida das pessoas, mas não política de uma obra engajada. Ela é muito mais humana, né, Fernando?

Essa pergunta suscita um raciocínio que eu vou fazer pela primeira vez. Quando me perguntam: "Você, como escritor, o que está achando da corrupção na comissão do orçamento do Congresso?" Eu respondo: "Como escritor é o mesmo que perguntar a um músico como o Tom Jobim o que ele, como músico, está achando da corrupção. Como músico, ele não acha nada. Como escritor, eu não acho rigorosamente nada. Como escritor, sou fundamentalmente literário. Infelizmente eu não tenho uma literatura capaz de me pôr a serviço de alguma causa. A causa sou eu. Aquilo que eu sou. Se sou um mau-caráter, o que eu escrevo vai ter a marca do mau-caráter. Eu tendo uma postura, essa postura será traduzida literariamente daquela maneira que eu escrevo. Minha postura não é política, como não é de reivindicações sociais, como também não é de projeção social nem de ganhar dinheiro nem prestígio. Eu subscrevo e assino aquele pensamento do Groucho Marx: "Eu não entro para o clube que me aceita como sócio". Por isso, eu nunca entraria para a Academia, não quero receber prêmios. Sou um amador. Escrevo. Profissional, sou escritor. Sou jornalista, tenho carteira de jornalista anotada. Sou aposentado como jornalista. Sou sindicalizado. Trabalhei em jornal com carteira anotada. Sempre fiz o meu papel profissional como jornalista. Agora, como escritor, sou o último dos amadores. Às vezes me vejo como um sujeito que gosta de dançar e não sabe, dançando com a cadeira num salão vazio. Isso sou eu como escritor. De modo que não tenho posição política como escritor. Nem saberia ter.

Por isso você ficou tão chocado com as críticas ao livro *Zélia, uma paixão*?

Porque não tinha nada rigorosamente de intenção social, nem política, nem econômica, só literária. Minha postura era literária. Era descobrir, inclusive, com essa dimensão de espiritualidade que eu sempre busquei no ser humano, poderosíssimo, respeitado, e no caso da Zélia [a ex-ministra do governo Collor, Zélia Cardoso de Mello], que ocupava uma posição de destaque. Dentro desse ser humano tinha o que é matéria de salvação aos olhos de Deus, que é a fragilidade do ser humano. E isso ela revelou no livro dela.

Sei que você não quer muito falar nesse assunto, mas eu quero pelo menos perguntar a você se foi um livro que o satisfez. *Zélia, uma paixão* o fez feliz?

Eu vou te dizer o seguinte: é o mesmo que você perguntar a uma mãe se ela se satisfez quando teve aquele filho. Quando fez o filho, ela se satisfez muito, né? Ela deve ter tido muito prazer em fazer aquele filho. Agora, depois que o filho nasce, ela está pensando na comunidade dos filhos dela. Ela não escolhe este ou aquele. Ela não gosta mais de um do que de outro. Evidentemente, o que acabou de nascer conta com a sua proteção mais zelosa, mais diária ali. Eu gosto do livro que estou fazendo, do que estou pensando em fazer. Esse é o que me satisfaz. Depois você tem uma certa sensação de que está tudo resolvido. De que uma etapa foi vencida. O livro [da Zélia] me realizou plenamente, porque ele atingiu a finalidade a que se destinava: a de retratar uma realidade muito comum de uma pessoa ultrapoderosa que, na realidade, é frágil. E essa fragilidade é o que faz com que ela seja digna da misericórdia de Deus.

Pegando esse gancho da mulher contido em *Zélia, uma paixão*, você pensa em escrever um livro sobre o amor, sobre o personagem mulher?

A personagem mulher tem circulado muito na minha literatura. Tenho um livro chamado *A faca de dois gumes*, com três histórias que lidam sobre a ambiguidade na relação entre o homem e a mulher. Essa ambiguidade é decorrente de uma postura errada de ambos em relação um ao outro. Você projeta os seus problemas na mulher e quer que ela reaja da maneira que você reagiria. E ela também. A mulher espera de você um comportamento que ela teria no seu lugar. Isso é um equívoco completo, total. Cada uma é uma coisa completamente diferente e igualmente respeitável na sua individualidade. Isso leva ao crime. Meu livro tem três crimes praticamente. De traição, de adultério, de falsidade na relação conjugal, decorrente desse desconhecimento da psique masculina e feminina durante o casamento. Tenho outro, que é o *Aqui estamos todos nus,* que também recorre [à mulher], já dentro do clima da nudez, que é uma coisa ultrarrespeitável. Agora, se você imaginar que estamos todos nus debaixo da roupa, vai começar a ficar engraçado [risos]. Então, esse tema, que me perseguia há muito, descamba sempre no problema da mulher. Da nudez feminina, da nudez masculina. Cito vários exemplos, alguns que são até um pouco fora de propósito de contar na televisão. Mas acontece que eu acho que o nu não exclui nem a criança, nem a mulher, nem o homem. Não individualizo. Acho que os três são uma composição familiar, digamos assim, que igualmente faz parte da minha cogitação. Mas eu prefiro a criança.

Você é um apaixonado pelas mulheres?

Sou e digo mais: sinto-as talvez transformadas numa entidade mítica. Como é a criança. Tem menino muito safado, ordinário, mau-caráter. Tem menino canalha. Mas o menino é uma coisa de uma pureza, de uma delicadeza intocável, né? Isso é o ideal de uma criança. Assim também é uma mulher. É um ser de uma beleza inatingível, extraordinária. Eu só vivo paixões. Sou permanentemente apaixonado.

Outra grande paixão sua é o jazz.

Essa paixão é muito explicável, e ela forma um todo com o resto. Se eu quero, busco uma comunhão com o meu leitor, com os meus amigos. Porque isso é o que faz a graça da minha vida. Acho que o jazz é uma comunhão, sem nenhuma pretensão. Em torno de um tema você transforma, começa a desenvolver um convívio. Eu gosto de jazz como tem gente que gosta de uma pelada. De jogar um futebolzinho na praia e tal. De jazz eu gosto mesmo. Evidente que só depois do terceiro uísque. Desde garotinho tocava tambor na Associação dos Escoteiros. Daí pra passar para a bateria foi um passo. Eu encontrei um dia um amigo meu que morava em Los Angeles. Eu estava lá e falei: "Mas você saiu do Rio, veio pra cá?". Ele disse: "Tomei raiva do Rio de Janeiro, porque tinha no meu prédio um sujeito que tocava bateria de madrugada e que me enlouquecia". Ele falou onde morava. Era exatamente onde eu morava. Evidente que eu não contei que o meu endereço e o dele eram o mesmo (era Avenida Copacabana, 769) nem que era eu que tocava. Dei essa bateria para o Dom Hélder. Não para ele tocar, evidentemente. Mas para ele botar na Feira da Providência. Mas eu ganhei outra. É bom que não se comente isso, porque os vizinhos não sabem. Eu pago para fazer show. Vou onde for. Em Nova Iorque tem um lugar, o Red Blaser, onde me deixam tocar. Depois do terceiro uísque deles, para eles acharem que eu sei tocar. Já fui parar em Natal para tocar. Ligo para São Paulo e pergunto se vai ter show e eu vou. Outro dia mesmo, aqui no Rio, fui pegar o Marcos Szpilman bem na hora de fechar o Rio Jazz Club. Eram dez para uma da madrugada. Liguei pra lá e perguntei: "Acabou?". O Marcos: "Não, ainda tem dois números". Saí correndo. Em dez minutos eu tava lá, entreguei o carro pro porteiro, desci, toquei e vim embora. Meia hora depois eu estava em casa. É uma coisa meio de doido. É uma maneira de me desfazer de problemas. No jazz tem uma coisa interessantíssima: ninguém é melhor nem pior. Tenho isso como lema. E você sente isso muito no jazz. Ninguém quer aparecer. O que todos querem é tocar uns para os outros. De vez em quando um erra, todo mundo ri. É muito bom! Eu gosto muito do jazz tradicional.

Mudando de assunto: e a sorte na vida, Fernando? Funciona?

Pra mim é uma coisa maravilhosa! Eu tive na vida muito mais do que eu esperava e muito mais do que eu merecia. Só acontecem coisas boas! Eu sou um otimista. Mas, como dizia meu irmão: "Otimista erra tanto quanto o pessimista". E não sofre uma vez. Sofre só depois. E meu pai costumava dizer que toda mudança é para melhor. Se mudou, é porque não deu certo. E ele arrematava com aquele princípio, que eu elegi em verdade evangélica, de que, no fim, dá tudo certo. Se não deu, é porque ainda não chegou no fim.

Vamos falar um pouco do Fernando Sabino pai. Fernando Sabino já é avô?

Muitas vezes. Tenho uns nove netos, por aí. E filhos, que eu saiba, sete. Eu tive filhos muito jovem. Eu tinha 20 anos incompletos quando eu me casei pela primeira vez, e tive filhos logo. Tive uma penca de filhos. Com 30 anos já tinha quatro filhos. Eu abdiquei de certa maneira, na relação com os meus filhos, da autoridade paterna, evidente, explícita. Optei por uma relação fraternal. Eles são meus amigos. Minhas filhas me contam sobre os namorados. "O que eu faço papai? Tem vários dias que ele não me telefona". Falo: "Fica quieta". Dava conselhos. Agora não preciso mais. Eu que peço conselhos a elas de vez em quando. Tenho uma filha que é cantora, né? A Verônica. E ela é uma das minhas melhores obras.

Agora vamos falar das suas preferências. Do jazz, dos passarinhos, enfim, do que você gosta mais. Tem um passarinho que você goste mais ou é o sabiá mesmo?

Eu me acostumei com a ideia de João do Vale dizer que Deus faz as coisas e faz muito rascunho. Deus fez assim o cavalo e teve primeiro que fazer o elefante, o rinoceronte. Fez a girafa, o camelo até chegar na perfeição do cavalo. Agora, teve uma coisa perfeita que ele fez que é o soneto de Deus, porque Deus é poeta, que é o passarinho. João do Vale dizia isso. Gosto muito do bem-te-vi. A minha editora de filmes se chama Bem-Te-Vi Filmes. Fiz com o Davi Neves.

E as palavras? Você vive delas, né? Tem uma palavra que o emociona, que é mais bonita pra você? Que é mais feia, que o irrita mais? A que você nunca usa e nunca mais vai usar?

Feia? Eu vou muito pelo lado de senso de humor da palavra. As palavras em "eca" são muito feias, desagradáveis. Todas as que terminam em "eca". As em "anças" são lindas. Mesmo "ânsia", "distância". Cada dia eu acho um verso o mais bonito da língua portuguesa. Hoje eu estou, por exemplo, com um verso do Mário de Andrade na cabeça. "Não reconheço mais minhas visões / Meu passado não é mais meu companheiro". Um pouco triste, né? Um outro verso que me perseguia muito durante a mocidade era um do [Olavo] Bilac: "Não és bom nem és mal. És triste e humano". Não sei se sou triste, não. Acho que sou alegre.

Você publicou a correspondência que mantinha com Mário de Andrade. Tem cartas de outros amigos que gostaria de publicar?

Esse negócio de correspondência é muito complicado. Quis publicar, por exemplo, a minha correspondência com a Clarice [Lispector], mas tive problemas com herdeiros. Existe uma grande problemática nesse negócio de cartas. Com as do Mário de Andrade eu não tive nenhum problema, porque o herdeiro, um sobrinho dele, foi generosíssimo. Não quis nem saber. As pessoas imaginam que vão ganhar dinheiro com cartas. Não é bem assim.

Um escritor no Brasil ganha pouco?

Não ganha muito, não. O escritor que acerta num livro, que vende um milhão de exemplares da noite pro dia, esse ganha dinheiro. Você falou que eu vendi dois milhões. Mas *O encontro marcado* vendeu sessenta e tantas edições, e foi publicado em 1956. Então, deu para eu viver, modestamente, durante quarenta e poucos anos. Mas a renda de *O encontro marcado,* que é mais ou menos cinco ou dez mil exemplares por ano, mal dá para o meu viver. Tenho muita despesa também. Dá para viver, mas não dá para guardar, não. Pelo menos ultimamente não tem dado, não.

Você que viajou e viaja muito, qual é o país de que você mais gosta? A cidade de que você mais gosta?

Tirando o Rio, que gosto demais, tem duas cidades no mundo que me encantam: Florença e Londres. O Vinicius de Moraes, quando estava com o brasileirismo muito exaltado, tinha mania de dizer para o Rubem Braga: "Eu quero morar ou em Ouro Preto ou em Salvador". O Rubem falou: "Ouro Preto tem muita ladeira, Salvador tem muito baiano. Fica no Rio mesmo". Nova Iorque me encanta, mas não pra morar. Mas não tenho vontade, agora, de morar fora. Agora que o Brasil está ficando bom, quero ficar por aqui pra conferir.

Você é uma pessoa privilegiada em termos de amigos: Otto Lara Resende, Paulo Mendes Campos, Hélio Pellegrino foram amigos geniais.

Tem outros, né?

Sim. Mas você tem frases, coisas deles que você assimilou, achou geniais e nunca mais esqueceu? Que ainda se lembra toda hora?

Mas você sabe que amigo é um negócio tão doloroso pra mim, ou melhor, muito sensível. Um dia fui fazer um programa de televisão (que não chega aos pés do seu, hein!). E pediram que eu convocasse amigos meus para conversarmos. Eles me mandaram uma lista de cinco. Aí sugeri que, seria muito melhor do que aqueles cinco, se eles pegassem uma equipe corajosa e mandasse, à meia-noite, para o cemitério São João Batista; iriam encontrar gente muito melhor lá. Dos cinco que constavam na lista para que eu convocasse para participar do bate-papo, quatro já tinham morrido. Já que é assim, vai lá no cemitério que tem o Carlos Drummond, tem o Vinicius, o Rubem Braga, o Otto Lara Resende, o Paulo Mendes Campos. Conversar com eles só se fosse numa sessão espírita, né? Mas você sabe que eles morreram e que isso é extremamente lamentável pra mim. Mas esse produtor do tal programa não sabia. Ele mandou pra mim perguntando o que eu achava de chamar aqueles cinco amigos, dos quais quatro já tinham morrido. Da lista constava, por exemplo, o Hélio Pellegrino e o Paulo Mendes Campos.

Escrever te emociona ainda do mesmo jeito do início da carreira?

Olha, me dá frenesi, me dá palpitação, suo frio. Eu adotei a seguinte técnica de um escritor americano de quem eu gosto muito, chamado Raymond Chandler, um escritor de policiais. Ele diz que o escritor é um operário como qualquer outro. Tem a obrigação de escrever. Ele se dá a obrigação de sentar na máquina e ficar quatro horas para escrever. Mas com dois princípios: primeiro o de que você não pode fazer mais nada, a não ser escrever. Mas você não é obrigado a escrever. Ninguém obriga você. Então, você tem que ficar quieto ali. Não há nada mais importante na vida do que a convivência de um ser humano com outro ser humano. O inferno é o isolamento. O inferno é a solidão despojada desse sentimento. Você pode renunciar, ir para o mosteiro e viver sozinho no alto de uma montanha. Mas você está fazendo isso por amor ao seu semelhante. Aí tá certo. ■

FRANCISCO COSTA
Um sonhador atento e intuitivo

Confesso que demorei a tomar coragem de mandar um e-mail pro **FRANCISCO COSTA**. Pensei cá com os meus botões: um executivo internacional vai se dar ao trabalho de dar uma entrevista para um livro só de mineiros e feito por uma mineira que, para completar, nem entende nada de moda? Errei redondamente. O e-mail foi respondido em dois minutos. Ele estava em Milão, iria pra Nova Iorque no dia seguinte e nos falaríamos a seguir. De Nova Iorque, ele foi ao Japão, e não sei mais aonde, até que acabou desembarcando no Rio para um evento de moda da Calvin Klein, da qual é hoje o principal executivo. Marcamos uma ida dele ao Sem Censura e fiquei encantada com a simplicidade e a educação do mineiro de Guarani, na Zona da Mata de Minas, que começou na moda trabalhando com a mãe, numa confecção familiar de roupa infantil. Dona Lita foi uma influência decisiva na vida de Francisco, que, desde pequeno, trabalhava com os irmãos, ao lado da mãe, exímia no corte e na costura. E, com certeza, aprendeu com ela muito mais do que a vocação para a moda. Aprendeu a serenidade com que circula, hoje, pelo mundo internacional da moda, o afeto carinhoso que mantém com a irmã querida que mora em Guarani, o relacionamento feliz com o namorado John, os prêmios recebidos na carreira de sucesso. Ele sabe que a simplicidade é uma conquista.

Francisco Costa, de Guarani para o mundo mesmo, né? A gente precisa localizar. Guarani é uma cidade de quantos habitantes, você tem ideia?

Quando cresci em Guarani tinha uns três mil habitantes. Hoje deve ter uns 13 mil. Fica na Zona Mata mineira, a aproximadamente 60 km de Juiz de Fora. Pertinho da sua cidade.

Já cresceu querendo trabalhar com moda, querendo ser estilista?

Na verdade, não existiu a palavra "estilista" no meu vocabulário. Minha mãe me influenciou demais. Além de ser uma pessoa muito caridosa, de movimentar a cidade, de ser muito dinâmica, ela iniciou uma fábrica de roupa infantil. Todos nós, os irmãos, crescemos ali naquele ambiente. Saía da escola, ia pro trabalho. Independentemente da idade. Era uma coisa natural. Todos tinham que ir pra fábrica e fazer qualquer coisa.

A fábrica era de roupas infantis? E dona Lita à frente!

Sim. Ela era uma mulher fantástica e tinha uma inspiração incrível! Pegava um papel e cortava o molde, sem o menor conhecimento. Além da energia fantástica, tinha uma habilidade com a tesoura! Mas ela gostava mais da parte social. Ela tinha talento, mas o final da história pra ela era servir a comunidade. Era a única companhia nessa cidade que realmente dava empregos. Minha mãe vivia de sonhos. Fico emocionado de falar dela. Eu acho que a vida da gente é a família também. É muito importante. Além de ter feito esse asilo para pessoas idosas, ela gostaria muito de ter feito uma creche pras crianças das mães que trabalhavam ali na fábrica. Foi um sonho que ela não realizou em vida. Mas logo depois que ela faleceu, a comunidade e a Prefeitura fizeram a creche, que leva o nome dela: Creche Dona Lita. Meu sonho de trabalhar com moda foi uma coisa muito natural. Desde cedo eu sabia que teria que sair de Guarani.

Até para estudar você teria que sair de lá.

Exatamente. Fui estudar em Juiz de Fora, depois morei no Rio durante um tempo. Fiz uma escola maravilhosa aqui no Rio, o SENAI/Cetiqt. Minha irmãzinha está estudando lá. É uma escola muito fantástica! Senti logo depois que precisava fazer mais alguma coisa. Falei para o meu pai que ia procurar uma escola. Quando falei com ele já tinha a escola marcada, ia tentar o FIT (Fashion Institute of Technology), nos Estados Unidos. Meu pai achou uma loucura e me perguntou de onde eu tinha tirado essa ideia. Respondi que era uma vontade. Minha mãe tinha falecido. Acho que foi um rompimento com aquele complexo de Édipo que existia ali. Aquela quebra me deu força pra arrumar a mala e ir pros Estados Unidos. E eu não sabia falar uma palavra de inglês.

Você tinha quantos anos?

Eu tinha 18 anos. A primeira coisa que fiz quando cheguei aos EUA foi procurar uma escola de inglês. Todo o dinheiro que eu tinha serviu pra isso. Peguei o visto e liguei: "Pai, tenho que voltar agora pra pegar o visto no Brasil". Pra pegar o visto de estudante tinha que retornar ao seu país de origem. Foram luzes que foram acontecendo até sem eu saber como. Poderia ter ficado ali e não ter focado no que queria. Durante o dia fazia inglês, à tarde, faxina, bico aqui, bico ali. Fazia de tudo. E à noite fazia os cursos especiais do FIT. Cursos que se pode frequentar sem fazer matrícula. Só pra pegar noção, saber se era aquilo mesmo. Um dia, andando pelo corredor, vi que a escola estava fazendo um concurso. Estavam selecionando 15 estudantes pra fazer um trabalho na Europa, na Itália, tudo direitinho. Preparei os desenhos, fiz um portfólio e mandei para organização. Eles selecionaram meu trabalho, mas não conseguiram achar meu nome na lista dos estudantes matriculados. Até que conseguiram identificar que eu fazia cursos especiais à noite. Aí me disseram: "Muito obrigado pelo seu interesse, mas você não pode participar, porque não é registrado com a escola". Tudo bem! Uma semana depois me ligaram: "Seu trabalho é maravilhoso, e nós queremos que você vá". Acabei participando e fiz o trabalho todo na Europa. E ganhei bolsa de estudo do FIT. Com os meus créditos do SENAI/Cetiqt aqui do Rio, meu curso ficou reduzido, porque já tinha todos os cursos básicos. Foi essa a primeira parte da minha vida. Agradeço muito a essa senhora que organizava o concurso e me deu uma força. Terminei a escola como estudante do dia.

Na Itália você estudou onde?

No FIT, em Florença. Mas isso foi um concurso. Eu fui num grupo de 15 estudantes de Nova York para a Itália. Ficamos lá por dois meses desenvolvendo a coleção e tecidos também. Acabei ganhando o concurso.

Ganhei medalha de ouro. E terminei o curso do FIT, nos Estados Unidos, durante o dia. Interessante porque eu nem fui na solenidade da minha graduação. A escola pra mim era mais uma passagem. Então, falei que não ia à festa, que não ia fazer nada. E não fui, não tive interesse. Mas o FIT me fez uma homenagem no ano passado, e fizeram como se fosse a festa da minha graduação. Dez, 11 anos depois. Foi legal. Uma festa bacana.

E o que você acha que fez a diferença? O que levou essa senhora a olhar pro seu trabalho, pro seu desenho e dizer "Esse cara vai ser uma estrela!"?

Difícil de dizer. Mas acho que a originalidade. Acho que também a forma como apresentei o trabalho. Eram croquis com inspiração, com tecido, com tudo. Engraçado porque, no meu primeiro curso no FIT à noite, como eu não falava inglês, eu só olhava pro professor e sorria. Só entendia que tinha de fazer um projeto pra escola. E pelo que entendi era para dar uma visão do que estava acontecendo na moda em termos de vitrines. Peguei uma máquina e saí fotografando todas as vitrines da cidade inteira. Todas as vitrines. E fiz uma trajetória de fotos, comparando todas as lojas, em vários períodos. Foi um trabalho totalmente através do visual. E que deu certo. Não falei uma palavra durante o período inteiro. Foi tudo por instinto, por intuição.

A linguagem da arte é universal?

A gente capta. Palavras são como sonhos, com determinação são recorrentes. Serve para todos. E pra mim serviram especialmente.

Como é o primeiro emprego?

Você não vai acreditar nessa escola! Fui trabalhar numa companhia chamada Susan Bennett, e o estilista que me deu o emprego saiu uma semana depois. Ele vinha à noite e supervisionava o meu trabalho. Depois de oito meses ele falou: "Olha, por que não vem trabalhar comigo na Bill Blass?". A Bill Blass é uma companhia tipicamente americana de um estilista muito famoso. Então ele me empregou, me treinou e quis que eu fosse trabalhar com ele. Logo em seguida, essa companhia Bill Blass foi comprada por uma multinacional de moda internacional, que levou várias companhias importantes para os Estados Unidos, tipo Versace, Moschino. Além de comprar a Bill Blass, comprou também a marca do Oscar de La Renta. Foi uma trajetória muito interessante, porque não apresentei mais meu portfólio. Da Bill Blass me deram uma promoção pra trabalhar com o Oscar de la Renta. E, trabalhando com ele, nessa segunda linha, ele falou: "Vem trabalhar comigo na primeira linha". E aí, nessa primeira linha, fiquei trabalhando com um brasileiro também, o Francisco Ferreira, que trabalhava lá na época. E logo depois fui trabalhar com ele no Pierre Balmain, em Paris. Foi uma trajetória que, apesar de não ter sido fácil, foi natural, bem orgânica. Até que um dia recebi um telefonema de uma *headhunter* [caçadora de talentos] dizendo que gostaria de me apresentar a uma pessoa. Falei que não estava interessado em mudar de trabalho, que estava superfeliz ali. A Oscar de la Renta era uma coisa muito ótima! Uma família. Disse não duas vezes. Na terceira vez essa *headhunter* disse: "Você tem que se encontrar com o Tom Ford. A entrevista está marcada para as 11 horas do dia tal". Fui à entrevista com ele. Tive que fazer. Eu tinha me acomodado porque a situação ali no Oscar era tão ótima. E meu trabalho era tão diferente do que o Tom fazia pra Gucci na época que não via nenhum *link*. Não teria condições de fazer certo. Fiz uns desenhos rapidíssimos e fui falar com o Tom. Ele falou: "Pega um advogado, porque você vai precisar de um contrato". Eu: "Advogado, contrato?". Assim, sem a menor experiência, fiz o contrato e acabei me mudando pra Londres e indo trabalhar com ele. Um ano antes de eu sair da Gucci o Calvin [Klein] me liga pedindo pra gente se encontrar. Fui. Mas não senti que era o momento certo. Não senti uma conexão pra aquele momento. Um ano depois desse primeiro telefonema, aconteceu uma coisa louca: o criador da marca Calvin Klein – é o Calvin e o sócio dele, o Barry Schwartz. O Barry, além de ser o presidente da Calvin Klein, gosta de cavalos, de corrida e tudo. E o meu namorado é treinador de cavalos. Então, eles estavam conversando lá no hipódromo, e o John falou com ele que eu estava voltando. Aquele realmente era o momento. Aí aconteceu tudo. Encontrei com o Calvin, que ficou feliz de eu estar de volta aos EUA, de aceitar o trabalho.

E estava voltando pra Nova Iorque por causa do John?

Sim, porque a gente estava separado já há quatro anos. Pensei: ou arrumo um namorado novo ou uma companhia nova [gargalhadas]. Eu estava na ponte aérea Nova Iorque/Londres fazia muito tempo, e não há casamento que aguente isso. Aí voltei pra Nova Iorque. Estou na Calvin Klein acho que há sete anos.

E hoje você ainda desenha?

Desenho. Mas tenho assistentes. Prefiro fazer o molde, fazer a roupa, drapear, fazer meu trabalho bem dimensional. E até mesmo fazer o protótipo. Fazer a modelagem no manequim. O desenho é fundamental pra parte técnica. Você faz o desenho e vem outra pessoa que faz toda a parte técnica dele. Isso é fundamental porque a gente trabalha também com a Itália. A gente faz bastante parte da coleção na Itália, e aí tem que ter um trabalho de leitura muito correta, muito fácil. É a parte mais chata do trabalho.

E qual você acha que é o seu melhor desempenho?

A modelagem. A ideia da história toda. A criação. O poder de criação é forte, porque você inicia uma ideia que vai ser explorada não só pela nossa companhia, mas por vários estilistas em estações próximas. A gente tem o poder de inspirar. Não sei se isso vai soar bem, mas é verdade. Pra gente é uma coisa gostosa. Uma satisfação. Às vezes não é só uma peça. Em revistas, você vê, por exemplo, um editorial inteiro inspirado na sua coleção. As críticas são importantes. Principalmente no meu trabalho, porque a Calvin Klein hoje é uma companhia enorme, que vende roupa íntima, tem uma marca preço médio e uma marca que eu faço que tem um preço mais alto. Então você tem que ficar por cima da carne seca pra poder dar todo esse efeito pirâmide na marca. Pra que aquilo fique com bastante respeito.

Como se chama essa segunda marca?

A gente tem o jeans, a *underwear*, tem a CK que é mais acessível, a White Label que é mais dirigida ao trabalho executivo e a USK que é mais jovem. Então, a gente atinge todos os níveis do mercado.

Então a crise não pegou a Calvin Klein?

Graças a Deus, não. Porque além de ser uma marca distribuída no mundo inteiro, a gente tem o jogo de cintura pra ir fazendo isso.

E assim se adaptando às intempéries. Esse jogo de cintura que veio de Minas?

Tem Minas e o Brasil o tempo inteiro. Mas vim de uma família simples, honesta, muito trabalhadeira. A gente vivia no verde. As pessoas às vezes falam comigo: "Você gosta de cor porque o Brasil é muito colorido". Eu não entendia cor quando eu morava no Brasil. Vim entender cor mais tarde. Em Minas, por exemplo, ou em Guarani era muito mais simples. Colocar cor era mostrar um outro lado. A simplicidade vinha mesmo do branco, do jeans, do preto. Uma coisa meio religiosa, que também foi uma coisa muito importante na minha vida. Meus pais eram muito religiosos. A gente trabalhava e vivia na igreja, igreja católica. Eram muito sóbrias as roupas.

A coleção que você faz hoje tem mais cor ou é mais sóbria?

Sóbria. Mas já aprendi muito mais sobre cor. Hoje sinto a cor de uma maneira diferente, que é uma coisa da nossa experiência de nascer e viver com cor. De ter crescido aqui no Brasil. E de absorver a cor sem precisar passar por ela. Uma coisa meio louca. Uma coisa natural. Só vim entender cor e botar cor na roupa no exterior. Não sei se faz sentido.

Você acha que esse seu jeito mais sóbrio ajudou você, de alguma forma, a se colocar? A sua timidez ou a sua ousadia? O que tinha de Brasil e de Minas no seu trabalho que fez a diferença?

Deve ter uma sobriedade do que eu faço no meu trabalho que funciona com a marca. Quando você pensa em Calvin Klein existe uma sensualidade, uma sexualidade forte através das campanhas publicitárias, mas o trabalho é mais discreto, eu acho. Veio um pouco também da tranquilidade, da humildade. Não sei como dizer. Acho que pode ter a ver com Minas sim.

E tem alguma coisa mais marcante? Você faz pão de queijo em Nova Iorque?

Faço pão de queijo, às vezes. Faço uma feijoada. Sou instintivo também pra cozinha. A gente vai ao supermercado fazer compras, e eu cozinho.

E a sua vida hoje é entre Nova Iorque, Itália, enfim, o mundo inteiro?

Viajo direto. Numa semana vou pra Los Angeles fazer as fotos de lançamento da campanha de verão. Num mês faço uma primeira parte de uma coleção, no outro mês vou pra Coreia abrir uma loja, no mês seguinte posso estar na Rússia promovendo a marca. Então, o trabalho não é só de criação como também de divulgação, de marketing. É muito grande. Me deixa mais tenso. Criar é mais fácil. É muito natural.

É a zona de conforto?

Completamente. Uma coisa que flui, uma evolução fantástica. Mas ter que estar à frente da marca, divulgando e falando, acho mais difícil.

Você prefere fazer moda masculina ou feminina? Ou não vê distinção?

O homem é bem uniforme. E a mulher exige um sonho, uma imagem. Perfume. Gosto mais de trabalhar para mulheres.

O olhar é importante no seu trabalho. Você fica mineirinho quietinho prestando atenção em tudo?

É. Observação é tudo. Na rua, em todos os lugares.

A rua te sinaliza coisas?

Totalmente! Sempre. É o comportamento. Tudo isso influencia demais.

Alguma coisa que você viu na rua você trouxe pra alguma coleção que tenha feito?

Sempre. Uma viagem que você faça ao Japão ou a qualquer outro lugar pode mudar completamente aquela coleção que você está criando. Pode fazer seu trabalho naquele momento evoluir de uma maneira incrível! É gozado porque, às vezes, uma ideia que você começa a fazer pode passar por uma evolução. Geralmente com o meu trabalho acontece isso. Volto à primeira ideia, mas com uma forma completamente diferente. E só percebo isso bem no final. Quero dizer assim: às vezes você começa com uma inspiração, um quadro do Picasso, por exemplo, aquilo desaparece, e logo no final da coleção você olha e começa a entender que aquela inspiração não tinha ido embora. Ou não era aquilo, e, no final, ela está ali presente.

Quando você vê uma coleção sua repercutindo no mundo inteiro, em outras capitais, em outros países qual a sensação que você tem?

Acho fantástico! Isso é o que faz a diferença entre um estilista forte e outro que não é. É o que dá a você aquela força como criador e faz com que você fique respeitado. Eu acho que o trabalho é o que faz o sonho realmente. Trabalhar 24 horas! Pra mim, criar é um prazer. O olhar está sempre ligado.

Sorte é fundamental?

Também. Mas acho que a determinação pode ser mais forte do que tudo. ■

FRED

Um mineiro que não gosta de perder nem no treino

A fome e a bola foram companheiras inseparáveis de **FRED**, o Frederico Chaves Guedes, de Teófilo Otoni, quando ele ainda estava começando na escolinha de futebol. Mas isso foi antes de jogar pelo América, de brilhar no Cruzeiro, de morar na Europa jogando pelo Lyon, de vestir a camisa da Seleção Brasileira e de voltar ao Brasil direto para o Fluminense. Foi quando saiu menino ainda da casa das tias, depois da morte da mãe. Hoje aos quase 27 anos, pai de Giovana, de quase quatro anos, ele já foi artilheiro do campeonato mineiro (2005), da Copa do Brasil (2005), já teve participação decisiva, em 2006, pela seleção brasileira, no jogo contra a Austrália, quando fez um gol com menos de um minuto em campo. Fred é tímido, não fala muito, não comemora gol contra o Cruzeiro porque foi lá que despontou para a carreira, passou muito perrengue na França sem saber falar francês nem para pedir uma refeição, aceitaria um convite para jogar na Espanha, adoraria ser convocado para a Copa do Mundo e não gosta de perder nem em treino.

Desde pequeno que você gostava de futebol? Era do tipo que matava aula pra jogar bola?

Desde pequeno, na minha rua, no campo de terra, no asfalto, eu jogava. As peladas na rua. Matava muita aula pra jogar futebol. Como eu não gostava muito de estudar, o meu pai, às vezes recebia reclamações da escola: "O Fred não está querendo estudar, só está querendo jogar futebol na quadra. A gente procura o Fred, ele não está na sala, está na quadra de futebol". Meu pai começou a programar uns treinos pra mim. Geralmente eu estudava de manhã, à tarde ele programava um treino pra mim. Um treino físico, algumas vezes com bola. Começou a me adaptar, me acompanhar bem mais de perto. Foi daí que começou, naquele momento ele foi um técnico, um preparador físico, foi tudo pra mim. Ele já chegou a jogar como profissional. Jogou, parece, pelo júnior do Cruzeiro e do Atlético. Ele tem algumas histórias contra o Dadá Maravilha. Algumas coisas. Até brinco com ele: "Você tem DVD ou filme, alguma coisa pra mostrar? Não dá pra acreditar muito!".

Alguém se tornou profissional de futebol na sua família?

Não, mas tenho tios e primos que tentaram jogar futebol. Meu pai tentou, um tio meu tentou, meu irmão tentou. Meu pai, por esse conhecimento que ele teve, sempre passava esses trabalhos pra mim, de treinamento. Parece que foi meio projetado. Eu estava com 11, 12 anos e acho que meu pai pensava: "Vou fazer isso pra ele virar jogador de futebol". Porque sempre foi o sonho dele. Ele é um dos pais mais babões dentre os pais de jogadores. Eu brinco muito com ele. Quando eu fui pra Copa do Mundo eu o levei, quando eu estreei no América Mineiro eu o levei. No Cruzeiro, ele me acompanhava em todos os jogos e nos treinamentos também. Todo mundo conhecia ele, que dava até entrevista. Era a maior alegria pra ele! Era um motivo de orgulho. E eu fico muito feliz por estar realizando um sonho dele e o meu. Ele sempre foi muito feliz por isso.

Você sempre foi uma cara família, ligado sempre à família. Você falou: "Meus primos, meus tios". A família é grande?

A família é grande. Perdi a minha mãe muito cedo, com nove anos. Tenho lembranças rápidas da minha mãe. Por incrível que pareça, depois da perda da minha mãe, a família ficou mais unida ainda. Claro que depois que perdi a minha mãe ainda menino, meu pai tinha que sair pra trabalhar e não podia deixar os filhos pequenos sozinhos. Eu fiquei morando na casa de tios. Eu na casa de um tio, minha irmã na casa de um outro tio. Meu irmão ficou em Belo Horizonte. Nós fomos pro interior, pra Teófilo Otoni, que é minha cidade, depois morei em Cachoeira do Campo, que é próximo a Ouro Preto. Depois que a minha mãe faleceu, nós voltamos pra Teófilo Otoni justamente pra, como nós sofremos demais com essa perda, ficar mais próximo dos nossos familiares: tios, avós. A família foi muito importante pra mim. Quando o meu pai precisou dessa base e nós também, estavam lá os tios, avó. Eu morei em casa de tio, avó. E a minha irmã também. Eles sempre nos ajudaram. Boa parte da minha criação eu devo aos meus tios, às minhas tias. Hoje há um primo que trabalha comigo no Fluminense. Levei pra França pra trabalhar lá também. Morei na casa dele durante cinco anos. Nós somos como irmãos. Minha casa é sempre cheia de amigos, familiares; isso é muito bom!

Quanto você se machuca prefere se recuperar em Belo Horizonte?

A contusão, pra um atleta, é o período mais difícil. Ele está deixando de jogar o futebol, de treinar. O futebol não são só aqueles 90 minutos do jogo. No seu dia a dia há toda uma preparação. Às vezes você fica mais com os seus colegas, os seus amigos de equipe, do que com a sua família. Ali você cria uma amizade e tudo. Quando você se machuca, você fica no Departamento Médico sozinho! Todo mundo está treinando, e você está ali sozinho. Quando me machuquei, eu procurei ir para Belo Horizonte porque lá eu tenho uma filha. A minha família, hoje, mora toda em Belo Horizonte. Fiquei mais próximo. Mais próximo do calor do mineirinho também. Gosto da terra. Tenho orgulho de falar que eu sou mineiro. Acho o povo mineiro bem-educado, bem tranquilo, bem respeitador.

O que você identifica no seu temperamento, no seu jeito de ser, que é tipicamente mineiro?

A minha tranquilidade na vida, o modo de viver. Gosto das coisas bem simples. Meu jeitinho é de "mineirinho come quieto". Também fico mais na minha, quietinho. Me identifico bastante com isso.

Você gosta de concentração?

Não muito. Acho necessário. Mas acho assim: ninguém gosta de sair da sua casa, da família, pra poder estar lá e tal. Mas todo jogador, quando aposenta, se perguntam pra ele o que mais faz falta, ele vai responder: "É a adrenalina do jogo, fazer os gols, jogar para 80 mil pessoas no Maracanã, no Mineirão". E aquela conversa que a gente chama de resenha. Aquela conversa com os amigos, um brincando com o outro, e contando piada, e conversa séria. Às vezes um tem um problema, passa pro outro, com quem tem mais afinidade. Na França, às vezes, não havia concentração. Eu me apresentava só no horário do almoço, pra jogar à noite ou à tarde. Ia pra casa. Aqui é mais pra preservar o jogador, alimentação, descanso. Mas também é bom, eu também gosto. O duro é ficar três dias concentrado. Um tanto de homem feio! É um ambiente muito competitivo, mas não pode criar rivalidade. É uma competição saudável, sempre mantendo o respeito, a amizade. Se eu não jogar, torço pro outro. Eu fiz uns cinco amigos no futebol que são considerados irmãos.

O que é que vocês fazem na concentração?

Carta, piada, videogame... Vamos pra internet, MSN, pra ver os familiares. Mas entre a gente é muito divertido. É muito bacana o ambiente. Sempre alegre.

A grande adrenalina, o grande barato é o gol?

É. Adrenalina total, quando você tira aquele peso todo das costas. Você liberta aquela explosão, aquela euforia toda. No meu início, as pessoas que estavam por trás de mim, que me orientavam, mais os meus amigos e familiares, até pediam pra eu maneirar. Porque quando eu comecei a fazer gols, eu tinha 18, 19 anos [2001-2004], ainda no América [MG], e fazia algumas comemorações. Em algumas delas, eu me excedia um pouco na euforia. E a galera me aconselhava a comemorar um pouquinho mais devagar. Saía pulando. Houve uma vez, o jogo era à noite, em Nova Lima. E lá no "Caldeirão" a torcida, que é pesada, fica colada no campo. Eu estava à noite na concentração vendo futebol numa emissora de TV a cabo e vi um jogador na Europa fazendo um gol, pegando o boné de um guarda, fazendo a maior pose. Com 18 anos, pensei: "Rapaz, se eu fizer um gol, vou fazer isso!". Nem pensei nas consequências. Fiz o gol, aos 44 minutos do primeiro tempo. Fui ao guarda, peguei o boné do guarda. Só que o juiz ficou apitando pra eu voltar logo, senão ia me dar cartão amarelo. E os caras me puxando, os jogadores puxando, todo mundo puxando. Peguei o boné e joguei no chão. Nossa, que confusão que deu! Nem percebi, porque o guarda pegou o boné, normal. Acabou o primeiro tempo, aos 46 minutos, mais ou menos. Eu fui pro vestiário. Quando eu estou no vestiário, tranquilo, vêm mais de oito policiais querendo me prender. E eu estava descansando. Olhei e pensei: "Nossa, deve ser confusão de torcida!". Na verdade, era o policial querendo me pegar. Na volta pro segundo tempo eu pedi desculpas. Fui lá pedir desculpas, e tudo voltou ao normal. Ele viu que eu fiz sem maldade. Foi naquele momento de euforia mesmo, sem pensar. Aí ficou tudo bem.

Você nunca mais comemorou um gol ou comemorou?

Eu comemoro, mas prefiro comemorar abraçando os meus amigos e a minha torcida. Tranquilo [risos]. Mas ainda me lembro do guarda na hora da comemoração, mas serviu como exemplo. Ainda bem que foi bem no início.

E aquele gol decisivo, quando você entrou na Seleção Brasileira? Foi em 2006, não foi? Na Copa?

Foi em 2006. Na verdade, o Brasil já estava ganhando de 1x0, contra a Austrália [18/6/2006]. Eu entrei tinha 30 segundos, um minuto, mais ou menos. Faltavam três minutos pra acabar o jogo. A primeira bola que eu peguei, toquei no Kaká, depois a bola sobrou pra mim. Eu dei no Robinho, o Robinho chutou, bateu no goleiro, bateu na trave e sobrou pra mim, no meu pé. Aí eu fiz o gol. Não tem como controlar a euforia! Fiquei louco, comemorando com todo mundo! É uma das lembranças mais gostosas que eu tenho.

Qual é o pior momento? É o momento em que você machuca ou é o momento em que você perde um pênalti? Você já perdeu pênalti?

Já. Já perdi. O pior momento é quando você se machuca. Quando você perde um pênalti, você pode reverter, fazer um gol, ou a equipe pode ganhar. Ou pelo menos no outro dia você já vai ter força pra apagar aquele pênalti perdido, porque você já tem um jogo no próximo meio de semana ou no fim de semana. Agora, contusão, quando ela é séria, te deixa sem jogar três semanas, um mês, dois meses ou até mais. Aí sim, é triste. Eu que tive lesão, estou voltando agora de lesão de três meses. Passa pela cabeça: "Às vezes dá vontade de largar. O que é que está acontecendo?". Dá aquela tristeza. Dá um baixo-astral, mas sou disciplinado pra fazer fisioterapia e trabalhar a recuperação. Quando entro, eu entro no campo eu não gosto só de treinar, eu também não gosto de perder. Às vezes até no treino, numa competição pequena, normal, eu quero ganhar. E eu tenho muito prazer em jogar futebol. É o que eu sempre sonhei em fazer, sempre fiz, desde moleque. É a coisa que mais me dá prazer. Isso é muito bom pra mim. Me sinto bem à vontade quando eu estou treinando, no campo. É muito bom pra mim.

Um jogador é mais exposto do que cantor de música pop. Todo dia, em todos os jornais de todas as cidades do Brasil, há um caderno de esportes. Como é que você lida com isso?

Recentemente, como eu estava lesionado, foi difícil, principalmente a relação com a imprensa. Porque muitas vezes existem profissionais sérios, mas às vezes há profissionais que não apuram e não são verdadeiros. O certo mesmo é o atleta se preservar, mas nada impede de você ir com a sua namorada, com a sua esposa, com a sua família num restaurante ou ir ao shopping. Eles podem pegar pra fazer sensacionalismo e dizer que você estava bebendo. Você estava bebendo um vinho, normal, mas pra imprensa estava enchendo a cara. Houve um Fla-Flu agora. Como eu estava machucado, falaram que eu estava na praia, surfando.

Você estava ou não estava pegando onda quando estava se recuperando da contusão séria do ano passado?

Durante a recuperação, não. Na verdade eu fui a uma escolinha, que é um projeto social. Fui uma vez. Como eu queria e tinha vontade de aprender e como Minas não tem mar, resolvi ver como era. E o professor ficava me jogando nas pranchas. Consegui ficar em pé algumas vezes, mas é muito difícil. Me amarro num surfe, de todo esporte de alto nível eu gosto. Mas essa relação é meio complicada mesmo.

Mas como é que você lida com isto?

Às vezes você tenta esclarecer. Tem que ser maduro, tem que ter tranquilidade, ter a confiança do seu clube. Imagina o clube: "O Fred está surfando e não foi pro jogo. Está machucado, e a recuperação acaba sendo prejudicada". E principalmente pro torcedor que gosta de mim. Vai falar o quê? "Ele não está indo pro jogo, está surfando." Essa notícia que o torcedor viu, leu, ouviu, essa daí vai dar um alarme muito grande. No outro dia, mesmo que a imprensa desminta, todo mundo já está com a mentira na cabeça. Por isso agora eu aprendi: é melhor eu me preservar, principalmente nos jogos difíceis, quando há um clássico, alguma coisa assim. É melhor dar uma segurada em casa. Mas eu não deixo de fazer as minhas coisas não. Ir ao restaurante, comer bem, tomar um vinho às vezes, ir ao shopping, dentro do possível dar uma passeada com a minha família, com a minha namorada, alguma coisa assim.

Você tem uma filha...

A Giovana. Está com três anos e oito meses [outubro de 2009]. É minha vida. Na verdade, a minha filha foi motivo pelo qual eu saí do Lyon e voltei ao Brasil [maio de 2009]. Fui casado pro exterior, me separei, e minha filha voltou. Ela nasceu na França. Voltei pro Brasil por causa dela. Eu estava sentindo muita falta, não estava aguentando ficar longe dela. E está sendo bem melhor pra mim. Ela vem pro Rio quase toda semana, pelo menos de dez em dez dias. Já está uma mocinha. Já está quase cuidando de mim [risos]. No dia em que a Giovana nasceu aconteceu uma história engraçada. Eu estava na concentração, e a bolsa da minha ex-mulher estourou. Me ligaram: "Vai nascer! Quer dizer, estourou a bolsa, mas não há previsão". Pedi ao clube pra sair da concentração, pra ir ao hospital. Mas era um jogo importante e o treinador não me deixou sair. Era jogo classificatório das oitavas de final. Falei pro técnico: "Não, não tem jeito, não vou abrir mão disso". O jogo era às 20h45. Ele disse: "Você vai. Se você chegar ao hotel até seis horas, aliás, cinco e pouco, pra preleção, você vai ser titular. Se você chegar direto ao estádio, se der pra você ir, você começa no banco". E eu fui pro hospital. A gente tentou o parto normal, não conseguiu. E eu filmando tudo. Fizeram a cesárea, nasceu o bebê, aquela emoção inexplicável! Ela nasceu por volta das 18h15. Fui direto ao estádio. Cheguei ao estádio com escolta e tudo. Foi uma coisa tão... Não dá nem pra explicar! Eu estava me sentido como se estivesse caminhando nas nuvens. Todo mundo falando pra mim: "Nasceu! Nasceu!". Na minha cabeça, na minha mente, só a imagem da minha filhinha. A coisa mais linda do mundo! Todo mundo falando assim: "Você vai entrar e vai fazer um gol! Você vai entrar e fazer um gol!". Quando eu cheguei lá, os jogadores já haviam começado a fazer o aquecimento.

Você estava no banco?

Estava no banco. Porque não cheguei a tempo. Só entrei faltando quinze minutos pra acabar o jogo e fiz o gol. O jogo era em Lyon, contra o PSV, da Holanda. Levei uma chupeta comigo. Logo que entrei fiz o gol. Foi o gol mais bonito da minha carreira. Eu dei um elástico e bati de esquerda e depois coloquei uma chupeta. Tirei a chupeta e fiz a comemoração *à la* Bebeto. Foi a coisa mais emocionante! Eu tenho essa imagem gravada e vou guardar pra mostrar pra ela quando eu contar a história.

O momento do jogador tem a ver com o momento do time e o momento da torcida? Ou dá pra você fazer um bom trabalho com você mesmo e ficar bem, apesar de você estar mal ou de o time estar mal colocado na tabela?

Se o coletivo está bem, o time inteiro está bem. São onze jogadores, mas há dois ou três que estão mais ou menos. Esse mais ou menos, quando está todo mundo bem, ninguém vai reparar. Todo mundo vai levando. Vai levando e acabam se destacando junto com a equipe. Normalmente, há dois, três que se destacam mais. É muito mais fácil você se destacar quando o time não está bem. Quando o time está muito mal, o atacante precisa de bola, fazer gols, essas coisas. É mais difícil se destacar. Mas, mesmo com a equipe mal, acho que cada um tem que trabalhar pensado no individual, pra ajudar o coletivo. Se eu estou bem individualmente, eu estou ajudando de alguma forma. Eu penso assim: até se a equipe estiver num mau momento, numa fase ruim na tabela do campeonato, eu tenho que fazer o meu melhor pra eu me destacar; tenho que fazer os meus gols, pra ajudar.

Como é que você lida com a situação de ir de um time pro outro, de ser "vendido"?

Faz parte da profissão. Se for falar bem claro, assim, nós jogadores somos mercadoria. Já tem isso desde pequeno. Você pode olhar. O que mais há são escolinhas, centros de treinamentos de empresários, de clubes. Eles já olham um jogador, fazem um trabalho com o jogador. Tudo bem, é educação, é esporte, tira muitas crianças da rua, tira da violência, das drogas, mas eles estão visando também o retorno financeiro. Tanto que há jogadores aqui com 12, 13 anos que já têm contrato milionário. Ou no exterior, um pré-contrato com os pais das crianças. Nós somos considerados mercadoria do futebol.

Você está fazendo o que você gosta, com a família por perto. O caminho é esse mesmo?

Sempre busquei isso, graças a Deus! Estou muito feliz dessa forma. Valeu a pena ter matado todas aquelas aulas... Eu não gostava muito de estudar, sempre fui jogador, sempre e valeu a pena passar por todas as dificuldades que eu passei.

E você passou por dificuldades mesmo?

Cheguei a passar fome mesmo por causa de futebol. Porque eu, com 11 anos de idade, saí da minha casa, saí de Teófilo Otoni e vim pra Rio Bonito, interior do Rio. Era um quarto só, desse tamanho aqui, mais ou menos, com mais de 70 atletas, garotos de dez, onze anos, até 16, 17 anos. Eu era o segundo mais novo. Havia um mais novo, que tinha dez anos, eu acho. Era um centro de treinamento de empresários, que formava os jogadores pra levar pros clubes, ou daqui do Brasil ou de fora. E eu fiquei nisso, não tinha condição nenhuma. No café da manhã: um pão pra cada um. Às vezes você acordava mais tarde, e alguém tinha comido dois, três pães. Não sobrava. Às vezes não havia almoço. Não havia telefone pra ligar pra família. Fiquei seis meses assim até que esse empresário, que era o dono do centro de treinamento, propôs assinar um contrato de onze anos comigo. Meu pai leu, não deixou. Não vou falar que seria impossível, mas acho que seria muito mais difícil se minha mãe fosse viva. Ela não ia deixar que eu passasse por isso que eu passei. Foi pesado, mas valeu muito a pena. Tudo! Depois passei dificuldade em Ipatinga, passei dificuldade em São José do Rio Preto, São Paulo. Comecei aqui no estado do Rio, no Rio Bonito, fiquei seis meses. Depois fui pra Ipatinga, aí tinha uma condição boa. De lá, eu saí com 15 pra 16 anos. Fui vendido por uma bola e por um par de chuteiras, pro América de São José do Rio Preto. Aí era interior de São Paulo, muito difícil. Muito distante também. Depois é que eu fui pro América de Belo Horizonte e depois passei pelo Cruzeiro. Depois fui jogar fora do Brasil e, nos três primeiros meses, eu passei um perrengue violento na alimentação. Nas duas primeiras semanas, eu perdi quatro quilos e meio. Pra um atleta não é fácil. Fiquei num hotel durante quatro meses. Eu só comia macarrão, batata frita e carne. E o macarrão tinha muita pimenta. Não gostava. E aí ficou muito difícil. E não sabia pedir. Havia uma tradutora, mas ela ia uma vez por semana. Eu tinha 21, 22 anos, não falava francês. Era muita dificuldade. Fiquei três meses, quando cheguei à França [2005], dentro de um hotel. Hotel, treino, treino, hotel. Do treino pro hotel. Só, mais nada. Aí depois eu fui aprendendo, conhecendo restaurante, gostando... aprendendo a pedir um vinho, que hoje eu adoro [risos].

E aproveitou pra conhecer a Europa? Os outros países? Ou não dá tempo?

Fui, mas, como a agenda era muito corrida e o tempo que eu tinha era só nas férias, eu vinha pro Brasil. Ia pra BH, Teófilo Otoni, não tinha jeito. Mas deu pra conhecer muita coisa, porque a gente costumava fazer um *tour* quando ia jogar na Grécia, na Itália ou essas competições em outros países. Ainda tenho vontade de jogar na Espanha, tenho vontade de jogar na Inglaterra. Tenho mais vontade de jogar na Espanha por causa do clima. O futebol é bem parecido com o nosso aqui do Brasil. Tenho mais vontade de jogar lá, se for escolher, se fosse voltar pra Europa um dia. Hoje eu penso. Se aparecer uma oportunidade.

E na Seleção, você não pensa?

Voltei também com esse pensamento. Aqui no Brasil ia ficar mais perto, ia ter mais visibilidade, e é o sonho de todo mundo. Eu já disputei uma Copa [foi reserva do time de Parreira, em 2006], sei o que é aquele ambiente ali de Copa do Mundo, sei o que é vestir uma camisa da Seleção. É muito bom. Espero vesti-la de novo o mais rápido possível. ■

FREI BETTO

Um feliz ING (Indivíduo Não Governamental)

Dona Maria Stella Libânio Christo, escritora e culinarista, é a maior referência da vida de **FREI BETTO** e sua maior influência. E ele, dono de um humor muito singular, brinca com isso sempre que pode: "Complexo de Édipo? Eu não digo que tenho, eu sou o próprio". O pai de Frei Betto era jornalista, Antônio Carlos Christo. Carlos Alberto Libânio Christo, o Frei Betto, é escritor e religioso dominicano, adepto da Teoria da Libertação, militante de movimentos pastorais e sociais e recebeu vários prêmios por esses trabalhos a favor dos direitos humanos e das causas populares e pelos livros que publicou. Frei Betto foi preso durante a ditadura militar, cumpriu quatro anos de prisão e depois teve a pena reduzida para dois. Escreveu mais de 50 livros entre ficção, memórias, literatura infanto-juvenil, ficção juvenil e ensaios publicados no Brasil e alguns, no exterior. Um dos livros dele, *Batismo de sangue*, publicado em 1983, ganhou o prêmio Jabuti e virou filme em 2007, dirigido pelo mineiro Helvécio Ratton. Frei Betto mora num convento dos dominicanos em São Paulo e viaja muito, pelo Brasil e pelo mundo, fazendo palestras e participando de eventos literários. É uma pessoa feliz que acredita na vida, vivida com amor e humor.

O poeta Carlos Drummond de Andrade dizia que a gente sai de Minas, mas Minas não sai da gente. Com o senhor também é assim?

Comigo também é assim. Eu saí de Minas com dois meses de idade e fui morar no Rio, depois voltei com cinco anos. Saí de novo aos 17, voltei aos 20 por um ano e depois nunca mais retornei pra morar. Mas Minas nunca saiu de mim. O meu DNA é mineiro de pai, mãe, avó, bisavó. Me orgulho muito de ser mineiro e também de ser filho da Maria Stella, que é a maior especialista em culinária mineira.

Dona Maria Stella Libânio Christo é uma marca de Minas.

É verdade. Ela é a autora do *Fogão de lenha: 300 anos de cozinha mineira* [1978, editora Vozes], um livro fantástico que resgatou três séculos da nossa culinária. E eu aprendi quando estudei antropologia que dos nossos cinco sentidos o que mais perdura é o nosso paladar. Quem muda de país, muda de roupa, muda de hábitos, muda de horários, muda de clima, só não muda o paladar. E com o mineiro acontece exatamente isso. Ele pode morar no Alasca ou na Austrália, se aparecer uma canjiquinha com costelinha de porco, um feijão tropeiro, um bambá de couve, tudo isso vai realmente tocar suas raízes mais profundas.

A dona Maria Stella é a sua maior referência?

Eu digo que não tenho Complexo de Édipo, eu sou o próprio! A minha mãe, hoje, aos 92 anos, continua muito ativa, lê dois jornais por dia, acompanha os telejornais, participa de reuniões de ação católica, sonha em ajudar a mudar o mundo pra melhor. Então, é a minha referência mais forte. Eu tive também uma referência forte do meu pai [Antonio Carlos Vieira Christo], que já faleceu. Ele foi advogado, depois juiz, uma pessoa extremamente ética, rigorosamente ética, e que, graças a Deus, me deixou essa herança.

O que Minas deixou de mais forte no senhor? O que é mais marcante ainda hoje?

Quando eu volto a Minas, sobretudo quando faço o percurso de Belo Horizonte pra Ouro Preto, Tiradentes, as cidades históricas, eu fico fascinado e sinto a mesma sensação que tive pela primeira vez, quando eu, já consciente, me deparei com o mar. O Hélio Pellegrino, também mineiro, dizia que o mar é o pão do espírito. Agora, essa sensação, essa perplexidade admirável eu sinto cada vez que vou a Minas e, andando pelas estradas, observo as montanhas. Eu fico fascinado pelo jeito mineiro de partilhar, de acolher. Por exemplo, Belo Horizonte é uma cidade onde não tem bairros de etnias ou nacionalidades distintas como existe em São Paulo. Em São Paulo tem um bairro japonês, um bairro italiano, etc... Em Belo Horizonte, não, porque todo estrangeiro que chega a Minas é muito grato pela cordialidade do mineiro, pela generosidade. O mineiro é muito afável. O mineiro dá um boi pra não entrar numa briga e a boiada pra continuar de fora. E o mineiro é aquele que fica em cima do muro; não por imparcialidade como costumam dizer, é pra ver melhor os dois lados, pra discernir bem quais são as opções da vida. Ele é muito ponderado. Isso me fascina.

No seu temperamento, no seu dia a dia você identifica traços mineiros?

Primeiro: eu sei brigar com o mundo, mas não sei brigar com ninguém. Com uma pessoa... Quando acontece de uma divergência me separar de alguém eu sofro muito. Mas sou um guerreiro, sou de luta, corro atrás de justiça social, por um mundo melhor. Eu sou muito indignado com a injustiça. Eu não posso ver um mendigo caído na rua, uma criança de rua, que eu fico pensando que eu poderia estar no lugar dele. Só não estou por mero acaso da loteria biológica. Eu não escolhi nem a família nem a classe social em que nasci, assim como todos nós. Então, isso pra mim é uma dívida social. Mas não sei me conflitar individualmente. Eu sofro quando acontece uma divergência com uma pessoa amiga, porque está dentro de mim essa coisa conciliadora do mineiro, que se revela muito na política – às vezes até de maneira oportunista, às vezes extrapola o limite da amabilidade para ir para o oportunismo. Mas eu sou uma pessoa de comunhão. Eu adoro aquela coisa mineira de reunir os amigos em torno da mesa, a comensalidade. O mineiro gosta de estar à mesa partilhando, jogando conversa fora... E é uma conversa muito cordial, de coração a coração.

O tempo na prisão deve ter sido muito forte, muito sofrido...

Foi um tempo difícil, mas um tempo de muito aprendizado e amadurecimento, tanto do ponto de um humano quanto do ponto de vista espiritual. Porque a prisão é um retiro, um grande retiro espiritual se a gente sabe aproveitar o período. Um momento de muito sofrimento, de muita dor, que custou a vida de um colega meu, Frei Tito de Alencar Lima, mas também um período de muito aprendizado e aprofundamento pra mim.

O seu livro mais premiado é *Batismo de sangue*?

É. O *Batismo de sangue* já chegou às telas no filme do Helvécio Ratton. É um livro que saiu em 1983 e até hoje continua atual, continua nas livrarias. Teve *Fidel e a religião,* que foi o mais traduzido no mundo, em 23 idiomas, em 32 países. Eu não posso me queixar dos meus 51 filhos, que são minhas obras literárias. E agora eu estou feliz com o lançamento de *Um homem chamado Jesus,* porque ele traduz para o leitor, em forma de romance, o que são os quatro evangelhos.

O autor prefere um livro a outro?

Na verdade, a gente é muito autocrítico. Veja, tem livros meus que eu não reeditaria, até porque já passaram do momento. Estão datados. Se eu fosse reeditá-los eu os reescreveria inteiramente. Isso acontece. A gente vai amadurecendo literariamente, com outras leituras, e isso vai dando uma visão crítica daquilo que a gente escreveu. E tem outros que são perenes, como o *Cartas da prisão, Batismo de sangue, Fidel e a religião...* Eu acho que esse mais recente, *Diário de Fernando,* que saiu este ano [2009], é um livro que vai ficar também. Eu fiquei muito satisfeito com o tratamento literário que dei a ele.

Não foi um sofrimento muito grande escrever *Diário de Fernando*?

Não, pra mim é um extremo prazer. Eu sei que tem autores que sofrem ao escrever. Eu costumo dizer que o que me dá mais felicidade na vida é orar e escrever. Se eu ficar 48 horas sem escrever me sinto mal. O que me salva um pouco é que, além de eu estar sempre trabalhando num projeto literário, eu sou obrigado a escrever de sete a oito artigos literários todo mês, para jornais e revistas para os quais eu colaboro. Então, isso permite que eu respire através da literatura. A literatura – o Hélio Pellegrino também chamava a atenção para isso – é a minha terapia.

O senhor tem uma rotina para escrever?

Eu reservo 120 dias por ano, que não são seguidos, consagrados, só para escrever.

E como é que faz essa contagem?

Eu faço uma reserva anual, reservo na agenda todas as semanas de 2010 em que eu estarei retirado só para escrever. Já está tudo marcado. Então, se alguém me convida para uma palestra, eu vou na agenda, verifico e digo: "Não posso, eu já tenho um compromisso". Eu não abro mão desses dias, que me fazem muito bem. Sou metódico.

O senhor mora no convento?

Moro. Num convento em São Paulo. Um convento de dominicanos, no bairro de Perdizes. Somos dez frades no convento.

A vida inteira, desde os 22 anos, o senhor mora em conventos?

Bem, teve um período em que eu morei na prisão, né? [Risos.] Eu confesso a você, por força dos generais brasileiros. E depois que eu saí da prisão eu fui morar, por cinco anos, numa favela em Vitória, no Espírito Santo. Foi uma experiência muito rica também. Morei na Ilha de Santa Maria, na favela. O barraco no qual eu morei existe até hoje. Cada vez que vou à Vitória, vou lá reverenciá-lo, porque foi a única casa que eu tive mesmo. Quando saí da prisão tive muita pressão da família, da igreja e do governo militar para que eu fosse pra fora do Brasil. Mas eu falei: "Eu fiquei na prisão por quatro anos, não devo nada a ninguém". Pelo contrário! Porque eu fui condenado, no final, a dois anos e eu já tinha cumprido quatro.

O Estado está devendo dois ao senhor?

Está, eu posso cometer qualquer crime de até dois anos que já está pré-pago [risos]. E eu queria morar num lugar em que eu pudesse fazer um trabalho popular, dentro da linha popular, de educação popular, na linha do Paulo Freire. E fui morar na favela. De 74 a 79. Trabalhei com alfabetização, ajudei a formar o centro comunitário, comunidades eclesiais de base, grupos bíblicos, enfim, foi um trabalho muito intenso. E viajei muito pelo Brasil ajudando a formar as comunidades eclesiais de base.

Frei Betto o senhor é hoje frei ainda? Eu não sei direito... O senhor celebra missa, por exemplo?

Não, não. Veja bem, eu sou frade, que quer dizer "irmão" em latim. Eu sou frade, mas não sou padre por opção. Eu tenho a mesma formação de teologia e filosofia que todo padre tem, mas eu não quis me ordenar. Antigamente na igreja havia essa distinção entre a vocação religiosa e a vocação sacerdotal. E desde cedo eu percebi que eu tenho vocação religiosa, mas não tenho vocação sacerdotal. Então optei por não virar padre, embora eu seja frade. Aí as pessoas perguntam: "Mas como é essa diferença?". Eu explico da maneira mais simples: "Eu sou como freira. Tudo o que freira pode, eu posso. Tudo o que freira não pode, eu não posso. Por exemplo, celebrar missa". Mas eu batizo, eu faço casamento, eu encomendo mortos... Isso tudo eu faço.

E o celibato esta incluído nisso?

O celibato está incluído. O celibato é uma questão de espiritualidade. Eu digo que o celibato é uma coisa inclusive para quem é casado. Não é só para quem é frade. Uma pessoa casada tem que, de certa maneira, fazer uma opção por uma exclusividade na relação, né? Então, isso não é o monstro de sete cabeças que as pessoas pensam.

Frei Betto, o senhor tem algum arrependimento na vida?

De coração, não. Não tenho arrependimento da luta que me levou à prisão. Pelo contrário, eu me sinto honrado de Deus ter me colocado numa geração que tinha 20 anos nos anos 60 e que era viciada em utopia. E estou convencido, Leda, de que quanto mais utopia menos droga, quanto menos utopia mais droga. Não dá pra viver sem sonho, sem ideais, sem preceitos.

O senhor se arrepende de ter deixado o governo Lula?

Não me arrependo de ter deixado o governo. Foi uma experiência muito rica, foram dois anos no governo Lula – 2003 e 2004 –, no Fome Zero. Escrevi dois livros que a Rocco publicou dando o balanço dessa experiência: *A mosca azul* e *O calendário do poder. O calendário do poder* é um diário que eu fiz dos dois anos até o final, que é para mostrar como é que a máquina do governo funciona, dos bastidores. Considero que o Brasil e a América Latina estão melhores com o Lula do que sem ele, mas não me arrependo de ter saído e hoje sou um feliz ING – Indivíduo Não Governamental. Eu sou uma pessoa feliz. Acho que na vida a gente tem que ter humor. E amor...

Humor, amor e sonhos?

É fundamental ter sonhos. Eu vejo essa garotada que hoje se droga e acho que é falta de sonhos. Então, eles recorrem à química. É uma garotada formada sem princípios, sem ideais, sem espiritualidade. E fica muito perdida nesse mundo consumista. Porque hoje a grande tensão que vivemos é entre formar cidadãos e o consumismo. Há uma pressão muito grande pelo consumismo, que é a busca pelos bens finitos, e pouca procura pela cidadania, pela espiritualidade, que é a busca pelos bens infinitos. Este é o trabalho que eu tenho que fazer: ajudar essa geração a encontrar os bens infinitos.

Será que os pais, esses pais que tinham 20 anos, 30 anos nos anos 80/90, erraram? Onde é que eles erraram nisso?

Não acho que erraram. Muitos pais, hoje, me perguntam: "O meu filho tem 17, 18 anos e não tem o menor interesse por religião, por espiritualidade. O que é que eu faço?". Eu digo a eles: "Vocês chegaram atrasados no mínimo dez anos com essa pergunta. Se o seu filho tivesse oito anos eu saberia o que responder". Por exemplo, no Natal... O Natal é cada vez mais Papai Noel e menos Menino Jesus. Então, se você quer que o seu filho tenha alguma espiritualidade tem que começar de pequeno, fazendo uma oração com ele antes de dormir, lendo um texto espiritual ou bíblico para ele, relembrando com ele o significado da Semana Santa, da Páscoa, do Natal. Se a família não faz nada disso é evidente que vai ficar muito difícil que ele tenha uma interioridade muito cultivada, que ele tenha uma abertura para a crença espiritual, não é? Isso é fundamental. Leda, você falou dos filhos, eu me lembrei de um livro pelo qual eu tenho um carinho muito grande, que é o meu livro mais poético, chama-se *A arte de semear estrelas,* também da Rocco [2007].

A sua rotina hoje, além de escrever, inclui o quê? Rezar?

Eu viajo muito em função de palestras. Acabo de voltar da Espanha, onde fui fazer uma palestra sobre a América Latina, na Casa de América, em Madri. Eu tenho, sempre, uma ligação muito forte com movimentos sociais ligados à igreja, que são chamados de movimentos pastorais e, também, com movimentos como sindicatos, movimento negro, movimento de mulheres, movimentos de bairros... Enfim, me solicitam muito.

O senhor só não gosta muito de dar entrevista.

Só para televisão que eu não gosto. Eu detesto aparecer. Essa é outra coisa da minha mineirice, sabe? Eu realmente não gosto da projeção da minha imagem física. Não gosto de fotos, não gosto de filmagem, não gosto de nada disso. Isso é uma coisa que não me faz bem. Então eu evito. Eu adoro ser anônimo na rua. É uma espécie de limitação mineira.

O senhor é feliz?

Eu sou uma pessoa muito feliz! Me sinto uma pessoa muito abençoada por Deus, sabe? Acho que Ele me deu mais do que eu esperava. Só de ter saído vivo da prisão, depois de ter passado quatro anos lá e dois desses quatro na situação de preso comum, isso realmente é uma graça especial que Ele me deu.

E como foi o tempo na prisão?

Os primeiros dois anos eu fiquei com os presos políticos, e dois anos depois o governo me retirou – a mim e a dois outros dois dominicanos – do meio dos presos políticos e colocou em penitenciária comum. Um castigo dentro do castigo, que está muito bem contado no livro *Diário de Fernando.* Então eu fiquei dois anos no meio de presos comuns e, no entanto, saí vivo de lá. E fiz um bom trabalho com eles. Fizemos um bom trabalho de supletivo de ginásio – hoje chamado ensino médio –, grupo de teatro, grupo bíblico. Foi uma experiência muito interessante poder ajudá-los e até recuperar alguns.

E aprendeu muito também?

É claro que aprendi muito. Poxa, quanta coisa! A minha visão de mundo, a minha visão do que é um preso... Essa coisa de que o sujeito nasce mau é mentira. A sociedade, a família que cria um sujeito perverso. Se eu tivesse nascido nas condições que aqueles rapazes considerados perversos nasceram, eu teria sido exatamente igual a eles. Então isso eu aprendi muito. A gente não pode julgar logo as pessoas do alto dos nossos preconceitos, do nosso elitismo, tem que tomar muito cuidado com isso. Vi grandes gestos de generosidade, de solidariedade entre homens condenados a 10, 20 anos de prisão. E grandes injustiças, porque no Brasil não existe um trabalho de pedagogia carcerária, de recuperação. As nossas penitenciárias, como Michel Foucault bem analisou, são depósitos de seres humanos, relegados à mais ínfima condição. E os animais no zoológico costumam ter melhor condição de vida do que os nossos presos. Quando eu estava no governo, briguei muito por uma reforma penitenciária, infelizmente não fui ouvido.

Em que mais o senhor acha que o Brasil está totalmente errado, ou com que ainda não sabe lidar, além da questão penitenciária?

A questão da terra. A reforma número 1 que o Brasil precisa fazer – e desde que eu me entendo por gente, isso é sonho, é projeto, é promessa e nunca foi cumprida – é a reforma agrária. Este é um país de dimensões continentais, não tem uma catástrofe natural. Não tem vulcão, não tem terremoto, não tem geleira, não tem tufão... O único problema é que nós não temos ainda políticos com coragem e consciência para fazer a reforma agrária. A gente viaja de avião, de carro, de ônibus e passa por terra, quilômetros e quilômetros de terras ociosas. E por isso as cidades estão se enchendo de gente, cada vez mais favelas, cada vez mais crianças de rua. Pra mim, a reforma mais urgente, a número 1, até pro Brasil ser um país saudável do ponto de vista capitalista, é a questão da reforma agrária, para chegar a um patamar civilizatório. Aí vamos reduzir drasticamente a desigualdade social que é brutal no Brasil.

E reduziríamos a violência?

Evidente que reduziríamos a violência. Porque as pessoas, expulsas do campo, não têm terra, não têm meios de produção, não têm meios de trabalho... Qualquer um de nós, você, eu, numa situação dessas partiria para a violência. Eu fico pensando: no Rio, há cada vez mais polícia subindo o morro. Por que não sobem professores? Por que não sobem escolas? Por que não sobe ensino técnico? O traficante não quer... Eu convivi com traficante na cadeia. Nenhum deles quer o filho traficante, todos gostariam que o filho virasse doutor, como eles dizem. Então, a política de Estado, que é uma política de repressão, está errada. Tem que ser uma política de educação. Sem isso, o Brasil não tem futuro. Mas, pra isso, é preciso reduzir a desigualdade social, porque as pessoas têm direito a uma vida feliz, elas não escolheram nascer na favela. E quando elas veem a mãe trabalhando o dia inteiro fora, de faxineira, de lavadeira, ou não sei o que, o pai fazendo bico... O menino não tem nenhum acompanhamento, nenhuma estrutura emocional, inclusive para frequentar a escola. Então, a evasão escolar é muito grande entre os mais pobres. E com isso ele acaba na mão do narcotráfico. O narcotráfico, primeiro, é um recurso de sobrevivência pra ele, não é um recurso de criminalidade. Depois, em função de ser um crime hediondo, gravíssimo, ele se torna um criminoso. Mas o que leva um garoto, adolescente, numa favela, a entrar no narcotráfico é querer sobreviver e querer ter acesso a bens que agregam valor à pessoa. Porque ele é tão sensível à publicidade quanto você e eu. E tentam nos convencer, todos os dias, de que só temos valor se calçarmos aquele tênis, se usarmos aquela roupa, se andarmos naquele carro, se utilizarmos aquele equipamento eletrônico. E isso não faz distinção de classe, porque a televisão é universalizada no Brasil. Então ela bombardeia com a publicidade ricos e pobres. Só que o rico e a classe média têm alguma possibilidade de ter acesso àqueles bens. E como não há uma educação, no sentido mais profundo da palavra, que leve as pessoas a perceberem desde cedo que a felicidade está dentro de nós e não fora, as pessoas, cada vez mais, tendem ao consumismo. Que é essa ideia falsa de que os bens de consumo é que me agregam valor, quando o que me agrega valor, de verdade, é o sentido da minha vida, é a minha vida interior, são os meus ideais, são os meus princípios. Isso é que agrega valor a uma pessoa. Mas isso é um processo educativo desafiador, ainda, pra nós.

Falta coragem?

Falta coragem, falta lucidez, falta mudança de paradigmas nessa sociedade produtivista, consumista pra uma sociedade de partilha, de solidariedade. Por exemplo, até hoje o bem-estar de um país é medido pelo PIB. Agora a ONU tenta dar um passo, mas infelizmente o Brasil ainda não abraçou isso com força, pra mudar o paradigma pro IDH (Índice de Desenvolvimento Humano). Mas o país Butão, lá na Ásia, está propondo o FIB, o índice de Felicidade Interna Bruta. E é isso que importa. O Butão está propondo que os países meçam o seu avanço pela qualidade de vida das pessoas, e não pela quantidade de bens e serviços que produzem. Porque você pode ser uma pessoa modesta e extremamente feliz, como você conhece tanta gente e eu também, não é? Nós conhecemos pessoas muito ricas e muito infelizes.

A descriminalização da droga ajudaria?

Eu ainda não tenho opinião formada. Eu tenho debatido muito esse assunto. Na verdade, hoje, a minha posição é a mineira: eu sou muito desconfiado. Descriminalizar pode piorar a situação, porque vamos descriminalizar a questão do viciado, isso sim, mas vamos continuar a criminalizar o traficante, o produtor da droga e o que comercializa a droga. Agora, liberar a droga, eu fico pensando... Como é que vai liberar o crack? O crack provoca um dano irreparável, em curto prazo, nas pessoas, nos viciados. Ainda que você libere a maconha, a cocaína... Mas e as drogas sintéticas, que são feitas em laboratório? Então pra mim é muito complicado isso. Ah, mas a bebida está liberada e consegue-se um certo controle social. Tudo bem. Mas ainda existe vodka feita em fundo de quintal. Então vai haver drogas feitas assim também. Eu acho isso muito difícil, não é uma coisa que eu tenha uma opinião formada, amadurecida. É uma questão a se pensar e debater. É o seu papel como jornalista, o meu também, abrir a discussão, pra poder amadurecer a opinião, uma posição da sociedade. ■

GABRIEL VILLELA

O mineiro que quer montar *As três irmãs*,

de Tchecov, no galinheiro

Caótico, efervescente, irreverente, crítico, lúcido, instigante, inteligente, dono de um humor único: esse é **GABRIEL VILLELA**. Absolutamente comprometido com a causa teatral, ganhador de muitos prêmios, ele brinca que está se preparando para pegar um lugar na frente no juízo final. Nascido numa família agrária, de seis irmãos, em Carmo do Rio Claro, no sul de Minas, volta sempre à cidade, afeiçoado que é à estrutura familiar. É briguento, mas não é de guardar rancor nem mágoa, e isso só não vale quando o assunto é Furnas, que inundou sua região, destruindo parte da fazenda do avô para a construção da hidrelétrica. Gabriel tem horror a Furnas. Não gosta de dormir em cama, prefere um estrado no chão, também detesta apartamento porque o pé direito é baixo. Lê muito; dez, quinze livros ao mesmo tempo. Nasceu num dia 30 de dezembro, nunca teve festa de aniversário e, se alguém cantar "Parabéns", ele sai correndo. Cria galinhas, tem entre 300 e 400, e, em média, um galo para 20 galinhas. E tem mais: não vende nenhuma, ou elas morrem de velhas, ou ele doa para instituições de caridade. Com vocês, Gabriel VilLela, viciado em teatro.

É o homem que faz tudo no teatro, né?

Quase tudo. Sou péssimo ator! Fiz teatro amador por dez anos, e isso foi o suficiente pra não pensar mais nisso nessa encarnação. Aí fui fazendo pelas beiras o que era necessário ser feito. Tenho 50 anos. A gente vai montando um currículo. Um artista é um currículo, nada mais que isso. É um profissional como qualquer outro.

Quando é que você começou a ganhar prêmios com o teatro?

Acho que na primeira peça que fiz [risos]. É uma estrada complicada, a dos prêmios, porque ela te leva ao inferno e ao céu. Mas o prêmio é um grande estímulo. Eu tenho muito orgulho de ter um Molière, ou mais de um. Os prêmios contam história, não a sua somente. Eles conferem uma importância X a um determinado momento do teatro, da expressão cênica do Brasil e do mundo – da qual, talvez, você tenha uma participação minúscula. Tem aquilo também, né, Leda, aos 50 anos, mineiro faz uma espécie de súmula, contabilidade, e é bom ver que já tem um saldo de prêmios, que a gente vai se preparando para o dia do juízo final, para pegar um lugar de frente. Mineiro adora ser comissão julgadora, né? Eu quero me sentar na primeira fila. Sou míope. Preciso dar conta de tudo. Para mineiro não adianta só a visão retilínea, tem que ter a periférica também.

E no seu trabalho? Acho que visão periférica é fundamental, não?

O teatro nasce como produto da visão periférica, fenômeno ocular da hegemonia ocular, da hegemonia do sentido da visão sobre os demais sentidos. E a nossa cultura burguesa é muito retilínea. Estamos num palco italiano, só a visão retilínea interessa. A academia te dá muito essa percepção também. Ela te obriga a pensar a lateral, as três fontes de acesso visual à cena. Que começa lá na arena grega, vai se transformando ao curso da história e chega nesse lado norte-americano, pragmático dessa cultura nossa burguesa. Basta olhar pra frente e pronto. Eu não concordo. Acho que Deus mandou olhar pros lados. Não adianta acelerar pra frente, porque você perde a paisagem lateral. Empobrece demais o olhar. Quem nasce no mato, na montanha, no serrado, no interior – no interior no sentido de uma relação muito forte com a geografia física – está muito atento a tudo. Não dá pra olhar só pra frente. A cascavel te pica de lado e desenvolve uma observação muito grande. E do que vem atrás também.

Você falou que fez dez anos de teatro amador. Em Minas? Que Minas?

A Minas do sul de Minas. Região de Carmo do Rio Claro. Região da bacia hidrelétrica de Furnas. A cidade chama-se Carmo do Rio Claro. Foi onde eu nasci. Sul de Minas e vizinha da terra de Milton Nascimento, Boa Esperança, Três Pontas. Três Corações é um pouquinho mais à frente, já não está dentro da bacia da hidrelétrica de Furnas. Vivi lá até os 23 anos. É uma cidade muito pequena. Já somos criados pra sair de lá. Eu volto sempre, mas ninguém volta como saiu. O que facilita tudo é o fato de que a minha família continua em Minas. E sou muito apegado, afeiçoado à estrutura familiar. Sou briguento, brigo muito. Me meto em cada confusão terrível com a família! Mas os pecadinhos são meus. Preciso desse drama. Desses impasses, desses contrastes. Sou brigão bicudo. Não guardo rancor, mas se deixar eu viro um Shakespeare, uma peça shakespeariana. Fico vingativo. Me vingo assim: vou lá e derrubo o galinheiro do meu vizinho, que é meu irmão. Então faço as minhas galinhas ficarem mais bonitas pra concorrer com as dele. É infantil, né?

Essa paixão por galinha é real? Vem desde criança?

É real. Éramos seis irmãos, nascemos num instante em que o Juscelino [Kubitschek] construiu a hidrelétrica de Furnas. Nossa família é toda agrária. Profissão do meu pai, da minha mãe, dos meus avós; sempre foram herdeiros de terras. Então, nunca trabalharam. Quer dizer, trabalharam na terra. À medida que Furnas chegou e a água pegou a cultura de várzea, o mineiro não sabia cultivar em campo do Serrado nem em montanha. Nesse instante, nós nascemos, seis filhos, faleceu um na própria fazenda. Gabriel, Miguel e Rafael. O Rafael faleceu. Nós tivemos que vir pra cidade, porque não havia escola agrária. Foi um grande choque sair da estrutura rural, porque deixar galinha é muito triste [risos]. Deixar vaca, pássaros, o vegetal é muito triste. Deixar seu estado vegetal é muito duro. A criança é muito vegetal ou mineral. É muito galinácea. Desenvolvida em plena terra. Essa educação, essa liberdade de ser criado metade pela natureza, afrontada naquele instante. A gente teve que ser um pouco mais macho porque a água não subiu com cuidado. Não tinha Marina [Silva] como ministra do Meio Ambiente. A água subiu na porrada. E no que ela subiu, trouxe pra dentro lobo-guará, cobra. Trouxe os animais peçonhentos. Parte da fazenda do meu avô tinha cultura de carneiro pra tosquia, lã. Uma cultura da nossa região rural é a tecelagem agrária. A gente cresceu nesse meio ambiente um pouco hostil, porque dividiu os espaços com lobos, alcateias mesmo. Cobras... Quantas vezes a gente estava no banheiro da fazenda – a nossa, especificamente, chama-se "Estalagem" – e olhava pro lado e tinha uma cobra enrolada. Jararaca, cascavel... E vinha alguém matar, porque era perigoso criança muito nova enfrentar a cobra. Leda, nós não tínhamos papel higiênico! Naquela época, a Sucam arrumou um jeito de passar um truque na gente, uma calmaria na família agrária; ela trazia jornais e ensinava a fazer papel higiênico. Cortava os jornais em pedaços, passava num arame e era mais ou menos um rolo. Foi assim que fomos educados, alfabetizados juntando pedaços de jornais, procurava-se a reciprocidade em outro pedaço, E tinha muito BHC também, um veneno perigosíssimo, pra matar o bicho do barbeiro, o hospedeiro do barbeiro que dá essa doença de Chagas. Foi uma infância muito difícil, mas muito prazerosa. Muito fantasiosa. Com a liberdade de criação, de pensamento. Ao mesmo tempo, dentro de casa, a minha avó era uma pianista maravilhosa! Tocava Chopin e Beethoven. Havia uma parcela muito grande de prática artística internamente. Claro que eu era mais mulherzinha. Ficava mais pro lado do piano, do bordado, do bastidor das mulheres, do que me entender lá com a plantação de café, de campo, de montanha. Morava todo mundo mais ou menos junto numa casa central.

Quando Furnas chegou, ainda era grande a fazenda?

Era. Leda, virei aqui na [Rua] Real Grandeza para vir para o Teatro Solar te dar essa entrevista e dei de cara com a sede de Furnas. Tenho horror a Furnas! Pensei: "Tenho que contar pra Leda que tenho pavor de Furnas, dessa sigla". Porque eu, como todo mineiro da região, tenho horror a Furnas, que atingiu 36 cidades. Foi em 1960. Em 1958 ela já estava sendo finalizada. Mas a barragem propriamente dita, a água, subiu em um mês e meio. Então, você pode imaginar o nosso pânico. Na casa da cidade e na casa da fazenda os bichos invadindo. Se você vai ao colégio local da minha cidade você encontra esses irmãos italianos que conheciam a técnica de empalhamento, eles empalharam jiboia, tamanduá-bandeira, lobo... Tem muito lobo empalhado. Porque os bichos morriam. E os italianos tiveram essa sacada de "vamos deixar um pouco pra posteridade, pra verem o que foi feito aqui, o que aconteceu".

Mas vocês continuaram com as galinhas, com as plantações?

O meu pai vendeu a fazenda quando a gente tinha uns 12, 14 anos. Comprou outros bens dentro da cidade. Houve uma depressão muito grande nessa geração dele e do meu avô. Ou eles transformaram isso numa grande literatura de derrocada ou desencantaram mesmo e foram pra cidade, comer os *royalties* de Furnas.

Mas agora que já reclamamos de Furnas, vamos falar de teatro amador...

Nós montamos um grupo amador, aulas de teatro faziam parte da educação no colégio. Na minha cidade tem quatro salas de espetáculos. Uma cidade de 20 mil habitantes hoje. Uma capela que deixou de ser capela pra virar teatro. Então, em toda a região, há um movimento muito forte de teatro amador. Isso faz o adolescente circular muito: Passos, Alfenas... Três Corações é uma cidade também com faculdades, e a minha cidade é muito próxima, fica a 200 km de distância. Dista 230 km de São João del-Rei, e isso acabava nos jogando pra São João del-Rei, pra Ribeiro Bastos, pra música erudita mineira. E a gente acaba misturando tudo isso numa mesma mala. Como ator, fui do *Pluft*, da Maria Clara [Machado], passei pelo *Pequeno príncipe*. Quando eu fui para São Paulo, a única certeza que eu tinha era que não queria ser ator. Fui pra USP e prestei vestibular pra direção de teatro. Entrei na faculdade, fiquei lá quatro ou cinco anos e já saí pro teatro profissional, na sequência. Foi uma coisa bem prática. Morei dentro da universidade. Fiquei por lá e encontrei um mineiro muito bom lá dentro da ECA, o Sábato Magaldi. Fui aluno dele por dois anos e me encantei com a tarefa, com a profissão.

E resolveu que o teatro é seu lugar?

Trato a minha loucura no teatro. Vejo que se não tiver um canal, um para-raios mesmo, algo com que eu possa dialogar sobre questões que são extremamente subjetivas, ligadas à existência humana mesmo, se eu não tiver uma prática cotidiana disso eu entro pra Alice no ato. Na minha família eles falam: "Fulano entrou pra Alice". "Entrar pra Alice" é "pular pra dentro do espelho". É um eufemismo pra dizer que "esquizofrenizou-se".

Você acha que vai voltar pra Minas?

Pra morrer, sim. Se eu puder controlar a minha terceira idade, o colesterol, os triglicérides. A minha meta é esta: me juntar aos mortos da minha felicidade. Eu estou numa relação com Minas bem mais calma. Talvez até o que diz no próprio Romeu: "Barro, este é teu centro. Volta". Acho que estou me preparando pra voltar. Mas ainda vou fazer um estrago bom.

O que você quer fazer no teatro?

Imagina! Um diretor que ainda não fez *Édipo Rei* e *Hamlet* e só fez Godot está totalmente incompleto! Ainda não fiz tragédia grega. Estou me preparando há 10, 15 anos pra chegar a ela. Agora encontrei a atriz ideal pra essa parceria. Não dá pra chegar à tragédia grega sem uma grande dama. É a Walderez de Barros. Vou montar com ela *Hécuba*. Nós – o nosso grupo de estudos em São Paulo – vamos montar *Hécuba*, uma trilogia sobre Troia. Depois vou voltar pro Shakespeare com o Thiago Lacerda, que está viajando com a companhia. A gente montou *Calígula,* e ainda quero fazer com Thiago dois Shakespeares: *Macbeth* e *Hamlet.* Isso é o que está certo. Mas a prateleira está cheia de livros e ideias.

Você parece uma pessoa totalmente efervescente. Lê mais de um livro por vez? Pensa em mais de uma peça por vez?

Por metro! Durmo no chão em São Paulo porque não aguento casa de pé direito baixo. Moro num apartamento em que, se durmo numa cama convencional, me falta ar. Durmo no chão. Tenho um estrado e, em torno dele, ponho os livros. Não leio um só, não. Leio 10, 15 ao mesmo tempo. Volto, vou adiante. É um caos! Sou um Carlinhos Bracher. Um caos também pensado. Pedagogicamente, é pensado pra exercitar a função de diretor. É impossível você ler Shakespeare e não exercitar a função de diretor. É impossível você ler Shakespeare e não ler Montaigne. É preciso um pouco do iluminismo francês com o humanismo alemão. Organizo isso bem porque a escola me deu essa metodologia. Eu sou Miguilin, sou da terra dos malucos. Tenho uma outra lógica.

O que Minas te deu?

A loucura! Primeiro a loucura. Me deu um faro danado pra lidar com as forças naturais. Me deu uma força muito grande de sair pro mundo e de arrebentar porta, parede. Me deu a terra e a lua. Sou capricorniano, uma coisa de ter o pé no chão e a cabeça na lua. Trinta de dezembro. É horrível! Na roça, então! Em Minas é mais horrível ainda. Nunca tive festas de aniversário e não sei cantar parabéns pros outros. E se alguém cantar parabéns pra mim, eu corro, fico completamente sem graça. Eu não sei ganhar presente, porque no Natal minha mãe punha uma vela na bunda de uma leitoa assada e falava: "Vamos aproveitar e cantar parabéns pro Gabriel". Meu bolo de aniversário sempre foi uma leitoa com uma espiga de milho no cu, uma alface na orelha e uma vela no lombo indicando a idade. E ganhava um presente só. Isso é complicadíssimo.

Você se sente muito um garoto do interioR?

Muito, muito. Descobri isso com a Bethânia. Olha que privilégio! Aliás, Leda, nós nos conhecemos através da Bethânia. Ela que disse pra mim: "Você é interiorano. Presta atenção, o que quero de você é esse lado interiorano". E com isso, obviamente, me liberou aqui no Rio pros "erres". Me deu alforria. Ou a Bethânia te prende ou te dá alforria. Deus salve Bethânia! Incrível como ela conhece esse espírito indolente, Zé Pilintra do Rio de Janeiro. Talvez o instante em que mais conheci o Rio foi pelo show que fiz com ela. Foi um show que tinha uma marca bastante forte do interior, era Roberto Carlos. Resolvemos fazer tudo num parquinho de diversão. Esse conceito de parque de diversão onde os amores acontecem. No interior, na quermesse. Ela bancou muito o investimento nesse universo onírico. Fomos pra Santo Amaro, participamos das festas de Santo Amaro...

A Rachel Jardim, que é uma escritora de Juiz de Fora, diz que não se é mineiro impunemente nem se recupera nunca de ter sido. Quero saber se você quer se recuperar ou não?

Não tem mais jeito. E também não tem o querer. Por exemplo, quando te digo assim: este instante é muito bonito, o instante dos 50 anos, que é o instante já do extrato bancário, quando se começa a fazer o dever e o haver, a contabilidade da vida. Se eu não tivesse lido o romance do Lúcio Cardoso, *Crônica da casa assassinada*, dificilmente hoje eu teria condições de ir para a tragédia grega. Se eu não tivesse essa provocação que a gente tem, que é inerente a todo mundo que lê a obra do Guimarães Rosa, principalmente esta questão: "O Riobaldo está falando com quem?". Claro, ele está falando com o leitor. Mas desgraçadamente cada um é de um jeito e provoca em você determinadas regiões que você fala: "Filho da puta! Por que só eu pensei dessa maneira?". E na verdade ele fala: "Quem é esse leitor?". Ele não é único e, no entanto, é uno. É uma terra de contrastes, né? Acho que mais que todas as artes – inclusive o próprio Aleijadinho, que historicamente fundou as artes plásticas no Brasil com o mestre Ataíde –, a nossa literatura explica muito a psique do mineiro. Eu me aborreço, fico muito puto quando em São Paulo abro os jornais, principalmente os paulistanos, que abordam Minas pelo lado folcloresco. Quando nos tratam como seres folclóricos. A turma do pão de queijo. Nelson Rodrigues era pernambucano. Mas quando quis mexer na doença propriamente dita, ele botou o dedo numa família mineira. *Álbum de família* se passa em Minas. Ele foi averiguar onde repousam os mitos, onde há uma logística afetiva até hoje que não corresponde ao *modus vivendi* de uma cultura contemporânea. Ele foi pra linguagem dos mitos e foi buscar isso em Minas, que é um estado sisudo, um estado telúrico muito forte. Um pouco a Cólquida do Brasil. A Cólquida da Medeia. O Mário Palmério diz que mineiro mata rindo. Isso é uma verdade. Uma coisa absurda! Mas quem mais colaborou para isso, e eu quero encontrar no inferno, no juízo final, é esse do *Sítio do pica-pau amarelo*. Monteiro Lobato. Graças a Deus parei de ler tudo dele! Quem inventou o modelo Jeca Tatu e introduziu o Jeca Tatu na cultura paulistana, num instante delicadíssimo, de ruptura cultural, porque era o instante da Semana de Arte Moderna. E o que aconteceu a partir daquilo? Monteiro Lobato introduziu o modelo do homem do campo como um homem jeca! Hoje você lê em todas as páginas dos jornais do mundo que a salvação, o futuro de Wall Street está na lavoura, no campo. Tinha um megainvestidor nas páginas amarelas da *Veja*, outro dia mesmo, dizendo que um bom investidor não demora dez anos pra comprar um trator. Pra comprar um arado. Vou arrematar dizendo: o [Bertold] Brecht, que pra mim é a excelência nesse aspecto, sobretudo do homem antropológico, político, vai lá botar isso: "Primeiro vem o estômago, depois a moral".

Você acha que é por aí e vai ser por aí sempre?

Vai. Vai ser pelo campo. Talvez eu não veja isso, mas a gente está na iminência, em médio prazo, de um grande êxodo urbano, em função mesmo de uma crise de abastecimento mundial e em função, sobretudo, de uma necessidade de homem de reequilibrar as forças naturais, para que possa continuar havendo vida no Planeta. Minas é a caixa d'água do Brasil. Quero dizer que é mais forte, porque, estatisticamente falando, o Brasil detém 19% da água potável do mundo. Desses 19%, 9% estão em Minas Gerais. Parte cutânea e parte subcutânea, que é o Aquífero Guarani, que começa no Paraná e chega no Mato Grosso, mas cujo reservatório maior está sob o solo do Sul de Minas e do Triângulo Mineiro. E atrás de uma água, Leda, não há filosofia que aguente, que tolere.

É por isso que você já está lá com a sua casinha e suas galinhas.

Três galinheiros. Dependendo do estágio da galinha, ela mora num galinheiro. São estágios diferentes. No estágio de crescimento do pintinho, eles são criados em viveiros que não tocam no chão, na terra, porque tem um bichinho que dá uma doença neles. Numa fase em que eles já ficam praianos, soltos como aqui no Rio os surfistas, eles já passam pra outro galinheiro, que tem um capim chamado "cucuio" (é um nome indígena). É um capim que tem muita proteína e dá muita musculatura pro pinto. Nesse instante você define aquele que vai pro *freezer* e o que vai ficar pra galo. E as galinhas poedeiras obviamente têm prioridade. Desde que li o primeiro livro do Tchecov, que fui pra Moscou e vi muito Tchecov montado, se você me falar: "Gabriel, monta as *Três irmãs* pra mim?". Respondo: "Claro, desde que seja dentro de um galinheiro". Tenho certeza de que o arquétipo são três galinhas irmãs, carentes, precisadas de um galo, em cima do poleiro, olhando o tempo passar. E elas são muito burras. Galinha é burra demais da conta, né, Leda? Você dá um chute nela, ela vai até ali e volta. Em compensação, é o bicho mais curioso que tem na natureza. A curiosidade da galinha é a minha curiosidade. Você joga uma pedrinha ali, daqui a pouco elas chegam pra ver o que está acontecendo. Galinha d'Angola então, nem se fala! Elas são ocupadas o dia inteiro. Sobem e descem gritando: "Tô fraco, tô fraco". Para não ter escorpião, aranha, bichos peçonhentos e tal, você põe as galinhas em torno da casa. São criadas ali. Não entram.

Quantas galinhas você tem?

Umas 300, 400 galinhas. A média é de 20 galinhas pra um galo. Mais de dois galos pra 20 galinhas eles fazem muita fuzarca. Eles machucam a galinha na hora de engalar. E aí já faz confusão no galinheiro. Daí a necessidade do abate. E eu não vendo, elas vão pra uma instituição de caridade. Tem uma freira lá na minha cidade que educa as crianças assim: vão para a escola e na volta recebem um almoço, em troca da frequência escolar. A cidade inteira investe nesse projeto pra evitar evasão escolar e tudo o mais. Eu entro com as galinhas e os pintos crescidos, antes de virarem galos. Porque são mais suculentos. Eu tenho um pouco de pena de matar fêmea. Não gosto muito dessa ideia de abater galinha fêmea. Morrem de velhinhas. Quando estão com muita artrose mesmo, a gente sacrifica porque elas vão ficando muito assim... e sofrem. Vaca também. Tenho uma lá também que está sofrendo, porque já parou de produzir, não tem mais condições de parir. Pega doença toda hora. Mas não tenho coragem de abater.

Voltando ao Gabriel diretor de teatro, se a gente fizer uma passagem pelo seu currículo, digamos, a gente vê *Mary Stuart*, *A vida é sonho*, *Romeu e Julieta*. Quer dizer, a gente vê Calderon de la Barca, Nelson Rodrigues, Shakespeare, tudo! Essa diversidade que fascina você?

Exatamente! É o modelo clássico, né? De forma geral, o diretor é uma fábrica de pensamentos. Muitas vezes, pautado em ideias clássicas, mesmo que ele esteja tratando de um tema circunstancialmente nacional, como *Apareceu a Margarida* do Roberto Athayde que montei. Ele está sempre com o pé no modelo clássico. Então, isso gera uma necessidade de estudo e de abordagem de temas clássicos e, ao mesmo tempo, uma angústia, porque à medida que você vai acessando esse material, trabalha com muita luz e sombra. Tem zonas esclarecidas e zonas muito escuras, que a gente não acessa. Eu tenho uma dificuldade muito grande. E como sou muito teimoso, fico muito em cima dos clássicos. Parte da cabala não acha que estão lá cifrados os 99 nomes de Deus? Acho que os 99 nomes de Deus estão no teatro. Na literatura clássica. Acho que passa por Sófocles tanto quanto passa por um contemporâneo nosso como Rainer Muller, Shakespeare, Molière. Independentemente do estilo de cada um.

O que o agrada mais: ser diretor, figurinista ou cenógrafo? Ou você é tudo isso? Você precisa fazer todas essas partes do espetáculo pra se sentir mais diretor, pra fazer a obra completa?

Não. No primeiro instante da juventude da gente, a gente pratica essas três partes, ou a quarta – no caso, a luz, porque já me envolvi também com luz. Mas depois elas se tornaram formas necessárias pra dar mais limpeza ao verbo. A grande tara do diretor de teatro, o grande fetiche do diretor é o verbo. E quanto mais os anos se aproximam, você fica mais apreciador do verbo, das entonações. As entonações contam uma cultura. É através da expressão do verbo que você consegue detectar isso. Está aí o *Vestido de noiva*, de Nelson Rodrigues; quem está protagonizando é uma carioquérrima, a Leandra Leal, com todos os SS [imita carioca], essa coisa linda que a fala do carioca tem. Mas por trás disso tem toda uma prosódia. Com o Marcelo Antony (no *Vestido*), a Maria Padilha e o Marcelo Escorel também, quando fizeram *A falecida*. Isso pra pesquisa de um diretor é importantíssimo, porque ali repousam os mitos que definem a Capital Federal, essa cidade que é objeto de desejo de todo mineiro também. O mineiro que não sai de Minas. Conheci o mar aos 18 anos de idade, e foi Cabo Frio. Banho de bunda, nossa! É coisa de mineiro. É aqui. Então, para acessar a nossa psique brasileira tem que passar pelo Rio de Janeiro, pela eterna Capital Federal, sem tornar isso uma cidade romântica e romantizar o tema. Pra explicar o Brasil tem que passar pelo Rio. A obra do Nelson [Rodrigues] e a do Arthur Azevedo são dois feitos importantíssimos que também cifraram o enigma do DNA do brasileiro. Tem muita diferença na nossa carreira entre o enigma e o mistério. O enigma você decifra, mas a grande obra traz o enigma e o mistério juntos. No teatro, especificamente, em extrato concentrado. É preciso tomar um cuidado desgraçado para poder depurar a obra e saber até que ponto o autor está te tratando como um decifrador de enigmas ou como um contemplador de mistérios. Mistério não se resolve, não se explica, contempla-se.

E quando é que você descobre isso como diretor? Lendo a peça? Já nos ensaios? Na escolha?

Na escolha do tema. E no confronto cotidiano com o pensamento do ator. Porque o oráculo mesmo é esse bicho maravilhoso sem o qual a gente não sabe viver, que é ator. A grande paixão da minha vida é a palavra mesmo, mas antes dela, antes do verbo – ele não pode ser tão bem estimado assim –, o ator. O que veste a máscara. O que tem a capacidade de adotar a hipocrisia, no sentido grego, que é calçar a máscara de outro. Essa multiplicação de máscaras e personas acaba te revelando um pouquinho. Acalma a gente. A mim me apacienta muito. Senão teria que abrir um hospício lá em Barbacena pra me segurar. Tenho a impressão de que isso não é uma questão mineira. É um problema da profissão mesmo. É preciso muito estudo. É sobretudo estudar, olhar, ter muita escuta pro ator. Considerando que teatro é uma religião dionisíaca, apolínea, com duas forças antagônicas muito fortes, o equivalente a acessar a divindade de Jesus Cristo, seria um pouco acessar, através do ator, um pouco a força primordial desses dois deuses. Dessas duas forças divinas que são Dionísio e Apolo. Por isso, o ator é importante. Ele o leva à loucura, através da sua capacidade de metamorfose. Uma vez li isto pichado no muro da USP: "Você me acalma como um lexotan e você me excita como uma cortesã". O ator é um pouco isso: é o lexotan e o cortesão.

E o diretor? O que é?

É o consumidor. O viciado, literalmente. Claro que não estamos falando aqui da moralidade vigente. Mas ele é um viciado em lexotan e cortesã. E em teatro. ■

HÉLIO COSTA

Político, repórter e apaixonado

Todo domingo era a mesma coisa: de alguma parte do mundo, aparecia **HÉLIO COSTA** no Fantástico trazendo as mais novas notícias da medicina ou cobrindo uma guerra num lugar que a gente ainda nem sequer tinha ouvido falar. Mas a voz poderosa que ele tem, de certa forma, nos aproximava das descobertas médicas ou dos novos medos. E foi a voz a principal responsável pela ida do jovem locutor de rádio de Barbacena para Belo Horizonte e, depois, para A Voz da América. A televisão veio em seguida, e ele formou dupla com o cinegrafista Orlando Moreira. A cobertura internacional ainda tinha poucas oportunidades nos telejornais, mas eles abriam espaço com boas ideias e pautas corajosas, mostrando a primeira cirurgia de catarata da moderna medicina; retratando para o Brasil, pela primeira vez, como era vida na China ou levando um sonoro "não" quando tentaram falar de uma nova doença que aparecia no mundo: a Aids. Ou, ainda, fazendo a primeira entrevista com Ted Kennedy, quatro anos após a morte do Kennedy presidente. Como repórter, Hélio Costa, pai de seis filhos, é filho de um eletricista e uma tecelã, conheceu 72 países e deixou o jornalismo pela política. Foi deputado, senador e, como ministro das Comunicações, visitou o país número 73 na vida dele, a Turquia. Ficou encantado.

O que você identifica de Minas no seu comportamento? No seu jeito, no seu gesto?

O mais importante que identifico de Minas no meu comportamento é a cautela. O mineiro é muito cauteloso, não dá o passo maior do que a perna. A gente vai com muito critério, muito cuidado, muito embora nada nos impeça de ser, digamos assim, audaciosos [risos].

No seu caso foi mesmo a maior audácia, porque você vem de uma família simples, não é?

Meus pais eram funcionários públicos, de salário mínimo. E foram a vida inteira. Trabalhavam no Ministério da Agricultura, em Barbacena. Tinha lá uma estação experimental de seda animal, do bicho da seda. Meu pai era eletricista, e a minha mãe era técnica no setor de tecelagem, era tecelã.

E como um filho de dois operários de Barbacena ganha o mundo?

Acho que está um pouco nessa vontade de criar um mundo diferente. Sempre me imaginei vivendo em espaços maiores. Achei que Barbacena ficou um pouco pequena. Vim para o espaço estadual, que foi ficando pequeno também. Fui nacional e depois internacional. Tem um pouco também de DNA, porque meu pai era uma pessoa muito viajada, do ponto de vista de pioneirismo. Muito embora fosse um mecânico, um técnico, um motorista de táxi, foi um dos primeiros brasileiros que saiu de carro do Brasil para levar um passageiro a Buenos Aires, naquela época que não tinha estradas. Isso na década de 30. Sou neto de italianos que vieram na virada do século passado para o Brasil. Então, isso aí está mais ou menos explicado.

Sua voz é linda! Ela deve ter sido um diferencial no começo da sua carreira, não?

Acho que ajudou muito, porque comecei no rádio. Em Barbacena, na rádio local. E foi uma experiência muito importante. Fazer televisão é difícil, mas fazer rádio é um pouquinho mais difícil ainda. Narrar as coisas que a outra pessoa também está vendo é mais fácil do que ter só a voz para descrever uma cena, um acontecimento. Comecei em Barbacena, depois fui para Belo Horizonte, no princípio da década de 60 fui para a Rádio Itatiaia e passei basicamente por todas as emissoras de rádio da cidade. Depois fui para os Diários Associados. Fui trabalhar no *Diário de Minas* e no *Diário da Tarde*, que eram os dois principais jornais de Minas. Depois fui para a TV Itacolomi, que também era Associada, e depois dos jornais associados acabei fazendo um concurso para a Voz da América. Nunca esperei que fosse uma coisa tão rápida, e três meses depois fui convidado a ir embora para Washington. Eu traduzia bem, lia bem e falava com uma certa dificuldade. Falar bem, realmente, e superar as dificuldades a gente só consegue vivendo no país da língua. Mas para quem tem vocabulário, conhecimento gramatical da língua, pra quem está em contato com a língua como eu estava é bem mais fácil. E a verdade era que a Voz da América estava mais interessada que eu fosse um bom tradutor que um bom locutor [risos].

Você é um bom produtor de televisão?

Eu fui um bom produtor. Modéstia à parte, o meu sucesso na televisão foi porque não só atuei como meu próprio produtor, mas também tive bons auxiliares, bons assessores, bons produtores ao meu lado. Esse procedimento todo. Na televisão, quanto mais pesquisa você faz, quanto mais conhecimento você tem do assunto que você está cobrindo, maior domínio você tem sobre o assunto e, evidentemente, o resultado vai ser muito melhor. O produtor é fundamental em qualquer atividade, principalmente da televisão. Num primeiro momento só eu e o Orlando Moreira, cinegrafista, saíamos naquela aventura de fazer reportagens, sozinhos, na Europa, no Japão. E isso acontecia porque, economicamente, nós não tínhamos condições. Na época, o espaço internacional ainda era pequeno, e a gente ainda não estava preparado pra partir para um investimento mais audacioso. Depois que nós incorporamos um produtor na nossa equipe, ele nunca mais saiu. Pelo contrário, nós só acrescentamos mais produtores, porque a gente entra numa situação em que fica mais difícil deslocar as pessoas de um lado e do outro e depois juntar as informações; o produtor é fundamental. Na produção de tevê principalmente.

Você ainda tem tempo de ver televisão?

Vejo muito. E lamentavelmente com o espírito crítico. Só vejo televisão do ponto de vista de diversão para ver filmes e programas que tenham algum valor científico. Sou muito ligado às coisas que hoje estão na televisão a cabo ou via satélite. Vejo os canais internacionais, o Canal Futura e as tevês educativas como a Cultura, a TV do Rio de Janeiro, a nossa TV Brasil. Tenho pouco tempo e quero aproveitá-lo. Em termos de televisão, só gosto de alguma coisa que me dê informação, que seja produtivo e que me acrescente.

Você vê programas de entrevistas?

Com muita frequência. Eu acho que 70% do forte de uma entrevista é o entrevistador, não necessariamente o entrevistado. Você pode ter um belo entrevistado e lamentavelmente não conseguir extrair dele o que a gente, como repórter, procurar encontrar. Aprendi isso com um repórter americano famoso, o jornalista Mike Wallace, que a é principal figura de um programa de televisão que está no ar há décadas e é uma das maiores audiências da tevê americana, o 60 Minutes, da CBS News. Wallace é, talvez, o mais completo entrevistador que vi na televisão americana. Ele é realmente muito bom! Então, eu me pautava muito nas técnicas de entrevista dele. Vejo que hoje os nossos entrevistadores mudaram muito, e para melhor. Há mais informação, existem mais condições de você explorar todo esse ambiente técnico de televisão. Como fazer as coisas, de que maneira você consegue os melhores resultados... Na nossa época e na sua, diga-se de passagem, lá no comecinho, não tinha nada [risos]. A gente tinha que ver o que os outros estavam fazendo, principalmente lá fora, e tentar entender como é que se fazia aquilo, etc. Hoje basta ir ao Google você encontra resposta para qualquer pergunta que você tiver, qualquer pesquisa que você quiser fazer. Na minha época, eu me lembro que uma vez estávamos em uma viagem à África e chegamos à Nigéria. Eu precisava fazer contato com a direção do jornalismo no Rio, porque eu ia mudar o meu roteiro e estava faltando dinheiro para continuar a viagem. Fiquei três dias no *lobby* do hotel aguardando um telefonema que eu tinha pedido para o Rio de Janeiro; felizmente, tinha uma piscina no mesmo andar. Hoje quando você volta à África, na mesma Nigéria, você encontra todo mundo dependurado no celular e falando com a maior facilidade internacionalmente. Há 30 anos era muito difícil você exercer essa atividade de jornalista no Brasil e principalmente no exterior.

É o preço do pioneirismo, não? O Brasil inteiro assistia às suas entrevistas no Fantástico, e elas eram o terror dos médicos nas segundas-feiras. Você vinha com as novidades. Eles tinham que se atualizar e não tinha a internet, por exemplo.

O que acontece é que a gente procurava pautar o Fantástico dentro daquilo que a gente sentia que tinha apelo popular. E nas pesquisas que a gente fazia, as matérias científicas tinham uma aceitação extraordinária. Elas matavam a curiosidade e faziam uma contribuição até ao setor médico, porque tratávamos de novidades que surgiam e identificávamos num hospital, numa universidade. Era uma nova técnica cirúrgica, alguma coisa que pudesse realmente aliviar o sofrimento de alguém aqui ou então ser utilizada por uma pessoa num tratamento avançado. Uma das primeiras matérias científicas que fiz foi sobre a facilidade com que nos Estados Unidos se fazia a operação de catarata, praticamente em série. No Brasil ainda era um procedimento muito complicado. Se cortava o olho da pessoa praticamente numa meia-lua. Depois surgiu em Nova Iorque o doutor Charles Kelman, um médico que fazia a operação de catarata com um furinho. Ele sugava o cristalino. O Fantástico trouxe esse médico ao Brasil para fazer uma demonstração da técnica. Isso tudo foi marcante dentro do procedimento das matérias científicas. Me recordo como hoje que a própria direção de jornalismo não aceitou a primeira vez que fiz uma matéria sobre Aids. Dizia que não existia Aids no Brasil. "Nós desconhecemos isso. Não queremos essa matéria, não". Seis meses depois, recebo uma ligação frenética do meu querido amigo José Itamar de Freitas: "Cadê aquela matéria sobre aquela doença que você fez?" Perguntei: "Por quê?". "Aconteceu que morreu o Marquito [estilista nascido em Uberaba, famoso no mundo da moda, que morreu em São Paulo e foi o primeiro caso notificado de Aids, em 1983, no Brasil], e foram descobrir que existiam outros casos e a coisa estava ficando complicada. Me manda a matéria que ela vai ao ar". Sem dúvida nenhuma tem um espaço muito interessante criado aí dentro, e a gente sentia, pelas pesquisas que eram feitas, que as pessoas gostavam desse tipo de matéria. E por isso que a gente fazia sempre, talvez até numa proporção de uma matéria científica para cada três matérias.

Você se lembra de alguma matéria que o emocionou especialmente, que foi o maior furo da sua vida?

Foram várias, dependendo do assunto que a gente estava cobrindo. Fui o primeiro repórter da televisão brasileira a entrar na China, por exemplo. Foi feito um entendimento com o governo chinês, e nós ficamos durante meses negociando, quando é que podíamos ir, como íamos, o que podíamos filmar e de que maneira faríamos o nosso trabalho lá. Fui e fiz um Globo Repórter inteiro sobre a China, falando da abertura para o mundo, que acabou resultando exatamente nessa China que hoje nós conhecemos, poderosa, industrial, essa coisa toda. Há 20 anos ela estava dando os primeiros passos dessa abertura para o mundo. Foi uma grande matéria sem dúvida nenhuma. Um momento emocionante, porque acho que pouquíssimos jornalistas tinham tido essa oportunidade no mundo, e nós fomos os primeiros do Brasil. Isso aí foi realmente marcante. E recentemente morreu o Ted Kennedy, e eu me recordo que consegui fazer uma matéria com ele, até porque me vali de uma relação que tive com o irmão dele, o Robert Kennedy. Eu frequentava algumas reuniões do Robert Kennedy em Washington como político, e, num determinado momento, ele me mandou uma carta perguntando se eu não queria trabalhar com a equipe dele.

Você tem essa carta guardada?

Tenho ela comigo, sim. E realmente usei essa carta para pedir uma entrevista com o senador Ted Kennedy. Em atenção a essa relação que tive com o Bob Kennedy ele me deu a entrevista. Foi a primeira vez que o Ted falou, quatro anos depois do assassinato do irmão, o presidente John Kennedy, e falou sobre esse assunto: o que ele sentia, se acreditava no Relatório Warren, que achava que tinha havido uma conspiração. Foi a primeira vez que ele falou sobre esse assunto. A própria imprensa americana destacou a minha entrevista com o Ted porque ele não falava dessa situação. A cobertura da guerra em El Salvador também foi uma situação muito dramática. Lá, eu e o cinegrafista Orlando Moreira e mais um assistente de cinegrafista – porque nessa época ainda não tínhamos o produtor – fomos vítimas de uma emboscada. Quase morremos. Fizemos também um Globo Repórter sobre os conflitos na América Central. Nós tínhamos passado pela Nicarágua, pela Guatemala e quando chegamos a El Salvador nós praticamente sobrevivemos por sorte. No mesmo dia tinham matado quatro jornalistas holandeses, e nós quase fomos pegos na mesma situação dos holandeses. Felizmente, graças a Deus, conseguimos escapar. Foi uma emoção maior do que a que estávamos pretendendo ter com a nossa viagem.

Você tem noção de quantos países visitou como repórter?

Tenho a conta certinha: fui a 72 países. Como repórter, você sabe, Leda, a gente chega, vai pro hotel, descansa, no dia seguinte trabalha o dia inteiro, termina, senta, escreve, manda a reportagem e volta correndo pro aeroporto e vai embora. A gente acaba nem vendo determinadas situações. Às vezes estou em algum lugar com a minha mulher e digo: "Engraçado, já passei aqui e não vi isso quando era repórter". Volta e meia estamos em um país e digo: "Conheço, já vim aqui, estive nessa cidade, conheço essa rua principal, mas um lugar maravilhoso desse jeito, como posso não ter visto da primeira vez que passei por aqui?". Recentemente conheci o meu 73º país, a Turquia, fiquei encantado!

Você vai escrever suas memórias?

Ô, Leda, o livro está prontinho. Estou inclusive finalizando dois ou três capítulos que estão precisando de um retoquezinho. Mas acho que até o final deste ano devemos ter o livro na praça. Mais ou menos dentro de um mês devo terminar tudo. Na verdade, não faço um livro sobre as mesmas coisas que tratei na reportagem. No livro faço a descrição de como foi a reportagem. Como chegou aquele assunto, de que maneira nós cobrimos, o que aconteceu e não foi parte da matéria, as dificuldades que a gente viveu. É uma história mais para jornalista do que propriamente para leitor comum.

Isso é coisa de mineiro também. Não quer expor sua vida pessoal.

[Rindo] Minha vida pessoal é muito simples e prefiro resguardá-la. Os espaços já são muito pequenos para você falar da sua vida pessoal. Eu que fui uma pessoa pública na televisão, depois como senador e ministro, não faço nada de excepcional nem anormal. Até pelo contrário, as pessoas se espantam muito porque veem que eu tenho uma vida absolutamente normal. Faço compras, vou ao shopping, passeio com os meus meninos, vou tomar café, não tenho seguranças, nos fins de semana não tenho motorista. Eu mesmo dirijo meu carro. Então as pessoas ficam meio surpresas de me verem em atividades tão simples. Acho que o bom é assim. Se não você acaba muito estreitado, muito bitolado. Não pode fazer nada. Se for ouvir o que a segurança diz pra mim: "O senhor não pode fazer isso, não pode fazer aquilo". Digo: "Ah, não vou ouvir isso, não!" [risos].

E você não identifica isso como uma coisa mineira?

Sou muito simples. Isso é mesmo muito de mineiro. Graças a Deus tenho uma relação muito boa com as pessoas, uma relação muito bonita; ou porque me conhecem porque votaram em mim ou porque acompanharam minha carreira na televisão. Eu nunca fui submetido a uma situação de constrangimento na rua por um eleitor ou por um ouvinte ou por uma pessoa que me conhece. Pelo contrário, eu entro nos lugares, e as pessoas todas me cumprimentam, querem me abraçar. Vou pro shopping e paro 10, 15 vezes. Gosto de andar, mas dependendo do lugar aonde vou não consigo fazer isso. Ando 20 metros e tenho que parar para bater um papo. Me sinto muito à vontade nisso e acho que é assim que tem que ser. Sempre convivi muito bem com a fama da TV, depois com o reconhecimento do povo como político. Quem escolhe a vida pública tem que estar preparado para essas coisas. Tem que dar atenção, ouvir as pessoas. Político gosta muito de falar. Eu gosto muito de ouvir. Acho que é uma boa diferença [risos].

E como a política entrou na sua vida? Era um sonho seu desde criança?

Olha, Leda, foi uma coisa quase que natural. Sou de uma cidade essencialmente política, que já deu quatro governadores para Minas Gerais. É uma cidade que tem na alma a discussão política. Em qualquer esquina de Barbacena em que você estiver, qualquer grupinho que estiver na praça conversando, a discussão é política. Isso aí está no sangue. Não tenho na minha família ninguém com experiência política, mas, num determinado momento, achei que podia dar uma contribuição como constituinte. Não era necessariamente: "Ah, quero ser deputado, quem sabe depois senador ou até candidato a governador". Não. Queria ser constituinte. Fiquei muito feliz com a minha participação na [Assembleia] Constituinte. E quando estava terminando meu mandato de constituinte, até pelo fato de ter tido uma boa atuação, acabei me projetando como uma entidade política e aí resolvi sair candidato a governador. A pedido dos meus colegas, dos meus companheiros que insistiam que eu deveria ter essa experiência.

Você não foi vitorioso. E lidou bem com isso?

Eu tinha apenas quatro anos de deputado constituinte e não tinha ainda um ambiente estadual. Não tinha um grande partido ao meu lado, não tinha grupos organizados nas regiões, nas cidades, como a campanha política em Minas Gerais exige. Ela exige um trabalho permanente de região em região, com as lideranças políticas locais. Isso não foi feito. Na eleição de 90, quando fui candidato, foi pela força de uma imagem conhecida no Estado inteiro. Uma cara conhecida que tinha feito um trabalho político de quatro anos na Constituinte, o que tinha dado certa projeção. Só pra você ter uma ideia, naquele momento, meus concorrentes ao governo de Minas eram o Hélio Garcia, que era uma entidade em Minas Gerais, uma das maiores forças políticas de todos os tempos, amigo do Tancredo, vice do Tancredo, assumiu o governo quando o Tancredo morreu. O outro foi o Pimenta da Veiga, que era o príncipe encantado da política mineira. Você se lembra disso. Em terceiro lugar tinha o Ronan Tito, que era senador da República, eleito pelo PMDB, e uma das maiores figuras da política mineira. Nomes conhecidíssimos como Oscar Correa e o Virgílio Guimarães. Eram só nomes do primeiro time da política mineira e eu. E consegui ir para o segundo turno disputar com Hélio Garcia e perdi por 1%. Foi uma grande vitória, sem sombra de dúvida. Para quem não tinha nenhuma estrutura, não tinha dinheiro e, sobretudo, não tinha a força da máquina do Estado, não tinha nada disso, era muito difícil. Chegamos lá praticamente só com o apoio dos amigos que acreditavam nessa candidatura. Foi uma experiência extraordinária!

O ex-presidente Itamar Franco fala que todo político de Minas quer ser governador do Estado. Você concorda com ele?

Acho que ele tem razão. O governo de Minas é um pouco da síntese histórica da política brasileira. Ser governador de Minas é muito importante; sem querer desfazer dos outros governos, dos outros Estados. Isso acontece pelo que a história de Minas representou para a Independência, para a consolidação democrática, pelo avanço que esse país teve com os cinco anos de Juscelino presidente. Com o movimento liderado por Tancredo Neves, que conseguiu recuperar a nossa história democrática. Depois tivemos o Itamar Franco, com a sua seriedade, com a sua extraordinária força moral, assumindo num momento de crise seríssima que o país vivia. Então, Minas representa uma parte na história política brasileira, além de ser o segundo Estado mais populoso do país, o segundo colégio eleitoral depois de São Paulo. É um Estado do tamanho da França! A gente fala isso com muita propriedade. Então, acho que ser governador de Minas é o sonho de todo político mineiro, sim. Não é nem como acontece em certos lugares que eles querem ser presidentes da República. Em Minas se quer ser governador.

Como ministro das Comunicações, qual a sua grande vitória? É a TV digital?

Tem três coisas importantes que a gente precisa sempre lembrar, que são as três bandeiras que assumimos no Ministério das Comunicações. A primeira e que marcou muito foi o sistema brasileiro de TV digital. Se a TV brasileira não tivesse feito a transição como está fazendo, de dois anos até agora, ela estaria muito fragilizada no momento dessa grande convergência digital. É um ambiente em que ou você se moderniza e está pronto para participar e ter essas novas ferramentas modernas, utilizar a internet em todas as suas extraordinárias funções, ou vai ficando fora do processo. Outra bandeira maravilhosa, importantíssima para o Ministério, foi o projeto de internet nas escolas. Nós fizemos uma proposta às companhias telefônicas de botar banda larga nas escolas. As empresas toparam. Nós já temos 50 mil escolas conectadas no Brasil. Em Minas Gerais já são quase cinco mil. Cito Minas porque faço um acompanhamento mais detalhado do meu Estado. O terceiro ponto que queria levantar é o dos chamados "telecentros". O telecentro é um conjunto de computadores ligados à Internet para fazer como se fosse uma sala de aula da universidade aberta do Brasil. Conseguimos levar os telecentros a todas as cidades do Brasil. Acho que isso é uma revolução. Desculpa colocar nesses termos. Mas em quatro anos nós fizemos um verdadeiro movimento de inclusão digital, que é social, no Ministério das Comunicações.

Você torce pra que time? Costuma ir a algum jogo? De que outro tipo de laser o cidadão Hélio Costa se ocupa?

Vou muito ao cinema. E no futebol sou Flamengo, Cruzeiro e Corinthians. Sou apaixonado por futebol! Quem vê uma partida de futebol em alta definição nunca mais consegue ver uma partida de futebol a não ser em alta definição. De tão bonitas, fantásticas que são a cobertura e a imagem.

Quais são seus sonhos políticos, você quer ser presidente da República?

Não sou tão pretensioso, não. Hoje já me sinto extremamente honrado de ser senador e ministro. Pra mim, conforme você lembrou, sendo filho de funcionários públicos de salário mínimo, com uma vida muito modesta, um menino que teve de lutar desde os 13 anos... . Chegar a senador da República, ministro de Estado... Estou absolutamente em paz com a minha biografia. E com a minha cabeça. Agora, os meus amigos é que têm insistido muito para que eu seja candidato ao governo de Minas. Acho que vou fazer o sacrifício. Não o de ser governador, mas o sacrifício da campanha, que realmente é uma coisa muito difícil.

Quando liguei pra você pra marcar a entrevista falei do Ponto de Partida (grupo de teatro e música de Barbacena), e você conhecia. Isso demonstra que Barbacena ainda faz parte do seu momento. Não esqueceu a cidade em que nasceu, né?

Quem vê o nascer do sol e o crepúsculo em Barbacena tem que voltar lá pelo menos uma vez por mês. A gente não pode deixar de ir pra lá, ver os amigos, a família. Minha mulher é de lá, minha família mora lá. A gente vai lá com muita frequência.

Você tem quantos filhos, Hélio?

Tenho filhos de todas as idades que você pode imaginar. De 13 a 43 anos. Seis filhos. Da primeira mulher tenho quatro, e com a Catarina, com quem estou casado há 18 anos, tenho duas filhas.

É um homem casadoiro!

Isso mesmo. Tive duas mulheres na minha vida. A Catarina, minha mulher, é engenheira. Além de bonita, inteligente e competente, é minha maior amiga e braço direito em tudo. Sem ela me falta o ar.

Você fala a sua idade?

Falo e com a maior facilidade: acabei de fazer 70 anos. Nos fins de semana, jogo duas partidas de *squash* com o meu filho de 16 anos. Ando de três a cinco quilômetros na esteira. Jogo tênis.

É um atleta!

Faço tudo o que você possa imaginar! Tudo a que tenho direito [risos]. E trabalho muito, trabalho demais! O trabalho também é um exercício. E também tem o seguinte: quem tem mulher bonita tem que estar sempre se conservando muito, não comer nada exagerado, não comer gordura, não se exceder em nada. Só se exceder no carinho e na atenção. ■

ÍSIS VALVERDE
Uma menina que sabe o que quer

Ela é bonita, jovem, alegre – aliás, dona de um sorriso lindo –, gosta de namorar e de se divertir. Trabalha muito, sem reclamar. Nasceu há 23 anos, em Aiuruoca, no Vale do Matutu, colada no Parque Nacional de Itatiaia. Morou em Belo Horizonte com a desculpa de estudar, mas queria mesmo era se descobrir. E chegou ao Rio sabendo o que não queria e buscando algo que ainda não sabia o que era. O teatro ela conheceu lá mesmo, em Aiuruoca, junto com a mãe, atriz de um grupo local, e com o pai, que mexia com a luz e o som dos espetáculos. De alguma forma, **ÍSIS VALVERDE** acha que está realizando o sonho que a mãe só pôde sonhar. Fotografou como modelo, fez Oficina de Atores da Globo, entrou pro Tablado (grupo de teatro fundado por Maria Clara Machado, que por coincidência, era mineira de Belo Horizonte), fez muitos testes na TV e demorou a ser aprovada num deles. Mas quando foi escolhida não largou mais as produções de TV. E de novela em novela, fez *Sinhá Moça* (2006), *Beleza pura* (2008) e *Caminho das Índias* (2009) e já está escalada para o *remake* de *Tititi* (estreia prevista para o segundo semestre de 2010). E lá vai Ísis devagar, bem mineira, com paciência, comendo pelas beiradas, somando o lado dramático do pai ao lado comédia da mãe e sabendo aonde quer chegar.

Essa menina é do Sul de Minas. De Aiuruoca. Sabe o significado do nome da sua cidade?

Sei, "casa de papagaio". Era uma tribo, que foi colonizada pelos italianos.

E qual a origem do "Valverde"?

A origem é portuguesa. Eram judeus de Portugal. Era "Vale Verde". Pra simplificar, ficou "Valverde", mas na realidade é "Vale Verde". Eles fugiam e sempre colocavam nomes assim.

E você começou a ser atriz quando? Garota ainda? Você morou até quando em Aiuruoca?

A história é com a minha mãe. Porque eu acho que vem dali. Sabe quando você acha que aquilo tudo que aconteceu na tua vida veio de um lugar? Minha mãe era atriz, de um grupo teatral chamado Ajuru, que era formado pelas pessoas da cidade e tinha um professor, de São Paulo, maravilhoso. O cara parecia um bruxinho. Ele era maravilhoso! E ele veio para formar um grupo de teatro em Aiuruoca, que era uma cidade bem pequena. Não tem cinema, tem só um teatro (que é do meu tio) que, ao mesmo tempo, é pra baile, festas... É pra tudo. E aí esse grupo foi crescendo cada vez mais, viajando pelas cidades próximas. Então, quando eu nasci, minha mãe já era atriz. Minha mãe já me levava pra coxia do teatro, com um, dois anos; eu dormia no carrinho. Pra ficar ali com ela, eu ficava até quatro, cinco horas da manhã ensaiando uma peça. Hoje, quando eu chego no teatro, eu lembro. Sabe aquela coisa, aquele cheiro da infância, que nem o talquinho ou o esmalte da mãe? Quando eu chego ali, alguma coisa me remete à minha mãe, ao tempo que eu passava no teatro. O meu pai mexia com luz e som. Ele era muito leso e errava. Pediam para ele pôr a música e ele punha a música errada. E eu falava: "Não, pai, é outra música". E ele: "Hã???". Ele não escutava, ficava com o fone no ouvido. Quando eu tinha dez anos acabou a companhia, todos se casaram, todos criaram uma família.

Seus pais já eram casados?

Meu pai conheceu minha mãe com 15 anos. Namoraram dos 15 aos 19. Com 20, ela se casou. Com 22, ela já tinha a criatura aqui. Então, quando eu tinha dez anos, eu chorei muito quando ela disse: "Acabou". E eu disse: "O que é que eu vou fazer agora? Eu sempre vou pro teatro, eu sempre vou pras peças, eu viajo... Faço tudo. E agora?". Eu fiquei na cidade, entrei pro balé. Comecei a fazer teatro da escola, mas não era igual.

Você foi pra Belo Horizonte com quantos anos? Quinze?

Com 15 anos, eu falei pra minha mãe que eu não aguentava mais. Que eu precisava – exatamente isto – soltar alguma coisa que eu não sabia o que era. Eu queria me descobri. Eu sou muito assim. Eu acredito muito nessas coisas da energia do universo, sabe? E eu tento escutar essa energia. Porque ela conversa com a gente. De alguma maneira ela consegue entrar dentro da gente, porque nós somos ela. A gente faz parte disso tudo. Meu pai não queria muito, mas a minha mãe sempre me apoiou muito, porque é atriz. Acho que ela queria que eu fosse atrás do que eu sempre sonhei. Fui estudar, a desculpa era estudar. Fui lá procurar alguma coisa que eu não sabia o que era. Cheguei na cidade de ônibus; não sabia andar de ônibus, foi uma loucura! Entrei no ônibus e não sabia como parava aquela coisa gigante cheia de gente dentro. Olhava aquelas cordinhas e pensava: "Todo mundo tá puxando essa cordinha, acho que eu vou puxar ela também". Eu puxei, e não fez o barulho [risos]! Essa história é muito engraçada! Faz "pi", o ônibus para, e todo mundo desce. Eu apertei, e não fazia "pi". Pensei: "E agora?". Comecei a chorar. Aí a moça falou: "Calma, é que alguém já apertou. O ônibus vai parar. Aquela luzinha está acesa, é que o ônibus vai parar". Desci chorando, arrasada.

Você tinha onde ficar, menina?

Tinha. Meu pai alugou um apartamento pra mim. Eu morava naquele apartamento com um cachorrinho e uma babá, digamos assim, que era uma menina da minha cidade que foi pra cozinhar pra mim. Quando eu fiz 18 anos, eu virei modelo. Um cara me viu num shopping... Assim do nada: "Ah, tudo bem? Te achei linda. Toma, eu sou da Elite, me chamo Leandro, este é o meu cartão. Me liga". Eu falei: "Tá bom, vou te ligar". Eu não conhecia nada. Liguei. Ele era da agência Elite. Era da Black, que era a representante da Elite em BH. A única agência grande que tinha. Eu virei modelo e comecei a trabalhar muito.

Você gostava de fotografar?

Gostava. Fotografar tem um pouco de interpretação; pode parecer que não, mas tem. Mas ainda não era aquilo. Eu pensei: "Cara, não é isso ainda. O que é? O que é? O que eu quero fazer? Quer saber? Eu vou procurar no teatro. Vou voltar pro teatro. Quero saber se é isso". Adoro contar história! Falar é comigo mesmo! Aí com 18 anos falei pra minha mãe assim: "Mãe, eu vou pro Rio". Ela caiu no choro [imita a mãe chorando]: "A minha filha quer se matar! Vai lá pro Rio!".

E no Rio, como tudo começou?

Cheguei aqui e conheci meu novo amigo: o metrô, que eu também não sabia como funcionava. Eu procurei a cordinha [risos]. Não, tô brincando. Pensei: "É isso aí. Minha vida. Vamos lá". Entrei pro Tablado, a professora foi a Andrea Fernandes. Eu tinha 18 para 19. Com 18 anos me apaixonei pelo Tablado e pensei: "Meu lugar é aqui". E falei pra minha mãe: "Mãe, eu quero ser atriz, nem que eu faça peça em Aiuruoca. Eu amo isso! É a minha paixão!". Olha que loucura! Tudo aconteceu muito rápido. Quando eu encontrei o caminho, eu acho que tudo foi acontecendo muito rápido. Eu entrei no Tablado, e a gente ia fazer uma peça sobre Noel Rosa. A gente cantou todas as músicas e tal. Era uma peça maravilhosa! E eu participei da montagem. Antes de completar a montagem, a Globo me descobriu. Comecei a fazer um curso de televisão também, de um amigo meu, o Dani. Num quartinho, na época. Hoje a escola é enorme, tá incrível a escola! Mas na época era um quartinho onde vários alunos se encontravam. A gente fazia várias cenas. Era incrível! E eu era tudo: era modelo, fazia teatro, fazia curso de televisão... Eu amei! Aquela era a minha vida. Aí a Globo me ligou. Ligou pra minha agência, falou que queria que eu fosse lá fazer um teste. Eu fui e não parei mais.

Você fez teste?

Fiz. Um dos primeiros testes foi pra Oficina. Fiz vários testes, pra novela e tal. Em alguns eu fui até o fim, até o último teste. Eu era uma das últimas, mas não pegava o papel. Foi assim durante oito, nove meses... Foi uma coisa muito rápida. O Benedito Ruy Barbosa me viu num teste, na época da novela *Sinhá Moça* [2006], e me escolheu para ser a Ana do Véu. Aí eu deixei o Tablado e o curso de televisão, não tinha como continuar. Eu continuei a fazer aula particular, como eu faço hoje, com um professor de filosofia. Eu adoro filosofia com a arte de atuar. Eu acho que a filosofia me explica muita coisa que é inexplicável; quer dizer, tenta explicar. Eu acho que eu tenho um entendimento mais técnico da minha arte. Porque o atuar é muito dionisíaco. É muita loucura! É se entregar totalmente.

E depois da Ana do Véu veio o quê?

Depois da Ana do Véu veio uma prostituta chamada Telma, em *Paraíso tropical*, do Gilberto Braga. *Paraíso tropical* era incrível! Eu fiz 15 capítulos. E todo mundo: "Como assim? Essa menina fazia uma puritana e agora é uma prostituta? Não tô entendendo". E aí todo mundo começou a ficar atento pra ver até onde eu ia. Depois eu fiz uma comédia, que foi como a Rakelli [*Beleza pura*, 2008]. A chanchada brasileira. Era manicure, engraçada... E eu falei: "Não sei fazer comédia". E surtei. Liguei pra minha mãe chorando: "Mãe, eu nunca fiz comédia. E agora?". E deu no que deu. Eu simplesmente fiz aquilo e foi. Depois veio a Camila que era completamente surtada. A comédia dela era diferente. Eu aprendi com a Camila uma comédia que a Rakelli não tinha. Uma comédia de circunstâncias. Ela não era uma louca que falava errado, que dançava esquisito. Ela era uma menina que estava num lugar completamente diferente do dela. Você comete erros quando não conhece o meio em que você vive, quando a cultura é diferente...

E o que tem de Minas Gerais nisso? Na sua vida e na Ísis?

Eu sou muito... Acho meio chato eu falar isso... Todo mundo fala que o mineiro come quieto, não é? Eu acho que eu tenho muito isso do mineiro. Não que eu coma quieto, enfim... Eu sei pra onde eu vou. Eu sei que o bolo é lindo, o bolo é maravilhoso, eu queria comer ele inteiro, queria pegar a fatia do meio que só tem recheio, mas eu não posso. Eu tenho que ir pela beiradinha. Pela beiradinha eu sou menos notada. Pela beiradinha ninguém exige muito. Pela beiradinha eu vou chegar aonde eu quero. Eu acho que eu penso dessa maneira. Eu penso que a cautela e a paciência são virtudes pro ator. Tanto em cena quanto fora de cena. Em cena eu procuro ter cautela e paciência, porque senão o personagem não vem e a verdade não é passada. E fora de cena eu tenho que ter paciência porque, se aquele papel não era pra ser meu, ele não vai ser.

E nesses casos você liga pra sua mãe? Ouve o seu agente? Ou escuta você mesma? Como é que você faz?

É pra falar a verdade? Nesses casos eu escuto todo mundo, mas no final quem diz a última palavra sou eu. Sempre. Eu pergunto: "Será que eu faço isso?". Todo mundo: "Não, não faça. Você não deve fazer, vai ser horrível". "Ah, tá. Tá bom." Vou lá e faço se eu acho que tenho que fazer.

Quebro bem a cabeça. Por exemplo, eu acabo vendo que era melhor eu não ter feito algumas coisas que eu faço de ímpeto. Era melhor eu não ter comprado aquilo, porque aquilo não vai ser necessário pra mim. Não ter tomado essa decisão porque, enfim... Mas a vida é feita de erros. É dos erros que a gente acerta. Porque se não existissem os erros a gente não acertaria nunca.

Você falou que escreve contos e que gosta de ler para a sua mãe. A sua conta de telefone deve ser um espetáculo!

Maravilhosa! Perfeita! A companhia telefônica e eu nos amamos. O meu pai me liga xingando. Eu falei: "Pai, você quer despesa também? Tá bom eu te ligar...". Ele fala: "Você só liga pra sua mãe, você só quer ler pra sua mãe... Então você não tem pai mais". E desliga o telefone. Total dramático! Tudo ele sente muito. Ele faz uma cara de coitado, cara de golden retriever. Tenho um golden que faz cara de coitadinho. O meu pai faz aquela cara.

É o mesmo cachorro de Belo Horizonte ou já é outro?

Não. Eu tenho também uma yorkshire, que tem sete anos. A de Belo Horizonte era uma yorkshire: Honey. Honey continua firme e forte. Como eu viajo muito, às vezes eu não tenho onde deixar o cachorro – "Pelo amor de Deus! Tomara que ninguém saiba que eu tô levando um cachorro!". Eu tenho várias amigas que moram em apartamentos onde cachorro não pode entrar. Eu, com essa cara de santa, pego o cachorro, enfio dentro da bolsa e faço "Psiu!". Chego: "Tudo bem? A Maria tá aí? Tá bom, obrigada". Subo, levo ela, desço e deixo ela lá.

Você tem saudades? Saudade da mãe? Tem saudades dos cheiros de Aiuruoca?

Eu escrevi até um conto sobre isso que é lindo! É sobre a cidade, os cheiros, sobre as pessoas. Eu contei a história de cada pessoa. Eu acho que cada um... Aiuruoca é meio mitológica. Parece um conto de fadas... As pessoas de lá, os passantes de lá, as pessoas que moram lá... Faz um ano que eu não vou lá. Eu lembro muito, sinto muita falta de Aiuruoca. Acho que Aiuruoca está dentro de mim. Meu pai e minha mãe vêm de vez em quando para o Rio, mas eu sinto falta da cachoeira, das pessoas... Da pureza. É diferente, né? Quando eu vim pra cidade grande a única coisa que eu senti... Não que vocês sejam maus, não é isso. Nem que eu seja uma santa, que eu tô longe disso. É diferente... As armadilhas são diferentes. São um pouco mais pesadas. Então, eu tive que aprender a criar uma casca pra me proteger na hora em que eu preciso. E lá, não. Lá eu tiro o zíper e saio correndo igual a uma gazela, entendeu? Vivo assim. É isso. ■

ITAMAR FRANCO
Um político corajoso, um homem sedutor

ITAMAR AUGUSTO CAUTIERO FRANCO. Sempre gostei do Dr. Itamar. Aprendi a gostar dele com meu pai, "itamarista" convicto. E segui gostando dele, do jeito sisudo, discreto, do administrador competente. A primeira lembrança que tenho dele é do jogador de basquete, e as primeiras histórias eram muito comentadas, primeiro em Juiz de Fora, depois no Brasil. É difícil lidar com ele, muito sistemático, diziam. Mas todas as vezes que o vi ou falei com ele encontrei um homem educado, gentil, que gosta de contar detalhes de uma história e que relembra com muito carinho seu passado de menino pobre, filho de dona Itália, mulher forte que teve participação decisiva na história de vida dele. Sempre discreto, dono de um sorriso simpático, é elegante sem alardes. Vive cercado dos mesmos e velhos amigos, sempre atendido por pessoas que trabalham com ele há, no mínimo, 15, 20 anos. O ex-presidente Itamar se orgulha de sua ação política, o pai tem fotos das suas duas bonitas filhas no escritório despojado que fica no velho edifício do Clube Juiz de Fora, onde estão expostas as lembranças dos tempos de presidente. Na juventude, tinha fama de conquistador, hoje, aos 80 anos, continua sedutor. Não gasta dinheiro à toa, faz seus próprios cheques, lê vários livros ao mesmo tempo; no Rio, torce pelo Fluminense, em São Paulo, pelo Corinthians e, em Minas Gerais, pelo Atlético, mesmo sabendo que todo mundo na casa dele ("minhas filhas, minha ex-senhora, o neto americano") todos são Flamengo. Não gosta de festas, prefere a mesma comida mineira de sempre: "tutu, linguiça e torresmo". Só liga a televisão para acompanhar as notícias. E de uma coisa nunca abriu mão: privacidade.

Chego aqui no seu escritório depois de ver numa das paredes do Memorial uma frase que nunca tinha visto antes e que é maravilhosa: "Ninguém nivelará as montanhas de Minas". De quem é essa frase?

Isso é o seguinte: minha mãe, que não era uma mulher muito culta, mas falava italiano, alemão, deve ter lido essa frase em algum lugar. Não é dela, mas ela sempre me disse essa frase. E eu a utilizei numa campanha. Achei muito interessante. Minha mãe gostava muito das histórias de Minas. Ela é de São João Nepomuceno, meu pai era daqui [Juiz de Fora]. Ele era engenheiro, ajudou a fundar a Escola de Engenharia e foi da primeira turma de Engenharia. Mamãe era filha de sapateiro, foi a única filha que não nasceu na Itália, mas se chamava Itália. Chamava-se América Itália. Veja como a vida é interessante! Ficaram noivos, compraram uma casa na Rua do Sampaio, se casaram aqui e foram embora. Naquela época, era muito difícil emprego na área de Engenharia. Tinha poucos engenheiros, mas era muito complicado. E ele foi trabalhar na Bahia. E lá faleceu, com 30 e poucos anos.

Onde você nasceu?

Não sei. Eu sempre questionei um pouco a minha mãe, depois parei de questionar. Ela disse assim: "Eu não vou te falar nada, não. Mas sabe o porquê do seu nome? 'Ita' quer dizer 'pedra', e 'mar' é em homenagem à Bahia que nos acolheu. Seu pai se formou muito novo e veio para cá". Ela justificava pelo meu nome, Itamar, Pedra do Mar, e assim ficou.

É o mais mineiro dos baianos, né?

Sou. Cheguei aqui com menos de um mês. Fui batizado aqui. Estudei no Colégio Mariano Procópio. Depois fui pro Grambery, onde estudei tudo, e depois na Escola de Engenharia. Não me preparei para ser engenheiro. Gostava muito de Medicina. Era bom aluno de Biologia. Mas naquela época a Faculdade de Medicina estava fechada, e a gente não tinha muitos recursos.

E eu também tinha um certo jeito para as cadeiras técnicas. Ai fui eu fazer Engenharia. A família sempre foi muito dividida. Meu avô materno foi sapateiro, mas a família era dividia: meu pai engenheiro, alguns médicos, meu irmão médico, que saiu muito cedo daqui.

Foi difícil estudar? Chegou a trabalhar ainda estudante?

Trabalhei. Recordando, fui *boy* do IBGE, bem novinho. Depois fui topógrafo do DNOS [Departamento Nacional de Obras e Saneamento]. No IBGE comecei a me preparar para a Engenharia. Depois do IBGE fui para o DNOS; de lá, abriu uma vaga para desenhista do SESI. Depois, quando me formei, passei a ser o chefe do Serviço de Engenharia do SESI. Depois larguei e fui trabalhar no Espírito Santo, numa firma de dragagem. Depois fiz dragagem no interior de Minas. Fiz muito a parte de saneamento. Tinha me formado em Civil e Eletrotécnica, mas acabei indo mais para a parte de saneamento. Quando eu estava no Espírito Santo, o Dr. Ademar [Resende de Andrade, ex-prefeito de Juiz de Fora] estava precisando de um engenheiro. Minha mãe tinha ficado aqui em Juiz de Fora. Eu era muito ligado a ela, devo tudo a ela, por isso eu voltei. O Dr. Ademar tava com um problema numa barragem que na época se chamava Arado. Aí Dr. Ademar falou: "Vou te dar o serviço de água, de esgoto – chama-se divisão industrial – e o cemitério". Respondi que o cemitério eu não queria. "Água e esgoto eu ainda enfrento, mas cemitério, não, doutor." Ali começou minha vida profissional aqui em Juiz de Fora. Aí fiquei lá com o Dr. Ademar, e nós fizemos a construção daquilo que chamamos Departamento de Água e Esgoto.

Como foi que a política entrou na sua vida?

O jornalista Rubens Furtado, muito meu amigo, foi quem me incentivou muito a entrar na política. Eu era trabalhista. O meu guru, na época, foi o Alberto Pasqualini, do Rio Grande do Sul. Ele foi um teórico do PTB, uma das maiores figuras que o PTB já teve. Quando o Ademar me mandou embora, o Rubens Furtado e eu começamos a militar muito no PTB. Eu voltei, depois de uns tempos fora, ainda em plena revolução. Nós tínhamos aqui uma grande figura, mas que não conseguiu ser prefeito: o Nicolau Schuery. Nicolau era, no meu entendimento, o homem mais bem preparado para ser prefeito. Ele era do PTB também. Ele foi candidato antes de 66 e me convidou para ser vice dele. O Nicolau perdeu, mas naquela época a legislação eleitoral brasileira era interessante, você podia votar no prefeito e no vice de chapas diferentes. Eu tirei segundo lugar, mas tive mais votos que o Nicolau, que foi candidato a prefeito. Nós dois não fomos eleitos. E, antes, já terminando o curso de Engenharia, fui candidato a vereador e fui terceiro suplente do PTB. Então, comecei no PTB como candidato a vereador, fui terceiro suplente.

Começou perdendo eleição?

Comecei perdendo. Depois chegou 66. Naquela época o Brasil tinha o que se chamava sublegenda. Era o MDB. Estávamos em pleno regime revolucionário. Então, tínhamos três candidatos do MDB e três da chamada Arena. O que acontecia na legislação brasileira: havia dois partidos, mas na votação acabava tendo seis partidos. Podia votar na primeira, na segunda, na terceira legenda. E as sublegendas aqui eram praticamente partidos. As pessoas do mesmo lado ficavam brigando. Era uma coisa interessante. Só tinha uma vantagem: no final, você somava. Fui o mais votado do MDB, e, na somatória de votos, nós tivemos 75%. Tomei posse em 67. Esse foi o meu erro. Já tinha voltado do Espírito Santo, tinha o maior volume de obras da cidade em termos de engenharia civil e, ao ser eleito prefeito, comecei a largar a profissão e fiquei político.

Você se arrependeu?

Não digo que me arrependi, não. Mas houve um determinado momento da vida, não agora, mas num determinado momento, que eu estava tão bem na minha profissão que eu me questionei: "Por que fui deixar o engenheiro de lado?". A gente pensa que dirige a circunstância, mas é o inverso. São as circunstâncias que nos dirigem. Dizemos: "Somos senhores das circunstâncias". Elas é que são, que nos comandam. Não somos nós que comandamos.

Você esperava chegar à Presidência da República?

Nunca. Prefeito, sim. Governador, talvez... Todo prefeito tem vontade de ser governador. Todo governador de Minas tem a vontade de ser presidente da República. Segure o Aécio [Neves]!

Com o senhor foi ao contrário. Quando chegou ao Palácio da Liberdade, em Belo Horizonte, o senhor já tinha sido presidente.

Pois é, comigo foi depois. Já falei com o Aécio: "Tome cuidado, veja lá quem vai ser eleito governador de Minas, porque se for um adversário seu ele vai aspirar ao Planalto". Isso daqui a quatro anos. Como o Aécio quer agora... Mas se ele não for agora, tem que ficar atento. É bobagem achar que o governador de Minas não quer ser presidente da República.

Política é um xadrez assim? Tem que pensar 4, 8, 12 anos além?

Às vezes você é conduzido. Veja o meu caso: fui prefeito de 67 a 70. O Brasil tinha outra coisa que era um absurdo – e, de vez em quando, eles querem inventar a mesma coisa. O prefeito que me substituiu, o Agostinho Pestana, que era muito meu amigo, era do nosso grupo. A legislação da época só dava dois anos. Eu fui fazer um passeio de casado com a Ana Elisa; o pai dela queria que eu fosse ver umas coisas no estrangeiro. Mas me convenceram a voltar e me candidatar. E lá fui eu. Nós ganhamos por pouquinho, diferença de 400 votos. Uma coisa assim.

Aí você estava mordido de vez pelo bicho político. Não teve mais volta, né?

Não teve, não. Então, o que eu resolvi fazer: havia a eleição de 1/3 do Senado. Era 1974, eu tinha assumido em 73 [a prefeitura de Juiz de Fora pela segunda vez] e fiquei até maio de 74. Mas não podia ser candidato ao Senado. Sempre tive a minha vida em Minas e sempre respeitei uma certa hierarquia. Antigamente, a gente respeitava a hierarquia. Falei: "Vou consultar o – que eu chamava de – ministro Tancredo [Neves], saber por quem ele tem preferência". Ele me chamou para almoçar em São João del-Rei. Pra encurtar a historia, o ministro Tancredo disse: "Itamar, eu não quero ser candidato. Acho que você é um bom prefeito, mas você não vai passar de 300 mil votos. Mas, de qualquer forma, você começa a se projetar no Estado. Mas você não será eleito, não terá mais que 300 mil votos". Respondi: "Ministro, tudo bem, mas daria para o senhor consultar o Renato Azeredo e o Jorge Ferraz?". Eles tinham preferência. O Tancredo pegou o telefone, fez a consulta, voltou e disse: "Eles não querem. Nós três não queremos. Você quer?" Falei que queria, mas que queria também o apoio dele e que teria que renunciar dentro de dois dias. Antigamente tinha que renunciar ao cargo, para concorrer a outro. E o Tancredo: "Esse problema agora é seu. Já falei que você não vai ganhar. Mas se quer renunciar, pode, porque a convenção tá garantida". Vim de São João del-Rei e renunciei. Aí quis o destino, ou as circunstâncias, eu acho, que eu fosse eleito senador em 1974, com um milhão e 550 mil votos, por aí. Só em Juiz de Fora tive 90% dos votos. O Brasil tinha na época 22 Estados. O MDB fez 16 senadores, e a Arena, 6. Estava na presidência o Geisel, e corria o boato de que ele iria cassar o nosso mandato. Não cassou. Mas com a nossa vitória aqui, ele veio mais tarde a criar aqueles chamados "senadores biônicos". A próxima eleição seriam os 2/3 do Senado. Como sabiam que iam perder, criaram os biônicos. Tiraram toda a nossa chance. Costumo dizer o seguinte: os senadores de 1975 tiveram um grupamento muito bom, e tinha gente boa também da Arena: Petrônio Portela, Eurico Resende, Jarbas Passarinho. Uma turma de alto gabarito. O MDB tinha: Franco Montoro, Paulo Brossard, Roberto Saturnino, Gilvan Rocha, Nelson Carneiro. Nós fomos o embrião para que o País pudesse caminhar para as eleições diretas. Tal foi o destaque que o Senado teve com esse grupamento.

Então o senhor deve ver com certa tristeza ou amargura o Senado de hoje, não?

É muito triste. Acho que está ferido de morte. O Sarney não entendeu que ele pode ter continuado no cargo... Não sei se hoje ele pode sair fácil na rua. Porque bem ou mal começou a pipocar numa faixa mais moça contra. Acho que dificilmente eles vão reverter essa situação. Muito, muito difícil.

O senhor acredita em Deus?

Sim. Rezo, mas não sou um católico de frequentar missa. Desde que nasci minha mãe disse que a minha santa seria Santa Terezinha

O senhor gosta de televisão?

Só gosto de notícia. Eu vejo muito a Globo News, apesar de ser da mesma emissora, a Globo News é mais informativa que a própria Globo.

O senhor acha que a imprensa foi justa com você, com o seu governo?

Não.

Existe preconceito contra mineiro?

Tem. O preconceito é muito maior de parte da imprensa paulista. Eles fizeram duas coisas logo de pronto: primeiro, taxaram de "República do pão de queijo". Até na Itália tem pão de queijo! Taxaram para debochar. E a segunda, quando nomeamos o Gustavo Krause e o Paulo Haddad. Quando eu os indiquei como ministros, a frase da *Veja* foi: "Ministério pífio". Por quê? Porque não tinha um ministro da Fazenda paulista. Era o Haddad no Planejamento e o Krause na Fazenda. Só gostaram quando eu indiquei o Fernando Henrique Cardoso.

Você brigou com o senador Pedro Simon por causa do Fernando Henrique?

Nós sempre fomos muito amigos. Tivemos só um desentendimento, e por causa do Fernando Henrique Cardoso. Levei o Hélio Garcia para a reunião, mas ele não sabia que eu o indicaria candidato a vice. O Fernando Henrique não aceitou, e o Simon ficou zangado. Depois passou, e nós nos falamos até hoje. Tenho muito respeito ao Simon, primeiro pela vida dele, ética...

Quem é pai do Plano Real?

Antigamente eu ficava discutindo. Hoje não entro mais nessa bobagem de brigar pelo Plano Real. Ainda outro dia eu estava lendo uma história de um jornalista americano que havia seguido todo o episódio da Apolo, desde a I até a última − não sei se foi a XVI ou XVII. Mas ele, como jornalista, pôde acompanhar o desenrolar da Apolo até o homem chegar à lua. Fez uma série de reportagens e ficou muito "enfronhado" naquilo. Era um jornalista muito conhecido. Um dia, ele estava passeando com os netinhos dele e falou assim: "Olha lá a lua!". Mostrou pros netinhos. E os meninos: "O que tem a lua, vô? Tá lá!". Quando ele chegou em casa, pensou: "Eu fiquei acompanhando todo o desenrolar do homem chegar à lua, e a lua para meus netinhos não vale nada". E falando com ele mesmo: "Sabe o que é isso? Essa juventude de hoje não está mais na lua, está na guerra das estrelas". Costumo dizer o seguinte: "Eu estou na guerra das estrelas". O Plano Real vai ter e vai continuar tendo o seu valor no processo econômico. Pra que eu vou ficar falando do Plano Real se um moço que tinha 15 anos na época e hoje tem 30 não se lembra daquelas maquininhas de marcar preços? A imprensa faz questão de me ignorar...

Mas o senhor tem consciência de que o Plano Real foi uma das coisas mais importantes do seu governo?

Tenho duas coisas na minha passagem pela presidência de 92 a 94 das quais não abro mão e pelas quais a imprensa também não liga. O plano econômico, que não foi feito por mim, e sim pela equipe. A equipe o fez, tecnicamente, mas a implantação política foi minha. Senão não teria sido feito.

Se desse errado, a culpa também seria sua, não?

O ministro Rubens Ricupero, o grande sacerdote do Plano Real, quando assumiu, me disse: "Itamar, a equipe econômica vai chiar. Primeiro, porque tem uma eleição e, depois, porque eles têm dúvida quanto ao câmbio, etc.". Respondi: "Ministro, tecnicamente, o problema é seu. Politicamente, é meu. Se vou lançar antes das eleições, o problema passa a ser do presidente. O senhor tem condições técnicas de superar essas deficiências da equipe?". Ele respondeu que tinha e eu disse pra ir em frente. A ação política foi minha e me orgulho dela.

E qual é a segunda coisa da qual o senhor não abre mão?

É que quando eu entrei, eles achavam que o governo não duraria 48 horas. Quando substitui os ministros militares. O Fernando Henrique, que era das Relações Exteriores, ficava em pânico: "Você tá maluco?". Eu sabia o que estava fazendo. Eu passei a faixa para o Fernando Henrique, depois de muitos anos. Desde Juscelino, ninguém tinha feito seu candidato. O próprio Juscelino não conseguiu fazer. Foi eleito o Jânio Quadros, e o candidato dele era o Lott. E nós conseguimos eleger o senhor Fernando Henrique Cardoso. A imprensa, e até a opinião pública, se esqueceu de que manter um Estado democrático é uma das coisas mais difíceis; e disso eu me orgulho.

O senhor confirma a história de um ministro cuja mulher o desaconselhou a aceitar o convite, falando que o governo não duraria 48 horas?

Quarenta e oito horas! Ele é meu amigo até hoje. É um grande intelectual. Eu nunca falei nem falo o nome dele. Ele brincou comigo ao telefone: "Minha senhora está aqui, me deixa onde eu estou, porque o senhor não vai durar 48 horas. E nós somos muito amigos, por favor!".

Eu suponho que as amizades mudam quando se exerce um cargo desse. Você sentiu isso? Ou não? Você não deixou acontecer?

Eu aprendi muitas coisas interessantes nesse período. Claro que errei, mas muitas vezes acertei. Acertei de olhar nos olhos, de saber observar o caráter das pessoas. Comecei a aprender como prefeito, e o prefeito tem uma vantagem: você olha muito nos olhos do cidadão, porque lida diretamente com as pessoas. O presidente está muito no alto. Senador está um pouco afastado, governador também. Mas prefeito, não. Você está na fila do cinema, e o cidadão vem falar com você.

E durante a Presidência da República você também usou isso? Esse poder de observação?

Tinha um jornalista, o João Emílio Falcão, que era muito meu amigo, gostava muito de mim, e eu dele. Era um jornalista muito sério. Aquele jornalista antigo, que andava de qualquer jeito. Durante três dias seguidos ele foi ao meu gabinete falar mal do Fernando Henrique Cardoso, dizendo que eu ia me arrepender. E eu falava: "Mas Falcão, como eu vou fazer agora?". E ele insistia que eu ia me arrepender. O Jamil Haddad fazia a mesma coisa, e o Pedro Simon, por causa daquele incidente do Hélio Garcia – que foi um incidente sério –, também. Então eles diziam que a minha intuição falhou.

E você acha que falhou?

Naquela circunstância, não. O meu candidato não era o Fernando Henrique, meu candidato era o Antônio Brito. Ele tinha melhor pesquisa que o Fernando. O Brito estava indo muito bem no Ministério, todo mundo gostava dele, do jeitão dele, os jornalistas também. Chamei o Brito, e ele disse: "Itamar, vou te falar uma coisa... Sou moço e quero governar o meu Estado". O Brito queria governar o Estado dele, o Rio Grande do Sul. Quem sou eu para dizer "não" para ele? É um desejo que todo mundo tem.

O Fernando Henrique era a sua segunda opção? E foi a única viável?

Era segunda opção. Mas quando o Brito não aceitou, eu pensei no Simon também. Mas o Brito era do PMDB, e percebi que haveria problema no partido se escolhesse o Simon. O Orestes Quércia inicialmente não queria que eu tomasse posse, apesar de ter sido senador comigo, meu amigo; e se diz meu amigo até hoje. Mas ele e o Lula forçaram muito para que eu não tomasse posse.

O Lula também?

Também, também. O PT não participou do meu governo. E eu atendi o Lula, quando ele foi no meu gabinete com o Simon. Eles queriam criar um programa da fome e foram lá conversar comigo. Eu disse que o programa era muito interessante. Perguntei: "Você quer presidir?" Ele: "Não quero". Criei o Conselho de Segurança do Alimentar e dei ao Dom Mauro Morelli, que foi o embrião do que está aí. E eles não reconhecem.

Você tem uma espécie de humor muito interessante. E você o esconde.

Passo uma coisa mais brava.

Você debocha de você mesmo?

Critico. Me critico, sim.

É capaz de rir de si mesmo?

Rir de mim, não. Acho que às vezes deveria ter sido mais firme e deixei de ser.

É difícil ser presidente?

Muito. Tem uma frase do presidente Lula: "Há momentos em que o presidente tem que decidir sozinho". Não adianta consultar ninguém. Esse foi o meu caso. Tive uma passagem de brincadeira muito interessante. Não vou dizer o nome do ministro. Eu estava na presidência, e chega um cidadão perto de mim: "O senhor quer ver uma coisa?". Era um aparelhinho do tamanho de um celular. "O senhor vai me dar a liberdade?" Eu disse que dava e ele rodou aquele aparelho e disse: "Sabe que aqui eu escuto os seus ministros? Eu vou rodando aqui e pego um celular de algum dos seus ministros". E pegou.

Você reconheceu a voz?

Sim. E o sujeito: "Hoje ele não está falando isso, não. Mas outro dia, esse ministro, de que o senhor está ouvindo a voz, que o senhor sabe quem é, estava cantando uma mulher. Jogando um lero numa mulher. E esse ministro seu não devia fazer isso, porque ele é casado". Cheguei numa reunião ministerial e falei com os ministros que um cidadão tinha me mostrado um aparelho que captou a voz de um deles. "Não vou dizer de qual ministro ele captou a voz, mas, por favor, tomem cuidado, porque estamos muito vulneráveis". E para o ministro falei: "Vê se você canta as moças numa outra hora". Eu não tenho celular até hoje. Às vezes uso o dela [aponta para a secretária]. Fico com muito receio disso.

Tem uma porção solidão ser presidente?

Tem. O poder. A não ser quando você gosta do poder, para usufruir o poder para você, o que nunca foi meu caso. Fui educado, aliás, nós de Minas somos educados de forma diferente. Não somos educados para gostar de palácios, pra ter saudade de palácio, pra ter saudade de poder. Todos os homens públicos de Minas sobre os quais eu andei lendo, estudando, com raríssimas exceções, foram homens probos, homens que se enobreceram no cargo, que não roubaram, que tiveram conduta ética. Não vou citar os outros Estados, mas nós mineiros somos diferentes. Somos. É por isso que eles gostam de Minas.

Minas está há muito tempo fora do poder?

Está.

Acha que o Aécio é a pessoa?

Acho que é o desejo de Minas, e meu em particular. Brinco com ele: "Tenho mais estima pelo seu pai que por você". O pai dele [o ex-deputado Aécio Cunha] era um sujeito excepcional! Mas ele tem uma conduta interessante na minha opinião.

Você tem saudade da sua juventude? Ou lida bem com os seus cabelos brancos?

Lido bem, porque eu soube ser jovem. Desde cedo tive de trabalhar e sempre soube o que quis da vida. Sempre tive ensinamento. Da minha mãe e do Estado. "Nunca perca a ética. Nunca perca o sentido democrático." Minha mãe ensinava isso, e meu colégio ensinou. Podem até não gostar de mim, mas dizer que eu cometi algum ato de corrupção enquanto prefeito, senador, governador ou presidente da República, não.

Já vi uma jornalista de economia falar na televisão que ela admirava o fato de você nunca ter dado confiança a Marcos Valério. E dizem que isso aconteceu porque você nunca foi com a cara dele, mesmo antes de saber de algum fato concreto. É verdade?

É verdade. É real.

É verdade que, quando você era prefeito, você gostava de dizer que ia renunciar?

Tudo mentira. Nunca tive vontade de renunciar a cargo algum.

Sempre gostou de exercer os cargos que obteve?

Sim. Outro dia estava lendo um livro, nem sei mais qual era, mas achei interessante. Porque dizia que, para o sujeito falar da sua particularidade, ou ele tem que estar do seu lado na hora e você confidencia, ou é mentira. Vi um jornalista dizendo: "O Itamar disse ao Fernando Henrique que ia renunciar". Mas que sujeito maluco esse que está afirmando isso! Nunca falei isso para o Fernando Henrique. Depois daquela confusão toda que foi para eu tomar posse, eu iria renunciar à presidência da República?

Foi difícil tomar posse?

Foi. A posse foi tomada por Simon, durante dois dias. Por isso que eu digo da nossa amizade. O Simon deve ter sabido qualquer coisa que nunca me disse, porque ele insistia de tal maneira que, quando o homem [Fernando Collor] pediu definitivamente a renúncia, eu tinha de tomar posse a seguir. Falei: "Vou esperar". É o tal negócio, o sujeito está morrendo, o outro já está lá no CTI querendo saber quanto de dinheiro ele deixou para a família. Vou esperar uns dois dias. O Simon me ligou: "Itamar, você tem que tomar posse". Eu: "Simon, o que houve?". Havia qualquer coisa. Ele foi lá em casa, eu estava em manga de camisa, me fez vestir um terno, e fomos para o Congresso. Por quê? Mais tarde fui saber: havia gente do PT e do PMDB que queria impedir. O Simon devia saber disso. Eu dei um tapa de luvas neles. Dei. Esperei. Chamei o Henrique Hargreaves e falei: "Convoca lá na Biblioteca do Palácio Alvorada todos os presidentes dos partidos. Todos". Pensei até que eles não fossem. O líder era o Simon. Todos foram. Comecei a reunião dizendo: "Vocês todos estão aqui, eu vou fazer uma pergunta só. Vocês querem que eu convoque uma eleição geral? Eu faço na mesma hora". Ninguém quis. O último a entrar na sala foi o Enéas. Eu perguntei: "Querem? Eu faço agora".

Foi bom morar no Palácio?

Foi o que te falei. A gente aprende em Minas uma vida mais simples. Não estou dizendo se foi boa ou não, a do Palácio. Mas não me apeguei. Morei no Alvorada, no Liberdade, no Jaburu. Tive no Planalto. Nunca me prendi a palácios.

O senhor foi embaixador também.

Lá na Itália brinquei uma vez com a embaixadora no Vaticano: "A senhora quer trocar comigo? A senhora vai lá para o Palácio, e eu vou para a sua casa". Eu achava que aquela embaixada de Roma era um palácio para ser visitado, para você mostrar e tal. Não era uma coisa para você morar.

Você não gostou de ser embaixador, não. Gostou?

Eu não sei por que acabei indo. Morar na Itália é interessante, mas preferi voltar.

Por que você se separou do Lula?

Porque na Itália eu vi uma expressão dele de que não gostei. Chamou de covardes aqueles que tinham sido presidentes antes dele. Pensei até em questionar: "Presidente, dê os nomes dos covardes". Porque o Lula tem esta mania: fala, mas não dá nomes. Eu não sabia que ele tinha essa mania. Por que ele não deu nomes? Fiquei assim meio... Depois fui perceber que ele não era mais aquele homem que eu conhecia. Ele hoje é ruim. Acho que um dia isso vai ocasionar um problema. Diferente da gente de Minas. Sempre teve exceções, mas de um modo geral não se vê nenhum presidente da República ficar soberbo. E o Lula ficou soberbo. O Lula deixou de ser aquele homem simples que era, para ser um homem que gosta do palácio, passou a gostar do poder e se tornou soberbo.

Você acha que o poder modifica as pessoas?

Acho que pelo menos em Minas nós aprendemos a conviver com o poder. Conheci dona Sara Kubitschek bem de perto. Sei o que aquela mulher passou. Ela só voltou ao palácio a meu convite. Depois de tudo o que aconteceu com ela, fiz questão que ela fosse lá. A Márcia [filha de JK e Sara] ainda estava viva. Pra conviver com o poder tem que ser muito mineiro.

Você se aborrecia com as críticas? Com as brincadeiras desses humoristas como os do Casseta e Planeta? O Itamar com aquele topete!

Não gostava de ver, não. Mas nunca proibi.

E você vai se candidatar?

Não. Creio que não. Mas a gente nunca deve dizer "nunca mais". Usei uma expressão outro dia, a do técnico de futebol. Eu estava na arquibancada, de onde eu vejo o jogo um pouquinho mais longe. Então, fui pro banco de reservas. Dali, vejo o jogo bem pertinho. Me disseram: "Mas você está no banco de reserva, o técnico pode chamar você". Eu disse: "Não, eu estou sem chuteira".

E quem é seu técnico?

No momento é o seu Roberto Freire. O presidente do PPS. Roberto Freire foi meu líder na época em que ele era comunista mesmo. Eu tive coragem de colocar ele como líder do governo.

Tem umas coisas, eu suponho, sérias de que você nunca abriu mão.

Privacidade é uma delas. Da privacidade nunca abri mão. Minhas filhas nunca tiveram seguranças. Sempre foram educadas para ter vida normal.

E você tem netos?

Tenho dois. Nasceram nos Estados Unidos e moram lá. O menino tem oito anos. E a menina vai fazer quatro anos. Eles ficaram aqui agora com a mãe. Ela os obriga a falar português.

Neusa, a secretária, trabalha com você há quanto tempo?

Ela fala que são 15 anos. Mas deve ser 30! 40! É. Mas aí que é engraçado. Dizem que sou brigão, mas meu motorista só parou de trabalhar comigo quando adoeceu. Tinha mais de 25 anos de trabalho comigo. O seu Pedro. A Raimunda está lá em casa há 15 anos.

Anda com dinheiro no bolso? Prefere dinheiro a cartão?

Não, agora já ando com cartãozinho. Dinheiro de plástico. Mas não gosto, não, porque a gente passa o cartão toda hora.

Você é pão-duro?

Não.

O que você consome mais? Livros?

Muito. Gosto muito de livros. Leio, às vezes, dois, três livros ao mesmo tempo. Agora aprendi a gostar da área nuclear. Acabei de ler um livro muito interessante, O anticristo. Leio muito.

E você é capaz de mexer em todos aqueles controles remotos?

Só um pouquinho. Diz a Ruth [Hargreaves, grande amiga de Itamar] que eu precisava aprender a lidar com o computador. Hoje ela me dá um banho. Eu já fui bom no computador. Gosto de fazer consultas. Não gosto muito de responder e-mail, não, porque só falam mal de mim.

Você foi namorador?

Eu namorei bastante. Quer dizer, dizem que eu namorei bastante. Só tive uma namorada, mas dizem que tive várias. Tive muitas paixões no colégio. Muitas. Eu tive um excelente nível de companheiras. Muito bom mesmo. Mas eu sempre fui recatado. E elas gostavam de mim por causa disso. Minha mãe sempre me ensinou uma coisa, desde menino, que nunca esqueci: "Meu filho, nunca fale de uma mulher para outra mulher". Nunca uma me ouviu falar da outra. Nunca quebrei esse aprendizado de mamãe. Nunca! Fiz sucesso. Mas acho que fiz mais exatamente por ser discreto com as mulheres.

Pra encerrar, o que você leva ou sempre levou de Minas com você? O caráter? O jeito discreto?

De Minas eu levo o que está escrito ali: "Ninguém nivelará as montanhas de Minas". A frase não é da minha mãe, mas foi ela quem me ensinou, e é a minha marca. E por isso que eu acho que Minas tem que voltar ao poder.

Mas os paulistas vão reagir...

Os paulistas, não. A imprensa. O *Estado de S. Paulo* fez uma comigo de que nunca vou me esquecer. Eu deixei Brasília e vim a Juiz de Fora, porque minha mãe estava muito doente. E o *Estado* fez um editorial violento contra mim. Eu estava ao lado da minha mãe. Voltei a Brasília, e, dois dias depois, ela veio a morrer. Será que esse sujeito não tem mãe, não? Depois descobri quem foi o sujeito que escreveu o editorial. Não quero falar o nome dele. O editorial eu devo ter guardado. Tem hora que não adianta você falar. O Israel Pinheiro dizia o seguinte: "Nunca reclame!". Antigamente eu reclamava. Depois, não.

Você acha que melhorou? Ou nunca teve esse gênio ruim que lhe atribuíam?

Eu nunca tive. Eles fazem um perfil a meu respeito que não corresponde à verdade. Sou sério nas coisas que faço. ■

IVO PITANGUY

Um psicólogo com um bisturi na mão

IVO HÉLCIO JARDIM DE CAMPOS PITANGUY nasceu em Belo Horizonte, tem quase 84 anos e é, com certeza, o médico brasileiro mais bem conceituado internacionalmente. É cirurgião plástico há mais de 50 anos e opera diariamente. Mas, quando começou a estudar Medicina na Universidade Federal de Minas Gerais, e mesmo quando se formou na Universidade Federal do Rio de Janeiro, a cirurgia plástica ainda não era uma especialidade médica reconhecida. O Dr. Ivo Pitanguy ajudou a construir a especialização, estudou nos Estados Unidos, na França e na Inglaterra e voltou para o Brasil com uma certeza: era preciso dividir o conhecimento e ampliar o atendimento. Criou o Serviço de Cirurgia da Santa Casa de Misericórdia do Rio de Janeiro, o primeiro de cirurgia de mão da América do Sul, em 1949. Lá, ele dirige, até hoje, uma enfermaria que atende pacientes de menor poder aquisitivo. Nos anos 60, além da Clínica Ivo Pitanguy, criou o curso de pós-graduação em Cirurgia Plástica da PUC-RJ. Ele é o único médico brasileiro a ser homenageado por ex-alunos do mundo inteiro, com a Associação de Ex-Alunos do Professor Pitanguy. Casado com Marilu há mais de 50 anos, é um pai que participa da vida dos quatro filhos, é avô de cinco netos, gosta de esportes, joga tênis, nada na água fria e ainda mergulha. Desde muito pequeno, ama os animais e ainda hoje se sente mais à vontade com eles do que em qualquer outro lugar. Leitor apaixonado, dono de uma biblioteca de respeito, lê e relê Goethe, Baudelaire, Rimbaud e Rilke e acha o livro o melhor companheiro: não precisa de onda, de tomada, não precisa de nada"; o livro, para ele, "é mais moderno do que o computador".

Você nasceu em Belo Horizonte?

Nasci em Belo Horizonte, mas a minha mãe era de Diamantina, e a minha formação foi como se eu tivesse nascido em Diamantina. Minha mãe levou meu umbigo pra enterrar em Diamantina! Meu pai veio de uma terra muito rica também, que era Curvelo. Diamantina era toda tradição, poesia. E minha mãe tinha todo o perfume dali, da rosa, natural, espontâneo. Fui criado numa atmosfera em que os valores espirituais eram muito mais importantes do que qualquer valor comercial. Embora a terra fosse essencial, o que contava muito mais não era o que a terra produzia, era a beleza da natureza, da terra, das flores. O diamantinense sempre tem esse lado romântico. Nasci nos anos vinte e muitos, ou vinte e poucos, por aí. Há tanto tempo! Nós nunca fomos criados numa atmosfera limitada. Mas a minha Belo Horizonte era uma Belo Horizonte pequenina, uma cidade encantadora. Eu morava numa casa com uma grande mangueira, uma jabuticabeira, e, quando meu pai foi prolongar um pouquinho a casa, fez um desvio para preservar a jabuticabeira. Mas eu nasci, como todo bom mineiro, gostando da terra e sempre convivendo com a montanha. O mineiro tem isso, que eu acho que é muito forte. Nós somos, de certa forma, produto da geografia. Belo Horizonte, na minha época, era cercada de montanhas. Ainda é, mas nós fazíamos incursões nas montanhas. E as montanhas ensinam muito. Acho que o mineiro tem esse lado mais calmo. Ele é muito amigo, mas ele não grita como o gaúcho, que tem o pampa aberto, aquele mar interno. Ele tem que falar, pode ser ouvido, tem aquele horizonte dentro. O mineiro sabe que fala muito alto porque tem sempre uma montanha e outra mais alta, e isto dá uma certa retenção. Que pensam ser uma certa forma de timidez. Mas não é timidez, é uma noção da sua pequenez ou da sua grandeza diante da natureza.

E como você sentiu quando se mudou para o Rio de Janeiro?

Aquele lado mineiro, retraído sentiu logo a espontaneidade, a vibração do carioca. Fiquei encantado! Acho que o mineiro é capaz de se encantar por tudo o que é espontâneo, por tudo o que é criativo, pela beleza. E esse momento de beleza de que eu desfrutei, e do qual desfruto até hoje, foi muito importante. O Rio é a minha segunda morada, que eu cultuo, que eu preservo. E eu acho que o Rio é acolhedor. E o mineiro se sente muito bem, sempre se sentiu muito bem no Rio de Janeiro. Ele se sente muito bem porque ele tem aquele jeito de ser de esperar a pessoa falar pra depois dizer alguma coisa. Mas essa qualidade mineira nós não gostamos de perder. Nós achamos que não é obrigação de todo mundo ter tido a sorte de nascer em Minas Gerais. Mas, por outro lado, algumas vezes ela nos impede de, em certas circunstâncias, tomar determinada atitude. Mas, às vezes, é bom; às vezes, aquela circunstância não é exatamente aquela em que nós gostaríamos de estar. De modo que esse lado conciliador do mineiro é um lado muito importante. Não sei se vem só da natureza, da maneira com que fomos formados, mas é diferente.

E você já chegou ao Rio de Janeiro formado em Medicina?

Meu pai era cirurgião em Belo Horizonte. Eu me sentia muito bem na cidade, tinha meus amigos, eu era muito esportista. Mas, naquela época, não havia um grande aproveitamento dos jovens médicos. E me formei muito cedo, com 21, 22 anos. E então eu tive que servir o exército. Eu tinha o pé chato. Com o pé chato, eu dizia: "Não vou ser convocado". Mas na época era obrigatório. E, fazendo o curso superior, havia o CPOR. Eu fui para o CPOR de cavalaria. Fiz três anos de cavalaria junto com a Escola de Medicina. E quando me formei, logo no imediato pós-guerra, servir o exército era uma coisa muito séria. Eu não podia deixar de servir, senão ia preso. Não havia destacamento de cavalaria em Belo Horizonte. Eu teria que ir para Juiz de Fora, e, na ocasião, não havia Escola de Medicina em Juiz de Fora, eu iria perder o ano. Não queria perder o ano de Medicina. Me transferiram, quase por obrigação, pra Praia Vermelha, que era o sonho de muita gente: vir para o Rio, pra Praia Vermelha, para a Faculdade Nacional de Medicina − da qual sou, até hoje, membro do Conselho de Minerva. Fui para os Dragões da Independência; fazia os desfiles a cavalo. Fiz um concurso para ser interno do pronto-socorro e muitas vezes eu chegava lá de botas. Mas eu ia para a Praia Vermelha, a cavalo. Não literalmente, mas praticamente literalmente. Depois eu fui me radicando no Rio. Fiquei no pronto-socorro e fiz concurso pra bolsa de estudos fora do país. Eu passei quase seis anos fora do Brasil.

O senhor estudou onde fora do Brasil?

Primeiro nos Estados Unidos, onde passei cerca de dois anos. Depois voltei, fundei o Serviço de Cirurgia Plástica da Santa Casa de Misericórdia

[1949], mas achei que me faltava mais um pouco de conhecimento e fui pra França, onde estudei com um dos criadores da cirurgia de mão e referência no atendimento aos mutilados da Segunda Guerra Mundial. Estudei em outros países da Europa, mas foi principalmente na França e na Inglaterra onde eu fiz a minha formação. Quando eu voltei, senti que aquele conhecimento adquirido era uma responsabilidade importante e me deu aquela vontade de transmitir. Guardo, até hoje, o mesmo entusiasmo por ensinar que senti naquela época. O que eu aprendi, aprendi com muita dificuldade. Correndo de um lugar pro outro. Foi então que nós criamos, na Santa Casa, o serviço de cirurgia plástica [Enfermaria 38 da Santa Casa, em 1962]. E, ao mesmo tempo, criei, junto com a Universidade Católica e com o Instituto de Pós-Graduação Medica Carlos Chagas, o curso de Pós-Graduação em Cirurgia Plástica, que já formou mais de 500 alunos de 47 países.

E a Associação dos Ex-Alunos do Professor Pitanguy?

A Associação surgiu dos alunos que nós formamos em janeiro de 1974. Eles formaram a Associação em torno de mim, em torno da escola, com a ideia de se reunirem culturalmente, mas, sobretudo, dentro da minha filosofia, do princípio de amizade, de não falar mal de ninguém, curtir só os bons momentos.

A sua especialidade sempre foi a cirurgia plástica. Quando você foi estudar fora do Brasil já estava nessa área?

Quando me formei em Medicina fiz cirurgia geral. Mas quando estava terminando minha especialidade em cirurgia geral aqui no Rio, no Hospital de Pronto Socorro e outros serviços, notei que as pessoas que eram machucadas saíam deformadas. Porque se usava muita navalha, abria-se avenida [mostra no rosto o tipo de corte que recebia esse apelido]. Tudo mudou. Hoje são ferimentos de guerra. Mas muita gente achava que aquelas pessoas que saíam com aquelas deformações estavam curadas. E eu sentia que poderia fazer alguma, melhorar aquelas deformações, aquelas cicatrizes. Percebia que as pessoas não se sentiam integradas no sentido de autoestima, autoimagem; tudo isso que hoje virou clichê, mas que, naquele momento, não existia. Então, senti que deveria fazer alguma coisa a mais. E para fazer isso eu tinha que aprender. Não existia nenhuma escola de cirurgia plástica por aqui. Fui aprender nos Estados Unidos com uma bolsa de estudos. Quando voltei, senti que formar uma escola seria muito importante, porque aquela especialidade merecia ser ensinada. O que se notava é que as pessoas quase não podiam ver o que o cirurgião estava fazendo. Quer dizer, se escondia o conhecimento. A Medicina não era mostrada com a dignidade que merecia ser ensinada. Então, tudo isso me marcou muito.

O senhor praticamente criou a formação da cirurgia plástica no Brasil então?

Não criei, mas fui um dos principais fundadores. Havia outros cirurgiões aqui e em São Paulo. Eu acredito mesmo que esse espírito de formação de escola, a continuidade dela e a sua qualidade é muito daqueles que nós formamos também. E continuaram a formar outras escolas. Não é nunca um espírito de sermos só nós. Sobretudo de nos congregarmos e saber que o conhecimento a gente divide, a gente passa.

Então foi a chamada "cirurgia plástica reconstrutora" que trouxe o senhor para a estética?

A plástica é uma só. Eu defendo essa ideia num livro que eu escrevi na Alemanha, lançado em 1981, e que foi muito importante, ganhou até o prêmio de melhor livro na Alemanha na questão da cirurgia plástica. O título é *Aesthetic Surgery of the Head and Body*. Foi feito em inglês porque foi feito pro mundo todo. É muito importante que a cirurgia plástica seja uma só. Mas tem subespecialidades; a estética é uma das sub-especialidades. E dentro da cirurgia plástica há grandes reconstruções, microscópicas. E dentro dessa especialidade um sujeito não pode se inventar: "Eu sou cirurgião estético". Ele tem que ser primeiro médico, ter uma formação ampla em cirurgia geral pra ser um bom profissional e depois que conhecer bem o ser humano e a estrutura dos tecidos, que conhecer bem a cirurgia plástica ele pode até se dedicar mais à cirurgia estética. São coisas que não se pode separar. A própria conceituação da cirurgia plástica como única é muito importante na formação do nosso cirurgião plástico, sobretudo porque o conceito de cirurgia estética não tem nada a ver com pessoas ricas. A partir do momento em que o ser humano venceu a parte básica da sua alimentação, das suas necessidades mínimas, ele começou a pensar na sua imagem; independente da sua posição social. Isso não havia antes. Foi uma forma iniciadora de dar à população carente essa oportunidade da cirurgia plástica não só reparadora, mas também estética. Porque o sofrimento você não mede pela deformidade, e sim por aquilo que ela causa à pessoa.

O papel do cirurgião plástico, antes de ser um cirurgião, é praticamente o de um psicólogo, porque ele tem que perceber o que o paciente sente.

É um psicólogo com um bisturi na mão. Mas muitas pessoas – você sente – têm a ideia de que você poderia fazer muito além do que realmente pode. E outras até aquém. Mas quando a pessoa está equilibrada, a consulta é muito simples. Você sente que existe um sonho além da realidade. Nós todos podemos e temos o direito de sonhar, mas o sonho é uma continuidade daquela vontade, e não da realidade. Vamos continuar assim mesmo. Mas se nós queremos entrar na realidade, às vezes nós temos que transformar o sonho dentro de uma realidade menor, porque muitas vezes nós não temos como tem o pintor, a tinta, o escultor, a pedra. Nós estamos limitados por uma ortodoxia da forma. Uma senhora, com 86 anos, foi até a clínica. Tinha o nariz grande. Ela falou: "Tenho uma saúde de ferro. Enterrei minha família toda com esse nariz. Não quero ser enterrada com ele". Só naquele momento é que tinha vindo a ideia de se operar, e ela ficou muito feliz. De modo que a gente está diante de uma evolução permanente. Enquanto estamos vivos, nós ainda não estamos prontos. Você é muito parecido com todo mundo e com você mesmo, com toda a sua timidez. Aquela coisa de se sentir muito importante é terrivelmente horrível. Quando a pessoa se sente muito importante, ela está já parada, na verdade. Quando você está parado, você cai, como numa bicicleta. Tem que estar mexendo.

Operar ainda é um prazer?

Um grande prazer. Operar é um ato criativo, um ato que, com a experiência, muitas vezes, traz mais satisfações que dissabores.

Quantas cirurgias você já fez?

Tenho tudo digitalizado, tudo guardado. São mais de 70 mil casos. Tenho todos os meus arquivos guardados. Sempre publiquei muitos trabalhos (mais de 800 artigos), faço muitas conferências e, por isso, tenho tudo organizado. Não se pode fazer nada sem ter um pouco de ordem. Não tem que ser sistemático, nunca fui. Mas sempre fui muito bem estruturado. A minha clínica tem uma estrutura muito boa, nós temos um programa de 30 residentes. Todo ano nós temos mais de 150, 160 candidatos a residentes pra 8 a 10 vagas.

Você tem quantos anos de cirurgia plástica? Cinquenta?

Por aí. O mineiro não conta muito o negócio de tempo, de idade cronológica. Isso é mais pros outros tomarem nota. Mas tem muito tempo. Tem mais de 50 anos.

Nesses 50 anos, quais foram os grandes avanços da cirurgia plástica?

Olha, um dos grandes avanços talvez tenha sido o bom ensino, a boa formação, escola de bons cirurgiões. O Brasil, nesse aspecto, é um país que está muito bem colocado em relação a outros países onde também existem cirurgiões bem treinados. Nós conseguimos isso que eu falei no princípio da nossa conversa, da dificuldade de se aprender e da alegria de ensinar. E ensinar é uma coisa muito bonita. O Brasil tem muitas escolas que foram feitas dentro desse espírito. Isso não há muito em muitos outros países. Outra coisa que é importante é que hoje existe é a difusão muito grande de conhecimento. Não quer dizer que nós sejamos melhores do que esse país ou aquele. A Medicina é talvez uma das poucas atividades em que transmitir o conhecimento é obrigação moral. Não se guarda o conhecimento. Surgiram novas técnicas, e a utilização dessas técnicas está sempre ligada à boa formação, sobretudo do cirurgião. E, evidentemente, a biotecnologia também surgiu. Mas com tudo isso, surgiu também uma banalização da cirurgia, que é má, uma má exposição. Como alguns programas horríveis de televisão, de pessoas expondo cirurgias, uma série de intimidades, tirando toda a liturgia do ato cirúrgico. A cirurgia plástica é uma cirurgia como qualquer outra. Ela guarda sua seriedade diante do ser que procura o cirurgião. O cirurgião plástico é sempre uma pessoa que tem que ser olhada com a dignidade que se vê em qualquer outro cirurgião. Não é com uma atitude de quem vai ao cabeleireiro; a pessoa está diante de uma coisa muito especial. A cirurgia plástica tem os mesmos riscos e exige os mesmos cuidados que qualquer outra cirurgia. De modo que eu acho que esse lado tem que ser combatido. Agora, por outro lado, a boa difusão, como você faz e como outras pessoas que tem bom discernimento também fazem, é útil. Útil porque mostra as nossas possibilidades, as nossas limitações. E, sobretudo, ela vem pra dar ao ser humano a possibilidade de estar mais em paz e melhor com a sua imagem.

E o que você acha da busca da eterna juventude?

Acho que a busca pela juventude sempre foi eterna e fáustica. Quando Fausto, que era um cidadão moderno, encontrou Helena, na Antiguidade, ele quis preservar aquele momento do encontro, aquele momento de beleza. E o que Helena disse pra ele foi: "Eu sou parte deste momento". E a beleza e a bondade sempre estarão juntas com a juventude. De modo que a sua procura é eterna. E é fáustica. Mas nós não temos esse elixir mágico que tinha o Fausto. Beleza sem alma não vale. Mas, por outro lado, existe também um progresso da Medicina. Essas pessoas que têm 50, 60, 70, 80 anos – como quem vos fala – não são as mesmas pessoas de antes. São pessoas que tiveram muitos benefícios da Medicina. Tiveram muitas possibilidades de ser tratadas adequadamente, com condições técnicas e outras condições que não existiam antes. Mas a lei da gravidade vai continuar a trabalhar sobre todos. Eu nunca operei, mas muitas vezes eu olho no espelho e me pergunto: "Quem sabe?". E bem-estar vai muito no sentido de o seu ego ser condescendente. Quando ele é mais condescendente, você tolera. Acho que se tolerar é mais importante do que se operar.

A idade não é impeditiva?

Não. De modo algum. Mas é muito importante, quando se faz alguma coisa com uma certa idade, ter a preocupação de fazer com muita dignidade. Quando dá pra perceber que a pessoa foi operada, é porque ela foi mal operada. A pessoa que foi operada deve procurar um grande progresso, mas tem que procurar também a naturalidade em todos os resultados, e não parecer que foi operada. Desde o nariz até a face. É muito importante que a correção que você faça esteja um pouco dentro do seu período etário. Mas nunca se deve procurar transformar uma pessoa mais velha numa jovem, porque fica ridículo. Os tecidos e as estruturas são outros. De modo que esse é um lado também em que a filosofia do cirurgião vai conduzir. Porque muita coisa pode ser feita, mas não quer dizer que deva ser feita.

E já aconteceu de você ter que dizer pra alguém: "Não faça isso, porque não vai ficar bem"?

Isso é muito frequente. Muito frequente! Inclusive, há pessoas que não se veem como são e querem fazer o que não devem fazer. Mas pode ser que você a aconselhe adequadamente, e ela encontre uma outra pessoa que não veja a situação da mesma forma, mesmo sem má intenção, e possa operá-la. Você tem a obrigação moral de estar de acordo com a sua própria qualidade de observação ética e, sobretudo, com o tom de harmonia e equilíbrio em cada período etário de uma pessoa. Não se pode transformar de modo algum; sobretudo no sentido de etnia. A beleza negra é muito importante, a beleza saxônica também. Cada grupo tem um determinado tipo de beleza. Você não pode transformar uma pessoa em outra.

Há um tipo de cirurgia – o nariz ou os olhos, os seios – que seja a sua especialidade? Que o senhor acha que faz melhor?

Eu não tenho. Evidentemente, com o tempo, você vai fazendo mais cirurgias e menos outras mais pesadas. Mas há algumas cirurgias em que eu colaborei, pras quais eu criei técnicas.

Por exemplo?

Técnica de redução mamária; para o problema de envelhecimento facial; para o problema na direção de tração, que é muito importante para a correção do lábio leporino; alguns detalhes de todo o contorno abdominal; uma série de coisas. Não vou ficar falando, mas são dezenas, do ponto de vista médico. São contribuições que criei ou que eu fui adotando e que pertencem à boa gama do que deve ser feito dentro da filosofia da nossa escola. Quando os rapazes, os estudantes, que são médicos já formados operam sob a nossa orientação, e a orientação muito capaz dos meus colaboradores, eles operam dentro desses princípios. É muito importante ter princípio e técnica que orientam e formam uma escola. Isso é fundamental.

Você sempre foi um grande leitor? É um homem de uma cultura geral fortíssima. Você sempre leu muito?

Sempre me interessei pela vida, pelas coisas. Leio até hoje. Muito. Sempre li muito. Por exemplo, se você perguntar o que eu estou lendo agora, por coincidência, estou lendo *Confissões de Joaquim Nabuco*. Fiquei a até triste de não ter lido há mais tempo. Pouca gente leu. É muito bem escrito. Eu leio cinco livros ao mesmo tempo. Estou lendo um livro que é muito interessante, chama-se *O vinho mais caro do mundo*. É um vinho que foi comprado em 1777. Desde cedo eu peguei o hábito de ler. Acho que o hábito de ler é das coisas mais agradáveis. O melhor companheiro é o livro. Ele é mais moderno que qualquer computador. Não precisa de tomada, não precisa de onda, não precisa de nada. Você anda com ele aqui. É difícil, porque às vezes há pessoas que não têm o hábito de ler, não conseguem ler. Quando você pega o hábito de ler, é uma coisa extraordinária. Estou sempre lendo ou relendo alguma coisa. Realmente eu li muito, li muito toda a literatura clássica, toda a que eu pude ler. Você fala pra mim, literatura germânica, alemã, francesa, inglesa... Toda. Sempre me interessei muito pelos escritores; pelos poetas, sobretudo. Minha mulher também. De modo que nós temos uma cultura em comum muito grande. E foi com a minha mãe que aprendi a gostar de ler. Gosto muito de reler as coisas clássicas. Por exemplo, ontem eu ganhei uma coisa linda: dois volumes de *Dom Quixote* lindos! *Dom Quixote* que, por acaso, eu já li inteiro, mas comecei a reler. É tão bem escrito, tão gostoso de ler! Gosto de reler Goethe, Baudelaire, um pouco de Rimbaud, um pouco de Rainer Maria Rilke. Estou sempre ao lado de quem criou a ideia e eu posso conviver com ela. Cercado por belas coisas e principalmente pela natureza. Eu tenho um lado ecológico, tenho uma ilha, para onde procurei levar todo tipo de bicho, replantar árvores... Essa questão de "de onde nós viemos e para onde vamos" me interessa muito. De modo que é bonito preservar.

E você, pessoalmente, gosta de plantar, de ver os bichos, de acompanhar a evolução deles?

Eu gosto muito. Adoro bicho! Adoro tanto bicho que eu me sinto mais a vontade com eles do que em qualquer outro lugar. Um pouquinho, como dizia um dos grandes escritores franceses, sobre cavalos. E dizem: "*Plus je connais les hommes mais j'aime les animaux*" ["Quanto mais conheço os homens, mais amo os animais"]. Acho que não sou totalmente assim, porque o ser humano ainda me encanta. Eu gosto do ser humano.

As plantas, os animais, o trabalho, as palestras, o interesse pela vida, o que mais você considera fundamental na vida?

Família. Eu acho muito importante. Acho o interesse familiar uma das coisas mais bonitas que existem. Uma das coisas mais bonitas que se pode ter é ter a sorte de ter uma família. Sem avaliá-la, sem ver qualidades ou defeitos, mas ver as pessoas que fazem parte do núcleo humano em que você convive. O convívio diário, essa força é uma coisa muito bonita.

Você é um pai participante? Um pai militante?

Sou um pai participante. Militante, não, porque eu não gosto dessa palavra. É evidente que eu sou um pai muito ausente; um pai que trabalha o dia inteiro é muito ausente. Mas nos fins de semana eu procuro estar sempre com meus filhos e nas férias longas sempre procuro estar com eles em algum lugar. Esquiando, no mar ou em algum lugar. São situações que você tem que criar.

Quantos netos você tem hoje?

Tenho cinco netos. Só tenho homem. Nenhuma mulher.

E algum estuda Medicina?

Há o Antônio Paulo, o filho da Gisela, que está estudando Medicina. E já está fazendo o final da Medicina. Por coincidência, antes de eu vir pra cá, ele esteve com uns coleguinhas lá na clínica, me visitando. E é um prazer, um encanto ver esses rapazes, jovens assim, e se lembrar de quando você estava naquela idade. O gostoso da juventude é você se rever através dos jovens. Não lastimar não ser mais jovem, mas se rever neles.

E o atleta Ivo Pitanguy?

Continua ainda hoje. Eu e a minha mulher temos uma *personal trainer*. Vai lá em casa duas vezes por semana pra mim, e duas vezes por semana eu tenho um fisioterapeuta com quem eu faço ginástica. Eu até hoje jogo tênis; e nado na água fria depois. O cardiologista diz que não é bom, mas eu gosto. E no fim de semana eu ainda mergulho. Gosto de mergulhar. Gosto de bater uma bola de tênis. Não gosto de caminhar, porque a pessoa que tem o pé chato não gosta de andar muito, porque arde o pé. Eu fui campeão de natação. Eu e o Fernando Sabino, naquela época, juvenis. Nadei todos os dias de manhã antes de ir pro colégio. E à tarde, quando voltava, nadava de novo, naquela água fria da piscina. Dos 12 aos 16 anos não queria nadar mais. Passei pro tênis. Depois do tênis, eu passei pra caratê, depois passei pro esqui. Um esporte puxa outro, não é verdade? O esporte te nivela, te coloca sempre jovem. Você tem que ter heróis. Ter os heróis contigo é melhor do que ter os guerreiros.

O rejuvenescer não é só através da plástica, é através da vida mesmo.

É a vida. Acho que a plástica não rejuvenesce ninguém, não. Não são todas as pessoas que envelhecem da mesma forma. Eu, por acaso, acho que estou envelhecendo bem. Não tem mistério.

Você não tem vontade de fazer uma plástica?

Não. Já me sugeriram: "Faz aquilo e tal". Mas são as outras pessoas. Eu me vejo bem, é a melhor defesa. ■

JOÃO BOSCO
Mestre-sala das canções

JOÃO BOSCO DE FREITAS MUCCI nasceu em Ponte Nova há quase 64 anos, filho de árabes e mineiros. Aos 12 anos tocava violão, aos 21 se tornou parceiro de Vinicius de Moraes (compositor e diplomata). Estudava Engenharia em Ouro Preto, ainda não tinha gravado o primeiro disco, mas sabia que a música iria dominar sua vida e ficava cada vez mais longe da Engenharia. Sexto filho de uma penca de dez, primeiro homem numa família árabe, foi recebido com honras e glórias. Cresceu ouvindo os sons do piano tocado pelas boas moças do interior de Minas, mas foi com o violão que estabeleceu sua parceria da vida inteira, tirando sons lindíssimos, fazendo a trilha sonora das nossas vidas, em arranjos especiais. De "Agnus Sei", primeira gravação com o pessoal d'*O Pasquim*, em 1972, até hoje, fez mais de 300 músicas. E segue tocando, sentindo a música, percebendo, através dos acordes, se está completa ou se lhe falta um pedaço. Flamenguista, o mais rigoroso crítico de si mesmo, segue tocando, cantando e encantando, do mesmo jeito que sempre foi, discreto, sorridente e gentil. Uma figura rara.

Como é que você se encontrou com a música?

Eu cresci ouvindo música. Naquela época, a educação musical para as mulheres era muito comum. Eu tinha cinco irmãs. Sou o primeiro filho homem, ao todo somos sete moças e três homens Meu pai era árabe. Vieram primeiro cinco mulheres, e a colônia árabe continuava cobrando, não tinha o menor respeito por ele. Quando eu nasci, foi uma grande festa. E lá em casa tinha um piano. Tinha uma professora que ensinava piano. Eu cresci ouvindo as minhas irmãs estudando aquela coisa do piano. As escalas, depois iam passando para as canções, as partituras. Eu andava na rua e ficava ouvindo as meninas estudando o piano naqueles sobrados da cidade. Isso era um som de que eu me lembro bem, da minha infância. Dali pra pegar no violão foi muito rápido. Tinha um violão lá em casa, que era de uma das minhas irmãs. Peguei nesse violão, comecei a tocar nesse violão e eu estou tocando nele até hoje. Mas ele era meio verde, meio verde com preto, um violão terrível!

A música já era importante na sua vida quando você foi estudar em Ouro Preto?

Em Ouro Preto, tive um conjunto vocal. O Vinicius [de Moraes] foi até padrinho desse conjunto. O [Moacyr] Scliar fez o cartaz do conjunto. Vinicius foi meu parceiro em 1967. Ele me deu essa força. Era um cara maravilhoso! Um cara muito generoso. Procurei por ele lá em Ouro Preto, numa pousada em que ele ficava descansando dos shows − e dizia ele que era pra tomar um chá, um chazinho. Mas aí, quando eu procurei por ele, mostrei umas músicas. Me lembro que naquela noite nós fizemos um samba e tomamos, pelo menos, uma garrafa de uísque [risos]. Gravei esse samba. Gravei no Song Book dele, com Os Cariocas.

Você já era estudante de engenharia?

Estava no primeiro ano de engenharia civil. E naturalmente perdi esse ano por frequência.

[Risos] Você chegou a se formar?

Me formei em 1972. Recebi o diploma num show que eu fiz lá em Belo Horizonte pra uma empresa de engenharia. Fui fazer um show pros caras e eu tinha reclamado com o diretor da Escola de Engenharia que eu estava tendo pesadelos horríveis, que eu não conseguia passar de ano. Sonhava que todos os meus colegas iam passando. Do primeiro pro segundo, do segundo pro terceiro, do terceiro pro quarto. Formavam e ia embora. E eu ficava lá no primeiro. Disse a ele: "Acho que estou tendo esses pesadelos porque não tenho o meu diploma. Colei grau, mas não recebi diploma. Nunca mais voltei pra buscar". Ele disse: "Olha, posso te entregar o diploma". Aí fui fazer esse show em Belo Horizonte e me entregaram o diploma no palco. E ele disse assim pra mim: "Não sei se esse diploma vai te ajudar, porque eu sou diretor da Escola e tenho os mesmos pesadelos até hoje".

[Risos] Quando é que você deslanchou, você fez o primeiro sucesso?

Olha, acho que foi o "Bala com bala", em 1972, quando a Elis gravou.

No ano em que você formou. Como é que você chegou até a Elis? Você mandou uma fita?

Nessa época a gente chegava de corpo presente [risos]. Não tinha esse negócio de espiritismo, não. Chegava com o violão. O Sérgio Ricardo, o Ziraldo, todo mundo lá d'*O Pasquim* já me conhecia, porque eu já tinha gravado aquele disco de bolso com o Tom Jobim. Lembra que o Tom fez? "É pau, é pedra, é o fim do caminho, é um resto de toco, um pouco sozinho". É o lado A do disco. O lado B era "Agnus sei": "Faces sob o sol, os olhos na cruz. Os heróis do bem prosseguem na brisa da manhã. Vão levar ao reino dos minaretes a paz na ponta dos arietes, a conversão para os infiéis". Essa letra é bem grave, né? Minha e do Aldir Blanc. E o Tom foi meu padrinho nesse disco, gravando "Águas de março", que era inédita. Com esse disco, eles ligaram pra Elis: "Tem um cara de Minas. Você tem que receber". Era em setembro, ela estava no Teatro da Praia, em Copacabana, ensaiando o novo show. E o César Camargo Mariano estava começando o trabalho com ela nesse show. Nós começamos juntos com a Elis. Ele era o pianista, depois se casou com ela. E nesse dia estavam ele e ela no palco. Eu cheguei, e ela falou comigo assim: "Você é de Minas?". Falei: "Sou". Ela falou: "Ih, adoro Minas Gerais! Agora só quero saber de Minas Gerais. Tem um cara em Minas Gerais com quem eu gravei que é um gênio!". E ela estava falando do Milton Nascimento. Ela gravou "Canção do sal", do Milton, e estava apaixonada pelas coisas dele. Falei: "Pô, conheço ele!". E ela falou: "O que é que você tem pra mostrar?". Mostrei isso aqui: "A sala cala e o jornal prepara quem está na sala com pipoca e bala, e o urubu sai voando, manso. O tempo corre e o suor escorre. Vem alguém de porre e há um corre-corre, e o mocinho, chegando, dando. Eu esqueço sempre nesta hora, linda, loura, minha velha fuga em todo impasse. Eu esqueço sempre nesta hora, linda, loura, quanto me custa dar a outra face". A música é "Bala com bala". E ela gravou naquele ano, 1972.

Foi o ano pra você! Aconteceu tudo. Você se formou, foi gravado...

Exatamente! Me formei, me casei com a Ângela nesse ano. Colei grau num dia e casei no outro [risos]. Viemos juntos pro Rio. Eu estava no segundo ano de Engenharia quando nos conhecemos e namoramos até o final do curso. Colei grau, nos casamos no dia seguinte, e eu fui pra São Paulo, gravar meu primeiro *long play* [risos]. A lua de mel foi essa.

Minas Gerais é importante pra você, João?

Totalmente! Eu não saio de casa sem Minas Gerais [risos]! Minas Gerais é minha formação, minha base toda é de Minas Gerais. É aquela paisagem, aquela gente falando daquele jeito, aquela fé, aquela coisa. A música. O Milton e toda aquela música de Minas. Que é uma música que mudou muito a música no Brasil. Após a chegada do Milton, com o Clube da Esquina, tudo se modifica. Drummond e a poesia de Minas, o silêncio de Minas, o mineiro, o pão de queijo... Quando vou lá, tenho recaídas homéricas! Já começo a falar como eu falava antes. Tenho recaídas assim de me sentir em casa. Eu até liguei pro Aldir pra falar isso. A gente se lembra de muitas coisas que são marcantes e a gente já não tem mais. As pessoas são outras, e a gente já perdeu umas. As outras de que a gente se lembra já não são mais as mesmas. É difícil. Aí o Aldir falou: "Eu sabia! Eu falei, eu pensei comigo: pra você ir à sua cidade fazer uma coisa dessas, você tem que ir com um profissional do lado. Talvez com um analista".

Das suas parcerias o Aldir foi a mais famosa. Foi também das mais fortes?

Foi. Foi a mais forte, com certeza. Continua sendo.

Durante anos a gente pensava que vocês haviam brigado. Não sei se isso é verdade ou se é lenda.

É, nós tiramos umas férias. Nós somos... Diante de tudo o que as pessoas disserem sobre isso, é válido. Não dá pra explicar o quê você não consegue explicar. Como se diz: "É caminhando que se faz o caminho". Não é assim que se diz? Isso é uma coisa que pertence ao caminho, à vida e tal. E é inevitável. Mas o bacana é que a gente ainda está fazendo coisas. O caminho ainda está sendo construído.

Das músicas de vocês, qual é a que o emociona mais? Qual é a mais forte? Qual é a sua "Conceição""

O Aldir tem algumas coisas que são os momentos. Por exemplo, tem "Corsário", que é um momento muito bonito dele, da gente fazendo aquela música... E é uma música que quer se comunicar, que quer romper as barreiras. "Meu coração tropical está coberto de neve". Essa música tem uma história bonita. Tem alguma coisa do samba urbano; por exemplo, "De frente pro crime": "Tá lá um corpo estendido no chão. Em vez de um rosto, uma foto de um gol. Em vez de reza, uma praga de alguém. E um silêncio servindo de amém". O samba da cidade, o samba do trânsito. O cara morto, coberto com o jornal. Aí vão chegando nele, armando as barracas, já vendendo coisas. Que é o negócio do Brasil, né? Tem a coisa carnavalesca. Tem o "Rancho da goiabada", tem o "Mestre-sala dos mares": "Há muito tempo, nas águas da Guanabara, o dragão do mar reapareceu. Na figura de um bravo feiticeiro a quem a história não esqueceu. Conhecido como Navegante Negro, tinha a dignidade de um mestre-sala" e vai por aí...

E tem o hino da anistia: "O bêbado e a equilibrista"...

Essa música é de 1977, ano da morte do Chaplin. O Chaplin morreu no Natal de 77. E essa música foi feita partindo da morte dele. Parte do "Smile", da ideia do Chaplin, do filme, que sempre terminava com ele numa estrada, andando em direção ao horizonte. Uma dose de esperança muito grande com o dia que viria. Como diz a letra: "Louco, o bêbado com chapéu-coco fazia irreverências mil pra noite do Brasil. Meu Brasil! Que sonha com a volta do irmão do Henfil. Com tanta gente que partiu num rabo de foguete. Chora a nossa pátria mãe gentil, choram Marias e Clarices no solo do Brasil. Mas sei que uma dor assim pungente não há de ser inutilmente. A esperança...".

Você e o Aldir se encontravam? Vocês faziam o trabalho juntos ou não? Você fazia a música e ele fazia a letra?

A gente fazia música, a gente ainda faz música, de todo jeito. A gente faz pelo telefone, faz perto, faz longe... A gente desenvolveu uma técnica de fazer música em parceria muito forte, que em qualquer situação dá certo. Às vezes tem umas coisas como o tema do *Toma Lá, Dá Cá*, que os caras queriam pro dia seguinte. "Tu entra cajá e sai caqui." A gente fez isso numa noite. Outras vezes ele escreve a letra, e diz: "Bota uma música aí que precisa ser pra amanhã". Aí eu também boto a música. Ou então eu faço uma música, ele vem e bota a letra em cima. Quer dizer, nós fazemos, como todo bom árabe, qualquer negócio [risos].

E compor com seu filho Francisco Bosco? Deve ser um momento muito especial, não é, não?

Não é nada! É a mesma coisa, a mesma confusão! A música é o fundamental. Tem que saber trabalhar pra ela. Se não está bom, não está bom! Tem que mexer, não adianta! "Mas eu estou achando bom!" Pode até estar bom, mas não está tudo bom.

E você é muito crítico?

Não, acho que não sou eu que sou crítico. Acho que a música tem um jeito de dizer: "Olha, estou pronta!". Ou então: "Não estou!". Ela que fala. É ela que diz. A própria "Nação", que eu fiz com o Aldir, começava assim: "Jeje, minha sede é dos rios". A Clara Nunes gravou. "Minha cor é do arco-íris, minha fome é tanta! Planta, flor-irmã da bandeira, a minha sina é verde e amarela feito a bananeira". Aquela coisa da aquarela brasileira, né. Aí se passaram uns dias, estávamos em casa. Eu morava na Rua Faro. Era um domingo. Toquei esse samba e falei: "Aldir, esse samba não acabou". Ele falou: "Como não?". "Esse samba... Isso não é uma aquarela, isso é uma coisa que descortina, isso está mostrando um país, uma coisa. Você está indo pra paisagem brasileira, falando do Labarágua, Sete Quedas... Falando dessa gente, da bananeira, das terras, da riqueza do solo brasileiro, da sua gente, da hemoptise no canal do mangue. Você está falando de um país! Tem que descortinar isso, tem que abrir essa cortina! Vamos fazer uma abertura pra esse samba". Ali eu fiz a música e ele fez a letra. E ficou assim: "Dorival Caymmi falou pra Oxum: 'Com Silas tô em boa companhia. O céu abraça a terra, desaba o rio na Bahia'. Jeje...". Na [novela] *Astro* mesmo, em "Bijuterias", começava assim [cantarola]. Aí fazia: "Minha pedra é ametista, minha cor é amarelo. Mas sou sincero, necessito ir urgente ao dentista. Tenho alma de artista e tremores nas mãos. Ao meu bem mostrarei no coração. O sopro é uma ilusão, eu sei, na idade em que estou". "Pô, peraí! Acho que começa a ter uma coisa, tem uma introdução. Devia ter uma fala." Aí ele escreveu: "Em setembro, se Vênus me ajudar, virá alguém. Sou de Virgem e, só de imaginar, me dá vertigem. Minha pedra é ametista...". Não é não? Não faltava? Toda música é assim. Elas vêm aos poucos. "Em conta-gotas" – como diria o Waly [Salomão, poeta, parceiro de João que morreu em 2003] – "Gota por gota, cada nota vai chegar".

Você é do tipo que compõe e deixa na gaveta e se uma cantora pedir você tem? Ou você vai usando? Você compõe para gravar?

É, eu componho, vou compondo aos poucos. Vou confeccionando o disco. Vou olhando o disco. Às vezes ele está pronto, às vezes, não. Às vezes você tem músicas até em número maior do que suficiente, mas ainda não é o disco. Ainda não é, ainda falta coisa.

Quando a gente ouve você, reforça a impressão de que você brinca muito com as palavras, com a música, os arranjos...

Eu adoro fazer música assim! Você sabe que o Fellini tem um filme bem poético – porque já começa pela lua – em que ele mostra um personagem que toca um oboé. Esse personagem até fica meio pirado, porque ele defende a ideia de que a música é aquela arte que move objetos. Então, existem certas passagens na música que ela pode mexer com as coisas. Tem certos acordes em que você não pode tocar, senão tudo sai do lugar.

Você acredita que a música tem essa mágica, essa magia de transformar?

Ela tem uma certa magia. Eu vejo a música assim. Sempre vi. Quando me perguntaram uma vez: "Você, cantando essa canção 'Papel machê'... Como você entrou para essa coisa dessa voz, esse outro lado de Oxumaré, essa coisa mais feminina, aguda?". Eu dizia: "Não sei, foi a música que me pediu que fizesse assim. Foi ela que me exigiu esse tipo de interpretação".

São os tais acordes que você diz que não pode tocar falando mais alto, não?

Isso, porque, quando você toca, você se transforma e você também modifica a posição das coisas. Isso no Fellini é incrível, porque mostra a força que a música tem. E, se a gente parte do princípio de que a música tem esse poder, o respeito que a gente tem por ela, na hora de se relacionar com ela, tem que ser, no mínimo, dessa intensidade. A gente não pode tratar a música com marreta, entendeu? Com bigorna. Como uma coisa que você trata a ferro quente. Música é uma coisa que você trata com magia, com respeito, com carinho, com profundidade, como uma coisa meio vertiginosa que surge de quedas e subidas. É sempre uma coisa bonita. Na verdade, a obra de um artista é um grande espelho que é levado por alguém por uma grande estrada. Nesse grande espelho está refletido não só – aos olhos de todo mundo – o azul do céu, mas também o lodaçal da estrada. O espelho não escolhe a imagem que vai refletir. E as pessoas muitas vezes culpam o espelho por essa imagem, culpam muitas vezes até aquele que carrega o espelho, quando, na verdade, tinham que culpar a lama que está na estrada. Pior ainda, tinham que culpar o inspetor que toma conta dessa estrada, que não devia permitir que esse lodaçal se instalasse. Então, acho que de fato o Brasil tem uma coisa fantástica: a alegria do Brasil é anterior aos problemas sociais brasileiros. Acho bonito, porque o brasileiro não abre mão disso. É resistente com relação a essa alegria. E pode estar ruim, estar difícil, que as pessoas não deixam de fazer um bom samba. ∎

JOSÉ ALENCAR

O balconista vice-presidente do Brasil

JOSÉ ALENCAR GOMES DA SILVA nasceu em Itamuri, distrito de Muriaé, na Zona da Mata, e começou a trabalhar aos 14 anos como balconista. E ainda hoje, aos quase 79 anos, vice-presidente da República e empresário de grande sucesso do setor têxtil, se define como balconista, profissão que considera muito nobre. Começou o primeiro negócio próprio aos 18 anos, com dinheiro emprestado do irmão Geraldo. Autodidata, sempre gostou muito de ler, é o 11º de 15 filhos, foi escoteiro, aprendeu a fé católica com a mãe, Dolores, e reza o Pai-Nosso na hora do aperto. É um grande contador de histórias, não tem celular, prefere o dicionário em livro ao computador, gosta de futebol, torce pelo Nacional de Muriaé, pelo Flamengo, no Rio, e pelo Corinthians, em São Paulo. Foi senador por Minas Gerais, presidente da Federação das Indústrias de Minas Gerais e candidato derrotado ao Governo do Estado em 1994. José Alencar sofre de câncer há mais de dez anos e comove o país com o jeito firme com que aceita e faz o tratamento contra a doença.

Vamos começar do começo. Onde o senhor nasceu?

Eu nasci num distrito de Muriaé chamado Itamuri. No passado era o Glória de Muriaé. Tiraram o nome de Glória e botaram Itamuri. E continua sendo distrito de Muriaé. Saí de lá em janeiro de 1946. Tinha 14 anos. Nos mudamos para Miraí. Lá não tinha ginásio, então resolvi voltar pra Muriaé, porque o Ginásio São Paulo, onde eu estudava e era o primeiro da classe, iria instalar um curso ginasial à noite, e assim eu poderia trabalhar durante o dia. Infelizmente eles não criaram o curso noturno, e eu não pude continuar nos estudos. Fui trabalhar em Muriaé, na Praça João Pinheiro. Numa loja, A Sedutora, que, de certa forma, era vizinha d'A Futurista. Naquele tempo, as lojas tinham nomes assim: A Barateira. Fiquei lá um ano e meio como balconista e era o melhor vendedor. Fui convidado para trabalhar na Casa Bonfim, em Caratinga, para ganhar o dobro do meu salário em Muriaé. Era menor de idade, mas meu pai permitiu que eu fosse. Aos 18 anos pedi meu pai que me emancipasse, porque um irmão 18 anos mais velho que eu, o Geraldo, me emprestou 15 mil cruzeiros, 15 contos, para que eu me estabelecesse. Aos 18 anos abri minha pequena loja de tecidos, em Caratinga. Naquele tempo se vendia muito tecido, porque toda dona de casa tinha uma máquina de costura. Não havia roupa feita. Eu era grande vendedor e dava orientação para as compras. Eu fui muito prematuro nisso aí. Fui responsável muito cedo.

A partir dessa lojinha o senhor fez toda sua história?

Exato. Vendi o fundo de comércio dessa loja e fui viajar durante um ano para uma empresa do Rio chamada Custódio Fernandes. Era caixeiro-viajante, comissionado no Estado do Rio. Aí me mudei para Itaperuna. Quando vendi minha casa comercial, não tinha um real de dívida, mas a venda foi a prazo. Então tinha que receber com 120, 240 e 360 dias, três promissórias. Grande parte do meu capital veio dessas promissórias. E fui viajar, trabalhando de representante comercial, até que recebesse as promissórias. Até formar todo o meu capital e me instalar novamente. Me instalei em Caratinga com um pequeno atacado de cereais, que cresceu violentamente. Foi um colosso! E depois a casa de tecidos, e depois a Coteminas, em Montes Claros. Minha vida foi toda de trabalho.

E como a política entrou na sua vida?

Sempre fui frequentador de entidades representativas da classe, desde a Associação Comercial de Caratinga. Depois fui presidente da Associação Comercial de Ubá, presidente da Federação das Indústrias de Minas Gerais e vice da Confederação Nacional da Indústria. Tudo isso, de certa forma, é política. Empresarial, mas é política. Ali você tem as reuniões e nelas você conserta o Brasil. Dali para entrar na política foi um passo. Em 94 fui candidato a governador de Minas. Não era conhecido politicamente e não fui eleito. Em 98 fui candidato ao Senado numa eleição duríssima, mas ganhei. Depois, em 2002, fui vice-presidente e, em 2006, reeleito vice-presidente. Disputei na minha vida política quatro eleições. Perdi uma e ganhei três. Então não está tão ruim.

Três a um está sempre bom. O senhor é um homem muito forte. De todo esse episódio da sua doença, o que a gente vê nas entrevistas é que o senhor leva isso bem, com força, com coragem. Essa coragem vem de Minas?

Provavelmente essa coragem advém é das montanhas. Só que, além da coragem, há também nas terras de Minas Gerais outra característica que marca o mineiro: a dúvida, a desconfiança. Em Minas, os povoados, as casas estão lá embaixo, perto do rio. Tem muita montanha. Montanha na frente... Montanhas, montanhas... Você nasce naqueles buracos das montanhas. A gente tem uma visão muito curta, enxerga curto por causa das montanhas que encurtam o nosso olhar. A gente nasce desconfiado, e aquilo fica. Você tem coragem, mas tem desconfiança; acredita desconfiando. O mineiro confere a informação, ainda que tenha total confiança nos auxiliares. Ele vê essas montanhas, tem vontade subir essas montanhas. Com a montanha você convive. Quando menino peguei muito animal no pasto, e o pasto é na montanha. A montanha não traz nenhuma dificuldade, não. Convive-se com ela, naturalmente. A montanha não fecha você, você pode sair dali. Isso é apenas simbólico. Tenho saudade da região onde nasci, das cidades onde vivi. Sou de várias cidades: de Muriaé, Miraí, Caratinga, Ubá.

O senhor é uma pessoa de convicções. No caso dos juros, o senhor compra umas brigas.

Nisso aí eu tenho razões. Se você for falar sobre isso, gostaria que saísse com as minhas palavras, porque teve muita coisa que foi mal interpretada.

Vou colocar exatamente o que o senhor disser.

Eu até tenho falado menos porque todo mundo está falando, mas quando falo de juros altos me refiro, primeiramente, à taxa básica que no Brasil se chama Selic. Todo país, ou pelo menos os grandes, tem a sua taxa básica de juros. Assim como em todos os países, ela é utilizada como instrumento de política monetária, por exemplo, na manutenção da estabilidade monetária. A taxa de juros alta é um instrumento de combate à inflação. Quando você aumenta os juros, você inibe o consumo e inibe os investimentos. A taxa de juros alta combate a inflação de demanda. Mas o Brasil ainda é um país de subconsumo, não é um país que possui inflação de demanda. A inflação no Brasil sempre teve outras razões. A principal, no passado e num passado recente, é o desequilíbrio orçamentário, a irresponsabilidade fiscal. Uma das coisas fortes no governo Lula é a responsabilidade fiscal. O governo tem sido responsável do ponto de vista fiscal, não é um aventureiro, não gasta aquilo que não pode. Daí a razão pela qual esse instrumento foi decisivo para a estabilidade monetária. Porém, essa estabilidade da moeda veio, apesar da taxa de juros alta. Não é graças a taxa de juros alta, não.

Por que, então, apesar da taxa de juros altas?

Porque a rubrica mais pesada do orçamento da União é a relativa ou alusiva, ou representativa dos juros com que nós rolamos nossa dívida. Nós vamos gastar nos oito anos de governo um trilhão de reais e 200 bilhões de juros. Essa taxa, durante esse período, do ponto de vista nominal, deve ter sido em torno de 15%. Então, com essa taxa média desse período de 15%, nós gastamos um trilhão e 200 bilhões de reais em oito anos. Se nós tivéssemos adotado uma taxa de 7,5% em vez da de 15% como média, teríamos economizado 600 bilhões de reais, economia suficiente para dez PACs, porque o PAC tem 60 bilhões de recursos da União. Então, 600 bilhões dariam para dez PACs com a União participando com o mesmo percentual. E qual seria essa taxa em relação à taxa de mercado internacional? Seria ainda várias vezes superior à taxa básica média real desses países. A taxa básica média real do mundo, ou seja, de 40 países que têm também taxa de juros. Não são só 40 países, porque há os países do Euro, são vários países.

É de quanto a taxa?

Digo, os países que estão no sistema europeu são vários países, e eles só têm uma moeda. A taxa básica média hoje deve ser coisa de 1%. Hoje, a 8,75 como taxa nominal, ela é no Brasil coisa de 4,5, como taxa real. Ela é hoje 4,5 vezes. Se ela tivesse sido, durante todo aquele período, a metade do que foi, do ponto de vista nominal, ela teria sido várias vezes a taxa básica média real do mundo. Essa é uma das razões. A outra é o dinheiro jogado pela janela.

É muito dinheiro jogado pela janela desnecessariamente, porque pagar uma taxa acima da taxa básica de mercado é jogar pela janela. Não precisa fazer isso. Hoje, a maioria dos países que se prezam tem taxa básica negativa. Real. Negativa. Japão, Inglaterra, Estados Unidos... Muitos países têm taxa básica negativa. Eu não queria taxa básica negativa, queira taxa básica igual ou um pouco superior, ou apenas duas vezes superior, ou o dobro.

Do mundo?

Do mundo. Mas não! Nós tivemos que fazer dez vezes o mundo! Cinquenta vezes o mundo! Cinquenta vezes o mundo! Isso nos levou mais do que deveria levar, no mínimo, seiscentos bilhões de reais. Impediu, por exemplo, dez PIBs. Com seiscentos bilhões, você atenderia cinco itens importantes: educação, saúde, energia, transporte, saneamento. Isso é praticamente tudo do que o nosso país precisa, e nós teríamos coberto isso com vantagem. Isso me deixa triste. Estamos transferindo isso para o sistema especulativo financeiro. Outra coisa: o presidente da República, Lula, ele defende e faz discurso na crise, pedindo ao povo para não parar de comprar, às empresas para não parar de investir. Esse discurso está errado? Não, está correto, porque ele tem que salvar o país da crise. E a crise se agrava no momento em que há uma paralisação das compras e dos investimentos. Porém, paralelamente ao discurso do presidente, o Banco Central adota uma política diametralmente oposta, ou seja, inibindo o consumo, ou adotando uma taxa que não permite que o cidadão consuma um pouco mais, e inibindo investimentos. Por que inibindo investimentos? Porque o regime de juros no Brasil não pode ser, as taxas não podem ser remuneradas pela atividade produtiva. A atividade produtiva é incapaz de remunerar as taxas vigentes no país, exceto a praticada pelo BNDE, que é a TJLP [Taxa de Juros de Longo Prazo], que é uma taxa de 8,25 ao ano, com o *spread* a hora de dois pontos, quatro pontos. É alta? Não, essa taxa é correta. Só que ela é paradoxal. Por quê? Porque o BNDE é cem por cento da União, do Tesouro, é uma empresa cem por cento estatal. Quem paga os juros da dívida pública também é o Estado. Cem por cento. Quando ele paga, ele paga 15; quando ele recebe, ele recebe 6,25, só que com um agravante: quando ele paga, ele paga no *over*. Quer dizer, no disponível, o dinheiro está no disponível. Quando ele recebe, recebe a longo prazo. É taxa de cinco anos de prazo, dez anos de prazo, que deveria ser o contrário. As taxas de mais longo prazo devem ser mais altas do que as de curto prazo.

Isso lhe revolta ou lhe aborrece?

Isso me aborrece, sabe por quê? Porque isso está errado. E não precisávamos ter passado por isso.

Nem como vice-presidente o senhor conseguiu mudar isso?

Não. Falei o tempo todo.

Falou o tempo todo. Os jornais foram corretos?

Foram. O pior é que durante todo esse tempo nós persistimos em alguma coisa que é evidente que está errada. Agora, o sistema que se interessa por esse regime tem grandes articulistas, que ocupam os principais jornais do país, fazendo artigos para enaltecer a ação do COPOM, do Banco Central, adotando taxas que são efetivas, são indicadas, recomendadas para o combate à inflação.

A imprensa foi parceira ou foi contrária?

Não digo a imprensa. Digo que articulistas, porque são artigos assinados. São economistas que – naturalmente não é serviço do ponto de vista pejorativo – estão na sua profissão, eles trabalham no sistema. Obviamente eles prestam serviço ao sistema, porque é o sistema que os remunera.

E isso frustra você como vice-presidente?

Eu não me frustro, estou acostumado à luta, estou consciente de que, na minha idade, nada é fácil. As coisas são difíceis, mas isso não significa que devamos nos afastar ou recuar, ou coisa que o valha.

Nem mudar de ideia.

É aquela história: a persistência é uma das recomendações que qualquer pai faz ao filho, desde as dificuldades que o filho encontra numa determinada matéria na escola, não é verdade? Você tem que estudar. Estudar até dominar a matéria. Sou autodidata, é como o Lula fala: "A história vai registrar: um belo dia, o Brasil, pela primeira vez, elegeu um presidente e um vice-presidente que não têm curso superior". E isso aí não significa que haja, de parte nossa, qualquer desapreço à educação, ao contrário. O apreço que nós temos à educação é maior até do que o de uma pessoa que passou por todos os estágios da vida escolar, porque esse não tem nenhuma razão pra estar preocupado com esse fato, mas nós, não, nós temos razões pra estarmos preocupados. Nós somos muito a favor de uma aparelhamento grande da educação e da formação profissional. Você vê, por exemplo, os Estados Unidos. Primam pelo fato de serem um país capaz de preparar as pessoas para o trabalho. Isso nós estamos falando de um país aqui da América, um país da nossa região. Agora, vamos pra o Extremo Oriente. Depois da Segunda Guerra Mundial, o Japão ocupado, perdeu a guerra, não tinha mais autonomia. O Japão é uma ilha vulcânica, um arquipélago de ilhas vulcânicas. Ele não tem recursos naturais, a não ser peixe, não tem carvão mineral, não tem minério de ferro. Mas como é que faz sem aço? Eles imediatamente passaram a produzir 120 milhões de toneladas de aço num tempo em que o Brasil não produzia nem dez. E o Brasil como grande exportador de minério de ferro! Eles sem minério de ferro, sem carvão mineral nem vegetal, porque eles também não têm mata! Pois bem, o Japão começou a fazer investimento, prioritariamente, nos recursos humanos e preparou seu povo, que passou a ser um povo ultracompetitivo. Isso que está acontecendo hoje com a China aconteceu em circunstâncias diferentes no Japão e na Coreia do Sul.

Precisa acontecer aqui?

Precisa acontecer aqui, porque nós, além de possuirmos recursos naturais, temos terra, água, sol como nenhum outro país, temos também tecnologia. Porque temos a EMBRAPA [Empresa Brasileira de Pesquisa Agropecuária], a Universidade Federal de Viçosa, a Universidade de Santa Maria, no Rio Grande do Sul, voltada pra agricultura, o Instituto Agronômico de Campinas, a ESAL, que é a Escola Superior de Agricultura de Lavras. Temos instituições fabulosas para a preparação do homem nessa área de setor primário: agricultura e pecuária. Nós temos que cuidar disso. Pra nós é muito mais fácil, é uma questão de determinação, nós temos que preparar os nossos recursos humanos. O brasileiro é bom, é pacato, é ordeiro, é trabalhador, é inteligente, é versátil. A própria miscigenação da nossa raça nos confere essa versatilidade extraordinária. Brasileiro aprende, se adapta facilmente às coisas. Nós temos que fazer isso: aplicar no homem.

E na mulher [risos]. Queria falar um pouquinho do senhor. O senhor torce pra algum time de futebol?

Torço pelo Nacional, de Muriaé. No Rio eu sou Flamengo. E vou falar pra você, o time do Flamengo, quando eu tinha 11 anos, em 42, e depois aos 12 anos, em 43, e depois 13 anos, em 44, foi campeão, bicampeão e tricampeão. Um time só, Flamengo. Em 42, 43 e 44. Jurandir, Domingos e Nilton; Biguá, Bria e Jaime; Valido, Zizinho, Perilo, Perácio e Vevé. E em São Paulo torço pelo Corinthians. Sou fã do Ronaldo e do Adriano também. Ele tem perna esquerda.

Eu vejo o senhor saindo do hospital, vejo a sua determinação, a sua esperança, a sua força. Isso é bárbaro! Como é que o senhor arranja essa força, esse humor? A que o senhor atribui isso, essa garra? É o seu temperamento, é o seu jeito?

Não. O presidente Lula, numa ocasião, me perguntou: "Zé. Fico admirado de ver. Você sai de uma situação difícil, a notícia de que o tumor voltou, coisa e tal, e você fala sorrindo! Você dá uma entrevista sobre um assunto difícil, um tratamento que não deu certo, sorrindo!". Eu disse assim:

"Lula, fui escoteiro quando menino, em Muriaé". O escotismo foi fundado por um inglês chamado Baden-Powell. Ele deixou muitas máximas, muitas frases, que eram muito divulgadas pelo nosso chefe dos escoteiros, que era um cabo da Polícia Militar, lá em Muriaé. Pois bem, então um dos ensinamentos de Baden-Powell é o seguinte: "O escoteiro sorri na desventura". Provavelmente essa seja uma das razões. Agora, além disso, o Baden-Powell ensinava: "O escoteiro é bom. Ama as plantas e respeita os animais". Agora, imagina o ser humano, né?

O senhor é um pai que demonstra afeto, gosta de beijar e abraçar?

Gosto muito dos meus filhos. Eu procuro ser um bom pai, mas poderia ser melhor. Provavelmente eu deva ser, não sei, eles nunca reclamaram, mas provavelmente eu deva ter muitos defeitos como pai. Mas quando descubro um, procuro corrigi-lo.

E a fé?

Mamãe sempre nos ensinou muito a ter fé. A mamãe era católica, e o papai também. A família, né. Somos de religião católica. Eu, por exemplo, deveria ir à missa todos os domingos, mas não me habituei, então não vou. Mas isso não significa nenhum desapreço à Igreja Católica, pela qual eu tenho o maior respeito. Continuo católico, quer dizer, não sei se a Igreja Católica me considera. Ela diz que é obrigação ir à missa, né? [Risos.] Mas eu rezo. Eu rezo o Pai-Nosso. Na hora do aperto rezo o Pai-Nosso porque é uma oração que é de Deus, né, Jesus Cristo. Você tem que respeitar.

[Risos] O senhor chora? Já chorou?

Choro muito, porque eu sou muito emotivo. Mas eu nunca choro nas situações de dificuldade nem diante das notícias negativas; ao contrário. Por exemplo, se chegarem aqui, abrirem aquela porta e falarem: "Olha, seu neto fez isso assim e ganhou nota tal", pode ser que eu chore. "Seu neto foi considerado o melhor aluno, seu neto passou no exame que fez pra ingressar na Universidade de Colúmbia". Aí eu choro. A família é uma instituição indiscutível. Isso é uma coisa que a gente tem que agradecer dia e noite, pelo pai e pela mãe que nós tivemos. Nós éramos 15 irmãos. Sou o 11º de uma família de 15. Hoje nós somos seis, mas éramos 15 filhos. Nunca nenhum de nós viu qualquer desentendimento entre o papai e a mamãe. Isso é um exemplo. Só isso aí é uma dádiva de Deus. Pobres, mas honrados. Pra nós, isso aí vale mais do que tudo. Nossa mesa sempre foi farta. Isso é uma dádiva de Deus.

A sua infância foi divertida? O senhor jogou futebol?

Quando eu era menino, aos 12 anos, era escoteiro; aos 11 anos, tinha os dentes de leite do Nacional. Havia o Piargentino, que era técnico do

Nacional, um sapateiro famoso. Ele era um grande jogador, que jogou como, hoje se fala médio-esquerdo, mas naquele tempo era *half*-esquerdo. Depois ele engordou muito, parou de jogar, mas ficou como técnico e nos ensinava a jogar futebol. Depois, em Caratinga, fizemos um time, do nosso bairro, e eu joguei nesse time.

E hoje em dia, o que o senhor faz pra se divertir? Lê?

Leio. Leio e também trabalho. Eu, por exemplo, gosto muito de tomar decisões informado. Isso durante toda a minha vida. Vamos dizer, eu sou autodidata, então eu não tomo decisão sem me informar. Pra me informar, eu tenho que ler. Daí a razão pela qual a minha leitura sempre foi muito objetiva. É claro que li também alguma coisa de lazer. Mas minhas leituras são mais objetivas. E gosto muito também de reportagem. Por exemplo, um dos livros que me prestaram um grande serviço, que eu li nos anos cinquenta, foi *Ascensão e queda do Terceiro Reich*, que é de um grande jornalista americano chamado William Shirer, que tem uma capacidade de narração, uma coisa fantástica! E ele faz uma narração da vida do terrível Adolf Hitler. Ganho muito livro, mas não tenho nem tempo. Por exemplo, ganho um livro e leio as orelhas, leio o prefácio e em alguns eu entro e depois procuro alguma coisa. Agora, ler direto, assim de ficar, isso eu não tenho tido tempo.

Vai ao cinema? Vê DVD?

A minha mulher gosta demais de cinema! Antigamente eu ia muito ao cinema. Atualmente, não, porque cinema hoje é diferente do passado, né? No passado, era à noite que você ia, mas hoje, não, hoje você tem cinema nos shoppings, não sei o que, salas de cinema. Minha mulher vai muito a filmes, mas eu não vou. Mas ela compra DVD e eu assisto. Por exemplo, agora, há poucos dias, eu até chorei de emoção ao rever um filme chamado *Música e lágrimas*. É um filme sobre a vida de um grande músico, um grande trombonista americano chamado Glenn Miller. Quem faz o papel dele é o James Stewart, que é um craque, e a June Allyson, faz a mulher dele. Uma beleza de filme, apaixonante! Fiquei emocionado. Só de lembrar eu fico emocionado. É uma coisa fantástica! Eu choro, eu sou chorão! Você vê, por exemplo, a vitória dele, é uma coisa fantástica! É a vitória, vitória que balança, que me faz emocionar! A derrota me faz enfrentá-la, me consertar, procurar consertar. Por exemplo, quando recebo a notícia de que meus exames foram feitos e que o tumor, que tem natureza recorrente, voltou, isso não me faz chorar. Essa notícia me faz perguntar: "E agora, então, o que é que nós vamos fazer?". E o que for preciso, vamos fazer. Não tenho absolutamente nenhuma emoção.

O senhor é um paciente obediente?

Eu obedeço aos médicos, confiando em Deus. Sei que, se Deus quiser me levar, Ele não precisa de câncer. Agora, se Ele não quiser que eu vá agora, não há câncer que me leve. Faço a minha parte, como é também ensinamento de Jesus Cristo, e o que é fazer a minha parte? Obedecer à orientação médica. Desconfiado, porque eu sou mineiro [risos]. Confiro, pergunto, torno a perguntar, torno a conferir, leio.

O senhor entra na internet, manda e-mails?

Sabe que eu não sou muito ligado a computador, não? Porque a minha geração é outra. É aquela história, acho que o avanço foi até demais. Hoje no celular você tem um computador. Deste tamanho, né [mostra com as mãos]. E tem também uma câmera fotográfica, um gravador, tudo no celular. Não sou dessa era. Sou da era em que as coisas eram mais cavadas, que você tinha que trabalhar mais pra encontrar as informações. Hoje você tem o seu dicionário no seu celular. Mas eu prefiro pegar o peso do *Aurélio*, do *Houaiss* e ver lá. Sou desconfiado.

Mas fala no celular?

Falo. Mas sou um sem-celular. Eu falo é no celular dos meninos, ajudantes de ordem, "liga pra eles que eu falo", até porque eu estou viajando. Mas falo muito com os meus filhos, eu sei o celular deles, eu ligo.

Na área de música popular brasileira qual é a sua preferência?

Gosto de samba. Gosto muito do samba do Rio: Cartola, Nelson Cavaquinho. O Nelson Cavaquinho, se ele estiver sentado assim na calçada, você dá uma esmola a ele de tão simples que é. Olha que é um compositor incomum da história da MPB. Compositor, violonista, poeta. Ary Barroso era um colosso! É como dizia o Noel no hino dele, "Feitio de Oração": "Fato que é um privilégio / ninguém aprende samba no colégio". Isso serve pra tudo. Quando você associa ao dom a sua preparação profissional e exerce aquela profissão, está com muito mais chance de fazer um grande sucesso do que uma pessoa que está numa coisa que faz mas não gosta. Além desses que já citei, gosto do Chico Buarque. Gosto especialmente do tempo das músicas de protesto, porque o Chico ainda não se encontrou depois que abandonou a música de protesto. Ele tem sido bom em outras coisas, mas sambas iguais aqueles, maravilhosos, daquele tempo do Regime Militar, ele não faz mais. As músicas dele ligadas à política são ótimas. Aquela da Revolução dos Cravos em Portugal ["Tanto Mar"]. "Sei que está em festa, pá / Fico contente/ E enquanto estou ausente / Guarda um cravo para mim / Eu queria estar na festa, pá / Com a tua gente/ E colher pessoalmente / Uma flor no teu jardim...".

Como o senhor avalia o Brasil, a nação brasileira?

O Brasil é tão rico que se descuida, não é atento. Por exemplo: uma das coisas que faria do Brasil um país atento seria cuidar das forças de trabalho, preparar os recursos humanos, aplicar no homem. Mas aplicar pra valer, no campo da educação e da saúde, principalmente, e na motivação para o trabalho. Isso daria outra dimensão ao Brasil, sem esquecer que é preciso avançar também nos armamentos nucleares. Para fins pacíficos. O Brasil jamais poderá se descuidar disso. É uma farsa essa história de assinar um tratado que vale pra alguns e não vale pra outros. Você assina comigo, eu continuo fazendo aquilo, e você não. Que isso? Ao assinar um tratado desses, você está reconhecendo que outros têm que ser hegemônicos. Você é de menor importância? Que isso?!

Você não vê o Irã como uma ameaça para o mundo?

Não, de forma alguma, e não lhes retiro a legitimidade de avançar, porque os inimigos fidagais deles têm a arma atômica. O Paquistão tem a arma atômica, e eu conheço algumas cidades de lá. Não se pode comparar um país como o Brasil com o Paquistão. A própria Índia tem um bilhão de habitantes, mas, tudo bem, não tem o território do Brasil nem as nossas riquezas. É um país problemático até pela população que tem; é verdade que eles têm aquele problema religioso que segura tudo. Eles não matam nem o rato, o rato passeia dentro das casas. É um povo que tem a sua cultura, e você tem que respeitar. Mas o que seria melhor era que se eliminasse da face da Terra o sistema de armamento dessa natureza ou qualquer armamento bélico. Pra que armamento se você tem a força do diálogo, do entendimento? Mas, já que não há isso, por que o Brasil vai se iludir de pensar que pode ser alguma coisa sem isso? Não pode. O Brasil não precisa. O Lula está fazendo um trabalho admirável no mundo: levantou o Brasil! A verdade é essa. O Brasil hoje é outro país, graças ao trabalho do Lula.

O Lula foi o melhor presidente que o Brasil já teve na sua opinião?

Disparado! É claro que cada presidente tem a sua característica. Tivemos outros. Tivemos um grande presidente, mas que governou em estado de sítio, que foi o Arthur Bernardes. E não é porque é mineiro, não. Era um brasileiro. Naquela altura já defendia o petróleo, já defendia a Amazônia. Governou de 1922 a 1926. O Getúlio Vargas também foi um grande presidente, tem muita coisa que ele fez e que está aí. Se não fosse ele não teríamos a Petrobras. Quando ele criou a Petrobras, havia um relatório de um cidadão que veio dos Estados Unidos para analisar a possibilidade de se encontrar petróleo no Brasil e que, depois de muito tempo de trabalho, fechou um relatório com um geólogo dizendo que o Brasil não tinha petróleo. Nenhum grupo privado queria botar dinheiro num setor inviável, só o Estado poderia fazer aquilo, e fez com decisão de Getúlio Vargas. Ele foi levado ao suicídio pela oposição. Mas naquele periodozinho que governou, de 51 a 54, porque foi eleito em 50, ele fez muita coisa. Mas não preciso citar mais do que duas: BNDES em 52 e Petrobras em 54. Nossa mãe! O BNDES é um dos maiores bancos de fomento do mundo, e a Petrobras, uma das maiores empresas petrolíferas do mundo. Em 40, fez a Vale do Rio Doce, depois fez a CLT, a Consolidação das Leis do Trabalho. As leis do trabalho já eram dele, porque, a partir de 30, no governo provisório, começaram a ter várias leis, desde 30 até 40, porque em 37 houve o golpe do Estado Novo. Digo que, se não fosse a CLT, não sei como seria a relação entre empresa e trabalhador. Provavelmente o Brasil estaria ainda mais próximo do regime de trabalho escravocrata. O Juscelino foi um dos maiores de todos os tempos, ele redescobriu o Brasil. A decisão de fazer Brasília e a determinação do Juscelino de fazer e mudar a capital era quase impossível. Roberto Marinho não admitia, tanto que morreu sem admitir essa mudança. Nos nossos almoços, o Roberto Marinho falava muito isso comigo, lá numa mesinha redonda que ele tinha no gabinete dele. Porque o Rio perdeu tudo, esvaziou-se, ainda que continue tendo Copacabana, o Cristo Redentor, o Pão de Açúcar e fascinando os mineiros.

Foi no Rio que o senhor viu o mar pela primeira vez?

Foi. Nós não temos mar em Minas por culpa do Juscelino. O Juscelino tinha uns cabos eleitorais dele em Minas, e havia uma cidade chamada Mantena que era na divisa com o norte de Vitória, no Espírito Santo, e era cidade contestada, que não pertencia ao Espírito Santo nem a Minas. Por exemplo, o sujeito se estabelecia em Mantena, não pagava o imposto de venda e consignações que era estadual, por não pertencer nem a um Estado nem a outro. Havia um sujeito, me parece que o nome dele era José Fernandes, que tinha apelido de Fernandinho e era muito amigo de Juscelino. Era um grande comerciante e fazendeiro aqui [em Minas Gerais], e o Juscelino foi candidato a governador de Minas em 50. O Fernandinho trabalhou como um leão, o Juscelino venceu. O Fernandinho começou a chegar a cerca dele pra dentro do território do Espírito Santo. Teve um confronto da Polícia Militar do Espírito Santo, a chamado de fazendeiros que foram atingidos pelo avanço do Fernandinho, e morreu um cabo ou soldado da Polícia Militar do Espírito Santo. O governador de lá entrou em contato com o Juscelino: "Governador, aqui está acontecendo um negócio, e me disseram que esse cidadão lá de Mantena é cabo eleitoral do senhor, é seu correligionário e amigo. Queria que o senhor nos ajudasse a resolver isso, porque ele está entrando pelo território do Espírito Santo e houve um confronto, morreu um policial aqui, e minha situação é difícil e tal". Juscelino mandou buscar o

Fernandinho em Mantena. Ele chegou ao Palácio da Liberdade, e Juscelino lhe perguntou: "Como é que está lá, o gado está gordo? Vamos tomar um café. Olha, Fernandinho, te pedi pra vir aqui porque quero que você recue a sua cerca para o ponto de origem, respeitado desde antes da minha candidatura. Você vai voltar com ela pra onde era". O Fernandinho disse: "Mas, doutor, logo agora que estamos quase varando no lagoão?". E Juscelino: "Não, senhor, faça o favor. E, outra coisa, o governador me telefonou, e eu preciso da amizade com ele. Em 55 serei candidato à presidência da República. Vou ganhar a eleição e mandar você para a embaixada do Brasil nos Estados Unidos da América". Aí o Fernandinho disse apenas "Uai, doutor" e mudou de conversa. Voltou pra Mantena e recuou a cerca. O José Maria Alckmin estava com o Juscelino nesse dia, lá no Palácio da Liberdade, e viu tudo. Juscelino foi candidato, e o Fernandinho, de novo, trabalhou como um leão. Juscelino ganhou a eleição, e o Fernandinho amanheceu no Palácio do Catete. O José Maria Alckmin entrou na sala do Juscelino, no Palácio do Catete, e disse: "Sabe quem está aí fora, presidente? O Fernandinho. O senhor se lembra daquele compromisso?". O Juscelino disse que se lembrava e que o mandasse entrar: "Ô, Fernandinho, como é que está? E o gado, está gordo? Vamos sentar e tomar um café". E o Fernandinho: "Doutor, eu vim aqui pra gente acertar aquele compromisso da embaixada do Brasil nos Estados Unidos da América". Juscelino disse: "Até foi bom você vir, porque o doutor José Maria está aqui, ele vai com você até o Itamaraty", e pediu que o Zé Maria acompanhasse o Fernandinho. Saíram os dois. Aí o Zé Maria, que tinha esquecido de propósito o chapéu, deixou o Fernandinho esperando perto do carro, no estacionamento do Palácio do Catete, e voltou à sala do Juscelino e disse: "Presidente, o Fernandinho não liga duas palavras em português sem cometer um erro!". E o Juscelino: "E quem vai descobrir isso lá nos EUA?" [risos]. O Zé Maria foi com o Fernandinho e entrou pra falar com o chanceler. Daí a pouco chamou o Fernandinho, e o chanceler disse que estava tudo certo e que a nomeação dele estava sendo preparada: "Você vai como adido comercial para o consulado do Brasil em Nova Orleans". O Fernandinho não entendeu, e o chanceler explicou onde ficava Nova Orleans, que era uma cidade importante, que tinha o consulado do Brasil e que era uma região muito importante para o nosso país e tal. O Fernandinho gostou desse nome "Nova Orleans", concordou, foi nomeado, isso é verdade, e, de fato, foi para os Estados Unidos.

Que delícia de história! O senhor é um grande contador de histórias também, não é? Isso é mineirice.

Não é boa essa história do Fernandinho? Mineiro gosta de contar histórias. Tenho muitas.

Ótima! Adorei! O senhor é pão-duro?

Não. Sou racional. Nunca fui esbanjador. Acho que determinados gastos são criminosos. Há pessoas que necessitam de coisas e devem até tê-las, não vejo problema nenhum. Sou daqueles que defendem uma tese de que a empresa é um bem da comunidade. Pode ser grande, pequena, média, gigantesca, minúscula, é um bem da comunidade. Pode ser totalmente estatal ou totalmente privada, pode ser uma sociedade por ações, individual, só ter um dono, mas ela é um bem da comunidade, é uma fração da economia. E a economia não é um fim, e sim um meio para que se alcancem bens sociais, porque sem uma economia próspera não há como atingir objetivos sociais. Você tem como objetivo maior o bem comum, esse que é o fim. O próprio bem-estar social é meio para que se alcance o bem comum, que é o que buscamos. Quando você tem uma empresa e você é uma pessoa muito rica e remunera muito bem o seu capital e gosta de luxo, você extrapola. Constrói casa que é uma coisa do outro mundo, tem uma criadagem preparada que nem um palácio possui igual, tem ali dentro os melhores quadros, as melhores peças de decoração e também de roupas, carros, tudo o que há de mais caro. Isso está errado? Não.

O senhor acredita na democracia?

Sou democrata. Acredito na democracia, só que acredito desconfiando, mineiramente, porque as coisas não andam. O presidente deseja uma coisa e não acontece. Por isso que o Winston Churchill errou ao dizer que a democracia é um péssimo regime. Só que não há outro melhor. É uma frase dele, e penso a mesma coisa, que é um péssimo regime, porque os defeitos da ditadura são muitos e delicados. Não é brincadeira! Mas é assim que vive a China, é assim que ela cresce. Esse é o caminho que tá tomando o Vietnã, que está acompanhando a China.

E o senhor hoje continua com a fazenda, com a indústria de tecidos?

Eu não tenho nada. Quando entrei na política, fiz adiantamento de legítima. Mas é uma empresa nossa, de tecidos, a maior do Brasil da área têxtil.

O que faria o senhor feliz hoje? Se o senhor pudesse escolher.

Se chegasse aqui uma notícia de que todos os brasileiros que adoecessem tivessem a metade da assistência que eu tenho tido... a metade da assistência que eu tenho tido! Isso seria *uma grande notícia!* [O vice-presidente fica emocionado, não consegue conter as lágrimas, tira o lenço branco do bolso e as enxuga]. Desculpa. Não é brincadeira, não é brincadeira. Isso sim é que seria notícia!

O senhor tem tido uma boa assistência e tem recebido muitas manifestações de carinho?

O carinho que as pessoas têm comigo, do Brasil inteiro, me mandando mensagens, e mensagens, e mensagens que não têm mais onde pôr me deixam muito emocionado! Além disso, a eficiência da assistência médica que tem coberto o meu caso, o Hospital Sírio-Libanês, os médicos, os enfermeiros, os auxiliares de enfermagem, os técnicos, todo mundo! Eles gostam de mim, é uma coisa, é extraordinário! Acontece que eu, como vice-presidente da República, fico com um certo complexo de culpa, porque, ainda que nós tenhamos o SUS, um sistema que é copiado pelo mundo hoje por ser considerado perfeito, ainda faltam recursos pra atender todo mundo, como também faltam condições de aparelhamento para diagnóstico. Um dos fatores mais importantes para tratamento do câncer é o diagnóstico precoce. Não há nenhum instrumento mais importante para o tratamento do câncer que supere o diagnóstico precoce. E ele pressupõe exames periódicos, pelo menos a partir dos 40 anos. Exames periódicos. Mas quais as pessoas que podem fazer um *check-up* por ano, depois dos 40 anos? Com exames de imagem, que contemple um PET, que contemple uma ressonância magnética. Uma tomografia ou coisa que o valha? Isso aí é uma coisa que nós temos que corrigir. Por isso temos que fazer com que o país enriqueça. E não adianta pensar em Estado pequeno, não, o Estado tem que ter o tamanho próprio. É claro que há atividades em que o Estado não há que se meter, porque são próprias do setor privado, claro. Mas se não fosse o Estado, nós não teríamos a Petrobras, a Vale do Rio Doce, o SENAI, a CSN, o BNDES.

Quais seriam os setores em que o Estado não deve se meter nunca?

Não há sentido o Estado, por exemplo, montar o boteco da esquina, porque ele não sabe servir a pinga pra nós. Tem que ser alguma pessoa que o sujeito, quando vai, fala assim: "Nós frequentamos o boteco lá do fulano porque lá ele sabe fazer uma linguiça frita como ninguém, sabe fazer um torresmo que não há igual! E a cachaça, ele tem a Maria da Cruz!". É de Minas, de Pedras de Maria da Cruz, onde fica a minha fazenda, no norte de Minas.

Se o senhor tivesse que escolher só um título pra defini-lo, seria empresário, vice-presidente, o que o senhor escolheria?

Balconista, que eu sou. Vendedor, que eu sou. Isso foi a minha profissão, foi em cima dela que eu construí a minha vida. E eu me orgulho dela. Sou um profissional do quê? De vendas! De balcão! Sou um vendedor! Persuasivo. Sou um vendedor que respeita o cliente e que sabe como poucos argumentar em relação a um produto que seja objeto dessa negociação. Sou um negociante nato, craque. É isso que eu sou, me orgulho disso. Hoje, mais

JOSÉ ALENCAR / 273

do que nunca, estou convencido, e foi a própria doença que me levou a isso, de que há profissões muito mais nobres do que a minha. Profissões na área da saúde, por exemplo. São nobilíssimas! Uma enfermeira, o que ela enfrenta, um técnico de enfermagem, um médico. Os horários que eles enfrentam, não há hora pra nada! É uma coisa fantástica! Aqui a gente vê o seguinte: a nossa profissão é muito pobre em matéria de nobreza em relação a essas. Mas é aquela história, é nobre porque você trabalha, respeita o cliente, presta um serviço. Eu considero nobre a minha profissão, mas há outras muito mais nobres. Mas foi com ela também que eu ganhei as minhas eleições. É claro, foi com base na capacidade de argumentação, de levar o nosso discurso às multidões. Em vez de lidar com um, lidar com milhões. Numa campanha tem que fazer isso.

Mas lhe dá prazer?

Dá prazer, especialmente quando sou aplaudido. E tem acontecido com frequência. Vou contar um episódio que, se não fosse por outra razão, seria suficiente pra que eu justificasse todo o sacrifício que me trouxe à vida pública. Cheguei lá no Itamaraty para a posse do Alexandre Padilha, novo ministro, que substituiu o José Múcio Monteiro que foi pra o Tribunal de Contas. Mas eu cheguei atrasado, tive um procedimento médico antes de sair que me atrasou. O Múcio, que era o ministro que estava saindo, já havia falado, e estava começando o discurso do ministro Padilha. Eu cheguei. Eram milhares de autoridades no mesmo local, uma coisa fantástica! Olha, eu cheguei, eles se levantaram e efusivamente, vibrantemente, aplaudiram. Cumprimentei todos os membros da mesa, e eles não pararam de aplaudir. Quando terminei, fui cumprimentar os dois e me preparava pra sentar, mas ainda aplaudiram muito tempo e efusivamente. Foi uma homenagem, uma coisa que eu nunca esperava merecer receber na minha vida, nunca esperava!

Aí o senhor chega em casa e conta pra Dona Marisa?

[Risos] Quando eu chego, ela já sabe, né, porque a Jociara, que é minha enfermeira e me acompanha, já contou. Mas minha mulher não é muito ligada à política, não. Ela é mais contra a política do que a favor.

O senhor se arrepende de ter entrado pra política?

Não. Eu só me arrependo daquilo que não fiz.

O senhor já fez um esforço grande de me dar essa entrevista. Muito obrigada! Obrigada mesmo!

Eu que fico agradecido. Espero que você aproveite alguma coisa. ■

LIMA DUARTE

80 anos de idade, 59 de carreira

Para ele o mundo começa e termina em Desemboque, povoado perto de Sacramento, de onde ele saiu num caminhão de mangas, onde viu a mãe representar, onde viu a guerra acabar e pra onde sempre volta, mais para ouvir do que para falar. Assim tem sido a vida de **LIMA DUARTE**, nascido Ariclenes Venâncio Martins, há 80 anos. Ator, diretor, dublador, um dos mais importantes atores brasileiros, ele começou como sonoplasta, fez a primeira novela da televisão brasileira (*Sua vida me pertence*, TV Tupi, 1951) e costuma dizer que não sabe se teve grandes paixões: "Não sei se me apaixonei a não ser por mim mesmo e por meus personagens". E foram algumas dezenas deles, como Sassá Mutema, Zeca Diabo, Shankar, Senador Vitório Viana, Sinhozinho Mota, Dom Lázaro Venturini, Padre Antônio Vieira, Zé Bigorna, Getúlio e muitos outros nas novelas, nas minisséries e no cinema. A lista de prêmios é tão vasta quanto a lista dos personagens que interpretou ao longo dos 59 anos de carreira. Lima Duarte não tem medo da morte, mas tem medo de ficar doente, acha que sempre é tempo de aprender, gosta de futebol, torce pelo São Paulo, toma uma cachacinha de vez em quando e não acredita na felicidade nem na infelicidade absolutas.

É verdade que você foi de Minas para São Paulo num caminhão de mangas?

Em cima das mangas! Faz 70 anos, quase isso. Vindo de Desemboque. Desemboque é perto de Sacramento, Triângulo Mineiro, a terra onde eu nasci. Não tinha estrada. Foi uma viagem que durou a noite inteira. Mas a lembrança daquele universo, limitado pelo farol do caminhão, um caminhão velho, o cheiro agridoce do diesel e das mangas, isso me mantém vivo. De vez em quando, vou ao mercadão lá em São Paulo e vejo se aquele caminhão está lá ainda. Se estiver, vou pegá-lo de volta qualquer dia e vou pra Desemboque. Vou lá todo ano. Converso com eles e com Nossa Senhora da Purificação do Desemboque e do Sagrado Sacramento.

Você é como eles? E eles estão nos personagens que você cria?

Não me interesso por outra coisa a não ser isso. Dizem que eu sou ator de um personagem só, que é o Sinhozinho Malta. Eu digo: "Somos eu e o Chaplin. Também só fez um" [risos]. A memória emotiva é o que me interessa. E a memória emotiva é o meu círculo, o meu meio, onde eu nasci, vivi a minha vida.

Minas está no seu jeito, nos seus gestos, na sua personalidade?

Tenho Minas em tudo e muito. E faço questão de me manter assim. Vou sempre lá, todo ano. Agora, terminando a novela, estou convidado pra ser jurado num festival de cinema na Índia. Bollywood. Também estou convidado pra ser jurado no Festival de Cinema de Viña Del Mar. Me perguntam: "Pra onde você vai, pra onde você vai?". "Vou pra Desemboque. Isso é certo! O resto eu não sei".

Você tem boas lembranças dessa infância lá? Você ficou lá até a adolescência?

Fiquei lá até os nove anos, depois vim pra São José do Rio Preto. Mas a minha vida é isso. Só vivo pra essas lembranças. Não tenho vergonha de dizer que sou saudoso. Eu sou saudosista! Vivo das lembranças! Das lembranças de meus tios, de meu pai, do universo que me cercava. É lá que eu busco os personagens. Até o Shankar deve estar lá na beira do Rio São Francisco. Eu gravei o final da novela. Ele vai pras montanhas, conforme viram.

E você sabia que ia ser ator o tempo todo ou foi por acaso?

Não sabia, não. A minha mãe era atriz. Mas atriz lá do interior. Sei eu, hoje, que ela era uma boa atriz. Mas foi uma vocação que se frustrou, que não se cumpriu. Ela vivia no interior de Minas, e trabalhava numa coisa como itinerante, meio circo. Um negócio que eles chamavam "pavilhão". Era muito bonito. Tem uma historiazinha que eu gosto de contar. Eu estava trabalhando numa cidade chamada Bebedouro. A minha mãe estava trabalhando, fazendo uma peça do Juracy Camargo, que é *Maria Caxuxa,* uma grande personagem. E minha mãe era uma estriona, boa atriz. Ela trabalhando, e eu na coxia, fazendo assistência pra ela. Eu tinha 14 anos quando acabou a guerra. Eu estava lá assistindo, e ela trabalhando. De repente, o público começou a se dispersar, conversar, bater papo. E ela, como todo estrião, se perdeu um pouco. "O que é isso? O público não está atento a mim?" Encostou assim na coxia e disse: "Menino, menino...". O tom era esse. Eu era um sapo adorando uma estrela. E ela disse: "Vai ver o que está acontecendo. Vai ver!". Eu fui lá pra fora. Tinha acabado a guerra. Eu voltei e falei: "Mãe, mãe, acabou a guerra!". Você não imagina o que é acabar a guerra! Pra nós que assistimos a isso, a guerra e o seu fim, era uma coisa fantástica! "Acabou?" Ela falou assim: "Ouviram do Ipiranga as margens plácidas". E começou a declamar: "De um povo heroico o brado retumbante". E o povo começou a cantar: "E o sol da liberdade em raios fúlgidos brilhou no céu da pátria nesse instante". Cara, ela construiu um momento de teatro tão único, tão grande, que aquele momento coagulou dentro de mim! E me trouxe até aqui, pra conversar com você.

Que maravilha, Lima!

Foi assim que eu me fiz ator. Com esses elementos, com essas coisas. E também tive uma outra sorte, um outro caso. Meu avô era português. Não só era português como analfabeto. Tinha muito naquele tempo. E quando estourou a guerra, eu tinha nove anos de idade. Ele trazia os jornais do dia e me levava pra um canto, na roça, onde nós morávamos, atrás de umas touceiras, pra que ninguém me visse, e pedia: "Lê pra mim em que pé está a guerra". E eu começava a ler as notícias da guerra pra ele. Eu começava a ler, e dizia: "A tropa do General Montgomery bate em retirada". Ele dizia: "Não, Montgomery não se retira". E ele me deu um tapa e falou de novo: "Montgomery não se retira! Você respeite Montgomery!" [risos]. Com o tempo eu comecei a mudar a guerra: "A tropa do General Montgomery avança!". "É, Montgomery avança!" "Avança até Dunkerk!" E fizemos uma outra guerra, eu pra ele. Mas ele percebeu. E estimulou, o que foi lindo. Isso não é um elemento fantástico pra um ator? Essas coisas que me fizeram o ator que eu sou.

Quando é que você começou mesmo a trabalhar?

Eu comecei em 1946 na Rádio Tupi de São Paulo, como técnico de som. Quando eu cheguei a São Paulo, naquele caminhão, eu dormia debaixo dele, no mercadão em São Paulo, que era perto da zona do meretrício. Um dia, eu estava lá dormindo e chegou um outro moleque de rua como eu era e falou: "Vamos na zona?". Perguntei o que era zona. Ele: "Mulher". Eu: "Mulher? A coisa propriamente dita?". Eu fui na zona com ele. Essa foi a minha primeira grande lição da grande urbes São Paulo. Tinha a Rua Itaboca e a Rua Aimorés. Paulista sabe. Na rua Itaboca, a mulher era três merréis. Na Aimorés, cinco merréis. Falei: "Vamos na Itaboca que é mais barato". Ele: "Só tem preta". Eu, moleque de rua, pária, não fui. Tão triste isso! Fui pra Aimorés. Lá conheci uma judia que era dona da casa. As polacas... As judias francesas! Ela se encantou comigo. Teria 40 anos, e eu tinha 16 pra 17. Ela se encantou, e eu fiquei morando com ela.

Na zona boêmia?

Saí debaixo do caminhão e fui morar na zona. Ela tinha uma outra visão de mundo e do ser humano. Um dia ela falou para mim: "Você é muito louco, precisa fazer alguma coisa. Precisa fazer alguma coisa, senão você fica louco. O que você quer fazer?", me perguntou. Falei que queria trabalhar no rádio. Meu pai teve o primeiro rádio em Desemboque, lá da minha terra. Ele chegava da roça, casa muito pobre, janelas muito baixas, e ligava o rádio. O povo todo juntava na janela pra ver meu pai ouvindo o rádio. Ele botava o rádio bem baixinho, porque só ele sabia o que estava acontecendo no mundo. "Não deixa esse povo aí", dizia. "E depois, muita gente ouvindo, pode gastar o rádio". E o povo todo de ouvido em pé. Era um teatro fantástico! Eu queria falar no rádio só pro meu pai me ouvir, porque foi ele quem me mandou embora.

Seu pai mandou você embora de casa?

Mandou. Ele era maravilhoso! Fez isso porque sabia que eu estava pronto. Pra que ficar naquele fim de mundo? Ele dizia: "Vai-te embora, vai-te embora. Não vou sustentar homem desse tamanho. Vai-te embora!". No dia seguinte chegou: "Ó, falei que você vai embora! Um amigo meu vai com um caminhão de manga pra São Paulo, e você vai. E não para no meio do caminho". Amo de loucura meu pai.

E a dona da casa na zona ajudou você a ir pro rádio?

As prostitutas eram muito amigas do pessoal de rádio, do pessoal da Rádio Nacional. Madame Poleti tinha lá um amigo e me levou pra fazer teste. O Walter Forster que fez meu teste. Se eu falo assim hoje, imagina como eu não falava na época [finge está lendo um texto com a voz baixinha]. O sujeito me perguntou: "De onde sai sua voz? É do sovaco?" [gargalhadas]. E meu apelido ficou "Voz de Sovaco". Não passei no teste. "Não tem lugar pra isso aqui, não. Aqui é voz". Era o tempo de Cesar Ladeira, Manoel Barcelos. Vozes maravilhosas! "Como é que você vem com isso? Vai embora, vai embora!". Eu saí. Deve ter ficado meio patético. E a minha puta, meio puta, meio mãe, me pegou pelo braço. O operador de som ficou com dó. Falou: "Você não quer trabalhar aqui?". Respondi que queria trabalhar, que morava na zona e queria sair de lá. E o operador: "Vem trabalhar aqui que eu te ensino". E fiquei sendo operador de som. Eu abria a emissora, às 5, 6 horas da manhã. Ia lá e ligava as válvulas grandes. Não tinha transistor. Esperava esquentar o filamento e ficava olhando. Esquentava o filamento, eu descia e ligava o transmissor, a rádio. Aí chegavam os caboclos, os caipiras como Tonico e Tinoco. "Vão trabalhar, vagabundo?" Sabe esse tipo de programa? Eu entrava no estúdio [faz a sonoplastia: bate no peito para o som sair como de cavalo galopando e rinchando] e dizia: "Vamos trabalhar, vamos trabalhar, até logo!". Imitava porco, galinha... O Oduvaldo Vianna, que era diretor, ouviu isso um dia e perguntou o que era aquilo. Responderam: "É um menino que tem aí que imita porco, galinha, cachorro. Faz tudo". O Oduvaldo: "Manda ele vir falar comigo!". Oduvaldo Vianna era um caubói moderno, herói, duro por fora e macio por dentro, de dois metros de altura. Me perguntou: "O que você anda fazendo lá?". E eu: "Faço uns barulhos, porque os caboclos pedem pra eu imitar porco e tudo". "É você? Então vem trabalhar comigo". E fui fazer com ele o Obrigado, Doutor. Grande programa! Fui o sonoplasta dele. Até que um dia ele me deu uma falinha no radioteatro. Da qual me lembro até hoje: "Sou Jason, o violinista de bordo"– que eu não sei o que era. Oduvaldo falou: "Vai fazer!". E eu: "É hoje que meu pai vai me ouvir".

E aí surgiu o Lima Duarte?

Meu nome é Ariclenes Martins. Ninguém é mineirinho impunemente. Fui lá e falei: "Jason, violinista de bordo". Ele: "Como é que fala lá no fim? Fulano de tal participou do programa...?". Eu: "O senhor fala meu nome: Ariclenes Martins". "Como é que você se chama?" Repeti. "Não pode usar esse nome, não. É muito comprido. Arranja um nome de homem, um nome bonito". Falei: "O senhor põe Luís Alberto". Oduvaldo: "Nome de veado?". Tava começando a usar dois nomes próprios, era uma coisa mais ou menos recente; Antônio Carlos, por exemplo. Falei: "Um não serve porque é comprido, o outro, porque é de veado. Vou telefonar pra mãe, lá em Desemboque". Ela era espírita, médium de incorporação. Os espíritas sabem o que é isso. Aliás, era amiga do Chico Xavier. Ela: "O que tá acontecendo?". "Eu tenho que falar no rádio, e o homem não quer falar o meu nome." "Mas por quê? O seu nome é tão lindo, meu filho!" – mãe é mãe. "Mas não pode, é muito comprido". Ela: "Põe o nome do meu guia de luz que você vai ser muito feliz. Ele se chama Lima Duarte". Eu sou obrigado a acreditar em milagres, não sou?

Com certeza! Você sente que o brasileiro mais velho é respeitado?

Não, não é. Tratamos muito mal os nossos velhos. Apesar de todas as legislações, conversas, blá-blá-blá. Nós somos uns velhinhos chatos. "Esse velho fala muito!" Tratamos muito mal as nossas prostitutas, as nossas crianças, os nossos velhos, os nossos negros, os nossos judeus. Somos uma gente muito nova, não queremos saber da perenidade das coisas, da eternidade dos sentimentos. Lá na Índia mesmo se diz: "Toda vez que morre um velho, fecha-se uma biblioteca". É claro! Tudo o que eu vi, aprendi, se souber processar tudo isso e trabalhar... Eles acham que é um manancial inesgotável, que deve ser ouvido e respeitado. Mas aqui, não. O Brasil é um país muito imediatista. Tudo é rapidinho. "Vamos logo, vamos ganhar o dinheiro." Mas eu acho que a gente vai se tornar uma nação, um dia, uma grande nação. A Índia tem cinco mil anos. Um bilhão e duzentos milhões de habitantes. Pra mim, ir à Índia foi um choque. Um grande choque! Em cada vão daqueles, em cada curva daqueles caminhos, eu, na verdade, encontrei o meu avô, o meu bisavô. Encontrei e conversei com eles.

Você gostou dessa viagem? Você nunca havia ido à Índia?

Gostei e não gostei. É difícil, porque nunca tinha ido. Eles não foram expulsos do Paraíso por fazer amor, então não carregam essa culpa. Eles não sabem quem são Adão e Eva. Cristo parece que andou por lá um tempo, e o Buda também. Por acaso até nasceu lá. Andaram, mas foram todos embora. Eles têm três milhões de deuses. E os deuses vêm à sua casa, conversam com você. Tudo é sagrado. É muito bonito! Desde as coisas mais simples. Por exemplo, você cumprimenta assim: "Namastê!". Significa "O deus que há em mim cumprimenta o deus que há em você" – se você é uma pessoa comum. Se você é uma pessoa de certa importância, é acima do coração: "Namastê". Se você é de muita importância, é acima do coração e do cérebro: "Namastê". É muito bonito. Tudo é sagrado, ritualístico.

Você se aprofundou bastante na cultura indiana pra fazer o Shankar? A Glória Perez me contou que você fez uma cena com uma cobra que não estava no roteiro e que ela nem sabia se iria aproveitar e no final teve tudo a ver com o Shankar? Como foi isso?

Eu tenho até um pouco de vergonha dessa cena. Cheguei, fiquei tão louco com aquele trânsito! Há três mãos de direção possível. Direita, esquerda e a contramão. Tudo vale lá. E está escrito atrás nos carros: "Por favor, buzine!". Então é bi, bi, bi! Bi, bi, bi! Aquele mundo de gente! Eu vi moto com quatro pessoas! Vi numa moto uma mulher, uma muçulmana, que não pode pegar no homem, de burca, com aquele negócio tudo preto assim, segurando aqui assim e leva o Alcorão aqui! E a moto [imita o ruído]. E cruza. E vai e vem. Eu fiquei tão assim! Eu tive uma dor de cabeça incrível a noite inteira. Muita dor de cabeça. Eu não tenho pouco sono. Sou saudável. Saí de manhã, aquela cidade, aquelas pessoas. Um mundo de gente por todos os lados Aquele mundo... Eu fiquei tão assim! De repente, topo com um cara com aquela cestinha. Ele abriu a cestinha, tocou a flauta e a naja subiu! Cobra naja. Fiquei olhando assim. Eis a Índia! A Índia! Perguntei: "Tem veneno?". Ele disse que não tinha. Peguei a cobra e comecei a falar. Eu tinha estudado a respeito do Shankar, um personagem que eu tinha construído. Comecei a falar: "Tira de mim". E ela [cobra] "pá!", mordendo a minha cara. Eu pensando: "Mas é uma naja mesmo!". Depois que passou, eu tive uma espécie de acesso, de ataque. O cara gravou até com uma câmara meio amadora, porque eu pedia: "Grava isso aí, grava, porque eu quero agarrar a Índia aqui na minha mão". Não sei se era pra ir para o ar...

Mas foi. Você trabalha muito com a intuição?

Muito, muito. Talvez eu tenha me tornado mesmo saniasi. Quem sabe é um saniasi que te fala agora? Mas foi isso que aconteceu. Foi um *"nervous brake"*. Sei lá o que me deu que agarrei a cobra, e ela ficou me olhando. Contracenei com ela. Punha aquela língua... O tempo todo ela agride. A naja. Ela não tinha veneno, mas ficou "pá!, pá!", no meu braço. É a própria fúria, o ódio! Fica o tempo todo te agredindo.

Gosta de contracenar?

Depende. Eu sou muito delirante...Contracenar deve ser um jogo. Eu gosto de fazer, gosto que se abram, que se defendam, que se ofereçam, que criem. Gosto que usem coisas, que ousem. Se ousam, eu fico legal. A cena fica boa. Tem pessoa que fala e vira um aparelho, não penetra. Está pensando em outras coisas. Está lá pra outras coisas que não interpretar. Quando encontro alguém que também está lá para contracenar aí é muito gostoso! Vivo pra isso. É o grande barato, sim. Contar histórias e causos através do Shankar e de outros personagens, falar da vida, da sua visão de mundo. Porque sei também que televisão, a telenovela, é um compensatório. O sujeito tem um dia terrível – porque o dia não é fácil pra ninguém – e pega aqueles ácidos aí nas fábricas de automóveis, fica o dia inteiro. Ele chega em casa, senta e só quer um pouco de paz. Então você chega como um irmão mais velho, um tio, um cara que veio do interior, um avô e diz: "Peraí que vou te contar uns causos". E o cara fica na sala ouvindo. É gostoso. É, sim! Penso sempre que tem alguém e que eu digo a ele: "Olha, vou te contar uma história. Ela é de um cara assim, muito engraçado, etc.". E a outra pessoa se interessa e te pergunta: "É mesmo? Como é que ele é?". Porque sei também que muitos Shankares estarão nisso, no Shankar que mora dentro; muitos estarão vivendo.

LIMA DUARTE / 281

Agora queria falar dos outros personagens que nós amamos tanto. Não sei se você amou tanto quanto a gente. Sassá Mutema, Sinhozinho Malta... Você tem uma paixão maior por um ou por outro?

São como filhos. Mas gosto mais do Sassá Mutema, porque a parábola que ele descreve, na minha opinião, é mais bonita. É uma novela que não tem grandes acontecimentos, grandes fatos. É a história de um homem. Só a história de um homem. Ela foi feita na época da eleição. Chama-se *O salvador da pátria*. É a história de um homem que vai do nada ao entendimento, ao conhecimento. Ele não era nada, absolutamente nada. Tinha um grande amor pela mãezinha dele, que vivia sozinha. Sassá não sabia ler nem escrever, nem amar, nem viver. Não sabia nada e vai aprendendo. Aprendendo, aprendendo, mais e mais, sobre menos e menos. Ele tinha um dom: pegava nas plantas, e elas vicejavam. Tudo vicejava na mão dele. Mas, à medida que vai ele aprendendo, elas não vicejam mais. E ele termina um senador da república. A novela é do Lauro César Muniz. O Sassá tem uma vocação enorme, possibilidades enormes, e vai se prendendo a bobagens como importação, ao que vem de fora. Era muito bonita essa parábola. Ele não sabia nem amar. De repente vem uma antropóloga, fazendo um trabalho sobre a cultura nas mentalidades primitivas, e escolhe o Sassá Mutema. Era a Maitê Proença quem fazia a antropóloga. E ele se apaixona.

O Lima Duarte também se apaixonou, não?

É, é. Foi. Como não me apaixonar por aqueles olhos? E aquela cultura, aquela vida da Maitê! Então o Sassá se apaixona, mas não sabe o que é. Tropeça e cai nos sentimentos e levanta. Um dia ele descobre que era motivo de estudo para uma cultura de mentalidade primitiva. Era muito bonito. Então é desse personagem que eu mais gosto. Muito. E Sinhozinho Malta teve 90% de audiência. Naquela época era assim. *O salvador da pátria* talvez seja a maior média de audiência da Rede Globo. Teve 73% de média. Isso não existe mais. Não é possível mais com tantas atrações, tantos DVDs, canais a cabo, internet. Já é demais quando dá 50. Não sei se faz diferença. Fazer um trabalho que as pessoas vejam é interessante, mas penso que audiência não deve ser quantitativa, e sim qualitativa. Quero que as pessoas melhorem, se divirtam através dessa audiência. Melhor que ter um montão de gente que vê superficialmente.

Quantas novelas você fez?

Cinquenta e sete novelas, mas não sei direito. Eu comecei na televisão no dia 18 de setembro de 1950, quando foi pro ar a primeira transmissão de televisão da América Latina, pela TV Tupi de São Paulo. No estúdio havia 28 pessoas: Ademar de Barros, Oliveira Garcez, Chateaubriant... E só eu estou vivo. A Hebe também está viva, mas ela não foi.

Qual foi a sua primeira novela?

Foi *Sua vida me pertence*. Eu era o bandido. Então fui o primeiro bandido da tevê brasileira. Foi com Vida Alves e Walter Forster. O Walter já faleceu, e a Vida está viva ainda. É uma querida amiga e presidente da Associação dos Pioneiros da Televisão Brasileira. Faço parte. Sou fundador. Dizem que vão fazer um museu. Então eu disse que é só juntar eu e a Hebe. Nós ficamos abraçados, e você constrói em volta. A novela foi em 1950. Tinha um beijo, a mocinha era beijada. Mas as autoridades proibiram o beijo. Disseram: "Esses lábios se unindo em lascívia e penetrando o recôndito do lar não é possível. Televisão tem criança assistindo. Não pode". O Walter Foster ainda argumentou: "Os americanos passam beijando as bocas das americanas". E as autoridades: "Mas brasileiros não podem beijar, porque é um exemplo muito próximo". Mas eles insistiram: "Queremos beijar, é o final da novela, o *happy ending*. Um beijinho e tal". O general disse não, o delegado disse não, o padre disse não. Mas os atores disseram: "Sim, vamos beijar!". Foi uma briga, uma grande reunião. A novela ia pro ar às sete horas da noite. Às duas da tarde teve uma reunião no Ministério sei lá do que pra saber se beijava ou não beijava. Às seis horas saiu o veredicto: "Beija. De boca fechada". O primeiro beijo da nossa tevê foi da Vida Alves com o Walter Foster. Hoje eles ficam babando um em cima do outro que Nossa Senhora!

E você foi pra Globo inicialmente como diretor?

Fui. Eu já tinha dirigido *Beto Rockfeller* na TV Tupi e naquela época era um diretor só para uma novela. E o diretor era tudo: contrarregra,cenógrafo... Tudo! Nossa Senhora!

Que diferença pros dias de hoje!

O que eu acho é que cada transformação tecnológica, cada alteração, provoca uma alteração no âmago, na ideologia, na ética, e não só na estética. Dou como exemplo o seguinte: as câmeras eram enormes, pesavam 60 quilos. Era torre, não era satélite. A câmera começava de longe e ia se aproximando dos atores até o *close*. O que acontecia? O chão era de taco e tinha ondulações. A aproximação era toda trêmula. E quando a câmera aproximava e ia a *close*, o telespectador ia ver nos olhos do autor o amor, a dor, a angústia, enfim, o que ele queria demonstrar. Hoje, quando você aperta um botão e vai a *close* é você que vai até a câmera. Então isso transformou todos os atores num bando de ególatras, exibidos, todos apaixonados pelas câmeras. Isso foi uma alteração, eu me lembro bem quando eu falava: "Aproxima devagar, devagarzinho". Era a Bete Mendes, por exemplo. Eu soltava o tema da personagem [canta um trecho em francês], o telespectador ia dar uma olhadinha nos olhos do ator. Não era o ator que ia mostrar a dor, a angústia. Entendeu? Isso foi o que mudou. Nossa televisão era isso. Mas a gente fazia efeitos dos defeitos, e alguns eram muito bons. *Beto Rockfeller* era isso. Era uma crise absoluta na Tupi, que estava fechando. Não tinha mais nada. O Cassiano Gabus Mendes pegou o Bráulio Pedroso, que era editor do suplemento literário do *Estado de S. Paulo*, e pediu pra ele escrever uma novela com o Luís Gustavo. O Cassiano: "O Luís Gustavo é meu cunhado. Tem esse jeito engraçado. Escreve uma novela pra esse sujeito engraçado. E fala pro Lima dirigir, porque ele topa tudo, é um boi trabalhando". Então, você vê como era a televisão do ponto de vista da produção. Um dia, o Bráulio bolou uma coisa meio baseada no *Blow-up* que tinha um crime, uma lupa, através de uma câmara. Eu cheguei pro contrarregra, que também era diretor de arte, produtor, era tudo, e falei: "Vai a campo. São 9h, e a novela vai pro ar às 19h. Tenho que dirigir tudo. Me acha uma lupa. Traz aqui que vou precisar". Dirigi a cena, pá e pá. Deu a hora do almoço, a turma foi almoçar. Plínio Marcos, Marília Pêra, Maria dela Costa, Walter Foster, Bete Mendes, Débora Duarte. Um elenco impossível hoje. E nada da lupa. Fomos almoçar e, quando voltamos, perguntei: Cadê o contrarregra com a lupa?". "Ele não veio. Não apareceu", me disseram. Dirigi mais umas coisinhas. Três horas e nada. Mais uma cena, faz um *close* aqui. Quatro horas. "Cadê o desgraçado com essa lupa que eu tenho que dirigir essa cena?" Apareceu às quatro e meia. Eu: "Cadê a lupa, maldito?". Ele me respondeu: "Quer saber de uma coisa? Não achei e não sei o que é". Era essa a televisão que a gente fazia. O último capítulo do *Direito de nascer*, que por acaso eu dirigi também, foi feito no Maracanãzinho, com ele lotado. A gente ficou sentado e falando o texto, porque não tinha encenação. Foi lindo também. O *Direito de nascer* era uma maravilha!

Você fez 57 novelas, várias minisséries e quantos filmes?

Trinta e dois filmes... De *Eu, tu, eles,* passando por *Guerra conjugal*, *Rei Pelé* e por aí vai... *Guerra conjugal* é um filme bem importante, não se atenta muito pra ele, mas é baseado em contos do Dalton Trevisan, quem acho um autor maravilhoso. *Rei Pelé* é interessante, porque é a história do Pelé contada por ele, que é real, dirigido por um argentino chamado Carlos Hugo Christensen, que morreu o ano passado, aos 100 anos de idade. E o roteiro é do Nelson Rodrigues. E fiz Sargento Getúlio, do João Ubaldo e foi maravilhoso! Gosto muito do filme também. É um filme muito apaixonado. Fiz o *Eu, tu, eles*, do Andrucha Waddington. O Padre Antônio Vieira que fiz no filme *Palavra e utopia* também foi muito interessante.

Você fez grandes amigos nesse mundo televisivo, teatral, cinematográfico?

Não. Sou um pouco solitário. Adoro a solidão.

Foi um homem de grandes paixões?

Não sei se foram paixões. Não sei se amei outra coisa a não ser a mim mesmo e aos meus personagens. Não sou muito assim. Delirante eu sou.

Não tenho um temperamento vicioso. Não fumo, não bebo, não cheiro cocaína, não fumo maconha, não me prendo a nada. Nem às mulheres. Quando acaba... acaba. Quando acaba aquela coisa do novo, vou ficando quieto. Parece que eu fico quieto de vez em quando e realmente fico. Não falo nada, e elas começam: "O que você tem?".

Lima, você é considerado um dos atores que faz melhor e de uma maneira muito especial o homem brasileiro. Você concorda com essa afirmativa?

Concordo. Sou apaixonado por eles [o homem brasileiro]! Especialmente por Guimarães Rosa. Mas é uma visão do brasileiro muito própria. Sobre Guimarães Rosa tem muitos estudos, análises que eu francamente detesto, porque todos se apegam – de um modo geral, esses das universidades aí –, à plataforma do Guimarães; ele usou a língua, a linguagem como uma plataforma. A história que ele quer contar é que é bonita. O que ela usa para contar a historia é a linguagem. Por que ficar só nela?

Lima, você é feliz?

Sou. Mas não acredito em felicidade, não. Nem na felicidade absoluta nem na infelicidade. Tem momentos em que me irrito. Como todo mundo tem. Sei lá, isso é chato e tal. Me enganei. Ou não me enganei.

Você gosta de futebol?

Gosto muito de futebol! Sou são-paulino, desde 1935, quando tinha uns sete anos, lá no interior: Eu ia muito numa sapataria, e estava acontecendo o que aconteceu muito na minha vida. Estava descobrindo um artesão ao ver o sapateiro cortando, passando cola, lustrando. Eu ficava encantado com aquilo, e o sapateiro me falava do São Paulo. Então, o São Paulo ligou-se a isto: à construção de um sapato e de um time. Virei são-paulino desde mil novecentos e tal. Atenção senhores: eu vi o Leônidas estrear no São Paulo em 1947. Ele fez um gol de bicicleta. Eu vi uma linha com Zizinho, Sastre, Leônidas, Remo e Pardal. Vi Canhoteiro jogar futebol. Pros que só sabem falar de um ou dois, eu vi Canhoteiro.

Mas você acha que a todo momento a gente pode aprender a ser melhor?

No grande momento que é a vida inteira tem que se dispor a aprender, aprender, aprender. Sempre, até o fim. Não tenho medo do fim. Estou com 80 anos. Estou bem saudável. Tenho medo de ficar doente. Mas, enquanto a cabeça estiver funcionando legal, arranjarei alguma maneira de ser feliz lá dentro, de viver e tal. Isso, sim! De gostar de futebol, de gostar de falar com as pessoas, de tomar uma cachacinha de vez em quando... Gosto de ouvir e contar histórias. Isso é uma paixão! É por isso que vou lá pra Desemboque. Lá só ouço. Aqui eu só falo. ■

LÔ BORGES

Cidadão do mundo e de Minas Gerais

A música dele é da América do Sul, do mundo e das Minas Gerais. Mas ele é de Belo Horizonte. Só sai de lá para cantar e volta logo que pode, porque sente o que chama de "saudade siderúrgica". Foi assim quando deixou Minas com Milton Nascimento e Beto Guedes, nas asas do Clube da Esquina, aos 20 anos. **LÔ BORGES** é um beatlemaníaco de carteirinha, uma doce figura, e faz uma música linda. Ele é um dos responsáveis pela trilha sonora da vida de boa parte dos brasileiros há quase 30 anos. Conheceu Milton Nascimento quando ia comprar leite pra mãe, ao descer 17 andares de escada. No quinto andar, escutou a voz e o violão, parou para conferir e viu Bituca pela primeira vez. A música já era prato do dia na família totalmente musical dos Borges, com Marilton e com Márcio e, mais tarde, com Lô e Telo. Salomão Borges Filho, o Lô, se define como musicista, já gostou muito mais da noite, hoje vive uma fase totalmente solar. Ainda tem a cara de menino, mas não é mais o bicho do mato daqueles tempos de garoto. Conserva o jeito tímido e a mesma paixão da vida toda pelas montanhas, pelos rios, pelas cachoeiras – muito mais do que pelo mar. E, claro, pela música, companheira inseparável da vida inteira.

Você não saiu de Minas, mas a sua música saiu de Minas, não é?

É, na verdade é isso. Dei uma fugidinha de Minas no começo da minha carreira. Passei quase dez anos no Rio, na década de 70. Ficava mais ou menos no meio do caminho. Eu morava lá, mas havia aquela "saudade side-rúrgica" de Belo Horizonte. Fazia de conta que morava no Rio, mas ficava mais tempo pegando o ônibus da UTIL. Ia pra Belo Horizonte toda semana. Mas eu considero; essa foi uma fase em que eu morei no Rio. Tenho muitos amigos no Rio. Só com o Bituca [apelido de Milton Nascimento] eu morei nuns cinco ou seis endereços no Rio: morei em Copacabana, no Leblon, no Jardim Botânico... Considero que foi a fase em que eu me afastei mais de Belo Horizonte. Mas eu sou completamente Belo Horizonte mesmo. Pra mim, como diria o João Saldanha e eu já falei aqui: é uma ligação "side-rúrgica" que eu tenho com essa cidade. Mineiro, sou atraído por esta terra, este povo, por estas montanhas. Esta cidade que não é mega, é uma cidade que, até alguns anos atrás, era a terceira cidade brasileira. Hoje já é a quinta. É uma cidade que vai crescendo mais humanamente, eu acredito. Apesar de fabricar muito carro ainda.

Você acha que Belo Horizonte é responsável pela sua música, pelo seu trabalho? Não seria viável, não seria possível a sua música sem Minas?

O fato de eu ter nascido aqui, de ter aprendido as minhas primeiras coisas de música... Minha ligação com música foi sendo criada, constitu-ída aqui em Minas. As pessoas que me influenciaram eram pessoas daqui de Minas também. Pessoas que me levaram pro mundo do disco como o Milton. São pessoas que eu conheci em Belo Horizonte. O meu contato com a bossa nova foi em Belo Horizonte, foi com artistas mineiros. Tem toda uma história. Minas é fundamental pra eu ter feito as canções que eu fiz. Anos 70, cachoeira... essas coisas que Minas oferece em abundância são fundamentais pra mim até hoje. Sempre que dá pé, que eu estou com a vida mais tranquila, eu vou pra Serra do Cipó tomar banho de rio, tomar banho de cachoeira. Tenho uma ligação com montanha e rio maior do que a minha fascinação pelo mar, pelo Rio, pela coisa grandiosa de São Paulo também. Eu dou muito valor pra São Paulo, pro Rio, mas Minas, pra mim, é fundamental. Como se fosse um cantinho onde eu posso fazer as minhas coisas com uma certa tranquilidade, sem grandes exposições, mas um trabalho que eu consigo levar pro Brasil inteiro. A partir de Minas, consigo levar pro Brasil inteiro.

Você falou em influências. As suas influências são Milton e tal. Mas a sua casa foi a base de tudo, inclusive da música do Milton.

A minha casa, alguém já disse, está pro Clube da Esquina como a bossa nova está pra casa da Nara Leão. A minha casa respirava música, antes mesmo do Milton. Meus irmãos mais velhos, o Marilton e o Márcio já tocavam violão, tinham um envolvimento com música. E muitas pessoas frequentavam nossa casa por causa deles. E minha família sempre apoiou. Minha casa era frequentada pelo Milton, pelo Wagner Tiso, muita gente de Belo Horizonte. Eu era um garoto quando eu conheci o Milton; eu tinha dez anos de idade. O conheci no corredor do meu prédio. E aquela história que você já deve ter lido, que eu saí pra comprar leite pra minha mãe. Qualquer criança de dez anos dispensa o elevador devido à tamanha energia que tem. Desci os meus habituais 17 andares a pé. Quando fui me aproximando do quinto andar, escutei uma voz, um violão... Fui me aproximando daquilo, o "canto da sereia". Ia me aproximando, parecia que eu estava em *slow motion*. Quando eu cheguei, estava um neguinho com um violão na mão, tocando. Eu parei, e ele falou assim: "Você gosta de música?". Falei: "Adoro música! Na minha casa só toca música. Marilton, meu irmão...". Aí ele falou: "Conheço seus irmãos. Nunca fui à sua casa, mas conheço seus irmãos". Foi meu primeiro contato com o Milton. Foi um momento muito mágico, porque antes de conhecer o cara, conheci a voz e o violão dele. De lá até hoje, quando eu vejo o Bituca, eu lembro desse violão na escadaria do prédio, ele com 20 anos de idade e eu com dez.

E ele conta uma história maravilhosa! Que ele só descobriu que você tinha composições próprias um dia em que não havia ninguém na sua casa. Vocês foram juntos a um bar, acho que ele pediu uma caipirinha, e você falou: "Duas!".

Exatamente! Essa história foi assim: ele já frequentava minha casa, tinha até uma carreira estabelecida, já havia feito várias músicas de sucesso, já havia feito o Festival da Canção. E sempre que ele voltava a Belo Horizonte ele procurava pelo Lô. "Cadê o Lô, cadê o Lô?" Chegava à casa da minha mãe, e a gente sentava na esquina. A gente, o pessoal do bairro, chamava de Clube da Esquina. Eu e o pessoal do quarteirão. E aí, nesse dia, como ele já era um cara famoso, ele não quis ficar na esquina. Ele me chamou pra ir a num bar com ele. Ele me levou, fomos ao bar. Ele pediu uma caipirinha e achou que eu fosse pedir um refrigerante, um suco. Aí eu falei: "Duas!". Ele ficou muito impressionado com aquilo. Aquela caipirinha foi um certo alto-astral, porque com ela eu relaxei pra mostrar pra ele que eu era um cara que vinha compondo coisas que eu não mostrava pra ninguém, não mostrava nem pros meus irmãos. Era super, totalmente bicho do mato. Tocava violão escondido das pessoas. Quando eu tocava violão em casa, chegava alguém, eu parava de tocar. Eu era muito tímido. E essa caipirinha me ajudou a relaxar. Perdi o medo de mostrar pra ele as coisas.

E qual foi a música que você mostrou primeiro?

A primeira já foi meio que um tapa pra ele. Foi uma música que até hoje é emblemática, que foi "Para Lennon e McCartney". "Porque vocês sabem do lixo ocidental. Eu sou da América do Sul"...

E qual foi a primeira música que vocês fizeram juntos?

Foi a música "Clube da Esquina" ("Você não conhece o futuro que tenho nas mãos. Agora as portas vão todas se fechar. No claro do dia, o novo encontrarei. E no Curral D'el Rey janelas se abram ao negro do mundo lunar..."). Eu estava com o violão, fazendo harmonia, ele sentou do meu lado com outro violão e começou a construir a melodia dentro daquela harmonia que eu estava fazendo. Essa história é mágica e emociona a gente até hoje. Foi a nossa primeira parceria. Foi de uma maneira supernatural, delicada. Ele começou a fazer uns vocalismos [faz sussurros], vozinhas, tocando baixinho. Daí a pouco a gente estava diante de uma música legal, poderosa. Aí chegou o Márcio Borges. Ele não estava em casa nesse momento. Chegou ao entardecer e viu aquela coisa. "O Bituca e o Lô fizeram a música. Eu tenho que fazer a letra agora!" Pegou o papel, a caneta e começou a fazer a letra. Aí acabou a luz, Leda! Acabou a energia, e estava anoitecendo, estava de noite. Minha mãe pegou uma vela, acendeu uma vela e ficou do meu lado, do Bituca e do Marcinho. Minha mãe inaugurou a profissão de iluminadora de letra de música [risos]. Aí a música ficou pronta, a letra ficou pronta, foi uma celebração total: "Somos parceiros! Uhuu!". Foi uma comemoração sem fim. A gente ficou muito entusiasmado com essa nossa parceria. Foi um momento absolutamente mágico, tão mágico quanto aquele de conhecê-lo, tocando violão na escadaria. Ele me capturou da esquina pra dentro de casa, pra fazer a tal música. Ele havia gostado muito da harmonia. E foi maravilhoso! Lembro disso e fico até meio emocionado, porque é muito legal. Compor com o Bituca... A gente fez alguns shows em 2009. A gente conta essa história no show, fica todo emocionado, canta com a maior emoção essa música. Eu e ele ficamos bastante felizes quando estamos ao vivo tocando essa música.

E essa música levou o seu trabalho pro mundo, na voz do Milton.

Pois é, essa foi a primeira. Apesar de "Clube da Esquina II" ter ficado mais famosa do que ela. Era mais rica do que ela. "Clube da Esquina" virou totalmente o lado B, a que ficou mais na memória das pessoas foi "Clube da Esquina II", que é aquela que fala: "Porque se chamava moço, também se chamava estrada, viagens e ventanias...". Que também e minha, do Bituca e do Márcio Borges. É nossa. Teve até convite pra fazer show com o pessoal do Clube da Esquina. E o Bituca até falou assim: "Mas o Clube da Esquina sou eu, você e o Beto [Guedes]". Porque teve a história de quando o Bituca me convidou pra gravar o disco. Minha família não deixou: "Você é muito novo pra tentar a carreira de músico. Vai estudar". Minha família foi totalmente contra eu ir pro Rio. "O Bituca é maluco! A carreira dele está boa, mas ele é muito doido! Sair de casa com 17 anos e morar no Rio, cidade com uma ditadura militar". Minha mãe tinha pavor de eu ir morar no Rio. Falei com o Bituca: "Vou peitar a minha família, vou fazer isso com você. Vou pro Rio com você, mas tenho que levar um amigo da minha geração. Um cara que gosta de tocar Beatles. E eu gosto de tocar Beatles. Se eu chegar ao Rio e encontrar só os bossanovistas e os jazzistas, seus amigos, eu vou ficar meio um peixe fora d'água, porque eu sou totalmente beatlemaníaco. Vou ter que levar o Beto comigo". Por isso ele considera que o Clube da Esquina somos eu, ele e o Beto Guedes. Aí fomos à casa do Beto Guedes, pedir a mão do Beto Guedes em casamento [risos]. Um pessoal mais humilde, do interior, recém-chegado do interior. A mãe do Beto foi menos radical do que a minha família. Eles toparam, deixaram o Beto ir na boa: "Seu Milton, o senhor toma só cuidado, porque o Beto é muito do interior. Ele não sabe atravessar a rua, não. Tem medo de ser atropelado" [risos]. O Beto é de Montes Claros.

Bom, vocês vieram pro Rio, ele não foi atropelado e fez músicas lindas.

Deu supercerto a carreira dele também. No Clube da Esquina ele fez essa participação como músico. Mas também fazia nas minhas composições. Foi uma excelente ideia que eu tive de levar o Beto, porque ele foi superútil. Tocou contrabaixo, tocou bateria, tocou guitarra, tudo nas minhas músicas. Ele entrava na mesma onda que eu, que era a onda meio Beatles, misturada com coisas do Brasil; aquela onda do lado beatlemaníaco do Clube da Esquina. Esse lado era incentivado por mim e pelo Beto. E a partir daí ele conseguiu construir uma carreira, foi convidado pelo William Maia a fazer um disco e foi pra "Página do relâmpagos elétrico". Depois disso ele fez várias coisas legais. E hoje ele é o nosso querido e sumido Beto. Vejo-o tão pouco! Ele mora em Belo Horizonte. Dizem que ele mora na cadeira de um bar. Não frequento muito boteco, essa fase da minha vida não está muito botequeira, né. Eu estou um pouco por fora desse circuito. Sou mais de cinema, família, estúdio, ensaio, estrada pra caramba. Já fui mais notívago. Agora sou um cara mais da manhã. Gosto de tocar na parte da manhã, na parte da tarde...

E como é que você compõe hoje? Com quem? O Milton foi o seu parceiro mais constante?

Ele não chegou a ser o mais constante, mas foi, talvez, o mais importante. Porque o começo foi com ele, né? De 2003 pra cá, andei atirando pra tudo quanto é lado. Fiz música com Tom Zé, fiz música com Arnaldo Antunes, fiz música com o Nando Reis. Fiz cinco músicas inéditas com o Samuel Rosa, do Skank. Tenho transitado em técnicas e gerações diferentes do chamado Clube da Esquina. Tenho tido esse trânsito que eu acho que me faz bem. E faz parte do meu temperamento também. Apesar de em shows ainda ter que tocar aquelas canções todas do Clube da Esquina, reconheço que a minha carreira é irregular do ponto de vista de mídia. Nunca andei na sintonia da indústria fonográfica, sempre fui aquele cara meio à margem, meio *underground*. Minha carreira acabou tendo essa característica mesmo, da qual eu não tenho nenhuma coisa que me queixar. Não me arrependo, não. O importante é que eu continuo produzindo, fazendo música com pessoas de outra geração, de outras técnicas, parceiros novos. Isso me agrada muito. Fiz três álbuns de 2003 até agora. Nesses álbuns eu tive essas parcerias que eu te contei: Nando Reis, Arnaldo Antunes, Tom Zé. O Clube dá às vezes uma ideia de uma coisa bem fechada. "O pessoal do Clube só trabalha com o Clube". São os "Clubistas". Na verdade não é muito isso. Procuro abrir o leque pra festejar, curtir com outras pessoas a minha musicalidade, as pessoas colocarem letras nas canções que eu produzo. Faço pouca letra, faço mais música. Sou mais musicista mesmo. Canto, gravo bastante. Nos últimos seis anos eu gravei três discos. Só discos de inéditas. Mas as músicas ganham o mundo na voz das pessoas. Sou mais musicista. As palavras que eu balbucio podem ser em qualquer idioma, inclusive o português. Eu pego o violão, saio cantando melodias. Tipo: "Lá, lá, lá, ô, ô, ô". Misturo um falso inglês, um falso japonês. Não tenho idioma pra compor não.

E quem gravou você?

Nossa! O pessoal da gênese da música brasileira pra cá, todo mundo gravou. Vamos começar pelo grau de alegria que eu tive. O Tom Jobim gravou "Trem azul". Ele não precisava gravar música de ninguém, porque ele é o maior compositor que esse país já teve. Eu fiquei numa honra e num orgulho, que pra mim foi melhor que ganhar prêmio ou vender um milhão de cópias. Ver o Tom Jobim gravar uma música minha! A Elis Regina gravou uma música minha. Ney Matogrosso gravou, a Simone gravou, Elba Ramalho gravou. Houve um disco agora, recente, feito pelo Guto Graça Mello. Um disco que se chama *Flores do Clube*. Várias cantoras da nova geração. Nesse disco tem umas sete ou oito músicas minhas. E várias cantoras: Vanessa da Mata, Roberta Sá... Várias cantoras emprestaram o talento delas pra canções minhas também. Me considero um cara muito bem gravado. Me esqueci de uma que eu não posso esquecer, senão ela me mata: a Nana Caymmi. Nana que deu vida a "Clube da Esquina II". Era um instrumental, e ela escutou esse instrumental, porque ainda não havia letra, e falou assim: "Esse instrumental tem que ter letra, tem que ter letra! E eu vou gravar, eu vou gravar!". E ela encomendou uma letra pro Márcio Borges, que fez a letra. "Porque se chamava moço, também se chamava estrada. E lá se vai mais um dia ah, ah...". Essa música a gente a deve à Nana. Foi iniciativa dela, porque era instrumental. Não era uma canção para ser cantada, só tocada. E a Nana gravou "Clube da Esquina I". Ela gravou os dois "Clubes da Esquina". E a Nana é a paixão que eu tenho desde criança. Eu ia dormir assistindo à TV Itacolomi e ela cantando "Acalanto", do Dorival.

Também é um prazer pra você estar no palco fazendo show?

Adoro estar no palco cantando as minhas canções. Estar com meu publico, um público que é surpreendentemente renovante; é um público que se renova a cada década que passa. Você vê que os pais passaram aos filhos aquela empolgação. Nos meus shows vai muita gente de 15, 16 anos de idade. Tenho muitos fãs nessa faixa de idade, são muito novos, sou meio vovô dessas crianças. Hoje mesmo eu estava com meu filho de 11 anos no shopping. Aí pintou um adolescente de 16 anos e falou: "Sou apaixonado por suas músicas! Aquele disco do tênis, lançado depois do *Clube da Esquina*, é demais!". O "disco do tênis" está citado no *Mil e um álbuns que você deve ouvir antes de morrer*, um livro feito nos Estados Unidos. Esse livro é uma bíblia americana! Além do *Clube da Esquina* [1972] o "disco do tênis" [*Lô Borges*] também estar lá no livro me enche de orgulho. Além do americano, tem um livro inglês, no mesmo esquema, e os dois discos estão nos dois. E isso pra mim tem um valor de prêmio. Isso é um prêmio! Prêmio meio lado B, mas você vê que, lá fora, o pessoal reconhece também. Quando me falaram, eu nem acreditei! Pedi o livro pela internet, e o disco estava lá, na página 102. O "disco do tênis", que foi um dos discos mais obscuros que eu já fiz, um disco imediatamente após o *Clube da Esquina*. Eu não tinha composições pra fazer o disco. O ritmo do disco era o seguinte: eu compunha a música de manhã, o Márcio Borges fazia a letra à tarde, e à noite íamos todos pro estúdio, fazer os arranjos e gravar. Esse foi o ritmo do disco. Saí do disco sem querer ver gravadora na minha frente por pelo menos uns cinco anos!

Pra fechar nossa conversa, você teve até agora na sua carreira alguma emoção tão forte quanto a de ouvir Tom Jobim gravando sua música?

Uma ocasião que me deixou especialmente feliz foi uma vez que eu estive no Japão e recebi um convite da NHK, que é a TV estatal japonesa. Estava havendo um programa sobre bossa nova, com artistas japoneses. Como eu estava no Japão, fui convidado como o único artista que não era japonês que participou. E aí eu toquei "Desafinado", do Tom Jobim e do Newton Mendonça. Mas, Leda, fiz um arranjo totalmente diferente! O maestro, quando ouviu o meu arranjo de violão, não quis segurar a onda sozinho e chamou uma junta de maestros pra ver o que eu estava fazendo. Falei: "Gente, eu estou brincando com essa harmonia por causa da letra da música. A letra fala 'Desafinados'". Fiz uma coisa sem ofender a harmonia do Tom Jobim, que é intocável. Dei uma "loborgeada" meio diferente. Eu gravei, tem lá no meu site: www.loborges.com. ■

LUIZ RUFFATO

Um homem das letras que gosta da rotina

LUIZ RUFFATO foi uma melhores surpresas que tive fazendo este livro. Foi realmente um prazer conhecer um pouco da história do menino pobre, filho de semianalfabetos, que cresceu ajudando o pai a ser o segundo pipoqueiro mais importante de Cataguases, foi caixeiro de botequim, balconista de armarinho e se formou torneiro mecânico muito jovem. E foi sustentado por essa profissão que descobriu o mundo das ideias e dos livros e a universidade. Jornalista, descobriu São Paulo, fez carreira na grande imprensa, criou a filha, que hoje tem 16 anos, sozinho e se tornou um escritor de sucesso. Tem livros traduzidos para vários idiomas, conserva a voz mansa e um certo recato que parece ter aprendido nas montanhas. Tem um humor singular e um jeito sistemático de viver que permite a ele ser o pai que acorda pra dar o café da manhã da filha, ser o escritor de 7h30 da manhã até 12h30, almoçar em casa e ser seu próprio funcionário na parte da tarde, na rotineira tarefa das questões burocráticas. E em algum momento do dia descobre novos escritores, faz novos projetos e organiza antologias. Tudo isso, até as dez da noite. Depois dessa hora, não contem com ele, nem para torcer pelo Flamengo, nem para falar de Cataguases, presente em toda sua obra.

Pra que time torce uma pessoa de Cataguases, que estudou em Juiz de Fora e mora em São Paulo?

Flamengo. Claro [risos]! Venho ao Rio uma vez por mês a trabalho. Sempre que eu posso e o Flamengo está jogando no Maracanã, eu estendo até o dia seguinte pra assistir ao jogo, é claro.

O que você sonhava ser quando criança?

Eu, quando era bem criança mesmo, sonhava ser bancário, porque eu era apaixonado pela minha professora, e o marido dela era bancário. Eu achava que, se eu também fosse bancário, eu ia desbancar o marido dela.

Mas depois que você se desapaixonou pela professora, você pensou em quê?

A minha família é muito pobre, de uma cidade chamada Rodeio, perto de Ubá. A minha mãe é analfabeta, meu pai, semianalfabeto. Eles foram pra Cataguases para tentar que nós, filhos, tivéssemos uma vida um pouco melhor que a deles. Eu trabalho desde os seis anos de idade, trabalhei como meu pai, na carrocinha de pipoqueiro, depois fui caixeiro em botequim, depois balconista em armarinho, fui operário têxtil. Aí me formei em Tornearia Mecânica, pelo Senai, e foi como torneiro mecânico que tive meu primeiro emprego em Juiz de Fora.

Como você descobriu a literatura?

Foi em Juiz de Fora, trabalhando de dia e estudando à noite, que eu pensei na possibilidade de fazer uma faculdade. Passei no vestibular da Universidade Federal de Juiz de Fora e fui fazer Jornalismo. Aí, fazendo Jornalismo, é que tive contato com pessoas que, real e definitivamente, gostavam de literatura. A gente discutia muito literatura, tinha um grupo que fazia um projeto chamado "Abre Alas", que era varal de poesia, na Rua Halfeld. Então, aqueles dias, a gente praticamente paralisava a Rua Halfeld com aquele varal, declamando poemas nossos mesmos, vendendo folhetos de poesia. E foi então que me interessei... Não é nem interessar por escrever, me interessei mais por literatura. E, fazendo isso, comecei a pensar na possibilidade de um dia escrever um livro. Mas daí a escrever o meu primeiro livro foram mais de 15 anos. Passei esse tempo todo fazendo experiências, lendo muito, porque eu não tinha uma boa formação literária, aliás, até hoje, eu tenho uma formação muito problemática. Na época, então, eu tinha uma formação muito ruim e fui tentando corrigir esse problema até, efetivamente, publicar meu primeiro livro. Então, assim, não é um sonho de infância nem é algo que me surgiu do nada ou de alguém que tenha me dado um toque, falado alguma coisa. É um projeto meu, pessoal. Escrevo porque gosto de escrever...

Mas foi um salto incrível, né?

Ainda hoje, por exemplo, quando estou viajando, paro e penso em como fui muito além do que eu deveria ir. Por que o máximo que se esperava de mim, que a minha família esperava, que os meus amigos esperavam e que eu mesmo esperava de mim era que eu me tornasse um bom torneiro mecânico, que constituísse família e que, portanto, saísse da situação de pobreza pra uma situação de menos pobre, uma situação um pouco mais confortável, que eu tivesse uma casa própria, família e coisa e tal. Mas o que aconteceu comigo realmente foi uma guinada muito grande, que, às vezes, eu mesmo não me reconheço. Eu olho e fico admirado.

Quando você publicou o seu primeiro livro?

Meu primeiro livro saiu em 1998 e se chama *Histórias de remorsos e rancores*. Depois, em 2000, eu publiquei um novo livro, *Os sobreviventes*. Mas esses dois primeiros livros acabaram sendo incorporados ao meu projeto Inferno Provisório, uma série de cinco livros que vai se encerrar em 2010. Mas eu considero estreia, estreia mesmo, em 2001, com *Eles eram muitos cavalos*, com o qual considero realmente o início da minha carreira.

Foi com *Eles eram muitos cavalos* que você ganhou o Prêmio APCA [Associação Paulista de Críticos de Arte]. A repercussão foi grande?

O livro ganhou o APCA e o Prêmio Machado de Assis da Biblioteca Nacional. Fui indicado pelo caderno "Prosa e Verso", do jornal *O Globo*, como personalidade do ano na literatura, o que deu uma grande visibilidade ao meu trabalho. Ele foi publicado em setembro, e em fevereiro já teve uma segunda edição. Daí para frente ele teve outras edições. Para um autor totalmente desconhecido, fazendo literatura Brasileira, contemporânea, uma literatura que eu acho, não difícil, mas que não faz concessões, foi uma surpresa. Esse livro acabou vendendo várias edições, e agora está na sexta, não mais pela antiga editora, mas pela Record. E foi logo publicado na França, na Itália, em Portugal e está saindo na Argentina. Realmente esse foi o livro que me deu visibilidade, que, inclusive, me deu a possibilidade de largar tudo pra viver da literatura.

Foi libertário pra você. E o que tem de mineiro em você, no seu comportamento, no seu gesto que você identifica e carrega contigo até hoje?

Na minha família somos imigrantes. Eu tô ainda migrando, não me considero nem imigrante. Os meus avós maternos são italianos, saíram da Itália e foram direto para o interior de Minas, ali pra região de Ubá, para trabalhar com café. Os meus avós paternos são portugueses, vieram na mesma condição, não para trabalhar com café, mas para trabalhar na roça, com qualquer coisa. Então, assim, minha mãe nasceu em Roseira, e o meu pai, em Guidoval, e eles migraram para Cataguases, e eu, de Cataguases para Juiz de Fora, de Juiz de Fora para São Paulo, estou migrando ainda. No entanto, curiosamente, essa coisa de ser mineiro... Embora eu não seja do ponto de vista de raízes, eu me sinto completamente mineiro, em várias coisas. Por exemplo: eu sou uma pessoa extremamente fechada. Trabalhei 13 anos no *Jornal da Tarde*, aqui em São Paulo, e pouquíssimas pessoas sabiam sequer se eu era casado, se tinha filhos, onde que eu morava. Isso é uma coisa muito forte em mim. Outra coisa que eu acho curiosíssima é que, embora tenha saído muito cedo de Minas, eu adquiri uma visão de mundo decorrente da grande diferença que existe entre quem mora na montanha e quem mora na planície: a pessoa que mora na planície vê quem está chegando, então ele vai vendo lá longe, aquele pontinho minúsculo se transformando em uma pessoa, em várias pessoas, e se prepara para receber aquelas pessoas, né? Já quem mora na montanha não tem disso, quando você menos espera já tem uma pessoa do seu lado que você não sabia que estava chegando. Isso provoca um senso de desconfiança muito grande na gente. Não é uma desconfiança no sentido negativo, mas no sentido positivo de você sempre dar uma chance de a pessoa se mostrar quem é antes de você julgá-la. Talvez por isso eu sempre tendo a gostar muito das pessoas num primeiro momento, mas, se eu vou continuar gostando delas ou não, isso vai depender muito menos de mim do que da pessoa, o comportamento dela é que vai me levar a querer ou não aprofundar o meu relacionamento com ela. Então eu me considero essencialmente mineiro. Inclusive o meu último livro, *Estive em Lisboa e lembrei de você,* é uma homenagem muito carinhosa que eu faço à maneira não só de se comportar, mas também de falar do mineiro. Eu me identifico totalmente com vários aspectos da mineiridade.

Cataguases é presença constante na sua obra ou isso acontece especialmente em *Estive em Lisboa e lembrei de você*?

Na verdade, Cataguases está presente em toda a minha obra. Acho que eu estou com 10 ou 11 livros publicados entre vários gêneros, e Cataguases é uma presença constante porque é uma espécie de microcosmo do qual eu parto pra discutir um pouco a questão da sociedade Brasileira, da classe média baixa da sociedade Brasileira. Quando me foi proposto participar desse projeto [Amores Expressos, da Companhia das Letras, da qual o livro citado faz parte] – acho que talvez eu tenha sido um dos primeiros a ser procurado –, eu perguntei se podia escolher qual a cidade. Aí, como me permitiram isso, eu falei: "Quero ir pra Lisboa". Primeiro porque eu já conheço bem Lisboa e, segundo, porque eu sou apaixonado pela cultura portuguesa, por Portugal, pelos portugueses. Eu queria muito trabalhar esse tema que também é recorrente na minha obra, que é a questão do imigrante ou da identidade mesmo de um imigrante. Pra mim, foi quase natural pegar um personagem de Cataguases que perde o emprego, tem problemas afetivos e se vê quase que jogado a ir pra Lisboa, tentar melhorar de vida lá. Ele tem a ilusão de que vai chegar lá, ganhar dinheiro rapidamente, como quase todo imigrante de alguma maneira tem, e voltar pra Cataguases, que é um sonho dele. E como o amor é uma coisa muito ampla, acho que caí no mesmo de sempre, que é esse amor pela cidade natal. O amor, de certa maneira, volta.

Dizem que o homem faz tudo o que faz na vida, busca o sucesso e tudo isso, para fazer sucesso na sua aldeia.

É. E, quando não faz, fica muito triste. Na verdade, eu, pelo menos. Porque a minha formação e a minha ida pra literatura é absolutamente casual, não é uma coisa com que desde criança eu sonhava, de jeito nenhum.

Você encontra uma parte de Minas, uma parte de Cataguases, especificamente, em São Paulo?

Acho que, na verdade, a minha casa, o meu apartamento, é Cataguases [risos] de certa maneira. Há dois grandes santuários na minha casa: um é o do Flamengo, o outro é Cataguases. De certa maneira, eu reproduzo Cataguases no meu apartamento. Não perdi isso. Voltando lá naquela questão de como eu comecei a me interessar por literatura, quando eu comecei a ler muito e fui descobrindo o que a literatura tem de interessante, qual o papel que ela desempenha na sociedade, etc., eu comecei a me interessar, também, por dar um depoimento pessoal sobre o que me interessasse especificamente, que era a vida operária. Cataguases é uma cidade operária há mais de 100 anos. Em 1908 foi fundada lá a primeira fábrica de tecidos. Daí pra frente, ela é, efetivamente, estranhamente, no interior de Minas, com diferenciais, como Juiz de Fora. Juiz de Fora tem, também, nessa mesma época, esse correspondente da indústria têxtil; elas têm características muito específicas. E, como eu nasci num bairro operário, o meu irmão e minha irmã eram operários, eu próprio fui operário, meus amigos eram operários e tal, eu comecei a perceber que, se eu quisesse escrever, fazer literatura, eu tinha ali um mundo inteiro sobre o qual falar. E aí eu fui tentar buscar na literatura Brasileira alguém com quem eu poderia conversar e, curiosamente, descobri que poucas pessoas tinham se dedicado à vida operária, à classe média baixa urbana; sobre operário, então, é praticamente, nulo.

Nós temos, às vezes, uma ou outra representação na literatura mineira, mas os operários são sempre militantes políticos, nunca pessoas de carne e osso. Então eu falei: "Puxa vida, eu quero falar sobre isso!". Eu parto sempre do universo de Cataguases, mais especificamente, eu brinco sempre que a minha Cataguases não é uma Cataguases mineira, é a margem direita do Rio Pomba. O rio corta Cataguases em duas partes: a margem esquerda é a cidade conhecida, modernista, é a cidade do cinema, da arquitetura modernista, da classe média e da burguesia de Cataguases. Já na margem direita estão os bairros operários. Então a minha Cataguases é só a margem direita do Rio Pomba, e todas as minhas historias têm como ponto de partida Cataguases. São, geralmente, operários que estão trabalhando na cidade ou foram morar em São Paulo e voltam naquelas festas de fim de ano, ou foram morar no Rio de Janeiro, ou estão, até mesmo, migrando para outro país para tentar uma vida melhor. Então, Cataguases é sempre o meu ponto de partida. Mas nem sei se essa Cataguases sobre a qual eu falo, sobre a qual eu escrevo, é efetivamente a cidade de Cataguases. É a minha Cataguases.

E é a partir de Cataguases que a sua obra ganhou o mundo...

Eles eram muitos cavalos saiu no Brasil em 2001. Em 2003 teve uma edição italiana – aliás, lindíssima –, em 2005, saiu na França, e em Portugal, em 2006. A editora francesa, a Métailié, uma editora muito boa, a partir do *Eles eram muitos cavalos,* em 2007, passou a publicar todos os meus livros em francês. Em 2010 a edição espanhola e a edição argentina vão sair. Mas tem um contrato, embora a editora seja argentina, de que a edição é para o mundo hispano-americano todo. E eles têm trechos, embora não integrais, de *Eles eram muitos cavalos* publicados nos Estados Unidos, na Croácia, na Alemanha e na Suécia. Então, nesses países, não é o livro inteiro, mas trechos.

E a partir daí você também passou a viajar muito?

É curioso porque por conta de *Eles eram muitos cavalos* e por conta dele ter sido publicado na Europa, particularmente na França (e é onde tem mais repercussão mesmo), eu comecei a ser convidado para festivais de literatura. Então, desde 2003, eu tenho feito, no mínimo, duas viagens por ano para a Europa por conta de literatura, embora já tenha feito seis num ano inteiro por conta dos livros. Então, eu sempre penso assim, pra um filho de uma lavadeira analfabeta e de um pipoqueiro semianalfabeto, viver de livros é uma coisa bastante importante.

O que foi que levou você a publicar novas escritoras?

Esse é outro trabalho que gosto muito de fazer. Tenho pra mim que o meio literário é, antes de tudo, um meio problemático, sempre pouco afetivo, pouco solidário. Então, eu, com a minha experiência de pobre – e os pobres sempre dividem aquilo que têm –, quando comecei a ter alguma visibilidade, achei que tinha que dividir com as outras pessoas e, logo no começo, propus que a gente publicasse uma antologia sobre as mulheres escritoras da minha geração [*25 mulheres que estão fazendo a nova literatura brasileira*]. Isso porque, quando comecei a publicar, fui chamado de Geração 90, e, quando saíam matérias nos jornais, diziam que a Geração 90 só tinha homens. E eu lia muito, sabia que tinha mulheres escrevendo tão bem ou muito melhor que os homens e que nunca tinham seus nomes em jornais. Então tomei pra mim a ideia de mostrar que esse número, que essa possibilidade de ler literatura brasileira, passava necessariamente pelas mulheres, e foi assim que organizei esses dois volumes, dando espaço pra elas terem o conto publicado. Várias e várias das 55 mulheres desenvolveram carreiras importantíssimas, e no ano passado o prêmio mais importante de revelação de literatura brasileira, inclusive de grana, foi dado a Tatiana Salem Levy, que teve um conto inédito no primeiro volume, que reuniu 25 escritoras. Fico muito orgulhoso disso. No ano passado publicamos a segunda antologia [*Mais 30 mulheres que estão fazendo a nova literatura brasileira*] e foi ótimo. Depois disso eu achei tão interessante fazer esse tipo de trabalho que comecei a fazer antologias com um viés bem mais político. Então fiz uma antologia sobre a questão da homossexualidade, que saiu pela editora Língua Geral e se chama *Entre nós*, que reúne contos do século XIX até o contemporâneo, só de brasileiros, e mostra toda a questão da homossexualidade, de como foi tratada ao longo do tempo. Este ano eu publiquei outra, também pela Língua Geral, chamada *Questão de pele*, que é sobre a questão do racismo, também desde o século XIX até fontes contemporâneas, do ponto de vista do conto. Nunca de crônicas nem de ensaio, somente do conto, porque eu acho que o conto, de alguma maneira, discute essas questões sem tomar muito partido, ou seja, dá ao leitor a oportunidade de pensar sobre aquelas questões.

E com isso você vive de literatura?

Quando a gente fala que vive de literatura, é bom esclarecer o que isso quer dizer. Porque às vezes as pessoas ficam pensando em direitos autorais, mas não é só deles que eu vivo. O direito autoral compõe, digamos assim, o meu orçamento, mas está longe de ser o mais importante. Na verdade, viver de literatura, pra mim, é basicamente viver de cachês pagos em encontros de literatura, de palestras em universidades ou até mesmo em escolas secundárias, desses projetos editoriais que eu faço e pelos quais recebo. São livros encomendados, mas são sempre dentro da literatura, não são livros institucionais. Por exemplo, no começo de 2009, eu fiz um livro sobre futebol para um canal de esportes da Globosat. Eles contrataram fotógrafos e fizeram um livro com fotografias de futebol e com os sete contos sobre o assunto que escrevi. Mas há também as vendas dos meus livros no exterior... Então, é de uma cesta, de vários lugares, que sai o meu orçamento.

É literalmente do conjunto da obra.

Exatamente.

E, fora isso, a literatura deu a você a oportunidade de deixar de lado o estresse do jornalismo diário.

O pouco que eu tenho eu devo cem por cento ao jornalismo. Foi o jornal que me proporcionou, através do fundo de garantia, a oportunidade de comprar um apartamento e me livrar do aluguel. Foi o jornalismo que me deu duas coisas essenciais na questão do escrever. Uma é a disciplina, que é vinda do jornal, com certeza. Outra coisa que trouxe é o aspecto de que posso escrever em qualquer circunstância, sem depender de estar no lugar ideal, com a temperatura ideal nem nada, porque no jornal pode estar a maior bagunça que você escreve. Mas, quando eu entrei no jornalismo, o jornalismo de impresso começava a curva descendente. Eu ainda tive o privilégio de conviver com alguns grandes jornalistas em redação de jornal, mas à medida que esses grandes jornalistas foram se aposentando, foram fazer outra coisa, eu comecei a perceber que a redação não seria ser mais um lugar legal para trabalhar. Eu também percebi que, se eu continuasse no jornalismo, não teria tempo de me dedicar à literatura. Então, em 2003, eu tive de tomar uma atitude, problemática pra mim, porque eu não sabia o que ia acontecer, afinal, o mercado literário ainda não era tão bom quanto é hoje. Não que o mercado seja excelente, mas, hoje, o mercado é bom, o tema literário funciona, e na época não funcionava tão bem. Então eu tive que tomar essa decisão. Eu não me arrependo, não, mas eu confesso que pra quem trabalhou em redação de jornal anos a fio, teve um momento que sentia uma saudade danada daquela confusão, daquele estresse, daquela vida que, pra quem não é jornalista, é uma vida completamente insana, mas pra quem é, eu sei que é clichê, mas é verdade, é uma cachaça.

Mas é bom viver só de literatura do ponto de vista de vida pessoal?

Foi bom também porque criei minha filha praticamente sozinho, há muitos anos. Pude me dedicar um pouco mais a ela também, embora agora eu viaje muito. Ela reclama, mas enfim...

Ela está com quantos anos?

Helena está agora com 16. Mas eu a crio desde os oito anos.

É um "pãe" você.

Ela sempre falava isso. Mas fui falar isso uma vez no *Jornal da Tarde*, que ela me chamava de "pãe", e, imagina! Virou motivo de chacota [risos]! Olha, eu gostei tanto que, agora, no último Dia dos Pais, ela não me deu nada. A única coisa que ela me deu eu preguei lá na minha casa, e dizia assim: "Você é o melhor pai. Mas, mais ainda, é a melhor mãe que eu tenho, que eu já tive". Falei que não precisava de presente maior que esse, que é o maior presente que eu poderia ganhar, de quem quer que seja. Isso é um orgulho. Ela é uma grande companheira e uma grande leitora também. Ela lê muito, livros bons.

É a primeira leitora do Ruffato?

Não é, não. Eu sempre tive muito cuidado, tentei evitar que meus livros fossem lidos por adolescentes, porque, se você ainda não tem uma autoestima consolidada, pode achar meus livros que eles têm um viés muito pessimista. Na verdade, não têm, mas eu sempre achei que o meu público ideal é de mais 25 anos. Ela até já leu alguns livros e gostou muito, mas ela mesma evita ler. Eu acho engraçadíssimo, porque os livros estão pela casa, mas ela nunca se interessou, embora seja uma leitora voraz. Só pra você ter uma ideia, com 12 anos ela já lia José Lins do Rego, mas com relação aos meus livros ela sempre ficou com um pé atrás, e eu acho engraçado.

O que você está escrevendo para 2010?

Tenho ainda que entregar um livro pra Record, que é o quinto e último volume do Inferno Provisório, que já está relativamente adiantado e vai se chamar *Domingos sem Deus*. Tenho também que entregar um livro de frases do Oswald de Andrade para a Editora Globo. Então, quer dizer, para 2010, eu já tenho esses dois livros para entregar e já tenho três festivais literários de que eu vou participar, fora do país. Terminado o Inferno Provisório, vou ter de pensar em outros projetos. Eu tenho muita vontade de escrever um livro que já tem até um título provisório, que parte de Juiz de Fora, quando eu ainda estava trabalhando como torneiro mecânico e morei numa pensão. Já nem sei se é ficção ou realidade, mas convivi com pessoas absolutamente estranhas, e eu acho que daria um livro. Então eu penso, talvez, em me dedicar a esse livro.

Você tem uma rotina para escrever?

Tenho. Escrevo todo dia. Acordo às 6h pra dar café da manhã pra minha filha e das 7h30 até 12h30 trabalho, todos os dias. Almoço em casa todos os dias, como no interior, mas à tarde viro um funcionário meu: vou pagar conta no banco, resolver questões burocráticas.

É o secretário do escritor [risos]. E o escritor só volta no outro dia de manhã?

O escritor mesmo, sim. Mas no final da tarde eu vou resolver questões do escritor mais específicas, tipo responder e-mails, às vezes muitas solicitações de entrevistas por e-mail. Faço um pouco esse secretário, mas não burocrático, do escritor. Mas o escritor mesmo só volta no dia seguinte. Meu problema é que depois das 22h eu fico completamente burro. ■

MARIANA RIOS
Uma mineirinha adorável

É impossível não gostar de **MARIANA RIOS**. Bonita, simpática, agradável, espontânea, divertida, ela tem uma facilidade de contar sua história capaz de, em cinco minutos de conversa, nos deixar com a sensação de que já conhecemos esta mineirinha de Araxá há muitos anos. E ela faz 25 anos agora em 2010. Canta desde menina, começou a carreira profissional fazendo dois espetáculos com o grupo de Oswaldo Montenegro (*Tipos* e *Aldeia dos ventos*) e encantou todo mundo, durante a temporada que em fez *Malhação*, na Rede Globo, com seu sotaque inconfundivelmente mineiro. Com seu jeitinho de menina sapeca, atende pelo apelido de "fubazinha", adora comida mineira, principalmente uma couvinha passada na manteiga e biscoito de polvilho, não vive sem a pimenta que a família manda de Araxá, quer casar e convidar a parentada e faz todo mundo rir com expressões do tipo "Nossa Senhora da Bicicletinha, me dê equilíbrio!" ou "Senhor Jesus, me dê paciência, porque, se me der força, eu mato".

Você é do tipo que vai à luta? Sabia desde cedo o que queria pra sua vida?

A vida inteira. Eu fui sempre assim. Desde que eu tinha cinco anos, eu já adorava um dinheirinho pra comprar alguma coisa. Vamos supor, tinha um negócio, uma pipoca doce, gigantesca; eu queria ter meu próprio dinheiro pra comprar aquele saco de pipoca. Eu era de classe média, nunca fui rica, mas também nunca fui pobre, nunca faltou nada lá em casa. Só que eu queria ter o meu dinheiro pra comprar com o meu dinheiro. Era uma pipocona, e a gente vivia comendo aquela pipoca. Eu acordava cedo, fazia chup-chup e vendia pros vizinhos. Chup-chup é o sacolé. Lá em Araxá se chama chup-chup. Saía vendendo, e a rua toda comprava. E eu ganhava com isso. Ia lá, comprava a pipoca e guardava o que sobrava.

E o tal concurso em que você se inscreveu sozinha quanto tinha apenas 7 anos?

Sempre cantei, desde criança. Com 7 anos fiquei sabendo do Festival de Música que ia ter na minha cidade. Aí falei: "Mãe, quero participar. Eu quero". Ela: "Mas vai cantar assim, na frente de todo mundo?". Quando falei que sim, juntou minha avó, minha mãe, meu pai... E eles chamaram uma banda que morava num bairro longe do meu para a gente ensaiar. A gente tinha um Fusca. Minha mãe simplesmente colocou uma banda de axé dentro de um Fusca! Bumbo, percussão, um monte de violão, de coisa. Fez não sei quantas viagens. Fui cantar e com 7 anos ganhei o festival. Era magrinha, parecia uma cobrinha dançando em cima do palco [risos]. E cantava axé. No outro ano teve o festival de novo. Cantei de novo, ganhei. No próximo também. Foram três anos.

O que você cantou no segundo ano? Axé de novo?

Não, aí eu cantei uma música da Patrícia Marx. Aquela "Se uma estrela cadente o céu cruzar...". Gente, era uma vozinha! Era o máximo! No terceiro ano acho que cantei uma música do Kid Abelha, aí eu já estava com dez anos. E o melhor é que ganhava um dinheirinho também do festival.

Então, a cada vitória num festival a caixinha melhorava, engordava!

É. No primeiro ano eu já fui contratada por um estúdio de música, que era de Araxá e Goiânia. Eu fazia *jingles* pro Brasil todo. Fazia *jingle* que passava na televisão, no rádio. Todo o dinheirinho que eu ia ganhando com os meus *jingles* eu guardava e comprava vaca, da fazenda do meu avô [risos]. Investi em gado.

Quantas vaquinhas você conseguiu comprar?

O meu máximo de vacas foi umas cinco vacas. Eu tinha vaca de quatrocentos reais, de mil reais. Eu tinha umas vaquinhas boas. E me avô me ajudava. "Vô, eu estou com um dinheirinho ali. Faz uma vaca mais barato". Ele achava o máximo! Aí eu comprava a vaca. Eu lembro que uma vez eu queria vender uma vaca porque eu queria reformar meu quarto, queria colocar um papel de parede. Minha mãe falou assim: "Vende uma vaca, que aí você tem o dinheiro todo pro papel de parede". Aí fui lá pegar o dinheiro com o meu avô. Falei: Vou vender a última vaca que eu tenho". Ele falou: "Nossa, se eu pagar cem reais nessa vaca é muito!". A vaca valia mil, mas uma cobra tinha mordido a vaca. Aí caiu a orelha, caiu o pelo, caiu não sei o quê. A vaca estava sem rabo, sem nada. Eu saí de lá arrasada [risos]. Num fim de semana ela estava ótima. Meu avô falou: "Volta no outro fim de semana aqui na fazenda que eu te dou o cheque, porque eu estou sem cheque aqui". Aí aconteceu tudo isso com a vaca, e eu aprendi que não se deixa pra amanhã o que você pode fazer hoje. Ele ficou com pena de mim porque eu estava contando com o dinheiro. Aí ele me deu o tanto que a vaca valia quando era boa.

E com vaca ou sem vaca você seguia cantando?

Cantando sempre! Com dez anos eu formei minha primeira banda, que era uma banda com uns meninos que eram da minha idade. Nunca tinha um nome a banda, era sempre "Mariana Rios e Banda". Eu cantava de tudo na banda! Tudo, tudo, tudo! Cantava tudo o que gostava de cantar. Eu cantava tudo o que estava fazendo sucesso e estava na moda na época. Com 14 anos, já comecei a ir mais por lado do pop rock e da MPB. Cantava alguma coisa de bossa nova também. Como eu sempre fui cantora de barzinho, eu cantava de tudo. Eu sou uma roqueira, mas eu canto MPB, canto bossa nova. Não gostava de cantar uma coisa só. Eu cantava tudo! Se pedissem pra eu cantar um sertanejo, eu cantava um sertanejo! E os peões subiam em cima da mesa e batiam palma. Era uma festa! Eu queria que todo mundo que estivesse assistindo gostasse daquilo, gostasse do show. Eu tentava agradar todo mundo.

Ainda estamos em Araxá?

Em Araxá. Com 17 anos eu me mudei pra Uberaba. Fui fazer o terceiro ano em Uberaba e comecei a cantar lá. Montei uma banda lá.

Em Uberaba você comprou alguma vaca?

Não, larguei mão da vaca. Lá não dá pra comprar vaca, não [risos]. Lá em Uberaba eu fazia muito show. Foi a época em que eu fazia mais show. Era uma farra! Porque Uberaba é cidade universitária, e eu morava com quatro primas. Cinco mulheres num apartamento era uma farra! Uma delícia! Foi uma época muito boa!

E você fez vestibular?

Não. Eu fiz o terceiro ano, e aí chegou o momento e pensei: "O que é que eu vou fazer da minha vida? Porque eu canto, gosto de teatro, mas nunca havia feito um curso de teatro. Tinha feito algum teatrinho na escola só. Vou fazer Psicologia. Onde eu vou fazer teatro? O que é que eu vou fazer lá em Uberaba, em Araxá?" Resolvi: "Vou pra Uberlândia fazer Psicologia". Não queria ficar mais em Uberaba. Amava Uberaba, mas eu sentia que o meu tempo lá já havia acabado. Senão eu ia ficar mais um ano, mais dois anos cantando nos mesmos bares, nas mesmas boates. Eu queria mais, eu queria conhecer gente nova, eu queria ir pra frente. Fui pra Uberlândia, conhecer a casa em que eu ia morar e me matricular no cursinho pré-vestibular, pra resolver o que eu ia fazer. Eu ia fazer Psicologia. Quando chegou o dia do vestibular, eu falei: "Quer saber? Não vou fazer". Liguei pra minha mãe e falei: "Não estou sentindo que eu vou morar nesta casa, não vou ficar em Uberlândia. Vou me mudar pro Rio de Janeiro". Havia acabado de fazer 18 anos. E minha mãe falou : "Menina, o que é que você vai fazer no Rio de Janeiro?". Mas eu me mudei assim mesmo, e a minha sorte é que os meus pais sempre me apoiaram. Em tudo. Tudo! Quando eu queria fazer uma casa na árvore, estava lá o meu pai batendo o martelo, batendo prego pra construir a casa na árvore. Tudo! Eles sempre fizeram tudo pra me agradar. Eu falei: "Vou pro Rio de Janeiro". E eles: "Então vamos dar um jeito". E as coisas começaram a acontecer. Arrumei casa pra ficar. Tenho uma tia aqui no Rio, minha madrinha. A minha família é muito grande [risos]! Ih! Tem gente pra tudo quanto é lado! E depois, quando você entra pra televisão, o tanto de primo que arruma?

E aí você se mudou mesmo para o Rio de Janeiro?

É. Me mudei pro Rio. Só que eu achava que as coisas iam ser fáceis, assim como foram quando eu fui pra Uberaba, que era perto da minha casa.

Só que não foram. Me matriculei na CAL [Casas das Artes de Laranjeiras], fui fazer curso de teatro. Era tudo muito difícil. Nossa! E eu chorava, eu chorava, eu virava do avesso de tanto chorar! Eu ia pra minha cidade de ônibus. Dezesseis horas de ônibus! Quando eu tinha que voltar, parecia que eu estava voltando pra forca! E eu voltava as dezesseis horas aos prantos, chorando muito, porque eu não queria voltar. Mas eu sabia que eu tinha que voltar, porque eu tinha que chegar no meu limite! Enquanto eu não chegasse ao limite e falasse: "Não dou conta mais, não aguento mais, eu não vou voltar de vez!". Já estive pra desistir várias vezes.

Quando é que você desistiu de desistir? A hora que deu certo?

Foi quando eu comecei a trabalhar com o Oswaldo Montenegro. O Oswaldo é maravilhoso! Ele foi um paizão, um amigo, ele foi maravilhoso pra mim! Eu estava fazendo CAL, dois anos já. Faltavam seis meses pra me formar. Falei: "Não quero mais, não quero, não aguento mais! Vou voltar pra minha cidade!". Eu queria me mudar pra Goiânia, porque eu tinha um monte de amiga em Goiânia [risos]. "Vou pra Goiânia, vou cantar em Goiânia, não quero saber". E desisti. Fui à CAL pra pegar meus documentos e acertar com o pessoal lá, falar que eu não ia mais voltar. Fui lá, peguei os documentos e fui por ponto de ônibus. Nisso eu estava morando na casa da minha tia e já estava pronta pra ir embora. No ponto de ônibus meu telefone tocou. Era uma amiga minha, Taís, me convidando pra fazer um teste pra fazer uma peça pela companhia do Oswaldo, que era a Companhia Aqui Entre Nós. Ela ficou sabendo que eu cantava. Eu falei: "Olha, eu até vou fazer o teste, mas eu sei que eu não vou passar, porque eu não passo em nada". Eu estava descrente. Eu havia engordado, estava cheia de espinha. Sabe quando você não quer mais saber? Eu estava achando tudo feio. Mas fui fazer o teste. Lembro que o teste foi na casa dele. Havia uma galera, um monte de gente. E pra todo mundo ele falava: "Canta uma música". E eu era a última da fila pra cantar. As pessoas cantavam, e ele: "Tá bom. Obrigado". Eu: "Nossa Senhora! Vai me cortar no meio da música, eu já vou morrer de vergonha!". Quando chegou a minha vez, eu cantei a minha música inteira. Quando eu vi que ele me deixou cantar a música inteira, já fiquei mais animadinha. Aí ele falou: "Canta outra".

Qual foi a música?

Foi "Vapor barato", d'O Rappa. Cantei inteira. Ele falou: "Canta mais uma". Cantei, "Anunciação", do Alceu Valença: "Na bruma leve das paixões que vêm de dentro...". Cantei três! Cantei "Codinome beija-flor", do Cazuza. Eu já estava cantado assim [abre os braços]. Aí passei.

As espinhas até secaram...

As espinhas secaram, meu cabelo ficou maravilhoso, emagreci [risos]. Foi ótimo! Passei, fiz duas peças com ele, cantei no Canecão. É ótimo quando você trabalha, trabalha... E ele colocava todo mundo sempre pra cima, superanimado, querendo trabalhar cada vez mais. Foi muito bom!

Você fez a Yasmin na *Malhação*. A Yasmin também cantava.

Em 2009 foi a segunda temporada da qual participei, mas na primeira temporada, quando eu vi a sinopse do personagem eu falei: "Gente, o personagem canta e é mineiro! Não é possível! Tem que dar certo, eu tenho que fazer tudo pra dar certo!". E deu certo, graças a Deus!

Você falou que ia fazer um CD e fez mesmo.

Fiz e estou ansiosa para o lançamento do disco [Mariana Rios, lançado pela Som Livre em 2009] que é também o primeiro show [a estreia aconteceu no dia 22 de novembro de 2009, no Canecão, Rio de Janeiro]. Os músicos são muito bons. Deu um friozinho na barriga! Às vezes até parece que é mentira, que é sonho mesmo. Fico muito feliz por tudo o que está acontecendo agora. Acho que estou vivendo o melhor momento da minha vida. Viajando pelo Brasil, fazendo shows levando meu CD.

Você compõe também?

Eu componho. Nesse CD tem 15 músicas, e 13 são minhas. E é bom você cantar o que você faz, o que você compõe. É você mesma mostrando o que você acredita. É a sua verdade. Não sei, acho mais fácil assim. Esse CD foi produzido pelo Rogério Vaz, que é o produtor musical da *Malhação*. Muito fofo! Tem três músicas de compositores diferentes. E é pop rock, mas indo pro rock. É até engraçado, porque eu não sou roqueira, mas as músicas que eu faço, não sei o que acontece, vão mais pra esse lado! Não sei, baixa um santo, não sei o que acontece!

O que é que há de Minas Gerais nesse trabalho, nessa mineirinha, além do jeito de falar?

Nossa! Eu acho que o jeito desconfiado [risos]. Mas tem muito mais coisa. A mais forte é o sotaque, que não sai de mim. Daqui a pouco, lógico, pra fazer algum trabalho na televisão, outro personagem, vou ter que tirar o sotaque. Mas pra minha vida, não. Porque é o meu jeito, é o jeito que eu sou. Mas eu sou bem mineira mesmo e bem canceriana. Esse negócio de mineiro, de querer casar. Mineiro sempre quer casar, né. Quer casar na igreja, quer chamar os parentes [risos], quer fazer uma festa. Sou bem mineira. A comida! Eu amo a comida mineira! Amo, amo, amo!

Se você fica sem arroz e feijão, faz o quê?

Fico chateada, eu fico triste. Aí eu vejo que eu estou precisando comer comida de casa. Fico triste mesmo. Percebo que mudo o meu jeito. É, é a coisa mais esquisita, eu sinto falta de uma couve, sinto falta de uma couvinha passada na manteiga. De um feijãozinho, um arroz feito na hora. Do tempero mineiro; a comida é bem temperada. Na minha casa, meu pai, minhas duas tias, meu tio, minha avó, todo mundo é *chef* de cozinha. Todo mundo cozinha muito! E qualquer tipo de comida que você quiser.

Estão todos em Araxá?

Todo mundo. Menos meu pai, que agora está trabalhando comigo, está me seguindo. É meu produtor. E agora estou vendo se a minha mãe vem também, porque é ruim ficar longe, né? A gente sente falta. Mas você sabe que agora eu estou cozinhando? O coitado do meu namorado que é a cobaia [risos]. Ele é quem tem que comer, que experimentar. Ele chega, eu falo: "Vem que eu fiz uma comida aqui!".

Coitado! Ele deve ficar apavorado!

Não. Ele fala: "É? O que é que você fez?". Até agora eu acertei. O tempero estava bom, eu tempero com pimenta que meu pai traz de lá. Toda vez que vem alguém da família, há uma caixa de coisas pra mim. Biscoitinho de polvilho, biscoito de queijo... E quando eu vou pra lá, eu engordo. Vai na casa de um de manhã, tem aquela mesa de café da manhã com tudo o que você imaginar. Na casa de outro à tarde, tem bolo, pão de queijo, broa; tem tudo o que engorda. Você vai beliscando daqui, beliscando dali... O almoço é que é muito engraçado! No Rio as pessoas falam: "Hoje lá na minha casa tem uma massa pro almoço". Lá em Araxá, não. Lá tem uma massa, um frango, um bacalhau, uma feijoada, tudo ao mesmo tempo! Seu prato tem um pouquinho de cada coisa. Uma mistureba danada!

E o que mais debochavam de você quando você chegou aqui? O seu sotaque?

Sim, e até hoje. Aonde eu vou e falo alguma coisa, todo mundo debocha. Já aconteceu várias vezes. Outro dia liguei pra um restaurante pra pedir um almoço, pela primeira vez. Meu pai até estava comigo. Liguei, falei assim: "Oi. Eu queria fazer um pedido". Aí a moça falou: "Só uma pergunta: é a menina da *Malhação* que está falando? É a Mariana Rios?". Respondi: "É! Como é que você sabe?". "Nossa, o seu sotaque!"

O sotaque da Yasmin é o mesmo seu?

Isso foi o melhor! Quando eu entrei, eu pensei: "Agora eu vou ter que mudar o sotaque pra fazer a Yasmin". Aí vieram me falar que a Yasmin era mineira, cantora. Logo eu já pedi pra Patrícia Moretzsohn, que é a autora: "Me deixa falar que a Yasmin é de Araxá?". Ela deixou, e eu falei "Sou de Araxá", no meio da cena. A Louise Cardoso, que fazia comigo a tia Filó, falou: "Então a tia Filó também é de Araxá". Qualquer brecha no texto ela falava: "Eu sou de Araxá!" [risos]. E ela fazendo o sotaque mineiro. Ela é maravilhosa!

Lá em Araxá todo mundo curte?

Nossa! Todo mundo! Vira festa! Agora, pra esse show do Canecão, foram umas 120 pessoas de Araxá. Uma caravana!

E tem uma palavra, uma coisa que você fala, até hoje, que é bem de Araxá?

Havia várias gírias na minha cidade. A gente falava muito, por exemplo, "fubazada". Desde que eu nasci todo mundo fala: "Essa festa vai ter muito fubá". Você já ouviu essa expressão?

Não. O que quer dizer exatamente?

Tipo "brega", "cafona". Vai ter muita gente brega, vai ter muito fubá. Era assim: "Não vou àquela festa, não; não vou àquele show, não, porque vai ter uma fubazada que, se chover, vira mingau. De tanto fubá que vai ter lá". Eu sempre falei isso. Eu e as minhas amigas, a gente falava: "Ai, Jesus, apaga a luz!". Passava um menino bonito, a gente falava: "Nossa, não me mata com a faca da cozinha!" [risos]. A gente inventava as coisas. Não sei de onde saía isso. Aí um dia eu coloquei na *Malhação*, no meio do texto. Eu falei: "Não me mata com a faca da cozinha!". Aí todo mundo começou a rir. Fui lá de novo, falei com a Patrícia Moretzon de novo, com o Mário Márcio Bandarra, que era o diretor, e todo mundo deixou. E aí eu fui trazendo tudo, colocando tudo pro personagem, todas as coisas que eu já falava. Cada dia eu inventava um "trem" diferente! A gente não conseguia nem gravar. Era eu rindo, todo mundo rindo, a equipe inteira rindo. Havia outra coisa que eu falava: "Nossa Senhora da Bicicletinha, dai-me equilíbrio!" [risos]. Tem outra que eu falo sempre: "Senhor Jesus, dai-me paciência, porque se o Senhor me der força, eu mato!" [risos]. ■

MAURO MENDONÇA
Um trabalhador a serviço da arte

MAURO MENDONÇA é um grande contador de histórias. Gosta dos detalhes. Diz que não é muito mineiro, mas, sem querer ou querendo, narra os fatos como um mineiro do interior, o que um dia foi. Tem o jeito calmo e a fala mansa, um sorriso de canto de lábio que acompanha a narrativa, sempre repleta de detalhes. Ariano, foi atleta da natação mineira e costuma dizer que deve o corpo que tem às braçadas nas piscinas. Perdeu a timidez da adolescência no Rio de Janeiro, tremeu quando conheceu Cacilda Becker, se casou e recasou com Rosamaria Murtinho, companheira da vida inteira. É um grande trabalhador. Fez, até esta entrevista, 58 trabalhos em televisão, entre novelas e minisséries, cerca de 20 filmes e 45 peças de teatro. E está sempre pronto para começar um novo trabalho. De novo.

Em Ubá você já sabia que ia ser ator?

Sonhava. Via a Shirley Temple e me colocava no lugar dos namoradinhos dela. Isso é Stanislavisky. Fui entender mais tarde.

Tinha teatro em Ubá, alguém que era ator na sua família?

Nada. Ninguém.

Seus pais e seus tios faziam o quê?

Meu pai foi advogado e promotor, mas eu não o conheci. Sou o sétimo filho de sete homens. Meu pai morreu cedo, e eu não tenho lembrança dele, só imagens do que os irmãos e as pessoas de Ubá falavam dele. Um homem sério, íntegro, honesto, uma imagem muito boa que tenho dele. Quando meu pai morreu, eu tinha dois anos. Três irmãos foram para o Colégio Anchieta, de Nova Friburgo, colégio de padres, onde as famílias católicas se refugiavam. Os dois mais velhos, Francisco Galdino e Alcesti, foram à luta, saíram de Ubá e foram trabalhar.

Quando você veio para o Rio?

Era garoto, de 14 anos, o pessoal de cima decidia, a família disse que estava vindo pro Rio e viemos. Ficava ouvindo meus amigos, filhos de papais ricos, contando histórias do Rio, eles fantasiavam as histórias e eu ficava deslumbrado. Sonhava que era o paraíso. Realmente o Rio de Janeiro de 1946 até 80 era um "senhor" Rio de Janeiro.

Você reconhece alguma coisa de Minas Gerais no seu comportamento, no seu jeito, no seu gesto?

Hoje não. Sou uma mistura de mineiro, carioca e paulista. E teatral. Não tenho sotaque nem de mineiro, nem de carioca, nem de paulista. Tenho sotaque teatral, falo língua de teatro. Não falo "uai", "minha Nossa Senhora" [imita mineiro], mas sei fazer.

Você gostou do Rio?

Fiquei maravilhado com o Rio. E, de repente, como meu irmão mais velho estava morando com a mulher dele e a família dela lá no Triângulo Mineiro, fomos para lá, uma cidade chamada Tupaciguara, que eu chamo de Tatupaciguara. Eles decidiram e voltamos pra Minas. Sair do Rio de Janeiro foi um choque cultural. Era um negócio catastrófico. A grande vantagem era que, como eu e meu irmão não podíamos fazer nada, a gente lia muito. Ele tinha coleção do Machado de Assis, do Humberto de Campos, e, às vezes, do Lima Barreto. Depois fomos estudar em colégio de padres. Nossa Senhora! Tinha uma coisa boa que era esportes, banda. Os padres eram holandeses e tinham uma mania de querer que aos domingos a gente saísse de mãos dadas. Realmente não era a nossa praia, porque ninguém queria sair de mãos dadas! Depois estudei em Uberlândia, onde tem um clube interessantíssimo porque é de um rio de água limpa, não sei se hoje ainda é, chamado Praia Clube, aonde todo mundo ia. Joguei muito basquete, vôlei. Depois fui expulso do tiro de guerra porque tinha um sargento, que tinha o apelido de "A cobra", que não ia com a minha cara, nem eu com a dele. Por um deslize que dei, outro sargento me expulsou da coisa. "A cobra" chegou e mandou meus papéis para Juiz de Fora. Optei pelo CPOR [Centro de Preparação de Oficiais da Reserva] e, quando fui, estava fazendo o clássico.

Você está casado há quantos anos? E se casou só com a Rosamaria Murtinho?

Cinquenta anos e só com ela. Tivemos um pequeno "dar um tempo", mas depois vi que foi burrada na minha vida. E realmente nunca me separei de papel, conta, filho, estava por dentro de tudo, ela me telefonava e contava. Um dia cheguei lá e vi que a casa tava muito abandonada. Falei: "Vamos fazer isso aqui, isso ali". Começamos a fazer obra, e a Rosamaria me perguntou: "Por que você não volta pra cá?" Voltei e acabou o "tempo" que demos.

Você é daquele tipo que se interessa pelas coisas da casa ou vive num mundo à parte, em relação a essa questão?

Troco lâmpada junto com o meu mordomo, o caseiro. Controlo a lâmpada que está queimada, o que está faltando em casa. A decoração fica por conta da Rosa. Mas pagar contas, ver movimento bancário, esse negócio todo é comigo.

É verdade que antes de ser ator você cantava em programas de auditório?

Eu gostava de cantar. Tirei 1º lugar no Papel Carbono, do Renato Murce. Cantei no programa do Silvino Neto, representando Bonsucesso [cantarola o que apresentou no Silvino Neto]. E fazia ponta no cinema. Fiz *Rua sem sol, Carnaval em Caxias, Rio 40°*, do Nelson Pereira dos Santos.

Quando foi que você se apaixonou pelo cinema?

Na minha infância, lá em Ubá. Pela Shirley Temple. O primeiro grande filme que vi foi *Seis destinos*, com Charles Boyer, Edward G. Ronbinson e Charles Laughton. Uma loucura esse filme! Mas naquela época eu trabalhava como propagandista de laboratório. Só que se trabalhava de gravata e, de repente, meu irmão descobriu esse negócio de cinema e acabou me levando. Estava me preparando para o vestibular de Direito, mas não queria ser advogado, queria ser ator e entrei pro Serviço Nacional de Teatro. Comecei a fazer muito teatro amador, mas trabalhando de propagandista. Um dia, quando estava chegando lá no Vermelhinho com a minha pastinha e estavam o Modesto de Souza [ator] e o Jackson de Souza [ator, filho de Modesto], o Jackson falou que o TBC [Teatro Brasileiro de Comédia] ia fazer um teste pra formar o terceiro elenco e deu meu nome. O Modesto disse: "Não faça isso. Você está maluco? Você trabalha num laboratório americano, eles vão ser donos do Brasil!". Eu trabalhava para a Pfizer, que estava lançando a terramicina.

Você era bom propagandista? E vendia?

Eu não vendia, o produto é que era aceitável. Mas depois que perdi a timidez eu fiquei muito sem-vergonha e fazia bem a propaganda.

Mas acabou indo ou não fazer o teste para o TBC?

Fiz teste com o [Eugênio] Kusnet que foi a minha grande sorte, porque ele era uma criatura adorável. Tinha feito uma peça chamada *Frankel*, do Antonio Callado, e ele fez uma série de improvisações comigo baseadas nessa obra. Passei no teste. Depois fiz teste com o Ziembinsky e, depois, teste com Maurice Vaneau. A ideia do terceiro elenco já tinha acabado com a saída do Paulo Autran e da Tônia Carrero. Fiz teste para a peça *Casa de chá do luar de Agosto*, do John Patrick, e passei. Quando cheguei, o cara me ofereceu um salário que recusei. Abri minha pasta e mostrei minha carteira: "Olha o que eu ganho, fora as comissões. Não posso perder meu padrão de vida!". O cara pediu para eu esperar e foi falar com o dono. Então fiz um contrato de dois anos com o TBC, que me deu o que eu ganhava na minha carteira como propagandista. Fui ficando sem-vergonha. Quando cheguei no TBC dei de cara com o Franco Zampari, que disse [imita o sotaque italiano de Franco]: "Quero apresentar uma atriz a vocês, a Cacilda Becker". Minhas pernas literalmente tremeram, fiquei de boca aberta. Estava diante da diva que tinha visto em *Floradas na serra* e sabia bem quem era Cacilda Becker. Cheguei à conclusão de que eu era um garotão, bonitinho, queimadinho de praia e tal, mas que precisava ser mais ator, aprender mais, porque a escola não tinha sido suficiente. Felizmente naquela época os diretores ensinavam muito os atores: o Vaneau falava um pouco de francês, o Kusnet me dava muitas dicas.

E quando a TV entrou na sua vida?

Em 1955, quando fiz um auto de Natal com a Cacilda, o Walmor Chagas, o Ziembinsky e tal. Fui conhecer a TV Record, naquele ano, durante uma participação. Depois fiz muito teleteatro com o Antunes Filho e o Adhemar Guerra, na Tupi, na Difusora. Trabalhei em todas as emissoras que existiram no Brasil, inclusive na TV Continental, a falecida. Que Deus a tenha. Percebi muito cedo que meu sonho era cinema, mas o teatro tinha uma continuidade e a televisão estava surgindo. Na discussão de Modesto e Jackson, o Jackson falou: "Pai, o Mauro é moço, tem futuro, a televisão está surgindo". Fiquei com aquilo na cabeça. E o Modesto dizia: "Que teatro, que televisão?! Você vai passar fome!".

Quando é que você conheceu a Rosamaria Murtinho?

Na peça *Rua São Luís, 27, 8º andar*, em 1957. Uma atriz que fazia a peça quebrou o pé e arranjaram uma substituta. Era a Rosamaria, que trabalhava com a Maria Della Costa. A gente se olhou e deu aquele "toiiiim". Mais tarde o Raul Cortez comentou com a Rosamaria que, no dia que viu nós dois, pensou: "O Mauro vai namorar a Rosamaria". Não deu outra. A gente não saía de trás da coxia. Era um Deus nos acuda atrás da coxia [gargalhadas]. A gente era muito fogoso. Animaaaados!!!

E se casaram quando? Estavam trabalhando juntos?

Em 59. Eu tava no Rio, e o TBC não renovou meu contrato. Então fui pra São Paulo, falei com Antunes. Ele queria me chamar para uma peça, fazer um teleteatro. Aí o TBC me chamou de novo e fui fazer *Romanof e Julieta*, do Peter Ustinov. Casei na segunda-feira e fui trabalhar na terça. Até hoje não tivemos lua de mel. Sempre trabalhando. Nunca paramos. Estreei no TBC em 20 de dezembro de 1955. São 54 anos de carreira. Tempo pra dedéu. Tenho boa estrada.

E quando você passou a fazer telenovela, com papel de destaque?

Em 1974, quando fiz *O espigão*, do Dias Gomes. Passava às 22h, mas tinha uma audiência maravilhosa. Depois fiz *O rebu*. E aí começou.

Na novela "A Favorita", quando o seu personagem Gonçalo Fontini morreu foi uma comoção, não?

Foi. Sabe, eu estava fazendo o papel e, de repente, comecei a ouvir falar dele, e aí tomei consciência de que estava fazendo um bom trabalho. Tirei várias notas 10. Sou um especialista em tirar nota 10, graças a Deus. E gosto muito, das notas 10 e dos aplausos. Que ator não gosta? Quem não quer ter sucesso na vida? E até hoje encontro gente que me diz que não se conforma com a morte do Gonçalo, o que é muito curioso. Acho que o autor, o João Emanuel Carneiro, não gosta dos patriarcas, não. Na primeira novela que fez [*Da cor do pecado*], ele matou o Lima Duarte. Na segunda [*Cobras e lagartos*] foi o Francisco Cuoco. E na terceira o Mauro Mendonça. Sabe que eu gosto de fazer novela? Se chego com uns quatro meses de descanso, vou fazer novela com muito prazer. A gente vai a vários lugares, viaja, grava fora, eu gosto disso. Se eu não estiver ativo, fico meio "sem pai nem mãe". Tenho que criar sempre alguma coisa, senão fico meio deprimido. Entro naquela: "Não tenho nada pra fazer. O que eu faço?".

Hoje você ainda faz esportes?

Tenho um *personal trainer* [fala de maneira pomposa]. Três vezes por semana faço musculação, abdominal, faço elástico. E no verão faço hidroginástica.

E pra criar um personagem como o Antero da novela *Paraíso* [o mais recente, que o ator interpretou, em 2009], como é que funciona? Começa pela roupa que ele veste, pela voz ou pelo texto? Como é seu processo de criação?

A felicidade pra isso é que tem um autor chamado Benedito Ruy Barbosa que já te traz o personagem vivo. Quando a gente lê a sinopse do personagem, já saca. E também, vamos e venhamos, já tenho experiência. Você vai lendo e já sabe o que o personagem pode dar ou não, já saca a linha do personagem. No caso do Antero, era um homem simples, honesto, trabalhador, casado com uma mulher louca, uma biruta, mas eles amavam a filha. Então essas coisas todas, logo de cara, você descobre e vai tocando o barco.

Você já brigou com algum personagem, na sua cabeça? De começar a fazer e ele não vir de jeito nenhum? Ou de acabar arrumando um jeito de gostar, de defender aquele personagem?

No *Feijão maravilha* eu podia não me dar bem com o Mr. Ziegfield. Mas, de repente, resolvi brincar de ser americano, na vida real, e acabei descobrindo o Mr. Ziegfeld. O Artur da Távola, que Deus o tenha, até disse: "É o melhor papel que você fez na sua vida!". E, quando li aquilo, Mr. Ziegfield, *Feijão maravilha*, pensei: "Vão brincar de fazer chanchada da Atlântida?". Ninguém queria fazer, e olha que está cheio de ator lá dentro da Globo! Eu brinquei mesmo. Na verdade, o trabalho é *to play*. De Ubá para o mundo!

E tem algum personagem que você achou que foi o seu tipo inesquecível?

Dom Brás Olinto, nas duas versões de *A muralha*. Na novela de 1968 [na extinta TV Excelsior] e na minissérie da Maria Adelaide Amaral [Globo]. Duas épocas diferentes. Realmente o Dom Brás é inesquecível pra mim. Tem o Donatello, o aspone d'*O espigão* também. E o Rui Novaes, aquele tesoureiro de campanha do *remake* de *Anjo mau*. Ele era "171", perfeito. Tinha uma frase que dizia: "Você já viu algum 171 antipático?". Um verdadeiro relações públicas.

Você é feliz com a sua vida? Valeu a pena?

Valeu a pena, vale e vai continuar valendo.

Quantos filhos e quantos netos?

Três filhos e cinco netos. Um neto e quatro netas.

Como é você como avô?

[Com sotaque mineiro] Sou avozinho razoável. Brinco com eles.

Foi um pai atento?

Fui. Mas sou mais como avô que pai. Pai fui mais severo numa determinada fase da vida. Tenho duas fases na vida: quando estava em São Paulo e depois que vim pro Rio. Nesse meio tem um processo de depressão que foi um verdadeiro divisor de águas. Só sei que quando vim pro Rio decidi que queria me reeducar, porque em São Paulo eu brigava muito, era muito temperamental, saía de cena, estourava.

E se reeducou?

Acho que sim. É um processo lento, vagaroso, mas acho que deu certo.

Você fez análise ou foi uma coisa interna resolvida com você mesmo?

Fiz análise em São Paulo. Aliás, foi outra pessoa importante na minha vida: o Roberto Freire. Fiz análise com ele numa época em que não era moda. Outra pessoa importante pra mim foi o psicanalista Hélio Peregrino, mineiro do PT. Eu fui com a Rosa numa confraria de mineiros que estava na casa dele. A amiga da Rosa era casada com o Fernando Sabino. Ele estava fazendo proselitismo sobre análise. Mineiramente, fiquei quieto, ouvi e guardei. Depois, em São Paulo, mineiramente ouvi o Roberto Freire fazendo proselitismo sobre psicanálise com Augusto Boal, Flávio Rangel e Juca de Oliveira, falando que era muito bom, que podia ser ótimo para o ator, que abria o campo pro diretor conhecer e analisar o personagem. Os marxistas da vida ouviram Roberto Freire e deram tchau. Eu não, fui lá e falei: "Dá licença, ouvi sua conversa e gostaria de ter um papo com você. Estive no Rio e ouvi o Hélio Peregrino falando de psicanálise e me interessaria em fazer". Nessa época estava noivo e queria casar, constituir família, porque na minha geração casar era isto, constituir família, ter casa, condições de sustentar a mulher, mas eu estava com muita paúra de casar. Falei isso pro Roberto Freire e também que queria me aperfeiçoar na profissão. Na minha biografia eu escrevi isso, porque realmente eu lutei, estudei muito, principalmente na fase em que estive em São Paulo, pra melhorar o meu trabalho de ator. Marcamos um encontro e fiz psicanálise com o Freire durante um ano e meio. Foi muito bom, tirei as minhocas mineiras todas da minha cabeça.

Você disse que não ficou nada de Minas. Ao mesmo tempo cita que mineiramente ouviu o Peregrino, o Freire. Ficou alguma coisa de comportamento, não? De observador, de atento, discreto...

A essência fica. Não fica o falar, o gestual. Mas, na cabeça, quando baixa a mineiridade... sai da frente! Desconfia mesmo. Então, foram três pessoas importantes: Maria José de Carvalho, Eugênio Kusnet e Roberto Freire. E aqui no Rio, na fase de depressão, estava fazendo com a Fernanda Montenegro *Seria cômico se não fosse trágico*, e ela chega pra mim e muito educadamente diz: "Mauro, você está com a projeção um pouco pra dentro. Vou te indicar uma pessoa e gostaria que você não se espantasse, porque é uma pessoa muito franca. Vai procurá-la porque ela é uma ótima fonoaudióloga. Mas ela é muito franca, você não se importa". Falou com aquele jeito diplomático dela. Chego lá na Glorinha Beutenmüller e ela fala: "Você dorme mal e acorda pior ainda" [gargalhadas].

E você melhorou?

Realmente melhorei o meu trabalho e comecei a projetar a voz muito melhor. Tomei remédio e fui levantando e saindo do processo depressivo. Hoje entendo muita gente que às vezes se suicida quando está na depressão. Não é brincadeira. Saí da depressão e fiz *O espigão* que me deu muito ibope. Depois *O rebu* e não parei mais, até o mais recente, que acabei de gravar hoje [1º de outubro de 2009], o Antero de *Paraíso*. O pai da Santinha, casado com a beata Mariana.

Agora férias?

Agora tenho muita coisa pra fazer, estou já planejando. Tenho pilhas de documentos pra organizar, projetos de teatro, tratamento de dente, tratamento de tanta coisa.

Da saúde às telas de cinema e aos palcos, tudo tem projeto.

Tudo. Cheio de vida.

O mineirinho tímido se jogou mesmo.

Graças a Deus, me joguei na vida. Seria talvez uma pessoa triste se não tivesse sido ator. Eu era tímido, fechado, complexado e fui botando pra fora. Fazendo os personagens você vai adquirindo personalidades as mais variadas e enriquecendo a sua personalidade. Acho que tenho uma personalidade mais enriquecida por ter feito vários personagens. E em todos eles fui feliz, tive o ego massageado, o que é uma coisa muito boa. Nossa profissão é meio sado-masoquista, porque, quando você sofre bastante, chora, você está realizando seu personagem. Aí vem o aplauso e você fica feliz e começa tudo de novo. ■

MILTON GONÇALVES
Cidadão negro brasileiro

MILTON GONÇALVES nasceu em Monte Santo de Minas, na divisa com São Paulo, perto de Mococa, filho de pais catadores de café. Quando mudaram para a capital paulista, o pai trabalhou como pedreiro e vigia de obra. Foi ainda adolescente, aos 14 anos, trabalhando numa livraria, que Milton se deu conta do universo das letras e dos livros. Lia tudo o que caía em suas mãos, até o que não entendia. Tinha parado de estudar naquela época e só voltou aos estudos aos 44 anos para fazer o supletivo, que se chamava, naquele tempo, Madureza. Fez vestibular, chegou até o 8º período de Comunicação e teve que escolher entre dirigir a novela *Escrava Isaura* ou concluir o curso. A novela ganhou. Mas Milton continua acreditando que a educação é a única maneira de uma pessoa mudar de vida e de se qualificar. Descobriu o teatro antes da TV, lá pelos 18 anos, quando trabalhava numa gráfica. Curioso e dedicado, fez o que o mestre Flávio Rangel pregava, "Do teatro quero saber tudo, do prego ao espetáculo". Ao longo de 52 anos de carreira no cinema, fez mais de 100 filmes. Em televisão, na qual estreou em 1961, fez 65 trabalhos como ator e ganhou muitos prêmios. É militante do Movimento Negro, já se candidatou a governador do Estado do Rio de Janeiro e diz que não repetiria essa experiência. Aos 76 anos de idade, pai de três filhos, Milton Gonçalves está casado com Oda há 45 anos e tem certeza de que essa foi a melhor escolha que fez na vida.

Você é mineiro de onde?

Monte Santo de Minas. Sul de Minas. Do lado de lá é Monte Santo, do lado de cá é São Paulo, Mococa. [Cantarola] "Vaquinha, vaquinha Mococa". É onde tem lá os queijos, manteiga... do nosso tempo de mineiro. Do meu tempo de menino em Monte Santo. A primeira vez que fomos pra São Paulo ficamos dois anos e depois voltamos para Monte Santo pra tentar a sorte novamente. Porque o meu pai e a minha mãe eram catadores de café e não deram certo na capital. Tinha muita cobra no cafezal. Elas só se aquietavam com o meu avô, que era feiticeiro. Ele ficava na beira da estrada e chamava a cobra no assobio. Em Monte Santo tem um cruzeiro, pra quem não sabe, é aquela cruz no topo do morro. Tempos depois me falaram que meu avô chegava no pé do cruzeiro, tirava o chapéu, com cabeça branquinha como está a minha agora, e fazia seus pedidos pra Deus. Só herdei do meu avô os cabelos brancos. A habilidade, não.

O que você notava de mais forte, mais característico na mineirice?

A desconfiança. Acho que nós mineiros somos muito desconfiados. A gente não aceita de primeira. Olha, analisa, pensa bem e, se aborrecer, vai embora.

E como a sua família vivia em São Paulo?

Minha avó tinha um sitiozinho, mas ele não rendia muito, não. Catar café já não era uma boa coisa. Aí meus pais resolveram migrar. Sou o filho mais velho do meu pai. Meu pai foi ser aprendiz de pedreiro em São Paulo. Houve uma fase da minha vida em que a gente morava na obra, porque meu pai fazia um extra como vigia. De dia pedreiro, de noite vigia. Olha, Leda, a minha vida é um livro de muitas experiências, de muitas descobertas. Tenho que admitir que tenho alguma tenacidade, alguma vontade de progredir e dar sempre um passo à frente. Até hoje sou assim. Se não entendo uma coisa vou lá procurar entender. Conheci Guimarães Rosa, conheci alguns autores mineiros. Pintores... Quando era bem jovem trabalhei na livraria Elo, do Guido Del Picchia, primo do Menotti. E ali me obrigavam a ler. "Você tem que ler, tem que ler." Me entupiam de livros. Eu gostava, mas muita coisa eu não entendia. Tinha uns 14 anos. Estudava no grupo escolar, tentei fazer o colégio, não deu. Só fui fazer o Madureza (supletivo) com 44 anos, depois fiz vestibular. Estudei até o 8º período de Jornalismo, fiquei entre voltar pra faculdade ou dirigir *A escrava Isaura*. *A escrava Isaura* ganhou de dez a zero. Depois dirigi seriados, novelas, junto com o Daniel Filho e sem o Daniel. Dirigi Casos Verdades; a gente começou a fazer Carga Pesada. Quando a gente implantou o Balança Mais Não Cai, que era um programa de rádio, quem o fez é esse que vos fala.

Mas como foi que você descobriu o teatro?

Eu trabalhava na gráfica nessa época. Um belo dia chega um amigo meu com uns ingressos para imprimir. A gente imprimiu, e, quando ele foi buscar, pedi um, porque era de teatro. "Quero ir ver que coisa é essa!" E lá fui eu pro teatro na Praça da República. Não me lembro o nome. A peça chamava *Mão do macaco*. Nunca tinha visto. Quando entrei e aquela cortina abriu, eu vi seres de carne e osso transmitindo pra mim uma emoção que achei ser impossível. Que coisa louca é essa, meu Deus? Não sabia o que era teatro. Tempos depois, entrei para o Teatro da Juventude, do Egídio Eccio. Era um grupo amador em que aprendi quase tudo: iluminação, palco... O nosso querido Flávio Rangel, antes de falecer, dizia sempre que "de teatro eu entendo tudo. Do prego ao espetáculo". Eu também fui tentar aprender do prego ao tudo. Depois fizemos uma peça na qual eu interpretava um rei branco. A peça era *O príncipe e o lenhador*. Eu era o contrarregra e, quando o ator que fazia o rei não vinha ensaiar, eu ensaiava no lugar dele. Ele foi indo, indo, até que um dia o Egídio se aborreceu com ele e mandou ele embora. Olhou pra mim e disse: "Milton, você vai fazer o rei". Fiquei olhando pra cara dele e falei: "Egídio, olha a princesa, aquela menina loira, olhos verdes... Como vou fazer o pai dela?". O Egídio: "Tenho aí um maquiador que vai fazer uma maquiagem fantástica em você". O fato é que, no dia da estreia, cheguei cinco horas antes, e toma de pasta na cara do negro. Só ficava de fora o pescoço. Peruca, luvas. E na plateia estava Vianninha [Oduvaldo Vianna Filho], [Gianfrancesco] Guarnieri, Vera Guerra, Flávio Migliaccio, todo mundo. Esse local virou o Teatro Oficina. Entrei, todo mundo ficou olhando. Quando a princesa era sequestrada pelo feiticeiro, ela gritava: "Papai!". Todo mundo olhou e nunca mais tirou os olhos de mim. "Que pai é esse?". Tinha o ator que fazia o lenhador e um dia me disse:

"Tem aí um teatro, um diretor novo que está vindo dos Estados Unidos e está precisando de um ator negro pra fazer a peça *Ratos e homens*". Fui. E o diretor era Augusto Boal. O teatro era o Teatro de Arena de São Paulo. O dono era o José Renato e lá reencontrei Guarnieri, Vianinha, Flávio Migliaccio e uma série de outras pessoas. A partir dali fiquei no Teatro de Arena. Mergulhei de cabeça no Teatro de Arena e ali começou, de fato, minha carreira de ator.

Você fez mais de 20 peças, mais de 100 filmes, gostava de cinema desde criança, qual foi seu melhor papel no cinema?

O que mais me tocou foi o *Rainha Diaba*, do Antonio Carlos Fontoura. Em 74 ganhei os quatro melhores prêmios de cinema da época, que eram o da Air France, o prêmio Governador do Estado, o Candango, em Brasília, e a Coruja de Ouro. *Natal da Portela* [1987], do Paulo César Saraceni, também me deixou muito feliz. O outro que eu fazia era o *Cacareco: o rei do Rio*, do Fábio Barreto [1986]. Fiz uma participação no *Eles não usam black-tie*, porque fiz a estreia da peça, e, depois, quando o Leon Hirszman levou pro cinema, me chamou para participar. Tem uma época em que estávamos fazendo *A mandrágora*, de Maquiavel, no Rio. O Guarnieri, que fazia o Licúrio, que armava toda a confusão, tinha que voltar para São Paulo. Eu fazia o escravo. Certo dia, o [Augusto] Boal e o Guarnieri falaram que eu ia fazer o Licúrio. Falei: "Na Idade Média não tinha negro na Itália". E eles: "Não tinha, agora vai passar a ter". Foi uma excelente experiência de quebrar paradigmas. Desde então aquilo foi a coroação de quebras de paradigmas. O que foi uma coisa que sempre busquei, sempre quis mudar as coisas. Isso pra mim é importante: sou um cidadão negro brasileiro.

Televisão também é uma coisa de que você gosta.

Adoro! Gosto de fazer novelas. Televisão tem um contato imediato, e sou um eterno crítico de televisão e de cinema. Sou um chato. Meus filhos odeiam ver vídeo comigo porque estou vendo com um olhar 180°. "Falha de continuidade aqui!" E é verdade. E meus filhos: "Pai, deixa a gente ver o filme!".

Neste momento há uma família negra de protagonista numa novela, *Viver a vida* [novela de Manoel Carlos – 2009/2010]. Nem sempre foi assim...

Nem sempre. Se significa uma mudança, honestamente, não sei. Acho que isso é colocado como uma coisa excepcional. Por outro lado, como sou preocupado com essa questão do meu país, porque sou um brasileiro negro, tenho serviços prestados à nação... Acho que se somos a metade ou mais da população não é novidade nenhuma fazer uma exceção numa família negra.

Como se só ela existisse. Isso me incomoda. Agora botaram duas atrizes negras em destaque, temos a Camila [Pitanga], em *Cama de gato*, e a Taís Araujo, em *Viver a vida*. Isso deveria ser uma coisa normal. Não se vê em nenhum lugar esse estardalhaço. O Denzel Washington já foi o gostosão numas três temporadas do cinema. E não tem esse estardalhaço. E nos EUA o negro é 14% da população. E, não contentes, arremataram com o Obama. Essa coisa de excepcionalidade me incomoda. De "abrimos as portas", de "finalmente conseguimos"... Não é bem assim. Estava comentando com alguém hoje que a história da escravidão precisa ser contada de maneira diferente também. A gente esteve presente nas revoluções liberais desse país. Entramos aqui lutando contra a escravidão num certo sentido, e continuamos lutando contra a escravidão geral. Os negros que pra cá vieram em navios negreiros foram vendidos por negros lá. Quando se fala em África é como se a África fosse um país. Não, África é um continente! Formado por 54 países de cultura diferente, modo de vida diferente, religiões diferentes. Tem de um tudo como qualquer continente. Seja América do sul, América Central, América do Norte. Lá também tem bandido, tem safado, torturador, tem de um tudo. Como qualquer conglomerado humano.

Você já foi vítima de racismo alguma vez? Um racismo pela cor ou pelo dinheiro?

Quando eu era menos desarmado culturalmente, apesar de não ser nenhum intelectual, eu era muito mais atingido e doía. Muito. Quando fiz 18 anos fui a um baile num clube de carnaval, fantasiado de malandro carioca: calça branca, sapato branco, camisa listrada. Quando comprei ingresso, meus amigos foram na frente e entraram todos. Eu fui barrado. Perguntei por que não podia entrar, já que ia ali todas as semanas. E ele me disse que eu não podia entrar porque os sócios não queriam. Isso foi em São Paulo. Eu disse que era um baile público e que se eu fosse à polícia ela iria lá e poderia fechar o clube. Já existia a Lei Afonso Arinos. Olhando pros meus olhos, ele disse: "Você acha mesmo que a polícia vai fechar o meu clube? Por sua causa?". Obviamente, a ficha já tinha caído há muito tempo, né, Leda? Fui criado num bairro onde tinha três negros. Aprendi a comer comida italiana, tomar vinho, essas coisas todas, na chamada Ponte Grande, perto do Clube de Regatas Tietê.

E o que você fez?

Fui pro barzinho da esquina, porque eu não era o único barrado. Foi um desespero pra mim. E pedi pro dono, o italiano Alfonso Provadelli, me dar uma cachaça. Ele: "Você não bebe!". Ele ficou conversando comigo e me serviu a cachaça. Fiquei tonto na hora, chorei muito. Fiquei muito irritado, fiquei muito vingativo. Passei meses e anos com um ódio grande dentro de mim por ter sido machucado daquela forma. Fiquei irascível, chato, ruim de se falar. Não tinha diálogo. Graças a Deus que, de repente, entrou na minha vida o teatro, que abriu uma porta de conhecimento pra mim. Embora quando eu comecei a fazer teatro não tivesse o menor conhecimento do que era aquilo. Naquele tempo, tragédia pra mim era cair o Viaduto do Chá. O exercício da arte pra mim foi essencial, fundamental. E maravilhoso! E dirigir as coisas de teatro. Já dirigi peças, novelas... A única coisa que me falta na direção é cinema. Ao peneirar, descobri o seguinte: quando desenvolvi meu processo cultural, juntando com o meu conhecimento daquilo que li e entendi, que li e não entendi, foi se abrindo um mundo pra mim.

Perdoou ou esqueceu?

Coloquei na geladeira, porque ainda hoje aprendi a me defender. Foi a mesma coisa que ensinei a meus filhos: a uma ofensa se responde com a sua capacidade de raciocínio, com o instrumental que você tenha dentro de você. Meu filho está fazendo doutorado em Literatura. Minha filha tem três faculdades.

O conhecimento é a grande arma?

É sim. Seja em que lugar for, a educação, a salvação do nosso país está na educação do primeiro grau. Está na possibilidade de essas crianças todas, mas todas, terem uma educação de qualidade. Ali é a semente que vai medrar pro bem ou pro mal. Fazer com que a escola fundamental seja um templo onde as pessoas não ousem mexer, porque seria um crime de lesa pátria.

O que você acha da política de cotas raciais?

Não sou contra. Se alguém achar que a cota é boa, vá lá e faça uso. Pra mim não é a solução. Você vai escolher uma meia dúzia, que vai se transformar numa elite e vai ficar perdida. Sendo ator, às vezes, eu tenho a sensação de que estou voando como os patos. Só que acelero meu voo e, de repente, olho pro lado e só tem eu. Sou pardal e tenho as águias do meu lado. Essa sensação tá parando, porque vejo muita gente. O fato de a Taís Araujo, o Lázaro Ramos e de uma série de outras pessoas estarem ali, ao lado, trabalhando, me dá a sensação de que já tenho mais pardais comigo. A minha preocupação com as cotas universitárias é que você vai botar meia dúzia e deixar de fora a grande massa. Li outro dia que apenas 10% da população brasileira têm diploma universitário. É muito pouco para 190 milhões de habitantes.

Você já se candidatou uma vez?

Já. Foi mais pra bater de frente. Continuo PMDB, mas sou MDB.

Saiu candidato a governador ou deputado?

Governador. Não te falei que eu sou metido? Sou enxerido. E como no partido queriam vender a candidatura e não ter um candidato próprio, bati de frente por ter uma candidatura. Fui um dos apresentadores das Diretas Já. Fui o âncora do Presidencialismo. Um dia, a gente foi lá no Senado, e o Pedro Simon ficou olhando pra minha cara e disse: "Você que é culpado disso!". "Culpado de que, senador?" "Nós já tínhamos acertado o Parlamentarismo, aí veio você como âncora e acabou com a gente". Continuo presidencialista. Honestamente, não tenho desejo de me candidatar de novo. Ser candidato é um jogo muito pesado, não é pra amador. Mas no teatro quero fazer muitas coisas ainda. Quero fazer um dia, se Deus me ajudar, um Shakespeare: *Rei Lear*. Botando as três filhas do rei: uma negra – que a Taís Araujo falou que é ela (já fui pai dela na TV por três vezes) e não quer saber de conversa –, uma oriental e uma branca. Quero ter um elenco misto no qual os atores valham pela garra, pela vontade de fazer aquele projeto. Tem dois roteiros que quero fazer, um deles dá uma nova visão do Zumbi. Não vou voltar pra televisão (como diretor), porque, segundo eles, já passei da idade. "Queremos jovens". Tudo bem. Tenho uma vontade eterna de trabalhar.

Você sempre lidou bem com a fama?

Não tenho o menor problema. Não boto óculos escuros. Quem faz compras em casa sou eu. Vou ao supermercado, à Cobal, tenho amigos, brinco com eles, que também brincam comigo. Moro no Flamengo, ando de chinelos, vou ao Aterro, converso com as pessoas, dos mais ricos aos mais pobres. Tenho uma excelente relação com os donos da emissora onde trabalho. Ser ator não me coloca em altar nenhum. É o meu ofício.

Foi a melhor escolha pra você?

Não! A melhor escolha foi ter casado com a minha mulher. Tem 45 anos o nosso casamento. Com a mesma mulher, que é ótima pessoa, fantástica, que foi sempre de um apoio excepcional! Minha mulher sempre teve para conosco, com a família, um carinho, um afeto... Ela é bacharel. Ela largou de trabalhar, porque quando tivemos o Maurício, nosso primeiro filho, perguntei a ela: "Quer que o nosso filho seja criado por babá ou você vai criá-lo?". Respondeu: "Eu vou criar o meu filho". Ele está aí, inteligente, culto, gentil, educado, sem ser forçado. "Sim, senhor. Sim, senhora." Ele não é escravo do Milton Gonçalves nem da Oda, que é minha mulher. É um cidadão com independência. Está casado e tudo. Você sabe do que eu estou falando. O seu filho também é assim. Um jovem educado, gentil. Não exibe: "Ah, minha mãe é a Leda Nagle!". Ele é ele. É o Duda.

Oba! A grande questão do brasileiro é conquistar a cidadania?

Acho que a gente tem que perseguir isso com toda a tenacidade, toda a força, a garra, exercer a cidadania em toda a sua extensão. Isso você só consegue através da educação. Da conscientização. O país precisa ser um país onde não se minta. O país não pode viver de mentiras, de mobilizações que não resultam para o país. Não viajei tanto quanto gostaria, mas o suficiente. Fui ao Oriente, à África de um lado e do outro, norte e sul, leste e oeste. Conheço um pouquinho das Américas. E vou dizer com todo meu amor e meu carinho: o Brasil é um país privilegiado. Minha mulher é amazonense. O que temos de possibilidade de alimentar o mundo é fantástico! Não sei por que nós não produzimos alimentos mais baratos. Por que não fazemos do cidadão o objeto das nossas preocupações? Li que daqui a 20 anos nós vamos ser oito bilhões no globo terrestre. No momento, somos seis bilhões. Muita gente vai morrer de fome se a gente não prestar atenção. O Brasil que eu quero, que conheço de ponta a ponta, é um país fantástico, maravilhoso, com água, com tudo a que tem direito. Com um povo pacífico, num certo sentido. Às vezes é levado pela violência, pela brutalidade, mas, via de regra, é um povo tranquilo. É um povo que gosta de conviver. Se você vai ao Amazonas, ao Pará, a qualquer lugar que você vá, é esse povo que você encontra. Claro que tem bandido, mas ele é resultado dessa má distribuição de renda, desse não exercício da cidadania.

O Romildo de *A favorita* foi um personagem que mexeu com a imprensa, mexeu com os telespectadores. Não foi?

Mexeu, mexeu. Acho que é isso o que o ator deseja. O objetivo, ao interpretar um personagem, é que ele tenha uma ressonância, que ele mexa com as pessoas, que provoque discussões, provoque dissensões, que leve a alguma novidade. E isso é bom pra nós, profissionais. No meu caso, é excelente! A minha vida inteira eu tenho me dedicado a fazer personagens que saem do *mainstream*, da linha mais importante. E o Romildo mexeu com muita gente, inclusive com alguns bons amigos do Movimento Negro. Recebi uma correspondência de um deputado de São Paulo. Não vou dizer o nome dele, porque não interessa. Ele dizia que seria um desserviço que eu estaria prestando ao país. Discordo dele. Ele se ufana de ser o único deputado negro na Assembleia do Estado. Num Estado onde a população não é tão branca, ele tem que ficar é preocupado de ele ser o único! As pessoas chegaram até a dizer que eu estaria, eu não, o personagem, estaria atrapalhando a eleição de candidatos negros. Não, não sou eu, não, o que atrapalha é a falta de visão, é a falta de inserção sem humilhação. É a minha ótica. Porque no Estado mais negro do Brasil, que é a Bahia, nós nunca tivemos um prefeito negro, nunca tivemos um governador negro.

Tivemos um, lá atrás, nomeado. Que seis meses depois, foi apeado do poder a toque de caixa. O que aconteceu com o Obama é um milagre! É um milagre maravilhoso e fantástico! Vencer em um país onde a pessoa não é negra somente pela aparência exterior, mas pelo sangue! Se você tiver um oitavo, um dezesseis avos, um e sessenta, né, você é negro! É preciso rever o preconceito. E não acho, honestamente, que algumas leis que têm por aí vão resolver essa questão. Isso é uma questão de profundidade, estrutural, de educação, de reconhecimento. É só olhar Quilombo dos Palmares! Quilombo dos Palmares não era um reduto só negro! Era um reduto de pessoas que se achavam injustiçadas naquela sociedade, que era um país de imigrantes, um país de piratas, de bandidos, que corriam pra Palmares. Tanto que uma das namoradas do chamado Zumbi era Ana de Ferro, que era uma loura. Pelo menos tá no papel. E a gente se esquece disso. Então, o negro entrou nesse país lutando pelas liberdades. O negro entrou nesse país participando de todas as lutas para a democratização do país. Isso significa que nós temos negros de extrema direita, de extrema esquerda e de centro. Não é a cor que diferencia! Não é a cor que diz se é bandido ou não é bandido! Não é a cor que define! É a estrutura interna. Vou repetir isso pela milionésima vez: na pirâmide social, na base dela, estão os negros. Estamos nós que não temos escolas, não vamos às escolas. Eu sou um pouco mais abonado porque corri atrás, batalhei. A escola é para todos. Pra população branca, negra, aquela que não tem acesso. Escolas decentes. E que as escolas se transformem em santuários, onde nada possa interferir. Mexer com uma escola, mexer com a educação de crianças, numa comunidade carente, é mexer com Deus! Fazer com que a escola fundamental seja um templo onde as pessoas não ousem mexer, porque seria um crime de lesa pátria. Não pode mexer. Ponto final! O que nós precisamos, como brasileiros em geral, é dar a essa base da pirâmide, que é negra, branca, índia, oriental, a melhor educação e um projeto sério. Não é ficar dando esmola ou ficar passando a mão na cabeça. É educação! ∎

MILTON NASCIMENTO
Para ele, o palco é o terreiro, o centro, o sacrário

Eu simplesmente adoro entrevistar **MILTON NASCIMENTO**! A primeira vez que encontrei Milton foi em Juiz de Fora, no final dos anos 60, num daqueles festivais da canção que faziam a cidade fervilhar. Milton estava de *smoking* e ia cantar no festival. Naquela época, eu estudava Jornalismo, e ele era tão tímido que nem me lembro se ouvi dele mais que uma ou duas palavras. Anos mais tarde, começando a trabalhar em televisão, fui fazer a primeira entrevista para o Jornal Hoje. Eu nem aparecia ainda como repórter, só fazia perguntas em *off*. Conversamos muito, falamos de Minas, de Juiz de Fora e ficamos na janela, por muito tempo, dois mineiros, deslumbrados com o mar, à esquerda da janela, e as montanhas, à direita. De lá pra cá, perdi a conta de quantas vezes entrevistei Milton. De lá pra cá, ele passou a gostar mais de falar e de contar histórias. Histórias que vão do eco das montanhas aos mergulhos no mar, que aprendeu a amar e a nele mergulhar. Histórias de gente de quem ele sempre soube gostar. Milton e suas dezenas de afilhados, Milton e sua generosidade em descobrir cantoras e apoiar projetos. Milton e sua simplicidade orgulhosa de lançar a voz e suas canções pelos quatro cantos do mundo. Por tudo isso e por todos os Miltons que ele é, eu continuo adorando entrevistar Milton Nascimento.

Quando a gente fala de mineiros e fala em você, as pessoas falam assim: "Não. Ele nasceu no Rio. Ele é carioca". Você já se sentiu carioca em algum momento?

Gosto muito do Rio, adoro o Rio de Janeiro! Mas tudo o que eu tenho é de Três Pontas, Minas Gerais. Inclusive meus primeiros parceiros. As minhas primeiras parceiras na música, principalmente no vocal, foram as montanhas de Minas. A gente era pequenininho e saía com uma turma pra passear nos morros. Até que um dia um dos meninos deu um berro, e o berro voltou. Pedi pra ele gritar de novo, e o berro voltou de novo. Um dos meninos falou: "É o eco". Eu não sabia da existência do eco até aquela hora. Então eu comecei a brincar. Eu dava um grito e, na hora em que ele estava voltando, eu botava outra nota. E fui botando nota até onde deu. Meu primeiro parceiro: o eco. E quando eu estou gravando, até hoje, eu gosto de eco. Inclusive hoje [15/10/2009] eu gravei com Os Cariocas. Um barato! E eu pedi: "Bota bastante eco na minha voz, lá atrás". É pra dar mesmo aquela coisa do eco. É uma beleza! As montanhas foram as minhas primeiras e grandes companheiras nessa luta incansável [risos] pela música brasileira. Principalmente pela mineira. Sem dúvida nenhuma sou mineiro. As montanhas são muito fortes pra mim. Adoro ver as montanhas. De Minas pro Rio as montanhas são de um jeito; quando passa pro Estado do Rio, são pedras. Durante uma época tive muito medo de olhar essas pedras e nunca soube a razão. Do jeito que começou, passou. Montanha, de qualquer jeito, me faz bem.

Você descobriu em você o cantor, o compositor, em Três Pontas também?

Foi em Três Pontas. Teve uma coisa legal. Eu não sabia que o Wagner [Tiso] fazia parte dessa história. Eu chegava na varanda de casa, dobrava a perna e botava a gaita entre os joelhos. Hoje eu não alcanço. Ficava tocando a gaita e tocava uma sanfona no pé; havia o solista e a sinfônica juntos. Eu ficava lá por muito tempo e não via ninguém passar. E na frente da minha casa havia uma casa escura que de dia era madeireira, uma coisa assim. Eu achava que estava completamente só. Tempos atrás, o Wagner deu uma entrevista no Programa do Jô, e o Jô perguntou como é que a gente se viu pela primeira vez. Ele falou: "Bom, eu vi o Milton antes de ele me ver. Eu ficava na casa em frente escutando ele tocar". E ele falou um negócio muito bonito: "Esse que vai ser meu companheiro pro resto da vida. Não é ninguém da minha família".

E você aprendeu a gaita e a sanfona sozinho?

Sozinho, sempre. Há uma coisa interessante: a gaita tinha tudo, mas a sanfona não tem sustenido, nem bemóis, nem nada. Era um problema danado! Fiz muita coisa com a sanfona. Por exemplo: acompanhava a minha mãe nas festas de rua que a igreja promovia. Ela cantava, e o toco aqui ia com a sanfoninha, de quatro baixos. Sanfona danada! Quando eu via que uma nota não ia sair, e eu ia precisar dela, eu imitava a sanfona. Fazia o som da sanfona. Não me pergunte como, porque eu não faço ideia de como eu fazia aquilo. A sanfona foi também uma grande companheira durante muitos anos da minha vida. E aconteceu uma coisa legal, beirando o inacreditável. Fiz um disco na França com os irmãos Belmondo. Não sei por que, eu estava no hotel, quando eu vi a sanfona. Mas eu não tinha levado a sanfona! Não era pra ela ter ido. Bom, então houve o primeiro ensaio. Esse show foi o primeiro em que eu uni partituras o tempo todo. Era uma sinfônica, e havia umas músicas que eu tinha que saber a hora de entrar, o tom. Inclusive fiquei bem metido: "Eu leio partituras". Nós fomos pro ensaio, o primeiro ensaio. Eu levei a sanfona e a deixei do lado, ali. Havia uma música de Ravel que era em sol. Sol maior. Pensei: "Pra que é que eu estou querendo saber se é sol maior ou se é mi menor ou qualquer coisa?". Porque a sanfona era em sol. É ainda. Então fizeram tudo. Eu tinha duas participações naquela música, e, quando acabava a minha segunda participação, entrava um piano, depois o trompetista entrava fazendo um jazz. Fiquei pensando e, no dia seguinte, estava lá a sanfona. Na hora em que eu acabei de fazer a minha segunda intervenção, peguei a sanfona escondido. O pianista parou, e eu entrei antes do trompetista. Toquei um negócio, e ele tocou uma coisa parecida do lado de lá. E aí ficou um jogo. Jogo, jogo, jogo, jogo. Foi emocionante! Quando acabou a música, eu guardei a sanfona. Quando eu olho, está o trompetista, de braços cruzados, na minha frente. Pensei: "Ih! É hoje!". Ele olhou bem pra mim, e começou a chorar. Aí pronto! A sanfona foi pra tudo quanto é lugar. É quase mais famosa do que eu. Foi muito lindo! No dia em que a gente fez o show com a orquestra, os músicos e tudo, quando acabou, o negócio foi tão forte que eu dei um berro. Gritei mesmo. Aí o maestro saiu lá do lance dele, veio andando, chegou na minha frente e puxou as palmas. Eu não sabia se eu ainda estava vivo. Foi uma loucura! Quando acabou o show, o povo estava querendo mais. Eu dei só saidinha, e o povo: "Mais! Mais! Mais! Mais!". Aí um dos franceses lá falou: "O Milton está no banheiro, fazendo xixi!". Eu falei: "Como é que entrega a gente assim?". Bom, aí voltei. E fizemos um bis. Quando acabou, eu falei assim: "Eu estou... Eu nem sei como é que eu estou. Porque essa sanfona, nem a minha mãe que me deu, nem a minha madrinha, nem meu pai, nem os meus irmãos, nem a cidade, nem nada e, principalmente, nem Ravel, jamais pensariam em colocar essa sanfona na música dele". Sabe o que ele me respondeu? "Você está enganado. Ravel fez essa música até um pedaço. Mas completou hoje, com você e a sanfona." Foi muito bonito, muito bonito.

Você vive grandes emoções, não é, Milton? Tocando assim, recebendo esse carinho e vendo esse resultado, essa reverência.

É uma coisa muito maluca! Eu sempre digo pra todo mundo que tem uma mágica que acompanha a gente. Os músicos, principalmente. Há gente que me chama de Xaman – o que leva, que sai da luz pra curar pessoas. Tantas vezes eu encontrei com pessoas que falaram pra mim: "Olha, eu ouvi sua música. Eu tinha isso assim, assim... Desapareceu". Muitas vezes! Música é um grande remédio. É uma maravilha! Quando a gente começou os ensaios, veio um dos Belmondo e falou assim: "Eu botei um disco seu lá na minha casa, e as crianças falaram que era um anjo que estava cantando". Outra pessoa da orquestra disse que chegou em casa, e as crianças falaram que era um anjo que estava cantando... E foi assim cinco vezes. Gente de uma família que não conhecia a outra. E foi me dando uma coisa forte, mais vontade de abrir a boca e fazer o que eu estava ali pra fazer.

Cantar... Você gosta muito de cantar?

Olha, não posso dizer que eu gosto: eu adoro! Não sei viver sem isso. Há uma coisa, antes de eu completar a sua pergunta. Fui criado na religião católica. Quando eu comecei a compor, eu decidi que não ia pertencer a nenhuma religião em particular. Ia cantar pro meu povo. Então eu tenho que estar por dentro de tudo, saber tudo, pra poder tocar o coração das pessoas. Então aconteceu o seguinte: a primeira religião que eu conheci, depois da católica, foi o espiritismo. E foi muito fantástico! Porque era dia de São Cosme e Damião. Há o Doum, de quem nunca se fala. Mas há. São três. Então, um amigo meu me pediu pra ajudá-lo a levar doce pro centro espírita, lá em São Paulo, pra distribuir pra criançada. Eu fui. E ouvi uma senhora falar assim: "Hoje não há consulta nem nada. Pai João veio aqui pra brincar com crianças". E eu fui me afastando. Quando senti alguma coisa e pensei que ia sobrar pra mim. Fiquei na porta. E a entidade ficou andando por lá, passeando com as crianças. Botou a mão no ombro de uma moça e fez um sinal pra ela ir pra um lugar. Nessa hora, deixei só a metade da cara na porta. Mas não adiantou: ele veio, veio, chegou. E disse: "Você está muito triste. Não pode. Você tem uma responsabilidade muito grande com as pessoas. O que você está passando aqui não é nada perto do que vai acontecer. Daqui a três meses, guarda essa data, vai acontecer uma reviravolta na sua vida que você não faz nem ideia". Saí de lá e, três meses depois, no dia, eu estava no palco do Maracanãzinho cantando "Travessia" [risos]. Não é mole, não. Houve um lance também com o candomblé. Sou filho de Oxalá. Eu notava que, em certos lugares nos quais eu ia, havia pessoas que faziam reverência. Nunca havia ido ao candomblé, não sabia de nada. Mas é tão impressionante que as pessoas sabem que eu sou filho de Oxalá. Hoje tudo bem, mas naquela época... Houve uma coisa com a Bethânia. Ela estava fazendo show num teatro em Copacabana, e eu fui ver. Quando acabou, o cara do teatro falou que era aniversário da Bethânia e que era para eu ir lá embaixo falar com ela, que ela ia ficar feliz. Nunca tinha visto a Bethânia de perto. Falei que não ia, e ele disse que a família dela toda estava lá. Eu insistia que não ia, mas acabei lá embaixo. Na hora em que me aproximei dela, ela se virou e fez uma reverência. Foi a primeira reverência que vi. Pra mim era uma coisa normal e não tinha nada a ver com religiosidade. Ela soprou as velas, partiu o bolo e me deu o primeiro pedaço. Até que o tempo foi passando e eu descobri que todos eles sabem que sou filho de Oxalá. Como? Teve também uma história com budismo. Fui batizar um garoto no budismo, e o pai do menino pediu pro monge me batizar também. É tudo assim. Não sou eu que fico atrás.

As religiões, as crenças chegam até você de alguma forma, é isso?

Chegam. No espiritismo, uma entidade falou pra mim: "Sabe que a gente tem ido te visitar?". Eu estava fazendo show com o Som Imaginário. Respondi que sabia e disse: "Vocês foram lá na quinta-feira, durante a música 'Pai grande'". Aconteceu uma coisa durante essa música, que, meu Deus do Céu! Posso contar? O teatro estava lotado, e quando começaram os acordes de "Pai grande" as pessoas foram sumindo. Não tinha ninguém ali. Eu olhava o cenário, cheio de espelhos, e a minha roupa também era cheia de espelhos pequenos. Comecei a cantar e ouvia minha voz lá atrás, e não no microfone. Era como se tivesse o tal do eco. Mas eu não tenho medo. No último acorde de "Pai grande", apareceu todo mundo. Foi muito comovente! Quando fui conversar com os músicos, eles queriam saber o que tinha acontecido comigo: "Hoje você dançou como nunca!", disseram. Eu não tinha notado que tinha dançado. Respondi que tinha sido inspiração, porque até explicar isso tudo... Eu falei pra entidade espírita, e ele me disse: "Você realmente tá sintonizado. E tem uma coisa: não foge, não. Você vai ter um centro". Comecei a pensar: não sou espírita, como vou ter um centro? Em outra ocasião, com o candomblé, o pessoal disse: "Não fuja, porque você vai ter um terreiro". Fiquei na dúvida. Tinha envolvimento também com a religião católica. Com o budismo ainda não. Aí aconteceu uma coisa muito louca! Na época da ditadura comecei a trabalhar com os estudantes, o pessoal da UNE e da PUC. Fomos pro interior, porque no Rio e em São Paulo eu não podia cantar. Fui a lugares em que as pessoas nem pensavam que algum dia fosse um artista. Tem mais uma coisa: quando apareci, todos diziam que a minha música era muito cheia de coisas que o povo não ia entender. Mas em quase todos os lugares a que fui, as pessoas cantaram comigo. Ainda bem que não ligo pro que dizem. Chegamos numa cidade em que tinha um ginásio pequeno. Eu estava cantando, e, de repente, veio uma luz amarela, forte, quase esverdeada, muito forte. Olhei pras pessoas, e os olhos estavam todos brilhando. Continuei cantando, mas parecia que eles queriam que eu falasse alguma coisa pra eles acabarem com a ditadura. Foi o que me veio à cabeça. Quando acabou o show, botei a cabeça na parede do palco e disse: "Como posso ser tão burro?". Porque o meu sacrário, o meu terreiro, o meu centro, é o palco. Digamos assim: as minhas ovelhas são as pessoas que estão ali. A partir desse dia, o palco virou a coisa mais importante da minha vida. Quando compondo, estou sempre pensando nas pessoas. É um presente, uma dádiva que ganhei e pela qual não tenho nem como agradecer a Deus, de tanta bondade.

O que você pensava pra você quando você era menino? Porque teve todo o perrengue de ficar sentado na porta de casa, esperando sua mãe chegar pra pegar você, adotar e levar você pra casa...

Foi uma *Pietá*. Só que, na do Michelangelo, Cristo está morto. Eu não vi na hora que eles estavam chegando, porque desmaiei. E estava caindo quando ela abriu a porta do carro, no meio daquela confusão, e me pegou antes de eu cair e machucar. E fui embora pra Três Pontas, pra morar com eles. Isso foi em Juiz de Fora. E outro dia fui fazer um show lá e contei essa história toda de Juiz de Fora, eu morando com minha vó, esperando minha mãe chegar, e disse que não tinha nada contra a cidade, porque ali estava reunida a maior parte de amigos que tenho. Juiz de Fora pra mim é uma cidade importantíssima. O show foi uma loucura!

Quando você fez o grupo com o Wagner Tiso, cantando nos bailes, já estava indo aonde o povo estava, mesmo que não tivesse essa consciência.

O negócio dos bailes é incrível! Eu e Wagner ficamos amigos e começamos a tocar. Eu com 14 anos e ele com 12. Íamos tocar com os adultos em uma boate lá em Três Pontas. De vez em quando, a gente tinha que se esconder, por causa do Juizado de Menores. Era muito bom, porque tinha batata frita e guaraná. Dali não paramos mais. Nunca estudei canto. Acho que devo o que tenho a duas vertentes. Minha família, meu pai e minha mãe, que me adotaram e fizeram de mim o homem que sou hoje, é uma; a outra é a noite. Com 14 anos, tocar de dez horas da noite até cinco horas da manhã é muito tempo! E eu tinha aula no outro dia. Não tinha problema, não. Eu acho que era um aluno obediente. Tem um caso que é um dos mais famosos da minha vida. Por dois anos a minha madrinha precisou de mim aqui no Rio. Eu vim estudar. Quando eu ia passar pra 2ª série, levei bomba em canto e em desenho. Quando vim pro festival e contei isso, a imprensa toda queria conhecer. Levei os jornalistas lá, no colégio da Tijuca, mas o colégio não existia mais.

Você acha que está tudo escrito, Milton?

Acho que sim. De vez em quando, não. A gente também provoca algumas coisas. Lá em Três Pontas – acho que em Minas Gerais inteira – a gente ouvia música do mundo inteiro: italiana, francesa, espanhola; tango e as músicas brasileiras, samba-canção, bolero. A gente passava o dia ouvindo música, e algumas a gente queria tocar. Ouvia uma vez no rádio e tinha que esperar, esperar, pra ouvir de novo. Então a gente colocava três cadernos nas laterais do rádio. Quando a música tocava, uma amiga nossa anotava a letra, eu anotava a melodia e o Wagner cuidava da harmonia. Mas a harmonia era muito difícil de pegar, porque o som do rádio não era como o de hoje. Acho que essa dificuldade que a gente teve foi a matriz do que a gente faz até hoje. Por exemplo: fui pra Belo Horizonte, e a primeira vez em que vi músicos profissionais tocando jazz, bossa nova, etc., falei pros meus amigos: "O que a gente fez tá errado. Vou ter que aprender tudo de novo". Os caras disseram pra mim: "Não mexe nisso. Isso é de vocês – meu e do Wagner –, ninguém toca desse jeito". Nos convenceram. E quando a gente chegou aí pras coisas, chegou. Sempre gostei de cantar, e não de compor. E não gostava de cantar parecido com ninguém. Não gostava de fazer nada parecido com ninguém; nem arranjo. Eu e Wagner fazíamos sempre os nossos arranjos. No nosso caso foi assim. Principalmente porque a gente não ouvia o principal do rádio, por causa da transmissão. A gente criava. Éramos um trio: eu, Wagner e Paulinho Braga. Eu era o baixista (sofri!), Paulinho Braga era o baterista, e o pianista era o Wagner. Aconteceu o seguinte: eu estava na pensão onde morava em BH, e o Wagner apareceu dizendo que a gente ia começar a tocar no Berimbau, naquela noite. Falei: "Que coisa boa!". Ele: "Arruma um contrabaixo, porque é você quem vai tocar". Falei: "Wagner, você tá louco! Nunca mexi num contrabaixo na minha vida!". Ele: "Procura o fulano, pega umas coisas com ele. Senão vamos perder o emprego". E assim foi. Tocamos por muito tempo. Mas nas primeiras semanas de baixista o que saía de sangue dos meus dedos não era mole. A corda era um terror! Mas eu não ia parar. No segundo dia botei esparadrapo em todos os dedos. Não adiantou nada. Espirava sangue por tudo o que era dedo. Até que um parou de sangrar, e eu comecei a bater com mais força nas cordas; acabou ficando bom.

Algum dia você já implicou com algum som seu?

Já. Tem que ser o melhor ou não ser. Por exemplo: esse negócio de compor também é uma história conhecida. Estava tocando o meu baixo no Berimbau, que ficava no segundo andar de um edifício que dava pra Rua da Bahia. No intervalo, eu saí e fiquei olhando lá pra baixo. E um baixinho, que eu já tinha visto, mas com quem nunca tinha conversado, chegou e me perguntou o que estava acontecendo comigo naquele dia. Respondi que não era nada. Ele: "Está. Você hoje está diferente". Eu: "Que diferente?". Ele: "Vi você tocando contrabaixo e percebi". Eu: "Notou diferença de som do contrabaixo?". Ele disse que sim, e fui obrigado a admitir que tinha alguma coisa mexendo comigo aqui, mas não sabia o que era. Disse pra ele: "Estou em BH fazendo música, que é o que mais amo na minha vida. Dinheiro não tenho, mas não importa. Não tem nada errado comigo, mas tem uma coisa batendo aqui [mostra o coração]". Ele disse pra mim: "Você já prestou atenção nos arranjos que faz pras músicas que canta?". Falei que já, e o baixinho: "Não prestou atenção, não, senão teria visto que são outras músicas". Eu: "Tá, tá. Mas eu não vou compor". Ele: "Você tem que compor!". Eu era cheio de "não". Até o dia que apareceu o "sim". Ficamos amigos...

Quem era o baixinho?

O Márcio Borges, irmão do Lô Borges. Acho que, naquela época, Belo Horizonte era uma das capitais mais culturais que já vi. A gente lia pra caramba, cinema, peça... Tanto o cinema comum como o artístico. Sempre fui fascinado por cinema, desde que morava em Três Pontas. Só que cinema, pra mim, não abrangia tudo o que aprendi depois. Por exemplo: máquinas que formam cenas, sem se desligar e tal. Fui aprendendo o negócio do cinema e ficando cada vez mais maluco por ele. Um dia, me disseram que o Marcinho estava me procurando. Fui atrás dele (tem isso no livro dele). Ele andando, andando, e eu atrás, sem ele me ver. Uma hora cansei e falei: "Ô baixinho?". Ele: "Você tava aí, seu isso, seu aquilo. Você é um grande energúmeno!" – foi a primeira vez em que ouvi essa palavra – "Tem esse filme aqui que você tem que ver". Eram duas horas da tarde. O filme era *Jules e Jim*. E saímos do cinema às dez da noite. Quando a gente estava saindo, ele andava um pouco mais depressa, eu falei: "Calma, calma! Vamos lá pra sua casa. Pegamos um violão, um caderno e vamos ver o que vai sair. Depois desse filme tenho que fazer alguma coisa que realmente retrate as coisas todas do mundo, das pessoas e tal". Nos trancamos num quarto da casa dele e fizemos três músicas: "Novena", quem gravou primeiro foi o Beto Guedes; "Crença" e "Gira girou". São músicas diferentes do que se fazia na época. Começamos e não paramos mais.

Foram as suas primeiras composições ou você já tinha feito alguma coisa antes?

Eu tinha feito uma música de brincadeira pra um conjunto vocal que a gente tinha em Três Pontas. Eu não podia nem ouvir falar nela! Teve o disco *Crooner*, que gravei em homenagem ao pessoal que toca na noite. O Wagner fazia os arranjos, e eu fiz uma surpresa pra ele: "Vamos tocar esta aqui: "Barulho de trem". Ele: "Você vai gravar isso? Ô coisa boa!". Era aquela dos tempos de Três Pontas. Só essa. O resto foi indo, indo, indo.

Você tem um critério? Só gosta de compor de noite? Só gosta de fazer letra e música?

Não tenho nenhuma dessas coisas. Só não gosto de silêncio pra compor. Tenho 110 afilhados. Se os 110 estiverem fazendo bagunça na minha casa, componho muito mais. Acho que sou meio tantã. Eu sempre sabia o que estava fazendo com a voz, com a música, com tudo.

Sabia que ia dar certo e que ia chegar a algum lugar, ficar famoso, cantar em Paris?

Não. Tudo foi acontecendo. Apareci no Festival Internacional aqui no Rio por causa de uma – digamos assim – safadeza que o Agostinho dos Santos fez comigo. Eu morava em São Paulo, e, para cada instrumento, tinha uns 50 instrumentistas desempregados. Fui no lugar de um, num bar diferente, e, de repente, senti que sentou ao meu lado uma pessoa que cantava. Olhei, era o Agostinho dos Santos. Eu era fanático por ele. E ele falou comigo: "Ô bicho, quem é você?". Nunca ninguém tinha me chamado de "bicho". Eu respondi: "Meu nome é Milton, sou de Minas". Ele: "De agora em diante você vai pra todo lugar que eu for". Achei ótimo! Ele frequentava uns clubes e me levava pra tocar. Ele falou que ia ter um festival no Rio e propôs que a gente colocasse música. Eu tinha uma experiência com um festival anterior, o Berimbau de Ouro, e falei que jamais cantaria de novo em um festival. Falei pra ele que não ia botar música em festival nenhum. Ele insistiu. A mesma coisa que aconteceu com o baixinho, lá em BH, aconteceu com o Agostinho. Só que o Agostinho tirou o time de campo. Um dia ele disse: "Arrumei um produtor para um disco novo que vou fazer. Ele pediu pra você gravar três músicas, pra ele escolher uma para eu gravar". De brincadeira falei: "Vou gravar três, e você vai escolher só uma?". Fomos à casa de um amigo dele, que tinha um som muito bom, e gravei "Maria minha fé", "Travessia" e "Morro velho". Deixei com ele.

O tempo foi passando, até que um dia eu estava assistindo O Fino da Bossa, aí a Elis saiu. Quando ela me viu, veio correndo e pulou nos meus braços. E falou: "Eu sabia!". Eu: "Sabia o quê, Elis?". Ela: "As suas músicas no Festival do Rio!". Respondi que não tinha botado música nenhuma no Festival do Rio. Ela: "Então tem outro Milton Nascimento". Eu: "Aí já é demais!". Conversei mais um pouquinho com a Elis e, quando desci, ouvi uma risada. Só na risada que fui entender. O Agostinho não me deu tempo nem de xingá-lo. Falou: "Não adianta, já tá lá. As três entraram, e o pessoal quer te conhecer. O dono do festival está vindo aqui". Só falei pra ele: "Agostinho, como você faz uma coisa dessas?".

E quem apresentou você pra Elis?

A gente se conheceu numa festa de uma cantora chamada Luíza, no Rio. Fizemos um corinho no último dia de gravação dela, e ela nos convidou para a festa. Eu estava lá no meio e vi uma figurinha sentada no canto. Era o Pacífico Mascarenhas, um grande amigo nosso. E ele falou pra todo mundo que a gente tinha música. Eu e Wagner tocamos uma música (a música se chamava "Aconteceu", mas ninguém gravou, nem eu nem Elis) e, quando acabou a festa, fomos andando pela rua. Conheci a Elis porque em certa época ela gravou rock; o povo estava querendo botar ela no rock. Eu sabia as músicas do disco dela, fui pra perto dela e comecei a cantar: "Dá sorte, fazer o quê...". E ela: "Cala a boca! Esquece. Não fala mais nada!". E saiu brava. Muito tempo depois, na finalíssima do Berimbau de Ouro, eu ensaiei, e, quando eu estava saindo, a Elis estava chegando. Fiquei num misto de timidez com vontade de não importunar a estrela. Passei de cabeça meio abaixada, dei uns passos e, daí a pouco, ouvi o barulho de uns tamancos e: "Mineiro não tem educação, não?". Olhei e falei: "É que eu não queria ser mais um a encher o saco". Ela: "Pessoas educadas, de manhã, falam 'bom dia'. De tarde, 'boa tarde'. E à noite, 'boa noite'. Agora eu vou levar vocês pra minha casa pra tocarem aquela música que tocaram na casa da Luíza. Meu endereço é este aqui". Quando cheguei na casa dela com umas vinte e tantas músicas, ela perguntou se eu não tinha mais nenhuma. Disse que tinha e comecei a tocar "Canção do sal". Elis disse: "É essa!". Uma música de que eu não gostava sei lá por que foi a que me batizou, inclusive pro grande amor da minha vida, que foi Elis Regina. E assim nos tornamos os melhores amigos. Tenho certeza de que fui o melhor amigo que a Elis teve. Graças a Deus! Ela era um amor mesmo. Foi tão forte que, a partir dos nossos encontros, comecei a compor pensando só na Elis. Eu não compunha pra mim. Era uma atrás da outra, só pra ela. Ainda hoje, eu fico pensando como ela estaria cantando aquela música que estou fazendo naquele momento. Isso é pura verdade. Tem saído umas músicas que são dela.

Quando você fez a música "Nos bailes da vida" ("todo artista tem de ir aonde o povo está"), pensava nisso por conta da sua própria vida? Da sua música? Você queria que ela fosse? Ou porque ideologicamente acreditava que ela deveria ir?

Fizemos "Nos bailes da vida" em homenagem às pessoas da noite, que, às vezes, são tão ótimas e não são conhecidas, não têm o valor merecido. Foi muito interessante: conversei com o Fernando [Brant]; ele fez uma letra, e eu disse que não estava como eu gostaria. Ele escreveu outra, que veio direto. Na época das Diretas ela foi uma das três músicas que tive nesse movimento: a do Teotônio Vilela, que a Fafá cantou, "Menestrel das Alagoas"; "Coração de estudante" e "Nos bailes da vida". "Coração de Estudante" virou um hino. Toda música tem uma história. O Sílvio Tendler chamou o Wagner e eu pra fazer a trilha de *Jango*. Só que eu estava em BH, e o Wagner, aqui. A gente dividiu as músicas. Quando teve a estreia, vim ao Rio e achei que estava tudo lindo. Mas quando apareceu o Jango andando na fazenda dele, lá pros lados do Uruguai, aquilo era uma solidão incrível! Aquilo entrou em mim, no peito. E pensei que aquilo era parecido com as coisas que a gente fazia com os estudantes. Bom, a música estava feita. Quando acabou a sessão, falei: "Wagner, aquela última cena é retrato da nossa vida. Vou botar uma letra ali". O Wagner disse que tudo bem. Já era um negócio pros estudantes, porque, pra quem não sabe, se estou aqui hoje, devo aos estudantes. Eu ainda morava em BH. Uma tarde recebi um telefonema de Roma, de um rapaz que era mais ou menos meu afilhado. Ele estava estudando lá e estava apavorado porque não conseguia fazer um trabalho. Ele disse que tava se sentindo mal. Mandei ele pegar um avião e vir pra Belo Horizonte. Ele disse: "Se eu for pra BH é que não vou fazer mesmo". Eu falei: "Aqui em casa tem seu quarto, o escritório, e você nem precisa pensar que eu existo". Ele veio: Itália, Rio, BH, fuso horário, etc. Eu o levei pro quarto dele. Ele se sentou na cama e dormiu. Fiquei olhando e já juntei no pensamento os nossos trabalhos com os estudantes e o menino ali, que antes estava sozinho lá na Itália, veio pra minha casa e estava ali todo despojado. Tinha um segundo andar na minha casa, fui pra lá, peguei o caderno e escrevi "Coração de estudante". De uma vez só. Apesar de ter sido meio rápido, eu me canso. Aí, quando acabou, encostei a cabeça num sofá e, no que olhei pra cima, estava lá uma plantinha com um coração aqui, outro ali, outro ali; de dois em dois. E tinha centenas de corações! O nome da planta é "coração de estudante". Pensei: "Ahh! Acabou. É 'Coração de estudante'". É linda! As folhas são em forma de coração. Aí veio todo aquele negócio nas Diretas Já. O Tancredo era muito ligado em música. Uma simpatia! A gente sempre ia na casa dele. E aí fizemos o comício lá em BH. Foi lindo! Acho que páreo para o de BH só o do Rio de Janeiro, que foi uma loucura também.

E quando a sua música ganhou o mundo, você esperava isso? Mesmo com todas essas pedidas de bênçãos, essas coisas meio fantásticas que acontecem, você esperava isso?

Não esperava nem que acontecesse, muito menos tão depressa quanto foi. Quando acabou o festival, o Herbie Hancock, pianista, veio passar a lua de mel no Rio [1967]. Todos os músicos ficaram alvoroçados, querendo tocar pra ele. Falei pra eles: "Gente, o cara veio passar a lua de mel, nós vamos tocar pra ele? Pelo amor de Deus, né? Eu não vou". Um tempo depois: todo mundo reunido num lugar, eu também, e ele sentado ouvindo a gente tocar. E alguém falou pra ele que eu tinha coisas legais. Ele me chamou, pediu para eu tocar. Comecei a tocar uma música, e Herbie me pediu um minutinho. Saiu, voltou com o gravador e disse que eu podia tocar. Toquei "Tarde" e "Outubro". E só tem um disco que eu fiz nos EUA em que ele não está. Já fiz muitos com ele, não sei quantos.

Essa foi a primeira grande saída da sua música pro mundo? Foi a mais forte das suas emoções ou teve outros momentos, outros discos, com outros músicos que foram tão fortes quanto?

Teve, com o Wayne Shorter. Ele veio tocar no Municipal do Rio com o grupo dele e chegou perguntando onde estava Milton Nascimento. O pessoal que trouxe ele disse que eu era maluco, que deveria estar no campo, dando comida pra cabra. Só que ninguém sabia que a mulher do Wayne era portuguesa e entendia as notícias. Ela, folheando um jornal, viu o anúncio do Clube da Esquina: Milton Nascimento, Lô Borges, todo mundo. E ela: "Wayne, o Milton tá no Rio! Por que esses lorolô estão enganando a gente?". Ela brigou com todo mundo que não queria que ele me localizasse. Os shows eram no mesmo horário. Eles diminuíram a duração dos shows deles, deixavam um carro parado do lado de fora do Municipal e saíam a mil toda noite pra ver o Clube da Esquina. Foram em sete shows. Quando o Wayne ia embora, ele perguntou se eu gravaria um disco com ele. Respondi que gostaria, mas não sabia se ia conseguir. Ele era um cara que tocava com Miles Davis, que sempre foi meu rei. Dois anos depois, ele me liga dizendo que estava na hora de concretizar a proposta. Me perguntou se queria levar algum brasileiro. Eu disse: "Dois – o Wagner Tiso, teclados, e o Robertinho Silva, bateria". Ele deu ok. Todo mundo me perguntava de que tipo era a minha música. Respondia que não sabia. Jazz? Pode até ter alguma coisa de jazz, mas não é jazz. Samba? Não é samba. Pode ter alguma coisa parecida com baião. O pessoal aqui tinha botado o nome de "toada". Eu não sabia explicar o que era a minha música. O Wayne tem percepção! Ele chegou com o Herbie, que era do pessoal do jazz. E botou dois baixistas da área pop. O engenheiro de som era o produtor da The Band, aquele grupo que tocava com o Bob Dylan.

O produtor do disco era o Jimmy Miller, que na época era produtor dos Rolling Stones. Ele fez uma feijoada! E depois que o disco saiu, ninguém mais me perguntou o que era a minha música. E este disco abriu muitas portas, o pessoal do pop, do rock, todo mundo me chamava pra fazer coisa assim. Há alguns anos, eu estava em Los Angeles e, passando pela piscina do hotel, um amigo disse que tinha um cara que queria falar comigo. Olhei e vi que era o Maurice White, do Earth, Wind & Fire. Ele falou: "Milton, há muito tempo que quero te encontrar pra te agradecer... Agradecer por aqueles falsetes que você fez no disco do Wayne; mexeram muito comigo. No disco você pode fazer, porque tem vários canais, mas ao vivo não tem jeito. Eu queria fazer aquilo e botei anúncios nos jornais, procurando músicos que cantassem. Eu escolhi os músicos, e o conjunto nasceu por causa disso". Meu Deus do céu, que loucura!

Você já gravou com mais de 20 orquestras sinfônicas, com grandes músicos e até com banda de *heavy metal*, você tem um sonho de fazer um show especial, em algum lugar? Ou vai deixar um pouco a vida o levar, os convites chegarem?

Convites, graças a Deus, têm chegado há muito tempo e sempre. Aconteceu uma coisa agora, recentemente: estou gravando um disco com o pessoal de Três Pontas, por causa daquele livro da Billboard que citou Três Pontas, a única cidade no livro que não é capital. Em dois dias conheci 60 músicos; eu não tinha tempo para ouvir. E 60 músicos bons. Eu queria fazer um disco com o pessoal. Será uma produção minha e do Wagner, que me perguntou quem seria o baixista. Reconheci que era o que estava mais em falta. Ele lembrou do Casquídio, um baixista que mora em Alfenas, mas que é de Paraguaçu. Avisei pro primo do Wagner que queríamos o Casquídio no disco. Quando ele foi comunicado, estava dirigindo na estrada. Parou e achou que fosse brincadeira do Marco Elísio. Um dia, estávamos gravando lá em casa, e o Casquídio desce do andar de cima e diz que o filho do Portinari estava lá. O Casquídio tinha feito uma música para uma das obras que o Instituto Portinari ajuda. A primeira coisa que o filho do Portinari falou pra mim foi: "A sua música é a mesma coisa dos quadros do meu pai. Nós temos dois quadros na ONU que nunca podemos tirar de lá. O máximo que podemos é ver. Só que a ONU vai entrar em reforma agora e nos emprestaram esses quadros. Então vamos fazer uma exposição aqui no Brasil". Ia ter exposição em Brasília, no Rio de Janeiro, em São Paulo e em Paris, na França. Eu falei: "Belo Horizonte tem que ver essa exposição, porque lá tem a Igreja da Pampulha, com obras do seu pai. Não se esqueça. E a cada dia que inaugurar, já que as nossas músicas e pinturas são gêmeas, vai ter um show meu". E se a gente não tivesse chamado o Casquídio não ia acontecer nada disso. Isso é a prova de que as coisas vão acontecendo.

Não sei se a força está em você ou se você atrai a força.

Acho que é tudo misturado.

Você apoia muita gente. Entrevistei no *Sem Censura* a Regina Bertola, do grupo Ponto de Partida, de Barbacena. Ela me falou que você foi muito generoso com o grupo e, principalmente, com o os Meninos de Araçuaí [Vale do Jequitinhonha]. Você gravou com eles, viajou com eles, fez músicas para a peça. Você é muito generoso, estende a mão, gosta de contracenar.

Adoro! Quando vejo uma coisa que me toca mesmo, não consigo me separar dela. Assim foi com os Meninos de Araçuaí e com o grupo Ponto de Partida. Aquilo não pode ficar escondido. É lindo demais! Quando me emociona, eu embarco. Esse negócio dos Meninos de Araçuaí foi uma coisa incrível! Eu primeiro cantei com eles e depois os incorporei ao meu show; viajamos durante muito tempo, fizemos várias cidades de Minas e fomos até a França. Tem só mais uma coisa dos Meninos de Araçuaí que eu tenho que contar. Quando fomos estrear a peça, pensei: é uma peça, mas é um musical. E sempre tem bis no musical. A gente não ensaiou. Fui na banda e falei: "Vamos ensaiar 'Nos bailes da vida'". Logo que cantamos a música, um dos meninos me perguntou: "Essa música é tua?". Falei que era. Eles saíram, mas ainda tive tempo de ouvir um falando pro outro: "Gosto dessa música, mas não sabia que era desse tal de Milton Nascimento".

A gente ouve cada coisa, não?

Mais tarde é que alguém falou uma coisa em que não acreditei. Em Araçuaí era onde começava a Bahia-Minas, que é o ponto de areia. Perguntei pra um rapazinho se era em Araçuaí que começava, e ele disse que sim. Eu: "Por que você nunca me falou?". Ele: "Você nunca me perguntou!".

Isso é coisa de mineiro, né? Mineiro é assim mesmo? Generoso e desconfiado?

Tudo o que você pensar. Inteligente, danado, eficaz, gente boa. Ou não [gargalhadas]! Eu não sou desconfiado. Olho e já sei. ■

MÔNICA SIFUENTES

Mulher estudiosa e mãe amorosa

A desembargadora federal **MÔNICA SIFUENTES** é a prova concreta de que a simplicidade é uma conquista. Em dez minutos de conversa com a então juíza federal, eu estava completamente rendida ao seu conhecimento e à sua conversa agradável e séria. Mônica é uma pessoa preparada para os cargos que exerce. E foi sempre assim, desde que se formou em Direito na Universidade Federal de Minas Gerais, desde quando foi a primeira juíza estadual de Minas, a primeira mulher a tirar primeiro lugar nesse concurso e também quando se tornou juíza federal por concurso. Neta de imigrantes espanhóis e italianos, ela não nasceu numa família de magistrados, mas sim descobriu esse caminho estudando muito e sempre. É doutora em Direito pela Universidade de Lisboa, tem três livros publicados, é membro do Grupo Permanente de Estudos sobre Sequestro Internacional de Menores no Supremo Tribunal Federal (STF) e Coordenadora do Grupo de Estudos sobre a Convenção de Haia, sobre cobrança de pensão alimentícia no exterior e atua ainda como juíza de ligação (enlace) para a Convenção de Haia sobre sequestro internacional de menores. Nascida em Belo Horizonte, conta que, se não voltar à cidade pelo menos uma vez por mês, "perde o ar". Mônica é casada há mais de 10 anos com o desembargador Carlos Olavo Medeiros, tem duas filhas, Helena e Beatriz, é capricorniana e muito mística.

Você é mineira de onde?

De Belo Horizonte, onde estudei a minha vida inteira. Fui a primeira juíza estadual em Minas, a primeira mulher a tirar o primeiro lugar no concurso de juiz estadual. Porque lá em Minas é apertado. Só saí de lá depois que passei no concurso pra juíza federal e fui pra Bahia, depois pra Juiz de Fora e pra Portugal. Não venho de família de juízes. Sou neta de imigrantes, tanto da parte de mãe quanto da parte de pai. Imigrantes pobres, espanhóis e italianos. Meus pais, por exemplo, viveram, não vamos dizer na roça, mas viveram de cidade do interior, de Bambuí, e depois foram pra Belo Horizonte com aquela dificuldade, não puderam estudar. Eu não tinha referencial de magistratura na minha carreira, não, o máximo que eu achava que eu seria é professora da UFMG, que era o meu sonho. Logo que entrei na universidade, comecei a fazer pesquisa, enfim, achava que ia ser professora. Num desses lances do destino acabei sendo assessora lá no TJ, o Tribunal de Justiça de Minas Gerais. Aí comecei: fiz o concurso pra juiz estadual, passei; fiz o concurso pra juiz federal, passei, fui pra Bahia, pra Juiz de Fora. Acho que a minha vida profissional significativa mesmo começou quando eu fui pra Portugal, sabe, Leda? Quando você mora num país estrangeiro, a sua mente se abre. Você tem uma visão das coisas, tem que se virar completamente sozinho. Está certo que não havia dificuldade de idioma, mas é uma realidade nova, um Direito novo.

O que você foi fazer em Portugal? Estudar?

Fui fazer doutorado em Direito Constitucional, com Jorge Miranda. Comecei a trabalhar com Direito da Educação, e esse trabalho com Direito da Educação rendeu grandes frutos. Acabei por me filiar a uma associação belga de Direito da Educação, a European Education Association. Enfim, comecei a desenvolver esse trabalho na área de educação. Em 2006, a ministra Ellen

Gracie me chamou pra participar de um grupo de trabalho sobre sequestro internacional de crianças. Nesse meio-tempo, fui fazendo palestras aqui e no exterior sobre Direito da Educação, escrevi livros, tenho muitos artigos publicados aqui, em Portugal, em vários países, inclusive nos Estados Unidos. Acabei por me filiar à Education Law Association lá dos EUA. Sabe quando você vai sendo levada? Esse trabalho com a ministra Ellen Gracie, que eu faço até hoje, deu uma outra perspectiva na minha carreira.

Quando começou seu interesse pelo trabalho com o Direito e o caso das crianças sequestradas por um dos pais?

Quando a ministra Ellen Gracie era presidente do Supremo, em uma dessas visitas dela ao exterior, recebeu uma pessoa de Israel que se aproximou dela e falou: "Olha, no Brasil está muito complicada a situação dos processos relativos a sequestro internacional de crianças. O Brasil é signatário da Convenção Internacional de Haia, que trata sobre sequestro internacional de crianças, mas os processos por lá não andam. Temos casos de crianças israelenses que estão lá no Brasil há quatro, cinco anos sem ver o pai, porque a mãe fugiu com a criança". Essa convenção, Leda, é superinteressante. O Brasil assinou essa convenção, salvo engano, em 98 ou 99, em 2000 veio o decreto regulamentando e em 2001 se criou a autoridade central brasileira. Ela funciona assim: O que é que está acontecendo atualmente? Muitos casamentos entre pessoas de nacionalidades diversas. Isso, na hora do casamento, é uma maravilha, todo mundo acha lindo casar com estrangeiro e tudo. Só que, na hora que vão lá pra fora, a realidade é diferente, a barra pesa. E aí, o que é que acontece? Lá, de repente "dá uma louca" nessas mulheres (porque esse tipo de conduta geralmente é praticado por mulheres) e elas resolvem abandonar tudo, pegam as crianças, põem no avião e voltam pro Brasil. E os pais ficam lá, desesperados, porque querem ver as crianças e não conseguem. Essa é uma situação dramática, que tem aumentado, principalmente, nos últimos 20 anos, em face desse trânsito de pessoas, que ficou mais fácil. Assim como no Brasil, acontece em vários outros países. Nós temos muitos casos de brasileiras casadas com alemães, com italianos, com americanos, com israelenses. Esses casos vinham aqui pro Brasil. O pai pede pra ter o direito de visita e que a criança retorne ao país dela pra que lá o juiz diga com quem é que ela deve ficar. Isso tudo é regulado por essa convenção, só que, em geral, os juízes brasileiros não tinham conhecimento dela. O que acontecia? Os processos aqui demoravam anos. E o que adianta, se nesse período a criança já perdeu o contato com o pai, já perdeu os laços afetivos? Pra reconstruir isso fica muito mais difícil! A ministra Ellen, naquele momento, teve uma luz e constituiu um grupo intergovernamental com pessoas de todas as áreas envolvidas na aplicação dessa convenção no Brasil. Dois juízes, eu e um colega do Sul, um representante da autoridade central, que é um órgão da Secretaria de Direitos Humanos que recebe esses pedidos de repatriação das crianças, Ministério das Relações Exteriores, Advocacia Geral da União, que é quem faz o pedido na Justiça, e Ministério Público Federal. Um representante de cada órgão, indicado pelos órgãos respectivos. Esse grupo começou a trabalhar, e nós publicamos, no site do Supremo, comentários da convenção. Começamos a ligar pros colegas que estavam com casos desses, explicando como a convenção funcionava, mandando material pra eles do que estava sendo feito. Em 2006 foi realizado um seminário no Brasil e nós chamamos autoridades centrais de outros países pra vir aqui conhecer o nosso trabalho. Enfim, o trabalho começou a crescer, crescer, de tal forma que, hoje, quatro anos depois, e três anos após o funcionamento desse grupo, o resultado está sendo elogiado pela Conferência Internacional da Haia. Por quê? Porque os processos estão andando mais rápido, os juízes estão tendo maior disposição, e todos os operadores brasileiros estão mais empenhados no cumprimento dessa convenção. E a maior parte dos casos, resolvidos por acordo.

É um lado da justiça bastante emocionante, né?

Muito. E o mais engraçado é que a Casa Civil da Presidência da República, quando soube disso, viu aqueles tantos órgãos conversando numa mesma mesa e logo mandou um participante. Porque o papel da Casa Civil é fazer exatamente essa interlocução interórgãos, no governo. Nós nos reunimos todo mês. Às vezes mais de uma vez por mês. E a gente está sempre trocando e-mails, todos os casos são discutidos. O importante é dar treinamento pros juízes, pra que eles saibam trabalhar com a convenção, que é desconhecida, e também pros outros operadores, pro sujeito que está lá na ponta. O oficial de justiça, uma pessoa do Executivo, o advogado que vai tratar desses casos... eles têm de conhecer a convenção. Todo mês a gente se reúne no Supremo e trata de vários casos, dos casos pendentes, das providências que estão sendo tomadas, do que nós podemos fazer, de quais serão os próximos passos.

E você acha que essa comissão ajuda a solucionar os casos de uma maneira mais rápida e mais eficiente também para a vida dessas crianças?

A autoridade central estava atuando completamente descoordenada do trabalho da Advocacia da União, descoordenada do Ministério Público, do Ministério das Relações Exteriores. Chegava uma reclamação contra o Brasil ao Ministério das Relações Exteriores, no Itamaraty, e eles não sabiam nem como tratar aquilo, porque não sabiam o que estava acontecendo. No Judiciário também, a gente não tinha esse *feedback* do que estava acontecendo nos bastidores. Agora as coisas estão fluindo com muito mais facilidade. Chega um caso, se o caso está complicado, ligo pro colega, ligo pro juiz e falo: "Você tem um caso aí". Claro que com todo o cuidado, porque juiz não gosta de receber orientação de ninguém. Com todo o cuidado a gente vai falando: "Olha, o caso é assim, é assim, queria que você desse uma olhada".

Sua porção mineira ajuda nessa hora?

Ajuda, ajuda! Ajuda muito [risos]. Aquele cuidado de ser um pouco política, pra poder conversar com o colega e ele não se sentir pressionado nem nada. Não posso dizer pro juiz lá "faça isso" ou "faça aquilo". Isso aí não está na minha jurisdição. Esses casos nos têm feito ver a fragilidade do nosso sistema judicial. Porque, quando uma pessoa não quer cumprir uma decisão, ela encontra mil caminhos processuais que a levam a retardar o cumprimento da decisão. Se o Judiciário é lento, é lento não por preguiça, por falta de vontade de trabalhar ou porque ninguém trabalha, mas porque o mecanismo é truncado. O mecanismo se fecha como se fosse um circuito fechado. Se você travar a máquina ali, ela não tem como respirar pra poder funcionar sozinha.

E isso frustra o juiz?

Frustra demais! A mim frustra muito. Quando você está fazendo um trabalho na área internacional é que você pode ver como é que isso tem uma repercussão negativa no plano internacional. Chega a um ponto em que que vários países do mundo argumentam que, se o Brasil não é capaz de cumprir essa convenção, ele não é capaz de cumprir nenhuma. Pra você ter uma ideia, houve uma reunião agora em maio na Inglaterra, em Londres, com todos os países de língua inglesa. E esses juízes, de Família, se reuniram e ficaram quase uma tarde inteira discutindo um único caso que está muito em evidência no Brasil pra chegar à conclusão que, no final do seminário, eles fariam um protesto formal pra ser encaminhado à Conferência de Haia sobre a atitude das autoridades brasileiras. Vários países, o Canadá, por exemplo, já disseram que não têm mais casos com o Brasil. Vai contratar advogados particulares aqui e resolver de outra forma os casos de crianças canadenses no Brasil. Vários países já estão fazendo uma forma de protesto contra a atuação brasileira por causa desse caso do menino Sean [Sean Goldman, nascido nos EUA, filho de pai americano e mãe brasileira, foi trazido ao Brasil pela mãe, Bruna, sem o consentimento do pai, David. Após a morte de Bruna, em 2008, David travou uma luta para levar o filho de volta e, no final de 2009, o menino retornou aos EUA com o pai, após decisão do STF].

E são muitos casos de pais discutindo a guarda de crianças?

São muitos, muitos casos. Aqui no Brasil, felizmente, temos uma legislação interna que regulamenta a emissão de passaporte pra criança. Quando você faz uma viagem pro exterior com uma criança, você tem que levar um documento judicial de autorização do pai ou da mãe. Ou então com autorização de ambos, quando ela viaja com uma terceira pessoa. Todas essas cautelas da legislação brasileira têm feito com que o número de casos de criança que saem daqui pro exterior seja infinitamente menor do que o daqueles que vêm de lá pra cá. Talvez, de lá pra cá, a vigilância, nesse aspecto, não seja tão severa como a que nós fazemos aqui. Esse é um dado positivo. Mas nós temos hoje, poderia até te dar os dados, por volta de 140 casos de crianças estrangeiras no Brasil. E como todo mundo vem comentar comigo sobre os casos, é o que eu falo: "Olha, nós não temos um Sean só, nós temos vários. E temos também Seans brasileiros que estão lá fora, que nós temos que trazer". Como é que nós vamos falar com os Estados Unidos pra mandar as nossas crianças de volta, se nós estamos segurando as deles aqui? Porque, no plano internacional, o que vigora é a reciprocidade. Se faz uma coisa aqui, repercute lá, há mão e contramão. Não há lei de validade internacional pra impor contra os países. O que conta, nesse âmbito internacional, é a boa vontade, a cooperação e a reciprocidade. Eu te dou aqui, mas você me devolve lá. Olha, esse trabalho, poder ter esse contato com os juízes, tem sido um dos mais gratificantes da minha carreira.

Você tem filhos?

Tenho duas, uma de oito e uma de cinco anos. Estou sempre me envolvendo nessa coisa de crianças. O Brasil participou de uma negociação de uma nova convenção, a convenção de alimentos, da cobrança de alimentos no estrangeiro pras crianças.

E como isso acontece?

O pai vai embora, a mãe fica aqui, ou vice-versa. E como é que você cobra alimentos pra criança lá fora? O Brasil vai ser signatário dessa convenção, e eu sou coordenadora de um grupo que se instituiu lá no Supremo também. Nós temos atualmente dois grupos intergovernamentais no Supremo: esse de sequestro e esse de alimentos, do qual eu sou coordenadora. Esse de alimentos tem também a participação dos mesmos atores. Nós agora estamos acelerando o processo aqui dentro do Brasil de aplicação dessa convenção de alimentos, porque tem agora que passar pelo Congresso, tem que se tornar lei e tudo. Estamos estudando, junto com o Itamaraty e com o Ministério da Justiça, as medidas pra tomar, pra fazer. Precisamos definir como é que isso vai ser aplicado aqui dentro.

E onde Minas Gerais entrou, assim, na sua influência?

Minas Gerais é minha vida! Tenho apartamento em Belo Horizonte, volto sempre. Eu falo isso com a [ministra do Supremo] Cármen Lúcia também. Se a gente ficar um mês sem ir a Belo Horizonte, a gente pira! A gente perde o ar! Porque eu acho que Minas é tudo na vida da gente, sabe, Leda? É o modo de comportar, é o modo de ver as coisas. Minas está muito nisso tudo. É essa coisa da família, essa coisa da montanha, de você ser mais introspectivo. Vejo uma comparação, por exemplo, com Estados do Nordeste, onde as pessoas têm muita facilidade de falar. Falar, falar, falar. Já o mineiro para e pensa. Isso está dentro de mim. Ficar pensando, se dar o privilégio e a oportunidade de refletir, ficar sentindo isso, essa reflexão. Por exemplo, quando eu fui pra Juiz de Fora, eu senti isso muito mais do que em Belo Horizonte. Lá em Juiz de Fora eles falam: "O curral grande" [risos]. "Você veio do curral grande?" E em Juiz de Fora, como é entre montanhas, as pessoas são muito mais fechadas ao primeiro contato. Depois é que elas se abrem. Acho que Minas nunca sai de dentro da gente. É aquela história: você sai de Minas, mas Minas não sai de dentro de você. Minas tem tudo isso, tudo a ver com esse idealismo. Essa coisa revolucionária que a gente tem, de querer mudar o mundo. Veja, por exemplo, a Cármen Lúcia. Acho que ela é um pouco assim, a gente é muito idealista. A gente trabalha com vontade e acredita no trabalho da gente.

Mas é muito bom acreditar nos sonhos, que a gente pode melhorar, que pode influir.

É. Não acredito que isso esteja perdido em Minas. Porque quando eu volto lá eu sinto esse mesmo aconchego, essa mesma harmonia de pensamento, de ideias com as pessoas com quem eu converso lá. Meu marido, Carlos Olavo Pacheco de Medeiros [juiz federal, agora desembargador] é um mineiro que está sempre querendo voltar pra Minas. A família dele é família mineira, tradicional, de advogados. Ele fala que ele se acostumou a Brasília, mas Brasília ainda não entrou dentro dele. Eu também. Estou aqui há nove anos. Outro dia eu parei, pensei e falei assim: "Carlos Olavo, há nove anos estou aqui em Brasília. Me sinto aqui como uma estrangeira. Sinto ainda. Meu cabeleireiro é em Belo Horizonte, meu médico é em Belo Horizonte". É uma coisa que eu acho que a gente tem que superar. Por exemplo, a Vera Brant é uma que é louca com Brasília. Mas, se você vir o jeito de viver da Vera, é o jeito mineiro de viver. A casa dela continua cercada ou por mineiros ou pessoas que têm afinidade com Minas. E a gente vive um pouco assim aqui, vive um pedaço de Minas em Brasília, cultuando isso dentro da gente, no nosso modo de vida e de ver as coisas, sem ostentação. Não é aquela vida, pelo menos os mineiros que eu conheço, os bons mineiros, não vejo aqui ostentando carrão, ostentando casona e tal. Porque é o jeito de ver as coisas, a gente vê a essência. A gente vê falando isto: "Ah, isso é pedante, isso é bairrismo!". Mas só mineiro que é assim? Não, há outras pessoas que são assim também! Mas quando você vê uma identidade de gente que pensa assim, várias pessoas que pensam da mesma forma, você tem uma identidade, você tem um ponto, e acho que esse ponto é essa ligação forte com Minas, com as raízes da gente. Eu nunca saí de Minas, nunca mesmo. Estou sempre lá, vou sempre à minha faculdade, não abandono aquilo. Sinto, quando chego a Belo Horizonte; aliás, quando eu passo pela ponte, acho que é a ponte do Rio São Marcos, que tem ali na divisa de Goiás com Minas, ah, até o arzinho é diferente! ∎

PADRE FÁBIO DE MELO
O padre que faz sucesso cantando, falando e escrevendo

Na casa dos Melo Silva em Formiga, era sempre assim: os filhos terminavam o curso primário e iam trabalhar com o pai, pedreiro e mestre de obras, na construção civil. Mas com o menino Fábio foi diferente. Ele só conseguiu quebrar esse protocolo por causa do empenho de uma professora do colégio onde estudava. Ele já estava faltando às aulas no colégio havia 15 dias, triste, na obra, coando areia e carregando cimento, com seu chapéu de palha, quando a professora chegou. Fábio, sempre manteiga derretida, começou a chorar, enquanto a professora explicava ao pai que o menino Fábio era especial e precisava voltar às aulas. Estava com 14 anos. E não só voltou à escola como se tornou professor universitário, padre, pós-graduado em Educação e Teologia, escritor e cantor. Gravou 18 CDs, vendeu mais de dois milhões de discos, fez dois DVDs e escreveu dez livros, dois deles em formato de cartas trocadas com o educador Gabriel Chalita. Um trata dos medos contemporâneos, o outro, de ganhar e perder. **PADRE FÁBIO** é jovem, alegre, cuida da alimentação, faz ginástica e um enorme sucesso. Tem milhares de fãs, viaja pelo país inteiro num ônibus personalizado, lota teatros e casas de espetáculo e só canta músicas que, segundo ele, possam interferir no processo da sociedade, fazendo uma ponte entre a cultura e a fé. Até porque ele tem muito medo do discurso religioso reservado às sacristias.

Padre Fábio, eu queria começar falando da sua formação. O senhor foi professor universitário?

Me formei em Filosofia, Teologia, sou pós-graduado em Educação e Teologia Sistemática. O meu gosto pela literatura vem desde criança. Acho interessante, porque o primeiro contato que eu tive com a biblioteca, a bibliotecária foi de muita sabedoria. Ela disse assim: "Moram muitas pessoas aqui dentro. Muita gente interessante está aqui dentro". E aí, a gente, garoto, ouvindo uma história dessas, que havia gente interessante dentro de um cubículo daquele, a gente fica fascinado. E ela disse: "Mas pra vocês conhecerem, têm que abrir esses livros e ler. Vocês vão conhecer pessoas fantásticas". E começou a nos educar assim.

E essa história se passou em Formiga?

Em Formiga, onde eu nasci, filho de uma família muito simples. Desde então comecei o meu gosto pela literatura. Já adolescente, havia lido os grandes clássicos, tanto da literatura brasileira como da universal. Sempre gostei muito de ler.

Há pessoas que fazem diferença na vida da gente, né? Essa moça fez uma diferença!

Nunca mais me esqueci disso. Porque ela me despertou pra uma curiosidade de que, para conhecer aquelas pessoas, eu teria o trabalho de abrir os livros. É muito interessante isso. E é também interessante porque eu nasci num contexto de muita pobreza, muita simplicidade. Onde você não tem muita possibilidade de avançar, pela própria estrutura que o cerca. Ou você fica acomodado com essa pequenez ou fica criativo. E a literatura nos faz muito criativos. Porque nos faz avançar. É muito interessante o poder que a palavra tem dentro de nós. A literatura é fantástica, porque ela nos empresta a experiência como leitor. Aquilo que a literatura me empresta o tempo todo quando eu estou diante de uma obra ou de um personagem fantástico.

É quando eu vejo aquela virtude que eu não tenho e sinto vontade de ter também. Me sinto motivado a fazer alguma coisa porque li alguma coisa a respeito disso. De alguém que conseguiu fazer, que conseguiu avançar. Sempre gostei dessa aventura que a palavra proporciona.

Como é que veio o desejo de ser padre?

Quis ser padre desde criança. Sou o único padre da minha família. Estudei durante 17 anos pra ser padre. Quando a gente tem uma figura positiva para se espelhar, a gente acaba querendo ser também. Isso pra mim foi muito forte. Sempre tive bons padres que passaram pela minha vida. Pela história da minha família, da minha paróquia, onde eu morava. Descobri que o primeiro aspecto que me fez ficar fascinado com a vida do padre é que eu percebi que ele fazia bem o tempo todo às pessoas. Ele estava o tempo todo comprometido com a bondade. Isso é o essencial da nossa vida religiosa.

Havia seminário lá em Formiga?

Não. Fui estudar em Lavras. O motivo que me fez entrar no seminário foi altamente superficial. Quer dizer, quando eu vi a piscina fiquei maravilhado: "É aqui que eu quero viver. Nunca mais quero ir embora deste lugar". Piscina era novidade. Durou um, dois meses. Depois me acostumei com o lugar e as descobertas de cada tempo. Acho muito interessante, porque não se pode pedir de um menino de 15 anos que ele tenha uma resposta definitiva pra alguma coisa. Mas o bonito é a gente perceber que esse encanto se desdobra. Aquilo que me encanta hoje pode parecer tão pequeno! Mas de repente aquilo ganha uma semente e vai florescendo aos poucos. Creio que a minha decisão por ser padre continua até hoje. Eu nunca quero me sentir pronto. Nunca quero achar que eu já estou no definitivo. Porque isso é morrer. O bom da vida é observar que, a cada dia, a minha opção precisa ser fortalecida. Preciso me apaixonar pelas minhas opções, pelas minhas questões humanas todos os dias, pra ser um bom homem, pra ser um ser humano que faça a diferença na sociedade. E como padre, apaixonar-me pela mística que me leva.

E você foi pároco? Fez toda uma carreira como padre?

Não. Sempre tive uma vida atípica como padre. Virei padre em 2001. E a congregação da qual eu fazia parte me pediu que eu fosse estudar, que eu fosse fazer o mestrado em Antropologia Teológica. Fui, estudei, voltei pra Taubaté, fiz mestrado em dois anos e já voltei como professor no lugar onde, dois anos atrás, havia estudado, terminada a faculdade. Fiz Filosofia, fiz pós-graduação, no Sul do país. Estudei no Paraná, estudei em Santa Catarina, em várias cidadezinhas. Fui viajando. Fui descobrindo. Interessante, porque, quando a gente mora em muitos lugares, cada vez que você vai mudar você acha que vai morrer, que você nunca mais vai encontrar amigos como você tinha lá, que aquele foi o melhor tempo da sua vida. É tão bom isso! Você descobrir que cada tempo é o melhor tempo da vida. Já voltei como professor e fiquei lá durante quatro anos. Até o momento em que o meu trabalho como comunicador foi tomando muito o meu tempo. Sou padre, faço tudo o que um padre faz, mas não tenho o compromisso de ter uma paróquia pra atender, porque a minha vida é muito irregular. Viajo muito.

E quando você despertou pra a comunicação e descobriu em você o comunicador, a sua congregação, a Sagrado Coração de Jesus, não se importou? Eles gostaram?

Temos um histórico de padres comunicadores. O padre Zezinho que faz um trabalho maravilhoso; o Joãozinho; o padre Leo, que também fez um trabalho maravilhoso na Canção Nova e é escritor. A gente já tinha um histórico de estarmos ligados à comunicação. Então, não tive nenhum problema. Pelo contrário, tive muito incentivo pra poder fazer o trabalho que hoje faço. Muito embora eu esteja desligado da congregação e esteja dentro da Diocese de Taubaté, interior de São Paulo, onde o meu bispo me libera para fazer esse trabalho.

Como é que o senhor pensa a sua música?

Quando comecei a fazer o trabalho com a música, quis que fosse uma música coerente com aquilo em que eu acredito, com a forma como eu sou padre, a forma como eu creio em Deus. E o repertório começou a ser escolhido, desde os meus primeiros trabalhos, a partir desse desejo. Alguma coisa que pudesse falar da humanidade. Alguma coisa que as pessoas pudessem reconhecer: está falando de mim, está falando comigo. Tenho muito medo do discurso religioso reservado às sacristias. Ele não atinge ninguém. E a gente precisa, o tempo todo, interferir no processo da sociedade. Não gosto da religião desencarnada, muito pautada nas esperanças futuras. Desde que comecei o meu trabalho com a música, tive um desejo muito grande de estabelecer uma ponte entre a cultura e a fé. Minha formação toda me levou pra isso.

Quem compõe as músicas e as letras?

Eu. Boa parte dos meus trabalhos é autoral. E gosto de trazer para meu trabalho aquilo que eu considero o bom da música católica. Nós temos excelentes compositores, gente que tem uma qualidade musical muito grande. Frederico Cruz, Celina Borges, Martin Valverde, Valmir Alencar, que são grandes compositores da música católica. Mas a gente é gueto, a música católica ainda é muito gueto. A gente ainda não conseguiu ultrapassar a dificuldade, por exemplo, de se encontrar um trabalho nosso nas grandes redes de vendas de CDs. Nós temos números que assustam as pessoas. Ninguém sabe. Mais assustador ainda são os livros. Pra você ter uma ideia, o meu primeiro livro pela Canção Nova, que se chama *Quem me roubou de mim: o sequestro da subjetividade e o desafio de ser pessoa*, vendeu 150 mil cópias em um mês e meio. O CD *Vida* vendeu mais de 700 mil cópias. A gente fica meio assustado, porque eles veem na televisão e parece que você ganha alguma coisa diferente. Você continua sendo o mesmo ser humano, mas, como apareceu na tevê, ganha uma atmosfera diferente. O que é mais difícil de administrar. Sempre digo que não podemos esquecer quem a gente é. O grande problema é quando eu me desprendo daquilo que sou, pra viver aquilo que o outro imagina. A gente que é figura pública sofre dois males: ou nos imaginam pior do que a gente é ou nos imaginam muito melhores. As duas situações são prisões, e não quero nenhuma das duas. Não quero ser imaginado pior do que sou, nem melhor. Quero ser apenas o que eu sou, fazendo o trabalho que faço. A gente está conseguindo administrar bem.

É um clima totalmente novo, porque vem a foto, o autógrafo...

O público nos eventos... Hoje eu canto pra 70 mil pessoas nos estádios. A gente fez quatro noites lotadas no Canecão. Estou rodando o Brasil inteiro... É muita gente! E graças a Deus, hoje, musicalmente, a gente está bem assessorado com bons músicos, todo mundo muito profissional, uma boa equipe para fazer a produção desses eventos. Mas, ao mesmo tempo, a gente tem que lembrar que, esses eventos, por mais suntuosos que possam parecer em termos de estrutura, são eventos de evangelização. São eventos que estão comprometidos em fazer o bem. Na proclamação de uma palavra – que acredito fazer bem; acredito que a palavra religiosa, quando bem aplicada, só faz bem às pessoas. A gente sabe que religião também pode fazer muito mal se vivida de maneira errada, alienante. E, por outro lado, a gente tem como ajudar financeiramente muitos lugares carentes, muitas instituições. Como agora [2009], nessa semana fizemos o show na Fundação Terra, em Arco Verde, no sertão de Pernambuco, que é um trabalho maravilhoso de um padre amigo meu, o Airton Freire, que foi viver com os pobres no lixo. Mas não foi só ficar pobre com eles; é muito mais que um desprendimento, é trazer dignidade ao lugar. Então vamos lutar juntos, vamos fazer alguma coisa pra melhorar a vida de todo mundo. E quando a gente faz essa união, prega uma palavra que faz bem e, ao mesmo tempo, gera um retorno financeiro pra ajudar de maneira concreta a algum lugar, a satisfação é imensa. O mais bonito do trabalho do padre Airton é que ele fez da rua do lixo um lugar de dignidade. Tem hospital, tem escola. E o que ele fez na rua do lixo começou a contagiar muita gente. Muitos intelectuais. O padre Airton não é um homem bobo. Fala sete línguas, é extremamente capacitado. De uma inteligência, de uma capacidade de argumentação maravilhosa! E, ao mesmo tempo, de uma simplicidade desconcertante. Consegue trazer pros nossos dias a beleza de uma mística aplicada de verdade. Não é a mística que muitas vezes se reveste de uma hipocrisia. É um homem comprometido com o que acredita. E ali, os profissionais que ajudam, médicos, dentistas, advogados, todo mundo que vai sendo contagiado pelo trabalho dele, começa a reproduzir em outros lugares aquela mística que viram lá. A Fundação Terra não se limita mais a Arco Verde.

Esse é o seu grande prazer?

É muito bom ver hospitais, creches, lugares sendo beneficiados com o seu trabalho. A gente vai descobrindo o que a gente é naquilo que a gente faz. Ou como a gente vai firmando o que a gente crê naquilo que a gente diz, por exemplo. A partir do momento que eu descobri que o cotidiano é o lugar da minha revelação, é o lugar onde eu descubro essa presença de Deus, descobri que eu tenho que ser padre assim também: no cotidiano, a partir de fatos corriqueiros. A minha pregação nasce sempre, o tempo todo, desse contexto de todo dia, de toda hora. Das dores, dessa possibilidade de me apaixonar pelos calvários do mundo, de não temê-los, de fazer a experiência do limite humano, de tocar a dor humana com respeito, com sacralidade. Isso pra mim é ser padre, Leda. E a possibilidade de fazer a experiência da Bem-Aventurança, de que Jesus falava de maneira tão poética.

Essa é sua missão como padre?

Eu entendo que há a necessidade de o padre estar inserido no contexto da comunidade, e não só naquele momento de pregar na igreja. Eu sempre digo o seguinte: a gente tem o direito de fazer o que quiser na vida, desde que a gente faça com responsabilidade e de maneira que não se esqueça o que a gente é. Acho que, como padre, tenho a possibilidade de estar em muitos campos. Por exemplo, estamos desenvolvendo um trabalho de Pastoral Universitária, que é uma necessidade muito grande hoje. Trabalhar dentro do contexto universitário requer muito da gente como padre. É muito mais fácil falar num contexto em que você não é questionado, tudo é assimilado de maneira muito fácil. Religião não é garantia de salvação. O que nos salva na vida é aquilo que a gente consegue estabelecer da religião como atitude. Existem algumas coisas dentro do contexto religioso que parece que nós perdemos o direito de fazer. A arte se desvinculou da religião de uma maneira assustadora! Tudo o que é religioso parece que tem que ser feio, tem que ser cansativo, tem que ser desgastante. E não é pra ser assim! Acho que o contexto da religião é sempre o contexto da beleza. A ética, a associação de Aristóteles, que o bom é o belo. Aquilo que está naturalmente tocado pela sensibilidade humana, aquilo que é naturalmente belo. Aquilo que faz com que na vida a gente descubra: "Meu Deus, isso é sagrado!".

A renda desses CDs e DVDs é da Diocese de Taubaté?

Em verdade, esse é o primeiro trabalho que faço dentro da Diocese. Tive um processo de desligamento da congregação e estou vivendo isso agora. E meu comprometimento atual é com a Diocese de Taubaté, mas também – e isso é interessante porque o meu bispo não tem essa visão fechada – é ajudar outros lugares, que não só o meu. Ele sabe disso. Eu sobrevivo do meu trabalho. Não tenho paróquia. Vivo de direitos autorais e administro isso tendo sempre essa consciência do que eu posso ajudar. O que está perto de mim, na minha diocese, mas também o que está distante.

Com o seu CD, o seu canto, a sua palavra você está ajudando a muita gente? Está atingindo seu objetivo?

Acredito que o discurso religioso seja extremamente redentor. O que é a redenção? Dentro da teologia você aprende que redimir é tirar uma pessoa de uma situação desfavorável e colocá-la num lugar melhor. Isso é concreto em nós, não é uma falácia. Você muitas vezes já foi recuperada, quando saiu de um lugar ruim e entrou num melhor e ouviu que ele a fez pensar diferente. Essa é a beleza da religião e, aqui, aplicada dentro de um conceito de arte. Ao falar de Deus, ao propor um valor que está ligado a aquilo que é divino, que é religioso, estou proporcionando àquela pessoa uma aventura interessante que é a superação. E aí, Leda, a gente concretiza a coisa quando escuta, encontra uma senhora dizendo: "Ô, padre, naquele dia que o senhor disse isso, o senhor mudou minha vida". E ouço isso todo dia na minha vida. Graças a Deus! Lancei um livro chamado *Quem me roubou de mim: o sequestro da subjetividade e o desafio de ser pessoa.* A gente estava em Belo Horizonte dando os autógrafos do livro *Cartas entre amigos,* e uma senhora parou na minha frente: "Olhe bem pra mim!". Olhei. "Autografa este livro." Me dando ordens. Autografei. Ela: "Pronto, agora posso lhe dizer que este livro me emagreceu 36 quilos". Pensei: "Será que ela leu correndo?" [risos]. O contexto, aquilo que sugeri em termos de reflexão, dos cativeiros afetivos em que muitas vezes vivemos, a nossa autodepreciação, o processo danoso que é quando a gente deixa de gostar da gente... Porque alguém o sequestrou, do ponto de vista da subjetividade, alguém o acorrentou, não deixou você ser você mesmo. Aquele livro a libertou de um relacionamento extremamente danoso que ela vivia, de um processo de autodepreciação pelo qual ela passava, que a havia feito engordar muito. Ao ler o livro, ela perdeu 36 quilos. Por quê? Porque retomou uma série de coisas, mudou atitudes. Isso vale a pena. Vale a pena chegar à conclusão de que o meu trabalho vira queima calórica, já que trabalho o tempo todo com as indigestões emocionais, porque temos o tempo todo as coisas ruins para serem digeridas. Como padre eu escuto isso o tempo todo. Normalmente as pessoas não vêm me contar coisas boas, e sim coisas pesadas pra elas. É bom isso, porque, quando você ouve uma história dessa e tem a oportunidade de interferir no processo daquela pessoa e ela sair dali um pouquinho mais leve, a religião aconteceu. O conceito latino de religião é religar, unir pontas desligadas, que a gente reúne, religa. Isso é lindo demais! Nisso está a força do discurso. Às vezes as pessoas me veem hoje e pensam que comecei hoje. Não, eu tenho 13 anos de trabalho com música religiosa.

Você participa ativamente da seleção das músicas dos seus discos?

Participo. Estou à frente de tudo. Vivo criando, e meu processo de criação está acima de tudo. Queria trabalhar a categoria de tempo. Vivemos o tempo todo a experiência do tempo que nos pesa. A gente envelhece com esse tempo. O Chronos é muito pesado sobre nós. Mas existe um intervalo nisso tudo quando a gente consegue esquecer que o tempo existe. Isso é religioso. Toda vez que eu não tenho a percepção do tempo, estou fazendo uma experiência religiosa. Ou porque ouvi uma orquestra tocando ou porque ouvi um poema que me retirou do tempo. Eu vivo essa bonita experiência de esquecer que o tempo existe. E a liturgia nada mais é que uma proposta de fazer esquecer que o tempo está passando. A proposta do DVD é mostrar os tempos litúrgicos são os Kairós (tempo certo, oportuno). O tempo que não passa, que permanece. Que é bom demais.

Eu queria falar um pouco do livro *Cartas entre amigos*, que você escreveu junto com o escritor e educador Gabriel Chalita...

O Gabriel é uma pessoa fantástica! Foi ele quem abriu as portas pra mim de toda essa minha aventura literária. A primeira vez que tive coragem de mostrar um texto, que até faz parte do livro *Mulheres de aço e de flores*, ele disse pra mim: "Melhor do que a música! Você é bom escrevendo. Pelo amor de Deus, comece a escrever!". Eu acreditei. E tomei um gosto muito grande pela literatura. O livro nasceu dessa aventura que a gente fez de começar a pensar os medos contemporâneos. E, a partir da ideia de um texto que pudesse ser leve, poético, trazendo reflexões com substância, fizemos o livro. A partir da Filosofia, da Antropologia, da Teologia, da Literatura... Aí nasceu o *Cartas entre amigos*. Todo mundo tem medo. Medo de morrer, de envelhecer, de ser esquecido, de ser traído, abandonado. O medo de ter medo. Muitas questões que estão presentes, hoje, na sociedade contemporânea, nos assustam, estão presentes entre nós.

É autoajuda?

Não, porque não propomos nenhuma receita mágica, embora ele esteja classificado nas listas de mais vendidos como autoajuda. A gente fez uma proposta de trabalhar os temas de maneira que a pessoa pudesse pensar sobre os medos. Não estamos querendo dar – até porque a gente não tem – soluções para o medo. Não temos como mudar a vida, o que acontece, o que sinto. Mas posso olhar de um jeito novo pra isso. Posso administrar de um jeito novo o que está acontecendo. Tudo depende do olhar que a gente lança sobre a realidade. Muitas coisas que nos aprisionam, que nos amedrontam, nascem do jeito como a gente olha. O jeito como a gente interpreta é muito definitivo pra nós. Eu creio nisso, e o Gabriel também. A mente tem maior capacidade de agir com um pouco mais de coerência quando ela está mais arejada, mais comprometida com o pensamento, com a reflexão.

Você viaja muito, faz muitos shows, se desloca pelo país inteiro e, ao mesmo tempo, é vaidoso, se preocupa consigo mesmo. Como você tem conciliado todas essas coisas?

Me cuido muito. Hoje em dia, faço a minha disciplina acontecer em qualquer lugar. Nunca fui muito disciplinado, fui adquirindo com o tempo. A minha natureza é desorganizada. Estou aqui pensando e, de repente, me lembro que esqueci um negócio. Na época em que eu cuidava da minha agenda, marcava dois três eventos pro mesmo dia em lugares diferentes. Graças a Deus hoje consigo manter uma vida disciplinada, senão não teria nem saúde pra fazer isso! As pessoas acham que padre não pode viver. Não sei se a culpa é nossa porque, durante muito tempo, não deixamos ninguém viver também, mas temos muitas dificuldades. Às vezes escuto assim: "Nossa! Isso é lugar de padre? Padre não tem que ir pra academia!". Eu não que tenho que parar, você é que deve começar. Acho que todo mundo tem que ir, tem que fazer uma atividade física, ainda que não seja dentro de uma academia. Uma caminhada... Eu faço o que posso. Procuro me movimentar, senão não aguento o ritmo que tenho de vida. Como direitinho. Procuro não comer doce, porque gosto muito. Mas estou bem com esse acúmulo de trabalho. Às vezes as pessoas acham que a felicidade é o sucesso. O sucesso é ser feliz. É a satisfação de você ser quem você é. Meu pai nunca apareceu na televisão, nunca foi notícia de absolutamente nada, mas foi um homem muito feliz. Foi um homem realizado em tudo o que fez. Morreu realizado em tudo o que era. O maior sucesso que podemos fazer na vida é ser feliz sendo quem somos. E, se algum dia, tiver que parar de cantar, de escrever e viver lá numa paróquia do interior, vou ser feliz do mesmo jeito, porque sou feliz sendo o que sou. ■

RACHEL JARDIM
A doce e discreta senhora

RACHEL JARDIM passou a fazer parte da minha vida no exato momento em que comecei a ler *Os anos 40*. Ser uma mulher mineira começou a ficar mais claro para mim a partir daquele livro. E, pelo resto da vida, carreguei algumas das definições dela sobre Minas, sobre as montanhas e sobre a condição de mulher mineira. Além de observadora atenta, Rachel, de 84 anos, é uma intelectual de formação sólida e uma pessoa alegre, de humor perspicaz, de uma clara e discreta mineirice. Rachel lê muito e diariamente. Principalmente Drummond, Proust e a vida dos santos, mas não acredita em Deus. Leva uma vida discreta, quase não sai mais de casa, mas já ocupou cargos públicos, como administradora do bairro de Santa Teresa, no Rio, com firmeza, mas sem perder a doçura. Perdeu a memória quando sofreu um AVC, mas recuperou não só as lembranças como também os encontros literários que mantém há mais de 15 anos com amigas da vida inteira, quase todas mineiras ou filhas de mineiros históricos. O que elas estudam? Proust.

Você escreveu sobre Minas e entende Minas de um jeito muito especial e que me marcou muito. Minas ajudou, colaborou, incomodou você? Como é a sua relação com Minas?

O livro *Os anos 40* nasceu de uma forma muito estranha. Eu fui assistir a um filme chamado *O jardim dos Finzi-Contini*, e aquilo mexeu tanto comigo! E não foi Juiz de Fora que o filme trouxe de volta, foi a minha vida, a fazenda do meu avô em Guaratinguetá, a maneira de viver da minha família. Não era uma fazenda em Minas, era em São Paulo, em Guaratinguetá. Mas era muito escondida, as pessoas não apareciam muito lá. Era muito fechada. E aquela geração, toda aquela discrição... Eles eram judeus. E, de repente, eu me senti... Eu, uma mineira, com coisas pra dizer, pra contar daquele tipo de gente, daquele tipo de vida. Cheguei em casa e comecei a escrever *Os anos 40*" e não parei mais. Aí que Minas voltou, entendeu? Porque estava claro que Minas estava ali o tempo todo, mas eu não tinha tomado consciência sobre até que ponto era aquilo e até que ponto eu era produto daquelas pessoas de Minas, daquelas tias, da avó, daquela gente, daquele lugar.

E você escrevia antes de *Os anos 40*?

Em 1948, quando me mudei para o Rio eu escrevia e mandava pro Franklin de Oliveira [jornalista e crítico literário]. Ele tinha a coluna "Sete Dias", na revista *O Cruzeiro*, que fazia o maior sucesso no Rio de Janeiro naquele tempo. E eu mandei dois contos pra ele. Ele ficou animadíssimo e publicou esses dois contos, com ilustração do Santa Rosa, que era o máximo! Eu me mudei pro Rio para estudar Letras, na PUC, que naquela época era em Botafogo. Me apaixonei pela literatura, Franklin me apresentou a literatura de Virginia Woolf, que ele achava que era minha alma irmã, e me apresentou ao que havia de melhor na literatura fantástica. Tínhamos conversas intermináveis sobre literatura e música. Eu voltei pra Juiz de Fora e só fui escrever de novo depois que vi *Finzi-Contini*. A Editora José Olympio publicou o livro em 1973.

Você fala em *Os anos 40* que "as montanhas fazem uma combinação meio claustrofóbica"... Eu queria saber da sua relação com as montanhas.

Essa combinação claustrofóbica não deve funcionar mais. Porque já não tem mais montanha em Juiz de Fora, acabaram com elas. Só uma parte da cidade, a cidade nova, onde tem a universidade, é que tem montanha. O centro não tem mais montanha. Mas o espírito das montanhas está ainda pairando na cidade de certa maneira. Quando eu chego em Juiz de Fora, eu sinto ainda uma coisa meio claustrofóbica. E, quando eu chego, eu vou lá pro Parque Halfeld, sento num banco, e, às três horas da tarde, o céu começa a baixar e parece que cai em cima da gente. É um fenômeno que só existe lá. As nuvens de Juiz de Fora são nuvens enormes, gordíssimas, que sempre me impressionaram terrivelmente. Aquelas montanhas nasceram com o mundo, quando ele foi criado, e, pra mim, todos os duendes mineiros estão naquela montanha. Aquelas montanhas esbarravam, como uma muralha, na minha frente. Mas me fascinavam. As montanhas me claustrofobiavam, mas como que me desafiavam a romper aquela coisa também. E é claro que isso reflete no comportamento das pessoas, porque em todo país montanhoso as pessoas têm um caráter mais fechado, como as montanhas. O mar produz um certo tipo de gente que as montanhas não produzem. Elas têm uma coisa que, além de fecharem o horizonte, é meio mágica, estranha, subjetiva, interiorizada... Entendeu? Elas me reportam à essa coisa estranha que ajudou a formar o mineiro de modo geral, sem dúvida nenhuma.

E você fala, também, do "parecer direita". O ser mulher, também, em Minas, ter pensamentos próprios, ter vida própria... Tudo isso é muito difícil ou foi muito difícil nos anos 40...

Convivi durante muito tempo com uma família mineira, chamam-se Bento de Oliveira, estão lá até hoje, não saíram. Aquela família é uma família tipicamente mineira, até hoje. Eu tinha um tio que era dessa família. E ele foi uma das pessoas que mais me marcaram, porque era extremamente religioso. A família é extremamente católica, toda a família. Mas depois assumiram um papel meio libertário, depois se ligaram ao PT. E se ligaram a ascendências mais modernas, como comunidades de base da religião. Mas eles me plasmaram em termos de religião. Eu aprendi muito com eles. Eles tinham esse lado extremamente puritano e moralista, que, você sabe, essa gente toda que virou comunista é puritana e moralista. Não existe coisa mais puritana do que um comunista no mundo. Nem coisa mais moralista do que um puritano e comunista. Eu conheci vários. Ao longo da minha vida, abriguei na minha casa comunistas durante a revolução; conheço muito bem. São de um moralismo, de uma falta de maleabilidade! Eles não transitam... Eles não abandonam aquilo ao longo da vida. Aquilo é uma fé, é um compromisso, é um dogma que eles levam ao longo da vida. Então, essa gente toda, esses dos Bento de Oliveira, me plasmaram muito. Mas eu tinha sérias dúvidas com Cristo, com Deus, com tudo. Juiz de fora era completamente religiosa, católica. Era uma cidade, mesmo perto do Rio, que se manteve mineira, completamente mineira. Com aquelas comidas gordurosas, aquelas linguiças... Se bem que os italianos tiveram muita influência na comida mineira... A macarronada era o prato de domingo, eles tiveram uma influência muito forte e muito boa para a cidade. Até os Pantaleone Arcuri ajudaram. Construíram uma cidade mineira especialíssima, diferente de todas, né? Mas ela se manteve mineira. É o Morro do Imperador que faz isso, ele vigia a nossa mineiridade, não deixa a gente escapar disso de jeito nenhum. E a gente está carregando isso pro resto da vida. É daí que digo no livro que "não se é mineiro impunemente e não se recupera nunca de se ter sido".

Quantos livros você escreveu?

Eu escrevi uns cinco ou seis livros. *Cheiros e ruídos* [1975]; *Vazio pleno* [1976]; *O conto da mulher brasileira* [1978], uma antologia; *Mulheres & mulheres* [1978], também uma antologia; *Inventário das cinzas* [1980]; *A cristaleira invisível* [1982]; *O prazer é todo meu*, outra antologia [1984]; *Crônicas mineiras* [1984]; *O penhoar chinês*, romance de 1985; e *Minas de liberdade*, memórias, de 1992. Escrevi o último agora, que é *No reino à beira do rio*. E esse talvez seja o livro de que eu mais gosto. Ele foi editado pela Funalfa, lá em Juiz de Fora. Por isso ele ficou meio por lá. São uns poemas que o Murilo Mendes escreveu pra minha mãe. Não são dele, ele selecionou 30 poemas da literatura brasileira, ele amava poesia, e fez um caderno de poesia e deu pra minha mãe. Ele tinha 18, e ela, 17 anos. Foi o último livro que publiquei.

Você não escreve mais?

Olha, hoje em dia... Eu acho que o que eu tinha que fazer eu fiz. Deixei uma obra que eu acho razoavelmente boa. Eu estou velha, não dou mais conta. Acabou. Eu tenho um livro escrito que eu não vou publicar, chama-se *O sabor da ira*, em que eu conto toda a minha experiência no serviço público. Trabalhei durante muito anos na Prefeitura do Rio; eu fui anotando as coisas... E eu vi coisas inacreditáveis! Presenciei um lado do ser humano que era o oposto dos Bento de Oliveira. Aquela gente tão ética, tão católica! Aquela correção que era um negócio! Então eu fui anotando... Depois eu pari esse livro. *O sabor da ira* é o nome do livro. Mas eu não vou publicar. Caramba, não dá! Nem trocando os nomes das pessoas. Eu trabalhei por oito anos como administradora regional de Santa Teresa, e a mineiridade aflorou muito em Santa Teresa. Mas chega a um ponto em que você tem uma certa idade e tem que parar de escrever, né? Aliás, eu leio obsessivamente. Eu não consigo parar de ler. Meu pai era assim, não parava de ler. Leio Proust e leio

Drummond. Eu acho que o protótipo do mineiro é o Drummond. Ele disse tudo de Minas. Depois que o Drummond falou de Minas, ninguém precisava falar mais nada. Ele criou uma Minas mitológica. Aquela Minas que a gente quer que seja, que a gente quer alcançar, que é quase como deus da gente. Ele tem até uma frase que diz: "espírito de Minas me visita". Ele pegou uma Minas mitológica e pegou uma Minas real. Aquela coisa: "Itabira é apenas uma fotografia na parede. Mas como dói!". O Drummond pegou aquela Minas concreta, comida mineira, os hábitos mineiros, e criou. É uma casca proustiana. Proust faz a mesma coisa em *À la recherche*. Ele pegou as coisas da realidade e transformou aquilo numa coisa quase mitológica. Proust tem um lado totalmente terra-terra e tem um lado epopeico. *À la recherche*, no fundo, é uma epopeia. Drummond é também um pouco isso. É uma epopeia sem grandiloquência, uma epopeia interior. Minas é onde ele habita, Minas não podia faltar pra ele. O chão de Minas não podia faltar pro Drummond. Pra mim também. O que me sustentou ao longo da vida foi o chão de Minas, não tenho a menor dúvida disso. Você sabe que mineiro adora dinheiro. Com todo esse lado meio religioso, meio introspectivo... Mineiro é uma raça peculiar, não é como o cearense, o nordestino, que é uma raça engraçada, folclórica. Mineiro não é folclórico. Até a maneira de falar do mineiro... Mineiro fala com o português correto de modo geral, muito correto, com a entonação peculiar, que não chega a ser engraçada, é só peculiar. Mas com tudo isso, mineiros são ótimos banqueiros, e tem um lado de inteligência que o mineiro tem. Porque ganhar dinheiro não é nada demais, é uma prova de inteligência. Quisera eu saber ganhar dinheiro!

Você não escreve mais, mas lê muito. A literatura ainda é muito presente na sua vida então.

Quando eu trabalhava em Santa Teresa, reuni um grupo de senhoras, quase todas mineiras, pra fazer um curso de História da Arte com o Guima. Lembra do Guima, de Juiz de Fora? O Guimarães? Ele ensinava História da Arte na UNIRIO. Se aposentou e foi ensinar em casa. E eu chamei esse grupo, a filha do Luiz Valadares, a filha do Raul Soares, a filha do Wenceslau Brás, a filha do Almeida Magalhães... Gente ligada a Minas, gente que fazia parte da história de Minas, que ocupou o poder. E elas eram minhas amigas, por acaso, né? Eu juntei esse grupo de senhoras pra estudar com o Guima. E ele morreu nos dando uma aula. Ficamos desesperadas, gostávamos imensamente das aulas. Então, começamos a os reunir quartas-feiras de manhã pra ler Proust. E como Proust se reporta a uma série de situações do mundo – ele desvendou todo o século XIX, até o começo do século XX –, a gente tem matéria que não acaba nunca mais. Então, a gente está envelhecendo lendo Proust. Algumas já morreram... porque já estava na hora morrer. Todo mundo tem a hora de morrer, essa é a verdade... A idade nos leva a essa fatalidade. Sabia que eu perdi a memória? Perdi a memória durante uma aula de Proust. Eu comecei a dizer coisas sem nexo, completamente sem nexo. Eu não me lembro, de nada, me levaram numa ambulância. E aconteceu uma coisa engraçada quando eu acordei, algumas horas depois. Eu não me lembrava de nada, e aí uma enfermeira que estava lá falou: "Eu conheço a senhora". "Você me conhece?" "Conheço. Eu moro em Santa Teresa, e a senhora foi prefeita. A senhora era bravíssima! Todo mundo morria de medo da senhora." Eu disse: "Eu????". "É, a senhora, sim". E ela começou a contar fatos de Santa Teresa, e eu fui me lembrando... Olha que coisa essa mulher! Eu nunca me esqueci dela. Uma bênção isso! Porque seria um castigo terrível, principalmente pra uma pessoa que vive da memória e tem prazer nisso, perder a memória. O tempo é o meu material. É o material de Proust. Eu sempre procurei não desperdiçar o tempo. Ele estava tentando recuperar o tempo que ele não desperdiçou.

E como é sua vida hoje?

Depois que eu perdi a memória eu fiquei com medo. Porque todo mundo diz que quem teve AVC vai ter outro. De modo geral, a tendência é ter. Então, eu tenho medo de sair sozinha; por isso, saio pouco. E eu acho que as pessoas falam tão alto hoje em dia! Uma gritaria. Que coisa! Por que é que todo mundo fala alto? Gritam, falam alto. Isso me perturba. Então, esse grupo do Proust, que se reúne às quartas-feiras, em geral almoça fora nas quartas-feiras. A gente se visita, a gente se gosta. Eu sou muito organizada na minha vida. Eu vivo com a minha aposentadoria, que não é alta, mas consigo me equilibrar, me organizar. Minha casa é muito bem organizada, a gente come na hora certa, comida é muito bem feita. Mineiro tem um lado organizador. No meu tempo era moda ser porra-louca. Era a grande moda. As minhas amigas eram todas, e eu nunca consegui. Eu tinha que ter uma organização, porque, por dentro, eu era tão revolucionária que, por fora, eu tinha que ser organizada. Era efervescência demais! Demais. Não dava pra aguentar. Eu ia cair na primeira esquina, assim, de repente. Eu tinha que ter uma ordem pra aguentar aquela coisa de dentro – que ninguém mais chama de angústia, porque essa palavra está fora de moda. Mas eu não sei o que é que é. O mineiro tem uma coisa de introspecção, de reflexão sobre a morte... O mineiro é preocupado com a morte. Eu penso muito na morte. Eu sou ateia hoje em dia. Lá em Juiz de Fora foi um escândalo! Eu fiz uma palestra, me perguntaram e eu disse que era ateia. E foi um susto na plateia. Eu estava sendo adotada por uma faculdade, que é uma academia de comércio, aí me "desadotaram" [risos]. Mas eu preciso dizer o seguinte, eu não acredito nesse Deus que intercede na vida da gente, que resolve os nossos problemas, que a gente vai lá, reza, e ele resolve... Esse Deus não existe. E já que esse Deus não existe, o outro que fica lá, também, não adianta nada. Me dá uma certa tranquilidade não acreditar em Deus. Foi uma conquista. Eu gosto de vida de santo. O Proust também gostava. E ele era judeu, a mãe era judia, o pai tinha sido padre; aliás, seminarista. Mas ele adorava vida de santo, sabia vida de santo como ninguém. Vida de santo eu acho curiosíssima! Acho que todo mundo deveria estudar. São vidas tão curiosas e que revelam o espírito de uma época. E eles foram acima dessa época, desafiaram o seu tempo. São figuras curiosíssimas os santos. Adoro ler sobre vida de santo. Mas não acredito em Deus.

Você está vivendo agora o repouso da guerreira. Você lida bem com a idade e com certas limitações que ela impõe?

A idade faz você começar a sentir sintomas. É impressionante, o corpo começa a mudar. Você não dorme direito, sente dor na perna, você acorda de manhã às quatro horas, o sono é pouco... Você tem dor nas costas, na coluna... Adoro comer, mas a comida não digere direito... São coisas físicas, concretas. Te dá uma fragilidade física, entendeu? Andar já é mais difícil, sabe. Realmente, a gente tem de se render um pouco. Intelectualmente, não, eu sou inteiramente lúcida. Como eu te digo: eu me sustento pela minha cabeça. Eu adoro ficar em casa. Eu trabalhei fora durante anos e anos e anos e não acho o "repouso da guerreira", que você definiu muito bem, nem um pouco triste; é rico, na medida em que a literatura faz a gente viajar, né? Agora, as recordações às vezes... Vão morrendo as pessoas em volta... Essa ideia da morte também é uma coisa muito dura. Essa coisa me apavora. Tenho muito mais medo de perder as pessoas do que de morrer. A gente morre um pouco quando perde as pessoas... Morrer sempre foi uma coisa meio obsessiva na minha vida. Desde menina que a morte sempre esteve muito próxima de mim. Mas é uma coisa estranha isso de você vir ao mundo, ficar, se acabar e depois morrer. É muito sem lógica, né? Isso não tem sentido. Deus, se existisse, não faria isso. ■

REGINA BERTOLA

Representando e cantando, o Ponto de Partida

encontrou os Meninos de Araçuaí

REGINA BERTOLA sempre acreditou no sonho. E sempre acreditou também que era possível fazer teatro em Barbacena e de lá conquistar o mundo. Há exatos 29 anos ela criou com o marido Ivanée Bertola o Grupo Ponto de Partida, um movimento cultural antes de ser um grupo de teatro. E fizeram algumas promessas, como se profissionalizar, trabalhar com pesquisa e sempre estrear os novos espetáculos na cidade e de lá partirem pra conquistar o mundo. Assim tem sido. Já levaram suas peças de teatro adulto e infantil para várias cidades de Portugal, França, Bélgica, Alemanha, Uruguai e Angola. Um dia, o Grupo Ponto de Partida conheceu os meninos do Vale do Jequitinhonha. Desse encontro, nasceu o Coral Meninos de Araçuaí, e, junto com Milton Nascimento, o Grupo ensinou os meninos a cantar. Desse encontro nasceu também a Universidade Bituca de Música Popular, escola profissionalizante que existe há quase cinco anos, já formou duas turmas e neste ano está com 130 alunos, selecionados entre mais de 1.500 candidatos. Regina Bertola conta todos os detalhes dessa história nesta entrevista.

Há quantos anos existe o Grupo Ponto de Partida?

Existe há 29 anos. Eu e meu marido, Ivanée Bertola, fundamos o grupo aqui em Barbacena. Eu tinha uma escola pra criança, que trabalhava numa proposta de usar a arte como um meio pra educação, de a escola ser mais livre. A gente percebeu que tudo passava por Barbacena e nada acontecia aqui. A gente ia ao Rio assistir a espetáculos. A gente tinha duas opções: ou reclamar disso a vida inteira ou fazer alguma coisa. Aí a gente resolveu fazer alguma coisa; era um ponto de partida. A gente começou como um movimento cultural antes de ser um grupo de teatro. A gente fazia produções de espetáculos. A gente percebeu que tinha que fazer uma formação de público. A gente selecionava espetáculos pelo Brasil inteiro. Vários, diferentes espetáculos. Desde Alceu Valença, que fazia sucesso, até a Lira Siciliana. De Paulo Gracindo a Gira Mundo. Até que, uma vez, encerrando o ano da escola, resolvi fazer uma adaptação de *A Arca de Noé*. Havia acabado de sair o disco do Vinícius e do Toquinho. Eu fiz, escrevi um texto com os meninos e apresentei pra um empresário. Ele ficou enlouquecido! Daí ele convenceu a gente a ir pra Belo Horizonte com aquele espetáculo. Fomos fazer um festival, e fez um sucesso imenso! Foi o primeiro espetáculo infantil apresentado no Palácio das Artes. Aí nós voltamos pra Barbacena e entendemos que precisávamos fazer um trabalho de formação de atores. E investimos em formação pra fazer um grupo de teatro. A gente fez uma oficina e tomou algumas decisões que foram determinantes pro resto da vida. Uma decisão é que a gente não sairia de Barbacena. A gente faria o contrário, faria uma produção cultural de tal força que ela romperia o limite da província. Ela sairia, mas a gente, não. A gente se recusava. A gente ia rodar o mundo inteiro a partir de Barbacena. A gente ia se profissionalizar.

Qual foi a primeira vez que vocês saíram de Barbacena com um espetáculo de vocês, escrito por vocês, já com essa ideia de que "o espetáculo sairá de Barbacena, mas nós, não"?

Foi *Contraste*, da poética de Chico Buarque. Era um espetáculo montado em cima da obra do Chico, mas que discutia um pouco a obra dele. Eram os anos 70. Foi o último espetáculo censurado no Brasil. A gente entendeu logo que, pra sobreviver, o grupo tinha que ter mais dinheiro e que a gente teria que fazer tudo. O Ponto de Partida faz tudo. Os atores fazem programação gráfica, sabem fazer técnica, fazem produção, fazem gestão. E aí a gente criou uma forma diferente de trabalho. A gente não é contratado, a gente se paga, decide. Por exemplo: este ano nós podemos receber tanto. Pra receber tanto, nós temos que produzir tanto, ganhar "xis" de dinheiro. A gente é diferente de tudo. O Ponto de partida tem oito espetáculos no repertório. A gente é uma coisa do outro mundo!

E quantos vocês são atualmente?

Vinte e um, atualmente. Fazendo todas as funções. O texto é sempre meu, o final da dramaturgia. A gente já montou, por exemplo, *Grande sertão: veredas*. Eu fiz a adaptação. Eu fiz também a adaptação da obra de Manoel de Barros. A obra mesmo, não é um livro. Todo mundo começa a fazer a pesquisa, e eu faço a dramaturgia. Fecho o texto. Sempre eu. Sempre dirijo e faço isso. Sempre pra criança e pro adulto. Há muita coisa pro adulto e pra criança. Eu tenho um cuidado especial com a infância, porque acho que você só faz formação de publico se você trabalha com a criança. Você só consegue formar bem uma criança se você consegue oferecer pra ela o maior número de oportunidade de contato com a arte. Escutar textos bons, dizer coisas bonitas. Não há outra forma pra você formar.

E pra onde vocês já viajaram com espetáculos?

Em 1995 fomos a Portugal com o espetáculo *Ciganos*, no Festival de Língua Portuguesa em Lisboa. E em Aveiro participamos do Primeiro Encontro de Povos Excluídos. Depois fizemos *tournée* pela Bélgica, por Portugal e pela França com *O que é o que é*, *Travessia* e *Ciganos*. Com *Travessia* representamos o Brasil na comemoração dos 50 anos da UNESCO, em Paris. Em 1995 gravamos o primeiro CD do grupo, *Estação XV*, para comemorar os 15 anos do grupo. Aliás, ganhamos o prêmio Sharp [1997] com esse CD. Já tínhamos feito a África, quando fomos à Angola, logo no meio da revolução, inaugurar um teatro lá. Com *Drummond* e com *Travessia*. *Travessia* é uma mistura de teatro e música. A gente fez exatamente porque foi um pedido do governo de Angola. Eles queriam música brasileira. E teatro. *Drummond* é um espetáculo só de poesia, de texto poético. Viajamos pra Portugal, fizemos Uruguai, fizemos o Brasil inteiro. A gente inaugurou, no Rio, o Centro

Cultural do Banco do Brasil. *Drummond* foi também pra Angola. Em Angola, fizemos *Drummond, Travessia* e *Vaquinha Lelé*, que é pra criança. .m Paris foi com *Travessia* e *Ser Minas tão Gerais*. Em Dunkerque foi com *Ser Minas tão Gerais*. Em Bruges fizemos um pequetitinho, um *Travessia* pequeno. Fizemos Portugal inteiro: de Lisboa, passando por Guimarães, até Coimbra duas vezes. Fizemos com *Travessia*, fizemos com o *Drummond*, fizemos com o *Beco: A ópera do lixo*, que deve ter sido o nosso maior sucesso. Muito sucesso! Era um musicalzão! Levamos também *O Gato Malhado e a Andorinha Sinhá*, que é texto do Jorge Amado. E *Ciganos*, que é texto do Bartolomeu Santos de Queirós. A gente já fez uns três anos de temporada em Montevidéu. Porque a gente acabou ficando muito ligado a El Galpon, aquele grupo de lá. E a gente fez, há pouco tempo, ano passado, Alemanha, com *Travessia*.

Como foi que você descobriu os Meninos de Araçuaí?

Eu tenho uma ligação com a ONG Centro Popular de Cultura e Desenvolvimento. Eles começaram a trabalhar em Araçuaí [Vale do Jequitinhonha]. O Tião Rocha, o presidente da ONG, já nos conhecia, porque ele sempre nos dava assessoria. Ele é antropólogo, folclorista e nos convidou pra trabalhar com os meninos. E nós, loucos, resolvemos ir. Viajamos 15 horas de ônibus. O pior de tudo é que em Barbacena faz, no inverno, zero grau. Em Araçuaí faz 43 graus! Quase morremos de calor. Então, era uma proposta pra preparar esse coro de meninos pra cantar numa festa de Natal pra Natura, que é patrocinadora deles; era uma retribuição da parceria deles com o Centro Popular de Cultura e Desenvolvimento. E a gente gostou tanto deles que não conseguiu mais largar os meninos. A gente ficou atada por compromissos humanitários. Porque eles eram muito bons, a gente via perspectiva deles crescerem muito. Eles convidaram os meninos pra fazer um coral. Mas eles não cantavam nada. Criamos o coral. Nós fomos a Araçuaí todo mês, por 10 meses, pra gravar o primeiro CD. Eu falava com eles que era um troca-troca. Eles iam aprender a formar um coral e iam nos ensinar as músicas que aprenderam com os avós, com as tias, com as bisas. Iam nos ensinar a música do Vale. E nós, que não éramos do Vale, tínhamos um monte de músicas pra ensinar pra eles. Do Chico, do Gil, do Milton, do Villa-Lobos. O *Roda que rola* traz isso, é um CD que faz esse resgate da música do Vale, com uma roupagem nova. Mostra os momentos lúdicos desses compositores. "Bailarina" do Chico, "Refazendo" do Gil, "Trenzinho caipira" do Villa-Lobos. E há uma história. Era muito pouco tempo pra gente dar conta desse coro. Os atores tinham personagens, trabalhavam o tempo todo com personagens. Esse CD tem uma história junto com a música. Ele foi considerado pela crítica da revista *Crescer* um dos dez CDs que não podem faltar na vida.

Os funcionários da Natura patrocinaram esses meninos através da ONG?

Patrocinaram o primeiro CD. Quando a gente foi lançou esse primeiro CD, era pra ter acabado a nossa relação com os meninos também. Porque manter 15, do Ponto de Partida, na época, já era uma loucura! Era um milagre a gente se manter fazendo arte sem sair do interior. Não dava pra gente nem pensar em continuar trabalhando com os meninos. Era pra encerrar com os meninos. Mas o primeiro CD foi um sucesso muito grande. A Telemig Celular, que era a nossa patrocinadora, tinha um projeto que circulava por Minas. Chamava-se Circuito Cultural Telemig Celular. E a companhia incorporou os meninos nesse circuito. Quer dizer, viajavam o Gira Mundo, o Corpo, o Galpão, o Primeiro Ar – todos os grupos mais significativos de Minas. Os meninos foram junto e continuaram fazendo muito sucesso. Aí o Marcos Barreto, que era o diretor de marketing da Telemig, telefonou para mim, um dia, fazendo a proposta de montar um espetáculo com Os Meninos de Araçuaí, o Ponto de Partida e o Milton Nascimento. Eu disse: "É claro, né, Marcos!". Era para fazer quatro apresentações naquele formato em que um grupo que está começando canta, e, no final, chega a grande estrela, faz uma participação e pronto. Eu estudava a obra do Milton da mesma forma que eu estudava qualquer outra proposta de trabalho pra mim. Procurei achar um ponto comum entre ele, a gente e os meninos. Pedi pro meu diretor musical que pegasse a parte de maior negritude da obra do Milton, peguei Drummond, que eu conhecia muito, que eu acho que tinha muito a ver com a música do Milton, fiz o texto e montei o espetáculo. Quando eu fui me encontrar com o Milton e mostrei um pedacinho pra ele, ele ficou doido! Falou: "Eu quero fazer". Aí eu falei: "Eu sabia que você ia querer, mas pra fazer isso você tem que ensaiar com a gente". Ele desmarcou as agendas dele e veio pra Barbacena ensaiar. Eu falei assim: "Você topa fazer como ator?". "Nossa, eu adoro!" "Então faz como ator também!" Ele fez como ator esse espetáculo. Estreamos em Barbacena, fomos fazer em Belo Horizonte. Aí foi um estrondo! A gente fez os espaços mais importantes do Brasil. A gente fez o Teatro Nacional, em Brasília; o Castro Alves, na Bahia; o Teatro Municipal do Rio de Janeiro, onde pouquíssimos artistas fazem; o Central, de Juiz de Fora, onde a gente inclusive gravou o DVD *Ser Minas tão Gerais*, há uns cinco anos. E começamos a viajar. Voltamos a Brasília, voltamos a Belo Horizonte, fizemos o Champs Elisée em Paris, fomos a Dunkerque. Em vez de fazer quatro espetáculos, ficamos quatro anos com esse espetáculo em cartaz. Fizemos o Teatro Alfa, em São Paulo. Viajamos muito com o espetáculo, que tinha no elenco 60 pessoas. Os meninos, a gente, o Milton, mais uma banda de cinco músicos.

O CD *Pra Nhá Terra* é o mais recente?

Com os meninos é o mais recente. Depois do *Ser Minas tão Gerais* a gente fez um espetáculo que se chamava *Santa Ceia*. Era um barato! Tudo o que a gente conseguiu arrecadar de dinheiro pra esse espetáculo com as vendas do DVD eles devolveram em Araçuaí, que era naquela época da campanha Fome Zero. E eles fizeram uma discussão com a comunidade sobre o que eles queriam fazer com aquele dinheiro. E eles queriam fazer um cinema. Construíram um cinema em Araçuaí. Chama-se Cinema dos Meninos. O único 35 mm do Vale do Jequitinhonha, sabia? É lindo! Depois que fizemos *Ser Minas tão Gerais* eu propus *Pra Nhá Terra*. Nesse ínterim, essa convivência com o Milton foi muito importante. Porque o Milton Nascimento é de fato genial, e a gente estabeleceu uma relação de muito carinho, de muito respeito. Muito de igual pra igual. Ele começou a influenciar. O Pablo [Bertola, músico e filho de Regina], por exemplo, foi muito influenciado por ele. O Pablo começou a compor nessa convivência com o Milton. Nesse ínterim, era um sonho do Milton, era um sonho meu, e a gente fez a Universidade Bituca de Música Popular em Barbacena.

E ela tem quantos alunos hoje?

A gente mantém 130 alunos. É uma escola gratuita que trabalha assim: a gente abre inscrição de dois em dois anos. A última inscrição, por exemplo, deu 1.700 candidatos pra 120 vagas. Existe há quatro anos. Está no quinto. E formamos duas turmas. E para os Meninos de Araçuaí que apontavam mais pra uma carreira artística, a gente criou, em Barbacena, uma casa de morada. Eles mudaram pra Barbacena pra estudar na Bituca. Já há dois profissionalizados. A gente até restaurou um prédio, que foi a primeira fábrica de seda do Brasil. É uma loucura! A nossa vida é uma loucura! E aí a gente ficou estrangulada com a criação da Bituca nesses anos. A gente viajou muito com os espetáculos dos nossos repertórios. *Ciganos, Gato Malhado, Travessia, Vaquinha Lelé*. Mas a gente não conseguia mais montar um espetáculo. Em 2009 montamos o *Círculo do ouro*, ficamos pesquisando durante uns três anos e já apresentamos esse espetáculo em Barbacena, Mariana, Itabira, Belo Horizonte, Juiz de Fora, São Paulo e vamos seguir por aí. Ainda este ano [2010] vamos gravar o DVD do *Pra Nhá Terra* e a música do *Círculo do ouro*. Eu me interessava muito em investigar isso. Como que esse século XVIII influenciou a gente? O que ele nos deixou como legado cultural? E realmente é impressionante! A gente partiu de uma pesquisa profunda da música barroca, por exemplo. Com que poucos compositores mineiros trabalham hoje. O espetáculo tem canto de escravo e João Bosco. Você não sabe o que é João Bosco e canto de escravo! É impressionante! Há modinha do século XVIII e Nivaldo Ornelas se misturando. É muito rica a pesquisa musical do *Círculo do ouro*. E tem música original.

É um trabalho lindo mesmo. Parabéns.

E o *Círculo* mexe muito com a gente porque ele mexe com essa questão. Eu fico pensando assim: Como é que o povo viveu? Você tem um registro oficial. Mas e a gente? E esses mestiços? Tentando sobreviver às exigências absurdas da Corte. E sem nome. Sem nome de nação. Não era nada. Mineiro era quem mexia na mina. Era o nome do ofício, como havia carpinteiro, pedreiro, havia mineiro. Levou um tempo pra que mineiro fosse o nome da nossa "raça", da nossa "tribo". Como foi o processo de construir essa identidade? O *Círculo do ouro* mexe muito com a gente. O público fica muito movido. Mas também nós nunca fizemos fora de Minas; a experiência vai ser em São Paulo. Vamos ver como eles vão reagir. Os mineiros ficam todos com os olhos cheios d'água.

E você? Como é que você fica?

Dá vontade de falar assim: "Meu Deus do céu! Por que é que eu tinha que arrumar isso na minha vida? Não bastava os 21 do Grupo Ponto de Partida? Precisava de mais 40?". Você acaba percebendo que a sua vida é muito curta. Ser humano é uma coisa muito especial, muito bem construída; como mecânica. Não vale a pena você passar esse pouquinho de tempo aqui sem fazer alguma coisa que de fato transforme, que deixe a sua marca no tempo que você passou pela Terra.

E é isso que te move?

É isso. E com os meninos é muito isso. Você vê como a vida deles foi transformada, como a cidade deles se transformou. Eles agora têm perspectiva. Ao mesmo tempo, como a nossa vida, do Ponto de Partida, transformou Barbacena. Como o tipo de espetáculo que a gente faz, um espetáculo que fala da gente brasileira, sem medo, olhando pro próprio umbigo, mexeu e mexe com todo mundo aqui. Como ser humano você começa a apurar suas arestas, você começa a ter mais coragem de forçar os seus limites, se arriscar mais. Por isso eu não penso em largar nada que eu fiz. ∎

ROBERTO DRUMOND

Um atleticano que também era escritor e jornalista

ROBERTO FRANCIS DRUMOND nasceu em Santana dos Ferros, em 1933. Chegou a Belo Horizonte na adolescência e de lá pouco saiu. Foi jornalista e escritor. Dirigiu a revista *Alterosa*, fechada pela ditadura em 1964. Trabalhou por um ano no Rio de Janeiro, no *Jornal do Brasil*. Em meados dos anos 60 começou a escrever a coluna "Bola na Marca", no jornal *Estado de Minas*, e lá ficou até 1991. Foi quando conheci Roberto Drumond. "Conheci" é modo de dizer. Conheci primeiro suas crônicas e sua paixão pelo Atlético. É dele uma frase antológica sobre ser atleticano: "Se houver uma camisa branca e preta pendurada num varal, o atleticano torce contra o vento". Pessoalmente só o conheci muitos anos depois, quando ganhou o concurso de contos do Paraná, com *A morte de D. J. em Paris* (1971), e, depois, o prêmio Jabuti (1975). Roberto escreveu o livro *Hilda Furacão* em 1981. O livro deu origem a uma minissérie na TV Globo em 1998 e o tornou conhecido nacionalmente. Escreveu ainda mais de uma dezena de livros. Se os textos sobre futebol já encantaram a minha adolescência, vocês bem podem imaginar como gostei de *D. J.*. Tenho o livro e guardo com o maior carinho a dedicatória que ele me fez, muitos anos depois, numa das várias e carinhosas entrevistas que me deu: "A Leda Nagle, dona de um latifúndio (que os Sem Terra não invadem) no meu coração: a você, que conheceu D. J., Dôia e outros rebeldes, quando Belo Horizonte cheirava a jasmim, a devoção de Roberto Drumond". Roberto Drumond morreu de infarto, na véspera do jogo Brasil x Inglaterra pelas quartas de final da Copa do Mundo de 2002. Estava com 68 anos. Hoje, é estátua de bronze na Praça Diogo de Vasconcelos, na Savassi, em Belo Horizonte.

Roberto Drumond com um "M" só, não é isso?

O meu nome é com um "M" só, Leda. Minhas tias, Ciana e Çãosinha, que existem, vão mandar um protesto pra você, se no vídeo aparecer com dois "Ms".

***Hilda Furacão* é o furacão da sua vida?**

Mudou tudo, passou como um furacão e está sendo ainda um furacão. *Hilda Furacão* é um livro contra o preconceito. É a história de uma moça de Belo Horizonte, que frequenta o clube mais tradicional, o Minas Tênis Clube, é a Garota do Maiô Dourado, e que, de repente, abandona tudo, deixa para trás propostas milionárias de casamento e vai pra zona boêmia e se transforma no maior símbolo erótico da cidade. Acredito na literatura que cria o mistério e deixa aberta a questão. Glória Perez, que fez uma adaptação belíssima para a televisão, também não responde, em 28 capítulos: "Por que é que ela foi?". E tem também o frade que vai exorcizá-la na Rua Guaicurus e se apaixona por ela. É o amor vencendo o preconceito o tempo todo. A minissérie da Globo está dando uma audiência de 73 milhões de brasileiros, uma audiência de Copa do Mundo.

Para ir direto ao cerne da questão: Hilda Furacão existiu, existe ou não existiu?

Pouco antes da minissérie estrear, eu estava em Foz do Iguaçu em um debate com garotos de 14 a 16 anos que criaram o fã-clube Hilda Furacão e queriam que ela fosse ao debate. Eu cometi a inocência de falar, porque eu sou um refém dela, que ela não existia. Os garotos choraram. Eu vivi um negócio que nenhum escritor vive. Sou um prisioneiro da Hilda Furacão. Quando falo que ela é uma personagem que não existiu, mas que eu recriei, mudei e tudo, as pessoas não querem, querem que ela tenha existido. Minas é um mistério que não foi resolvido até hoje. Então, esse é um livro da alma de Minas. Em Belo Horizonte, agora, fui procurado por um grupo de senhoras que estão preocupadíssimas com a notícia de que a Hilda Furacão estava passando fome em Buenos Aires e querem fazer um movimento pra ajudá-la. Eu fiquei achando aquilo muito estranho, sem saber o que dizer.

E as mulheres de Minas são estranhas. Cuidado, hein!

São estranhíssimas. Uma delas, a líder, falou comigo assim: "Eu estou sofrendo demais de imaginar a Ana Paula Arósio, coitadinha, já sofreu tanto, passando fome em Buenos Aires". Eu disse: "Mas a Ana Paula Arósio não está passando fome em Buenos Aires, está havendo uma confusão". Ela falou: "Eu só imagino Hilda Furacão como Ana Paula Arósio".

E o Frei Malthus?

Frei Malthus é uma soma de vários frades dominicanos – Frei Mateus, Frei Chico, Frei Humberto, que hoje é diretor do Globo Rural, e também o Frei Beto – com padres pecadores que eu conheci, com muitas prostitutas de todo tipo. Prostituta é uma ficção. Toda prostituta conta uma história que não é real. Eu transpus isso para o meu livro. A Hilda Furacão é aquela mentira que toda prostituta conta e todo mundo acredita.

Há quem diga que é Hilda Furacão.

Até agora já surgiram 12 Hildas Furacão. A Lady Francisco é a mais convincente das candidatas a Hilda Furacão. Não posso fazer como o Flaubert e dizer que Hilda Furacão sou eu. Mas aceito todas as Hildas Furacão que aparecem. Eu mesmo estimulei isso, porque fiz um tipo de literatura que quer a liberdade; fiz um livro democrático, que resultou em uma minissérie democrática, que quer a liberdade de todo mundo. Só que chegou num ponto que tive que dar uma entrevista para os jornais pondo um ponto final. Porque surgiam Hildas demais, tomando proporções, digamos assim, maiores do que a gente imaginava. E todas essas Hildas no mundo estão sendo entrevistadas, seguidas, pesquisadas. É mais fácil o ET de Varginha aparecer que qualquer Hilda Furacão. Peço mil desculpas à Lady Francisco, que foi apaixonante e apaixonada, era linda, era uma Garota do Maiô Dourado, mas não era a Hilda Furacão.

Quais os outros personagens existiram mesmo e você confirma?

A Maria Toma-Homem existia, o Cintura Fina existia, o Tonico Mendes, que é o Dom Luciano, existia. O próprio personagem que o Danton Melo interpreta tão bem, com o meu nome, existia, a Bela Bê também existiu e é a minha mulher, Beatriz, com quem estou casado até hoje. Casamento mineiro.

Você vivenciou toda essa época retratada no livro?

Eu vivi tudo, conheço tudo profundamente. A minha geração não saía da zona boêmia de Belo Horizonte, da Rua Guaicurus, do Maravilhoso Hotel, do Montanhês Dancing. Todo mundo era esquerdista, como o meu personagem. Aquela coisa toda, de querer transformar a Serra do Curral – uma serra nua, sem árvores, sem mar, sem nada perto – numa Sierra Maestra.

A minissérie é totalmente fiel ao livro?

Ao pé da letra, tudo o que é possível numa transposição de um livro para um vídeo. Quando a minissérie começou, recebi um recado do Jorge Amado dizendo pra entregar pra Deus. Eu entreguei para Deus, pra Iansã e para a Glória Perez. E ficou maravilhoso!

E a Ana Paula Arósio? É uma Hilda perfeita, não?

Claro. Na primeira gravação da Ana Paula Arósio, Wolf Maya ensaiou com ela e com o Rodrigo Santoro por oito horas. Na hora da primeira cena, ela começou muito frágil, ele deu um grito: "Você é o furacão, você dá ordem!". E a partir daí, ela se transfigurou. Ela virou o que ela é. E ela está interpretando com o corpo, com a mão, com os olhos, com a boca e com a paixão. Ela se identificou muito quando leu o livro. O Wolf fez todo mundo, até os camareiros, lerem o livro. Ana Paula se identificou porque tem um episódio em que um se suicida pela Hilda, e ela viveu isso e quis o papel. As outras Hildas que a Globo convidou não tiveram a paixão que a Ana Paula teve. A Ana Paula quis ser, lutou. Foi uma conspiração para o SBT cedê-la à Globo. A Glória Menezes [na época, sogra de Ana Paula] entrou na história, conseguiu uma audiência para que o Boni recebesse o Tarcísio, e nós organizamos uma conspiração, que foi a Ana Paula ir junto. Ela entrou na sala do Boni, e ninguém esperava por isso. O Boni disse que dava para ela uma novela, mas que ela cumprisse seu contrato com o SBT. "Não, mas eu quero ser Hilda Furacão". O Boni olhou pra ela, começou a chorar. O resto, bem, é o que está acontecendo.

E você? Estava preparado para o sucesso da minissérie?

Hilda Furacão foi um livro em que eu não acreditava, achei que ia ser um fracasso, escrevi em 64 dias. Sabe aquela coisa de Minas? Mineiro está sempre assustado, esperando alguma coisa dar errado. De certa forma, como bom mineiro, eu me preparei para o fracasso.

Porque se der certo é lucro, diz aqui a outra mineira.

O livro foi traduzido e teve versões em inglês, espanhol e até em sueco. A Garota do Maiô Dourado correu mundo. Mas confesso que, mesmo assim, não estava preparado para esse estrondo da minissérie, que está tendo uma audiência de 73 milhões de brasileiros, uma audiência de Copa do Mundo! Só na Grande São Paulo dá um pico de 11 milhões de terça a sexta. É um negócio doido!

E a editora se aproveitou legitimamente desse estouro, relançando o livro.

Sim. Lançou uma primeira edição de oito mil exemplares. Desde que começaram as chamadas, já vendeu cinco edições. Agora essa semana está todo mundo comprando pra querer saber o final.

O que você acha da trilha sonora que inclui a Nana Caymmi cantando "Resposta ao tempo"?

É outro fator do sucesso, incluindo essa música do Aldir Blanc e do Cristóvão Bastos que a Nana canta tão lindamente. E ela está gravando em espanhol, porque a Globo já está dublando a minissérie pro espanhol e pro francês. A Nana vai gravar até em japonês.

Durante o período das gravações que acompanha, você se hospeda onde aqui no Rio?

Estou hospedado no Copacabana Palace, que é um sonho, ainda mais de quem é mineiro, que é abrir a janela e ver o mar. E até os garçons vieram conversar sobre *Hilda Furacão*, mas fazendo um pedido: que eu não contasse o final. Queriam saber se ela existe, por que é que ela foi pra zona boêmia, se eu transei com ela. E quando eu falo que não transei, ficam decepcionadíssimos.

Não custava você dizer que foi só uma vez? "Olha, foi rápido, só uma vez, mas foi maravilhoso!"

Uai, então vou passar a dizer que transei! Vou seguir o seu conselho.

Tem uma frase sua que adoro: "Você pode até trocar de partido político, mas de time de futebol, nunca". Sendo assim, continuamos atleticanos.

Se houver uma camisa branca e preta pendurada num varal durante uma tempestade, o atleticano torce contra o vento. Você muda de camisa, muda de cidade, até de amor você muda. Você muda de cerveja, muda de tudo. Agora, de camisa de clube, você não muda. Eu sou Atlético em Minas, Botafogo no Rio e Santos em São Paulo. E tenho dito.

Já que estamos falando de futebol, você escreveu uma crônica no *Jornal do Brasil* intitulada "Abre sua gaiola e canta, Ronaldinho!", mostrando que ele é um prisioneiro dessa coisa toda, que virou um massacre. Você hoje vê com um olhar diferente esse cerco ao Ronaldinho?

A gente conheceu o Ronaldinho em Belo Horizonte, no Cruzeiro, ganhando salário mínimo, esperando carona quando ele ia embora, porque não tinha, na época, dinheiro pra comprar carro. Tanto que o primeiro carro que ele comprou, uma BMW em Belo Horizonte, deu uma batida. A gente viu o Ronaldinho, aquele garoto de Bento Ribeiro, que saiu pobre do Rio de Janeiro e era genial, sempre genial. Acho que ele é igual ao Pelé e ao Garrincha, o único que surgiu assim. Agora, mudou demais.

Mas ele tinha que mudar! Esse menino tem 21 anos, foi eleito o melhor jogador do mundo, o maior dinheiro do mundo, tudo!

Mudou porque não tem paz nem pra tomar um copo d'água. Ele está cercado, ele não tem amparo, ele não tem apoio, não pode namorar. Primeiro, a multidão sente ciúme dele, quer que ele seja um frade, asceta, quase isso. Não vão aceitar qualquer namorada que ele tiver, vão conspirar contra ela. Acho que ele não devia ter saído do Barcelona, que era uma espécie de mãe pro Ronaldinho. Ele precisa disso. E a Inter não é a mesma coisa. Acho que não devia. E, pro Ronaldinho, eu penso assim, foi um negócio, é um jogador fascinante e que agora está aí. Pra onde ele vai?

Tem que se pensar. Ele tem que achar um lugar em que ele fique em paz, em algum lugar do mundo.

Nem em uma ilha deserta! O que é que o John Lenon fazia? Subia no telhado e ficava lá, com a tia dele levando laranjada e ele longe de tudo.

Ele está condenado pelo sucesso? É isso? Que pena terrível!

Aonde ele for. Ele é tão conhecido como quem? Como o Papa, como os Rolling Stones? Mais que os Rolling Stones, mais do que tudo. Comparando com o Pelé, que também era um garoto na Copa de 58, e mesmo depois, com seu talento reconhecido, há muitas diferenças. Por exemplo, o dinheiro que o Pelé ganhava, comparando com o do Ronaldinho, não é nada. Ronaldinho, a cada minuto, ganha uma fortuna! E se você pegar os *tapes* da Copa de 58, você vê o Pelé chorando, abraçado com o Nilton Santos, que é um pai, abraçado com o Gilmar, que era outro pai. Então, a Seleção Brasileira tinha isso, e hoje [refere-se a 1998] não tem. Não tem um líder. ■

ROGÉRIO FLAUSINO

De Alfenas para o pop mineiro

Ter uma banda de rock era um sonho recorrente para **ROGÉRIO OLIVEIRA DE OLIVEIRA**. Desde menino. Ele e o irmão Sideral, que nasceu Wilson. O outro irmão, Flávio Landau, também é músico. Aliás, a música está no DNA dele. O neto de Zé Flausino, o vô Dé, de quem tomou o sobrenome emprestado, fazia dueto com a avó, Hermínia. Aliás, na casa dos Oliveira e Oliveira, lá em Alfenas, no Sul de Minas, a música corria solta. Em português, em espanhol, em italiano... Casa alegre, família unida, gente feliz. Como a casa que ele, Rogério, tem hoje em Belo Horizonte, aos 38 anos, com tudo a que tem direito: horta, pé de caqui, de laranja, de limão e muitos instrumentos musicais. Uma casa cheia de sons e música, onde ele vive ao lado da mulher, Ludmila, e onde, juntos, assistem ao crescimento da filha Nina, de três anos, que já gosta muito de música e se diverte na casa alegre da família unida e feliz do pop mineiro.

Você começou a tocar e cantar com que idade?

Aos 12 anos montei uma banda com os meus amigos de escola e também com o meu irmão Sideral, que tinha nove. Começamos juntos. Temos três anos de diferença, vou fazer 38, e ele vai fazer 35. A banda se chamava Contato Imediato. "Vamos montar uma banda?" "Uai, vamos!" "Como é que nós vamos fazer?" "O pai do Henrique tem uma bateria." "Então chama o Henrique." O Henrique falou: "Minha irmã tem uma guitarra". "Chama a sua irmã." A irmã falou: "Meu amigo tem um baixo." Falei: "Chama o seu amigo". E era tudo equipamento pegando fogo, que explodia. A gente fazia bateria de caixa de papelão. Ia no depósito do supermercado, depois da aula, e perguntava se tinha papelão pra dar. Na dificuldade, comprávamos os equipamentos. O caminhão do vô Dé era disponibilizado. Ficamos juntos durante nove anos. A gente tocou muito, muito, muito, muito. A gente ganhava uma merrequinha. Um dia, o pessoal de um lugar chamado Palcos falou assim: "Vocês querem tocar aqui?". "Queremos!" "Do que vocês estão precisando?" "Um baixo e uma guitarra." "Então vai lá, compra. E vocês ficam tocando aqui." Eu trabalhava nesse bar também. Moleque mesmo, 13, 14 anos. Trabalhava no bar pra estar ali, pra ficar ali tocando. O nosso tio Deco era gerente. Meu avô ia lá todo dia pra ver a gente; sentava e assistia.

E você fazia o quê?

Fazia iluminação. Iluminei a Joana. Contei isso pra ela, que não acreditou. Perguntei: "Joana, você lembra uma vez que você foi tocar em Alfenas? No Palcos, lembra?". Ela falou: "Lembro". "Você lembra que acabou a luz do lugar?" "Lembro." "Você lembra quem era o iluminador?" "Não." Falei: "Era eu" [risos]. Quando eu comecei, cheguei lá e só tinha cinco botões. Apertei

o primeiro... Apertei o segundo... O terceiro... Falei: "Vai apagar! Vai!".
No quinto... Aí veio o dono da casa, gritando lá atrás: "Apagaram o relógio!
Apagaram o relógio! Polícia, polícia!". Mentira! A rede da casa não aguentava!

Quantos irmãos vocês são?

Três irmãos: eu, o Sideral, o Landal; e uma irmã, a Letícia. O Landal,
que se chama Flávio, é músico também. Dos irmãos homens é o mais novo.
Tirador de onda. Peça raríssima! Superdivertido! O Sideral também não se
chama Sideral. A pessoa não se chama Sideral. Ele se chama Wilson, que é
o nome do nosso pai. Ele é o Wilson Filho. O "Sideral" é artístico também.
Na carteira de identidade dele ele mudou pra "Wilson Sideral da Silveira
Oliveira Filho". O cara fala: "Mas teu pai se chama Sideral?". Eu também
não sou Flausino. Sou Oliveira mesmo. Flausino é o vô Dé, que é o primeiro
músico da parada, que começou tudo, aplicou todos os filhos, deixou rolar
a música dentro de casa, apoiou.

Quer dizer que Flausino é apenas nome artístico?

É, eu acabei não tendo o Flausino no meu nome porque a minha mãe
já não tinha. A minha mãe é Mesquita Reis. Eu achei o Flausino mais diferente. A minha família é de músico. Assim, rolava violão dentro de casa.
O meu avô, Zé Flausino, e minha avó, Hermínia, cantavam em dueto. Ele
fazia a primeira voz, e minha avó, a segunda. Participavam – olha só que
absurdo! – de grupos de teatro, sacou? O meu avô imitava o Mazzaropi, e
minha avó era a mulher do Mazzaropi. Eram requisitados pela sociedade. No
Carnaval, ele se vestia de Mazaroppi e dançava com uma boneca de pano, a
nega maluca. O vô já faleceu, mas está aqui com a gente, direto. Nesta época
eles moravam em Campo do Meio, que é uma cidade muito pequenininha.
Quando os filhos começaram a crescer, eles se mudaram pra Boa Esperança.
Os meus tios foram crescendo... Meu tio Marcos e meu tio Adilson logo
foram pra música, e meu avô incentivava. Tio Adilson, tio Beto e tia Jussara,
todos são músicos, todos tocam violão, cantam. Então, nas festas da família,
todos cantavam. Cada um na sua voz e tal, cantando as músicas do tempo
de cada um, né? E o meu tio Beto e a minha tia Jussara já eram da galera da
MPB. Então, quando eu nasci, eu me deparei com este festival de música
dentro de casa, de todas as épocas, de todos os tempos. Cantavam em italiano, cantavam em espanhol... Todo mundo tocava. Então ia todo mundo
lá pra casa, em Boa Esperança, onde aconteciam festivais de música. Os mais
velhos, quando chegaram à época de faculdade, se mudaram pra Alfenas,
onde ficavam as universidades. Minha mãe é professora de Literatura e ela
era a única da turma que não cantava; era a mais tímida. Ela era professora
de Português e Literatura. É até hoje. Vai fazer 60 anos e é professora até

hoje, dá aula num colégio particular e num colégio estadual. A vida inteira foi assim. Deu aula pra cidade inteira, inclusive pra gente. Quando eu falo e escrevo errado, ela fica louca de raiva. Quando eu escrevo no blog, eu erro muito o português. Escrevo direitinho, mas erro muito as palavras, cometo muito erro ortográfico. Sou muito desligado. Erro direto, e ela fica louca.

É uma família muito alegre e muito mineira também?

Mineira, mineiraça! Do lado do meu pai também é todo mundo mineiro. E a gente se encontrou, todo mundo em Alfenas, Sul de Minas, os dois lados. Não tem ninguém que não seja dali. O meu nome de verdade é Rogério de Oliveira de Oliveira. Oliveira da minha mãe e Oliveira do meu pai. Dois Oliveiras completamente diferentes. Eu sei que o Flausino é sobrenome desse meu avô que era artista. Eu botei porque eu acho esse Oliveira de Oliveira horrível. Eu achei um pior que é Flausino. Ninguém acerta. Cada um fala uma coisa: Lausine, Franzine, Frausino, Fraucínio, ninguém acerta.

O que você identifica de Minas Gerais em você? No seu comportamento, no seu jeito?

Ah, eu gosto muito desse negócio de comer pelas beiradas, sabe assim? Você não sabe o dia de amanhã, sei lá... Fico quietinho, vamos indo devagar. Eu não gosto de personalidade de pessoa que fica contando vantagem. Eu não gosto disso. Lógico que tem mineiro assim. Eu não sei se isso é uma coisa de mineiro, mas tenho a coisa de ficar ali no cantinho, quietinho. Eu falo pouco, eu falo muito quando é coisa de trabalho, gosto de microfone, de aparecer e tal. Na hora que é pra falar de mim, prefiro ficar mais na encolha. Engraçado. Mudei muito o meu sotaque depois que eu fui pra Belo Horizonte. Não sei se é bom, se é ruim, mas eu mudei. O mesmo acontece quando chego no Rio. Quando o avião passa, chegou ao Rio de Janeiro, já muda o sotaque, vai mudando.

E como é seu comportamento com o resto da banda?

Eu aprendo muito na banda, porque os meninos são muito inteligentes. Cada um é bom numa coisa. Conhecimento geral mesmo. O pessoal sabe muito de história, de política, e a gente conversa muito. Outros são bons de números, de matemática. O Márcio sabe muito de história natural, leu *Os grandes pensadores*. Então, isso aqui é uma verdadeira universidade. O tempo inteiro a gente aprende. Fico aprendendo com eles. Não gosto de ficar falando, não. Sou mais de ouvir.

Então o Jota Quest é uma banda de Belo Horizonte por ter sido criada ali, não é isso?

Exato. Tem gente que fica até bravo. "Somos o Jota Quest, de Belo Horizonte". "Você é de Alfenas, não fala que é de Alfenas". Falei: "Não, a banda é de Belo Horizonte!". É uma banda mineira. O PJ, por exemplo, é de Curvelo. Cheguei a Belo Horizonte em 93. O Skank estava sendo contratado pela Sony Music, estava aquele burburinho na cidade, porque os meninos fizeram um trabalho tão bom que eles tinham que ser contratados mesmo. Tudo aconteceu lá. A Sony Music foi, contratou os meninos e tal. A cidade estava em polvorosa por isso. Os caras foram e foram mesmo. Lançaram o primeiro disco. Havia me formado na faculdade em Alfenas e comecei a rodar. Mudei pra BH. Me formei em Informática. Fui trabalhar com Publicidade.

Mas não abria mão da música, né?

Pegava o jornal, via o que é que estava rolando de show e ia sozinho. E via banda de tudo quanto é espécie. Belo Horizonte fervilhando! Banda de reggae, de rock, de trash metal. Sepultura também saiu de lá. E essas coisas todas. Também ia nos de MPB; eu sempre gostei muito de música mineira. Ia ver tudo. E um dia eu vi que ia ter uma banda: Johnny Quest, J. Quest, black music. Falei: "Vou lá ver os caras". Cheguei e fiquei impressionadíssimo com a banda. Nunca tinha ouvido aqueles sons. Eles estavam tocando funk, mas uma coisa chique. Era diferente. Na outra semana eu fui de novo, na outra semana fui outra vez. Eles anunciaram um grande show num bar lá, no Drozófila, que foi a nossa casa-mãe, o embrião foi muito criado no Drozófila. E eu chapei com a banda num palcão. Muito som, muito funk.

Quem foi o criador ou os criadores da banda?

O Jota foi criado por duas duplas: O Paulinho e o P.J., bateria e baixo, tinham uma banda; Marco Túlio e Márcio, teclado e guitarra, tinham outra banda, que também tinha tocado com o Haroldo, do Skank. Eles já tinham tido várias bandas, mas sempre juntos. Aí se reuniram pra montar uma banda de black, de pop, misturando com black, funk e não sei o quê. Tinham um vocalista que saiu pra fazer carreira solo.

Aí apareceu sua chance. É verdade que você foi escolhido entre 18 candidatos?

Não sei precisar. Mas tem uma história, porque não foi um concurso que durou um mês, não. Durante um ano e tanto vários vocalistas passaram por ali. Eu fui o último, porque, depois de mim, não teve outro. E eles já tinham testado vários. Talvez eu tenha sido o 14º cara que foi cantar lá. Acho que rolou uma empatia. Num primeiro momento, eu já era meio fã deles. E falei: "Olha, eu sou um cara de dedicação exclusiva. Eu quero entrar, quero entrar, vou dar tudo de mim. Eu vou chegar lá. Não sei cantar em inglês, mas eu aprendo. Não sou preto, mas eu fico! [risos] "Quero entrar nessa banda!". E aí os caras falaram: "Esse cara é esquisito, bicho!". Mas deixaram rolar. Me trataram mal pra caramba! Como o 14º. Acho que eles queriam uma negra. Uma negra linda, com peitos grandes. E pegaram isso aqui: branco, com uma barbicha assim. O primeiro ensaio foi no final de 93, e o primeiro CD é do final de 96. São três anos de bares, botecos, festas de faculdade... Essas coisas que realmente construíram a nossa base musical, a nossa batalha, e fez a gente ver que podia ir junto. Realmente me identifiquei muito com a banda. Musicalmente eu achei o que eles estavam tocando muito legal, mas não era a minha especialidade.

Quando você fala que não era muito a sua área ou a sua praia, o que é que eles cantavam e o que você queria cantar?

A banda tinha umas músicas deles, mas os *covers* que eles tocavam... Toda banda tem tocar alguma coisa dos outros, até pra poder montar um repertório, pras pessoas poderem identificar. Era uma banda que queria tocar black music, soul, funk, discoteca. Então, os *covers* eram em inglês, todos eles. E não era a minha especialidade. Eu sabia muito de música brasileira, de rock nacional e de MPB, que era o que eu tinha feito aqui em casa. Então eu vim trazendo isso. Eu vim trazendo o português pra parada. Música brasileira, o rock nacional... Eles tiveram banda de rock nacional e internacional, mas de música brasileira mesmo, bastante coisa de raiz, não se tinha. Falei: "Gosto dos caras dos anos 80". Quando eu tinha 12 anos explodiu o rock brasileiro. Foi revolução total pra mim, criança, e o Renato [Russo], punk rock chegando no Brasil. Ninguém entendia direito. Mas foram os caras que fizeram a minha cabeça. Cazuza e todo mundo. Nosso elo, o que a gente tinha em comum, era gostar do que era suingado. Foi o Tim Maia, o Jorge Benjor, foi o Ed Motta e a Fernanda Abreu, o que eles já estavam fazendo por aí. E cantá-los ajudou a gente a achar um jeito nosso de fazer música. A primeira música que tocou no rádio foi "As dores do mundo", do Hyldon, que foi uma versão. Aí a gente foi fazendo as nossas músicas. "Encontrar alguém", que tem uma parte superblack. Eu fiz a letra em português, e a gente foi juntando as formas ali. Mas eu tive que aprender a parada toda pra poder cantar com os meninos. Em um ano eu tive que mergulhar no funk, no soul, de James Brown, Simply Red, Jamiroquai, de formas novas e tal. Foi uma prova de fogo, mas eu tive que aprender. Eu ralei pra caramba! A gente cantava, fazia show, e tudo foi dando certo, né?

Foi isso que fez você ficar no papel do vocalista?

O que me convenceu foi que eu vi que todo mundo tava com a mesma convicção de fazer uma coisa diferente, original, própria. Fazer músicas próprias, gravar um disco e tal. Era o meu sonho, e eu encontrei nos meninos essa vontade. Não era uma banda que tava ali só pra ganhar grana. Com o tempo, acho que todo mundo estava a fim de fazer uma coisa séria. Acho que os meninos estavam um pouco de saco cheio de ficar tentando e batendo na trave. Acho que havia uma pressão familiar muito grande em cima de todos, para que cada um se sustentasse. Então, todo mundo estava a fim de uma coisa séria. A gente tava ali pra fazer o Chacrinha [risos]. Eu brinco que o sonho da gente era fazer o Chacrinha, mas o Chacrinha morreu. "O Chacrinha morreu. Aonde a gente vai? Ah, vamos no Faustão, na Leda Nagle, no Sem Censura. O Chacrinha não tem, mas vamos nos outros". Eu cheguei no grupo muito a fim. A gente tem hoje sete discos. O *La plata* foi o sétimo disco. Hoje a gente faz um show de duas horas só com músicas da banda, e a galera canta todas. É muito bom!

O sucesso não criou nenhum deslumbramento no grupo durante toda a trajetória?

Nos dois primeiros anos, a gente teve um momento em Belo Horizonte que estava fervilhando demais. Havia muita festa, muito lugar, grandes galpões onde se reuniam duas, três mil pessoas todo fim de semana. Duas, três festas. E a gente tocava. Mas só ali, porque o rock B não teve nenhuma banda, durante os anos 80, de Minas Gerais. Há muito som novo aqui em Minas. Cada banda é de um jeito, elas não se parecem. Acho que aqui se destacam muito as harmonias mineiras, misturadas com essa coisa do ritmo, que veio com os negros. Todo aquele clima ali de Ouro Preto. Sempre foi uma coisa muito tranquila. Nunca teve essa coisa de ter que fazer sucesso. A coisa foi indo lentamente. Como continua do mesmo jeito, a gente continua sempre pensando: "Como é que eu vou fazer agora? E agora, o que é que nós vamos fazer?". E Deve ser assim, porque senão perde a graça.

Vocês moram em Belo Horizonte?

Todos nós moramos em Belo Horizonte. Moro numa casa que tem árvore, jardim, pé de laranja, pé de caqui, pé de limão... tem uma horta. Tem um campo de futebol, que eu não uso, mas tem.

Como é a relação com o pessoal do Clube da Esquina? Vocês pretendem compor juntos?

Bem, não existe ainda uma parceria de composição do Jota com eles. A gente já gravou o "Sal da terra" num dos discos. A gente cantou pro Beto Guedes no DVD dele. Cantei agora com o Lô [Borges]. O Milton [Nascimento] cantou no nosso disco *Oxigênio*, na faixa "Desses tantos modos". Mas nós nunca compusemos nada juntos ainda. Eu gostaria de musicar algum poema do Ronaldo Bastos ou do Marcinho [Borges], de um deles lá, mas a gente ainda não fez.

Mas esse intercâmbio com o Clube da Esquina foi importante pra você, não?

Muito. Tenho como uma das principais influências e referências o Clube da Esquina, que é uma paixão dos mineiros. Esses meus dois tios, meu tio Beto e minha tia Jussara, são contemporâneos deles, em termos de batalha; o Milton é um pouco mais velho. Os meus tios têm a idade do Lô e do Beto. Então, eu aprendi Clube da Esquina no melhor lugar: na mesa da cozinha, com o meu tio tocando uns acordes. O Sideral sabe tocar tudo dessas músicas. É que eu não sou um tocador, eu toco um violão muito vagabundo. Mas o Sideral toca, sabe as harmonias e a poesia. A poesia bucólica, que não deixa de falar de tudo, mas aquilo que tá escondido, os recados são muito escondidos. É o jeito do [Fernando] Brant escrever. É tudo muito escondido. E eu também tenho um pouco disso. Engraçado que o pop não pede isso. O pop pede uma coisa mais clara. É o pop mineiro... fica escondendo as coisas. É muito difícil de você chegar... Eu brinco com o Chico Amaral, que é o principal letrista do Skank... Quando o Chico fez "vou deixar a vida me levar pra onde ela quiser..." ["Vou deixar", de Samuel Rosa e Chico Amaral], falei: "Aí, Chico, agora você fez um negócio Jota Quest". É um negócio direto. O Jota é muito direto. O Jota é esse lado pop assim. O mineiro nunca foi tão pop. ∎

RONALDO FRAGA

Fazendo moda e contanto histórias

Zuzu Angel, Carlos Drummond de Andrade, Pina Bausch, Arthur Bispo do Rosário, Grupo Giramundo... Todos eles entraram nas passarelas da moda brasileira, influenciando as coleções criadas por **RONALDO FRAGA**. Com eles e através deles, esse mineiro de Belo Horizonte tem assustado e encantado províncias e metrópoles, fazendo moda e contando suas histórias. Ou será que é o contrário? Contando histórias para chegar à moda? Aos 43 anos de idade, casado com Ivana, é pai de Ludovico e Graciliano, inspiradores de sua linha infantil. No começo da carreira, ele, que sempre gostou de desenhar e por causa dos desenhos foi para a moda, achava que duas peças de cada modelo eram suficientes. Hoje, produz perto de 20 mil peças por coleção, é presença de destaque nos grandes eventos de moda do Brasil inteiro e pelas passarelas de vários países, como Chile, Japão e México, e segue desenhando e se reinventando, ampliando seus domínios. Mas não deixa Minas Gerais.

Como é que você começou na moda? Você gostava de costurar?

Não. Não tinha nada com costura. Desde pequeno eu adorava desenhar, fazia qualquer curso de desenho, desde que fosse gratuito, porque eu não tinha grana pra pagar curso algum. Eu fiz curso pra desenhar rosca de parafuso, faixa de rua, tudo! Um dia, uma vizinha estava num ponto de ônibus com uma pasta. Aí eu fui ver, e era uma pasta cheia de desenhos de moda. Eu achei aquilo lindo! Ela falou: "É um curso no Senac e é gratuito". Aí eu fui fazer esse curso. Eu, adolescente, fui lá e me inscrevi. No primeiro dia de aula, vi que metade da sala era formada por senhorinhas de cabelo lilás; uma delícia! Estavam ali pra aprender a desenhar a página do figurino, né? A madame levava a página do figurino, e ela tinha de inventar as costas. E a outra parte da turma era formada por travestis que estavam pra aprender a desenhar fantasias de carnaval. Era maravilhoso! Porque as costureirinhas, as doninhas se organizavam entre elas, e cada noite era uma que levava o lanche. Levavam em latas de alumínio os salgadinhos ou o pão de queijo ou o bolo. E os travestis faziam a festa! Nem elas nem os travestis não conseguiam desenhar nada. O único que conseguia desenhar na sala era eu. Foi um curso de dois meses, dois meses e meio, eu tive a nota mais alta. Mas nem achei mérito nenhum, porque eu já desenhava de tudo, desde criança. Mas eu não pensava: "Quando eu crescer eu vou ser figurinista, estilista ou costureiro". Era mais um curso de desenho que eu estava fazendo. Uma semana depois, recebi um telefonema em casa, do setor de colocação profissional do Senac, dizendo que tinha um emprego pra desenhar roupa numa loja de tecido, no centro de Belo Horizonte. Eu falei assim: "E quanto eu tenho que pagar?". "Pagar? Você vai é receber por isso. Isso é um emprego." Falei: "O quê? Eu vou desenhar o dia inteiro e ainda vão me pagar por isso?", achando que era uma maravilha, né? Bom, não foi bem assim. No primeiro dia, quando eu cheguei pra trabalhar, quando abriram a porta da loja, de repente, estavam ali na minha frente umas 30 mulheres: alta, magra, gorda, com peito, sem peito, com bunda, sem bunda... Com rolo de tecido na mão, aquela fila imensa, esperando o modelinho pra poder cortar o tecido. Eu não entendia de metragem, eu não entendia de costura, eu só entendia de desenho. Então, eu ficava tentando, quase que esperando uma psicografia de que modelo eu deveria desenhar. E como eu aprendi a fazer isso? Elas queriam roupa pro casamento, pro enterro, pro batizado, mas em toda situação todo mundo ali queria uma roupa pra uma conquista amorosa, sabe? Eu acho que isso é que me pegou na moda [risos]. Eu sempre achei isso delicioso! Eu lembro que, nos primeiros meses nesse emprego, eu nem almoçava. Eu não sentia fome. Na hora do almoço, eu ficava andando pelo centro, observando as roupas das pessoas. Eu parava nos pontos de ônibus muito cheios e ficava pensando: "Eu vou gravar essa manga, vou gravar essa gola". Sem essa preocupação se era brega ou se não era, se tava na moda ou se não estava. E eu ia registrando isso no banco de dados. E claro que eu devo ter feito muitos Frankensteins. Há quem diga que ainda os faço [risos]. Mas o fato é que, sei lá, 20 anos depois – isso foi em 84 – foi criado em Belo Horizonte o curso de Estilismo na Universidade Federal. E todo mundo falando pra eu ir, porque ia aprender mais. Fui, fiz o vestibular. Eu gosto de lembrar que era uma época que, se alguém falasse que no futuro teríamos faculdade de Moda no Brasil, alguém ia falar: "Você é louco! Ninguém nunca vai aprender, isso não é coisa pra se aprender em escola". Mas o fato foi que o curso de Estilismo da UFMG foi o primeiro do Brasil. As pessoas até iam de São Paulo pra Belo Horizonte pra aprender moda lá. Eu sou da terceira turma, eu acho; ou da quarta turma... Mas o fato é que eu estava lá, e os meus amigos não tinham nada a ver com esse cenário de moda. Então, eu meio que trabalhava e fazia tudo isso muito escondido, porque eu não achava que aquilo era uma coisa de futuro. Eu achava que eu estava fazendo aquilo ali por uma questão de sobrevivência. Daí, uma pessoa de uma confecção entra nessa loja e fala: "Tô precisando de uma pessoa que desenhe, porque eu não encontro ninguém pra poder desenhar na confecção". Aí, saí da loja para trabalhar na confecção. Hoje eu costumo dizer que o conhecimento que eu tenho de tecido vem justamente dessa época. Tem sensações mágicas: o cheiro quando se rasgava um linho s120, antigo, da Braspérola, que nem existe mais. Ou o cheiro do algodão, o barulho do tafetá de seda pura ao ser desenrolado daquele cano, o barulho do empapelado. Eu ficava ouvindo a voz dos tecidos na loja. Eu acho isso emocionante, até hoje. E, quando hoje, analisando o meu trabalho, pra que lado eu fui, de que forma eu fui construindo a minha narrativa com a moda, que porta da moda que me seduziu ou quando falam que eu conto história porque sou um mineiro, eu digo: "Não, eu conto histórias porque eu aprendi a fazer moda ouvindo histórias". Cada uma que sentava na mesa contava sua história. A mesa virava um confessionário, que ia da conquista, da roupa para a conquista amorosa. Isso era maravilhoso! Era uma sobrevivência, mas muita diversão. Era uma diversão! Eu nunca pensava: "Quando eu crescer eu vou ser um estilista".

Quando foi que você se viu estilista e começou a ganhar dinheiro com isso?

Na universidade, no último ano, tinha um concurso nacional, promovido por uma grande tecelagem, que era a Santista. Você mandava uma coleção, e eles selecionavam 600 entre mil pessoas. Aí você recebia um telegrama falando assim: "Você está entre os 600. Agora você precisa fazer uma outra coleção". Aí você fazia uma outra coleção. Selecionavam 40. Aí os 40 iam pra São Paulo. Foi a primeira vez que viajei de avião. Isso foi 90. E ficávamos os 40 numa sala durante uma semana criando uma coleção. Eles precisavam ver as pessoas fazendo, desenhando e desenvolvendo uma coleção ali na frente deles. Eu me lembro que na minha frente estava sentada uma carioca, e ela ficava nervosa porque ela não conseguia desenhar e tal. E eu já tinha adiantado bastante o processo. Deve ter sido numa quarta-feira à tarde, era até a sexta que a coisa ia, quando a menina olha pra trás e diz assim: "Você já terminou?". Quando ela virou – eu desenhava só com nanquim, com pena de nanquim –, o vidro de tinta virou nos desenhos todos! E eu tive de refazer tudo. Na quinta-feira, quando todo mundo estava finalizando, eu tive de fazer tudo de novo, os 50 desenhos todos de novo. Na sexta-feira à tarde deram os nomes dos cinco finalistas que iriam pra Fenatec. Falaram por ordem alfabética, e o último nome foi o Ronaldo. Na Fenatec, você recebia em casa uns tecidos. Tudo refugo da Santista. Aí você tinha que construir uma coleção. E durante uma semana, você recebia um espaço, os jurados iam ao local e você apresentava a sua coleção. No final, ganhei o primeiro prêmio, que era uma pós-graduação na Parsons School, em Nova Iorque. Eu não falava inglês, e no curso precisava, então fui pra Londres – tinha um irmão que morava lá – para aprender inglês. Claro que não aprendi, mas foi ótimo! Em Londres, na véspera da ida para Nova Iorque, eu falei pra mim mesmo: "Ronaldo, você não pode chegar com essa carinha de tadinho, de mineiro coitadinho". Aí eu peguei uma vasilha, uma tampa de uma panela, coloquei na cabeça, raspei a cabeça. Então, virou uma bola de cabelo. Furei o nariz, coloquei uma corrente que ia até a orelha. Com piercing, com óculos, com não sei o quê... Comprei umas roupas que davam também para vestir um personagem e falei assim: "Agora eu vou!". E fui. Totalmente diferente do Ronaldo que chegou em

Londres. Mas sem falar inglês direito. Foi uma época muito tensa, em que eu dormia três horas por noite, porque tinha muita apresentação oral, então eu me enfiava na biblioteca em Nova Iorque e decorava tudo o que eu ia falar. E quando tinha uma pergunta qualquer, do professor ou de um outro colega, sobre o tema que eu estava discorrendo, eu falava assim "Daqui a pouquinho, daqui a pouquinho... mais tarde", até a pessoa esquecer da pergunta. Porque às vezes eu não estava entendendo o que a pessoa queria. Aí eu terminei o curso e arrumei um emprego, em Nova Iorque, numa fábrica de jeans. A Parsons indicava muita gente, e eu fui indicado, eu tive excelente pontuação na época. Também pelo fato de que as pessoas não sabiam desenhar e eu sabia. E nesse intervalo terminou o curso. Claro que eu estava exausto. E voltei a Londres pra visitar o meu irmão e passar o feriado de Páscoa. Aí eu fui pra Londres, fomos passear na Escócia, e, na volta, eu resolvi visitar a Saint Martins [Central Saint Martins College of Art and Design]. Quando entrei na Saint Martins, eu vi um tanto de cursos livres que complementariam o meu curso de Nova Iorque. Resolvi ficar em Londres e nunca mais voltei pra Nova Iorque. Deixei roupa, deixei tudo no alojamento. Até hoje eu nunca mais fui à Nova Iorque. Devo ir este ano. Aí eu descobri um curso de chapelaria; fazia chapéu e vendia na feira de Portobello e Candental. E pagava com isso os cursos livres que eu fazia complementando o curso de Nova Iorque. Foram três anos em Londres. Em Londres ainda fotografei moda de rua pra Santista e, com isso, eu conheci a Europa inteira. Voltei pro Brasil, pra passar umas férias, no auge do Phytoervas Fashion, em 96. O Phytoervas Fashion daria origem ao São Paulo Fashion Week. Aí alguém disse: "Manda um projeto!". Acho até que foi o pessoal da Santista... Eu fiz uma coleção que se chamava Eu Amo Coração de Galinha. Essa coleção era uma metáfora, contava a história de uma galinha que vivia no interior, e, lá, todos riam do jeito dela, do cabelo dela, do jeito que ela se vestia. Algo meio autobiográfico, eu acho. E ela achava que ia ser mais feliz em outro lugar. Então, ela sai dali e vai pra outra cidade, pra outro universo. E vê que em todo lugar era a mesma coisa. E o que é que se usava nessa época no Brasil? Usava-se o que estava na moda no mundo, que era o universo *clean* de Donna Karan e Calvin Klein. E eu chego com uma coleção de perucas de palha de aço! Tudo colorido! Eu acho que pegou a turma de surpresa... E eu ganhei o prêmio de Estilista Revelação. Aí, me chamaram pra participar da segunda edição, que foi com a coleção Álbum de Família, e depois com a do Arthur Bispo do Rosário. Aí nessa eu já tinha voltado pro Brasil. E hoje, quando eu vejo isso, todas as coleções, eu falo que eu nada mais faço do que tentar ouvir a história da turma que senta com o tecido debaixo do braço, tento entender o que eles querem vestir, que nem eles sabem que é direito.

E como é que foi virar uma empresa mesmo e produzir moda como você faz hoje?

O meu maior problema não foi vender o que eu produzia, mas produzir o que as pessoas queriam comprar. Porque as pessoas sempre quiseram mais do que eu esperava que fosse vender. Até a coleção do Bispo eu produzia duas peças de cada modelo, e aí recebi uma proposta de um sócio de Belo Horizonte, filho de italiano, que queria investir numa marca, num novo estilista e cismou com a figura aqui. Aí ele começou e tal... Foi um ano de trabalho, e eu trabalhando igual a um cão, tinha uma demanda muito grande, coisas tipo uniforme pra telefônica. Eu fazia, e esse dinheiro entrava todo na confecção. Fato foi que eu descobri, um ano depois de ter assinado um papel... Eu tava indo pra Paris numa das viagens, ele me liga, dizendo que eu tinha que passar rapidinho na confecção pra assinar uma documentação pra abertura de uma loja que teria em Belo Horizonte. Eu assinei e, naquela assinatura, eu passava, eu dividia com ele tudo o que tivesse o meu nome e que falasse de moda. Ele também era muito esperto, ele se achava muito esperto... O domínio da internet ele registrou na Coreia, por exemplo, entendeu? Quando eu descobri isso, rompi com essa história. Eu saí e ele ficou como fiel depositário. Justiça, polícia... Eu saí com uma mão na frente e outra atrás, sem nenhuma costureira, sem nenhuma máquina de costura. E recebi um telefonema do Paulo Borges, que o Morumbi Fashion ia passar a se chamar São Paulo Fashion Week, naquela estação. Eu era das marcas a fazer parte do *casting* do São Paulo Fashion Week. Então, eu aceitava ou não. E eu aceitei, né?

Sem um tostão, sem nada?

Sem um tostão, sem máquina, sem nada! Aí eu passei em frente a uma casa, uma casa anos 50 pela qual eu sempre passava e falava: "Eu acho que essa casa dá uma loja linda". Aluguei essa casa, entrei nessa casa, quebrei o teto de gesso que era uma coisa horrorosa, pendurei uns cabos de vassoura, comprei duas máquinas de costura e comecei a trabalhar pra um monte de gente. Prostitui muito esse corpinho, né? Fazendo assessoria pra empresa de jeans, empresas de não-sei-o-que-lá e tal. Uns funcionários da empresa antiga começaram a vir e falavam: "A gente tava lá era por sua causa, por conta do seu trabalho, e não por conta daquilo que está lá". Aí eu estreei no São Paulo Fashion Week, com a coleção Rudi Salomão, que era uma história de amor entre um judeu ortodoxo e uma cristã nova. Essa cristã nova, na verdade, era uma empregada minha, que foi com a família passear em Jerusalém e virou essa história. Era uma passarela toda cheia de pães. Essa foi a estreia no São Paulo Fashion Week e foi aclamada; essa coleção foi uma das mais aclamadas. A minha primeira e tal. E as pessoas enlouqueceram querendo comprar! Mas elas entravam no site e o que viam com a marca Ronaldo Fraga era uma roupa que o meu ex-sócio estava fazendo: calça justa de jeans com lurex, top tomara-que-caia com aqueles peitos baguetes, correntinha do tornozelo... E elas mandavam e-mail dizendo que queriam a roupa do desfile, aquela que era conceitual. Perguntavam se a minha roupa era aquela mesmo. Muitas águas rolaram, muitas ações na justiça... E eu ganhei todas elas. Quando eu estava pra poder ganhar, quando ele estava perdendo todas as ações, um belo dia, ele colocou faixas na Savassi, em Lourdes: "Calças Ronaldo Fraga por R$ 9,00". Eu estava com a coleção Zuzu Angel, eu tinha estourado no São Paulo Fashion Week... E saía à noite de *dreadlock* tirando as faixas dos postes. Hoje tem a loja em Belo Horizonte, a loja em São Paulo, a linha infantil... Eu continuo segurando as coisas pra que elas não cresçam assustadoramente na produção. Mesmo assim, hoje estou mudando pra um espaço maior e juntando o infantil e o adulto. Produzo algo perto de 20 mil peças por coleção. Pra quem achava duas suficiente... E a tendência é aumentar, a demanda é pra aumentar. Aí tem desfile no Japão, desfile no Chile, desfile no México...

Como é que você foi parar na linha infantil?

Ronaldo Fraga para Filhotes. A Ivana estava grávida do nosso primeiro filho, o Ludovico, depois da coleção dos judeus. Na sequência veio a coleção Zuzu Angel. O desfile foi em junho, e ele ia nascer em outubro... Só aí é que nós paramos pra poder comprar as coisas do bebê. E eu achei tudo horrível, tudo horrível! Aquela coisa do azulzinho, do rosinha, do amarelinho... Eu falava: "Ah, não, Ivana, vamos fazer aqui na confecção mesmo". Era aquele momento de "entressafra", até começar a produzir e entregar. E começamos a fazer... Os amigos viram e começaram a pedir. E com a história da loja, nós abrimos, duas edições depois, uma pequena arara na loja com essas peças do infantil. A imprensa descobriu, começou a divulgar, as pessoas começaram a buscar... Aí uma amiga, que tinha anos de experiência numa grande empresa, me infernizou tanto que eu fiz um mostruário, eu e Ivana, pra gente se ver livre dela. Colocamos tudo na mão ela, e ela foi pra uma feira em São Paulo. Em quatro dias – ela tinha cem clientes no Brasil – tinha vendido, sei lá, quase dez mil peças! Aí não paramos mais, estamos indo pra sexta coleção. A Ivana é que segura toda a onda. Eu sou escravinho dela, entendeu? Ela é fundamental na minha vida pessoal e profissional. Se eu não estivesse com a Ivana, provavelmente, já teria ficado de saco cheio e já teria parado. Estamos casados há anos e temos dois filhos: Ludovico tem oito anos e Graciliano tem seis.

Você, vez por outra, assusta as pessoas com desfiles, no mínimo, inusitados. Você pode me dizer qual o desfile que assustou mais?

Teve um desfile, a coleção do Corpo Cru, que era a coleção pós-11 de setembro, desfilada em janeiro. E, naquela ocasião, o mundo estava se perguntando: "Será que agora terminou a idade contemporânea?".

Um grande desafio de fazer de novo as velhas coisas... E eu tomei posse daquela bandeira política do adolescente politizado e inventei uma história, em que não ia ter nada de camisetinha branca com "paz" escrito na passarela. Falava: "Não, não é isso. O buraco é mais embaixo". A gente precisava disso, dessa sacudida. Aí eu criei uma história que era: o dia em que o corpo cansado de ser subjugado pela roupa resolveu ir embora. Então, o que era isso? Era uma estrutura enferrujada como se fosse um açougue, e eu fiz bonecos, que vestiam essas roupas. As músicas eram de carrossel, de realejo. E os bonecos iam passando. Mantive o maior segredo, inclusive da própria direção do São Paulo Fashion Week. Até hoje esse exemplo é citado lá, quando o Paulo diz: "Guardem ségredo de todos, menos da organização do evento, como Ronaldo Fraga fez com Corpo Cru". E eles perguntavam: "E o *casting*?". Eu dizia: "Meus parentes caras de pau". Porque eram bonecos de madeira, tudo chapado, era aquela estrutura... O desfile encerrava o São Paulo Fashion Week naquela edição. Eu vinha de duas estações de muito sucesso: a primeira, Zuzu Angel, que tinha sido pela primeira vez aquela comoção. As pessoas choravam, a técnica, os fotógrafos, modelos... era aquela coisa toda. Com Rudi Salomão também. E no final tinha uma caixa cheia de carne, com costela, com coração de boi, com linguiça... e as pessoas iam ficar vendo, só passando pedaços de carne. Era o corpo despedaçado ali na história. O desfile estava indo muito bem, a sala nem respirava, porque eles viram que não tinha modelo, e passavam os bonecos girando. Em dado momento, escuto um barulho. Aí falei pro engenheiro que fez toda a estrutura: "O que é que está acontecendo? Tá quebrando?". E ele disse: "Tá". Eu falei: "Como que isso está quebrando?". A sala lotada, né? "Dê uma ré aí!" Porque ele falou que tinha uma história lá de poder dar uma ré. Bem, ele deu a ré – e foi o ano da quebra da Argentina, entrou na trilha "La cumparsita" –, e então os bonecos passaram e ficaram rodando. E saía fumaça das engrenagens, e o povo aplaudia compulsivamente. Só que ele falou assim: "Os bonecos não vão dar nem mais um passo". Aí a primeira camareira, que chegou com o boneco na mão, na minha frente: "O que é que eu faço com o boneco?". Eu falei: "Pega ele e entra!". Aí entrou na trilha um pianinho, e as camareiras começaram a entrar. Eu faço sempre a camiseta com o nome da coleção, e elas começaram entrar com essas camisetas. Senhorinhas, algumas se escondiam atrás do boneco e você só via o pezinho. Outras aproveitavam o momento da fama, faziam com o rabão, davam pivô... E o povo aplaudia: "O corpo real voltou!". E muita gente escreveu: "Isso é coisa de mineiro" [risos]. O cabo quebrou, e a carne não entrou. Pra felicidade de Paulo Borges, a carne ficou lá. Uma jornalista correu pra poder entrar na sala, e aí as camareiras, o pessoal que foi pra fazer a montagem, todos em cima da carne. Só que ninguém sabia o que tinha acontecido lá fora. Então chorava o engenheiro, eu, todo mundo naquela adrenalina. E alguém chegou e me perguntou: "E a carne? O pessoal tá querendo saber se pode levar". "Pode, pode levar." Como não tinha sacola, eles enrolavam linguiça no pescoço e jogavam coração, costela embaixo do braço [risos]. E teve também a coleção Giz, por causa dos cabelos grisalhos das modelos. A modelo mais nova tinha 65 anos, três delas tinham mais de 90. E crianças... Foi muito legal! Aquilo foi lindo! Eu coloquei o infantil na passarela junto com elas... Eu nunca coloco, só coloco quando eu acho que tem alguma coisa a ver. Essa coleção foi inspirada na obra do Álvaro Apocalypse, do Giramundo. Tem um espetáculo deles, que eu acho que é o mais lindo, que se chama *Giz*, que foi feito há 20 anos. São bonecos gigantes, brancos, feitos de tecido. Eu montei a trilha primeiro, porque eu sempre gosto dessa coisa de ter a música da roupa. E depois da trilha a roupa sempre acaba vindo... Quando eu desfilei no ano passado, a filha do Álvaro me chamou para fazer o figurino dos manipulares na remontagem do espetáculo, e eu aceitei. Eu adoro ouvir e contar histórias! A moda é detalhe. A moda é instrumento. A moda foi por acaso. Foi o instrumento que me caiu nas mãos e que hoje me dá um prazer pelo alcance que tem...

E ser mineiro faz diferença para você fazer seu trabalho?

Ser mineiro faz a maior diferença! Como eu acho que faz diferença ser de qualquer lugar. Você tem que entender que diferença é essa. Que diferença dentro do grupo você vai trazer e que alguém vai falar assim: "Isso é porque ele é mineiro!". Eu acho que tem uma coisa da paciência com o tempo, que mesmo o mineiro mais estressado tem, comparando com o estressado de outro lugar. Nós temos na nossa história, na alma, na nossa essência, essa coisa da conspiração. Essa coisa de tanto contar um caso com calma quanto ouvir um caso com atenção, não é? Tem uma outra coisa do mineiro, que é o carinho com a palavra. Eu acho que – vamos colocar aí o meu fascínio pela literatura brasileira – a literatura mineira deixou de ser mineira há 300 anos. Literatura mineira já nasce universal. Então, assim, ninguém no Brasil trabalha, ninguém trabalhou a palavra como o mineiro fez. Agora eu vou falar da roupa. Até bem pouco tempo, nos anos 80, as pessoas debochavam quando se falava que algum mineiro estava na moda. Quando o Grupo Mineiro da Moda apareceu, foi recebido com muito deboche. Era terra de caipira, que negócio era esse? Na guerra entre Clodovil e Denner, eles tratavam Zuzu Angel como a costureirinha, entendeu? Mas ela foi a mais universal que nós tivemos. Quem no Brasil, quem no mundo usou a moda como bandeira política antes dela? E aí, a indústria têxtil nasceu ali. Quando o rei de Portugal permitiu a implantação de tecelagens no Brasil pra poder atender um alto contingente de escravos, foi em Minas, não foi em São Paulo. Então tem essa coisa da conspiração do ponto a ponto, do coser, do esperar engomar, do esperar o ponto do doce, do esperar a lenha pegar fogo... Então também essa coisa da espera. O Guimarães Rosa fala "O diabo é a paciência", falando do valor da paciência. Eu acho que o mineiro é paciente com tudo. Aí você vem pela história, misturando todos na mesma roda, costurando todos ali. Aí, quem cai naquele caldeirão, sendo mineiro ou não, tendo nascido ali ou não, incorpora certas coisas. O mineiro é íntegro. Talvez o mineiro seja esperto e entenda o valor de certos valores. Tem certas coisas de segurar a onda, de valores... Eu acho que isso é uma coisa muito bacana e determinante. Meu porto é lá em Belo Horizonte. Eu tenho um apartamento em São Paulo, mas eu não conto pra ninguém. A minha magia está em Minas Gerais. Eu me lembrei muito, quando você me fez essa pergunta, de uma grande amiga, a Elke Maravilha. Ela é mineira até o talo! Nasceu lá na Rússia, veio bebê pra cá, caiu em Itabira... Elke Maravilha tem uma essência... a conspiração... Ela tem na essência a boca solta. Uma coisa meio Tancredo Neves, sabe? Que falou, quando Ruth Escobar perguntou de política: "Política é coisa pra homem, pra macho". A Ruth Escobar, andando de braço dado com ele, reclamou. E ele disse assim: "Calma, minha filha, 'macho', hoje em dia, é um termo unissex" [risos]. Só quem presta muita atenção tem a rapidez da resposta. Então tem coisas que eu não vejo no resto do Brasil. Nessa relação do prestar atenção, nessa relação da palavra, da fala... nessa precisão cirúrgica. Isso é só com observação, com muita conspiração. Não tenho a menor dúvida de que um mineiro precisa do perfume da metrópole, mas ele precisa também da alma da província. Se tirar a província do mineiro, você acaba com ele. ∎

SAMUEL ROSA

Cruzeirense, roqueiro e pai de família

SAMUEL ROSA DE ALVARENGA é cruzeirense de carteirinha, se formou em Psicologia, tem 43, quase 44 anos, cara de garoto e gosta de rock. Vocalista e guitarrista do Skank, tem dois filhos: Juliano, de 11 anos, e Ana, de oito, que já surpreendeu Samuel com suas músicas. Teve uma educação liberal, filho de pai nascido em Santa Maria de Itabira e mãe nascida em Itabira, e cantou por muitos anos em barzinhos. Demorou a se decidir pela vida de músico profissional e criou bandas desde os tempos do colégio. Há quase 20 anos está na estrada com o Skank, que tem a mesma formação – Samuel Rosa, Henrique Portugal, Lelo Zaneti e Haroldo Ferreti – e o mesmo empresário até hoje. Samuel mora em BH, que chama de "zona de conforto", não gosta da ideia de sair de Minas, acha que já fica tempo demais fora de casa. Gosta da vida em família, é desconfiado como todo bom mineiro, gosta de futebol como gosta de música, joga pelo menos uma vez por semana. Tem em Chico Amaral seu parceiro mais constante, só fez duas letras de música na vida, acha que o Skank improvisa muito nos shows porque vem da escola da música de boteco e se diverte com as confusões que o nome "Skank" causa para ele e seus companheiros, desde a criação até hoje.

Vou aproveitar que estamos em Belo horizonte e vou falando de filhos, da sua vida aqui. Com quantos anos você está?

Eu estou com 43 anos, mas só me lembro disso quando eu chego em casa e vejo meu filho de 11 anos que já está quase do meu tamanho, e a minha filha de oito, que é compositora. Ela chegou um dia, assim: "Pai, fiz uma música". Ela começou a cantar, eu dei risada e pensei: "Não, isso deve ser algum sertanejo que ela ouviu, um Victor e Leo e tal". "Não, filhinha, de quem é essa música?" "É minha." Eu comecei a perguntar, ela cantava, eu perguntava: "Isso é de quem? Porque eu não conheço essa música!". Ninguém conhecia a música, e ela fez cantando, igual à Dolores Duran, sem violão, sem nada. Fez cantando a letra, a melodia saiu da cabeça dela... Ela não toca nenhum instrumento, não tem iniciação musical nenhuma, só assim, informal, só de ver o povo lá em casa tocando... O filho mais velho já toca um violãozinho.

Está no DNA, vai todo mundo por esse caminho?

Ah, nem sei. Por ora é mais uma opção que eles têm na vida, uma brincadeira, música, uma atividade... brincar mesmo. Eu também comecei de brincadeira. Eu tinha um negócio de colocar música dos Beatles, de ficar na minha casa dublando os Beatles e fingindo que eu estava tocando no auditório lá do colégio. Ficava imaginando, "Pô, eu e os meus amigos tocando no auditório... o pessoal do colégio e tal". Também sempre fui envolvido com música nesse sentido assim, informalmente, né? Meu pai gosta muito de música, é um apreciador. É um cara até que tem uma certa erudição musical, que não aceita qualquer coisa, não. E ele chegou, de brincadeira, a compor, entrar em festival e tal com outras pessoas da minha família que eram músicos, que tocavam. Então, de certa forma, eu vivi esse ambiente.

E quando é que virou profissional, que deu a virada e que você sentiu que ia ser o seu ofício?

Olha, se é o meu ofício mesmo até hoje eu fico meio na dúvida. A relação que eu tenho com música hoje é muito parecida com a que eu tinha com 15 anos: é muito espontânea. Uma vez eu vi o Herbert Vianna, do Paralamas, falando que se sentia eternamente de férias com os Paralamas. Eu sinto isso como Skank, sinto que a gente tá sempre dentro de uma grande festa, numa grande brincadeira e tal. Música é muito gostoso. Eu nunca tive a dimensão, na minha cabeça, do exato momento em que eu me tornei profissional, porque a transição foi sendo passo a passo. Eu não cheguei na faculdade, com 22 anos, montei uma bandinha e falei: "Agora eu quero tocar nas calouradas". Não foi isso. Eu comecei com 14 anos, tocando em festinhas de primos, festinhas de colégio e tal. Já tinha uma bandinha, muito cedo, que, para o que era, na época, em Belo Horizonte, não tinha muitos garotos de 15 anos que tinham uma banda montadinha como eu. Então, aquilo foi passando, foi fazendo a transição sem eu perceber. De repente eu estava tocando, eu estava sendo contratado pra tocar em bar. Com 18, 19 anos eu já tava fazendo botequinho, ganhando um troquinho. Então eu falo que o aprendizado do bar me foi muito útil. Quando eu cheguei nos meus 25, e aí teve uma exigência mais profissional. Eu tinha, vamos dizer assim, esse *background*, essa formação... no caso, totalmente prática, não acadêmica, do bar. Meio parecido com o que os atores falam do teatro; o atores de cinema, de TV, sempre falam que todo ator deve passar pelo teatro, porque é uma escola e tal. Eu não sei nada, porque eu não sou ator, mas eu fico traçando paralelos entre o ator e o músico. Acho que, pro músico, o bar é como o teatro, uma coisa informal, você tem que improvisar. Então, a minha escola foi o bar, sabe? Eu tenho uma ligação fortíssima com o bar. Eu fico louco, pra, uma hora, o Skank tocar num bar. A gente até tem uma banda paralela, a Doctor Penetration, que é uma banda que é pra tocar no bar as coisas que a gente fazia no início da carreira do Skank.

E como vocês evoluíram até o Skank?

Eu formei uma banda no colégio que se chamava, primeiro, The Wakers. Achava um nome ótimo, porque tinha uma coisa meio infantil e a gente tinha 15 anos de idade. Aí nós entramos... a primeira vez que eu cantei com a plateia e tal foi aqui no auditório do Colégio Pitágoras, num festival. Na época chamava Canto Novo, uma coisa assim, e era uma tradição na cidade. E eu me lembro que entramos no palco e todo mundo começou a rir, a achar engraçado, porque as guitarras eram maiores que a gente. Eram enormes, a gente era pequeninho. Eu era pequeninho na época. Eu com 14 parecia que tinha 12. O pior é que eu me lembro da cara de

SAMUEL ROSA / 399

espanto, perplexidade do público. E, como contraponto... Era aquela época de MPB demais, início dos anos 80, muita gente com flautinha, violãozinho e tal... as músicas brejeiras e tal. E a gente entrou com um iê-iê-iê que era uma homenagem a uma empregada que foi responsável pela nossa iniciação sexual. Era uma homenagem, era uma Ode à Hilda, que era uma empregada que fazia favores sexuais pra turma jovem, os meninos da rua. Aí o povo caiu pra trás: "Mas o que é isso? De onde saíram esses meninos?". E quebramos uma sisudez que estava ali rolando, que é coisa de música mineira, que você conhece bem, muito séria, sóbria, mais tristonha. E a gente entrou com um iê-iê-iê tipo jovem guarda, com um tema próprio pra gente que tinha 14 anos. Os senhores lá do júri não deram prêmio pro Wakers, nós ganhamos "melhor comunicação com o público". Isso foi muito impactante para quem tinha seis meses de guitarra. Todo mundo cantou; no final, a gente foi aplaudidíssimo. Eu me lembro dos outros dois meninos, com os olhos arregalados: "O que foi que aconteceu?". Ninguém sabia, eles não assimilaram, foi muito forte... E aí acabou, né? Um abraço. Fui embora. Eu insisti, ainda, um pouco, na carreira de estudante... me formei. Na época era científico, hoje tem outro nome. Achei aquilo um absurdo, poxa, na hora que a escola tava melhor eu tinha que sair pra ir pra faculdade. Eu entrei em Psicologia, na UFMG, com 17 anos, e normalmente o pessoal que procura o curso de Psicologia é a turma mais velha. E aí eu destoava também. Eu era aquele garoto no meio do pessoal e não entendia nada daquelas conversas que estavam sendo tratadas ali. Eu não tinha experiência de vida nenhuma. Um garotinho de 17 anos que gostava de rock and roll e tal. Me senti superultrafora da minha turma, do meu eixo ali. Fiquei em depressão uma época. Eu lembro de não querer estudar... Aí, ficava com um nó na garganta e não sabia o que era, mas eu acho que, realmente, ali eu não estava no meu caminho. Mas, por uma questão de formalidades, da sociedade, aquilo tudo... o meu pai era psicólogo, eu acabei optando por aquele curso. E eu acho que eu suportei até o final porque Psicologia é muito inespecífico. Psicologia trata da gente, né? Não tem como querer definir nada. Tinha coisas que me interessavam, só que eu não me via psicólogo. Mas acabei me formando. Não tinha mais o que fazer da vida, só tocar.

E o Skank só aconteceu depois de você se formar?

O Skank só aconteceu dois anos depois que eu me formei, com 24 anos. Aí eu falei: "Agora ou vai ou racha. Eu vou trabalhar com esse troço aqui, ou eu vou montar a minha banda". Teria que ser uma banda nova, porque os amigos, os colegas de colégio, um tinha ido pros Estados Unidos, o outro tinha ido estudar Veterinária em Alfenas, e hoje são músicos, e eu me vi sem companhia. Então, eu comecei a procurar outras pessoas, outros guetos de música em Belo Horizonte e comecei a me dar bem. Senti que era acolhido, era aceito. "Pô, esse negócio tá bacana!" Mas ao mesmo tempo não conseguia me desvencilhar da Psicologia ainda. Eu achava, nesse momento em que eu me formei, que eu ia ser psicólogo. Aí, um dia, conversei com meu pai, e ele falou: "Ó, bicho, eu acho melhor você ir nesse caminho da música daí, porque, quando você chegar lá pros seus 50, se você não tiver tentado, você não vai se perdoar, não. Você vai ficar muito puto com você mesmo". Eu falei: "Opa! Então, é isso!". Montei uma banda nova e falei: "Aí, rapaziada, nós vamos fazer um disco independente de gravadora e qualquer coisa. Nós vamos fazer um disco, montar uma banda com um negócio diferente que não tem no Brasil e tal". E já arrumei os companheiros e tal, a gente foi tocando a bola, escutando coisas que ninguém escutava e lapidando um som pra virar o Skank. Garotos também, todo mundo da mesma idade e numa situação muito semelhante à minha: todo mundo desnorteado. Hoje eu até vejo assim, tem aquela coisa que eles falam da adolescência prolongada, né? Eu faço parte de uma geração que cortou o cordão umbilical com 30 anos. Demorou pra caramba! Eu tenho vários amigos que saíram de casa no final, quase completando 30 anos. E tem um momento na vida, que é ali dos 21 aos 26, que parece que tudo deu errado mesmo. "Você não funcionou, não, você deu errado." Era mesma sensação que eu tive, que tiveram meus amigos, de "não vou dar em nada, desse mato não sai coelho, não". Aí começamos o Skank. Até aparecer uma gravadora, foi muito rápido, foi um ano e meio. Mas eu já tinha, lá atrás, dez anos daquela bandinha que foi um *playground*, quando toquei Stones, Beatles, música popular brasileira, reggae, Clube da Esquina. Então, na hora em que veio o Skank, já tinha um mínimo de noção do que era legal ou não. Claro, no nosso universo de Belo Horizonte e tal... Me associei, também, a pessoas dentro do Skank, como nosso empresário que é o mesmo até hoje. Não é um empresário, é um companheiro, um amigo de infância, um garoto como eu que, como não tocava nada, virou empresário. Adorava, adora até hoje e sabe de música. Então nós entramos, quatro músicos e esse cara. Fizemos aquele nucleozinho, dissemos: "Olha, o que acontecer, vamos dividir por cinco. E vamos embora". Isso foi em 1991 e vai fazer 20 anos daqui a pouco. Mas o Brasil mesmo só foi conhecer o Skank em 1995, primeiro com aquela versão do "É proibido fumar", depois com o "Te ver", que foi o primeiro grande *hit* do Skank, que tocou do Oiapoque ao Chuí.

Vocês começaram a carreira com um disco independente?

O primeiro álbum do Skank foi lançado independente, em 92. A gente tinha três mil cópias, o que foi uma novidade total, porque, salvo algum engano, o Skank foi a primeira banda de rock, no Brasil, a lançar um trabalho independente no formato CD. Não existia. Eu tinha vários amigos que não tinham tocador de CD em casa nessa época. E as pessoas se assustavam: "Puxa, uma banda independente e já com CD?". A gente pensou que poderia não assinar com uma gravadora e que poderia não virar o que virou, a gente pensou nessa possibilidade, porque ninguém é tão ingênuo assim. E, vindo de anos de bandinha independente, a gente sabia exatamente... A gente achava que se a gente se organizasse, gravasse um bom disco, a gente poderia ter um mercado aqui em Minas Gerais, poderia começar a ser conhecido no meio mais independente, que é o que tá funcionando muito agora, com a internet. O mundo independente no Brasil, principalmente de pop e rock, ganhou muita musculatura, muito corpo, né? A gente pensava isso naquela época: "Se não rolar no Rio e em São Paulo, a gente grava três mil cópias desse disco, tenta tocar nas rádios, vende esses três mil discos, faz outro e vai tocando". Belo Horizonte estava mudando muito naquela época, já tinha uma vida noturna diferente. A gente tocava em bares de segunda a quarta-feira, e ia gente. Tinha época que não ia... o pessoal só saía no final de semana. Aquela coisa provinciana que a cidade até hoje não largou, né? E o mercado no interior é muito forte, de festas, de exposição e tal... "Então, beleza, vamos lá!" Aí apostamos todas as nossas fichas, e o negócio andou além do que a gente imaginava, chamou a atenção de veículos importantes, como *O Globo* – o Carlos Albuquerque ficou impressionado: "Uma banda de Belo Horizonte, de repente, aparece tocando reggae, com música brasileira e rock, em CD? O que é isso?". Tinha bandas importantes na época que não tinham CD, o pessoal de São Paulo... Isso, junto com um movimento curioso que tava rolando aqui com o Skank, na época: a gente começou a virar heróis locais, onde a gente tocava em BH, enchia. Isso desfazia o mito de que "santo de casa não faz milagre" e tal. Falavam que o Milton fazia sucesso em Minas Gerais porque primeiro ele tinha estourado no Rio, o que é uma mentira também, e que o mineiro só gostava porque o carioca, o paulista e o resto do Brasil gostavam, já tinham aprovado. E isso foi ganhando corpo, esse mito foi se tornando mais forte, porque deles e do 14 Bis até o Skank teve um hiato, não apareceu ninguém. E o que mais incomodava, pro mineiro em geral, como uma cidade, um Estado com uma tradição tão forte poderia ter ficado de fora de um dos movimentos mais bacanas que existiram na música brasileira que foi o rock dos anos 80. Começou com Blitz, Gangue 90, Paralamas, Barão... Aí tinha banda de Brasília, banda do Sul, e não tinha banda mineira. Aí começou aquela coisa: "Ah, mas o mineiro gosta mais daquela música de montanha, mais MPB... Beto, Lô, aquela coisa...". E, de repente, aparecem uns branquelos tocando reggae e um reggae eletrônico, todo torto. Foi um choque não só pro mineiro, mas também quem estava de fora não esperava ouvir aquilo.

E essa música do Milton, do Lô, do Márcio Borges, do Flávio Venturini de alguma forma influenciou vocês?

Influenciou muito, mas aquela coisa: o Caetano canta parecido com o João Gilberto, de vez em quando, mas ele metia o pau na bossa nova. No início, a Tropicália era uma afronta à bossa nova e àqueles rumos que a música popular brasileira tava tomando, né? De ficar sisuda, de ficar música de protesto, não sei o quê. A Tropicália veio pra esculachar, esculhambar com tudo, mas Caetano era fã do João Gilberto. A gente foi meio assim também, a gente negava o Clube da Esquina, mas por uma necessidade de aparecer, de se diferenciar, de falar: "Olha, não somos filhotes do Clube da Esquina, não queremos ir pela trilha deles, queremos fazer a nossa parada". Naquele momento não tinha a nada a ver com o que Skank fazia, mas a gente tinha uma versão de uma música do Milton, "Raça", em que ele fala da raça negra: "Lá vem a força, lá vem a magia...". A gente fez daquilo um reggae eletrônico, e no dia em que o Bituca [Milton Nascimento] escutou, ele ficou com os olhos cheios d'água. Então, demorou um tempo pra gente elaborar, para o Skank se firmar e a gente perceber: "Agora, sim, a gente pode admitir que escutou o Clube da Esquina e que esse grupo foi importante pra caramba". Mas tanto musicalmente quanto como influência, também foi modelo. Porque, morando em Belo Horizonte, uma cidade que está fora do eixo, e, de repente, você vê caras como o Milton, como o Lô, que faziam música pro Brasil inteiro cantar e até fora... e você trombar com esses caras no Bar do Bolão em Santa Teresa [bairro de Belo Horizonte] ou no Mineirão, no jogo do Cruzeiro... "Pô, Liverpool é aqui, né!?" Tudo bem, não precisa mais nascer em Liverpool, tem os caras aqui fazendo música que o mundo inteiro vai cantar. Isso era muito estimulante como modelo, até mesmo pra nossa autoestima. Aquela coisa de existir uma possibilidade real de você fazer música e transpor essas montanhas, de isso não ser uma coisa tão absurda assim. "Ó, os caras aí, ó, fizeram isso".

Você acha que Minas, o fato de você morar aqui, viver aqui, influenciou também a tua música? Tem Minas também na tua música? Você identifica?

Eu acho que tem demais! Até ousaria dizer que mesmo nos primórdios, quando você podia identificar ali um pouco de Jorge Ben, de Paralamas, um Skank mais abrasileirado, mais tropical, né? Porque discriminar essas semelhanças nos trabalhos mais recentes do Skank é muito fácil. Músicas como "Dois rios", músicas mais recentes... O Lô foi uma grande escola pra mim. E eu depois me juntei a ele, produzimos um show juntos, tocamos juntos e tal. Ele fala que aprendeu a fazer música com quatro acordes, e eu aprendi a fazer com mais de quatro acordes, né. Foi uma puta escola! Foi uma coisa muito assumida. Mas, mesmo no início, não sei se Clube da

Esquina, mas sempre teve muito de mineiro no Skank, de fazer a coisa de uma forma mais séria, mais contundente, de sempre ficar desconfiando de si mesmo: "Será que tá bom mesmo? Será que tá legal? Será que as pessoas vão se interessar por isso?". Por um lado, isso em excesso pode paralisar. Como eu vi vários aqui que ficavam elocubrando: "Ah, meu trabalho não tá pronto ainda". Um excesso de critério, de zelo que paralisa. Naquele momento eu pensava assim: "Sabe do que as pessoas mais devem gostar? É da nossa imaturidade, do nosso formato não acabado. Quem falou que as pessoas estão interessadas em você pronto?". Eu pensava muito nisso. E, como vi as coisas acontecendo, eu pensava... Quando eu falo "eu", eu falo todo mundo... A gente discutia tudo, a gente não tinha música, a gente tinha duas ou três músicas... "Tá acontecendo um negócio esquisito, a gente vai num lugar tocar, vai todo mundo. Já tem um jornalista do Rio de Janeiro falando do Skank... E nós não temos música? Vamos fazer, vamos gravar música de outras pessoas." Daí a pouco, quando a gente viu, tinha um disco pronto ali e tinha nego que tinha começado banda 20 anos antes da gente e que não tinha disco ainda porque falava que não estava pronto. Então, isso é um pouco mineiro. Uma vez, fomos tocar com o Ira; era a banda que eu mais gostava nos anos 80. Fomos fazer uma coisa com eles e tiramos uma música do Chico Buarque: "Como já dizia Jorge Maravilha... de razão... você não gosta de mim...". E a gente chegou com as coisas todas, cifras e tal, fomos passando... Eles ficavam olhando: "Mineiro, vocês têm uma coisa de ficar estudando, né?". Mineiro é assim, canta certinho.

Vocês optaram por morar em Belo Horizonte?

É zona de conforto, mas é ótimo. Eu imaginava que a gente fosse ter que sair de BH porque não tinha registro de banda naquela época que tivesse ficado. Os caras de Brasília moravam no Rio, os caras do Sul moravam também no Rio ou em São Paulo. Os únicos que faziam sucesso no Brasil e que não tinham banda naquela área eram os baianos, que são um caso à parte, porque ninguém sabe o que acontece ali. Então a gente achava que ia ter que mudar; eu já fazia planos. De repente, foi tudo acontecendo, e a gente chegava no Rio ou em São Paulo e sempre tinha os primos chegando do interior. Tinham um carinho com a gente, não era aquele arroz de festa, tipo "A gente encontra em qualquer lugar" ou "Encontrei com fulano...". A gente se ressentia disso. A gente se ressente até hoje. É sempre gostoso chegar em alguns lugares, principalmente Rio e São Paulo, e ver que as pessoas têm uma saudadezinha da gente. Vimos que nessa profissão você não fica em casa mesmo. Então é foda, porque você não fica em casa e, na hora em que você volta pra casa, você não tá em casa também, ou seja, você mudou de cidade. A gente foi insistindo nessa, de morar em BH, foi acontecendo, não chegou um momento em que a gente falou: "Se não mudar, fodeu!". Aí veio o fax primeiro, veio a internet, avião pra caramba... Agora, se tiver que mudar, só pra Nova Iorque [risos]. O mundo ficou muito junto, tudo começou a ficar fácil. Não chegou aquela hora de dizer: "Ó, sinto muito, tá legal aí em BH, tá bacana, mas aí não vai rolar, não". Eu pensei: "Poxa, que alívio! Eu nunca vou ser aquele mineiro que não deu certo no Rio ou em São Paulo e voltou". Eu sempre achei que, se eu fosse, ia voltar. Sou apaixonado por isso aqui! E a gente com família, filhos... os meninos estudando aqui... ficou muito confortável. E a situação da banda também. Mas não é pra pensar que eu concordo com tudo que é mineiro e com tudo que é de Belo Horizonte. Não gosto do jeito de ser mesquinho, por exemplo.

Você acha que o mineiro é desconfiado? Do que você discorda do mineiro?

Mineiro não acredita no almoço grátis: se pagaram o meu almoço é porque estão querendo alguma coisa. Essa coisa desconfiada... Tem aquele ditado que diz que quando todo mundo fala que a vaca é malhada, pelo menos uma pinta ela tem. O mineiro tem umas coisas assim mesmo. Eu acho que o mineiro, num primeiro momento, é bem receptivo, mas é com restrição, vai sentindo ali e tal. E eu acho que essa dureza na fachada é porque, dentro, ele é mole. Então, na hora em que ele abre, vai com tudo. Acho que o carioca mistura isso mais, a fachada com o de dentro, fica tudo meio nebuloso. Você não sabe se o cara tá se abrindo muito, se tá curtindo mesmo... é a coisa mais festiva. Enfim, cada região tem suas características, tem seus cacoetes... Eu lembro que, no início, o pessoal ficava: "E aí, Skank, vocês vão sair de Belo Horizonte? Vocês vão morar no Rio ou vocês vão morar em São Paulo?". Aí a gente falava: "Ah, vamos ficar em Belo Horizonte mesmo"; ouvia: "Em cima do muro, hein?"; [risos] sempre caía nessa. "E aí? Como é a mulherada na estrada? Vocês comem muita mulher, não sei o quê?" "Não, aqui é todo mundo casado, tudo mais sossegado." A gente até brinca que é franciscano, meio seriozinho e tal. "Ih, óia os minêro come-quieto aí." Tem horas que eu acho meio chato: se você não se coloca, é em cima do muro, tá comendo pelas beiradas, tá chegando de mansinho... Tem sempre essas coisas. Enfim, é o nosso jeito, a nossa levada é essa. Eu acho muito diferente às vezes. Você vê: quando existem os encontros de música, Prêmio Multishow e tal, eu sinto que o Skank sempre tem uma coisa de "Deixa eu ver quem vai me cumprimentar que é pra eu cumprimentar também". Não tem uma coisa de já chegar e conversar com o cara ali. Tem uma coisa meio presa, um certo pudor, uma certa desconfiança: "Vamos ver se vai dar certo, vamos ver quem vai me cumprimentar". Por que o mineiro tá cuidando de si o tempo inteiro assim? Ele tem um orgulho, é um negócio que não permite ao cara ser mais solto. Acho engraçado isso. É muito orgulhoso o mineiro. Mas ele não é ufanista, não fica exaltando muito as coisas de Minas Gerais o tempo inteiro. Acho bacana isso de não ter que ficar exaltando, ficar endossando todo mundo... Não é porque é mineiro que eu tenho que gostar. A gente tem que rir da gente um pouquinho, né?

Pra você, além da música, o futebol é coisa séria também.

Futebol pra mim é coisa séria, o rock é coisa séria, a música é coisa séria. É meu hobby, eu jogo toda semana, Leda. Eu acho que jogo mais que o Chico Buarque. Vou pouco ao estádio, uma a duas vezes por ano. Ia muito quando era moleque, faço parte de uma geração que nasceu com a chegada do Mineirão. Eu nasci em 66 em Belo Horizonte. Imagina: década de 60, início da década de 70, sem mar, nenhuma opção de lazer. Então, ir pro Mineirão era o lazer belo-horizontino, era rotina, fosse jogo do Cruzeiro, do Atlético, do América, ia todo mundo. Futebol era quase que obrigatório, né? Então cresci nesse meio. Com o negócio do Skank, eu comecei a ter acesso a jogador que é fã do Skank, comecei a ficar amigo de jogador... Tenho grandes amigos jogadores. Eu tenho verdadeira sedução por essa profissão, pelos uniformes, camisa e jogos e tal. E essa música que flerta com o futebol, do Jorge Ben, que o Milton fez pro Tostão, que o Chico fez... Ah, aí eu adoro. E, coincidentemente, eu acabei fazendo com o Nando [Reis] a música "Partida de futebol", que chegou num momento em que a música brasileira não produzia tanta coisa ligada a futebol quanto nos anos 60 e 70. E virou uma referência. Mas aí começou a ficar uma coisa chata, obrigatória. Chegava num lugar e tinha que falar mais de futebol do que de música mesmo. Ia tocar num programa; tocar, não, fazer um playback lá num sei onde, e jogavam uma bola pra gente. A gente parecia uma foca, que fica brincando com a bola [risos]. E as pessoas cobravam: "Quando é que vocês vão fazer outra música de futebol?". Então, eu desencanei desse troço.

Teu parceiro mais constante quem é? É Chico?

É o Chico Amaral. Mas o Nando é um parceiro antigo, só que vinha com doses homeopáticas de participações. A gente fazia uma música por disco, às vezes, no máximo duas. Nesse agora a gente fez quatro. E as duas primeiras músicas que foram trabalhadas e tocadas, que tocaram bastante, foram duas músicas que eu fiz com ele. Foi "Eu ainda gosto dela", que tem a participação da Negra Li, e depois "Sutilmente", que é uma baladinha. Ele mandou aquela letra, eu achei redondinha, musiquei e não deu outra: tocou pra caramba!

Você nunca fez nenhuma letra?

Pouquíssimas letras. Eu não tenho nenhuma letra no Skank que seja só minha. As que eu fiz, as duas únicas, eu acho, eu tenho 80%, e o resto, 20%.

Mas eu costumo dar pitaco. Com o Chico, menos, porque ele não gosta que fique mexendo nas coisas dele. Ele e o Nando são os caras mais... Eu troco um negocinho pra dar uma ideia, e eles: "Beleza, trocou velho? Eu vou trocar também, mas vai ficar do meu jeito". Mas tem outros compositores com quem eu já fiz: o Humberto Effe, do Rio, que era do Picassos Falsos, o Rodrigo Leão e o César Maurício, daqui, que são uns caras com quem eu não faço tanta música, são pessoas com quem eu escrevi alguma coisa. Eu dava uma ideia, e os caras aceitavam; são uns caras mais tranquilos.

Você tem uma rotina? Tudo organizado?

Pra todo disco do Skank eu não chego com nada. O último, então, partiu da estaca zero, tudo em cima da hora. Foi ótimo! Saiu tudo novinho em folha. Eu não tenho esse costume de compor diariamente; eu componho quando preciso. Mas eu sinto que as ideias estão aí, elas vêm e vão, de vez em quando gravo umas coisas. No show, o Skank improvisa muito. É a escola do boteco, né? No show, às vezes, a gente começa a improvisar alguma coisa e cria uma vinhetinha que pode ser aproveitada no disco, uma melodia que eu canto diferente... E dessas coisas eu costumo lembrar.

Só pra terminar, uma pergunta que você já deve ter respondido um milhão de vezes, mas que não dá pra não fazer: a que se refere o nome "Skank"?

Na verdade, "skank" é uma palavra que está no glossário de qualquer coisa de reggae, de livros, de música. O Bob Marley tem *"easy skanking"*. "Skank", na Jamaica, é uma cadência do contratempo, é uma batida [faz um ritmo com a voz]. Esse negócio é skank. Do que deriva o "ska". É uma palavra ligada ao reggae. Eu tinha um amigo, um baixista que mora no Rio de Janeiro, que me deu o toque do nome: "Samuel, tu tá montando uma banda nova? Tem um fumo aqui no Rio que o pessoal tá chamando de skank". "Por que tem a ver com a música? Com maconha?". "Não, não sei. Mas é um nome, assim, parece que é uma coisa de laboratório." "Pô, bom esse nome!". Foi ele que sugeriu, e foi superoportuno, porque a gente estava procurando um nome ligado ao reggae. Você vê que o mundo é muito doido, né? O cara detonou isso antes de 95... O nome já deu algumas confusões, mas as histórias complicadas por conta do nome ficaram pra trás, e o Skank tá aí, explodiu, e, pra qualquer lado que a gente corra, "skank" é sempre alguma merda. Nos Estados Unidos, "skank" é puta. Então é um negócio... Uma vez, a gente estava excursionando por lá e tinha as *cases*, vários amplificadores, as caixas... No aeroporto, os caras começaram a apontar, ficavam rindo, vinham perguntar: "O que é isso? O que vocês colocaram aí nestas caixas?". Parecia que a gente estava andando com umas *cases* escritas "putas", "vagabundas"... alguma coisa assim. É por isso que eu falo: pra qualquer lado que a gente correr, esse nome dá merda. ■

SUELI COSTA
A compositora parceira dos poetas

A primeira vez que vi **SUELI COSTA** foi da janela do apartamento em que eu morava, na Rua Mister Moore, em Juiz de Fora. A rua era estreita, e ela morava no prédio em frente ao meu e vivia tocando violão. Na outra janela, dava pra ver a mãe de Sueli, dona Terezinha, tocando piano, sentada, ereta, dando aulas e aulas. Era uma família totalmente musical e comprometida com a música. Élcio, Afrânio, Lisieux e Telma... todo mundo tocava e/ou cantava. Foi lá a primeira casa de artistas em que fui. Sueli Costa, que faz canções tão lindas cantadas por Simone, Nana e Bethânia, Elis Regina, Fafá de Belém, entre outros grandes nomes, estudou Direito, deu aulas de música e ficou sabendo que Nara Leão, a musa da bossa nova, iria gravar "Por exemplo você" (sua primeira música gravada) correndo dos homens do Dops. Cantora, musicista, compositora, arranjadora, Sueli Costa tem parceiros também da melhor qualidade, como João Medeiros, Tite de Lemos, Abel Silva, Cacaso, Paulo César Pinheiro, Aldir Blanc, Capinan, Fausto Nilo e Ana Terra. Musicou poemas de Cecília Meireles e tem algumas dezenas de músicas de sucesso.

Sueli Costa é a compositora/cantora mais mineira que não é mineira. Você nasceu mesmo no Rio de Janeiro?

Sim. Sou a segunda filha dos cinco de meus pais. O primeiro é mineiro de Juiz de Fora. Eu sou a segunda, carioca. E os outros três são mineiros de Juiz de Fora. Dizem que Deus tem um plano perfeito pra gente. Eu não sei. Mas o meu, de ter nascido no Rio, foi bacana, porque eu adoro o Rio. Acho que é a cidade mais bonita que existe. E gostei muito de morar lá em Juiz de Fora. Tem essa coisa da mineiridade. Juiz de Fora é intimista, sem oba-oba. Foi lá que comecei a estudar música, primeiro com minha mãe e depois no conservatório. Juiz de Fora me deu isto: liberdade pra estudar. Mas, ao mesmo tempo, tinha muita repressão.

A Rachel Jardim, no livro *Os anos 40*, falava "parecer direita, parecer direita". O que era uma marca da nossa geração. As mulheres não só tinham que ser como tinham que parecer direitas. Não podiam...

...dar bandeira. Mas a minha casa era um oásis de liberdade. Todo mundo estudou, mas todo mundo foi músico ao mesmo tempo. Meus pais sempre aceitaram isso muito bem. Meu pai servia cuba-libre pra todo mundo. Tinha sempre mil pessoas almoçando ou jantando lá em casa. E todo mundo tocava um instrumento. Minha mãe tinha um jeito especial de tocar. Eu aprendi com ela. Quando eu era bem novinha, minha mãe dava aula de piano em casa. Depois, ela passou a dar aula de música num grupo escolar e depois foi professora do Conservatório. Mas eu comecei com ela. Eu tinha quatro anos, ela dava aula em casa e tinha uma aluna que errava sempre em determinado pedaço. E a mamãe dizia: "Não, tá errado!". E dava a nota certa. Um dia, minha mãe estava na cozinha, e eu gritei do quarto, para a aluna dela: "Tá errado!". E cantei a nota. E minha mãe viu que estava na hora de começar a me ensinar a tocar piano. Antes de ser alfabetizada eu já estava tocando piano. Uma outra linguagem. Quando veio a bossa nova, 1967, por aí, todo mundo tocava violão. Meus dois irmãos, o Afrânio e o Élcio, tocavam violão, e eu tocava piano. Numa noite, peguei o violão dos meninos e compus minha primeira música.

E qual foi?

"Balãozinho". Nunca foi gravada, graças a Deus [risos]. Mas foi ao violão. E fiz muita coisa ao violão, até quando vim pro Rio. Não podia trazer piano, né? Até o violão estava difícil, porque era dos meninos.

Aquela menininha que sabia a nota aos quatro anos e ditou lá pra aluna da sua mãe, à medida que foi crescendo, deu outras demonstrações de compromisso com a música ou achava que era uma coisa natural?

Achava que era uma naturalidade a música na minha vida, e lá em casa só se pensava em música. Minha mãe tocava na igreja e me levava com ela. Eu coroava Nossa Senhora cantando. E cantava no coro com a minha mãe também. Eu nunca tive uma voz aguda, aí ela falava: "Dá uma força na terceira voz, dá uma força na quarta voz". Então, eu ficava brincando em todas as vozes. Cantava no colégio também. Isso era normal. Não dava nem pra pensar que ia ser artista. Era tão normal essa casa cheia de música que eu ia indo. Achava que a música era meu caminho, mas sem pensar profissionalmente.

E quando cresceu estudou Direito. Queria ser advogada ou estudou apenas para ter um diploma?

Foi só pra não ficar parada mesmo. Nunca quis advogar. Na época do vestibular olhei tudo. Pensava em fazer História ou alguma coisa assim. Mas vi que o que me dava mais tempo pra fazer música era Direito, porque ficava só duas horas na aula. Duas, três horas por dia. E a outros cursos teria que me dedicar mais.

De alguma forma você acredita que Minas Gerais tem a ver com a sua composição?

Tem muito. Essa liberdade de estudar, essa coisa mais calma que era Juiz de Fora. Não sei se eu teria esse tempo disponível para a música, essa interioridade para a música chegar, se morasse no Rio nessa época. Juiz de Fora me deu isso de bom. Tudo é ali pertinho. Ia pra aula ou ia trabalhar – eu dava aula de música lá –, e tudo era rapidinho. Saía da faculdade, meu pai estava na porta com o carrinho me esperando, e em dez minutos eu estava no colégio onde trabalhava. Depois voltava pra casa. Você vai ali, compra um disco, volta. Tudo tem tempo. Um tempo bacana em que numa cidade grande como o Rio você não pensa. Essa liberdade de estudar, de me concentrar foi uma coisa que Minas me deu. Eu escutava Miles Davis, Adorava! Adorava tanto que tinha um cachorro lá em casa, o Rex, que podia estar no quintal, mas quando eu colocava, numa eletrola pé de palito, a música "Round about midnight", ele saía correndo do quintal e deitava debaixo da eletrola. Acho que, de tanto ouvir a música, o Rex passou a ter esse comportamento. Até o Rex era musical! Ouvi muito os discos da Shirley Horn também. Comecei com o meu irmão Afrânio, que gostava de jazz. Depois ouvi João Gilberto também. Os primeiros discos de bossa nova. Quando eu me mudei pro Rio, fui morar no Solar da Fossa, que era um lugar onde os músicos moravam e que hoje seria chamado de *apart hotel*. Tinha um quarto com duas camas. Eu morei num quarto que foi do Caetano [Veloso]. Caetano já tinha saído. Maria Gladys também morou lá. Um quarto bom, né? O Abel Silva [poeta e letrista, muitas vezes parceiro de Sueli] morava num quarto em frente ao meu, com o João Medeiros [poeta e letrista de Juiz de Fora]. A Gal Costa morava lá também. Mais quem, meu Deus? Morava tanta gente! O pessoal do MPB4 estava sempre lá. Era uma festa! Era muito bom!

Naquela época do Solar você achava que não ia acontecer nada. Tinha medo de que nada acontecesse?

Não. Tinha esperança de que ia dar certo. Era uma época muito legal pra música. Cada mês acontecia um. Era o Sidney Miller que ganhava um festival, depois era o [Guttemberg] Guarabira. Eu dizia: "Eu sou a próxima". Tinha essa esperança. O Guarabira também morava no Solar. O Sidney, não. Mas vivia lá. A gente estava sempre junta. Era uma época muito bacana! Foi a época que tive a minha primeira música gravada, "Por exemplo, você", pela Nara Leão; minha com o João Medeiros.

E como essa música chegou na Nara?

Tinha um pessoal do Grupo Manifesto. A Gracinha Leporace foi a Juiz de Fora e me conheceu numa reuniãozinha. Eu cantei, e ela gostou da música. Tinha um barzinho em que esse pessoal ficava aqui no Rio, e "Por exemplo, você" virou hino do bar. Quando eles gravaram um disco, gravaram essa música. E, ao mesmo tempo, o Oscar Castro Neves fazia arranjo pra eles e pra Nara Leão, para um disco dela, na mesma época. O Oscar mostrou pra Nara: "Olha aqui que música bonitinha!". Aí a Nara disse: "É minha, vou gravar!". E a gravação dela saiu primeiro. Foi bacana, porque foi uma música que tocou muito. Essa música foi feita em Juiz de Fora. Eu ainda morava lá e saí com o João pra comemorar a gravação da música, numa churrascaria. Ficamos sabendo porque vimos a nota num jornal. Saiu no *Correio da Manhã*. O Sílvio Túlio Cardoso tinha uma coluna de música e publicou: "Repertório do próximo disco de Nara Leão inclui 'Por exemplo, você', de Sueli Costa e João Medeiros Filho". Aí eu perdi o "Correa", porque sou Sueli Correa Costa.

Com essa nota que você virou a Sueli Costa? E aí mereceu uma comemoração especial.

Virei com a nota do *Correio da Manhã*. E eu e João fomos jantar na Palácio, uma churrascaria de Juiz de Fora. Só que eram aqueles anos de chumbo, e eu quase fui presa nesse dia. Disseram que eu tinha uma pasta. E a pasta era do João, porque ele viajava de madrugada. Por uma sorte, não fui presa. É aí que eu digo que Deus existe mesmo, porque apagou a luz da cidade nesse momento. E a gente saiu correndo da churrascaria. O João começou a cantar, e a luz da cidade caiu. Ele só falou: "Corre, corre muito!". Fui correndo até a Floriano [Peixoto – rua do centro de Juiz de Fora]. Foi assim que comemoramos a gravação da nossa primeira música: correndo do DOPS. E ainda deixamos a cerveja pra trás, o uísque e a conta.

Vai ver o DOPS pagou a conta [risos]! E como é que isso foi seguindo? Porque várias outras cantoras gravaram composições suas.

Havia os festivais de música de Juiz de Fora também. A Nara gravou a primeira. A segunda, "Assombrações", foi a [Maria] Bethânia. Fez parte do repertório de um show famoso que ela fez, o *Rosa dos ventos*. O primeiro com direção do Fauzi [Arap], em 1971. A Bethânia me conheceu com os meninos do Terra Trio. Ou com o Fauzi, sei lá; eu ia muito na casa dos meninos. E o Jeremias, um amigo meu, psiquiatra, um dia me encontrou na rua, perto do teatro, e contou: "Fui ver ontem a estreia da Bethânia, e tem três músicas suas no show". Falei: "Você tá doido, né?". Bethânia, aquela coisa! Três músicas minhas? Minhas com o Tite de Lemos. Ele disse que não estava maluco e falou os nomes: "Aldebarã", "Assombrações" e "Sombra amiga". Eu não acreditava. Bethânia pra mim era a Sara Vaugh em vida. Não vou chegar perto nunca. Isso foi na época de *Rosa dos ventos* [1971]. Depois de meia hora que o Jeremias me contou, eu acreditei e de noite tava lá no show. E fiquei muito emocionada. Depois foi a Elis Regina quem me gravou. Fiz uma fita para o Victor Martins com algumas músicas que já tinha composto, pra ele guardar. Ele pôs no bolso da camisa. Saiu lá de casa e, no caminho, se encontrou com o [Roberto] Menescal, que falou: "Tô precisando de música pra Elis. Você tem?". O Victor tirou a fita do bolso e entregou pra ele. A Elis gravou "20 anos blue", sem eu conhecê-la. Só conheci a Elis naquele show *Falso brilhante* [1975], que vi em São Paulo. O engraçado é que, ao mesmo tempo, eu tentava mostrar minhas músicas e não conseguia, de jeito nenhum. Todo mundo falava: "As suas músicas são muito complicadas. Nunca serão gravadas". E as músicas iam sozinhas. Que nem filho que sai de casa. Meu Deus, será que isso é normal? Ou será que sou péssima relações públicas de mim mesma? Acho que são as duas coisas. Só muito depois de sermos vizinhas no Solar da Fossa é que Gal gravou "Vida de artista". Gravou bonito. Tem 30 anos isso [a gravação]. Meu filho está com 30. Eu estava grávida do Pedro.

Eu me lembro que o Tite mandava as letras pra você em Juiz de Fora datilografadas num papel aéreo azul...

De Paris para Juiz de Fora! Ele estava lá nessa época. Acho que foi. Ele mandou de Paris "Noturno número zero" e "Encouraçado". "Aldebarã" foi aqui e foi do Festival da Canção, em 70. Foi o Fábio quem cantou, e ficou em terceiro lugar. E ganhou como melhor intérprete. Os prêmios são poucos na minha vida, mas bastante significativos.

Como você trabalhava nessa época e hoje? Fazia a música e buscava um parceiro ou fazia junto? Abel Silva, por exemplo, era seu vizinho no Solar da Fossa e seu parceiro...

Mas não foi dessa época a nossa parceia, eu e Abel aconteceu muito tempo depois. Fiz muita coisa com Cacaso [1944-1987] e com o Tite de Lemos [1942-1989], que não estão aqui mais. O Paulinho Pinheiro... O Aldir Blanc é meu parceiro também. A Ana Terra e, agora, o Paulo Mendonça. Atualmente tenho feito mais coisas com a Ana Terra, com o Abel. Minha última música foi com ele. É "Sempre um pedaço". Ele é meu compadre.

E você tem um ritmo, uma organização para compor?

Não. Nada. Nem gravo nada quando componho. Atualmente componho mais no piano. Mas sou uma pessoa muito desorganizada. Não tenho quase nada gravado. De vez em quando, para me lembrar de alguma, é uma luta. Outro dia estava querendo lembrar a letra de uma música que fiz com o Aldir, e nada! Uma música que a Marília Medalha gravou bonito, e eu não conseguia lembrar parte da letra. Pensei: "Vou ter que procurar no meio dos LPs". Dá trabalho ser desorganizada. Você fica doida em determinado momento, mas acaba dando certo. Achei e não vou esquecer mais, não, porque quero gravar no próximo disco. É uma música de que eu gosto muito.

E quem mais gravou você além de Nara, Bethânia e Gal, por exemplo?

Fagner gravou "Jura secreta" e "Canção brasileira". Simone gravou "Jura secreta" e outras músicas minhas que foram títulos de discos dela como: *Corpo e alma* e *Face a face*, que foi o disco que ela deu uma levantada assim de *pop star*. Simone foi a pessoa que mais gravou músicas minhas com uma certa regularidade. O Edson Cordeiro gravou "Voz de mulher", e, por causa dessa gravação, acabei ganhando meu primeiro prêmio de melhor música de pop rock. Sem falar de Nana Caymmi. Nana é minha querida. Minha amiga em todos os momentos. Especialíssima! Uma vez, já com uma carreira legal, eu tinha um vizinho, o Pelão, que estava fazendo aquele [festival] MPB Shell e queria que eu fosse participar. Falei: "Não posso, porque já conheço todo mundo. Estar lá e conhecer o júri é chato. Isso é pra quem tá começando". Fiz tudo para ele desistir, mas ele insistia que eu tinha de estar lá, porque várias pessoas estariam. Respondi que só faria se fosse com a Nana. Era no Maracanãzinho, e pensei: "Lá a Nana não vai". *Pelo trauma do "Saveiros"*... [Em 1966, Nana venceu o I Festival Internacional da Canção, da Rede Globo, e recebeu uma vaia da plateia que lotava o Maracanãzinho.] E ela foi, tadinha, por mim, com a música "Eu te amo", do Cacaso. Tirou um quinto lugar lá. Mas eu tinha certeza de que a Nana não iria, por ser o Maracanãzinho. Mas ela foi. É uma pessoa especial. Tem muita gente que acha que somos parecidas. Já fui com ela no SPA do João Curvo, e as pessoas perguntavam se a gente era parente, irmãs [risos]. Dorival teve três filhos só! Eu gosto muito dela.

E tem alguma diferença daquele tempo pra hoje pra colocar uma canção num disco de alguma grande intérprete? Hoje você já conhece todas as grandes cantoras, né? Como você faz pra mandar uma música pra Bethânia ou pra Simone, por exemplo?

Às vezes eu fico com vergonha, o que naquela época eu não tinha. Fico com vergonha exatamente porque já conheço todas. Fico naquela: "Como vou mandar? Se ela quiser, me pede". Fico com vergonha de perturbar. Mas, de repente, também estou com elas e fico sabendo que elas querem uma canção minha.

Você compõe na calada da noite? Tem uma mania especial?

Hoje componho a qualquer hora. Antigamente era às três horas da manhã. Quando me casei com o Tico, ele falava: "Nossa, é uma mulher maluca! Deita e, quando eu penso que ela tá dormindo, ela levanta e vai trabalhar". Era a hora que não tinha ninguém: nem babá, nem marido, nem filho para me solicitar. Precisava desse sossego. Hoje, não. Componho até com criança correndo em volta de mim. A última música eu fiz dormindo. Ouvi uma voz me chamando. Acordei, não tinha nada. Sonhei, né. No que eu deitei, a música veio inteira. Falei: "Poxa, que bacana". Levantei. Fui lá, toquei e escrevi a música. Aí, no dia seguinte, o Mauro Senise me deu a bela notícia de que ia fazer um CD com músicas minhas e da Dolores [Duran] e perguntou se eu tinha alguma inédita. Respondi: "Fiz uma hoje". E ele levou. Acho que era pra ele mesmo... Eu gosto quando você sabe que é uma coisa que já vai sair. Acho até mais gostoso.

Você faz letra também?

Faço. "Coração ateu" é minha. "Canção brasileira" é quase toda minha.

Quando começou a compor, nos anos 60, havia preconceito contra a mulher compositora?

Eu não peguei esse preconceito que existia sobre a mulher na música. Fui muito bem recebida aqui no Rio: pelos amigos, pelo Sidney Miller, pelo Guarabira. Eu andava numa turma de homens, e foi tudo muito natural. Eles gostavam da minha música. Eu até duvidava: "Será que é tão bom assim como eles falam?". Mas é claro que tinha umas tiradas de vez em quando. Certa vez, uma cabeça menor disse: "Até que, pra mulher, você compõe bem". Ouvi isso uma vez só e não esqueci. Isso acontece com todo mundo.

O que você tem vontade de fazer, Sueli? Em termos de gravar, de compor pra alguém, qual é o seu sonho?

Não tenho muito sonho, não, Leda. As coisas vão acontecendo. Estou muito satisfeita com o que me aconteceu, porque acho que dentro do que me propus fazer, que era ser uma compositora, me saí bem. E vou seguindo... Às vezes acordo, como contei, e faço uma música. Quando fiz a trilha sonora de *Romanceiro da Inconfidência* [coletânea de poemas de Cecília Meireles que conta a história de Minas desde o início da colonização até a revolta conhecida como "Inconfidência Mineira"], por exemplo, que nunca foi gravada, eu sentei, comecei a ler o *Romanceiro* e falei: "É agora". Cheguei a virar noites, igual a uma louca. Meu irmão chegou lá em casa um dia que eu tinha ido dormir às 6h e acordado às 9h, trabalhando. Aí ele falou: "Pra quando é isso?". Respondi: "Eu não sei". É o embalo de uma ideia. Uma coisa pegar você e você dizer: "Quero fazer isso, quero terminar isso".

Se alguma coisa a inspira na rua, você anota num papelzinho? Ou é tocando violão ou piano que a coisa vem?

Às vezes você está parado e uma coisa vem. Na rua acho meio difícil. Na rua, nem fumar eu fumo. Quando estou caminhando na Lagoa é um perigo! Vem uma porção de coisas na cabeça. Estou sozinha, entregue àquele barato de não pensar em problema, em nada, aí as músicas vêm mesmo. Mas não quer dizer que vou chegar em casa e correr para o instrumento e compor.

Você faz arranjo também?

Faço. Há dois anos, fiz um CD comemorando os 40 anos de música gravada e tinha uma verba muito pequena. Foi um disco feito com pouco dinheiro e muito carinho. Sempre tive os melhores arranjadores nos meus discos: Wagner Tiso, Dori Caymmi. Arranjo é caro, e eu não tinha dinheiro pra arranjador. Como eu ia pagar? Pianista é "carésimo". A Fernanda falou: "Ô mãe, todo mundo adora você tocando piano, por que você não toca e faz o arranjo?". Aí eu fiz. E adorei. Bom demais! Gostei muito! Foi uma experiência legal. Sou fã de muitos arranjadores e gosto, quando gravo com eles, de ver a leitura deles. Mas achei que foi tão bom fazer os arranjos! Uma coisa que uma amiga minha, a Rosa Nepomuceno [jornalista e escritora] falou um dia comigo: "A compositora conhece os cantinhos de cada música. As esquinas...". E é verdade... Achei muito interessante. ■

VANDER LEE

O menino pobre que trocou o quartel pela música

Ele nasceu Vanderli, em Belo Horizonte. Filho de família pobre, começou a trabalhar aos sete anos, vendendo biscoitos que a mãe fazia. Foi gandula em quadras de tênis e faxineiro de uma escola de arte. Começou a estudar violão ainda jovem, foi almoxarife em empresa de material hospitalar, até que chegou a hora de servir o Exército. E foi no quartel que definiu seu rumo: a música. Passou a ser Wanderly, com w e y, cantou as músicas dos outros por 11 anos na noite, gravou o primeiro CD, mudou de nome, de novo, para Vander Lee, teve a primeira música gravada por Elza Soares e, com ela, saiu de Minas para cantar pela primeira vez. Depois foi gravado por Rita Ribeiro, Gal Costa, Alcione, Luiza Possi, Leila Pinheiro, sua mulher, a cantora Regina Souza, e até por ele mesmo. Dono de uma voz linda e de composições dignas do primeiro time da MPB, com vocês, **VANDER LEE**.

Vander Lee se chama Vander Lee?

Me chamo Vander Lee, mas nasci Vanderli com L e I. Como não tinha nenhum sobrenome, coloquei o Lee. Antes de ser Vander Lee tive outros nomes artísticos.

Por exemplo?

No início da carreira era Wanderly, com W e Y no final, porque eu achava bacana. Tenho a maior vergonha de falar isso! Depois passei a ser Wanderly Natureza. Depois entrei em crise porque surgiu um personagem do Chico Anysio que dizia: "Viva a natureza!", e começaram a fazer piadinha comigo. Tirei o Natureza, gravei um disco como Wanderly, mas não fiquei satisfeito. Um dia um locutor de rádio me apresentou como Wanderley. Aí eu não segurei... Wanderley, não! Entrei em crise com o nome e comecei a pedir a amigos pra me arrumarem um sobrenome. Um belo dia, um amigo me mostrou um papel com o nome. Quando vi Vander Lee, pegou na hora. Teve uma reunião, uma festinha na casa dele para apresentar meu novo nome. Fiquei com grilo da Rita Lee; já tinha uma Lee na música. Mas sou tão diferente dela! Meu nicho é outro.

E você gostou, combinou com você.

Gostei na hora! No outro dia fui a um numerologista que me disse que Vander Lee era muito mais positivo numerologicamente do que Wanderly.

E o Vander Lee trabalhou em outras coisas?

Comecei a trabalhar com sete anos. Trabalhava com a minha mãe, vendendo biscoitinhos e quitutes que ela fazia nas construções lá perto de casa.

E perto de casa era Belo Horizonte?

Belzonte. Bairro Olhos d'Água. Era um bairro que estava se fazendo ainda, bem ermo e fora da cidade. Tinha poucas casas, o bairro estava se construindo. Era a periferia da periferia, tinha ali as construções, as empresas erguendo galpões, e a gente vendia as coisas pra esses pedreiros.

E ela faz coisas gostosas? Uns quitutes mineiros?

Hoje eu acho que não eram tão bons, não, mas na época eu achava. E vendia bem.

Você era um bom vendedor?

Era. Tinha uma malandragem, e os peões confiavam em mim. Eu vendia fiado pra receber no fim de semana.

E você recebia? Não levava calote?

Recebia. A gente morria de medo de cobrar dos caras! Mexer com servente de pedreiro, no meio da estrada? Morria de medo deles! E muitos davam o cano. Chegava no sábado pra receber, e tinham dado no pé. Fui nessa levada de vender coisas até uns 10, 11 anos. Depois trabalhei como gandula de tênis no Clube Campestre. Aqueles meninos que ficam abaixados na rede esperando a bola cair. Pegava e jogava pro cara sacar. E cuidava da quadra também. Depois fui faxineiro de uma escola de arte. Ali que comecei a me interessar por arte como um caminho real. Vi que as pessoas estudavam, adquiriam cultura e que esse era um mundo possível de se viver. Até então tinha essa coisa da arte dentro de mim, mas não sonhava em ser artista. Achava que artista era uma coisa da televisão, inventada. Via Lulu Santos cantando na televisão e achava aquilo um mundo que não tinha sido feito pra mim. Nessa escola, vendo as pessoas estudando flauta ou trabalhando com argila, pintando quadros, pensei: "Este mundo é bacana!". Um dia eu estava varrendo, e a dona da escola, que havia me conhecido no trabalho de gandula, me ouviu cantando. Eu estava fazendo minha faxina e cantando. Ela foi a primeira pessoa que disse: "Você vai ser um grande cantor".

Como é que ela se chama? Você ainda tem contato com ela?

Terezinha. Só a vi naquela época. Mas nunca me esqueci desse dia.

E você acreditou? Ou ficou olhando pra ela perplexo?

Ela falou: "Nossa, você tem uma voz muito bonita! Tem alguma coisa aí diferente que não sei o que é, mas seu lance é música". Aí comecei a estudar violão, tocar em casa, aprender a ouvir música. E continuei trabalhando. Dali, fui para uma empresa de material hospitalar. Era almoxarife, tomava conta do estoque. Fazia entrega de material de análises clínicas. Apreendi um pouco sobre medicina ali. Depois fiz Exército, serviço militar. Ficar um ano no quartel foi o que serviu pra eu definir o meu rumo. Aí a música surgiu como um desejo concreto. Parei de estudar no 2º grau, saí do quartel, abandonei o emprego, saí da casa da minha mãe e fui morar no fundo de uma oficina mecânica, com um ex-colega de quartel, e vivia da noite.

E foi fácil começar a tocar nos barzinhos da vida?

Fui levado. Como tudo na vida, a gente pensa que está levando, mas, no fundo, está sendo levado. A essa altura, eu já era gerente de uma loja desse ramo de material hospitalar. Meu chefe me levou pra tomar uma cerveja numa sexta-feira, e tinha um cara tocando no barzinho do amigo dele – o bar, por acaso, é o Vila Velha. Meu chefe falou: "Esse menino toca! Vai lá dá uma canja". Dei a canja, o dono gostou e me ofereceu pra abrir o show do rapaz que estava tocando lá, que era o Maurício Tizumba, que você conhece.

Maurício Tizumba! Claro que conheço!

Era ele que estava tocando nessa noite. Fiz uma espécie de teste ali. Passei e fiquei seis meses cantando no Vila Velha. Na primeira noite que cantei lá já tinha pedido demissão do trabalho. E já tinha saído da casa da minha mãe. Estava mesmo decidido a viver de música.

E deu certo. Acreditou no sonho, não?

Deu. E está dando certo.

Quem foi a primeira pessoa que gravou uma música sua?

Uma cantora de Belo Horizonte chamada Ana Cristina. Eu tinha um disco. Gravei o primeiro disco em 97, e foi nesse período que comecei a me encorajar e a mostrar minhas músicas. A Ana Cristina era uma pessoa desconhecida e insistiu muito pra gravar uma música minha.

No barzinho você cantava músicas dos outros, não?

Raramente eu tomava coragem e cantava uma música minha. Fiquei 11 anos cantando na noite. Comecei em 87. No final, já estava muito amadurecido com a coisa de me apresentar, já estava menos tímido. Aí já tocava bastante coisa minha e tinha um certo público que ia para o bar para ouvir as minhas canções.

E a primeira cantora famosa a gravar sua música foi a Elza Soares?

Foi. Na verdade, foi mais que uma gravação. Ela foi a Belo Horizonte lançar o livro *Cantando pra não enlouquecer*, aquela biografia dela. Eu fui pegar meu autógrafo levando o livro debaixo de um braço e meu primeiro CD debaixo do outro. E dei pra Elza o meu disco. Ela me olhou de cima a baixo e não falou nada. Duas semanas depois, ela me liga: "Aqui é a Elza [imita a voz rouca dela], aquela cantora famosa". Ela estava com a voz toda detonada, devia estar vindo de algum show. Não acreditei, achei que era trote e desliguei. Aí ela ligou de novo: "Ô, seu puto! Vou te dar o número da minha casa e você liga pra mim e vai ver que sou eu mesmo". Anotei o número, liguei, e era a Elza mesmo, aqui no Rio. Ficamos amigos, ficamos muito tempo conversando pelo telefone, e ela pediu para incluir uma música do meu primeiro disco no repertório do show dela e começou a cantar.

E era qual?

"Subindo a ladeira"; um reggae. Elza estava naquele momento de estar de volta ao Brasil e retomar a carreira aqui. Ela começou mil vezes nessa vida. Foi nesse período de recomeço, e foi tão bonito! Porque aprendi muito com ela. Aquela pessoa, com aquela história, tendo que fazer shows pequenos, em lugares estranhos, festas de empresas. Ela, às vezes, me convidava para fazer participações nesses shows dela. Onde podia ela me levava, bastava conseguir uma passagem a mais.

E lá ia você!

Primeira vez que saí de Minas pra cantar. Nunca tinha cantado em outro Estado. A Elza me levou pra São Paulo, participei de show dela aqui no Rio, em Salvador e, por último, em Belo Horizonte. Em Belo Horizonte a gente já estava mais entrosado, ela já me conhecia um pouco. Foi o show que me projetou lá em Belo Horizonte. Mesmo em Belo Horizonte eu era um cantor de bar e tinha só um disco. Com a Elza, a coisa começou a andar. Fez toda a diferença.

Depois a Gal gravou?

A próxima a gravar acho que foi a Rita Ribeiro, uma cantora recém-chegada do Maranhão. Estava aqui no Rio e gravou duas canções minhas. Depois é que foi a Gal Costa. Acho que a Rita Ribeiro gravou "Contra o tempo", que era do meu primeiro CD, e "Românticos", do segundo. E a Gal gravou uma música inédita que dei pra ela chamada "Onde Deus possa me ouvir", que é uma das minhas músicas mais cantadas. Depois que a Gal cantou, virou referência, as cantoras começaram a aparecer. Em volume e importância maior.

Quem por exemplo?

Alcione, Luiza Possi, as cantoras de Minas como a Regina Souza – com quem eu vim a me casar –, Leila Pinheiro... Agora, Bethania gravou.

Nesse tempo em que você cantava nos barzinhos você era casado?

Eu tive um casamento anterior. Me casei com uma mulher que conheci na noite cantando. Tive dois filhos com ela. O Lucas, que está com 18 anos, e a Laura, com 15 anos.

Quantos anos você tem?

43.

Com a cara de menino.

Deus te "ouva" [risos]! Deus te ouça e tomara que mantenha essa carinha!

E foi fazendo a sua história. Nunca saiu de BH?

Morei durante um ano aqui no Rio; temporada de 2000. Tinha acabado de gravar meu segundo disco, aqui no Rio, em 99, já totalmente influenciado pela coisa da Elza. Já não tinha mais aquele contato com ela, mas fiz um disco bem sambado, bem aquela coisa que vivi com a Elza. A coisa andou, tomei coragem de vir pro Rio e aluguei um apartamento na General Severiano, em Botafogo. Morava numa quitinete, de frente pro Canecão. Ficava pensando: "Vou cantar ali". E cantei muitas vezes.

Como é a sua maneira de compor: faz letra e música? Tem hora pra fazer isso ou é a que dá na telha? Está sempre com o violão?

Faço letra e música. Sempre fui muito compulsivo, principalmente quando mais jovem. Tinha uma coisa de estar sempre com o violão, sempre fazendo um exercício, tocando, fazendo alguma coisa. Sempre tinha uma ideia andando ali. Não tinha muita paciência pra ficar tirando música dos outros. Gostava de estar sempre com uma música feita. A composição era quase que no ritmo da minha vida: via uma coisa importante, que mexia comigo, escrevia sobre aquilo. Sempre letra e música juntas. Era uma coisa muito pessoal, não imaginava que aquilo fosse dar em alguma coisa. Era mais a necessidade de me expressar. Tinha uma solidão noturna minha que estava sempre rondando as letras das músicas.

Gostava de cantar em bar?

Fui muito feliz como cantor de bar até o momento em que eu acreditei mais no sonho. Até então, cantar em bar, pra mim, era como se fosse uma carreira. Fui um feliz equivocado até eu me "desequivocar". Aí comecei a sofrer. Cheguei aos 30 anos sem nunca ter gravado, com umas 50 músicas na gaveta, dez anos de barzinho, nenhuma perspectiva profissional e dois filhos pra criar. E um casamento acabando por causa dessa crise profissional. Aquela crise que todo mundo tem aos 28, eu tive aos 30.

E como foi que deu o estalo de gravar?

Em 96 participei de um festival lá em Minas promovido pela Globo, o Canta Minas. Acho que era a terceira edição. Nas anteriores havia me inscrito e não tinha sido chamado. Nessa, além de ser selecionado, fiquei em segundo lugar e ganhei uma graninha. Falei: "Uai, esse negócio dá". E como passou na tevê, me deu uma certa visibilidade. Foi ali que comecei a gostar da coisa de ficar conhecido. Passei a administrar isso bem. Chutei o balde: "Não canto mais em bar, sou um compositor". E as pessoas começaram a me chamar de compositor porque eu havia ganhado um prêmio.

Você também acreditou no compositor, né.

É aquela coisa do retorno: você é o que o olho do outro detecta. Começaram a falar que eu era compositor, então fui gravar. Peguei essa grana do festival, mais um pouquinho que tinha e fiz um disco. O primeiro que saiu, em 97. Mas eu ainda estava cantando em bar. Não dava pra abrir mão por causa da sobrevivência, tinha que pagar as contas. Sempre fui muito pai de família, desde menino, porque fui arrimo de família. Isso de sustentar a família é uma coisa sem a qual não vivo bem. Preciso dessa responsabilidade de provedor. Sou um homem antigo. Mineiro.

E Minas é uma marca na sua música? Se tivesse nascido em outro lugar ela seria diferente?

Sou todo Minas! Quanto mais fui viajando, conhecendo o Brasil e outros países, mais mineiro eu fui ficando. Fui gostando mais daquela coisa... Sinto muita saudade das pessoas, dos lugares, do jeito de falar, das comidas, do sossego. Eu não sabia que gostava tanto de Minas!. Hoje não sinto mais esta ansiedade: "Ah, tenho que estar no Rio porque o burburinho é maior, preciso estar na mídia!". Consigo viver o trabalho, o que tem de bom e ruim nele, sair disso e ficar lá em Minas sem angústia. Lá em Minas eu preciso não fazer nada para compor alguma coisa. Minha carreira só anda quando tem música nova. E cheguei à conclusão de que preciso ter paz pra compor. Comecei a me ligar de que essa paz está em saber que os filhos estão bem, que a minha esposa e minha mãe estão bem, que estou em contato com eles. A minha presença mesmo.

Você ajuda sua mãe?

Ajudo. Minha mãe é quase uma índia. Uma mulher que não estudou nada, não sabe ler direito nem escrever, mas que tem muita tirada boa, muita filosofia aprofundada. Tem uma cultura ali por trás dela que eu absorvo e me serve como material pra compor, inclusive. Ela pensa muita coisa bacana sobre a vida. Ela vai aos meus shows, assiste, fica observando. Quando erro, ela vem e fala: "Você errou. Não gostei disso". Está sempre falando [fica emocionado]. Dona Efigênia, minha mãe, ficou completamente desconfiada quando eu disse que ia ser cantor. Meu pai era muito boêmio e tocava violão. Cantava bem. E ela sofreu demais com a coisa dele ser boêmio. E não queria filho nenhum nessa área.

Você tem irmãos?

Tenho cinco. Nós nascemos sete, perdi duas irmãs. Ela não queria essa coisa de cantor na família porque sofreu demais com o nosso pai. Tinha a imagem de que artista tinha que ser boêmio. Nesse período que saí de casa, dividi um quartinho com um amigo e decidi viver de música, eu cheguei em casa com um monte de brinco na orelha. Minha mãe perguntou: "Meu filho, você tá virando veado?". A simplicidade dela é muito grande. Na realidade dela, era um barato ter um filho reco. Meu pai era louco pra eu servir o Exército. Topei mais por causa dele. Acabei de sair do quartel e fui à luta. Conheci droga e tudo dentro do quartel. Vai entender! Saí do quartel doidão! Do lado de fora é mais careta do que lá dentro.

Você está feliz com o rumo que a sua vida tomou?

Sou feliz com a carreira. Tenho essa sorte de ter um trabalho de que gosto muito, que me traz gente bacana o tempo todo, e de ter uma família estruturada que recebe isso bem. Hoje, ninguém esquenta a cabeça com essa coisa de ser artista. É quase como ser um executivo. A minha cabeça é um escritório que funciona 24 horas por dia. Estou sempre pensando na próxima música, em como ela vai ser no show, no roteiro dele...

E estar casado com a Regina [Regina Souza, cantora, sobrinha de Henfil e Betinho] também te equilibrou bastante?

Deu esse equilíbrio pelo fato de ela ser da mesma área. Acabei achando uma pessoa que tem um olhar diferente do meu pra isso tudo. Além do fato de ela ser de uma família de pessoas notáveis: Henfil e a mãe dela, Betinho, Chico... De certa forma, ela sempre viveu nesse meio artístico. Nasceu ali e cresceu vendo tudo isso. Esse meio não assusta a Regina tanto quanto me assusta. Ela tem um olhar tão natural pra tudo isso! E isso me ajuda tanto! Quando estou cheio de paranoia, ela diz: "É assim mesmo. A página seguinte é mais ou menos essa aqui. Fica tranquilo, que você vai dar conta". Com erros e acertos tenho dado conta. Estou aí firme e forte.

Obrigado pelo convite, Leda. É um prazer participar deste seu projeto sobre Minas, que cada vez mais precisa ganhar o mundo mesmo. Esse jeitão nosso é único e importante. A nossa pulsação, a nossa sabedoria, nossa respiração, ela tem um lugar, uma importância na cultura do mundo. ■

WAGNER TISO

Sem um piano por perto e sem viajar, a vida não tem graça

WAGNER TISO é músico, arranjador, regente, pianista e compositor. Tem 60 anos de idade, 35 CDs, fez a trilha sonora de 33 filmes e é um dos mais respeitados maestros deste país. Mas, de Três Pontas, onde nasceu, até os melhores palcos do mundo, nos quais já se apresentou, não foi sempre fácil. Noites maldormidas num banco da Praça do Lido, com uma vitrolinha portátil e alguns discos de jazz fazendo as vezes de travesseiro; noites a fio em várias boates, às vezes mais de duas por noite, acompanhando cantores que, um dia, seriam tão famosos quanto ele; e muitos grupos formados no interior de Minas, até chegar ao lendário Som Imaginário. Filho de mãe católica e pai kardecista, gosta de santos – São Judas, São José, Santo Antônio – e gosta de ir à igreja para rezar e para compor. Fica sentado, quietinho, pensando nas músicas; se não tiver missa, melhor ainda. Wagner Tiso torce pelo Vasco, adora viajar e, se passar mais de uma semana em casa, no Rio, se sente prisioneiro. Se pudesse moraria num hotel, desde que tivesse um piano no quarto, para estudar, compor e escrever. Se não tiver música para escrever, senta no piano e fica tocando.

Wagner Tiso, 64 anos de idade e 48 de carreira? Quando essa carreira realmente começou?

Tem várias versões, posso considerar várias datas. Quando eu tinha oito anos, no começo dos anos 50, já era acordeonista da Rádio Clube de Três Pontas e acompanhava os calouros. Com dez anos, formei um grupo com o Bituca [apelido de Milton Nascimento], na nossa rua. O primeiro foi Luar de Prata, que tocava The Platters, imitava todo mundo. O Milton cantando, e a gente fazendo coro atrás. Pra época, a gente achava maravilhoso. Isso com dez anos, em 1955. Pode começar aí. No final de 58, eu e Bituca fomos contratados pelo Automóvel Clube de Três Pontas pra fazer os bailes desse local. Isso, pra nós, foi uma coisa impressionante. Ele, *crooner*, e eu, acordeonista. Daí me achei profissional e fui tocar no Clube Operário de Três Pontas. Sempre me achando o máximo! E fui pra Alfenas, porque em Três Pontas não tinha o curso científico. Fui com a minha família e, claro, levei o Bituca. Aí fizemos o W's Boys. Em 62, eu e Bituca fomos juntos pra Belo Horizonte. Em 65, cheguei ao Rio. Então são várias datas.

Você é filho de cigano?

Sou. É uma história ampla. Quando viajei pela Europa, sempre tive uma curiosidade. A minha família, desde que eu era criança, pegava o trem de ferro, a Maria Fumaça, e parava nas praças das cidades vizinhas pra tocar nas pracinhas. Coisa da família. E eu dizia: "Gente, que família diferente a minha!". Sempre cismado com aquilo... Quando viajei pela Europa toda, vindo da Grécia, onde eu estava morando, e circulei pelo Leste Europeu, vi muita coisa parecida. Grupos tocando na rua; tudo família. Tocavam pandeiro, acordeom, violino.. Como a gente fazia. Falei: "Parece que a gente é daqui". Fiz uma associação. A minha família é como essa do Leste Europeu. "Tiso" são os povos das margens do Rio Tisa, que nasce na Ucrânia e deságua no Danúbio. E do Danúbio segue pra Europa. Pesquisei isso na Sorbonne. Por isso cismei que a gente era um povo cigano. Pode ser também que fôssemos nômades, judeus errantes, o que for...

Quem tocava o quê? Você tocava acordeom?

Eu tocava acordeom. Todos tocavam piano, violino e tudo. Era uma família enorme! Meu avô tinha 14 filhos, e todos tocavam. Eu tocava, meus irmãos tocavam e todos tocam até hoje. Só eu que me aventurei pelo mundo, mas todos são músicos.

Você fez o W's Boys ainda em Alfenas?

Foi. Levei o Bituca pra lá, e animávamos os bailes. Aproveitei que eu, o guitarrista, o trompetista e o saxofonista tínhamos nomes que começavam com W: Wagner, Waltinho, Wilson e Wanderley. Falei: "O resto do grupo vai ter que arranjar um nome com W pra ser o W's Boys". Pro Bituca falei: "De agora em diante, você vai se chamar Wilton". Ele: "Tudo bem". Daí a pouco, pensou e disse: "Muito feio". E resolveu se chamar "Milton Wiler". Arranjou um sobrenome, ficou mais bonitinho. Era o melhor conjunto de baile da região! Tínhamos um repertório enorme, porque tínhamos informação das músicas da época. O Bituca sabia um repertório fantástico, de todo mundo. De "Frenesi" a "Summer Time". E o público adorava! A gente tocava nos bailes da região toda. Era maravilhoso! A gente ia na Kombi do Bonifácio por todo o Sul de Minas e era sucesso absoluto.

O conjunto acabou quando você e Milton foram pra BH?

Sim. Começamos a fazer bailes em Belo Horizonte, grupinhos de bossa nova, de jazz... Mas já tínhamos começado a compor em Três Pontas. Temos um repertório vasto de músicas nunca gravadas. Ficou por ali. A gente gravou discos independentes. Tem o *Barulho de trem*, que regravamos agora, dos tempos de *crooner* do Milton, com algumas músicas minhas e dele. Inclusive uma que a Elis ia gravar: "Aconteceu". Mas nada foi gravado, ficou tudo perdido por ali. Uma canção daquela época foi recuperada pela Elis, a "Canção do sal". Ela é de quando o Milton era menino, vivia em Três Pontas e ouviu falar de bossa nova pela primeira vez. Foi feita em 1959, na época da efervescência da bossa nova. É um sambinha. Nós fizemos um disco em Alfenas e outro em Três Pontas. Muito metidamente. Fizemos um disco por nossa conta e deu certo. Era vendido nos bailes. Aquele negócio de que o primeiro disco independente foi feito não-sei-onde não tem nada a ver. O nosso foi feito em 58, e temos provas disso. Agora teve o Festival do Mundo lá em Três Pontas, e o disco está lá exposto. Milton Nascimento, Wagner Tiso... está tudo exposto ali.

O Clube da Esquina é de quando?

Pra mim, o Clube da Esquina surgiu ali comigo e com o Milton Nascimento na Rua 7 de Setembro, em Três Pontas. O tempo foi passando, e, em BH, fizemos muitos amigos, tomamos conhecimento do jazz, da bossa nova... A gente morava no edifício Levy e se encontrava nas escadarias pra tocar. Ficamos conhecendo os meninos da família Borges, que moravam ali. Depois que eu fui pro Rio, eles se mudaram pra Santa Teresa [bairro de Belo Horizonte]. E prosseguiram lá. Eu já estava no Rio, tocando com o Cauby [Peixoto], Ivon Curi, Agostinho dos Santos, Maysa...

Você veio antes de todo mundo?

Bem antes. O Milton veio em 67, quando ele se deu bem no Festival da Canção com "Travessia". Eu já estava havia uns três anos aqui no Rio. Eu era pianista da noite, tocava no Drink. Toda aquela época do Leme, toquei naqueles lugares todos. Não cheguei arrasando, cheguei humildemente, com meus terninhos surrados, calcinha pescando siri. Trouxe uma malinha de BH. Ficava nas portas das boates e dizia: "Sou pianista de Minas, você é o da casa, quando for folgar, dá uma chance pra mim". Aí o cara: "Faz um teste. Acompanha ali". E eu tocava um pouquinho. Daí a pouco comecei a pegar trabalho, porque diziam: "Esse menino de Minas toca mesmo". Eu dormia na Pracinha do Lido. Tinha uma vitrolinha portátil, com os meus LPs de jazz, que serviam de travesseiro. Não tinha aquele prédio da escola ainda. A praça era toda aberta. Alguns músicos passavam e falavam: "Olha aquele menino de Minas ali!". Me levavam pra casa deles ou da tia de um deles. Eu estava aqui pra isso.

E lembra quem de te deu a primeira chance na noite carioca?

Juarez Santana, o organista do Cauby na época, e Carlinhos Cara de Cavalo, no Dancing Avenida e no Dancing Brasil da Avenida Rio Branco. Eu fazia shows em três, quatro lugares por noite para conseguir pagar meu aluguel ou a vaga. Vários músicos viviam assim. As famílias dividiam as salas com lençóis e ficavam quatro quartinhos na sala. Depois eu li que o Peri Ribeiro também fez isso. Poxa, me identifiquei com o Peri!

E quando foi que você conseguiu pagar todas as suas contas e ganhar o cargo de pianista da boate?

Quando o Paulo Moura me viu tocar no Drink. Ele era saxofonista do conjunto do Edson Machado, que era o grande baterista da bossa nova. O Paulo me viu tocar e, como o pianista desse conjunto estava indo morar em Los Angeles, ele me chamou para fazer um teste. Marcou às 11h e eu cheguei às 8h. Nem dormi, toquei na boate na noite anterior e fui direto. Acordei o Paulo Moura! E ele ficou encantado com as minhas coisas, com a minha facilidade de discernir arranjos, e falou: "Você tem muito talento, vai tocar". A partir daí eu entrei nos grupos de bossa nova. Quarteto Edson Machado, Hepteto do Paulo Moura. Isso pra mim foi a salvação! Me tirou das boates.

Quem era a sua inspiração nessa época? O pianista de quem você gostava mais?

O Luizinho Eça. Claro que tinha uma admiração pelo Radamés Gnattali e por alguns jazzistas que estavam por ali. Mas, dos conhecidos, eu tinha uma profunda admiração pelo Luizinho Eça. Depois que o Milton chegou ao Rio, consegui me aproximar mais dessa turma. O Luizinho foi quase um protetor da gente. Além de talentoso, tinha uma alma maravilhosa, era muito generoso.

Quando o Milton chegou meio que abriu as portas? O cantor sempre consegue mais isso?

Ele chegou arrasando! Cantando "Travessia". Aí perguntavam: "Quem é essa pessoa que canta desse jeito? Que canta diferente? Que faz uma composição diferente? Que é uma pessoa diferente? Que tem um carisma diferente?". Eu estava nas boates, e diziam: "Esse pianista é muito bom". O Milton arrebentou no Festival! Chegou com uma marca, inclusive assombrando os grandes compositores do Rio. O próprio Edu Lobo falou: "Que compositor é esse!". O Tom Jobim disse: "Tem uma coisa diferente na praça". O Milton chegou com a marca de diferente. Por melhor que eu tocasse, que tivesse bom gosto, o Milton chegou cantando uma coisa que ninguém nunca tinha cantado.

E você tocava e fazia arranjos de um jeito intuitivo?

Sim. O próprio Paulo Moura falou que eu precisava estudar, porque eu era um arranjador nato: "Você é um orquestrador nato e não sabe que a orquestração está na sua cabeça. Precisa desenvolver isso". Mesmo assim, eu não obedeci. Fui mais perguntão mesmo. Perguntava o Gaia na Odeon, porque a gente – Milton, Som Imaginário – gravava na Odeon. A gente falava: "ô, Gaia, preciso escrever pra harpa". Ele ensinava. Eu: "E pro oboé?". A mesma coisa; ele fazia. Eu anotava tudo o que ele falava. Meu grande aprendizado foi a chance que tive de experimentar, pela turma que eu convivia. Escrevi pra Maysa no Canecão, através do Paulo Moura. Fui o primeiro arranjador da Maysa quando ela voltou pro Rio da Espanha. Voltando ao Gaia... Eu pedia pra ele me explicar como escrevia isso, como escrevia aquilo e tal. Aprendi perguntando, perguntado, perguntado. Nunca fui numa escola de música. Hoje em dia, toda escola me chama para dar aula.

O Gaia, o Paulo Moura, o Cauby... Você teve belos amparos, proteções, padrinhos, sei lá.

Agostinho dos Santos foi dos maiores! Todo mundo me protegeu. Foram proteções importantes; não me deixaram desamparados. Depois vieram os amigos que a gente cria. O Geraldinho Carneiro, Millôr Fernandes, João Ubaldo Ribeiro. A gente vai fazendo amigos. Mas estou falando do começo, que é o mais difícil.

O Som Imaginário surgiu como?

Da necessidade que todos tinham. Eu tinha a necessidade de ter um grupo forte que abrangesse toda a música da época. Cada época tem um tipo de música. Vê hoje a quantidade de música que tem! Às vezes, nem é música, mas uma coisa musical. Naquela época, precisávamos firmar uma posição. Tinha um grupo de jazz e bossa nova, da noite, que éramos eu, Luiz Alves (baixo) e Robertinho Silva (bateria). A gente queria fazer um grupo que pegasse toda a estrutura da época, que abrangesse a música brasileira, o rock moderno dos grupos ingleses. Então convidamos o Tavinho Moura, o Zé Rodrix, o Naná Vasconcelos, de percussão nordestina, e o Laudir de Oliveira, de percussão carioca. Por que esse grupo? Porque eu, particularmente, queria que a carreira do Milton tivesse uma base. Depois que o Bituca venceu o Festival, ele estava sem um norte na carreira, fazendo showzinhos com Antonio Adolfo, Brazuca, Marcos Valle... participando de showzinhos de alguns cantores... Falei: "Vamos fazer um grupo pra acompanhar o Milton e viajar por todo o Brasil, pra marcar a presença dele". Afinal, ele tinha feito um trabalho maravilhoso com "Travessia" e "Morro Velho"! Esse grupo foi um porto seguro pra que ele pudesse expandir a arte maravilhosa que ele tem. E foi o que aconteceu. Como as pessoas eram todas talentosas, o grupo foi além. E não só a primeira formação. A segunda teve Toninho Horta, Nivaldo Ornelas... Ainda teve uma terceira formação com Paulinho Braga, que foi tocar com a Elis Regina, com Jamil Joanes. Muitos músicos maravilhosos partiram dali; nem me lembro o nome de todos. Começou pra sustentar a carreira do Milton e valeu, porque em um ano ele já tinha ginásios cheios em todo o Brasil. A partir do Som Imaginário, dois anos depois, ele fez o Clube da Esquina, com os meninos de Minas e o Som Imaginário. E o grupo se esgotou por si mesmo.

O grupo se esgotou por si mesmo porque cada um foi seguir sua própria carreira ou vocês brigaram? Nunca soube direito. Algum dia você e Milton brigaram?

[Rindo] Com o Bituca? Umas 40 vezes! Que irmão que não briga? Que irmão não tem ciúme um do outro? O Milton morria de ciúmes de mim. E eu morria de ciúmes dele. Claro! Saímos de Três Pontas querendo fazer uma coisa juntos. Eu dizia que conhecia o Paulo Moura e não sei mais quem. Ele fazia aquela tromba de elefante e dizia: "Vou fazer arranjo com o Eumir Deodato e o Luizinho Eça". Eu fazia a minha tromba, e assim ia... a vida inteira. Quando ele falava: "Agora formei um grupo que é o melhor da minha vida". Eu: "Duvido que é melhor do que o que fizemos pra ir pra Paris! Pô, você foi pra Paris comigo, Toninho Horta, Robertinho Silva, Luiz Alves. Que grupo é melhor que esse?" [risos]. E ele: "Mas eu tô com não sei quem e não sei quem". A gente acaba brigando. Se não brigasse não valeria a pena.

No ano passado vocês fizeram um festival de música em Três Pontas. Me conta um pouco dessa experiência.

Fizemos o Festival do Mundo. Reunimos músicos brasileiros e gente do mundo todo. Foi emocionante tocar na terra da gente. A gente é muito homenageado lá. O Milton tem praça, busto, tem o Centro Cultural Milton Nascimento, tem a Praça Travessia, o Shopping Travessia. Tem também o Centro de Eventos Wagner Tiso, onde foi realizado o Festival. É um centro de eventos maravilhoso! Com quatro prédios enormes e uma área grande para fazer eventos. Filmamos tudo. Não sei se vai sair CD, DVD... As homenagens e os reconhecimento foram chegando com o tempo. Esses meninos aventureiros de três Pontas acabaram dando certo. O Bituca botou Três Pontas no mapa. Eu sou coadjuvante, mas também tô aí.

Quantos arranjos pra cinema você já fez? Você tem ideia desses números da sua carreira?

Números exatos, não. Mas tenho 33 longas. Multiplica 33 por uma média de 40 músicas por longa, olha a quantidade de composições que dá! Fora teatro. Televisão eu sempre evitei porque dá muito trabalho, mas sempre fiz um ou outro tema pra TV. É muita coisa que tenho feito nesses quarenta e tais anos de carreira. CDs meus são 35.

Você gosta mais de alguma coisa na música em especial? Arranjo pra orquestra, arranjo pra cinema...

Gosto de fazer música pra imagem. Desde menino, me pediam: "Faz uma música aí". Nunca contei com letra; sempre contei com a imagem. Por isso, sou músico que faz música pra cinema. Descobri cinema muito cedo. Logo nos meus primeiros discos, o Sílvio Tendler falou que minha música era pra cinema. Fui orquestrador desde menino de vários filmes. A trilha de *A lira do delírio*, do Walter Lima Jr., por exemplo, é do Paulo Moura, mas as orquestrações são minhas. A trilha de *Os deuses e os mortos*, do Ruy Guerra, é do Milton, com orquestração minha. Foram vários assim. Até que chegou o *Inocência*, do Walter Lima Júnior, e ele disse que queria que a trilha fosse minha, não apenas a orquestração. Comecei aí e não parei.

Você tem um ritual para compor? Você compõe no piano?

Como eu disse, eu componho com a imagem. Adoro ir pra uma pracinha, sentar à beira de uma piscina, entrar numa sauna e ficar pensando. Não gosto de instrumento. Ele é só pra finalizar. Gosto de pegar o ambiente da música. Em "Coração de estudante", se eu tivesse chegado no instrumento, ia fazer todos aqueles clichês que a gente faz pra compor. Na minha concepção, "Coração de estudante" é uma música fraca harmonicamente. Mas é uma música que fiz me libertando do instrumento. Fiz pensando numa canção. Por quê? Como foi pedida, precisavam de uma canção que fosse triste, mas em tom maior. E quem é compositor sabe que quando você quer uma música triste, você compõe em tom menor. Precisavam de uma música triste em tom maior e que desse esperança. Se eu fosse chegar no piano não ia dar certo. Eu queria pensar, pensar, pensar. Quando eu cheguei no piano, ela já tava pronta.

E onde foi que você pensou "Coração de estudante"?

Primeiro, na piscina da minha casa. Depois, andando pelo bairro do Humaitá [Rio de Janeiro], dando as minhas caminhadas, em volta da Cobal e tal. Lembrei do Henfil quando ele me disse que adorava aquelas flautinhas de pã. Tanto que a minha gravação é com flauta de pã. Aquilo que teve no enterro do Tancredo [Neves] foi com uma flautinha de pã. Jornalisticamente, virou um hino. Mas eu fiquei de mal com a música, porque ela virou o hino da Nova República. Não admiti. Depois, ela voltou a ser a música que representava o momento brasileiro. Agora, estou super de bem com ela. Toquei "Coração de estudante" com novo arranjo lá em Três Pontas, com a minha banda. Um arranjo novo, bonito e tal. A plateia aplaudiu por uns 15 minutos. Era sem letra, tudo tocado com oboé, clarinete, etc.

Você gosta dessa multiplicidade de instrumentos, né?

Eu trabalho com sinfônica. De uns dez anos pra cá tenho feito mais trabalho com sinfônica que com cantor. Do início da minha carreira até certo tempo fiz arranjos pra mais de 200 cantores. De Gonzaguinha a Alceu Valença. Todos! Gil, Caetano, Milton, Bethânia... Trabalhava principalmente com os cantores de Minas: Beto [Guedes], Lô [Borges], Milton... Oitenta por cento dos discos do Milton e noventa dos discos do Lô.

E como a sinfônica entrou na sua vida?

Senti a necessidade de me exprimir. Não faço letra, não gosto de música com letra. Gosto de ouvir, mas não de fazer. Não é a minha praia.

Você nunca fez letra?

Nunca. Mas muitos letristas já fizeram para músicas minhas. O Milton fez "Coração de estudante". A música já estava pronta. Foi tema do filme *Jango*, do Sílvio Tendler. A música se chamava "Tema de Jango". Se o Milton não se interessasse, ela ficaria escondida, assim como tem umas 40 músicas escondidas. O Milton falou: "Eu posso fazer uma letra praquela musica do Jango?". Eu: "Qual delas?". "Aquela assim, não sei o quê. Toca ela aí pra mim". Toquei, e ele falou que ia fazer uma letra. E virou "Coração de estudante". Olha que loucura é isso! Se ele não se interessasse, a música estaria perdida até hoje. A letra apresenta a música. Tem letra que abandona a música. "Aquarela do Brasil" foi apresentada pela letra e pode conviver sem a letra. Tem vários temas brasileiros que podem completamente conviver sem a letra. Todas as minhas músicas podem conviver sem as letras, porque não faço letras.

Gosta de rearranjar músicas suas?

Só faço isso a vida inteira!

Só pelo prazer ou tem que ter um objetivo?

O tempo todo faço pelo meu prazer.

Onde é que Minas entra na sua obra? Se você não fosse aquele garoto lá de Três Pontas, a sua música seria diferente?

Não sei te falar. Só sei que tem muito Minas na minha música. Não que seja a minha essência, mas todo o trabalho que fiz teve Minas. É meio o que vivi na infância e meio o que acho importante mostrar. Todo mundo tem que mostrar alguma coisa. O baiano mostra. Acho que tento mostrar desde o meu primeiro disco. Tem o cateretê, o mineiro pau, tem a umbigada, tem a catira. Sempre teve um pouco disso. Misturado, por incrível que pareça, com jazz e tudo o que faço. E com clássico, com cordas... Quando fui fazer meus 60 anos no Teatro Municipal [do Rio de Janeiro], foi aquela coisa maravilhosa, mostrando toda a trajetória da minha carreira no Rio de Janeiro, a partir da década de 60. Levei o Cauby e a Gal pra cantar comigo, o Bituca, que chegou no Rio comigo. Levei uma das formações do Som Imaginário, tinha a Orquestra Sinfônica da Petrobras acompanhando. Tinha toda a minha trajetória a partir de 60, de Cauby... E o que faltava? A essência mineira e uma coisa futurista mineira. Aí apresentei o Uakti, que é um grupo incomum, de pesquisa de música; não existe outro igual. É maravilhoso! Não tem nada que se compare. Sem par, sem competição, sem nada! É o único grupo que faz esse tipo de música. E trouxe o Maurício Tizumba, com a congada mineira. Foi emocionante pra mim, lá do palco, esperar a congada chegar. Eles entrando pelo palco, aqueles meninos de oito, nove anos, tocando tambor. Eles estavam tocando fora do ritmo, e pensei: "O que está acontecendo?". Eles não conseguiam se concentrar! Olhavam aqueles afrescos, aquelas pinturas do Municipal, e não conseguiam tocar; ficavam olhando praquilo. Chegaram no palco maravilhados com aquele local! Nunca viram aquilo. E aquela coisa de Minas Gerais; Tizumba é bem mineiro. Aquela congada não é uma folia, festa, nada; tem a ver com religiosidade, com a vontade de ser o que é. Então, aquilo, pra mim, foi maravilhoso! Poder mostrar Minas Gerais na sua essência. Uakti, Tizumba e congada... Mostrar o Bituca comigo... Tocamos música de baile: "Aqueles olhos verdes". E a Gal, no início da nossa carreira, cantando Ari Barroso. Cauby cantando música minha, cantando também a primeira gravação dele nos Estados Unidos, que é a música "Pérolas e rubis", acho que em 52. Foi muito emocionante mostrar tudo isso!

Você gosta de viajar para tocar?

Gosto de tocar fora do Brasil. Quando passo mais de uma semana no Rio, me sinto um prisioneiro. Tenho que viajar com frequencia. Estou sempre fora do Rio. Tem gente que diz: "Adoro minha casa!". Eu adoro hotel! Moro num hotel. Chego de manhã, boto minhas coisas e, quando volto, está tudo arrumado. Uma maravilha!

E tem lugar pra piano?

Tem. Meu pianinho está lá. Estudo, componho, escrevo... E se passo três ou quatro dias sem precisar escrever, sento no piano e fico tocando. Gosto de tocar.

E daqui pra frente, qual é o seu sonho?

Uai, sô! [Risos.] É continuar fazendo meu trabalho. Já tenho o meu mantra. Minha carreira é esta: trabalhar com composição, trabalhar com cinema, orquestra sinfônica, desenvolver peças pra orquestra sinfônica... Por exemplo: tenho 33 trilhas sonoras, com muitos temas. A maioria deles eu reúno para reorquestrar e recompor pra fazer peça sinfônica. Tem muita coisa disso. Dos temas de *A ostra e o vento*, do Walter Lima Júnior, eu fiz uma peça sinfônica pra concerto de violoncelo e orquestra. Quando fiz *O guarani*, baseado em Carlos Gomes, também compus uma sinfonia pra orquestra sinfônica. Procuro fazer peças sinfônicas com tudo o que faço pra cinema. Esse é o meu métier musical. Isso e trabalhar com os cantores que admiro: Nana Caymmi, Milton Nascimento e Gal Gosta. Tem outros, mas esse é o trio com que sempre faço questão de trabalhar. Não trabalho muito com cantor; só com os que eu admiro profundamente. Mas eu amo orquestra, desde menino. A primeira vez que fui ao CinemaScope, som estereofônico, eu desmaiei com aquele som! Falei: "Isso não existe!". "Desmaiei" é forma de dizer; "caí duro", no bom sentido. Eu, vendo uma cena rolando com uma música daquela: "Isso existe?". Falei: "Gosto disso. Quero fazer isso!". Consegui fazer muito mais do que sonhei. Quando saí de Minas, queria apenas conhecer algumas pessoas e tocar na noite carioca, na cidade que eu admirava. Me tornei um artista, uma pessoa falada, que sai no jornal. Agora estão fazendo um filme e um livro... Eu não sabia que isso ia acontecer. Já é um *upgrade*. Aquilo deu nisso. Eu não sabia, mas foi bom. ∎

WANDO

Romântico, brasileiro, sem vergonha

De Cajuri para Viçosa, de lá pra Juiz de Fora, Volta Redonda, Congonhas do Campo, São Paulo, Rio de Janeiro... A vida de **WANDO** sempre foi assim, de cidade em cidade, a bordo de um caminhão, levando frutas e legumes, seduzindo as freguesas nas feiras livres, cantando, entregando jornais de porta em porta. Ele trabalha desde os 14 anos. Menino pobre, se fez com a música. Descaradamente romântico, se ele seduzia na feira, imagine nos palcos do país a fora? "Moça", seu maior sucesso na música, não foi feita na feira, mas foi lá que ele percebeu que as mulheres adoram ser chamadas de "moça". Atento, foi juntando talento musical com um marketing muito pessoal. Foi dele a ideia de colocar uma calcinha, isso mesmo, uma calcinha envolvendo a capa do antigo *long play*. Vendeu um milhão de cópias e começou, sem querer querendo, sua vasta coleção de calcinhas, que, hoje, somam mais de 15 mil. Discos vendidos já perdeu a conta, algo em torno de três milhões, e tem sempre, no título, algo de levemente safado como "Obsceno", "Ponto G", "Tenda dos prazeres"... E por aí vai. Na vida real, Wando é casado com uma fã mineira que, em certo show, jogou uma calcinha pra ele. Na vida real, não gosta de mulher que fala alto, nem que diz palavrão, e acha que "a mulher tem que cuidar bem do seu homem". Quanto a ele, se define como "romântico, brasileiro, sem vergonha".

Começo perguntado sobre sua vida de muitos trabalhos e muita batalha. Onde você nasceu?

Nasci em Cajuri, perto de Viçosa, que é tão pequena que, pra atravessar a cidade, a pé, você gasta 25 minutos. Eu gosto de ser mineiro. Eu gosto da minha cidade. Gosto de cidade pequena. Todo mundo sabe da vida de todo mundo. Todo mundo toma conta de todo mundo. Passei uma parte da minha infância em Juiz de Fora. Lá, eu vendia o jornal *Diário da Tarde*. Fiz o primário em Juiz de Fora, no Grupo Duarte de Abreu, no bairro Vitorino Braga. Com a morte da minha mãe, fui pra Volta Redonda. Fiquei morando com o meu pai. Entregava leite nas casas, fui feirante, caminhoneiro. A gente meio que liga uma metralhadora pra ver o que vai dar certo. Aos 14 anos eu já estava na rua. Quer dizer, trabalhando na rua, pra sobreviver. Você sabe que, na feira, quem grita mais é o mais percebido.

E você gritava muito na feira?

Muito! Gritava conforme a necessidade. Você tem que ter o momento certo. Cantava: "Me leva, me leva, iô, iô, iô, me leva, me leva que eu vou". "Leva, freguesa!" Eu pedia pra me levar [risos]. Então veio aquela coisa de fazer compras no CEASA, em São Paulo. E eu tinha que ter um caminhão na estrada. A gente tinha um caminhãozinho na estrada.

Quer dizer que o motorista de caminhão veio depois do feirante?

É. E sem carteira de motorista. Era uma coisa muito difícil na época. Mas os motoristas de caminhão têm uma amizade muito grande; as pessoas nem imaginam! É uma união muito grande entre eles. Se ajudam mesmo. E isso é uma coisa que me dá muito orgulho, que me ensinou bastante. E a feira livre também.

Na feira livre você vendia que tipo de produto?

Tudo! Acho que a feira livre nada mais é do que uma bolsa. É como se fosse hoje você investir o seu dinheiro naquilo que você acredita, pra perder ou pra ganhar. Eu ganhei e perdi muito dinheiro na feira. A culpa de eu ter me tornado um músico, um cantor, foi da feira livre. Na época em que eu fazia feira livre, eu gostava muito de música. E de vez em quando me envolvia nos bailes, ia tocar nos bailes. E pra feira você tem que acordar às três, quatro horas da manhã. Pra você chegar, montar todos os seus aparatos, pra começar a vender mais cedo. E, às vezes, eu chegava às oito.

Como feirante, você não era muito lá essas coisas então.

Acabei me tornando um péssimo feirante. Fiquei muito desesperado porque acabei quebrando, perdendo tudo o que tinha feito dos 14 aos 19 anos. Um dia, descobri que a música atrapalhava essas coisas todas que eu fiz e corri pra música. Voltei pra Minas Gerais, fui pra Congonhas do Campo, onde morei durante cinco anos. Pras pessoas identificarem melhor onde é essa cidade, é aquela que tem as obras do Aleijadinho. E, na época, tinha o Zé Arigó, aquele médium, que era um grande cara. E nessa cidade aprendi que música era uma coisa muito importante na minha vida. Foi lá que eu comecei a viver de música.

Você já compunha em Congonhas?

Quando comecei a me dedicar à música descobri que podia fazer música. Fui descoberto pelo Nilo Amaro, do Cantores de Ébano. Eu não sabia que era um bom compositor ou que pelo menos fazia um tipo de música que agradava as pessoas. Mostrei umas coisas pro Nilo, e ele falou: "O que você está fazendo aqui? Vamos para o eixo Rio–São Paulo". Acabei pegando um violão emprestado do filho do Zé Arigó, o Tarcísio. Peguei o violão dele emprestado e vim pro eixo Rio–São Paulo.

E trouxe o violão de Tarcísio, filho do Zé Arigó?

No fundo, no fundo, trouxe meio roubado. Devolvi depois. Gostava dele, era uma pessoa boa. Fiquei três meses no Rio e fui pra São Paulo morar num hotel na Rua Timbiras, no Hotel Rossio, que não tinha o café da manhã. Tive que começar a namorar a filha da camareira pra ter o café da manhã, que ela trazia de casa. Um dia estava no meu quarto e chegou um cara que era um dentista aposentado e ele disse: "Vamos almoçar comigo". Você sabe que mineiro é todo tímido. A gente fica com medo de se apresentar. Hoje, não, mas na época era meio tímido. Agradeci o convite, mas não aceitei. Ele foi, almoçou e trouxe um sanduíche de pernil pra mim. Foi o melhor sanduíche que comi em toda a minha vida! Por isso que acho que os anjos existem. Esse mesmo cara me levou pra conhecer um editor de música, o Antônio Almeida, que me levou pra conhecer Jair Rodrigues, em 1973. O Jair Rodrigues ia gravar um disco e, quando apresentei pra ele [canta] "o importante é ser fevereiro e ter carnaval pra gente sambar", ele enlouqueceu com a música. Trinta dias depois eu tinha a minha música tocando no rádio. Eu comendo o pastel de cada dia e querendo gritar na pastelaria que aquela música tocando no rádio era minha. Não fiz isso. Achava que iam me chamar de louco.

Quem você admirava naquela época?

Olha, gosto muito do Luís Vieira, acho que ele foi um grande cara. É uma pessoa até muito pouco citada, mas, pra mim, o Luís Vieira foi um dos grandes poetas. Acho que todo mundo aprendeu com Roberto Carlos, com Caetano Veloso, com Gilberto Gil, com Luiz Gonzaga. Eu me encontrava muito com o Gonzagão e dizia: "Você tem o coração na boca!". A gente se encontrava muito no Recife e se falava bastante. Acho que aprendi com diversas pessoas, inclusive com o meu pai, que era um seresteiro. Acho que a família, os pais influenciam a gente em muitas coisas. Mas criei um estilo próprio cantando. Na verdade, não me considero um cantor, e sim um intérprete. Gosto de interpretar as coisas que eu faço e de alguns compositores.

A música "Moça" surge quando?

Essa canção é uma canção importante e foi feita em Santarém, em 1974. A ideia da música eu tinha; quer dizer, eu gostava de chamar as mulheres de "moça". Na feira, todo mundo chamava as mulheres de "senhora"; eu chamava de "moça". "Ô, moça!" Entendeu? Porque sempre achei que, quando você chama de "moça", a mulher já se sente mais. Entendeu? Depois que o Jair gravou a primeira música, comecei a gravar os primeiro disco, caminhando pra essa música popular brasileira, mas com outro tipo de linguagem. Meio Caetano, Gil, por aí. Um dia descobri que as mulheres me adoravam quando eu cantava música romântica. Comecei a fazer umas canções românticas. Entre elas esta: "Moça, me espere amanhã...". Ela começou a fazer sucesso na noite em São Paulo. Essa música vendeu, em 1975, um milhão e 200 mil discos! É uma música até um pouco ousada pra época, porque naquele período a censura pegava no pé da gente, não deixava passar uma porção de coisas. Quando eu disse: "Moça, sei que já não és pura"... Puxa! Era uma loucura você falar isso pra censura naquela época! Aí descobri o seguinte: as moças da época tinham vontade de ouvir isso. De alguma forma, queriam assumir esse tipo de coisa. Era uma época em que as mulheres, de uma forma ou de outra, estavam começando a querer uma certa liberdade. Acho que tem que ter uma ousadia.

O atrevimento faz parte da fórmula do sucesso?

O atrevimento bem colocado. Porque existem discos que foram lançados na minha carreira, tipo *Obsceno* [1988], que é um disco que não é totalmente obsceno. Foi uma briga na gravadora quando eu disse assim: "Vamos fazer um disco aí; vai ser *Obsceno*!". "Como? Você tá ficando louco?" Mas eu queria colocar aquele obsceno fino, aquele que sai na rua, olha, insinua, mas não diz o palavrão. *Obsceno* vendeu, acho, um milhão de discos também. Tem também um disco que se chamava *Vulgar e comum é não morrer de amor* [1985]. O *Coisa cristalina* [1983] foi também uma loucura! O *Fogo e paixão* [1985] também foi outro nessa linha.

Qual a canção mais bonita que você já ouviu na vida?

"Quando você foi embora, fez-se noite em meu viver. Forte eu sou, mas não tem jeito, hoje eu tenho que chorar. Minha casa não é minha, e nem é meu esse lugar. Estou só e não resisto, muito tenho pra falar". Acho que "Travessia", do Milton Nascimento e do Fernando Brant, é espetacular. Não é por causa de bairrismo de mineiro, não. Sem bairrismo nenhum, mas é deslumbrante.

Quando começou a história das calcinhas?

Isso foi outra grande marca. E todo mundo disse: "Você enlouqueceu, tá metendo o pé na jaca!". Eu tinha um disco de nome *Tenda dos prazeres* (1990), e esse título, quer queira quer não, se leva para o Oriente, para aquele lado. A ideia é boa, mas precisava de uma coisa mais criativa. Então coloquei na capa do disco uma calcinha, e quando você olha ela na capa do disco fica parecendo uma tenda. Quer dizer, eu descobri que um LP, na época, era um porta-calcinha perfeito. Não é? E assim virou uma boa publicidade. Essa história de criar marketing acho muito interessante. A transa das calcinhas... Tenho que fazer essas coisas porque eu acho que o Brasil é um país que trabalha com pouco dinheiro. Nós não podemos ter sonhos americanos. Nós somos ainda um país de terceiro mundo, querendo pular, com um pé no segundo, pro primeiro. Mas tudo é um pouco difícil. A gente tem que trabalhar com formatos de publicidade diferentes e, de preferência, baratos. Acho muito interessante essa história de criar marketing. Nós distribuímos para toda a mídia um disco com a calcinha na capa. A mídia ficou enlouquecida, porque aquilo foi um prato cheio, superbacana. Eu dizia pra gravadora: "Vocês têm que fazer a mesma coisa pras lojas". Eles resolveram não fazer. E começou a dar uma grande confusão nas lojas, porque as pessoas iam comprar o disco e não tinha a calcinha. E acusavam o vendedor: "Você roubou a calcinha da capa do disco!". Eu comecei a distribuir umas peças no show. Eu jogava do palco. E comecei a receber. E nem pedia.

Uma troca de calcinhas? Você jogava do palco, e elas jogavam pra você?

Isso. Jogava umas e outras. A gente começou a fazer uma troca. Hoje tenho uma coleção com mais de 15 mil calcinhas. Já está bom, não está? Tenho calcinhas de todos os tamanhos, de todos os modelos. As mais populares: branca, vermelha, preta, creme. As mulheres são muito criativas. Tem coisa que vejo e falo: "Isso não pode ser calcinha!". Recados de amor... Acho muito bom! O cara, pra chegar ao ponto que cheguei, tem que dar muita sorte. Sou o único cara do mundo que pode chegar em casa com mais de uma calcinha no bolso [gargalhadas]. Hoje vejo senhoras que vão aos meus shows e levam uma calcinha. Minha mulher não pode reclamar, porque ela também me deu uma calcinha. Francesa, perfumada.

Ela também jogou uma calcinha pra você? Ela é sua fã?

Vou contar a história. Algum tempo atrás, eu participava aqui do Sem Censura e tinha uma pessoa que ligava pro programa, que chamava Renata. E você me perguntava: "Quem é essa Renata, de Belo Horizonte, que liga toda vez que você vem aqui?". Essa Renata é minha mulher atual. Aconteceu o seguinte: ela ligava porque já me conhecia de uns shows. Eu percebia ela nos shows, só que eu não falava nada. Eu ganhei uma calcinha francesa dela num show. Fiz o show inteiro pra ela. Um show no Palácio das Artes. A gente acabou namorando. Um dia eu tive que sair fora porque não podia ficar namorando lá e cá. Um dia eu recebo um convite de casamento que era dela, com direito a telefonema: "Você não vem?". "Não vou, até por uma questão de elegância". Acabei não indo a esse casamento. Ela se casou e ficou um ano e oito meses casada. E ficou viúva. Um dia, fiquei sabendo que ela estava viúva e liguei pra ela pra dar meus pêsames. E a gente começou a conversar. Foram quatro meses de telefonema, conta alta. A gente foi obrigada a comprar rádios. Hoje, estamos há quase cinco anos casados e temos Maria, essa menina linda que é nossa filha, que está com três anos. Eu tenho um ninho em casa muito grande, cheio de passarinho, todos de boquinhas abertas esperando.

Quantos filhos você tem?

Cinco. São três casamentos, cinco filhos.

E as idades?

Meu filho mais velho tem 31, e a mais nova, três. E tenho sete netos. Só tem um homem, o resto é tudo moça. Lá em casa, quando eu começar a gastar dinheiro com casamento, vai ser um problema sério. Vai ser uma coisa triste!

Ainda bem que aqui não é a Índia que tem dote! E você é um avô que brinca?

Quando virei avô, pra cair a ficha foi uma dificuldade! Fui avô muito novo. Meus filhos se casaram novos. Também fui pai muito novo. Então, entrar naquela de eu sou avô? Tenho neta de nove anos. Minha conversa com eles é ótima, porque pareço tio deles. É legal porque Maria hoje é a tia-bebê deles. A tia que eles carregam no colo. É muito gozada essa coisa. Mas é muito bom! O filho traz pra você uma força muito grande. Você sabe que tem que trabalhar, cumprir todas as suas necessidades. Não suas, mas dele. Criar um filho na época atual, criar direito, é muito complicado, muito caro. E você meio tem que blindar seu filho; se você não tomar conta dele direito, vem alguém e toma de você e enche ele de droga. É complicado.

E você veio de uma família grande?

Somos três irmãos. Dois vivos. Eu e minha irmã. Mas tenho muitos tios, muitos primos. A família da minha mulher atual é muito grande. A gente faz festa, e só de convidados parentes são 150.

Mas voltando à história das calcinhas... Você ainda distribui calcinhas nos shows que faz?

Faço isso desde quando cantei no Asa Branca, no Rio, durante um ano e quatro meses. Recebia todos os dias 100, 150 pessoas no camarim. É outro show! Isso porque tinha casa cheia. Trabalhava de quarta-feira a domingo. As pessoas vão ao meu camarim e, quando recebem uma calcinha que eu dou – tenho umas calcinhas especiais que distribuo nos shows, que são bordadas com o meu nome –, brinco com elas: "Se você tiver uma calcinha dessas, pode levar pra casa e resolver todos aqueles problemas com o seu marido. Usa essa na noite, que vai ser sucesso total!". Brinco: "Se você não tiver calcinha do Wando, não passou pela vida".

As senhoras que vão te assistir levam as filhas e as netas?

Levam. E todo mundo canta as letras das músicas. Fico sem entender um pouco, porque algumas músicas têm mais de 30 anos. Descobri que as mães, quando as filhas eram pequenas, ouviam meus discos, e elas aprenderam. *Sou romântico brasileiro, sem vergonha* [nome do mais recente CD-DVD de Wando], mas sabe que o título devia ser ao contrário? *Sem vergonha de ser brasileiro.*

Como é o comportamento dos homens que vão aos seus shows? O mulherio a gente sabe que é uma loucura. Eles ficam enciumados porque mulheres deles cantam suas canções?

Às vezes acontecem umas brigas de casal. Já aconteceu comigo no Asa Branca de os caras chamarem o garçom para pagar a conta e irem embora antes do final. Claro que eles tinham levado a acompanhante. Mas há os que vão sozinhos. Descobri isso quando fiz um disco de nome *Mulheres* [1993]. Só fiz isso porque eu tenho certeza de que os homens espertos vão onde as mulheres estão. E não deu outra.

Você, que compõe e canta pras mulheres, tem uma coisa na mulher que você mais gosta e uma que você mais detesta? Que você pode revelar, naturalmente...

É claro que a gente gosta de uma mulher no todo, mas a primeira coisa que eu olho na mulher são as mãos. E não gosto de mulher que fale alto.

Nem que fale palavrão?

Não gosto! Acho que mulher não pode falar muito alto. Mulher tem que ser calma, sabe? A vida já é tão agitada! Chega em casa, a mulher grita com você, dá vontade de voltar pra rua! Mulher tem que cuidar bem do seu homem, tem que cuidar direitinho.

O que é cuidar bem do seu homem, na sua opinião?

É observar o que ele gosta. Homem também tem suas fantasias, o homem gosta também de mulheres que criam suas fantasias. Acho que o homem gosta da mulher difícil. Quanto mais difícil, mais dificuldade ela coloca, mais ele quer. Não é aquela mulher que chega e diz assim: "Você vai comprar uma joia pra mim de tantos dólares, tantos mil dólares". A mulher difícil não é aquela que vai pra cozinha toda hora. A dificuldade que eu digo é assim: ela se colocar como aquela mulher pra quem o cara só pode dizer a verdade. Ele não pode mentir. E sou da opinião de que o homem tem que levar café na cama pra ela de vez em quando, tem que fazer umas surpresas... Aquele filme é verdadeiro, acho que mulher gosta de uma proposta indecente de vez em quando, sabe? No ouvido... Fantasias... Aquela coisa assim meio louca. Gosta disso tudo, sabe? Independente de religião, raça ou cor. Mulher gosta de um cara que pensa numas aventuras. Gosta mesmo, Leda!

Você é feliz, Wando?

Sou. Eu tive muita sorte! Uma vez, ouvi uma entrevista com a Simone, e ela dizia que o artista precisa de muita sorte. Não adianta só cantar bem, compor bem. Eu conheço muita gente que canta muito bem e, às vezes, não dá tanta sorte. Acho que eu tive. Uma estrela passou, eu segurei o rabo dela e não soltei mais [risos].

O que você tem de mineiro?

Uai! Sou muito observador. Não acredito em todas as histórias. Quando recebo um telefonema pergunto mais do que deveria. Tenho essa coisa mineira. Guardo isso. Mineiro tem uma coisa de dizer assim, mesmo passando a maior necessidade: "Não, muito obrigado". Sabe? Não é assim? Às vezes eu me pego, em casa, pensando nas minhas pessoas em Minas Gerais, rapadura, café feito com rapadura... Eu tenho muitos parentes em Minas, e é uma vida difícil, aquela vida na roça... Daí a pouco tem que buscar boi no pasto... Dessa coisa toda eu jamais vou me esquecer. Isso faz parte da minha vida. Mas meu jeito mineiro é o jeito desconfiado mesmo, ainda continuo sendo o mesmo desconfiadão de antes. ■

ZIRALDO
Um senhor maluquinho

Eu sempre achei difícil entrevistar **ZIRALDO**. Ele fala muito, atropela os assuntos, está sempre fazendo várias coisas ao mesmo tempo e quer falar de todas e de tudo. Já o entrevistei muitas vezes, e nunca fiquei totalmente satisfeita com o resultado. Quando a entrevista acabava, eu ficava um pouco frustrada, pensando que havia faltado perguntar isso ou aquilo e mais aquilo. Em 2009, resolvi fazer um programa inteiro com Ziraldo. Pensei cá comigo: "Desta vez, ele não me escapa". Mas não é que foi tudo igual, apenas ampliado? Ele falou muito, sobre diferentes aspectos da rica carreira que tem. Contou histórias divertidas, falou do menino desenhista lá de Caratinga, da família, do presente, do passado e do futuro. A conversa foi leve, alegre, muito agradável, mas é claro que ainda ficou faltando muita coisa. É incrível a vitalidade de Ziraldo, a energia, a criatividade, a vontade de viver e de trabalhar. Aos 77 anos, mais de 100 livros, um sem número de personagens e uma dezena de novos projetos, ele consegue viver e criar com um frescor de fazer inveja a qualquer menino maluquinho.

Quero começar falando da infância. Do começo dessa história, desse menino que tem um nome que já é um misto do pai e da mãe. É isso?

Nasci com pseudônimo [risos]. Meu pai era muito imaginoso. Engraçado essa coisa de atividade dos meus antecessores, meus antecedentes, tanto do lado paterno quanto do lado materno. Meu pai era vereador, era da Liga Católica, vicentino. Um dia eu descobri um caderno dele de monogramas. Na verdade ele gostava de fazer logotipos. Cheio de monogramas, e tinha uma letra muito bonita. Então, quando a minha mãe estava me parindo lá, ele ficou inventando um nome pra mim. Podia chamar Geraldo, Geraldo Filho. Ele inventou nome, inventou uma porção de nomes pra minha mãe escolher e chegou com dois no final do parto. Ele chamava a minha mãe de Iaiá: "Ô, Iaiá!". Mas ela se chamava Zizinha, porque meu avô botou esse nome nela. Ele era doidinho. O paterno também era, os dois avós eram malucos, malucos de tudo. A minha mãe chamava Zizinha no registro, no cartório, mas o papai a chamava de Iaiá. Falou: "Iaiá, escolhe aí o nome que você quer". Mamãe escolheu Ziraldo: "Zi" de Zizinha e "raldo", Geraldo. Sorte minha, porque a outra opção era Gezi.

Alguém desenhava na sua casa? Só você? São quantos irmãos, sete?

Sete. Meu avô paterno era um inventor. E a minha mãe, filha dele, herdou essa mania de inventar coisas. Meu avô era ferreiro, fazia foice e enxada na bigorna. Ele fazia a chapa de ferro, dobrava e fazia a foice. Ficava horas batendo. O que o sujeito fazia? Fazia uma ou duas foices por dia na tenda dele. Mas meu avô inventou a máquina de dobrar o ferro e fazia 12 foices por dia. Inventou o carrilhão da igreja. Ele construiu e botou lá em cima. Nunca marcou direito, mas ele botou lá em cima. E me ensinou a desenhar quadriculando. Quer dizer, na hora de copiar o desenho, eu quadriculava a cara, pequenininha, um quadrinho pequenininho, quadriculava grande, e ia desenhando. Ele dizia: "É muito mais fácil desenhar um quadrinho que a cara inteira. Desenha só, copia só esse quadrinho aqui". Quando eu acabava, a cara estava pronta. Eu ficava impressionado com isso! O avô materno era farmacêutico e escrivão. Tinha uma letra linda, igual à do meu pai. Ele desenhava, minha mãe dizia que ele desenhava primorosamente bem. Na farmácia dele havia uma porção de quadros pintados. Ele pintava na parede, desenhava com uma grande facilidade, esse Belarmino. E era uma figura muito original, muito inteligente. Ele lia Proust, lá em Vermelho Novo, onde ele vivia.

Vermelho Novo?

Vermelho Novo que chama. Há o Vermelho Novo e o Vermelho Velho. Agora é município. O rio lá de Caratinga se chama Rio Vermelho. Meu avô morava lá no Vermelho Novo. E lá no Vermelho Novo todo mundo se chama Pinto. Você chega lá, parece que tudo é minha família. Meu avô era fã de Proust. Ele não acreditava em dinheiro, fazia escambo. E quebrou, porque ninguém pagava a farmácia. Pagavam com porco, com galinha, com arroz, com feijão, e a última paga que ele recebeu foi uma mulher, porque o marido pagou a dívida com uma mulher. Ele ficou com as duas. E, como ele era farmacêutico, naquela época, você imagina, morfina e cocaína você comprava na farmácia. O bicho vivia doidão, assim! E dizem que ele falava coisas brilhantes. E a fama de inteligente devia ser por causa daquele negócio. Esse eu não conheci. Mas com o meu avô materno eu convivi.

Foi nessa família, nessa criatividade toda, que você surgiu.

Minha mãe, por exemplo, inventava as coisas mais incríveis que você pode imaginar. Minha mãe inventou feijão em pó! Ela fazia feijão em pó, dava pra amigas dela. Inventou um corte e costura dela mesma e um alfabeto pra conversar com as filhas e o papai não ficar sabendo o que ela queria dizer. Deixava recado pras filhas num código. Era engraçada, ela! O feijão em pó era fácil. Ela pegava o feijão, cozinhava, temperava, socava e aí derrubava em cima de uma lata de zinco. Espalhava assim o feijão, ou num vidro plano, deixava no sol. Aí secava, virava aquele pozinho, ela botava dentro de um vidrinho e dava de presente. Era só botar água quente e você comia feijão em pó. Não sei como é que não há feijão em pó pra você comprar.

Você seria essa pessoa que você é se você não fosse mineiro?

Não sei. Você já nasce pronto. As pessoas já nascem prontas, depois é que elas se perdem ou desenvolvem. Você não pode botar uma coisa na cabeça das pessoas [risos]. Continuo mineiro até hoje. O negócio é o seguinte: olhando de longe, eu acho a gente uma gente estranha. Acho meio estranha. De longe, eu fico olhando. Essa coisa do "pé-atrás", essa coisa do "o que esse cara tá querendo?", essa coisa do "eu não gosto". E isso é a base do nosso caráter. Pro mineiro não existe lanche grátis. Aquela coisa do Mao Tse-Tung. Não há lanche grátis.

Mas há?

Claro que há! Olha a mineira perguntando se há! Há lanche grátis, sim. E essa coisa de você não entregar. O mineiro não se entrega, não entrega.

Tem sempre um pé-atrás. É isso?

Com um pé-atrás. E há aquela coisa do sujeito que foi pra rodoviária e falou: "Você vai pra Manhumirim?". Aí o cara disse assim: "Não, eu estou indo pra Manhuaçu". "Ah! Você está dizendo que vai pra Manhuaçu pra eu achar que você vai pra Manhumirim! Mas você vai é pra Manhuaçu mesmo, viu?! Leva esse pacote pra minha mãe!" [risos]. "Você está falando que vai pra Manhuaçu pra eu achar que você vai pra Manhumirim, mas você vai pra Manhuaçu". Essa coisa, olhando de longe, isso eu não sou, não. Eu jogo muito aberto, confio demais, tenho uma boa-fé. Mineiro não tem boa-fé. Isso não é boa-fé. Carioca tem boa fé, "entrega o ouro" na hora. Baiano também. Baiano nunca te trai, porque você sabe que ele vai te trair. Então você não precisa ter cuidado com ele. Com mineiro não, você confia e, quando você vê, ele deixa você na mão. E carioca é assim: ele fala uma coisa errada, depois você fala: "Rapaz, mas você...". "Ô, me perdoa! Me perdoa, eu não presto!" Levei tanto susto com esse tipo de coisa quando cheguei aqui no Rio.

Você chegou ao Rio com quantos anos, Ziraldo?

Vim com 16 anos, a primeira vez. Meu avô, esse meu avô ferreiro, o da foice, eu vivi com ele. Portêncio. Esse é o meu herói. Eu sou o neto mais velho de trinta e tantos netos. O neto mais velho realmente é uma coisa dadivosa, é a dádiva pro sujeito. Ele trouxe a família toda pro Rio. Meu avô pegou a família toda com nove filhas e três filhos e botou no trem. Um filho veio para cá antes, meu tio que hoje é meu sogro [risos]. Eu sou casado com a minha prima, Márcia [segunda mulher de Ziraldo, que há 10 anos ficou viúvo de Vilma, mãe dos filhos Daniela, Fabrizia e Antônio]. O meu tio trouxe o meu avô com a família toda pra cá. Eu tenho hoje trinta e tantos sobrinhos-netos cariocas e tudo o mais. Meu pai e minha mãe ficaram lá, nunca saíram. Eu é que saí. Depois saiu o Ziralzinho, saiu o Zélio, viemos pro Rio de Janeiro estudar. Porque o destino da gente, com aquela estrada de ferro que saía de Caratinga, era o Rio de Janeiro.

Você estudou no Rio?

Fiz o Científico aqui na MABE: Mensalidade Adiantada, Bons Exames [risos]. Era uma escola noturna, que evidentemente não estava a fim de dar bomba em ninguém, porque sabia que cada um estava tentando se virar ali. Conheci pessoas maravilhosas. Mas me formei em Direito em Belo Horizonte.

Fui da última turma da Casa de Afonso Pena, que era uma casa linda, cor-de-rosa, que era a casa do Afonso Pena, que era a sede da faculdade. Eles demoliram essa belíssima casa e fizeram o prédio mais feio de Belo Horizonte, que é a Faculdade de Direito. Sabe quem era meu colega de turma? O Hélio Garcia [ex-governador de Minas, já falecido]. Era uma turma simpática. Fizemos 50 anos de formados em 2007!

Quando é que o desenho entrou na sua vida efetivamente?

Meus pais já estavam prestando atenção na excepcionalidade do meu desenho quando eu tinha dois, três, quatro, cinco anos. Quer dizer, eu era obcecado. Como eu tenho vários netos e sobrinhos-netos que são. É impressionante o negócio do DNA da família! Todo mundo desenha na família, alguns excepcionalmente bem! A filha da Daniela, a Alice, desenha excepcionalmente bem. O Miguel, filho da Fabrícia, desenha excepcional-mente bem. A Nina desenha bem, só que não liga. O Antônio, meu filho, desenha bem. A Daniela desenha bem, a Fabrízia desenha bem, o Pedro do Zélio desenha muito, pinta e desenha muito bem. O Fred da Santinha pinta que é uma loucura e desenha bem. A Adriana, filha da Santinha é *designer*, o Geraldinho, meu irmão, é *designer*. A Ciça, filha do Zélio, é *designer* e trabalha em Nova Iorque. Esse filho do Geraldinho, o Pablo, ele desenha, com cinco ou seis anos, paisagens medievais do alto, como se estivesse de helicóptero, com o castelo por dentro. Tem entrada, tem tudo. Desenha, desenha, dese-nha, até o infinito! E você olha, aquilo certinho! A estrada entra aqui, vira aqui, não sei o quê. E, além do Zélio, meu irmão, tem o rapa do tacho, que é o Geraldinho, meu irmão caçula, que é um grande desenhista de capa de disco aqui no Brasil. Trabalhou pra Universal. E o Gê tem um filho que é esse Pablo, que é uma coisa assustadora!

Como é que começou mesmo isso? Quando você ganhou o primeiro dinheiro com isso? Quando você sacou que podia viver disso?

Desde pequenininho as pessoas já ficavam me vendo desenhar. Minha mãe me ensinou a desenhar tatu. Eu só via os pés das pessoas em volta de mim. E eu deitado, desenhando. Os meus avôs, lá de cima, falavam assim: "Ele está dizendo que isso é um tatu". Eu lembro que eu fiquei indignadíssimo! "Estou dizendo o cacete, isso é um tatu! O que é isso, 'eu estou dizendo'? Desenhei um tatu! Como é que eu estou dizendo que eu desenhei um tatu?". Eu me lembro desse raciocínio. Já era exibido. Minha mãe me exibia muito.

Foi com ela que você aprendeu, então.

É. A ser tão exibido como eu sou [risos]. Incontidamente exibido [risos]. Ao contrário da Daniela, que é *low profile*, graças a Deus. Mas o primeiro dinheiro que eu ganhei na minha vida também é uma história engraçada. O meu pai era PSD. Então, quando houve a eleição do Bias Fortes e do Milton Campos lá em Minas [1947] – eu devia ter uns 15 anos –, eu desenhei um Bias Fortes, um pôster, pro papai dar de presente ao PSD. Havia um sujeito super simpático lá em Caratinga que era da UDN, e tinha um jornal e estava a fim de fazer propaganda do Milton Campos. Ele viu o desenho do Bias Fortes e falou: "Escuta aqui, você não quer desenhar uns cartazes do Milton Campos pra mim, não?". Eu falei: "Mas meu pai é PSD!". "Mas você é um profissional. Eu estou te encomendando". Eu falei: "Você quer que eu desenhe o Milton Campos?". "Não, eu quero que você desenhe vários cartazes. Vou espalhar pela cidade". Eu falei: "Quanto é que você me paga?". "Pago um mil réis cada". Se eu desenhasse dez cartazes, ia ganhar dez mil réis! Eu desenhei dez Milton Campos pra ele. Meu pai viu e disse: "Você está desenhando Milton Campos?". Minha mãe falou assim: "Ué, ele tem o direito de ganhar o dinheirinho dele!" [risos]. Meu pai me autorizou a desenhar, nem ficou com raiva de mim. Ele ficou com raiva do cara que me encomendou, que era inimigo político dele e que fez sacanagem com o meu pai me encomendando o desenho. Fiz o primeiro Milton Campos bem parecido. Ele aprovou. "Agora faz dez, copia dez pra mim". Havia um vidro lá em casa. Puxei uma gaveta, um gavetão da minha mãe lá, botei a gaveta em cima da mesa. Puxei a lâmpada, botei a lâmpada dentro da gaveta, peguei o vidro, botei em cima da gaveta, botei o desenho e fui copiando o desenho. Minha mãe chegou, falou assim: "Olha lá, ele inventou um jeito de desenhar!". Falei: "Posso fazer 100. Ele só quer dez! [Risos.] Agora, eu posso fazer 100". Eu era um menino danado!

Mas quando você chegou ao Rio foi fácil mostrar seus desenhos?

Em 1948, 1949 eu fui à redação do *Diário da Noite* e fiquei seis horas esperando o editor. Aí chegou um fotógrafo, que depois eu conheci na Manchete, chamado Jader Neves, que foi um cara fundamental na minha vida. Ele chegou, me viu: "O que você está fazendo aí, meu filho?". Estou esperando o editor aqui". O outro falou: "Ele está aqui desde as quatro horas da tarde, e já são quase dez da noite e o cara ainda não o recebeu". Ele falou assim: "Mas esse fulaninho de tal é um canalha! O menino está te esperando aqui! Você não pode ver o desenho dele?". "Desenhista? Onde é que há desenhista? Manda esse menino estudar Engenharia! Não vou ver desenho de menino. O que eu posso oferecer pra ele? Isso é profissão de bêbado!". Nesse instante entra o caricaturista do jornal. Chamava Martiniano, era um cartunista esquecido. E o Martiniano entrou bêbado. "Está vendo? Olha o futuro dele! Olha o futuro dele! Meu filho, vai estudar, vai!" Eu saí aos prantos da redação. E esse fotógrafo, que depois foi um fotógrafo famosíssimo na Manchete, falou:

"Não, vem cá. Não tem jeito de ganhar dinheiro nessa área, não. Você quer ser desenhista, eu vou levar você pra publicidade. E ligou pra esse Júbal, irmão dele, que era desenhista da McCann Erickson. E eu fui trabalhar na McCann. Primeiro fui trabalhar na agência do Walter Poyares, em 1951, trabalhando com o Nilton Resende, que virou depois um dos pintores mais importantes da pintura brasileira. Foi um pai pra mim! Depois a McCann Erickson me chamou, e eu fui pra lá, já pra ganhar um dinheirinho bom e tudo o mais. E aí passei a vida toda trabalhando em publicidade, aprendi tudo o que eu sei. Ali tomei contato com todas as revistas estrangeiras, então, quando eu fui pra *O Cruzeiro* com os meus desenhos, eles não sabiam como eu entendia tudo. Mas é que eu havia passado pela publicidade. Fiz a viagem ao contrário. Todo mundo queria sair da imprensa pra ir pra publicidade, porque lá havia dinheiro. Eu estava na agência, queria largar tudo pra ir pra imprensa. Larguei um salário bom pra ganhar a metade. Eu era diretor de arte da Standard Propaganda, em Belo Horizonte. Larguei tudo pra ganhar a metade do salário que ganhava em Belo Horizonte. Que maldade!

Quando você foi fazer faculdade de Direito você já era desenhista?

Já estava no mercado. Eu fiz o científico no Rio e voltei para Belo Horizonte para estudar Direito e fui trabalhar na Standard e na Casa Guanabara, que era a grande loja de departamento de Belo Horizonte. Eu estava ilustrando pra revista *Alterosa*. O cara da Casa Guanabara viu meus desenhos lá e me chamou pra trabalhar, porque ele estava precisando de um auxiliar de desenhista pra desenhar terno, roupa. Aqueles anúncios que você vê numa loja de departamento, em vez de fotos, eram desenhados, um por um. A minha sala de desenho na Guanabara ficava amontoada de roupinha, meia, rádio, relógio, e eu ficava desenhando. Ficava desenhando tudo aquilo: terno, gravata... Eu fiquei craque pra desenhar essas coisas. Aí a Guanabara vendeu a conta dela pra Standard e fui pra lá como diretor de arte. Aí fiquei, até me formar em direito, trabalhando em agência de publicidade.

Então quando veio pro Rio já trouxe esses desenhos e nem ficou esperando seis horas outra vez para mostrá-los?

Eu trouxe tudo debaixo do braço! Aí já conhecia o Millôr, já vivia papariçando o Millôr. Eu era um colaborador do *Pif-Paf* e mandava mil ideias para ele. Quando eu cheguei n'*O Cruzeiro* com a pasta, falei assim: "Quero falar com o Millôr". Ele falou assim: "Ziraldo Alves Pinto". Eu desmaiei [risos]. "Ziraldo Alves Pinto". Falei: "Não acredito! Millôr Fernandes sabe o meu nome e o meu sobrenome!". "Senta aí, rapaz!". E falou com o Herberto Sales: "Esse aqui sabe das coisas". *O Cruzeiro* dava festas, a sede dele era lindíssima! Quadros de Portinari na sala de espera, móveis no terreiro.

Todos os presidentes que vieram ao Brasil naquela época jantaram n'*O Cruzeiro*. Eu e o Gláucio Gil, do Teatro Gláucio Gil, é que organizávamos esses jantares. Recebíamos as pessoas na porta. Eu era relações públicas d'*O Cruzeiro*. E aí comecei a fazer *O Pererê*, comecei a desenhar. Fui realizar o sonho da minha vida.

Então o Pererê é o seu primeiro personagem?

Eu cheguei em dezembro de 1948, só desenhei *O Pererê* em outubro de 1960. Demorei 12 anos pra virar desenhista de história em quadrinho. Tudo isto aconteceu: agência, Belo Horizonte, Faculdade de Direito, casamento. Casei com a moça de Minas chamada Vilma, que você conheceu muito. Doze anos pra fazer a minha revistinha de história em quadrinhos. E como eu tinha o salário de relações públicas, eles não me pagavam nada pra fazer a revista. Estava lá, fazendo relações públicas, ficava fazendo a revistinha lá. Nesse processo de fazer *O Pererê*, eu queria conquistar os Estados Unidos, como o Henfil também queria. Fiz um curso de Teoria Política Contemporânea e fui pra procurar o pessoal de esquerda, para ver o que a gente poderia fazer, como é que a gente iria enfrentar a ditadura. Eu trabalhava no *Jornal dos Sports*, e o jornal resolveu fazer um suplemento de humor que o Nelson Rodrigues mandou fechar. "O que é que há? Isso aqui não é uma célula comunista!" A gente "sentava o cacete" mesmo! Aí surgiu a oportunidade de fazer *O Sol* nas oficinas no *Jornal dos Sports*. Isso foi em 67, por aí. Bons tempos aqueles! "*O Sol* nas bancas de revista!" O Caetano fez a música falando no jornal do Reinaldo Jardim, eu estava na fundação.

E aí já existiam a Super-Mãe, o Jeremias, o Bom?

Já. Eles surgiram no *Jornal do Brasil*. Eu tinha uma página no "Caderno B" toda semana. Depois eu passei pra charge. Em 63 eu passei pra charge. Eu já fazia charge no JB. Quando eu fui fazer *O Pasquim*, eu já fazia charge.

Quantos livros você tem hoje, tem uma ideia?

Entre humor e tudo, mais de cem. Um monte! Muito mais de cem. Uns 150. Porque há muito livro que não é livro. É de história em quadrinhos, por exemplo. Eu faço com os meus meninos. Tenho uma equipe que a Editora Globo me fornece.

Mas eles reproduzem o seu desenho? A criação é sua?

Tudo isso é meu, é meu estilo. Quer dizer, é uma coisa que eu fui montando aos poucos. Mas eu tenho um diretor. Quer dizer, a pessoa que comanda essa equipe chama Miguel Mendes, o Mig, que desenha meus personagens dez vezes melhor do que eu. E tem uma capacidade de invenção! Nós fizemos muita cartilha pro governo, pro Estado. Ele trabalha feito um condenado! Eu trabalho muito e há muito tempo; em 2010 vai fazer 50 anos que eu faço cartazes. Engraçado que os caras dizem: "um lado surpreendente do Ziraldo". Surpreendente, não! Sou principalmente isso. Se você pegar esse meu livro de cartazes e pegar o meu livro de charges você pode acompanhar a história da segunda metade do século XX brasileiro. A charge política é a que conta a verdadeira história, né?

É uma carreira muito rica, né? Você trabalha muito, não?

Muito. Trabalho todo dia. Não tenho horário. No dia em que não faço uma coisa tenho a sensação de que perdi esse dia. É um negócio muito neurótico, mas é bom. É um negócio esquisito, tenho que fazer, não tenho férias. Me falam que eu preciso descansar, pegar uma praia. Quem disse que eu vou descansar na praia? Vou ficar puto da vida porque estou lá. Eu estava desenhando e estou lá na praia, pô? Vi outro dia uma frase de alguém citando o Cervantes com *Dom Quixote* dizendo: "Meu repouso é o campo de batalha!". Falei: "Essa frase está boa pra mim". Tem uma história do *Peanuts* [história em quadrinhos também conhecida no Brasil como *Minduim*]: O Snoopy tem mania de dançar. Pá, pá, pá, pá, pá! E a Lucy, aquela menininha neurótica que seria a namorada do Charlie Brown, chega pra ele e diz: "Snoopy, você é um irresponsável. Não está vendo que a vida não é assim? Você não pode ficar dançando a vida toda! Presta atenção na vida!". Ele para e fala: "É verdade. A Lucy tem razão. Não posso ficar dançando tanto assim... A não ser que eu esteja batendo um novo recorde!". E começa a dançar de novo. Essa é a minha pilha. Eu não posso trabalhar tanto, a não ser que eu esteja batendo um novo recorde.

Quantos personagens você tem?

Personagens: Jeremias, o Bom; A Supermãe; a Turma do Pererê toda, que são 11 personagens; os dez Meninos do Planeta; A Menina das Estrelas; o Mineirinho Come-Quieto; o Seu Pinto, que eu fazia também na *Playboy*; a Vovó-Delícia...

Queria falar de *Flicts.*

Foi uma coisa apoteótica o lançamento do *Flicts*! Nossa Mãe do Céu! O *Flicts* é o seguinte: em 1969, a Editora Expressão e Cultura trouxe um português chamado Fernando Ferro, que era um homem muito inteligente, muito moderno e brilhante, que resolveu fazer uma revolução na editora, que era das listas telefônicas, comandada pelo Ferdinando. Ferdinando era um homem de grande visão. Era não, é. Uma pessoa fantástica! O Ferdinando resolveu fazer livros de capa dura, álbuns. E aí deu toda a liberdade ao Fernando Ferro. Fernando encomendou um livro lindo pra Rachel de Queiroz. Encomendou um livro pros cartunistas, e eu fui levar o Jeremias, o Bom, pra poderem fazer. Mostrei o Jeremias pra ele e ele disse: "Vou fazer! Pode paginar. Vou fazer capa dura do Jeremias, O Bom. Toda a história do Jeremias, o Bom". Mas quando eu ia saindo ele disse assim: "Você não tem um livro infantil?". Falei: "Claro que tenho. Evidente". Claro que não tinha [risos]. Aí ele disse: "Pois é isso. Eu quero um livro infantil novo, uma coisa nova. Quero fazer com uma capa dura. Uma ideia não usual". Falei: "Mas o meu é assim. Você pode estar certo, eu trago". "Quando é que você vai trazer?" Isso era uma quinta-feira, e eu falei que em uns 15 a 20 eu levava. "Não, não. Você tem o livro, traz segunda-feira." Falei: "Segunda-feira que você quer? Tá bom. Segunda-feira". Aí eu fui pra casa. Como eu ia fazer um livro infantil em quatro dias? Não tenho como fazer o livro infantil agora. Tem que ter coelhinho, tem que ter nuvenzinha, tem que ter florzinha. Não dá pra fazer! Eu pensei que texto só também não podia. Desenho? Como é que eu vou desenhar, minha Nossa Senhora? Livro infantil... A vida inteira eu sonhei com isso, em poder fazer um livro infantil, com essas ilustrações bonitas. Menino gosta de cor. Eu podia fazer um livro só com cor. O menino abria, havia uma página vermelha, uma página azul, uma página verde, uma página amarela. Vou inventar um personagem. Isso, no carro, dirigindo. Passei, vi um cartaz da Manchete assim: "Apolo XI", que havia fotografado a Terra a partir da Lua. A Terra era aquela coisa azul, e a lua era aquela coisa bege. Falei: "Ah! É isso! Vou contar uma história da cor bege, que não há lugar pra ela no mundo e é a verdadeira cor da lua". Quando cheguei em casa, já estava com o livro pronto. Fui à papelaria comprar papel *contact*, aquele que cola, porque não havia computador. Aí o Miguel me ajudou a montar, a cortar com a tesoura. Manja o Miguel Paiva? É um dos meus meninos. Ele me ajudou a cortar com tesoura o *contact* lá. Nós fomos montando e contando a história. "Era uma vez uma cor muito rara e muito triste que se chamava Flicts. Não tinha a força do vermelho, não tinha a imensa parte do amarelo, nem do azul...". Aí fui contando, fui lá fazendo. Não pude botar a bandeira do Brasil como uma das bandeiras mais bonitas do mundo porque você não podia usar a bandeira do Brasil, a revolução não deixava. Não podia fazer camisa, não podia desrespeitar a imagem. Fiz o livro e levei pro Fernando Ferro na segunda-feira. Quando acabei de ler o livro pra ele, ele foi passando e foi lendo o texto. Ele estava aos prantos! Aí ele levantou: "Espera aí! Espera aí!". Saiu e foi falar com o Ferdinando, que era o dono da editora. Daí a pouco veio o Ferdinando pelo corredor: "Eu quero o melhor papel! Eu quero a melhor impressão! É o melhor! Esse é o livro!". Aí tem muito a ver com a repressão, porque veladamente ele fala da liberdade de escolha. As cores do arco-íris são todas milicos. "Nós temos um nome a zelar! Não quebre uma tradição!" Não tinha bandeira do Brasil. Ficou um livro meio revolucionário na forma e no conteúdo por causa do momento, que ajudou muito. O livro sai, e Drummond faz uma crônica desbundante! Todos os cronistas do Brasil comentaram o livro. Todos, todos! De todos os jornais do Brasil. Tanto que agora, na edição comemorativa dos 40 anos, está tudo reproduzido lá. O texto do Drummond dizendo que "Flicts é a iluminação. A cor, muito além do fenômeno visual, é o estado de ser, é a própria imagem". E vai por aí, até que ele fala: "Ziraldo realizou a façanha em seu livro". Ele faz uma crônica toda. Aí casei com o Drummond [risos]. Casamos de papel passado. A partir daí a gente viveu uma história de afeto muito profunda. Eu com o poeta.

E como é que você deu o livro para o astronauta americano?

O governo americano resolve pedir pra traduzir o *Flicts* pra dar de presente pro Neil Armstrong. Um americano, que era um sujeito estranhíssimo da embaixada americana que vivia em Ipanema com a gente e tudo o mais, mandou traduzir o livro e deu pros astronautas de presente quando eles vieram ao Brasil. Quando eu entrei no quarto do hotel Copacabana Palace, ele estava sentado com a mulher dele. Ele levantou da cama. O cara era alto, enorme! E vinha andando em minha direção, dizendo: "*Congratulations!*". Virei pra ele e falei: "Peraí, rapaz, essa fala é minha! Eu é que tenho que dar os parabéns!". Ele disse assim: "Não, não. Eu apenas fui à Lua. Você escreveu um livro!" [risos]. Se você não quiser acreditar, não acredita, mas foi assim que aconteceu. Perguntei se a lua era daquela cor mesmo, e ele disse que sim. Falei: "Então escreve aí: *The moon is flicts*. A lua é bege". Acontece cada coisa com esse livro! Houve dois cientistas americanos que descobriram que a cor do universo é bege. Mandamos o livro pra eles. O Breno Lerner, meu editor, mandou um livro pra eles, perguntando se ele podia dizer que a lua é flicts". Eles mandaram uma carta: "Pode dizer.". "Então o universo é flicts." Foi com o *Flicts* que comecei a escrever. O *Flicts* faz 40 anos este ano. O *Pererê* faz 50 ano que vem. E *O Menino Maluquinho*, 30.

E adaptados para o cinema tem *O Menino Maluquinho 1*, *O Menino Maluquinho 2* e *A Professora Maluquinha*, outro filme em que a Paola Oliveira é a professora?

Que vai ser lançado em 2010. Estamos caprichando, terminando o filme. É do Diler [Trindade], esse cara que faz filmes de sucesso, fez vários filmes da Xuxa e agora resolveu fazer uma coisa mais séria. Vamos fazer *O Menino Maluquinho 3*. O Tarcísio Vidigal [produtor], que fez *O Menino Maluquinho 1* e *O Menino Maluquinho 2*, está preparando o desenho animado do Pererê. E o Diler Trindade tem um roteiro que fiz chamado *Manto sagrado*, que é um filme complicado de fazer. É a história da paixão pelo Flamengo.

Quais são as outras paixões suas além da pelo Flamengo, que deu esse roteiro do *Manto sagrado*?

O Flamengo é uma paixão muito grande. Mas a Márcia, minha mulher, é uma paixão muito grande. Os netos. Nossa Senhora, como são!

Dos personagens qual é a maior paixão?

Dos personagens, o que me deu mais alegria é o Menino Maluquinho. Mas não tenho o mais querido. Ou é o Galileu da Turma do Pererê... um dos personagens mais bem-acabados que construí. Fiz a história durante cinco anos e fazia tudo. É tão interessante que quando começava uma história do Galileu, eu parava e dizia: "O Galileu não pode fazer isso. Não é o temperamento dele". Entendeu? Foi a primeira experiência que tive na minha vida. "Vou passar essa história pra outro personagem que pode viver ela".

Ziraldo, você ganhou em 2009 o maior prêmio do mundo de humor, na Espanha, o "Oscar" do humor gráfico.

Chama Prêmio Quevedos, dado pela Universidade de Alcalá de Henares, de uma cidade perto de Madri. É a segunda universidade da Europa; a primeira é Salamanca, a segunda é de Alcalá. E ela dá o maior prêmio literário do mundo depois do Nobel, o Prêmio Cervantes. Eles têm um departamento de humor gráfico. O Quino, da Mafalda, já ganhou. E os outros não são conhecidos aqui no Brasil, porque são espanhóis. A festa foi fantástica! Uma semana de festa, até desfile de escola de samba houve. Parecia que eu estava em Caratinga. É uma coisa impressionante! Até cantar eu cantei. Cantei "Granada". Eu estava em casa lá. Você pode imaginar isso fora do seu país? Não é de Caratinga que eu estou falando nem de um colégio daqui do Brasil. Quem me recebe, na porta da universidade, é a Supermãe, o Jeremias, o Bom, o Menino Maluquinho. Na Espanha! O púlpito onde eu falei tem 700 anos!

Você já está traduzido em vários países, né?

O *Flicts* saiu em coreano e japonês. E *O Menino Maluquinho* saiu em coreano e agora ia sair em japonês também. Não sei como é que japonês vai entender *O Menino Maluquinho*. Mas a coisa mais emocionante é que os coreanos não adaptaram *O Menino Maluquinho* pra Coreia. Porque em todas as traduções d'*O Menino Maluquinho* eu troco o mapa da América do Sul, eu troco o mapa do país pra Colômbia, pra Venezuela ou pro Uruguai, mas os coreanos, não, acho que eles estão fascinados com o Ocidente. Então o mapa é o do Brasil, a bandeira é a do Brasil. É uma história brasileira contada pra criança coreana. Os japoneses também estão fazendo o mesmo. O livro *Flicts* em japonês parece uma caixa de joia. Você tem que ver que livro bonito! Nossa mãe! A Coreia comprou aquela coleção do Bichinho da Maçã, de 12 livrinhos. Eu fiz vários desdobramentos do Bichinho da Maçã. É quase um livro para menino que está iniciando a leitura. É uma coisa quase didática.

A gente não falou de um monte de coisa. Não falou nada da sua família. Você foi um pai atento, participativo? E como é o avô Ziraldo?

Acho que eu deixei de ser. Eu acho. Eu acho agora. Acho que dei muita sorte, que fui um pai de merda, mas eu não faltei, pô. Não tenho muita paciência como avô, não. Eles gostam muito de mim. Como diz o outro, uma avó que falou: "Adoro meus netos. Há dois momentos maravilhosos: assim que eles chegam e assim que eles vão embora". Mas eu sou chapa, eu fui chapa. Sempre conversei de homem pra homem com meus filhos, desde pequenininhos. Nunca teve: "Que negócio é esse aí? O que é isso? Que negócio é esse? Você fumou maconha? Não pode é mentir. Fumar maconha pode. Agora, se você mentir, vai engrossar tudo". A conversa sempre foi assim. Nenhum dos meus filhos se meteu com drogas, graças a Deus, e todos são muito produtivos. E a melhor coisa que eles têm, que é a melhor qualidade que o ser humano pode ter, e isso eu acho que foi uma compensação, é que eles sabem se fazer amar. É horrível você não saber ser amado. As pessoas, os amigos gostam muito deles. Eles têm tantos amigos! É uma coisa absurda a quantidade de amigos que eles têm. Isso me deixa muito feliz.

Você tem muitos amigos? Você se sente amado?

Graças a Deus! Você se sente amado na medida em que você também sabe dar amor. Se você não sabe amar, você não vai ser amado, não adianta. As pessoas acreditam no meu afeto, como acreditam no afeto dos meus filhos. E aí recebem afeto de volta.

Você está lidando bem com o passar dos anos? Agora você tem 77?

Sete, sete. Mas eu estou no 78º ano da minha vida. É. Japonês conta assim: já fiz 77, estou completando os meus 78 anos, em outubro de 2010.

E está gostando?

Se você prestar atenção, não vai gostar. Vai levando, fazendo coisas, trabalhando, finge que o tempo não passou. Eu tenho o mesmo padrão de vida que tinha, não mudei nada. Digo assim: sou o cara que está mais jovem há mais tempo, no sentido de produção. Não mudei minha vida em nada. Não faço regime. Tenho cinco *stents* no coração. Não quero ficar vivo, quero viver, entendeu? Se for fazer regime, a vida fica uma porcaria.

E trabalhando sempre muito. Por isso quero encerrar falando dos próximos trabalhos, para 2010, 2011, 2012, 2028...

Essa série d'*O Menino da Lua* tem alguns prontos... Dou uma interrompida na série pra não ficar uma coisa repetitiva. Fiz esse livro *A menina chamada Julieta* também. Mas na verdade isso é um golpe que dei na morte. Em *O Menino da Lua* tem um menino de cada planeta: de Mercúrio, Júpiter, Saturno, Netuno, Marte... Então escrevi a história do Menino da Lua e a história do Menino de Saturno. Agora vou lançar em 2010 *O Menino de Mercúrio*, que descobri que é o capetinha do espaço, é o cão chupando manga! Não sabia que ele era o cão chupando manga. Fiz pesquisa e descobri que era uma canalha e tanto. Ele é o Deus do comércio, porque engana todo mundo, o negócio do Mercúrio é enganar todo mundo. Depois vai ser a história do Menino da Terra. Vou fazer um por ano. Então, como são dez, mais a Lua, eu garanto dez anos de vida. Não posso morrer enquanto não acabar. É ou não é? Não vou morrer. ■

MINEIRAS PALAVRAS

A primeira lembrança que tenho de ouvir falar em montanhas, ainda muito menina, vem de minha avó Fádua. Toda vez que eu perguntava a ela onde tinha nascido, ela dizia: "Nas montanhas, perto de Beirute, da minha casa se via Beirute lá embaixo". Como nasci num vale, cercada de montanhas por todos os lados, nunca achei nada de extraordinário nisso. Até ler *Os anos 40*, de Rachel Jardim, as montanhas não passavam de um acidente geográfico. Eu estava deixando Juiz de Fora, me mudando para o Rio de Janeiro, o ano era 1973, e eu estava deixando as montanhas e indo em direção ao mar. Talvez por isso as considerações de Rachel mexeram demais comigo. Comecei a pensar nas montanhas de outra maneira, ao mesmo tempo que descobria que os cariocas, nascidos junto ao mar, eram muito diferentes dos montanheses. Na minha vida pessoal e ao longo dos meus trinta e muitos anos de profissão, conheci, entrevistei, peguei amizade com pessoas de todos os cantos do Brasil, briguei e fiz as pazes com Minas algumas vezes, mas nunca deixei de ser mineira nem de gostar de ser. Coincidência ou não, durante todos estes anos sempre morei, no Rio, entre o mar e a montanha. Por ser mineira? Talvez. Mas o que é mesmo ser mineiro?

" Mineiro sempre foi e sempre será mineiro na medida, nem mais nem menos. Mesmo estando fora, Minas não sai. Ainda hoje me vejo 'cabreiro' e conservador em valores morais, não dou um passo sequer sem ter absoluta certeza do caminho, mas sempre terá um sorriso, um abraço verdadeiro e sincero de boas vindas... Liberdade ainda que tardia, Minas surge de um grito de liberdade, uma liberdade oprimida pelo regime colonial português durante alguns anos da História, conquistada a fogo e ferro, a ouro preto e branco, em meio à escravidão e a um desejo de independência. Cada Estado, cada cidade tem ali sua maneira única, sua política de base de comportamento e de formação, que são fundamentais para um ser se tornar aquilo que ele é. Belo Horizonte me proporcionou essa formação, que vejo claramente diferenciada. Com o mineiro é o seguinte: ou é assim ou é assado. Ter essa desconfiança nos poupa de muita coisa indesejável, um comportamento que pra gente é naturalmente aceitável, é simplesmente ter noção do mundo em que a gente vive e das pessoas com as quais a gente se relaciona ou com as quais venha a se relacionar; e isso cabe pra tudo. Ser mineiro é ser paciente, observador, acolhedor, bom de prosa para todas as circunstâncias da vida, companheiro fiel – um comportamento adquirido só por aqueles que vivem em meio às montanhas de Minas e se alimentam dessa fonte desde que nascem. Agradeço a minha avó, dona Heroina Ana Cardoso, uma herança que vai pra vida toda. "

ALEXANDRE MASSAU
Mineiro de Belo Horizonte, vocalista do grupo Cidade Negra

" Acho que a terra, as águas doces, as árvores tortas, a tradição religiosa... Não tem como sair de mim e fazem ser o que sou; principalmente por ter nascido numa cidade de interior. Acho que os sentimentos, os pressentimentos, o introvertimento e também a necessidade da verdade, da solidariedade, da simplicidade, da humildade também vêm daí. Acho que, pelo contrario, vou ficando cada vez mais mineiro com o tempo; e até espero por isso. É uma espécie de recuperação de identidade. Pra mim, o [Guimarães] Rosa é sempre uma referência, um caminho, um orgulho, uma alegria. E agora o Chico entrou na minha vida pra valer por causa do filme; sem falar no Betinho, que fortaleceu em mim muitas coisas desde que fiz um monólogo baseado na Lista de Ailce. Ele dizia que em Minas não havia os loucos em algumas famílias, e sim os sistemáticos... Mas uma do Rosa (de algum de seus personagens) de que não me esqueço é assim: 'Não sei de quase nada, mas desconfio de muita coisa' – como diria meu pai. "

ÂNGELO ANTÔNIO
Ator, nascido em Curvelo

❝Como saber? Terei perdido os traços herdados do povo das montanhas? Quanto resta de ferro em minha alma? Oitenta por cento, como o poeta revelou em sua 'Confidência do Itabirano'? Terei perdido esse teor no contato diário com os povos de outras terras brasileiras? Ou será que a distância (geográfica) das Alterosas aglomera e torna mais sólida em nosso ser a hematita que tinge nossas hemácias? O que é ser mineiro? O que é essa palavra mais abissal que montanhosa que amamos, dissílabo com o qual nos identificamos, abismo em que se precipita nossa ontologia? Será esse amor pelo minério, pelo mineral com o qual Tancredo sonhava mesclar sua matéria calcária final (e mesclou), maior que o amor de outras gentes por sua terra? E será o nosso amor pelo Brasil diferente do amor sentido por outros brasileiros? Essa consciência grave da responsabilidade pelos destinos do Brasil, a partir do reconhecimento de que se pertence a um Estado síntese, será ela marca exclusiva dos montanheses? Moro em São Paulo. Estarei vivendo exilado de minha terra? Mas nasci, eu mesmo, já exilado, pois meus olhos viram pela primeira vez a luz lá pelas bandas do Paralelo 30, em Santa Maria. Com poucos meses de vida, meus pais retornam comigo àquele Belo Horizonte que até hoje me encanta, com sua luz única e abundante. Ah, as manhãs de maio, as tardes tingindo purpurina a Serra do Curral... No comportamento, no jeito e no gesto, resta-nos esse amor profundo pela pátria – Tiradentes o sabia, e ninguém tem maior amor do que aquele que dá a vida pelos seus amigos (Jo–15, 13). Essa paixão pela música e pela poesia, essa melancolia guardada no fundo do peito mesmo quando a alegria é o que aparece e contagia, essa identificação com a dor, com a Via Dolorosa, dor de si e dor dos outros, compaixão, Minas *mater dolorosa*, trazendo aninhada ao colo a cabeça coroada de espinhos de um Brasil que sofre, no alto da serra da padroeira, a Serra da Piedade. Minas nos comove e marca ao se revelar assim generosa e heroína. Mas, ao mesmo tempo, é também terra de Judas, de Joaquim Silvério dos Reis, dos vendilhões do templo Brasil em 1964, inaugurando a longa noite de suplícios, só vencida pelo espírito conciliador de outro mineiro de São João del-Rei. Tem, ainda, nosso povo e cada um de nós, a percepção da hora e da urgência do gesto: afinal, '[...] mineiro não se move de graça... mas, sendo a vez, sendo a hora, Minas entende, atende, toma tento, avança e faz', no dizer de João Rosa, aquele lá de Cordisburgo. 'Mineiro tem esse jeito, chama a gente e vai andando'... pressa... ou falta absoluta de ligeireza quando se engarrancha, qual galharia boiando em rio leitoso depois da enchente, na prosa fácil sob a luz mortiça ali na rabeira do fogão de lenha – o café no bule e a palha e o fumo nas mãos para assuntar melhor, ou quando se enrosca nas tranças do desejo, nas cordas do cabelo da morena de Montes Claros, Monte Azul, Monte Verde, Monte Sião ou mesmo de Dores do Indaiá, terra de minha mãe, que partiu e mergulhou na terra para se tornar mineral, visceralmente mineira. Somos assim e muito mais: devo reconhecer que guardo também, como a maioria dos mineiros, o orgulho de pertencer a essa terra, orgulho que nos faz alimentar essa história (mito?) da mineiridade, como marca indelével, única e intransferível de nosso jeito de estar no mundo, mundo velho sem porteira, sertão que não tem fim e que está em toda parte. E, finalmente, seremos modestos, discretos, definindo-nos a nós próprios à moda do grande Pedro Nava (Juiz de Fora), o maior memorialista da língua portuguesa, quando abriu o seu baú de ossos e se apresentou parafraseando o Eça : 'Eu sou um pobre homem do Caminho Novo das Minas dos Matos Gerais'. Modestos *comme il faut* na recomendação do colega mineiro Antônio Teles: 'Em humildade, ninguém nos vence!'. E tudo em nome de Minas, tudo fazemos por amor a Minas. Viva Minas!!! **"**

CHICO PINHEIRO
Jornalista, nascido em Santa Maria (RS), chegou a Belo Horizonte ainda bebê

" Minas é, sem dúvida, uma companheira eterna na forma de ver a vida, no jeito mágico de encarar o mundo e de sempre ver alguma paisagem com os olhos mineiros, que sempre procuram imagens que tragam para perto um pouco do nosso lugar. Acho que a calma é a principal característica que o 'jeito mineiro' me deixou. Com o passar dos anos me acho cada vez mais mineiro; em primeiro lugar, continuo morando em Minas (Juiz de Fora), o que já em muito contribui para tal. E, de uma forma geral, percebo que as raízes mineiras estão cada vez falando mais alto na hora de olhar o mundo, de pensar na filosofia da vida e de ter saudade! Desde a infância, com os primos na fazenda, as cidades pequenas, os vizinhos que se conhecem, a missa na Igreja Matriz... E, é claro, a música de Minas; as montanhas falam alto, literalmente. Acho que sou o resultado disso tudo e, se não vivesse dessa forma, teria provavelmente uma outra visão da vida e talvez um comportamento e um pensamento um pouco diferentes! O jeito contemplativo, a pouca fala no início de uma boa 'prosa', a desconfiança quase natural, a religiosidade e o grande coração que se mostra totalmente quando quer se entregar a uma nova amizade ou amor. O que aprendi, principalmente, foi ouvir antes de falar. E isso é muito determinante na própria música: quando, tocamos temos que ouvir o outro; isso é fundamental na arte e na vida! É claro que vamos nos valendo de uma visão mais aberta da vida pelas próprias experiências, mas no fundo ele está ali: desconfiado, religioso, mágico, calado e pronto para a luta! Essa é Minas Gerais, ou melhor, esse sou eu! **"**

DUDU LIMA
Músico, mineiro de Juiz de Fora

“ Eu nem me achava com tanto jeito de mineira assim, mas era só sair de Minas que me chamavam de mineirinha. Mas se é pra eleger uma característica dos mineiros, eu diria que é a vontade de deixar as pessoas sempre à vontade. Quanto mais o tempo passa, mais fico mineira. Antes, achava que não iria morar pra sempre em Minas. Minha família foi morar em Goiás por seis anos, em 1992, quando eu estava no último ano de faculdade, então resolvi ficar. Iria me juntar a eles caso não conseguisse uma colocação profissional e não conseguisse me manter em Belo Horizonte. Mas logo entrei no mercado de comunicação (sou formada em Relações Públicas) e, ao mesmo tempo, comecei a minha história no Pato Fu. Acabei me casando, a carreira musical ocupou mais tempo, tive minha filha aqui e, sinceramente, não tenho a menor vontade de me mudar pra outro lugar. Eu me considero uma pessoa bem *indoor*, então, mesmo que morasse na praia, continuaria à sombra. Mas se eu tivesse me mudado com minha família pra Goiânia no começo dos anos 90, provavelmente nem estaria dando esta entrevista. Talvez, ser daqui ou morar em Minas por muito tempo nos dá um presente que só se revela por inteiro pra nós mesmos com o passar dos anos. Costumo ouvir nas viagens que os mineiros são sempre gente boa. É ótimo receber e ser bem recebido baseado numa ideia que se tem que as pessoas daqui têm sempre algo de familiar e acolhedor pra oferecer. Começando pela nossa casa, nossa comida... É tão natural a nossa falta de pressa em tirar conclusões. Acho bom isso. É bom ter tempo pra pensar. Pisar com cuidado em qualquer terreno antes de hastear uma bandeira. Às vezes até podemos nos precipitar, mas vejo que uma boa conversa desata vários nós. Cheguei aqui com oito anos, antes morei por seis anos na Bahia (Salvador e Jacobina). Só tenho um irmão mineiro, o mais novo. Meu pai era paulista, minha mãe é alagoana, meu irmão do meio, baiano, e eu, amapaense. Uma família Brasil praticamente! ”

FERNANDA TAKAI
Cantora e compositora, nasceu no Amapá, mas é "mineira"

“ Minha história passa pelas várias Minas. Meu pai era juiz de Direito e, como é normal na profissão, a exerceu por várias cidades mineiras. Meu primeiro irmão nasceu em Belo Horizonte. Dois, em Pitangui, terra de meus avós maternos. Outra, em Uberaba. Dois, em Diamantina, e os outros três (eram quatro), em Belo Horizonte. Nasci em Caldas. Antes de fazer cinco anos, nos mudamos para Diamantina, onde passei tempos essenciais de minha infância. Antes de fazer dez, viemos para Belo Horizonte, o lugar em que me estabeleci, cresci e amadureci. Conheci menino e continuei conhecendo, adulto, em viagens, a diversidade e a identidade desse meu povo. Penso que guardo Minas em mim até hoje. Não saberia dizer sobre meus gestos, jeitos e comportamento; são mineiros. A essência de Minas continua se instalando em mim. O tempo passa, e sou cada vez mais mineiro. E não é algo segregacionista, pois o que mais admiro em minha gente é que há espaço para se pisar na terra e voar em pensamento e ação. Por ser mineiro, cada vez mais sou brasileiro. E do mundo. Sou do mundo, sou Minas Gerais. Eu seria, talvez, diferente se não tivesse crescido dentro de uma cultura personificada em minha família, em meus pais. O sentido de justiça, compreensão, harmonia, prudência e solidariedade eu aprendi em minha casa, com meus familiares e com a casa maior que era a rua, o bairro, as cidades. E ao conhecer o Brasil e o mundo levei minha maneira de ser e, ao voltar, trouxe o jeito dos outros e incorporei a meu modo de viver. A minha experiência é de ser mineiro sempre. Mas costumo encontrar gente com essas nossas características em muitos cantos do Brasil. Mesmo porque não há um molde único de mineiro. Existem os extrovertidos, os não precavidos, os que são o oposto do que se convencionou ser o mineiro. Existem os escandalosos e os cautelosos, os boquirrotos e os amantes do silêncio. O silêncio e o pensar muito antes de agir podem ser ideais de mineiro. As reações abruptas, no meu caso, sempre me trouxeram arrependimento. A desconfiança é boa mestra. A partir dela, quando a confiança se estabelece, esta é absoluta. Meus pais, irmãos, amigos de todos os tempos, Drummond, Guimarães, Milton, Veveco e Tavinho Moura: com esses eu aprendi muito. Silêncio, música, poesia, liberdade e harmonia revelam a alma de Minas Gerais. **"**

FERNANDO BRANT
Compositor, mineiro de Caldas

" De Minas Gerais ficou um restinho de timidez, aquele jeito de rir tapando a boca com uma das mãos (deve ser para ninguém descobrir que você está feliz). Já fui mais mineiro, sim. Quando eu vim para São Paulo, quarenta e tantos anos atrás, eu tinha a barba rala, as canelas finas. Era magro, como todos os mineiros. Você conhece algum mineiro gordo? Se responder Newton Cardoso, não vale. Ele é baiano. Se eu fosse paulista estaria rico. Se fosse carioca, seria bonito. Se fosse cearense seria engraçado. Se fosse gaúcho, mataria os inimigos de frente, olhando nos olhos. Mineiro só mata pelas costas. No meu escritório tenho na parede uma frase do maior de todos os mineiros, Otto Lara Resende, concebida para falar da diáspora mineira que se espalhou pelo Brasil: 'O perigo de ficar em Minas é virar secretário da Educação'. Fugindo dessa profecia, saí de Minas e vim para São Paulo. Virei secretário da Educação. **"**

FERNANDO MORAIS
Nasceu em Mariana, é jornalista e escritor, escreveu vários
livros, entre eles *A ilha, Olga, Chatô, rei do Brasil, O mago*

66 Acho que minha musica é do mundo, no sentido de que sempre ouvi tudo e com a cabeça aberta a me influenciar por tudo o que me emocionou e chamou a atenção. Mas claro que minha formação em Minas, aliada ao convívio com grandes compositores e poetas da minha geração, deixou sua marca no meu trabalho. Seria diferente, talvez, se eu fosse, por exemplo, carioca. E o Rio, onde morei por 26 anos, também foi importante nas minhas influências, mas acho que a mineiridade a gente não perde. Se eu não fosse mineiro, talvez eu fosse menos tímido e quieto. Não somos baianos, mas vamos também levando a vida devagar e sempre, o que eu acho bom. Acho que as melhores coisas que aprendi foram com minha mãe, dona Dalila Vieira, mineira de Bambuí. Acho que ainda hoje tenho no meu comportamento o barroco, a coisa dos detalhes e o jeito quieto de ser, apesar de tantas vivências. 99

FLÁVIO VENTURINI

Cantor, músico e compositor, nascido em Belo Horizonte

66 Tenho um amor incondicional por minha terra, sinto um orgulho muito grande de ser mineiro. Tenho a tranquilidade de Minas, acredito muito nas pessoas – porque nós mineiros somos do bem! Me sinto rico como nossas riquezas minerais. Nunca senti que deixei de ser mineiro, mesmo morando muito longe em determinadas épocas. Eu seria diferente se não fosse mineiro. O mineiro sabe acolher e recebe tão bem nossos visitantes! O mineiro fala pouco e ouve mais, tem que ver para crer; somos pessoas mais simples, somos caseiros. Gostamos do cheiro da terra, da cor do nosso solo, do barulho de nossas matas, das cachoeiras e das curvas das nossas montanhas. O mineiro é tudo isto somado: desconfiado, pé-atrás, reservado, sistemático, não acredita em lanche grátis. Eu mesmo sou um pouco disso tudo. 99

GIOVANE GÁVIO

Mineiro de Juiz de Fora, ex-jogador e treinador de voleibol brasileiro.
Atualmente, como técnico, dirige a equipe do SESI-SP de vôlei

66 O fato de ter morado muitos anos fora de Minas – morei no Rio e depois fora do Brasil – diluiu um pouco minha mineirice. E também o fato de refletir sobre nosso caráter em meus filmes me permite um certo distanciamento artístico e crítico, o que acabou passando para o meu jeito de ser. Mas continuo sendo muito mineiro, demais da conta! Mantenho um jeito meio introvertido, o gesto contido, o tom de voz baixo, a fala calma... Sempre tive uma ponta de inveja dos baianos, por exemplo, ou dos cariocas, muito mais extrovertidos do que a gente. Sinto como se tivéssemos uma autocrítica hipertrofiada, um excesso de zelo em nosso comportamento social. Mesmo com o passar dos

anos e já tendo feito isso milhares de vezes, até hoje sinto vergonha de me expor em público. Fico vermelho à toa... Mineiro, para expor uma ideia em público, tem que ter muita certeza do que está falando. O mineiro se arrisca menos, é muito observador e dono de um humor fino, irônico. Não é humor da gargalhada, mas o do sorriso no canto da boca. Acho que o mineiro com quem mais aprendi foi meu pai, Luiz Mourão Ratton, um mineiro de São João del-Rei. Além de mineiro, era magistrado, o que aumentava sua reserva. Papai era muito engraçado, fazia comentários divertidíssimos sobre outras pessoas, sobre acontecimentos sociais, mas sempre de forma discreta e sem machucar ninguém. Tinha muito cuidado ao julgar as pessoas, e acho que essa foi uma das tantas coisas que aprendi com ele. A escritora Rachel Jardim tem toda razão quando diz que não se é mineiro impunemente. É como varíola, dá na infância e deixa marcas para o resto da vida... Quando morei fora do Brasil, nos meus 20 anos, achava uma chatice danada essa história de mineiridade. Um peso nas costas, coisa antiga e careta da qual eu deveria me livrar. Meu propósito era ser um cidadão do mundo, um ser cosmopolita, globalizado, como a gente poderia dizer hoje. Foi morando longe que eu vim a descobrir Minas, a ler os mineiros, principalmente Drummond, e a descobrir Minas dentro de mim, perceber meus traços de mineiro e valorizá-los em vez de querer apagá-los. Conheço muitos mineiros que moram fora de Minas há muito tempo e acho impressionante como continuam sendo tão mineiros. Como Minas é forte dentro de nós! O fato de vivermos em um Estado mediterrâneo, onde o que é de fora custava mais para chegar e a troca com o exterior era mais difícil, talvez tenha marcado nosso caráter. Já li e ouvi mais de uma vez que nossa desconfiança tem raízes históricas: todo forasteiro que aqui chegava podia ser um coletor de impostos da Coroa, de olho em quem pudesse ter encontrado ouro e pedras preciosas. Um mineiro que achasse uma pepita de ouro ou uma pedra preciosa de valor jamais iria gritar que a tinha encontrado, ia escondê-la rapidamente e não contava para ninguém. Às vezes para ninguém mesmo, nem para os parentes... E quem era rico não queria parecer rico, ao contrário, queria passar despercebido, sem chamar a atenção de ninguém. Há uma piada que eu acho bem reveladora de nosso caráter. Alguém propõe negócio a um carioca, a um paulista e a um mineiro. O carioca pergunta: 'Quanto eu vou ganhar?'. O paulista: 'Quanto nós vamos ganhar?'. E o mineiro: 'Quanto você vai ganhar?'. Somos assim, fazer o quê?! **”**

HELVÉCIO RATTON
Cineasta, nascido em Divinópolis

“ Eu sou mineiro não praticante, que não faz da 'mineiridade' essa bandeira. Uma vez eu falei essa coisa pro Fernando Sabino: 'Existem mineiros profissionais'. Ele falou: 'Mas quem? Que ideia ótima!'. Falei: 'Você. Ziraldo. São mineiros profissionais. Eu sou um mineiro não praticante'. Saí de Minas há muitos anos. O Otto Lara Resende, quando eu disse essa frase pra ele, disse assim: 'Mas não há nada mais militantemente mineiro que o sujeito dizer uma coisa dessas!' **99**

HUMBERTO WERNECK
Jornalista, nascido em Belo Horizonte, autor do livro *O pai dos burros*

66 Na verdade ninguém nasce entre as montanhas à toa. Às vezes, temos que cumprir alguma coisa. As coisas que ganhamos por sermos mineiros, não perdemos mais. São ganhos que preferimos levar pelo resto de nossa vida. É muito bom morar numa capital, podendo levar uma vida interiorana. Ninguém tem esse presente de graça... O mineiro criado por mineiro, não tem pra onde fugir. A convivência é uma coisa impressionante! Acho que, dependendo do lugar onde fosse educado, com certeza seria diferente. Acho que receber as pessoas na minha casa é uma característica mineira. Chamar as pessoas pra tomar café à tarde com queijo, bolo, biscoito... gosto disso. Sair pra fazer visita, abraçar amigos, dar três beijinhos (um a mais, que é pra casar). Às vezes, a pessoa já tem até neto, mas vão os três beijos... pra casar... Aliás, meu caráter foi formado com mineiros. Foi minha criação. O fazer negócio no fio do bigode é uma delas. Não preciso assinar papel. A palavra vale mais. Aprendi com papai, um mineiro superespecial. Compromisso é compromisso. Agora, características... ao mesmo tempo, desconfiança, timidez, etc... **99**

ÍLVIO AMARAL
Ator e diretor de teatro, nascido em São Gonçalo do Pará

66 É de Minas o falar devagar, mas perdi aquela musicalidade belo-horizontina; é de Minas o gosto por doce, ai, doce de leite!; acho que é de Minas o jeito de saborear a relação com a mulher, porque montanhês tem a alma caprina; e tenho até hoje muita preguiça de brigar, de procurar confusão. Corre pelo país um suave preconceito: de que o mineiro é desconfiado, pão-duro, não dá ponto sem nó, simplório, politiqueiro, fica em cima do muro. Já fui mais mineiro no sentido saber mais o que acontece por lá, acompanhar o Atlético, encomendar queijo legítimo, procurar comida como se faz por lá, essas coisas. Mas a comida mineira não viaja bem, sente falta da montanha. Eu seria outro tipo de mineiro se não tivesse nascido na minha família. Há mineiros diferentes de quarteirão para quarteirão, de bairro para bairro. As pessoas são o que aprendem e herdam. A gente segue um desenho. A gente sai de Minas, mas Minas não sai da gente. Escrevi isso um dia, pensando que era novidade, depois ouvi por aí, e fiquei sem saber se era coisa minha. Às vezes me divirto escrevendo coisas sobre Minas; é um modo de ir para lá. Mas tudo que se escreve sobre Minas é fichinha perto do que Drummond escreveu. É um pouco lúdica nossa relação com o lugar que ficou para trás, não temos a grandeza do sentimento de Drummond. Brincamos com Minas para pedir desculpas por termos saído de lá. A gente sai, mas leva a chave. A característica mais marcante dos mineiros, para mim, é a discrição. Tem outras: a consideração, certas palavras que chegaram com os colonizadores e ficaram por lá fechadas entre montanhas, a educação, a paciência (tirando o trânsito), o bairrismo, a sensualidade distraída, a esperteza sem alarde... Tem outras. Mas não tem escapatória de imitar uns aos outros e de se prevenir uns contra os outros. Como é que você convive com gente esperta que se faz de boba? Se bobear, te passam a perna sem te jogar no chão. Guimarães Rosa disse que mineiro escorrega para cima. Se lhe dão café com leite, é capaz de tomar só o café. O bom é que é tudo sem ostentação. Como é que você convive com gente solidária sem ajudar também? Com gente delicada? Com gente sensual? Quem nasce vai pegando o jeito. **99**

IVAN ÂNGELO
Jornalista e escritor, mineiro de Barbacena,
criado em Belo Horizonte desde pequenino

66 Acho que o que mais tenho de mineiro, ainda, é a mineirice. Sou orgulhosa, gosto de executar tudo direito que é pra não ser chamada a atenção. Aprendi em Minas, por exemplo, que é uma desonra ficar devendo. Por isso, nem um real me escapa para o dia seguinte. Dou também muito valor à palavra, se digo que vou fazer, posso até me matar, mas faço. Acho tudo isso bastante característico de mineiros. Sou uma pessoa que pede bênção à madrinha e espero sorridente o 'Deus abençoe'. Sou daquelas que acompanham procissão só pra não acabar o costume de Semana Santa. Sou de uma cidade em que se o vizinho manda um bolo, mandamos uma canjica pra retribuir. Sou nascida em Juiz de Fora, mas desde o primeiro mês de vida cresci em Ouro Preto, que é uma cidade muito forte, uma cidade cercada de montanhas. Não passei impune por nada que vivi lá. Desde as coisas maravilhosas – que são a maioria –, até as menos interessantes, trago como marca por ter vivido em uma cidade tão atípica: os julgamentos, o tempo para aprender, a convivência com o olhar alheio, a ótica de uma Igreja forte, os princípios de família, a condecoração por bom comportamento, o gosto pela história, a acolhida ao visitante e o dedo de prosa. Tudo isso fica. O mineiro espera tudo dar certo pra depois contar. Primeiro passa no vestibular pra dizer que vai fazer vestibular. Espera o oitavo mês de gravidez pra falar que está pensando em ter filho. Mineiro é desconfiado, sim, se alguém está botando 'olho', se está agourando... Eu amo Minas cada vez mais. Amo o interior de Minas, e tantas coisas da minha aldeia, que é por onde vejo o mundo. **99**

LARISSA BRACHER
Atriz de Juiz de Fora

Mineirismo e mineirice, para mim, são como os fantasmas das fazendas na infância. Nunca vi um, acho que existem, mas estão em extinção. Do meu lado mineiro, acho que ficou o sotaque que nunca quis perder. Meu inglês é mineiro. Há quem ache que sou tranquilo, porque falo baixo; supostamente uma virtude mineira. Duplo engano: sou nervoso, e minha voz 'mineira' é simples caso de má dicção. Falo para dentro. Numa época, andei lendo sobre essa identidade mineira e encontrei teses 'assombrosas'. O Afonso Arinos via mineirismo e mineirice como virtudes e enxergava muito mais: dizia que alguns eram capazes de fundir mineirismo com mineirice, como Afrânio Melo Franco, Gustavo Capanema, Juscelino Kubitschek. Já Paulo Mendes Campos, Milton Campos, Pedro Nava, Murilo Mendes e outros tinham mineirismos. O microscópio cultural do Afonso era fabuloso. O Guimarães Rosa viu outro mineiro genial: 'que desconhece castas, não tem audácias visíveis, mas não tolera tiranias, escorrega para acima, sabe que nada se resolve num dia nem com um gesto e aprendeu que as coisas voltam'. Só os mineiros sabem disso e têm essas virtudes? Acho que não. Passei muito tempo da infância em Pitangui, que já tem quase 300 anos, e dos 18 aos 21 fui viciado em Ouro Preto. O colonial/barroco mineiro de Pitangui foi quase todo pra cucuia. O de Ouro Preto, tombado, ainda resiste. Nos séculos XVII, XVIII e XIX, cercadas pelas montanhas, isolada, longe do mar, havia um jeito mineiro de fazer queijo, política, barroco, fantasmas, contar casos, amizades, pirraças, música, enfim, uma 'mineiridade'. Com a industrialização, foi pasteurizada e, depois, globalizada. Quando vou a Ouro Preto, os perfumes dos musgos no calor da tarde e da madeira velha depois da chuva me dão viagens ao passado e *déjà-vus*, mas será que Olinda, São Luís do Maranhão, Goiás Velho, Salvador e Parati não oferecem viagens semelhantes? A mineiridade existe hoje no nosso imaginário. **"**

LUCAS MENDES CAMPOS
Jornalista e apresentador de televisão, mineiro de Belo Horizonte

"Eu acho que, se eu não fosse mineiro, minha música, na verdade, nem existiria. Eu acho que não haveria obra – e eu fiz umas 290 músicas! – se eu não estivesse exatamente naquele lugar, no Edifício Levy, e não tivesse conhecido o Bituca [apelido de Milton Nascimento]. Foi mágico; e nada existiria se não fosse por isso. Eu trago Minas comigo o tempo inteiro. Mesmo quando saí de Belo Horizonte e morei no Rio de Janeiro, ficava naquele antro de mineiros: Bituca, Wagner Tiso... Eu identifico claramente em mim, primeiro de tudo, o isolamento, que eu acho que todo mineiro tem. Tem muito a ver com as montanhas, que aprisionam um pouco o horizonte. Isso faz o mineiro ficar louco por mar; o mineiro não entende aquela horizontalidade toda. É uma coisa que assusta, porque, mesmo o mar evoca um pouco o deserto. A montanha traz a paisagem pra mais perto, fica mais pra dentro. Uma das sensações mais esquisitas que eu tive foi quando eu vi o mar. Eu comecei a chorar. E sempre tive uma intimidade com o mar. Quando eu tinha 16 anos, eu fui no Leme e me afoguei. Tive que ser salvo pelos salva-vidas, porque eu já tinha desistido. Eu assino embaixo da frase da escritora Rachel Jardim: 'Não se é mineiro impunemente, nem se recupera nunca de ter sido'. Mineiro é desconfiado, pé-atrás, desconfia quando a esmola é demais... É um tipo de coisa que, apesar de ser lugar-comum, é inevitável, existe mesmo. O mineiro, como disse o Caetano, 'desconfia das experiências que ele não pode provar'. **99**

MÁRCIO BORGES
Compositor mineiro, nascido na capital, integrante do Clube da Esquina

66 Embora eu viva no Rio de Janeiro desde os três anos de idade – tenho 56 –, acho impossível me livrar de várias minerices! E, aliás, nem quero, pois adoro dizer que nasci em Belo Horizonte e que meus pais são de Uberaba. A família Sabino é uma das sete eleitas como tradicionais da cidade. Meus avós têm seus nomes em ruas por lá – adoro! Não há como fugir da mineirice, acho que ela já vem no DNA da gente. Essa coisa de gostar de passado, de família, de sempre falar na ambrosia que a madrinha Filhinha fazia para mim, no pão de queijo que só o tio João sabia fazer, os princípios passados pelo meus pais, a educação e o sentimento, as histórias dos parentes... Acho que os mineiros têm famílias grandes e características bem marcadas, como a desconfiança, a generosidade, a arte do bem receber, de amar e o orgulho da culinária mineira, adorar pão de queijo, feijão tropeiro, ambrosia, ter interesse nos assuntos da família, prezar a fidelidade, amar as mineirices, identificar-se com o que os escritores mineiros escrevem, gostar de saber que alguém talentoso é mineiro, achar que terra de mineiro é terra de gente inteligente e sagaz e simpatizar com Tiradentes sem nunca tê-lo conhecido. **99**

MARCO SABINO
Estilista e estudioso da moda, mineiro de Belo Horizonte

66 A minha infância em Guaxupé, Sul de Minas, foi realmente marcante. Eu guardo em mim a essência de tudo o que eu vivi, aprendi e senti naquela época. Guardo também, no meu jeito de ser, uma certa timidez, discrição, esperança. Talvez se eu não fosse mineiro não teria tão latente a religiosidade. A formação do meu caráter, da minha personalidade e da minha sensibilidade espiritual aconteceu em Minas Gerais. Me encanta no povo de Minas o silêncio, o comportamento ritualístico e uma atitude espiritualizada. Devo muito aos meus mestres e meus ídolos. Professores, artistas, músicos, jornalistas, escritores, esportistas... na sua grande maioria mineiros. Hoje, admiro os discretos, os humildes, os elegantes e os educados. Características bem próprias da minha gente. Essa gente de Minas, que com seu coração encharcado de amor, respeito, espiritualidade, tem muito a contribuir neste novo momento brasileiro. **"**

MARCOS FROTA
Ator, nascido em Guaxupé

" Em Belo Horizonte eu estreei. Mas nasci em Mesquita, uma cidadezinha do interior, no Vale do Aço, perto de Ipatinga – que de repente roubou quase todas as possibilidades de Mesquita. Mas Mesquita é famosa pela fogueira de São João. É a maior fogueira do Brasil! Eu viajei, cantei no mundo inteiro, mas Minas não largou do meu pé. Estou sempre cantando Minas. Inclusive no Iraque, em Bagdá, no tempo de Saddam Hussein, onde eu dei um concerto num teatro maravilhoso... e, na porta do teatro, um rio de metralhadoras; pelas ruas, o retrato de Saddam Hussein. Isso acontece até hoje, os Chávez da vida até hoje fazem isso. Retratos enormes de Saddam Hussein por todo lado de Bagdá. E comecei a ensaiar com o pianista – eu levei o Miguel Proença, que foi me acompanhando –, e me perguntaram: 'Você vai cantar uma canção também em árabe?'. Eu disse: 'Ah, muito bem, não sei se vou conseguir'. E comecei: [cantarola canção]. E quis a tradução. Começaram a falar sobre as vozes de Bagdá, sobre Saddam Hussein, louvando Saddam Hussein. Aí eu falei: 'De jeito nenhum! Não há santo que me faça cantar, louvar Saddam Hussein'. Então, o que é que eu fiz? Os mineiros tinham feito uma estrada fantástica no meio do deserto; havia ônibus lotados de mineiros. E o que é que eu fiz no palco? Cantei, fiz o recital, foi muito aplaudido. Aí comecei a cantar e falei: 'Eu ia cantar uma música em árabe agora, mas eu verifiquei que a minha pronúncia está péssima e não há jeito de cantar. Então, eu vou homenagear vocês com umas canções de Minas. E cantei: 'A ti flor lá do céu, amo-te muito...'. E a mineirada chorava com saudades da terra, que não era brincadeira. Foi uma coisa muito bonita! E eu escapei mineiramente de homenagear Saddam Hussein. **"**

MARIA LÚCIA GODOY
Cantora lírica, nascida em Mesquita

" Acho que meu sotaque e meu olhar desconfiado são muito mineiros. Sou apaixonado por Minas e gosto quando as pessoas imediatamente reconhecem meu sotaque. Acho que quando estou fora de Minas até forço a barra um pouquinho pra criar essa conexão imediata. E aí, conquisto logo o meu interlocutor. Houve uma época em que me achava um pouco jeca ser mineiro. Agora, já mais vivido e experiente, entendi a importância das diferenças. Hoje, admiro essa 'jequice mineira' que está dentro de cada um de nós. Na medida em que nos orgulhamos disso, nem temos interesse em mudar ou 'recuperar'. Acho que essa brejeirice é um jogo e usamos a nosso favor, para seduzir amigos, amores, etc. Usamos isso pra conquistar e sabemos o poder dessas características nossas. Gostaria de ter uma característica mineira que não tenho: falar menos e ouvir mais. Acho essa a mais importante delas e de muita sabedoria. Ao falar, o bom mineiro já ouviu e analisou tudo. E só aí, às vezes, com uma frase, resume tudo. Aprendi que um bom contrato se cumpre 'no fio do bigode'. **"**

MAURÍCIO CANGUÇU
Ator e diretor de teatro, mineiro de Felisburgo

" Mineiro sempre foi e sempre será mineiro na medida, nem mais nem menos. Mesmo estando fora, Minas não sai. Ainda hoje me vejo 'cabreiro' e conservador em valores morais, não dou um passo sequer sem ter absoluta certeza do caminho, mas sempre terá um sorriso, um abraço verdadeiro e sincero de boas vindas... Liberdade ainda que tardia, Minas surge de um grito de liberdade, uma liberdade oprimida pelo regime colonial português durante alguns anos da História, conquistada a fogo e ferro, a ouro preto e branco, em meio à escravidão e a um desejo de independência. Cada Estado, cada cidade tem ali sua maneira única, sua política de base de comportamento e de formação, que são fundamentais para um ser se tornar aquilo que ele é. Belo Horizonte me proporcionou essa formação, que vejo claramente diferenciada. Com o mineiro é o seguinte: ou é assim ou é assado. Ter essa desconfiança. Depois de tantos anos vivendo no Rio e no mundo, o mineiro que sou se mudou para dentro. Sinto-me o mesmo que fui na mais remota infância em Boa Esperança, mas isso não se nota – acho eu – nem no sotaque nem no gesto, mas nos gostos, nas ideias, nos sentimentos sobre as pessoas e as coisas. Quando cheguei ao Rio, aos quatro anos de idade, percebi que o mundo era diferente de Minas. A primeira diferença: as nuvens. Em Minas, as nuvens eram gordas, imensas, paradas, a gente podia ficar olhando para elas o dia inteiro. No Rio, eram esfiapadas, rápidas, nervosinhas, mudavam de forma de um instante para outro... Hoje já me acostumei a ver os céus sempre diferentes. Penso que o sistema mineiro de estar no mundo é muito adaptativo: prudência, observação, respeito pela cultura, sentido de justiça, recato. Em Minas todas as paixões têm livre trânsito, contanto que se guarde o recato. Em Minas houve a Inconfidência, a primeira grande rebelião brasileira contra a injustiça. Também foi lá que surgiu um núcleo de alta cultura, a partir do ciclo do ouro: música, arquitetura, poesia. Para não falar da magnífica cozinha, desde o leitão à pururuca às fatias de queijo assadas na chapa do fogão de lenha da minha infância... Há pouco tempo li que a distribuição de genes no DNA do brasileiro varia muito, segundo as regiões do país, na proporção de componentes étnicos herdados dos fundadores, entre portugueses, negros e índios. Há um único Estado no Brasil onde essa proporção é quase equitativa, de um terço para cada um: Minas Gerais. E o que me interessa nisso não é o lado biológico, e sim o da herança cultural. O mineiro é um ser complexo justamente porque nele estão equilibrados esses legados. Sinto-me cumulativamente luso, nagô, tupinambá e sei lá quantas outras coisas mais… Os primeiros mineiros que me marcaram foram a minha família, naturalmente, e mais tarde pude perceber que na obra de Drummond eu encontrava encarnado tudo o que de melhor pude apreender da minha terra de origem. **"**

NELSON FREIRE
Pianista de fama internacional, nasceu
em Boa Esperança, no Sul de Minas

"Eu seria completamente diferente se não fosse mineiro. Ainda mais considerando a época, meus anos de formação que vivi em Minas, meus primeiros 19 anos. A vida em Belo Horizonte era muito marcante, uma cidade nova, pré-traçada no papel, criada para ser capital. E aquela falta do mar, o conservadorismo, os preconceitos, sobretudo com as mulheres, e uma repressão sexual de modo geral. Era sufocante. Eu vim para o Rio em 1962, vim fazer cinema, me formei em Filosofia, tenho mulher e dois filhos cariocas, adoro o Rio, ou seja, naturalizei-me carioca. Mas a mineirice, quando menos se espera, volta. Eu diria que a minha característica mais mineira não é a desconfiança, mas o ato pensado, aquela necessidade de nunca saltar no abismo, pensar, medir, avaliar cada gesto. É prudência? Apesar de eu ser um mineiro que às vezes fala muito, chegando a ser espalhafatoso, tenho horror à exibição da intimidade; minha e das pessoas mais chegadas. Esse espalhafato é uma cortina que preserva e exatamente protege esse outro lado. Tenho horror a ser exposto nas coisas mais íntimas; não é vergonha, são preciosidades guardadas. Acho que isso para o mineiro é uma questão visceral. Fui com os anos sendo assaltado – e luto sempre para não ser devorado – por uma nostalgia avassaladora. Saudade dos lugares, dos cheiros, de um pôr do sol, do cheiro de dama-da-noite e de uma certa luz. Saudade de tudo o que ficou para trás. Saudade de morar a um quarteirão da Praça da Liberdade, do Minas Tênis Clube, onde nasci, e, depois, do campo do Atlético, em Lourdes. Saudade das montanhas. Mas sobretudo dos amigos que ainda estão lá. Então, nesse sentido, fui ficando cada vez mais mineiro. Profundamente mineiro e desesperadamente mineiro, embora no exílio.**"**

OSWALDO CALDEIRA
Cineasta, nascido em Belo Horizonte

Nasci em Salvador e fui a Belo Horizonte pela primeira vez aos dois anos. Voltei aos seis e meio e lá vivi pelos próximos dez anos. Me sinto mineira porque passei momentos determinantes em BH, com minhas amigas de famílias tradicionalistas, e absorvi muito do comportamento mineiro de ser. Aprendi coisas como 'come isso, come aquilo', 'toma um café com a gente', 'senta, fica à vontade', 'sinta-se em casa', 'sempre cabe mais um'. São mineirices presentes em minha vida e que aprendi com as mães das minhas amigas. No meu comportamento identifico coisas como a discrição e, sem dúvida, uma desconfiança disfarçada de timidez. Se eu não tivesse passado tanto tempo em Minas eu não seria tão reservada. Acho que é por ser mineira de coração/ vivência/experiência que tenho algumas manias. Não manias especificamente mineiras, mas manias. Mineiro tem mania de ter mania! Sou sistemática em alguns setores. Investigo logo quando a esmola é demais! **99**

PRISCILA FANTIN
Atriz nascida em Salvador, Bahia, criada em Minas

66Minas tem uma simplicidade que identifico no meu trabalho. Vejo meu trabalho de uma forma muito simples. O que eu falo, o que escrevo, a minha forma de cantar, tudo é muito simples. Minas tem essa simplicidade do encontro que é muito verdadeiro. Ele é muito afetivo. É assim que eu sinto. Os mineiros são muito receptivos. Você chega lá, e eu quero te levar na minha casa. Não sei, eu quero falar: 'Vem cá! Vamos sentar, tomar um café, comer alguma coisa'. E você partilha a comida e a música. Minas tem essa coisa da comida. E a comida é afeto. A música eu vejo como um afeto também. Tem a ideia, a palavra. A palavra em Minas é muito forte, na poesia, na literatura, na melodia, nos instrumentos. Acho que Minas é arte pura.**99**

REGINA SOUZA
Cantora, de Belo Horizonte, sobrinha de Henfil e Betinho

66Minas é uma cicatriz que não pode ser removida. Por mais que o tempo passe, ela sempre estará lá, estampada no rosto, denunciada no gesto, revelada no comportamento, gritando: 'Eu sou mineiro!'. Nelson Rodrigues dizia que o mineiro só é solidário no câncer. Com todo o respeito, não concordo. Quando vou a Minas visitar os parentes, vejo o contrário: os amigos não param de chegar, todos querendo saber se vou bem e se estou precisando de alguma coisa. O mais engraçado é que os mineiros não se reúnem na sala, só na cozinha, em volta do fogão. E a frigideira não para de chiar. Quando volto para Rio, estou completamente 'amineirado', falando mole, comendo sílabas ('lidileite', 'fassinão', etc.); porém, muito mais calmo e feliz. Minas

Gerais, ô trem bão! Os mineiros, sem dúvida nenhuma, são calados, desconfiados, reservados, sistemáticos até, porém não se omitem, participam. Às vezes silenciosamente, outras vezes, não, mas sempre pacificamente e, acima de tudo, sem medo. Todo mundo sabe que o mineiro dá um boi pra não entrar numa briga e uma boiada pra não sair. **99**

SILVIO CESAR
Cantor e compositor, nascido em Raul Soares

66 O falar mineiro eu perdi um pouco. Quando estou longe, acho que falo com essa entonação mista das pessoas que, em Brasília, pegaram um pouco de cada falar brasileiro. Mas se vou a Minas, volto impossível, falando 'trem' e 'uai' pelos cotovelos. Mas o que carrego mesmo de Minas são coisas mais arraigadas no modo de viver. A comida em minha casa, na rotina, é essencialmente mineira. Sei fazer quase tudo da cozinha mineira, mas principalmente doces. Em particular, as compotas de frutas e as geleias. Por mais racional que busque ser, fui impregnada de superstições. Não deixo de ler qualquer sinal da natureza, como um canto agourento de coruja ou cauã, um rastro de formigas, uma visita de beija-flor, aquele mundo de sinais. Gosto de casa grande e movimentada. Gosto mesmo. Acho que o traço mais mineiro que eu ainda carrego é o de tocar as pessoas quando falo. Mineiro faz isso demais; eu me policio, mas escapa muito. Mesmo tendo deixado de viver em Minas aos 16 anos, tudo o que sou foi forjado lá, onde ainda vive boa parte da minha família materna e da paterna. Sem nenhum desprezo por outros Estados, acho que minha relação com a língua portuguesa seria outra seu eu não fosse mineira. Mas é a forma de ver e sentir o mundo e de nos relacionar com as pessoas que nos difere muito. Eu sou do sertão de Minas, que não é muito montanhoso. O que nos faz um tanto introspectivos e melancólicos é a consciência interiorana, no sentido de *inner land*. Só nós entendemos o que é ser sistemático. Os outros tomam sistemático como algo relacionado a racionalidade, cartesianismo. Sistemático é ser um tanto agarrado a valores, uma certa reserva e um certo ceticismo. Somos assim porque a história nos tornou mais realistas. Não acreditamos facilmente em lanche grátis, em histórias da carochinha, em dinheiro fácil, no bem que nunca acaba nem no mal que não tem fim. E sabe por quê? Porque o mineiro, mesmo de elite, nunca teve nada fácil. A desconfiança vem também da percepção de que os outros nos tomam por tolos, ingênuos, simplórios. Então, ficamos na reserva, e, não raro, os que tentam nos dar rasteiras acabam escorregando. **99**

TEREZA CRUVINEL
Jornalista, presidente da TV Brasil, nascida em Coromandel

Para o carioca, eu ainda sou completamente mineiro e, para o mineiro, eu me tornei carioca. Logo que eu cheguei ao Rio de Janeiro, ganhei alguns apelidos, tais como 'Nerso da Capitinga' e 'Sô', por causa do meu sotaque, coisa que eu odiava. Mineirice é que nem carrapicho: pra largar da gente é difícil demais, sô! Se eu fosse baiano, eu seria igual ao Martinho da Vila: um malandro do tipo preguiçoso, assim devagar... devagarinho. O mineiro é exageradamente hospitaleiro, desconfiado e gosta de falar as palavras pela metade. Eu aprendi muito com vários mineiros, como Ari Barroso, Ataufo Alves, Geraldo Pereira, Geraldo Orozimbo, entre outros. Eu acho que mineiro é um povo singular. Todo mineiro tem estas características, pé-atrás, não acredita em lanche grátis, sistemático... Mas, se não as tiver, não é mineiro. Carioca é um estado de espírito. Mineiro, é Estado de Minas... **"**

TONINHO GERAES
Compositor e cantor, nasceu em Belo Horizonte

"Eu acho que Minas é tudo: onde moram meus filhos queridos, minha mãe que completou 100 anos, viva e lúcida ainda, minhas irmãs que trabalham comigo e me ajudam de forma incansável e infinita e meus amigos que são parceiros de musica, futebol, sinuca e com quem ainda troco uma grande energia e sintonia, desde os tempos de adolescentes e do início da profissionalização. Sou mineirasso! Na música, no rango, no falar... e ainda na generosidade e na simplicidade do povo de Minas. Minha música e minha pessoa são inteiramente ligadas ao jeito de pensar e agir dos mineiros. Tive a felicidade de viajar o mundo, correr léguas não submarinas e adquirir maneiras e medidas diferenciadas, que contribuíram muito pro meu trabalho de músico. Só não aguento essa individualidade profissional do mineiro, de cada um achar que é o máximo e não dividir as maçãs da mesa. Mas como todo bom mineiro, sou democrático, sensível, mas com a cabeça aberta para o mundo, o jeito internacional de agir, ainda mais na música, minha guia e minha luz... ou minha luz e minha guia... [risos]. Eu posso ir mais do que as 22 vezes que estive no Japão e mais do que os 10 anos morando em Nova Iorque, posso tocar no mundo inteiro, de Belo Horizonte ao Havaí e à Rússia, Escandinávia e tal... Mas nunca vou deixar esse meu jeitinho de mineiro. Porque todo o meu pensamento, mesmo estando fora do Brasil, fica viajando pra essas terras maravilhosas da minha infância e da minha juventude. BH, Norte de Minas, Rio e o Nordeste brasileiro, que ainda são minhas paixões e meu alimento de cada dia. **"**

TONINHO HORTA
Compositor, músico, nascido em Belo Horizonte, onde mora

" Quem nasce em Minas Gerais e vive aqui incorpora muito do jeito mineiro, de falar pouco, de pensar muito, de não acreditar em tudo pela primeira vez e outras características. Acho que o mineiro é mineiro para sempre, mesmo que more por longo tempo fora, a não ser os que vão meninos para outros lugares. Não acho que se nasce mineiro. Aprende-se a ser mineiro. Aprendi muito com meu pai e com meus três irmãos, que são mais velhos que eu. Como mineiro, falo pouco, penso muito, estou sempre preocupado em não desagradar, em saber o que o outro pensa e outras coisas. Acho que a conhecida desconfiança mineira tem um pouco de sabedoria, de não fazer julgamentos antes da hora, precipitadamente. O mineiro sabe que o ser humano é muito dissimulado e, por isso, tem sempre um pé-atrás, até ter certeza – o que muitos nunca vão ter. Aprendi com o tempo a ser mineiro. Como convivi muito com paulistas, cariocas e gosto muito de viajar, percebi e assimilei outras maneiras de comportamento, sem nunca perder o jeito mineiro. "

TOSTÃO, EDUARDO GONÇALVES DE ANDRADE
Ex-jogador de futebol e médico, mineiro de Belo Horizonte

" Eu tenho uma família toda envolvida no meio têxtil. Meu avô tinha loja de armarinho na Santos Dumont, meu bisavô tinha tecelagem em Divinópolis. Com 15 anos eu já era *office-boy* do meu tio que trabalha com representação de tecidos. Minha mãe, como toda mineira prendada, costurava, e eu, já na minha infância e na minha adolescência, estava do lado da máquina fazendo a minha roupa. Com 18 anos já desenhava. Sou um criador mineiro que trabalha em família. Meu pai cuida do departamento pessoal. A minha mãe que costurava, hoje, é a chefe das costureiras; o meu irmão cuida do comercial, e a minha irmã cuida do financeiro. E eu fico só no estilo. Minas está presente desde a minha primeira coleção, com essa coisa do bordado, do feito à mão, até mesmo na estamparia, na estampa digital. A minha estreia no Fashion Rio foi com uma coleção inspi-rada na obra do artista plástico mineiro Fernando Pacheco. O mineiro tem essa veia da arte, essa veia do barroco. Isso é muito presente no trabalho do designer mineiro, e eu me identifico muito com isso. Eu já fiz uma coleção toda inspirada no barroco mineiro, outra inspirada no acervo da Angela Gutierrez, do Instituto Gutierrez... Minas Gerais está no nosso sangue. Eu moro em Minas, a minha base é aqui. A minha fábrica fica em Lagoa Santa, uma cidade a 42 quilômetros de Belo Horizonte. O meu *showroom* fica aqui, no bairro Gutierrez. Vendemos pro Brasil e pra 22 países do mundo cerca de 12 mil peças por coleção. A gente consegue nacionalizar a moda que a gente faz trabalhando muito a partir da Serra do Curral. Dizem que o mineiro come quieto. Eu não sou muito de falar o que eu estou fazendo, e sim de mostrar. Eu acho que isso é uma característica muito marcante do mineiro. Mas eu não me considero uma pessoa desconfiada, não.

Pelo contrário, eu sempre tenho ações no meu trabalho de confiar, de delegar e, ao mesmo tempo, de ousar. O mineiro é um pouco retraído. Eu acho que, profissionalmente, não sou retraído, mas o Victor como pessoa é. 99

VICTOR DZENK
Estilista, nasceu em Lagoa Santa

66 A cultura dá cor ao homem. Mas, acima de tudo, olhamos para as coisas que aprendemos em Minas e com Minas, filtramos o que nos faz bem e aquilo que devemos manter e aprendemos com outras culturas o que devemos substituir em direção a um modo mais humano e sincero de viver. O que nos caracteriza são nossos modos. Depois que saímos do interior, fomos morar em Belo Horizonte, onde já se mesclam diversas culturas; muita coisa mudou. E mudou mais ainda durante os anos em que moramos em São Paulo. De alguma maneira, pegamo-nos mais aprimorados e maduros; algumas coisas da cultura mineira permanecem e outras se foram. Fomos criados à base de cafezinho, broa, queijo, mesclados a um jeito típico e interiorano de servir e provar. Essas coisas não podem faltar nas viagens, como um jeito de sentir-se mais em casa. O cheiro e o gosto, assim como a música, podem nos levar a qualquer lugar, inclusive de volta às nossas raízes. Nós mesmos não notamos, mas o sotaque, que já foi mais forte, ainda chama a atenção, principalmente quando estamos à vontade. Onde fomos criados, bem no coração da Zona da Mata mineira, há um ar concentrado de timidez, autocrítica, perfeccionismo e tradição. Esses itens são ingredientes do jeito 'come quieto' de ser, tipicamente mineiro, que, em sua dose forte, geram sofrimento e dor. Abrandados os sentimentos arraigados, a observação e a discrição só trazem bons frutos. Os mineiros têm características muito marcantes, como o conservadorismo, a autocrítica, a timidez, a polidez, a vaidade e a religiosidade. Certa vez, fomos a um armazém com nosso avô Tunico, em Abre Campo. Ele comprou algumas coisas, e faltaram alguns centavos, que ele não tinha trocados. O vendedor disse que era o preço de uma bala e que não iria cobrar. Ele retirou uma bala do bolso, entregou ao vendedor e nos disse: 'Jamais devam, ainda que seja uma bala'. 99

VICTOR E LEO
irmãos que formam uma dupla musical; nasceram em Ponte Nova,
foram criados em Abre Campo, já moraram em Belo Horizonte
e em São Paulo e, atualmente, moram em Uberlândia

66 Apesar de andar o país conhecendo outros cantos, outros jeitos, outras línguas e comidas, o tempo passa, e, cada vez mais, eu me sinto mais mineiro ainda! Com certeza, ser mineiro é tudo o que eu sei ser, é tudo o que eu sou, é o que eu tenho pra dizer. Então, não seria nem diria nada se não fosse mineiro

[risos]! Eu levo Minas no jeitinho manso de falar; de dar um 'Bão?!' para todos na rua, como se eu ainda morasse no interior; o gosto pelo tutu, pelo pão de queijo, o tropeiro e a linguiça, e o 'franguin com quiabo e angu'... O prazer de ouvir Milton, Beto, Lô e o Clube da Esquina como se fosse a primeira vez. O jeito desconfiado, tímido e acolhedor de sempre. O gesto simples de falar com as mãos... Torcer ou pro Galo ou pra Raposa, nunca pelos dois e pra mais nenhum outro time do Brasil. A fala mole de 'Beagá' ou a caipira do interior; ser desconfiado e exigente e ainda assim ser muito simples; ter orgulho do que é nosso, dos poetas, dos músicos, da nossa culinária, dos que venceram no mundo, mas 'não dar o braço a torcer' nunca! Aprendi com a minha família, completamente mineira, que em casa a gente junta todo mundo e sempre cabe mais um... Ser desconfiado, pé-atrás, nos faz únicos, uníssonos, originais, um povo em formação que não se esquece de onde veio... Ser mineiro não se aprende nem se deixa pra trás, não se ensina nem se esquece, já nascemos assim, é parte do nosso DNA. **99**

WILSON SIDERAL
Cantor e compositor, nascido em Alfenas

66 Nasci em Além Paraíba, e, quando eu tinha dois dias de vida, meus pais se mudaram para Ponte Nova; lá fiquei até os 11 anos. Aí, fui para Nova Friburgo. Meu pai era friburguense, minha mãe era mineira. Essa coisa de ser mineiro é uma coisa engraçada, uma mineiridade que você carrega por resto da vida. Tem gente que frequentemente vem perguntar se sou mineiro, e eu digo: 'Como você sabe?'. 'Ué, pelo jeito de falar'. Então é uma coisa que perdura, que acompanha a gente pro resto da vida. Conservo também alguns traços bem mineiros, como a cautela e o desconfiômetro. Dizem que a gente sai de Minas, mas Minas não sai da gente, independentemente do tempo que você está longe de lá. Eu vou muito a Belo Horizonte fazer palestras, essas coisas... E toda vez que eu vou isso aflora dentro de mim. A coisa vem como se só estivesse adormecida e, a qualquer chance de comer um torresmo, bater um papo, tomar uma cachacinha, aquilo surge de novo. Eu sou muito otimista, e meus amigos até me gozam, me chamam de 'otimista babaca' e tal. As coisas estão da pior maneira, e eu estou achando que vai melhorar, mas, ao mesmo tempo, eu sou muito desconfiado. Na época da ditadura, por exemplo, todo mundo achava que eu e o Ziraldo éramos do Partido Comunista. Eu nunca fui. Eu era um inocente útil. Porque eu fiquei sempre meio pé-atrás com esse negócio de partido. Nunca fui de partido nenhum. Nunca fui de embarcar, não. Por exemplo, naquela época a gente viveu de radicalismos. Nunca entrei nessa. Então é uma contradição que eu vivo. Eu, que sou uma pessoa otimista e acredito nas coisas, me surpreendo com o pé-atrás, tem sempre uma interrogação. Eu conversei muito isso, na prisão, com o Hélio Pellegrino. É outro que se permitiu fugir um pouco de estereótipo. Ele era italiano mais que mineiro. A gente conversava muito sobre essa coisa da mineiridade. Eu dizia: 'Pô, Hélio, você desmente, você é mais italiano que mineiro!'. Ele falava aos gritos, gesticulava, exaltado. Mas ele dizia que, ao mesmo tempo, tinha um lado introvertido mineiro. O mineiro tem traços permanentes, pro resto da vida, está no nosso DNA, na nossa genética. Ainda outro dia fui a Belo Horizonte e, conversando com a Angela Gutierrez, no Museu de Artes e Ofícios, quando vi aquela estrada de ferro, aqueles dormentes, aqueles trilhos, aflorou toda a minha infância ali... E olha que tem quase 70 anos, tem 60 e tantos anos... **99**

ZUENIR VENTURA
Escritor e jornalista, mineiro de Além Paraíba

Zuleika Angel Jones, uma famosa estilista brasileira, nasceu em Curvelo, criou filhos e roupas no Rio de Janeiro. Foi artista talentosa, pioneira da moda brasileira, mulher batalhadora e mãe guerreira. O cineasta Sérgio Rezende (filho de mineiros de Andrelândia e Leopoldina) fez um filme sobre a vida de Zuzu em 2006. Ela não poderia faltar num livro chamado De Minas para o mundo, *por tudo o que fez, não só por colocar a moda do país no cenário internacional, mas também por impedir que outros jovens como o filho dela, Stuart Angel Jones, fossem mortos pela ditadura. Zuzu morreu em 1976. Pedi à filha dela, a jornalista Hildegard Angel, que escrevesse um depoimento sobre Zuzu. Aqui está o relato de Hilde.*

66 Coragem. É a palavra que melhor explica minha mãe. Éramos pequenos e já tínhamos que nos acostumar, entre encabulados e orgulhosos, com os ímpetos corajosos de minha mãe. Uma das primeiras causas que mamãe abraçou, das que eu me lembro, foi contra a proprietária do prédio em Ipanema, onde éramos todos seus inquilinos. Durante décadas, os moradores aguentaram calados, cabeças baixas, as tiranias da proprietária despótica. Até que se mudou para lá, vinda das Minas Gerais, uma certa dona Zuleika, morena charmosa e miúda, com sua prole. No início, tudo foram flores, mas quando o aluguel de Zuleika passou a também ser considerado defasado, como os demais, pela dona do edifício, esta voltou contra ela também sua artilharia. Pra quê! Zuleika, desde sempre 'Zuzu' para os amigos, tratou de chamar a si a causa de todos, abordando a questão não no interesse individual, como seria o esperado, mas no coletivo. E o Edifício Magalhães, de saudosa memória, na Rua Barão da Torre, ganhou sua Joana D'Arc *privée*, pronta para ir para a fogueira em nome de todos. Foram muitas batalhas, e mamãe vencia todas, fossem elas verbais ou, até, policiais. Como daquela vez em que, quando as crianças do prédio festejavam um aniversário, na área do térreo, e dona Filomena (mamãe teve o cuidado de descobrir-lhe o verdadeiro nome, pois a vilã até então atendia pela 'alcunha' de 'dona Nena') fez varar de seu apartamento do terceiro andar abaixo uma pesada tábua de carne! Pode até não ter sido intencional; porém, para azar dela, no apartamento do terraço em questão morava uma certa Zuleika, e o delegado daquele distrito policial, na época, era um certo Padilha, famoso por não tolerar malandro. Na intimidade do lar, porém, Padilha provou ser uma doce figura. Mamãe tornou-se amiga de sua mulher. Ele morava, eu acho, no Flamengo, e lá íamos nós visitar a família do delegado nos fins de semana. Não tinha como Filomena levar a melhor. Qualquer descuido, e lá era ela chamada à delegacia pelo delegado Padilha, levando a reboque sua *entourage* – o marido, Rubinho, o 'síndico' algoz, a filha, o genro, todos. E reinou a paz no edifício charmoso de Ipanema, mesmo com os aluguéis ultrapassados, por todo o tempo em que Zuzu manteve-se por lá, atenta e forte, até se mudar.

Essa é uma pequena e prosaica página da vida de Zuzu Angel, entre outras tantas, que bem ilustra quem foi a mulher destemida, que jamais fugiu dos desafios e sempre procurou dar às suas lutas dimensão maior do que a dos interesses individuais. Assim, vi minha mãe, depois de ter a certeza da morte do filho, após tanta procura, tanto esforço, tanto desespero e tanta energia dispendida, empunhar ainda com mais firmeza sua bandeira e dizer: 'Agora vou em busca de seu corpo. Não luto mais pela vida de meu filho, luto para que os filhos das outras mães não sejam torturados e mortos como ele!'.
Verdade é que, assim como no Edifício Magalhães da Rua Barão da Torre de antigamente, nunca mais se teve notícia de tortura e morte no Galeão depois que uma certa curvelana, Zuleika, entrou em cena. Stuart Angel, o filho de Zuzu, foi o último mártir trucidado pela ditadura naquela base aérea da Ilha do Governador... **"**

ZUZU ANGEL
Estilista, mineira de Curvelo

QUALQUER LIVRO DO NOSSO CATÁLOGO NÃO ENCONTRADO NAS LIVRARIAS PODE SER PEDIDO POR CARTA, FAX, TELEFONE OU PELA INTERNET.

Rua Aimorés, 981, 8º andar – Funcionários
Belo Horizonte-MG – CEP 30140-071

Tel.: (31) 3222 6819
Fax.: (31) 3224 6087
Televendas (gratuito): 0800 2831322

vendas@autenticaeditora.com.br
http://www.autenticaeditora.com.br

ESTE LIVRO FOI COMPOSTO COM TIPOGRAFIA BEMBO E IMPRESSO
EM PAPEL OFF SET 75 G NA FORMATO ARTES GRÁFICAS.